Birgit Pauls

Giuseppe Verdi und das Risorgimento

Politische Ideen

Herausgegeben von
Herfried Münkler

Band 4

Die *politische Ideengeschichte* hat seit dem Ende der Systemkonkurrenz zwischen Ost und West, der Transformation der Gesellschaften Mittel- und Osteuropas, aber auch mit der seit dem Wegfall des klassischen Gegenbildes dringender gewordenen Fragen nach Werten und Zielen der westlichen Demokratien, nach der Möglichkeit von Gemeinwohlorientierungen usw. neue Bedeutung gewonnen. Gibt es in dem zunehmend differenzierten und segmentierten Fach Politikwissenschaft einen Bereich, in dem die verschiedenen Fragestellungen und Ansätze zusammengeführt werden, so ist dies die Geschichte der politischen Ideen sowie die politische Theorie. Insbesondere die politische Ideengeschichte erweist sich dabei als *das* Laboratorium, in dem gegenwärtige politische Konstellationen gleichsam experimentell an den Theoriegebäuden vergangener Zeiten überprüft, durchdacht und intellektuell bearbeitet werden können. Eine so verstandene politische Ideengeschichte ist gegenwartsbezogen, auch wenn sie sich den aktuellen politischen Problemen nur mittelbar zuzuwenden scheint.

Diese Reihe soll ein Ort für die Publikation solcher Studien sein. Sie wird herausragende Texte zur politischen Ideengeschichte und zur politischen Theorie veröffentlichen.

Birgit Pauls

Giuseppe Verdi und das Risorgimento

Ein politischer Mythos im Prozeß der Nationenbildung

Akademie Verlag

Die Deutsche Bibliothek – CIP-Einheitsaufnahme

Pauls, Birgit :
Giuseppe Verdi und das Risorgimento : ein politischer Mythos im Prozess der Nationenbildung / Birgit Pauls. – Berlin : Akad.Verl., 1996
(Politische Ideen ; Bd. 4)
Zugl. : Frankfurt, Main, Univ., Diss., 1996
ISBN 3-05-003013-5
NE: GT

Der Akademie Verlag ist ein Unternehmen der VCH-Verlagsgruppe.

Gedruckt auf chlorfrei gebleichtem Papier.
Das eingesetzte Papier entspricht der amerikanischen Norm ANSI Z. 39. 48 – 1984 bzw. der europäischen Norm ISO TC 46.

Druck: GAM MEDIA GmbH, Berlin
Bindung: Dieter Mikolai GmbH, Berlin
Einbandgestaltung: Günter Schorcht, Schildow

Printed in the Federal Republic of Germany

Inhalt

Einleitung

Um sich heute mit Giuseppe Verdi und seinen bekanntesten Opern wie „La Traviata", „Nabucco" oder „Aida" zu befassen, muß man nicht unbedingt ins Opernhaus gehen. Denn dieser berühmte Komponist hat auch in der Literatur über den Prozeß der Nationalstaatsbildung von Italien im 19. Jahrhundert seinen festen Platz unter den wichtigsten historischen Protagonisten, wie dem Freischärler Garibaldi, dem Ministerpräsidenten Cavour oder König Vittorio Emanuele II. Nicht nur in Italien und nicht nur in Geschichtsbüchern wird berichtet, daß Verdis Opern seinem zeitgenössischen Publikum nicht allein ästhetische Freuden bereiteten. Seine Musik – besonders die Chöre seiner frühen Opern – soll vielmehr während der Epoche des sogenannten „Risorgimento" ein prägendes Revolutionsstimulans für breite Bevölkerungsschichten auf der italienischen Halbinsel gewesen sein.[1]

Das Wort „Risorgimento" wird gemeinhin als international gebräuchlicher Epochenbegriff verwendet und umfaßt die politische Bewegung auf der italienischen Halbinsel des 19. Jahrhunderts, die die Konstituierung des italienischen Nationalstaats propagierte und durchsetzte. Die Bewegung nimmt in der Deutung der Historiker ihren Anfang mit einer Phase der Visionäre und Künder, zu denen Publizisten und Schriftsteller wie Mazzini oder Gioberti, aber auch Romanciers wie Manzoni gezählt werden.[2] Die historisch bekanntesten Protagonisten wie Cavour und Garibaldi nahmen selbst an dem diplomatischen und militärischen Geschehen Anteil, an dessen Ende Vittorio Emanuele II. aus dem Haus Savoyen zum König von Italien proklamiert wurde. Zunächst vom Königreich Sardinien und seiner Kapitale Turin ausgehend, machten 1864 die Gründungsväter Florenz zur Verwaltungshauptstadt des damaligen Territo-

1 So, als erstes Beispiel von vielen, Leo Karl Gerhartz im Anschluß an den Komponisten Luigi Dallapiccola. Gerhartz, Leo Karl, Oper, Mainz 1983, S. 75.

2 In der Deutung des Historikers Cesare Spellanzon beginnt die Geschichte des „Risorgimento" indes schon mit der Vertreibung der Spanier. Seine „Storia" wurde zum ersten Mal 1933 publiziert. Spellanzon, Cesare, Storia del Risorgimento e dell'unità d'Italia, Mailand 1951. – In verschiedenen postunitarischen italienischen Schulbüchern, auf die im III. Teil dieser Arbeit noch näher eingegangen wird, fand sich als Beginn des „Risorgimento" die Jahreszahl 1815, also die Epoche nach dem Wiener Kongreß. Vgl. u.a.: Brevi raconti di storia patria – Ad uso della quinta classe elementare, Florenz 1891, S. 55ff. – De Leva, Luigi, Fatti principali di storia nazionale riguardanti la Formazione del Regno d'Italia per le scuole elementari maschili e feminili, Turin 1889, S. 10ff.

riums „Italien“. 1870 wurde auch der Kirchenstaat erobert beziehungsweise angegliedert.[3] Das Königreich erhielt mit Rom seine Hauptstadt unter Vittorio Emanuele, der deshalb als erster Träger des nationalen Königstitels der „Zweite“ heißt, weil er innerhalb des savoyischen Stammbaums der zweite seines dynastischen Geschlechts war, der diesen Vornamen trug. Innerhalb dieser Epoche und bis weit ins 20. Jahrhundert hinein wurden sowohl die diplomatischen und militärischen Aktionen als auch die literarischen und politischen Publikationen wie ein zielgerichtetes Streben zur politischen „Einheit“ des Königreichs beschrieben.[4]

Zu diesem „gemeinschaftlichen Streben“ werden heute auch die Opern von Verdi gerechnet. Und zwar wird erzählt, das italienische Volk sei vor allem nach 1842 durch den berühmtesten Chor des „Volksbarden des Risorgimento“[5], „Va pensiero sull'ali dorate“, motiviert worden, der österreichischen, französischen, bourbonischen „Fremdherrschaft“ und selbst der Kirchenherrschaft erfolgreich den Garaus zu machen. Ja letztlich soll Verdi seine Opern und Chöre zu dem politischen Zweck verfaßt haben, zum Kampf gegen die fremden Unterdrücker anzustacheln: „Die Menge feiert Verdi als Befreier; wer jedoch der Befreier in der Politik ist, scheint weniger klar; und man preist ihn als den ‚maestro della rivoluzione italiana‘, denn was sich in der Oper abspielt, wiederholt sich bald in der Politik: am 9. Februar wird die Römische Republik proklamiert.“ So beschreibt eine populäre Verdi-Biographie die politischen Vorgänge in Rom im Jahr 1849.[6] Durch das simple Einfügen von Punkten zwischen den Buchstaben schließlich, so erfährt man weiter, sei der Familienname des Komponisten seit dem Jahr 1848, spätestens aber seit der Uraufführung des „Ballo in maschera“ im Jahr 1859, zum volkstümlichen Akrostichon und Graffito geworden: „Viva V.E.R.D.I.“, was sich als „Viva Vittorio Emanuele (II.) Re d'Italia“ dechiffrieren läßt, soll dem ganzen unterdrückten italienischen Volk als emblematische Losung für den Freiheitskampf gedient haben: Das Volk habe die doppeldeutige Losung – gewissermaßen politisch aufrührerisch – unter den Augen österreichischen, bourbonischen und kirchenstaatlichen Militärs an die Wände gekritzelt, ohne daß diese wiederum die Tiefsinnigkeit des Graffito hätten sofort deuten oder ahnden können. Auf eine Parole reduziert, soll sich in dieser „Kundgebung“ die Sehnsucht nach einem geeinten Italien artikuliert haben, die beschwörende Forderung nach einem Nationalstaat unter dem savoyischen Monarchen.[7] Mit dem Auftreten dieses eingängigen Akrostichons des die Nationsbil-

---

3 Genau betrachtet, war der Einigungsprozeß des heterogenen geographischen Geländes erst 1918 abgeschlossen, als eine so ganz „unitalienische“ Landschaft wie Südtirol dem Staat angeschlossen wurde. Heute hat Italien eine französische Minderheit (Aosta), eine deutsche und ladinische (Südtirol), es gibt Enklaven (San Marino, Vatikanstaat), – dennoch: dieses „geeinte“ Italien wird als homogener Staat in der europäischen Gemeinschaft anerkannt.

4 Als herausragende „Etappen“ auf diesem Weg gelten die Mailänder Aufstände von 1848, der Krieg gegen Österreich 1859 und der Überfall auf Sizilien durch Garibaldi und seine Anhänger 1860, schließlich der erneute Krieg gegen Österreich 1866 und Garibaldis Kirchenstaat-Einfall. Man unterscheidet zwischen politischen und staatlichen Formen, in der diese „Nation“ ausgestaltet sein sollte. Es gab, grob eingeteilt, die Idee der Republik, der Regierung des Papstes und der konstitutionellen/parlamentarischen Monarchie.

5 Gerhartz, Leo Karl, Spiegel der Opernwerkstatt Verdis, in: Programmheft zu „Macbeth“, hrsg. v. der Intendanz der Oper Frankfurt, Frankfurt/Main 1990, S. 10.

6 Vgl.: Kühner, Hans, Giuseppe Verdi, Hamburg 1961, S. 42.

7 Vgl. u.a.: Alessandro Luzio, Garibaldi, Cavour, Verdi – Studi e Ricerche sulla Storia del Risorgimento, S. 299ff., Turin 1924. – Rudolf Lill, Geschichte Italiens in der Neuzeit, Darm-

dung Italiens erzählenden politischen Mythos ist die reale Zeitlichkeit des historischen Prozesses außer Kraft gesetzt: Mit dem Akrostichon ist die Einheit Italiens im Mythos bereits vollzogen, es gibt in Italien keine Bourbonen und Habsburger mehr, Verdi ist danach nicht mehr Emilianer und Vittorio Emanuele Savoyer, sondern alle sind sie nun Italiener und Angehörige eines Volkes.

Wenn wir die Geschichte um die politische Bedeutung von „Nabucco" für die Mailänder Aufstände oder um das Akrostichon für plausibel halten, so bedeutete dies, Lombarden, Piemontesen, Römer und Neapolitaner hätten auf einzigartige Weise – für ihren gemeinsamen Kampf um das „Risorgimento" Italiens – ein ihrer kulturellen Gegenwart entnommenes politisches Symbol in der Kunst gefunden. Und die Verführung, dies für plausibel zu halten, ist groß, denn Giuseppe Verdi hat nicht nur zur Zeit der „Cinque Giornate" genannten Mailänder Revolution von 1848 seine Opern komponiert, er hatte damals schon eine gesellschaftliche Bedeutung durch sein Renommee als international populärer Komponist. Bereits in den vierziger Jahren des 19. Jahrhunderts erscheint „Nabucco" zum Beispiel nicht nur auf den Spielplänen Europas, sondern auch der Metropolen in Übersee.[8] Die italienische Oper war – auch schon vor Verdi – das kulturelle Identifikationsmerkmal des „Italienischen" schlechthin, auch ohne die Existenz eines nationalen Einheitsstaats Italien. Darum erscheint uns die Verbindung des „Risorgimento" mit einem Komponisten so natürlich.

Staatspolitische Ereignisse der Historie mit der Musikform „Oper" in eine Beziehung zu bringen, ist eine beliebte Versuchung der Wissenschaft und Spielart der politischen Anekdotik.[9] Der nationale Gründungsmythos Belgiens erzählt zum Beispiel, daß Aubers „Stumme von Portici" der belgischen Revolution von 1830 das letzte Zündfeuer gegeben haben soll. Und die Idylle der volkstümlichen Hörnermelodie aus Webers „Freischütz" wollte der Musikschriftsteller und Komponist Hans Pfitzner als politisch bedeutsamen Ausdruck deutschen Wesens ausmachen. Webers Oper wird zusammen mit Wagners „Meistersingern" bis heute als „künstlerische Antizipation" der deutschen Einheit bewertet.[10] Eine andere Geschichte über den Zu-

---

stadt 1988, S. 160. – Storia della Società Italiana, Giovanni Cherubini, u.a., Mailand 1986, passim. – Ekkehart Krippendorff, Peter Kammerer, Italien, Berlin 1990, S. 60, 190. – Delzell, Charles F., The Unifi-cation of Italy 1859–1861. Cavour, Mazzini or Garibaldi?, New York 1965, passim. – N.N., Giuseppe Verdi e la popularità della sua arte, in: „La Festa", 24.01.1926, S. 2–4. – Sehr oft wird Verdis politische Bedeutung auch im Zusammenhang mit Richard Wagner dargestellt. Meist dient dieser Vergleich dann dem Klischee, Verdi habe im Gegensatz zu Wagner wirklich politisch mit seiner Musik etwas bewirkt, und jener habe nur effektheischend von der Revolution gesprochen. Friedrich Dieckmann,Wagner, Verdi, Berlin 1989, S.33f. – Opern und Musikdramen, Colloquium „Verdi-Wagner", hrsg. v. Friedrich Lippmann, Analecta Musicologica Bd. 11, Köln 1972. – Schmalzriedt, Siegfried, Bologna – eine italienische Stadt zwischen Verdi und Wagner, in: Schriftenreihe der Hochschule für Musik/Dresden: 4. Wissenschaftliche Konferenz: Opern und Musikdramen Verdis und Wagners in Dresden, Dresden 1988.

8 Kaufmann, Thomas G., Verdi and his major Contemporaries, New York 1990, S. 266ff.

9 Roland Barthes beschreibt, wie in einer französischen Rundfunksendung die Einberufung der Generalstände von 1789 und die Entlassung Neckers mit dem Streichkonzert Nr.IV in c-Moll von Galuppi in eine „Analogiebeziehung" gebracht wurden. Barthes bezeichnet diese Suche nach Kausalzusammenhängen als „rührend und naiv", da sie ihm in höchstem Maße konstruiert erscheint. Barthes, Roland, Literatur oder Geschichte, Frankfurt/Main 1963, S. 11.

10 Bürgers, Irmelin, Carl Maria von Weber, in: Csampai, Attila/ Holland, Dietmar, Opernführer,

sammenhang von Oper und Revolution wird über den Komponisten Boieldieu kolportiert: Als er die Partitur einer für Paris komponierten Oper von St. Petersburg in die französische Metropole schicken wollte, wurde die Partitur in Paketen von der Grenzwache abgefangen: Boieldieus Beschriftung der einzelnen Päckchen – er hatte sie nach der Tonleiter mit „si, mi, sol" numeriert, hatte Verdacht auf sich gezogen. Die Wache las darin „six mille soldats" und argwöhnte eine Verschwörung oder Revolution, die hinter dieser Botschaft stecken sollte.[11]

Doch ganz so einfach und burlesk, wie diese Beispiele nahelegen, sind die Zusammenhänge bei Verdi nicht gelagert. Bei dieser Untersuchung über das „Risorgimento" und Verdi handelt es sich nicht darum, herausgestellte Analogiebeziehungen zwischen Geschichte und Oper zu kritisieren, um dann die Geschichtsschreibung mit dem Etikett „Mythos" als erfundene Märe abzutun. Der Begriff „Mythos" dient hier als analytische Kategorie. Er ist als deskriptives Arbeitsinstrument zu verstehen, mit dessen Hilfe nachvollziehbar wird, wie die Bildung einer Nation erzählt und plausibilisiert werden kann, und wie ein Gründungsmythos im Lauf der Erzählung und Rezeption seine stützenden Mythologeme erhält.

Ein junger Staat wie das Königreich Italien des 19. Jahrhunderts, der noch keine Berufungsmöglichkeiten auf eine einheitliche oder nationale Identität besitzt oder dessen herkömmliche Herleitungen aus der römischen, etruskischen, langobardischen und diversen dynastischen Traditionssträngen für den Gründungsmythos umgedeutet und modernisiert werden müssen, sucht Mittel für seine Legitimation. Dafür sind – wie zu zeigen sein wird – Geschichten besonders geeignet, die auf „natürliche", das heißt der Nation vermeintlich genuiner Weise, Sinn stiften sollen, ja die mit Eric Voegelin zu sprechen „kreatürlichen" Anschein erregen können.[12] Da bietet sich die Oper als gleichermaßen in die Vergangenheit wie in die Gegenwart weisende, genuin italienische Kunstübung geradezu an.

Die Frage, die in dieser Arbeit zu beantworten sein wird, lautet: Inwieweit ist dieses komplexitätsreduzierende Symbol, für das Verdi mit seinem Namen und seinen Opern steht und das noch heute zum Gründungsmythos der italienischen Nation im 19. Jahrhundert gehört, synchron oder diachron entstanden, und welche Impulse und politischen Konjunkturen unterstützen die mythische Erzählung.

Der archaische Mythos erklärte den Übergang vom Chaos zum Kosmos, und der „moderne" politische Mythos des „Risorgimento" erklärt den Übergang vom „Chaos" der „zersplitterten" Halbinsel zum „Kosmos" des „geeinten Königreichs". Der „Mythos" als sinnstiftende Erzählung hilft dem Staat bei der Lösung des Problems, das „alle komplexen selbststeuernden Systeme mit sich haben: das Chaos der internen Kontingenzen selbst zu beschränken auf diejenigen Optionen, die in einer funktional und zeitlich geordneten Operationsweise genau das

---

Hamburg 1990, S. 296f. – Zu Hans Pfitzners Auffassung vom Zusammenhang von Kunst und Politik. Vgl. auch: Pfitzner, Hans, Die neue Ästhetik der musikalischen Impotenz. Gesammelte Schriften, Band 2, Augsburg 1926, S. 245f. – Mellers, Wilfried, Musik und Gesellschaft, Frankfurt/Main 1964, S. 223. – Zum Tod Verdis findet sich in der Leipziger „Zeitschrift der internationalen Musikgesellschaft" sogar die Kontamination Webers mit Verdi: Hier steht, Verdi sei gleich dem „Deutschen Weber ein moderner Tyrtäus seines Volkes" geworden. Vgl.: Albert, Hermann, Giuseppe Verdi, in: „Zeitschrift der internationalen Musikgesellschaft", 6/1901, S. 205.

11 Gregor, Joseph, Kulturgeschichte der Oper, Wien 1950, S. 329.

12 Voegelin, Eric, Die politischen Religionen, München 1993, S. 58.

reproduzieren, woran die Reproduktion sich orientiert, nämlich die Identität des Sytems."[13] Und diese Identität bedarf einer genaueren, den zukünftigen Angehörigen der Nation vermittelbaren Attributierung ihrer Zugehörigkeit.

Es bietet sich bei solch einem Thema an, die politikwissenschaftlichen Thesen über das Entstehen einer Nation, also über soziologische und ökonomische Zusammenhänge, mit der Analyse der die Nation begleitenden historischen Erzählung, also ihres Gründungsmythos, zu verknüpfen. Denn einhergehend mit der Erzählung über die Nationsbildung gibt es ein Konvolut von disponiblen Mythologemen und Konjunkturen, innerhalb deren Bandbreite ein politischer Mythos gedeihen kann. Er ist als Erzählform für eine sortierende Ordnung des Chaos historischer Ereignisse, als Erzählung von bereits Erzähltem erfolgreich und wahrscheinlich unabdingbar.[14] Die erstaunliche Kraft des Mythos liegt aber nicht nur in seiner normativen Ordnungsfunktion, sondern darüber hinaus in der gleichzeitigen Fähigkeit, die Unordnung in eine vermeintlich vorgegebene Ordnung münden zu lassen.[15] Ein Spielraum steht dem mythischen Erzähler zwar zur freien „bastlerischen"[16] Verfügung, doch es gibt auch ein gewisses Fixum an Verbindlichkeit; allein schon, um der Wiedererkennbarkeit willen. Herfried Münkler rät darum, dicht an der narrativen Extension zu bleiben. Die ikonographische Verdichtung innerhalb des Mythos muß genau beobachtet werden, denn ihre Aufgabe ist es, die „nicht erbaulichen Momente" der mythischen Erzählung durch die Blickfeldverengung auf Augenblicke, Konstellationen oder Charaktere zu tilgen.[17] Die Konzentration auf einen Punkt kann gleich-

---

13 Wilke, Helmut, Entzauberung des Staats. Grundlinien einer systematischen Argumentation, in: Thomas Ellwein, u.a. (Hrsg.), Jahrbuch zur Staats- und Verwaltungswissenschaft Bd. 1, Baden-Baden 1989, S. 297.

14 Nach der Chaostheorie büßen die ein System erklärenden Informationen mit der Entropiezunahme ihre Relevanz ein. Das, was Ilya Prigogine mit „Trajektorien" beschreibt, die sich immer mehr von dem entfernen, wie wir anfangs mit unseren Informationen ein System wahrnehmen konnten, bewirken im Erzählsystem des Mythos indes keine irreversible Vermischung. Der Mythos beinhaltet bereits die Kontur der Menge seiner Informationen und hält auch bei einer Zunahme der Informationen das binäre System, ein Nebeneinander von Ordnung und Unordnung, aufrecht.Prigogine, Ilya/ Stengers, Isabelle, Dialog mit der Natur, München 1981, S. 215f.

15 Vgl.: Ricoeur, Paul, Zufall und Vernunft in der Geschichte, Tübingen 1986, S. 19. – Odo Marquard beschrieb die Verstrickung in mythische Geschichten als unvermeidlich. Wahrscheinlich sei es zuweilen sogar die einzige Freiheit, die uns bleibe, die Geschichten unverändert weiterzuerzählen oder sogar umzuerzählen. Marquard, Odo, Lob des Polytheismus, in: Abschied vom Prinzipiellen, Stuttgart 1981, S. 93.

16 Der Ethnologe Claude Lévi-Strauss erfand das Bild von der „bricolage", von der „Bastelei" an einem Mythos, der sich aus allem verfügbaren Material zusammenbinden läßt: „Der Bastler ist in der Lage, eine große Anzahl verschiedenartigster Arbeiten auszuführen; doch im Unterschied zum Ingenieur macht er seine Arbeiten nicht davon abhängig, ob ihm Rohstoffe oder Werkzeuge erreichbar sind, die je nach Projekt geplant oder beschafft werden müssen: die Welt seiner Mittel ist begrenzt, und die Regel seines Spiels besteht immer darin, jederzeit mit dem, was ihm zur Hand ist auszukommen (...)". Lévi-Strauss, Claude, Das wilde Denken, Frankfurt/Main 1994, S. 30.

17 Münkler, Herfried, Politische Mythen und Nationale Identität, Nibelungen-, Barbarossa- und Hermannsmythik in der deutschen Politik, (unveröffentlichtes Manuskript), Frankfurt/Main

zeitig als willkommener Weichzeichner des für die Geschichtserzählung weniger ruhmreichen Umfelds dienen.

Für den Gräzisten Uvo Hölscher, der den Begriff des „Mythos“ mit all seinen anthropologischen und historischen Gesetzmäßigkeiten zu fassen versucht, liegt der Nation als Einheit und Bewußtsein einer Kultur immer ein Mythos zugrunde. Nation ohne Mythos ist für ihn – und da können sich auch Politikwissenschaftler an Hölscher anschließen – undenkbar.[18] Gerade heute können wir nicht mehr nur altphilologisch exklusiv oder umgangssprachlich ubiquitär mit Mythen umgehen, ohne uns der strukturalistisch zu fassenden anthropologischen Parallelen zwischen den Geschichten der unterschiedlichen Völker und Zeiten gewärtig zu sein.[19] Außerdem sind in diesem Zusammenhang die Ergebnisse philosophischer Erkenntnislehre nicht zu vernachlässigen, die die anthropologische Komparatistik ergänzen: Gerhard Rusch hat die kreative Rolle des Gedächtnisses erforscht und festgestellt, daß die „Wirklichkeit“ vom Menschen nicht als objektive Gegebenheit wahrgenommen wird. Die Gedächtnistätigkeit ist keine Aufbewahrungs-, sondern fortwährende Konstruktionsarbeit.[20] So läßt sich erklären, wieso mit einem politischen Prozeß wie der Nationsbildung ein unaufhörliches Konstruieren von diesen Prozeß erklärenden Erzählungen einhergeht.

Der Begriff des „Mythos“ bietet in diesem Zusammenhang mehrere Vorteile: Wir können in ihm alle Erzählstränge in dem von uns gewählten Zeitraum bündeln, addieren und auch gegeneinander aufwiegen und Auffälligkeiten beobachten. Wir können die Protagonisten nach ihren jeweiligen Funktionen betrachten und werden, wenn wir uns auf Giuseppe Verdi konzentrieren, sehen, wie sich die Stringenz der mythischen Erzählung weiterentwickeln konnte. Es soll gezeigt werden, wie sich schließlich diejenigen „apperzeptiven Muster“[21] heranbilden konnten, in denen heute der Rezipient die Geschichte der italienischen Nationsbildung und die politische Bedeutung von Giuseppe Verdi wahrnimmt.

Das Ziel in der folgenden Untersuchung ist, anhand der Erzählung des „Risorgimento“, die die Nationswerdung Italiens im 19. Jahrhundert begleitet, eine beispielhafte Blickfeldverengung eines politischen Mythos auf die Biographie von Giuseppe Verdi vorzuführen. Zunächst wird also der politische Mythos des „Risorgimento“, seine Rezeption und Modifikation in

---

1991, S. 8f. – Münkler bezieht sich hier auch auf die Hermeneutik der Mythen-Narration, wie sie von Hans Blumenberg formuliert wurde. Blumenberg, Hans, Wirklichkeitsbegriff und Wirkungspotential des Mythos, in: Terror und Spiel. Probleme der Mythenrezeption, hrsg. v. Manfred Fuhrmann, München 1971, S. 11–66. – ders.: Arbeit am Mythos, Frankfurt/Main 1979.

18 Hölscher, Uvo, Odyssee – Epos zwischen Märchen und Roman, München 1988, S. 30.

19 Dazu gehören auch die Thesen – zum Beispiel Jan Assmanns – über die Bedeutung der Schriftkultur. Assmann hat in seinem Buch über das kulturelle Gedächtnis die Leistungsfähigkeit der frühen griechischen Schrift für die Tradierung von Texten untersucht. Die Alphabetschrift der antiken Griechen ist ein Freiraum, der weder von einem Herrscher noch von einem Gott besetzt ist, was das „Eindringen von Oralität in diese Schriftkultur begünstigt.“ Assmann, Jan, Das kulturelle Gedächtnis, München 1992, S. 263ff. Er bezieht sich auf Eric Havelock, der die außergewöhnlich „kontextunabhängige Wiedergabe“ von Sprache innerhalb der Alphabetschrift betonte.

20 Rusch, Gerhard, Erkenntnis, Wissenschaft, Geschichte, Frankfurt/Main 1987, S. 78f.

21 Münkler hält die „apperzeptiven Muster“ für ein wesentliches Element einer Theorie der politischen Mythen. Die politische Selbstwahrnehmung werde so strukturiert. Münkler, Herfried, Politische Mythen und nationale Identität, a.a.O., 19f.

möglichst breiter Form auseinandergelegt. Er begegnet uns durch die verschiedenen Phasen seiner Entstehung wie eine serielle Komposition. Mit dem Begriff der „seriellen Mythenkomposition" soll der Lévi-Strauss'sche Begriff der „bricolage" ergänzt und zugespitzt werden. Während „bricolage"[22] nur die einmalige Herstellungsweise eines mythischen Gebildes und die Beliebigkeit der Wahl der Materialien ausdrückt, soll mit „seriell" darüber hinaus die zeitliche Kontinuität des Prozesses, die Möglichkeiten der variativen Extension und der späteren Komposition am Mythos umschrieben werden. Innerhalb dieser seriellen Mythenkomposition des „Risorgimento" und ihrer heterogenen Mythologeme werden im Detail Verdis Auftritt, Stellenwert und Funktion in den einzelnen Phasen der Erzählung untersucht. Hinzu kommt eine Analyse des normativen Identifikationspotentials von Verdis Mythos, um schließlich den „qualitativ-interpretierbaren Aspekt der politischen Kultur" des untersuchten Landes aufzeigen zu können, der durch seine spezifischen Mythen konturiert wird.[23]

---

22 Vgl. Fußnote 16. – Die Begriffe von Lévi-Strauss' ethnologischer Mythenanalyse sind jeweils aus einer gewissen Distanz zu betrachten. Clifford Geertz weist zu Recht auf die schriftstellerische Erscheinungsform Lévi-Strauss'scher Untersuchungen hin. Dessen Werk sei nicht linear, sondern zentrifugal organisiert. Wir können auch darum nicht „Das wilde Denken" linear auf das Denken der europäischen Zivilisation im 19. Jahrhundert übertragen. Lévi-Strauss selbst gab unumwunden zu, daß er zögern würde, wie Edmund Leach die strukturale Analyse auf die Bibel anzuwenden. Wir können aber das Vokabular dieser strukturalen Methode partiell mit einem technischen und nicht symmetrischen Verständnis auf politische Mythen anwenden und nach Ähnlichkeiten bei der Funktionalität der Mythologeme suchen. Geertz, Clifford, Die künstlichen Wilden, München 1990, S. 34ff. – Lévi-Strauss, Mythos und Bedeutung. Vorträge. hrsg. v. Adelbert Reif, Frankfurt/Main 1980, S. 76.

23 Münkler, Herfried, Politische Mythen und nationale Identität, a.a.O., S. 1.

Erster Teil
Mythos und Politik

I. Mythos und Politikwissenschaft – Schwierigkeiten mit einem Begriff

Da der Gebrauch des Begriffs „Mythos" nicht zweifelsfrei geklärt ist – ob alltagssprachlich ubiquitär oder altphilologisch exklusiv –, soll hier zunächst das dieser Arbeit zugrundeliegende Verständnis eines politischen Mythos umrissen werden.

Wiewohl das Wort „Mythos" eine schnell erzählte Etymologie[1] aufweist, ist die Bedeutung des Begriffs „Mythos" immer schon eine vielfältige, wandelbare und scheinbar beliebige. Wir können andere Termini ableiten, wie mythisch, mythologisch, mythogen, Mythologie und Entmythologisierung und derlei mehr. Assoziieren kann man mit diesen Begriffen sowohl Theologisches als auch Profanes. „Mythos" gilt als Name für eine literarische Gattung, für eine Spielart griechischer Philosophie, für ethnische Erzählungen wie bloß als Synonym für erfundene Geschichten, je nach dem, unter welcher disziplinärer oder zeitlicher Obhut er verwaltet wird.[2] Den verschiedenen Disziplinen ist jedoch eines gemeinsam: In dem Moment, in dem der Begriff auftaucht, werden implizit Werte kommuniziert und zwar ganz „pragmatisch": sei es in diffamierender Art, oder sei es, daß der Begriff zum Heiligenschein wird, der das solchermaßen Benannte jeglicher Zeitlichkeit entrückt.

Während des Nationalsozialismus wurde „Mythos" als Propagandavokabel mißbraucht[3]. Darum war der Umgang mit dem Begriff in der jungen Bundesrepublik belastet. „Mythos", oder vielmehr alles, was der Begriff an Assoziationen freisetzte, war nun entweder „irrelevantes Beiwerk"[4] oder ein höchst verdächtiges – womöglich faschistoides – methodologisches Kriterium.

Allemal, so vermutet Herfried Münkler, nachdem Carl Schmitt noch während des Dritten Reiches in seiner Schrift über „Die politische Theorie des Mythus"[5], diesen explizit als wirk-

---

1 „Mythos" ist ein Kunstwort des attischen Epos und bedeutete wie „Logos" das ‚Wort'. „Logos" war das sinnerfüllte Wort und „Mythos" bis zur Zeit Sophokles' das gesprochene Wort, dann wurde es auch als Ersatz für das ‚heilige Wort' gebraucht. Jamme, Christoph, Einführung in die Philosophie des Mythos, Darmstadt 1991, S. 1.

2 „Mythomanie" gar, ist der pathologische Fachausdruck für das psychische Phänomen „krankhafter Lügensucht".

3 Am bekanntesten ist das nächst „Mein Kampf" einflußreichste NS-Propagandabuch „Der Mythus des 20. Jahrhunderts" von Alfred Rosenberg aus dem Jahr 1930.

4 Plessner, Helmuth, Einführung 1959, in: ders., Die verspätete Nation, Frankfurt/Main 1994, S. 22.

5 Schmitt, Carl, Die politische Theorie des Mythus, in: ders.: Positionen und Begriffe, Berlin 1988.

sames Mittel der politischen Propaganda beschrieben hatte und darüber hinaus den rechten nationalen Mythos als dem linken sozialen Mythos überlegen beurteilt hatte, trage der Begriff für die Disziplin fortan den Degout des Anrüchigen; Mythos und Irrationalismus wurden gleichgesetzt.[6] Und Irrationalismus konnte für die geläuterte wissenschaftliche Stütze der Demokratie, als die sich die Politikwissenschaft nach 1945 verstand, keine angemessene Methodologie bereitstellen.[7] Die politische Erscheinungsform des Nationalsozialismus sollte vielmehr rational anhand von Fakten ausgelotet werden, um die Folgen dieser Massenpsychose überwinden zu können. Doch der „Mythos" selbst blieb in der Folge lediglich verdrängt und eine Theorie über ihn bis in unsere Tage ein politikwissenschaftliches Desiderat.[8]

Seit dem 18. Jahrhundert war es in politischen Abhandlungen üblich, die Gesetze und Begriffe des Newtonschen Gleichgewichtsprinzips auf die Stabilität der Staatenwelt anzuwenden. Und auch nach 1945 befleißigten sich die Politikwissenschaftler zur Verdeutlichung politischer Zusammenhänge oder Systeme der Suche nach Isomorphien zur Naturwissenschaft oder gar zur Psychoanalyse. Einen funktionell-strukturellen Ansatz, angelehnt unter anderem an ethnologische Forschungen[9], mit deren Hilfe Nationalstaatlichkeit auch auf der diskursi-

---

6 Münkler, Herfried, Politische Mythen und nationale Identität, a.a.O., S. 3f.

7 Adorno und Horkheimer hatten in ihrer Dialektik der Aufklärung schon 1947 die Grundthese vertreten, daß der Mythos eine Stufenform der Aufklärung sei und die Aufklärung in Mythologie umschlage. Adorno, Theodor W./ Horheimer, Max, Dialektik der Aufklärung, Frankfurt/Main 1969, S. 5.

8 Dies trifft für die Politikwissenschaft vor allem für die Bundesrepublik zu. Hier ist es Münkler, der einen neuen Weg beschreitet: Münkler, Herfried, Mythos und Politik – Aischylos' Orestie und Wagners „Ring", in: Leviathan 4/1987, S. 562–580. – Ders., Odysseus und Cassandra. Politik im Mythos, Frankfurt/Main 1990. – Ders.: Politische Mythen und Nationale Identität, a.a.O. – Ders., Das Reich als politische Vision, in: Macht des Mythos – Ohnmacht der Vernunft/ Kemper, Peter (Hrsg.), Frankfurt 1989, S. 336–358. – Ders./ Storch, Wolfgang, Siegfrieden. Politik mit einem deutschen Mythos, Berlin 1988. – Politikwissenschaftliche Ansätze gibt es auch von Klaus von Beyme über das Thema des Mythos in politischem Zusammenhang. Beyme, Klaus von, Die Oktoberrevolution und ihre Mythen in Ideologie und Kunst, in: Hartmann, Dietrich/ Assmann, Jan, Revolution und Mythos, Frankfurt/Main 1992, S. 149–175. In den Vereinigten Staaten sind zur historischen Mythologie der Amerikaner erschienen: Jewett, Robert/ Lawrence, John Shelton, The American Monomyth, New York 1977. – Nimmo, Dan/ Combs, James.E., Subliminal Politics. Myths and Mythmakers in America, New York 1980. In Frankreich war vor allem Roland Barthes' „Mythen des Alltags", Frankfurt/Main 1964, von theoretisch anwendbarer Bedeutung. Als früher Ansatz auf soziologisch-politischem Gebiet ist George Sorel zu nennen: Über die Gewalt, Frankfurt/Main 1981. Vgl. auch: Girardet, Raoul, Mythes et mythologies politiques, Paris 1986. Im Anschluß an Barthes: Zaghi, Valentino, Matteotti: la genesi di un mito popolare, in: Rivista di Storia contemporanea, Ott. 1990, S. 432–446.

9 Namentlich Bronislaw Malinowski und Claude Lévi-Strauss. Vgl.: Fetscher, Iring/ Münkler, Herfried (Hrsg.), Politikwissenschaft, Hamburg 1985, S. 22. – Mehrere jüngere literaturwissenschaftliche Arbeiten untersuchten mit Hilfe des Lévi-Strauss'schen Vokabulars die historische Mythologie der Deutschen – zum Beispiel Königin Luise oder Bismarck. Vgl.: Wülfing, Wulf/ Bruns Karin/ Parr, Rolf (Hrsg.), Historische Mythologie der Deutschen, München 1991. Vgl. außerdem zur Anwendung des Mythos in der Moderne: Graevenitz, Gerhart von, Mythos – Zur Geschichte einer Denkgewohnheit, Stuttgart 1987, Leenhardt, Jacques, Politische Mythen im Roman, Frank-

ven Ebene und in ihren oft ikonographischen Erscheinungsformen erklärt werden kann, finden wir erst in jüngerer Zeit.

Eng an der Soziologie orientiert dagegen, konnten sich die empirischen Wissenschaften entwickeln, deren quantitativ-statistische Verfahren heute nur mehr von Computern zu bewerkstelligen sind und deren positivistische Aussagen mit Hilfe von Programmen und der Methode „immer wenn... – dann..." den politischen Alltag authentisch beschreiben sollen. Meinungsforschung, Wahlanalysen, Systemvergleich, dies alles hat in der Politikwissenschaft seinen Stellenwert, aber viele Bereiche bleiben dabei ausgeklammert: Bis heute führt kein politisches Wörterbuch den „politischen Mythos" als ernstzunehmendes Phänomen auf und schon gar keine Methode, um politische Mythen zu analysieren. In den politischen Wissenschaften ist es üblich, Ideologiekritik zu üben und nach den Initiationen von Nationalismus zu forschen. Doch lange überlegten die Wissenschaftler nur, welche Motive hinter den teils dogmatisierten Ideen der politischen Machthaber liegen könnten. Wissenschaftskritische Politik wollte „ideologische Verhüllungen enthüllen".[10] Das Dahinterliegende war und ist für manchen Wissenschaftler also scheinbar leichter zu befragen als das der Ideologie Gleichzeitige, wie es ein politischer Mythos darstellt, den man nicht verschwörungstheoretisch enthüllen, sondern nur beschreibend dekonstruieren kann.

Warum auch die Historiographie dem Mythos nicht sehr zugetan war, ist offensichtlich. Denn er erinnert sie daran, daß beider Wurzeln dieselben sind, was sie in ihrem kritischen Gewand um ihrer Wissenschaftlichkeit willen gerne verleugnen möchte.[11] Den „Mythos" als Element oder „Supplement" der Geschichte zu begreifen, das nicht als dogmatische Diffamierung nachgeordnet ist, sondern das der Historie innewohnt und oft erst nachträglich strukturell erkannt wird, stieß innerhalb der Historiographie auf Schwierigkeiten. Wenn es zweifelbar scheint, daß Preußen zur Zeit der Königin Luise überhaupt annähernd dem entsprach, was wir im Geschichtsunterricht darüber gelernt haben, müssen wir uns in der Folge ständig skeptisch fragen, ob wir eigentliches Geschehen und Mythos überhaupt noch auseinanderhalten können oder ob sich die Historie nicht in Form ihres eigenproduzierten Mythos selbst aufzehrt.

Die historischen Ansätze die den „Mythos" als politisches Instrument wissenschaftlich ernst nehmen – so zum Beispiel in frühen Arbeiten von Hans Baron oder Nicolai Rubinstein[12] über

---

furt 1976, Link, Jürgen/ Wülfing, Wulf (Hrsg.), Nationale Mythen und Symbole in der zweiten Hälfte des 19. Jahrhunderts, Stuttgart 1991, Weimann, Robert, Literaturgeschichte und Mythologie, Frankfurt/Main 1977.

10 Vgl.: Saage, Richard, Das Ende der politischen Utopie?, Frankfurt/Main 1990, S. 8.

11 Die Sorge um die Selbstbehauptung der Geschichtswissenschaft gegen das Monitum der Erfindung ist durchaus nachvollziehbar, wenn wir uns beispielsweise frivole Vorwürfe wie die von Arthur Schopenhauer anschauen: Die Geschichtsmuse Klio sei, so analogisierte der skeptische Philosoph, mit der Lüge so durch und durch infiziert, wie eine Gassenhure mit der Syphilis. Schopenhauer, Arthur, Werke in zehn Bänden, Band X: Vereinzelte, jedoch systematisch geordnete Gedanken über vielerlei Gegenstände, Zürich 1977, S. 491.

12 Baron, Hans, The Crisis of the Early Italian Renaissance, Princeton 1966. – Rubinstein, Nicolai, Political Ideas in Sienese Art: The Frescoes of Ambrogio Lorenzetti and Taddeo di Bartolo in the Palazzo Publico, in: Journal of the Warburg and Courtauld Institutes, 1958, Nr. XXI, S. 85–105. – auf diese bezieht sich: Skinner, Quentin, Ambrogio Lorenzetti: The Artist as Political Philosopher, in: Malerei und Stadtkultur in der Dantezeit, hrsg.v.: Hans Belting und Dieter Blume, München 1989, S. 85–105.

die Selbstlegitimation der italienischen Kommunen in der „Renaissance" –, meinen den klassischen Mythos, der in seiner ästhetischen Darstellung die jeweilige Gegenwart durch sein Zitat aufwerten sollte. Das ist methodologisch korrekt, aber für mein Gebiet zu eng, da wir es beim „Risorgimento" und bei Verdi auch und gerade mit neuerfundenen politischen Mythologien zu tun haben.

Helmuth Plessner machte in der postumen Einführung zu seinen in den dreißiger Jahren gehaltenen Vorlesungen über „Das Schicksal deutschen Geistes im Ausgang seiner bürgerlichen Epoche" darauf aufmerksam, daß die Wissenschaft bei einer Analyse des Nationalismus entgegen dem gängigen Realismus „über die Gründe unserer Infizierbarkeit für gewisse Mythologeme" nachdenken müsse.[13] Doch, wie beschrieben, werden diese „Mythologeme" auch von der Politikwissenschaft noch heute wie vor fünfunddreißig Jahren als „irrelevantes Beiwerk" abgetan. Das ist verhängnisvoll. Denn die Erzählung, zumal diejenige des Nationsdiskurses im 19. Jahrhundert, war und ist das Medium, das überhaupt den Bestand einer politischen Idee bebilderte und gewährleistete. Nur die Erzählung vermag den Beherrschten den Sinn und Verlauf ihrer politischen Lebensform zu vermitteln.[14]

Der politische Mythos steht weder im Gegensatz zu einer Ideologie, noch ist er ihr gleichzusetzen, denn seine Grenzen bleiben prinzipiell in Fluß. Der Mythos als Erzählung des Politischen hat aber eine ganz entscheidende Wirkung: Er kann den Verdacht auf Kontingenzen, die mit der Propagierung einer politischen Idee oder dem Legitimationsversuch einer neuen Regierungsform einhergehen, wegerzählen. Beispiele aus dem deutschsprachigen Raum sind der Mythos um Bismarck und die Einigung Deutschlands oder der Mythos Barbarossa und das Heilige Römische Reich oder etwa der Mythos um Andreas Hofer und die Befreiung Tirols.[15] Und doch, ob wir diese Epoche nun „Risorgimento" heißen oder über die politische Vereini-

---

13 Plessner, Helmuth, a.a.O., S. 22.

14 Im ehemaligen Jugoslawien konnten wir jüngst unmittelbar erleben, wie eine mythische Erzählung – der Kosovo-Mythos – die Form des Krieges der Ethnien unterstützt, ja die Grausamkeiten der Militärs legitimiert. Am Veitstag, als auch dieses Mal der Kampf der Serben begann, solle das Rot frischen Blutes alle Gewässer färben, so die mythische Überlieferung. Eliade, Mircea, Kosmos und Geschichte – Der Mythos der ewigen Wiederkehr, Frankfurt/Main 1984 S. 53ff. Die von Eliade beschriebenen serbischen Mythen, der Kosovo-Mythos und der Mythos um den im 14. Jh. lebenden Königssohn Marco, wurden durch die Jahrhunderte immer wieder rezipiert: Marco wurden 1820 von Vuk Stepanovic Karadzics serbische Volkslieder (25 Balladentexte) gewidmet. Zu den Bewunderern des Kosovo-Mythos gehörten nicht nur Romantiker wie Jakob Grimm, sondern auch Ideologen des arischen Rassismus wie Housten Stewart Chamberlain. Lauer, Reinhard, „Aus Mördern werden Helden – Über die heroische Dichtung der Serben", in: FAZ: Bilder und Zeiten, 6. März 1993.

15 Dülffer, Jost/Hübner, Hans, Otto von Bismarck. Person-Politik-Mythos, Berlin 1993. – Kettenacker, Lothar, Der Mythos vom Reich, in: Mythos und Moderne, hrsg.v. Karl Heinz Bohrer, Frankfurt/Main 1983. – Münkler, Herfried, Das Reich als politische Vision, in: Macht des Mythos – Ohnmacht der Vernunft/ Kemper, Peter (Hrsg.), Frankfurt 1989, S. 336–358. – Parr, Rolf, „Zwei Seelen wohnen, ach in meiner Brust" – Strukturen und Funktionen der Mythisierung Bismarcks, München 1992. – Schneider, Gabriele, Menschen und Mythen im Partisanenkrieg – Andreas Hofer: Für Gott, Kaiser und Vaterland, in: Der Partisan, hrsg. v. Herfried Münkler, Opladen 1990, S. 324–340.

gung der italienischen Territorien im 19. Jahrhundert sprechen, die Koordinaten bleiben die nämlichen, die Konnotation aber eine variative. Denn der Begriff „Risorgimento“ ist, wie am politischen Mythos, dessen sich der italienische Nationsdiskurs des 19. und beginnenden 20. Jahrhunderts bediente, zu zeigen sein wird, mit Emotionen aufgeladen.

II. Die Funktionen des politischen Mythos im Nationsdiskurs

Der Mensch ist ein Bilderfreund, und das sowohl aus ethischen wie ästhetischen Gründen. Bilder, in jeglich wahrnehmbarer Gestalt, formen seine Welt. Bilder können Abbilder wie auch Trugbilder sein, Realität wie Fantasie. Sie leisten Kommunikation und Distinktion. Bilder sammeln sich in Erzählungen und Fabeln. Sie bilden Geschichten und Mythen, an die der Mensch glaubt oder nicht, an denen er sich ergötzt, orientiert oder stört und die er weiterträgt. Sie strukturieren das Chaos und rhythmisieren das Leben. Bilder werden vom „animal symbola formans", wie Ernst Cassirer den Menschen umschreibt, aus Neugierde nach der Ursache der Dinge geschaffen und von ihm für die anderen Menschen in Schrift und Rede verwandelt.[16]

Mit Hilfe von Eric Voegelins Schrift über die politischen Religionen kann ansatzweise die Funktion und die politische Dimension von mythischen Erzählungen innerhalb des Nationsdiskurses, in denen sich solche Bilder bündeln, beschrieben werden.[17] Voegelin unterscheidet hier zwischen innerweltlichen und überweltlichen Religionen. Seine universalistische Geschichtsauffassung führt uns vom ägyptischen Pharao Echnaton zu den „Volksreligionen" des 19. und beginnenden 20. Jahrhunderts, um den Übergang von der direkten Bindung des einzelnen Untertans an Gott zur Kollektivbindung an den sakralisierten Staatsapparat zu beschreiben. Unter den neuen Volksreligionen versteht er einen sich verselbständigenden Glauben an den Fortschritt. Seine Herleitungen führt er explizit am faschistischen Italien und nationalsozialistischen Deutschland aus[18]: Der bis zur Neuzeit beziehungsweise der Französischen Revolution respektierte „Auftrag Gottes" wurde nun, nach der Revolution, synonym zu „innerweltlichen Formeln wie ‚Auftrag der Geschichte' ".[19] Für die „Gemeinschaftsperson" in der Welt, in der es keine direkte Verbindung zu Gott als Existenzerklärung mehr gebe, wurde die Gemeinschaft selbst zur Legitimierungsquelle. Seit dem 19. Jahrhundert habe, so Voegelin, der Gewöhnungsprozeß eingesetzt, diese Gemeinschaft „Nation" zu nennen. Die Nation wird also zum direkten Religionsersatz. Der politische Führer wird zum Repräsentant des Volkes. Er ist nach Voegelin der Volkswille und der einzelne das Instrument, das dem sakralen Weltinhalt anstellig wird.[20] Wissenschaftliche Weltanschauungen ersetzen zunehmend geistliche

16 Cassirer, Ernst, Versuch über den Menschen, Frankfurt/Main 1990, S. 148.

17 Voegelin, Eric, Die Politischen Religionen, München 1993

18 Ebenda, S. 41.

19 Ebenda, S. 49.

20 Ebenda, S. 56.

Formeln, die die Existenzfrage des einzelnen indes offenlassen. Denn die „Problematik der Existenz“ lebt in der vom Kollektiv nur scheinbar aufgesogenen „Einzelseele“ weiter: „(...) wenn die Symbole der überweltlichen Religiosität verbannt werden, treten neue, aus der innerweltlichen Wissenschaftssprache entwickelte Symbole an ihre Stelle“.[21]

Vor allem also im nachrevolutionären 19. Jahrhundert wird der Mythos als ein die Symbole vernetzendes Erzählsystem bedeutsam. In Voegelins Beschreibung wird dieser „Mythus“ erzeugt, um die Massen für das politische System affektiv zu binden.[22] Er ist ausdrücklich als ein Werkzeug und Hilfsmittel für die „innerweltliche Religion“ angeführt. Hier können wir eine Brücke von Voegelins „Volksgeist“ und „Volk“ zu Emerich Francis' „Ethnos und Demos“ schlagen, der in seinem breiter angelegten soziologischen Erklärungsversuch der „Nation“ über den Ansatz Voegelins hinausgeht. Nach Francis eint das Bemühen, den Wert und die Bedeutung des Ethnos ins allgemeine Bewußtsein zu heben, die verschiedenen nationalen Bewegungen. Ob sie sich nun „nationale Erweckung, Volkserneuerung oder Risorgimento“ nennen – die dabei Angesprochenen sollen zu politischen Handlungen bereit sein, die bis zur Ausübung von Waffengewalt reichen können.[23]

Der „typische Gehalt der nationalen Idee“ läßt sich nicht beweisen, es bedarf daher der Erzählung, damit eine „affektuelle“ Bindung entstehen kann. Voegelins ausdrucksstarke These von der „Dekapitierung Gottes“[24] entspricht Francis' folgende Aussage: „Im romantischen Nationalismus tritt der Mythus von der Kultur und der Kulturnation geradezu an die Stelle des Mythus von Christentum und Kirche.“[25] Darüber hinaus wird die Nation zu einer Institution, deren Propagandisten sowohl die geographischen Ausmaße als auch das sozialpsychologische Selbstverständnis mit historischen Mythen zu behaupten trachten.[26] Wenn die „Nation“ nicht genuin politisch, also pragmatisch, begründet werden kann, wird sie historisch, kulturell oder religiös herbeierzählt. Diese Erzählungen entwickeln dann eine genuin politische Kraft, die, wie am Fall des „Risorgimento“ und Verdi gezeigt werden soll, auch widersprüchliche Segmente zu integrieren vermag. Im Fall der italienischen Nationsbildung mußte der nationale Mythos überdies mit zum Teil sehr alten und in breiten Schichten gut verankerten Erzählungen, wie zum Beispiel der katholischen Religion, konkurrieren. Welche Legitimationsprobleme entstehen, wenn der Erzählung jegliche mythischen Elemente fehlen und der politische

---

21 Ebenda, S. 50.

22 Über die Struktur und Bedeutung von Mythen im Ordnungssystem der menschlichen Gesellschaft s.a.: ders., Anamnesis, München 1966, Teil III: Die Ordnung des Bewußtseins, S. 283ff. – Streng genommen handelt es sich also bei Voegelin um einen „Kunstmythos“, der nicht innerhalb eines rezeptiven Narrationssystems entstanden ist. Auf den Unterschied des „Kunstmythos“, also der absichtlichen Konstruktion eines Mythos, einen Spezialfall der „bricolage“ eines Mythos, komme ich weiter unten ausdrücklich zu sprechen.

23 Francis, Emerich, Ethnos und Demos, Berlin 1965, S. 90.

24 Voegelin, Eric, Die politischen Religionen, a.a.O., S. 55. – Max Weber nannte es „Entzauberung der Welt“, wobei hinzugefügt werden muß, daß mit der Entzauberung eine neue „Verzauberung“ einhergeht, was bei Voegelins Begriff nicht ausgeschlossen bleibt. Weber, Max, Wirtschaft und Gesellschaft, Tübingen 1972, S. 308.

25 Francis, Emerich, Ethnos und Demos, a.a.O., S. 113.

26 Francis nennt das „begriffliche Erschleichungen“. Ebenda, S. 63.

Zusammenschluß allein aus praktischen Erwägungen herbeigeführt wird, zeigt das Dilemma, die gegenwärtige europäische Einigung bei der Bevölkerung populär zu machen.

Die Instrumentalisierung von Geschichte gewinnt im 19. Jahrhundert eine neue Dimension. Mit Hilfe von historischen Mythen betrieben die Dynastien Europas eine antizipatorische „Naturalisierung" ihrer Geschichte[27], die sie untrennbar mit dem neuen Geschick der Nation verbinden sollte. Damit wollten sie einer Marginalisierung oder gar einem Ausschluß aus der sich entwickelnden nationalen Gemeinschaft trotzen. Wie ich am Beispiel des Hauses Savoyen aufzeigen werde, sollte hier nicht mehr bloß bestehende Herrschaft – wenn auch mit expansionistischen Interessen – in Kunst und Architektur legitimiert werden wie zur Zeit der Stadtrepubliken des 15. Jahrhunderts. Vielmehr handelt es sich im Zeitalter nach den großen Revolutionen in Frankreich und England um den Versuch des „Juste-Milieu", auf dem Weg zur Modernisierung und Industrialisierung, der Furcht vor unkontrollierbaren politischen Auflösungserscheinungen zu begegnen und bereits normative Antworten auf die Frage des Staates und der Regierungsform parat zu haben.[28] Geschichte und historische Literatur konnten immer mehr zum Stoff eines Herrschaftsdiskurses werden, der sich sehr „selbstgenügsam" zu einem Gutteil aus den eigenen mythischen Ressourcen speiste und in dem es aber in realiter vorrangig um ideologische, territoriale und ökonomische Gesichtspunkte ging. Die Form der nationalen Gemeinschaft, die entstand, ist dabei sicherlich eine „vorgestellte". Ihre Argumente kondensieren sich indes nicht aus purer Imagination[29] allein, sondern der sich bildende „Nationalcharakter" spiegelt einen bestehenden Diskurs oder, wie Plessner formuliert, ein „vorhistorisches Anlagesystem".[30] Der Mythos der Nation funktioniert nun wie ein Magnet, der alle für die Nationsbildung wesentlichen Elemente zu sich ausrichtet. Nach einer gewissen Zeit erzählt sich der Mythos dann von selbst.

---

27 Vgl.: Anderson, Benedict, Die Erfindung der Nation, Frankfurt/Main 1988, S. 90ff.

28 Norbert Elias vertritt im Fall von Frankreich, wo bis ins 17. Jahrhundert mehrere kleine Fürstenhäuser in kleinen gesellschaftlichen Einheiten nebeneinander existierten, die These, daß der Territorialstaat das Ergebnis des Überlebenskampfes unter den Eliten war. Elias, Norbert, Über den Prozeß der Zivilisation, Bd.II, Frankfurt/Main 1976, S. 144ff.

29 Für Benedict Anderson – wie auch für Etienne Balibar – kann jede größere Gemeinschaft nur eine „imagined community" sein. Anderson, Benedict, S. 14ff. – Balibar, Etienne, La forme nation: histoire et idéologie, in: Balibar, E./ Wallerstein, Immanuel, Race, nation, classe. Paris, 1988, S. 127.

30 Plessner, Helmuth, Die verspätete Nation, a.a.O., S. 25.

III. Der Mythos als ästhetischer Baukasten im Dienst der Politik

Wenn der klassische Mythos und seine Mythologeme als ästhetischer Baukasten Alteuropas eingesetzt werden, so gehört er – in Besitzverhältnissen ausgedrückt – zum „kulturellen Kapital" einer intellektuellen Elite. Es geht also um die Geschichte des Wiedererkennens von Codes, die sich auf ein geistiges Erbe, wie das der Antike, beziehen. Auch in der historischen Erzählung über das „Risorgimento" werden uns verschiedene solcher Codes der italienischen Polymythologie zum Beispiel in Form von Zitaten und Zeichen der römischen Antike oder des „rinascimento" begegnen.

Blumenberg nennt die inhaltlichen Motive der einzelnen mythischen Erzählungen ihren „Grundmythos". Dieser enthält das Strukturschema, welches ein „dynamisches Prinzip der Sinnstiftung" bildet.[31] Bis heute sind uns solche grundmythischen Motive – auch in stereotypen Verformungen – als Codes erhalten geblieben, wenn zum Beispiel ein Politiker in völliger Unkenntnis der ursprünglichen Bedeutung von Kassandrarufen der oppositionellen Partei spricht.

Marcel Detienne, der strukturalistisch arbeitende Altphilologe, schlug zum Verständnis von Mythologie vor, sie vor allem vor dem Hintergrund derer zu betrachten, „die seit 1850 von ihren Lehrstühlen über sie sprechen"[32]. Als borniert bezeichnete er alle, für die der Mythos immer nur griechisch sein könne und von Griechenland handle. Denn dann bestehe die Realität des Mythos nurmehr aus seiner Ideen- und Rezeptionsgeschichte.

Der Literaturwissenschaftler Gerhart von Graevenitz spitzt im Anschluß an Marcel Detienne dieses Urteil noch zu und nennt den mythenfreudigen Ästhetizismus des 18. und 19. Jahrhunderts „Winckelmannsche Gräkomanie"[33]. Die humanistische Gelehrsamkeit pflegte den Mythos und mumifizierte ihn zugleich.[34] Hier lohnt ein Blick auf die Geschichte der politischen Verwendung antiker Mythen: Die allegorische Sprache des Politischen in der „Renais-

---

31 Blumenberg, Hans, Die Arbeit am Mythos, Frankfurt/Main 1984, S. 198.

32 Detienne, Marcel, Mythologie ohne Illusion, in: Mythos ohne Illusion, Lévi-Strauss, Claude.– Vernant, Jean-Pierre, Frankfurt/Main 1984, S. 28f.

33 Graevenitz, Gerhart von, Mythos, Zur Geschichte einer Denkgewohnheit, Stuttgart 1987, S. X.

34 Solch elitärer Umgang mit Mythologien findet sich nicht erst in der Zeit von Bachofen, Baeumler und Winckelmann. Seit dem fünften Jahrhundert vor Christus wird die Mythologie in Griechenland innerhalb der Lehre zur wissenschaftlichen Disziplin. Im Hellenismus gilt die Mythologie als ein Fachwissen, welches von seinen Epigonen – zu nennen sind etwa Kallimachos und

sance“ bis in den Barock, aus der sich bildliche Darstellungen jeder Art, der Literatur und vor allem der Heraldik nährten – die gesamte kunsthistorische Schule im Gefolge Aby Warburgs konzentriert sich auf diese Erscheinungsform des Mythos –, darf nicht mit einer kritiklosen Anerkennung der Wahrheit des Erzählten gleichgesetzt werden. Die Humanisten an Europas Höfen fanden in den Beschwörungen der mythischen Abkunft ihrer Potentaten oder Staatswesen eine bildhafte Codierung des Politischen. Die neoplatonische Exegese eröffnete ihnen unerwartete Versöhnungsmöglichkeiten von Bibel und Mythologie.[35] Diese immens wichtige Erscheinungsform des Mythos ist nicht religiös zu verstehen – nie beeinträchtigte sie den christlichen Glauben, das mythische Personal wurde nicht angebetet, sondern symbolisierte Tugenden und Laster. Und selbst in den Stanzen des Vatikan durfte Raffael den Parnaß bildlich verherrlichen, ohne damit gegen die katholische Religion zu verstoßen. Die Häufigkeit des Mythos in „Renaissance“ und Barock stellt für die Kulturgeschichtsschreibung ein eher linguistisches Phänomen dar: der ästhetische Baukasten diente der pittoresken Sprache der Macht, also der Politik.

Hans Blumenberg hat bestritten, daß das rezipierende und decodierende Publikum „(...) bürgerlicher, gar humanistischer, jedenfalls literarischer Bildung“ sein muß. Gegenbeispiel sei die Zunahme der Variationen mythischer Stoffe im Bereich der literarischen und bildenden Künste, vor allem in den Vereinigten Staaten[36], wo der Mythos zuerst in Reklame und „Comic“-Kultur Eingang gefunden habe.[37] Immer aber ist eine ungefähre Fähigkeit der Rezipienten zur Decodierung das Entscheidende. Nur wer die mythische Anspielung erkennt, weiß, was gemeint ist. Bis heute hat sich das Baukastensystem im Umgang mit mythologischem Bildungsgut eher noch weiter etabliert.[38]

Das Prinzip des „ästhetischen Baukastens“ ist für die vorliegende Arbeit wichtig, denn im „Risorgimento“ arbeiteten eine ganze Reihe von Intellektuellen in verschiedenen Phasen und mit Hilfe der politischen Implikationen des spezifisch für die junge Nation geeigneten Baukastens am „Mythos Italia“. Die verschiedenen Rückgriffe auf Kunst und Literatur waren, wie zu zeigen sein wird, dem Versuch geschuldet, die Gegenwart und Zukunft normativ festzulegen.

Diodor – sorgsam behandelt und kultiviert wird. Es ist die Periode des religiösen Synkretismus. Jamme, Christoph, „Gott an hat ein Gewand“, Frankfurt/Main 1991, S. 221f.

35 Seznec, Jean, Das Fortleben der antiken Götter, München 1990, S. 73ff.

36 Blumenberg, Hans, Arbeit am Mythos, a.a.O., S. 304

37 Die Tatsache einer Vervielfältigung zeitigt jedenfalls möglicherweise einen Vorteil: anlehnend an die These Walter Benjamins über das Abbilden und Vervielfältigen des Kunstwerks, könnte man auch für den „Mythos“ annehmen, daß im Zeitalter seiner variativen Reproduzierbarkeit seine Aura verkümmert und er somit aus altphilologischer Klausur entlassen wird. Benjamin, Walter, Das Kunstwerk im Zeitalter seiner technischen Reproduzierbarkeit, Frankfurt/Main 1963, S. 13.

38 Versatzstücke aus der klassischen Mythologie enthält auch die deutsche Umgangssprache, wie „Achillesferse“, „Ödipuskomplex“ oder „Sisyphusarbeit“.

IV. Kunstmythen des 19. Jahrhunderts

Unter Kunstmythen können Phänomene verstanden werden, die bewußt zur Sinnstiftung geschaffen und instrumentalisiert werden, und die sich nicht nur durch den Verweis auf einen anderen Mythos oder Gott auszeichen, sondern ihren mythischen Ursprung autopoietisch produzieren. Friedrich Nietzsche schuf zum Beispiel mit seinem „Ecce Homo" einen reinen Kunstmythos.[39] Bei der Form von „bricolage", mit deren Hilfe Kunstmythen entstehen, wird nicht zufällig mit der „Romantik des Irrationalen", mit Max Weber zu sagen, gearbeitet.[40] Sie sind Artefakte und inszenieren geplant den selbstreferenziellen Kult ihres Charismas. Das „Phantastische" wohnt ihnen nicht nur inne, sondern ist ihr Ausdruck. Für die Historie sind sie schwer auszumachen, da wir kaum zwischen selbstinszeniertem Mythos und nachträglicher historischer Mythisierung differenzieren können. Die Übergänge sind fließend und lassen sich nur durch eine sorgfältige Dekonstruktion sichtbar machen. Wir werden später auch im Fall von Giuseppe Verdi auf die Vermischung aus selbstinszeniertem biographischem Kunstmythos und politischem Mythos treffen.[41]

Weitere Beispiele für Kunstmythen sind zum Beispiel die bewußten Mythisierungen während der Französischen Revolution. Die theatralische Historienmalerei Jacques Louis Davids kann als ein dem Geschehen synchrones „kultisches Objekt im revolutionären Märtyrerfest" gesehen werden.[42] Dieselbe Synchronität von Ereignis und Mythisierung finden wir auch auf

39 Nach Plato sei es nur noch ihm gelungen, so Hans Blumenberg, solch einen theoretisch konstruierten Mythos zu ersinnen. Blumenberg, Hans, Die Arbeit am Mythos, a.a.O., S. 194.

40 Weber, Max, Gesammelte Aufsätze zur Wissenschaftslehre, Tübingen 1968, S. 598.

41 In welcher Weise Künstlerbiographien von Legenden und Anekdoten getragen werden, die allzuoft nicht der Wahrheit entsprechen, haben Ernst Kris und Otto Kurz in ihrem Essay über „Die Legende vom Künstler" von 1934 (Wien) gezeigt. Untersuchungsgebiet ist nicht der Lebenslauf von Künstlern allein, sondern als Quelle dient das Urteil der Mit- und Nachwelt. Die beiden Autoren bezeichnen die sich tradierende Anekdote als die „Urzelle" der Biographik, die „(...) in diesem weiteren Sinne ihre Stoffe aus dem Reich von Mythos und Sage bezieht, aus dem sie mancherlei Vorstellungsgut in das geschichtliche Denken trägt." Kris, Ernst/ Kurz, Otto, Die Legende vom Künstler, Frankfurt/Main 1980, S. 33.

42 Graevenitz, Gerhart von, Mythologie des Festes, in: Poetik und Hermeneutik IV: Das Fest, München 1989, S. 526ff. Zu diesem Thema auch: Kurz, Gerhard, Mythisierung und Entmythisierung der Revolution, in: Harth, Dietrich/ Assmann, Jan (Hrsg.), Mythos und Revolution, Frankfurt/ Main 1992, S. 135.

der Musikbühne: Marc Antoine Desaugiers schrieb 1789 eine Oper – mehr noch ein verherrlichendes Weihedrama – mit dem Titel „La prise de la Bastille".[43]

Richard Wagner schuf mit seiner Vorstellung vom „Gesamtkunstwerk" ebenfalls einen künstlichen Mythos. Zwar träumte er vor der Gründung der Bayreuther Festspiele noch von Künstlern und Zuhörern, die seiner Musik erst durch die Revolution zugeführt werden sollten.[44] Das revolutionäre Fest, so wie er es plante, blieb aber Utopie. Daß er dafür mit bekannten germanischen Mythen arbeitete, hat die Wirkung des Gesamtprojekts verstärkt und überhöht und einen Kunstmythos geschaffen.[45] Die Gemeinde von Wagners Anhängern stilisierte schließlich auch seine Person und biographische Extravaganz zu einem Mythem dieses Kunstmythos.

Die Bemühungen der deutschen Romantiker, eine „Neue Mythologie" zu installieren sind ebenso – wenngleich sie mit archaischen Mythen arbeiten – eine künstliche Konstruktion.[46] Ihre Vision beschreibt Niklas Luhmann aber als besonders ergebnislos, da sie „in einer Art verzweifeltem Coup gerade aus der Unglaubwürdigkeit der Inszenierung Glaubwürdigkeit zu gewinnen suchte."[47]

Der Mythos – als künstliches Produkt installiert – verfügt trotz der Gefahr des Mißlingens der Inszenierung über einen gewaltigen Vorteil, so Blumenberg: Er „(...) braucht keine Fragen zu beantworten; er erfindet bevor die Frage akut wird und damit die Frage nicht akut wird."[48] Der Kunstmythos erzählt nicht nur Kontingenzen weg, sondern verengt das Blickfeld ganz auf sich und seine Existenz selbst. Er steht dann zur Disposition für neue, normativ instrumentalisierbare Erklärungszusammenhänge.[49]

---

43 Prieberg, Fred, Musik und Macht, Frankfurt/Main 1991, S. 18.

44 Dahlhaus, Carl, Richard Wagners „Bühnenfestspiel" – Revolutionsfest und Kunstreligion, in: Poetik und Hermeneutik XIV: Das Fest, hrsg. v. Haug, Walter/ Warning, Rainer, München 1989, S. 592ff.

45 Andrea Mork, Richard Wagner als politischer Schriftsteller, Frankfurt/Main 1990, S. 45ff. – Gary Zabel, Wagner and Nietzsche: on the threshold of the twentieth century, in: The Musical Times, London August 1990. – Nach Georg Picht habe Wagner mit kühler Berechnung produziert, was nach Marx, dem er nahestehe, das Wesen der Religion sei: Opium des Volkes. Picht, Georg, a.a.O., S. 281.

46 Frank, Manfred, Gott im Exil, Frankfurt/Main 1988, passim.

47 Luhmann, Niklas, Brauchen wir einen neuen Mythos?, in: Soziologische Aufklärung, Band 4, Opladen 1987, S. 257.

48 Blumenberg, Hans, a.a.O., S. 219.

49 Zum Begriff der „Autopoiesis" vgl.: Maturana, Humberto, Erkennen: Die Organisation und Verkörperung von Wirklichkeit, Braunschweig 1982.

V. Der Mythos im privaten und politischen Alltag

Unsere technisierte Realität entspricht nicht der auf den Trobriand-Inseln zu Zeiten Bronislaw Malinowskis und erst recht nicht der in Griechenland zu Zeiten Hesiods. Moderne Mythen, die nach Roland Barthes[50] unserem Alltag entspringen, dienen heute nicht archaischer Naturbeherrschung, sondern bezeichnen andere Phänomene und gelten anderen normativen Handlungsanweisungen. „Jeder noch so alltägliche Daseinsinhalt kann den auszeichnenden Charakter der Heiligkeit gewinnen, sobald er nur in die spezifisch mythisch religiöse Blickrichtung fällt.“[51] Diese von Cassirer beschriebene „Heiligkeit“ wird in säkularisierter Form seit den ersten Tagen der Marktwirtschaft von der Werbung genutzt. Der Nimbus des Mythischen umgibt im Alltag Filmschauspieler, Automobile und Genußmittel gleichermaßen. Und dies nicht erst seit Beginn des 20. Jahrhunderts. Ludwig Uhland dichtete schon um 1840 für einen damals neuen Luxusartikel: „In Indiens mythischem Gebiete/ wo Frühling ewig sich erneut/ o Thee, du selber eine Mythe/ verlebst du deine Jugendzeit“.[52]

Die positive Konnotation, die hier mitschwingen soll, bezieht sich wahrscheinlich auf die Vorstellung, was mit dem Begriffsinventar der Kultur unfaßbar sei, könne auch göttlichen Ursprungs sein. Eine Filmschauspielerin wird auf diese Weise geheimnisumwoben, einem Automobil trauen wir hypertechnische Fähigkeiten zu, und ein Genußmittel wird sich durch die Unnachahmlichkeit seiner Ingredienzien und Rezeptur auszeichnen. Doch das mythische und wundervolle Klima erzeugt neben der Bewunderung ein Weiteres: es hilft auch hier, Komplexität zu bewältigen. In einer zum Mythos stilisierten Großstadt läßt sich vielleicht auch ihre metropolitische Realität des Anonymen und der Ortlosigkeit ertragen.[53] Solche Mythen spre-

---

50 Die erste Publikation zu diesem Thema rührt von Roland Barthes „Mythen des Alltags“ (Frankfurt/Main 1974) her. – Mittlerweile gibt es weitere wissenschaftliche Untersuchungen von Alltagsmythen. Vgl. u.a.: Loibl, Alto, Der Zelluloid-Partisan. Rambo als politischer Mythos, in: Der Partisan, hrsg. v. Herfried Münkler, Opladen 1990, S. 381–391. – Selzer, Dieter, Rambomania. Amerikas Trivialmythen heute: Wiedererwachen oder Alptraum?, in Sozialistische Praxis, 1/ 1986.

51 Cassirer, Ernst, Philosophie der symbolischen Formen, Teil II: Das Mythische Denken, Darmstadt 1969, S. 95. – Ders., Versuch über den Menschen, Frankfurt/Main 1990, S. 164f.

52 Ludwig Uhland, zit. bei: Deutsches Wörterbuch von Jacob und Wilhelm Grimm, Leipzig 1885, Bd. 6, S. 2848.

53 Scherpe, Klaus R., Bilder und Mythen zur Bewältigung von Großstadtkomplexität, in: Wirken-

chen genau das Gefühlsvakuum an, das als symptomatisch für die moderne Massengesellschaft bezeichnet werden kann. Die Identifikation mit einem Mythos als idealisierter Person oder verklärtem Refugium wird in Situationen unbefriedigter emotionaler Bedürfnisse notwendig und steht nach Weber in ursächlichem Zusammenhang mit säkularisierter Religiosität.[54] Im alltäglichen Kontext handelt es sich beim „glorifizierenden" Begriff des Mythos um Orte designierter Ausnahmezustände.

In den zentraleuropäischen Sprachen des Alltags im 20. Jahrhundert trägt der Begriff des Mythos einen bitteren Beigeschmack und fast exorzistischen Charakter, wenn er auf allzu laxe und auch unwissenschaftliche Weise ganze geschichtliche Epochen, historische Gestalten, Regierungsformen und Ideologien bewertet und diese mit einem Wort zu Statthaltern des Unwahren abstempeln will. Die Rede vom „Mythos Zivilgesellschaft" oder „Mythos Kommunismus" erzeugt Unbehagen, wenn der Begriff undifferenziert und doch politisch verwendet wird.

Politischen Wenden – wie die Einigung Italiens im 19. Jahrhundert eine war – können begriffliche Vakuen folgen. Der Beobachter ist auf der Hut vor allzuschnellen Umbenennungen oder einfach nicht in der Lage dazu und kann mit der Beurteilung „Mythos" für das widerlegte historische und politische Geschehen das Vakuum erst einmal füllen. Diese Beurteilerposition ist simpel, denn sie weiß sich lediglich die Konnotationsvielfalt des Begriffes „Mythos" zunutze zu machen. Und unter dem Vorzeichen der Entlarvung und ohne eine dekonstruierende Analyse anzuführen, wird dieses begriffliche Provisorium zur Polemik.[55] Im Fall des Mythos könnte jedenfalls – kritischer und ironischer als dies Carl Schmitt tat – die politische Wissenschaft diese Einschätzung relativieren.

---

des Wort, Bonn 1991, Nr. 1, S. 80–87, Stierle, Karl Heinz, Der Mythos von Paris, München 1993.

54 Bredow, Wilfried von/ Noetzel, Thomas, Lehren des Abgrunds, Münster 1991, S. 26ff. – Peukert, Detlev J., Max Webers Diagnose der Moderne, Göttingen 1989.

55 Vollrath, Ernst, Der Mythos der Zivilgesellschaft, FAZ, 5. Januar 1993, S. 25. Der Kölner Politologe funktionalisiert den Begriff „Mythos" als Polemik gegen Jürgen Habermas und die westlichen „Linken". – Hermann Lübbe nennt den Kampf um das Benennen einen „Spezialfall politischen Handelns". Die Durchsetzung des Willens, wie etwas heißen soll, sei eine klare „Machtentscheidung", die sich linguistischen und semantischen Fachurteilen entziehe. Lübbe, Hermann, Sein und Heißen, in: Historische Semantik und Begriffsgeschichte, hrsg. von Reinhart Koselleck, Stuttgart 1979, S. 343–357.

VI. Methodischer Umgang und Ziel der Darstellung des politischen Mythos Giuseppe Verdi

Ich werde versuchen den Begriff „Mythos", der seit etwa der Mitte des letzten Jahrhunderts in die Alltagssprache übernommen wurde, für meine Untersuchung des „Risorgimento" und der politischen Funktion Giuseppe Verdis mit Hilfe verschiedener wissenschaftlicher Ansätze zu operationalisieren. Damit meine ich sowohl die Forschungsrichtung, die die Genese der Nation – beziehungsweise der Nationsidee – untersucht, als auch die beschriebenen ethnologischen und philosophischen Einordnungen des Mythos. Es bedarf also keiner – sprachwissenschaftlich ausgedrückt – „innovativen Konvention" über den Gebrauch des Wortes. Wir müssen die durch die Dekonstruktion aufgefundenen Signifikanten sinnvoll addieren und mythenspezifische Strukturähnlichkeiten, das heißt also das Vorkommen kulturgeschichtlicher Mythologeme und die Bildung von Mythemen, im Erzählsystem herausdifferenzieren. Mit Mythemen werden die einen Mythos auszeichnenden Attribute, die ihn umgebende Semantik bezeichnet. Mythologeme sind einzelne Erzählungsbestandteile eines Mythos, die eine Funktion im Gesamtmythos übernehmen, gleichzeitig aber auch Wurzelgrund für eine eigene Mythe bilden können.

Die einzelnen polyfunktionalen Ausdrucksformen des Mythos dienen dazu – also sowohl in seiner Funktion als Kampfbegriff oder als Kunstmythos wie auch als ästhetischer Baukasten –, die „bricolage", mit der die historische Erzählung des „Risorgimento" die Person Giuseppe Verdi einbindet, leichter differenzieren zu können.

Im Fall des politischen Mythos „Giuseppe Verdi" findet sich eine „bricolage" auf verschiedenen Komplexitätsebenen. Beim kritischen Blick auf das Zusammmen- und Gegenspiel historischer Daten und schriftlicher und mündlicher Diskurse im politischen Mythos des „Risorgimento" tauchen Brüche auf, die uns auf herbeigeschriebene historische Legitimation aufmerksam machen. Als Symbol für den Freiheitskampf Italiens gegen die Beherrschung durch angrenzender Staaten ist die Person Verdi als italienischer Komponist zunächst eine Art „Mythologem" im Gesamtmythos „Risorgimento". Gleichzeitig hat sich um ihn als historische und prominente Person in dem Moment, in dem die Rezeption der politisch instrumentalisierten Mythe beginnt, selbst schon eine mythisierte biographische Disposition entwickelt, eine Art Kunstmythos. Es zeigt sich darüberhinaus, als sei Verdi stellenweise selbst dafür verantwortlich, als seien Mythologe und Mythos zuweilen identisch. Ein weiterer Impuls in diesem Prozeß der „bricolage" und damit auch in der seriellen Mythenkomposition des „Risorgimento", stellt die sogenannte „Verdi-Renaissance" seit den zwanziger Jahren unseres Jahrhunderts dar: Hier verselbständigt sich der Mythos Verdi, und „neue" Mythographen, nämlich die ästhetisierenden – zum Beispiel Franz Werfel – und die politisierenden Mythologen – beispielsweise der faschistische Historiker Alessandro Luzio – finden sich zur rezeptiven Arbeit am Mythos zusammen. Ein weiterer Blick gilt im dritten Teil dieser Arbeit somit den gesellschaftlich-politischen Befindlichkeiten, also der Segmentierung unter dem Aspekt der Funktionalität des Mythos in seinen Konjunkturen und Erscheinungsphasen.

Wenn Verstehen kein rein reproduktives, sondern stets auch ein „produktives Verhalten“[56] ist, dann bedeutet das, daß ein und dieselbe Geschichte nicht nur verschieden erzählt werden kann, sondern auch vom kreativen Leser oder Hörer verschieden verstanden wird. Es gibt also vielleicht nicht einen starren Mythos Giuseppe Verdi. Sondern der politische Mythos, der das „Risorgimento“ begleitet, bildet eine Gemengelage von Mythen, die sich synkretistisch überlagern und gegenseitig stützen. Angesichts der Vermischtheit der politisch-historischen und mythensynkretistischen Ebenen, die wir in der Homogenität des mythischen „Schlußbilds“ finden, werde ich als theoretische Vorkehrung zunächst Hans Blumenberg folgen, der rät, die genuinen Leistungsfähigkeiten des „Mythos“ unter dem Blickwinkel des terminus a quo wahrzunehmen.[57] Wir sehen den Gegenstand in seinen Umrissen besser, je weiter wir uns von ihm distanzieren. Diese Distanz erst ermöglicht den Umgang mit dem Begriff „Mythos“, wie mit jedem anderen von der Terminologielehre behandelbaren Begriff.[58] Denn was wäre gefährdeter für weitere politische Mythenübertragungen als vollmundig klingende normative Deutungen? Die Wahrnehmung des Terminus a quo erlaubt das Nebeneinander und die Verknüpfung der Aspekte der Denk-Einheit „Mythos“. Bei der Untersuchung eines politischen Mythos, wie dem Verdis, muß zunächst die gesamte Erzählung betrachtet werden, in die er eingebettet ist, damit die Erscheinungsform des mythischen Systems mit ähnlichen normativen Erzählungen in eine der Funktion nach äquivalente Analogie gebracht werden kann.[59] Das wird für den das „Risorgimento“ begleitenden Mythos die Wandlung der katholischen Religion sein. Der religiöse Kult wird durch eine nationale Liturgie abgelöst.

Anstatt aber bloßem Mythensturm oder „Mythonudismus“[60], wie ihn Marquard für die „Aufklärung“ beschreibt, zu verfallen, möchte ich Mythendekonstruktion vorschlagen. Denn die Geschlossenheit einer Dramaturgie des großen Ganzen der Erzählung bricht nur auf, wenn wir uns näher mit den einzelnen Mythologemen des Mythos als eigenen Einheiten beschäftigen und diese in den Brennpunkt stellen. So bekommen im politischen Grundmythos[61] des

---

56 „Nicht nur gelegentlich, sondern immer übertrifft der Sinn eines Textes seinen Autor“. Gadamer, Hans-Georg, Wahrheit und Methode, Tübingen 1990, S. 301.

57 Blumenberg, H., a.a.O., S. 186.

58 Czap, Hans/ Galinski, Christian (Hrsg.), Terminology and knowledge engineering: proceedings/ Internat. Congress on Terminology – Univ. Trier 1987, Frankfurt/Main 1987.

59 Luhmann weist darauf hin, daß ebenso wichtig wie die Gleichheit der Funktionen auch die Verschiedenheit der Funktionen genommen werden muß, und daß dabei die semantischen und sozialen Kontexte unabdingbar seien. Deshalb müssen zur Kontrolle auch divergierende Mytheme – in Verdis Fall der Katholizismus und dessen Ikonographie im „Risorgimento“ – beachtet werden. Luhmann, Niklas, Brauchen wie einen neuen Mythos?, a.a.O., S. 265ff.

60 Marquard, Odo, Lob des Polytheismus, in: Abschied vom Prinzipiellen, Stuttgart 1981, S. 96.

61 Der Begriff des grundmythischen Motivs im klassischen Mythos kann auf die politisch–historische Mythologie übertragen werden. Blumenberg, Hans, Die Arbeit am Mythos, Frankfurt/ Main 1984, S. 198.

„Risorgimento" manche verformte Details, die im Schatten des großen Zusammenhangs der Nationalstaatsbildung stehen, eine den Mythos destabilisierende Kraft, wenn wir sie aus dem Gesamtzusammenhang herausstrukturieren und sie vom Mythos verschiedene Konturen erhalten. Eine daran anschließende These ist die Überlegung, ob sich automatisch in jeder historischen Erzählung über die italienische Nationsbildung eine Entmythisierungsresistenz erweisen muß, weil alle Mythologeme der Erzählung – Kulturepochen, Personen, Daten, Kriegsschauplätze – so „semiotisiert" sind, daß sie gar nicht mehr isoliert betrachtet werden können, ohne daß das ganze Gebäude der Erzählung zusammenbricht.[62]

Ein strukturalistischer „Werkzeugkasten" ist nötig, um den Verlauf der Mythe aus der beschriebenen Distanz zu folgen. Die angewendete Methode sucht freilich nach keinem „wahren" Ursprung, sondern nur nach verdeutlichenden Übertragbarkeiten instrumentalisierbarer mythischer Erzählstrukturen und Orten ihrer Konjunkturen. Bei der Detailbetrachtung einzelner, aus der epischen Erzählform des „Risorgimento" herauskristallisierten Visionen und politischen oder ästhetischen Ideen wird eine „dissonante Vielstimmigkeit", eine „Diaphonie", wie Jan Assmann formuliert, auffällig.[63] Assmann führt den Begriff der „Hypolepse" in die Analyse von Schriftkultur ein, den er der „bricolage" diametral gegenüberstellt. Er bezeichnet den „hypoleptischen Diskurs" als die „Kultur des Widerspruchs". Bei der Lévi-Strauss'schen Vorstellung der „bricolage" werden Widersprüche narrativ amalgamiert und gehen in der Emulsion des „Grundmythos" auf.[64] Bei der „Hypolepse" werden die unterschiedlichen erzählenden Bestandteile so in den „Funktionszusammenhang" eingebunden, daß widersprüchliche Aussagen trotzdem stehenbleiben können. Der Zusammenhalt im „hypoleptisch organisierten Diskurs" entsteht durch die „Dreiecksbeziehung zwischen Autor, Vorgänger und Sache", die ihre gegenseitigen Anschlußmöglichkeiten durch den gemeinsamen Nenner der kohärenten „Wahrheitskriterien" begründen. Das heißt im Fall der für die nationale Einheit stehenden Autoren, daß sie im laufenden Nationendiskurs des 19. Jahrhunderts alle trotz unterschiedlicher Methoden der Problemlösung dieselbe Fragestellung erörtern: die Suche nach einer Verbesserung der politischen Situation der staatlichen Organisation. Diese Gemeinsamkeit wiederum reicht für die Bildung des Mythos bereits aus.

Ich werde also das sogenannte „Risorgimento" und seine Historiographie unter dem Hinblick der „bricolage" und mit dem Blick auf die Gegenwärtigkeit des „hypoleptischen Diskurs" untersuchen. Der politische Grundmythos, der die Nationswerdung Italiens begleitet und in

62 Jan Assmann vertritt die These, daß Vergangenheit nur in dem Maße erinnert wird, „wie sie gebraucht wird und wie sie mit Sinn und Bedeutung erfüllt, also semiotisiert ist." Assmann, Jan, Das kulturelle Gedächtnis, a.a.O., S. 297.

63 Das griechische Wort „hypólepsis" erklärt Assmann zum einen aus dem Kontext des Rhapsoden-Wettkampfs, wo der nächste Rhapsode dort im Rezitat einsetzt, wo seine Vorgänger aufhörten. Im zweiten Kontext bedeutet „hypólepsis" das Anknüpfen an den Inhalt des Vorredners. In beiden Fällen geht es nicht um den Beginn der Rede vom Ursprung, sondern das Einsetzen der Rede im laufenden Diskurs. Assmann bezieht sich dabei explizit auf Niklas Luhmanns Thesen in „Gesellschaftstruktur und Semantik I", Frankfurt 1980. Assmann, Jan, Das kulturelle Gedächtnis, a.a.O., S. 280ff.

64 Claude Lévi-Strauss entwickelt in seiner „Strukturalen Anthropologie" die These, daß das mythische Denken stets auf der semantischen Totalisierung von Widersprüchen oder Extremsituationen beruht. Lévi-Strauss, Claude, Strukturale Anthropologie, Frankfurt/Main 1967, S. 247.

den der Mythos Giuseppe Verdi eingebettet ist, hält sich – kritisch hinterfragenden Studien zum Trotz – vor allem in universalistischen Darstellungen und Handbüchern. Seit den dreißiger Jahren unseres Jahrhunderts mehren sich indes Untersuchungen, die den Prozeß der Nationswerdung genauer rekonstruieren und die betonen, daß die bis heute der Vereinheitlichung widerständige Heterogenität auf der Halbinsel schon damals schwer zu überbrücken war.[65] Sie überführen die herangezogenen Belege „präunitarischen" nationalen Bewußtseins[66] als bloße Propagandamittel. In diesen kritischen Detailstudien tritt zum Beispiel der „hypoleptische Diskurs" in dissonanten Stellungnahmen einzelner Schriftsteller und politischer Reformer zur politischen Veränderung auf der italienischen Halbinsel grell zutage.

Wenn Historiker wie Benedetto Croce oder Antonio Gramsci am „Risorgimento" den mangelnden fehlenden Gemeinschaftsgeist oder die mangelnde Integration der Bauern in die Revolution kritisieren, so lassen sie sich aber doch in der Einbettung ihrer Kritik auf Affirmativen des gleichen grundmythischen Sprachspiels ein wie ihre unkritischeren Vorgänger: Mit Hilfe eines von mythengesättigtem Verständnis gebildeten Panoramas der nationalen Einheit mit seinen institutionalisierten Vokabeln versuchen sie eben dieses Panorama zu hinterfragen und bleiben so Teil des „hypoleptischen Diskurses". Der Mythos schlägt gewissermaßen die Historiker, indem die Historiker die „Werkzeuge" seiner „bricolage" selbst benutzen. Die Deutung bleibt so vom Mythos bestimmt und der angestrebte „Mythensturm" wird affirmativ.

In der neuesten Publikation über die Dynastie der Savoyer von Dennis Mack Smith wird zum Beispiel ganz unverhohlen die auf Territorialgewinn zielende Politik Vittorio Emanueles II. dargestellt, die sich nicht nur auf die Gebiete der Halbinsel bezog, sondern auch auf europäische Nachbarstaaten und ebenfalls Kolonialbestrebungen beinhaltete, wie zum Beispiel den Niederlanden Sumatra oder Neu Guinea streitig zu machen.[67] Vittorio Emanuele ist hier nicht mehr der „Padre della Patria" wie im Grundmythos, der um das Wohl Italiens sorgte, sondern ein Regent, der vom Beginn seiner Regentschaft über die Halbinsel hinaus imperialistische Bestrebungen hatte, der den Liberalismus, dessen Anhänger ihm zu seinem politischen Aufstieg verholfen hatten, bekämpfte und zu vernichten trachtete und obendrein auf Staatskosten ein hedonistisches Privatleben zwischen Jagden und Liebschaften führte.[68] Bei diesem Versuch, die Geschichte der Savoyer zu entmythisieren, kann den Leser im Konvolut skandalöser Enthüllungen bald das Gefühl beschleichen, es handle sich um eine ganz andere Geschichte, um eine andere Zeit und um andere Protagonisten als in den vertrauten „Risorgimento"-Handbüchern. Ein anderer Weg neben dem der Enthüllung der vermeintlichen „Wahrheit" hinter der Erzählung könnte sein, diese scheinbare Linearität der Ereignisse zu durch-

---

65 Vgl. u.a.: Lill, Rudolf, Geschichte Italiens in der Neuzeit, Darmstadt 1984, S. 4.

66 1848 sei nur die „Generalprobe" gewesen und alle Daten führten auf die „Nation" hin, ja sie mußten dorthinführen, schreibt zum Beispiel Ludo M. Hartmann in seinem Buch „100 Jahre italienische Geschichte", München 1916, S. 131.

67 Das Buch Mack Smith' kann als großer Entmythisierungsversuch gelesen werden. Hier kann nicht im einzelnen auf alle „Enthüllungen", die Mack Smith akribisch privaten Briefen und diplomatischen Korrespondenzen entnimmt, eingegangen werden. Vgl.: Mack Smith, Dennis, I Savoia re d'Italia, Mailand 1990, S.104f.

68 Neben Vittorio Emanuele soll nur noch der russische Zar über die selbe Höhe an staatlichen Geldern verfügt haben. Dem italienischen König wurde vom Parlament eine höhere Summe ausgezahlt, als der Staat für die öffentliche Erziehung ausgab. Ebenda: S. 79ff./ S. 92.

brechen und die geschichtlichen Anfänge des italienischen Staates nüchtern und ohne mythisches Vokabular als einen Prozeß sukzessive erfolgter Annexionen zu beschreiben, „(...) aufgrund derer sich eine unitarische und zentralisierte Monarchie, das Königreich von Piemont und Sardinien, eine Reihe von Territorien einer Vielzahl von präunitarischen Kleinstaaten und anderer europäischer Staaten einverleibt hat", wie Valerio Onida schreibt[69]. Mit dieser nüchternen Umschreibung entfernen wir uns von den Sprachregelungen des Mythos „Risorgimento".

Wir wollen uns nun damit beschäftigen, aus welchem Funktionszusammenhang im Gesamtmythos einzelne Begriffe, Personen und Ereignisse so semiotisiert oder aufgeladen sind, daß sie in der „bricolage" klaglos übernommen werden. Es kann gefragt werden, warum wir eigentlich bereit sind, das Benennen des Epochengeschehens mit „Risorgimento" und das daraus entstandene politische Gebilde einer zentralisierten Verwaltung heterogener Gebiete als „Unità" – Einheit – hinzunehmen?

Bronislaw Malinowski hat einmal gesagt, der Anthropologe müsse den Vorteil nutzen, den Mythenschöpfer gleich bei der Hand zu haben und die Mythen untersuchen, solange sie noch am Leben sind.[70] Diese Chance besteht beim politischen Mythos „Risorgimento" und Verdi gleichermaßen, denn die italienische Nation wurde nicht nur in der Vergangenheit, sondern wird auch heute noch mit diesem politischen Mythos überzogen und beschallt.

---

69 So formuliert Onida in seinem Landesbericht zu der Untersuchung „Föderalismus und Regionalismus in Europa", hrsg. v. Ossenbühl, Fritz, Baden-Baden 1990, S. 239ff.

70 Malinowski, Bronislaw, Schriften zur Anthropologie, Frankfurt/Main 1986, S. 142f.

Zweiter Teil
Der politische Mythos „Risorgimento“

I. Polymythologie „Italiens" als politische Machtreserve

Der politische Mythos des „Risorgimento" ist polymorph: Denn er umfaßt nicht allein die historische Epoche der Nationalstaatsbildung, sondern bildet gleichzeitig eine ganze Kette von diachronen und synchronen mythischen Assoziationsfolien, die den Grundmythos „Risorgimento" legitimieren.[1] Das Erzählsystem wird durch die Polymorphie so perfekt gestützt, daß die Frage nach der Schlüssigkeit der politischen historischen Erzählung nicht unmittelbar gestellt wird. Warum zum Beispiel wundern wir uns nicht darüber, daß ein König des Hauses Savoyen mit einem sardischen Titel und französischer Muttersprache eine italienische Nation „schaffen" konnte, wie Benedict Anderson[2] sagen würde, deren neue „nationale" Angehörige über ihre geographische Unterschiedlichkeit hinaus ihre lokalen Dialekte pflegten und keine nationale Einheitssprache? Warum sollte ein piemontesisches Bürgertum mit Vorlieben für das toskanische Idiom und das französische Verwaltungssystem dem sizilianischen Bauer vertrauter gewesen sein als eine bourbonische Verwaltung? Daß wir Begriffe gebrauchen, die die Frage regelrecht unterbinden, ob es denn historisch überhaupt notwendigerweise zu dieser „politischen Einheit" kommen mußte, und die die Vermutung fast verunmöglichen, ob vielleicht auch eine andere Lösung für die Regionen möglich gewesen wäre, hängt zu einem Gutteil mit der Dichte des politischen Mythos zusammen, der diese politisch-militärisch-ökonomische „Einigungsmaßnahme" stützte und begleitete. Alle Detailformen dieser polymythologischen Kette – nämlich kulturgeschichtliche Epochen, Personen, historische Daten, kriegerische Konflikte und so fort – haben neben ihrer Funktion, die Geschichte des „Risorgimento" in einer schlüssigen und linearen Konformität erscheinen zu lassen, selbst einen mythischen Wurzelgrund, den ich im folgenden untersuchen werde.

Mythos „Italia"

Als der deutsche Botschafter in Italien, Robert von Keudell, im Jahr 1884 anläßlich der Eröffnung der Turiner Industrieausstellung eine Rede hielt, meinte er, Italien sei – im Gegensatz zu allen anderen Nationen – in dreißig Jahrhunderten viermal neugeboren. Wenn ein Ausländer

---

1 Zum historischen Geschehen des „Risorgimento" diachrone Mythen sind zum Beispiel Gründungs- und Entstehungsmythen von Italien oder Rom.

2 Anderson, Benedict, Die Erfindung der Nation, Frankfurt/Main 1988, S. 16.

den Namen „Italien“ höre, so kämen ihm Großgriechenland und Etrurien, die römische und die kommunale Kultur und schließlich die an ein Wunder grenzenden politischen Ereignisse, die unter dem Zepter des Hauses Savoyen die einzelnen Teile der großen italienischen Familie vereint haben, in den Sinn.[3] Seine ehrerbietige Ansprache zeigt einmal mehr, daß vor allem Mythen die Entstehung von Kultur und Zivilisation auf der italischen Halbinsel zu erklären halfen.

Schon den Namen „Italia“ kann die Wissenschaft nicht zweifelsfrei und ohne Hinzunahme mythischer Deutungen herleiten.[4] In Deutschland, dem besonders seit der „Renaissance“ eine Affinität zum romanischen Süden nachgesagt wird, begegnen wir heute diesen Mythen von Kindesbeinen an, im Lateinunterricht oder im Alltag[5]. Und es sind so viele, die mannigfach gemalt, bedichtet, besungen, vermarktet und erforscht wurden, daß es recht schwer fällt, dieses „Kapital an siglenhafter Vorverständigung“[6] von dem zu scheiden, was wir vielleicht als „mythenfreies“ Wissen über die Geschichte der Halbinsel bezeichnen könnten. Der Mythensynkretismus, der sich innerhalb des Mythos „Italia“ sammelt, gehört dem Prinzip des „ästhetischen Baukastens“ an. Das heißt, er wird in all seinem Beziehungsreichtum als kultureller Code eingesetzt. Fernand Braudel umschreibt unseren Umgang mit dem Mythos „Italia“ so: „Sowohl landschaftlich wie in seiner menschlichen Physiognomie ist die Mittelmeerszenerie eine aus Ungleichartigem zusammengesetzte Welt, die erst in unserer Vorstellung zu einem zusammenhängenden Bild sich fügt, wie in einem System, in dem das Unterschiedene zunächst vermengt und dann zu einer originalen Einheit neu verflochten wird.“[7]

Der Mythos „Italia“ bildet gewissermaßen den Bodensatz für den politischen Mythos des „Risorgimento“ wie auch – in modifizierter Weise – für den politischen Mythos um Giuseppe Verdi. Wir können ihn wie eine chemische Grundemulsion beschreiben, aus der sich durch

---

3 „L'opinione“, L'Esposizione di Torino, 1.Mai 1884, zit. bei: Tobia, Bruno, Una patria per gli italiani, Bari 1991, S. 70. Industrieausstellungen dieser Art gab es im neu gegründeten italienischen Königreich 50 Jahre lang von 1861–1911. Picone Petrusa, Maria Antoinetta, Cinquant'anni di Esposizioni industriali in Italia.1861–1911, in: dies./ Pessolano, Maria Raffaela/ Bianco, Assunta, Le grande esposizioni in Italia. 1861–1911, Neapel 1988, S. 7–29.

4 Pauly/Wissowa/Kroll: „Italia ist oskisch Víteliú oder auch Vítelliú. Das Wort ist durch Vermittlung der unteritalienischen Griechen zu den Römern gekommen und hat so sein anlautendes v-verloren. Die Beziehung zu vitulus und umbrisch vitlu ist durchaus nicht von der Hand zu weisen; danach wäre Italia das „Kälberland“, (nicht ‚Rinderland‘), das „kälberreiche“, welche Benennung den Tatsachen durchaus entspräche, zumal „Italia“ zunächst nur die südlichste, durch Viehzucht ausgezeichnete Spitze der Halbinsel hieß (...). Wenn die sagenhafte Überlieferung vom Stammesheros Italos erzählt, so kann auch dessen Name etymologisch genau so als der „Kälberreiche“ zu verstehen sein: Italia kann sowohl alter Stammesname als auch das „Kälberland“ sein.“ Paulys Real-Encyclopädie der classischen Altertumswissenschaft, Wissowa, Georg/ Kroll, Wilhelm (Hrsg.), Supplementband III, Stuttgart 1918, S. 1246.

5 Spätestens seit der deutsche Massentourismus in den 60er Jahren die italienische Adria- und Rivieraküste „eroberte“ und die italienische Gastronomie und Ernährung mit zunehmender Tendenz Einzug in den bundesdeutschen Durchschnittsalltag hielt, kann man davon ausgehen, daß verschiedene Stereotypen „des“ Italienischen im Sinne der Barthes'schen Alltagsmythen gemeinhin zur Grundkenntnis deutscher Bürger gehören.

6 Seel, Otto, Römertum und Latinität, Stuttgart 1964, S. 76.

7 Braudel, Fernand, Mediterrane Welt, in: Die Welt des Mittelmeeres, Frankfurt/Main 1987, S. 9.

weitere Mythen und Mytheme artverwandte und doch fast bis zur Unkenntlichkeit vermischte Emulsionen verbinden. Um die Bestandteile zu lösen, betrachten wir zuerst das „caput mundi“, Rom: „(...) wie der Grieche groß ist durch die Idee der Kunst, der Hebräer durch die Idee eines heiligsten Gottes, so sind die Römer groß durch die Idee ihrer ewigen Roma, groß überall wo sie in der Begeisterung dieser Idee gefochten, geschrieben und gebaut haben. Je größer Rom wurde, je mehr erweiterte sich die Idee, der Einzelne verlor sich darin, die Großen, die noch hervorragen, sind nur getragen von dieser Idee, und sie macht die Kleinheit der Kleinen noch bemerkbarer.“[8] Heine, der in seinen Reisebildern der suggestiven Kraft der Stadt Rom nur mit Furcht zu begegnen vermochte, metaphorisierte sie in seiner Reiseprosa zu einer weiblichen Geistgestalt, deren „schöne Leiche“ ihm jeden Augenblick aufzustehen drohte. In der kurzen Passage, die uns ungeschönt die spätere Hauptstadt des Königreichs, das Rom des beginnenden 19. Jahrhunderts in seinem ruinösen Verfall abzeichnet, äußert sich zunächst die Verweigerung des Mythos der „Roma eterna“, denn Heine schauderte es mehr in Rom, als daß er es wie andere Reisende verherrlichte. Gleichzeitig aber schrieb Heine am Mythos des „ewigen“ Rom weiter, denn daß er mit einer plötzlichen und für ihn grauenerregenden Auferstehung der toten Stadt rechnete, spricht ihr das Vermögen solch einer mythischen Unsterblichkeit überhaupt erst zu. Darüber hinaus gipfelt diese Passage in einer Analyse des Mythos „Rom“, denn Heine beschreibt die „Idee der ewigen Roma“ wie ein autopoietisches System, das aus sich selbst heraus existiert und dessen Fortbestand durch den Rückbezug auf die „Idee“ allein gesichert wird. Sein „Mythensturm“, der ihn auf seiner ganzen Italienreise umtrieb, wird so zu einer weiteren Affirmation des Mythos „Rom“.

Wenn sich Politiker der letzten tausend Jahre auf Rom beriefen, konnte das kaiserliche, das päpstliche oder das republikanische gemeint sein.[9] Und alle Epochen waren von Gründungsmythen begleitet. Der populärste Mythos über Rom berichtet, daß die von einer Wölfin gesäugten Söhne von Mars und Rea Silvia, Romulus und Remus, die Stadt gegründet haben. Danach habe Romulus – wie in der Bibel Kain den Abel – seinen Bruder Remus erschlagen. Und ein christlich-religiöser Mythos kommt synkretistisch hinzu: Denn auch die Gebeine eines aus Galiläa stammenden Fischers, eines Gefolgsmanns von Jesus Christus aus Nazareth, wollen die Gläubigen dort gefunden haben, wo später der Petersdom errichtet wurde. Diese Gebeine rechtfertigen für die katholische Kirche den Sitz des Papstes, des Stellvertreters des christlichen Gottes auf Erden. Der Mythos der „Gebeine Petri“ erwirkte dem mittelalterlichen Rom nach und nach eine realpolitische Bedeutsamkeit, die weit über die Halbinsel hinausreichte. Als Focus der katholischen Christenheit und Stätte der Kaiserkrönung wurde Rom auch über das siebzig Jahre währende provençalische Zwischenspiel des Schismas hinaus zum Zentrum der abendländischen Macht.

Ob sich die Hoffnung Theodor Mommsens bewahrheitet hat, der der gewissenhaften Historiographie über Rom die heikle Aufgabe zumaß, das „Terrain von diesen Fabeln, (...) die als Geschichte erscheinen möchten, in Wirklichkeit aber nichts anderes als wenig geistreiche Erfindungen seien“, zu säubern, müssen wir ernsthaft bezweifeln.[10] Noch heute wird „Roma

8 Heine, Heinrich, Reise von München nach Genua, in: Reisebilder, Frankfurt/Main 1980, S. 292.

9 Schulz, Knut, Rom 1143–1155: Die Kommune, Arnold von Brescia und der Kaisergedanke, in: Ders., „Denn sie lieben die Freiheit so sehr ...“: kommunale Aufstände und Enststehung des europäischen Bürgertums im Mittelalter, Darmstadt 1992, S. 135.

10 Mommsen, Theodor, Römische Geschichte, Berlin 1881, Bd. I/ S. 44.

aeterna" – gewissermaßen in intellektueller europäischer Tradition – mehr als geistige denn nationale Hauptstadt verstanden.[11] In Italien selbst aber verbindet ein Großteil der Bevölkerung Rom nur noch mit dem Zentralismus der dort ansässigen Regierung.[12]

Ab dem 15. Jahrhundert entwickelte sich mit der ersten Erforschung der Etrusker ein weiterer Ursprungsmythos von „Italia". Annio da Viterbo (1432–1502) sah die Etrusker als Nachfahren Noahs und des Gottes Janus und damit als die „Weltenbegründer" an, die schon vor den „Romani" auf der Halbinsel waren.[13] Die Gelehrten an der von Cosimo di Medici 1541 gegründeten Florentiner „Accademia" bestärkten die Ansicht Annios. So sollten schon vor Galileo Galileis Entdeckung der Jupitermonde die Etrusker zur Legitimation eines „natürlichen" dynastischen Anspruchs der Medici herhalten. Die Medici wollten die Geburtsstunde der Toskana als Erbin Etruriens noch vor der klassischen Zeit und dem Heiligen Römischen Reich festschreiben. Florenz sollte sich als älter denn das „ewige Rom" erweisen und damit ein Eigenrecht auf umfassende Machtansprüche vorweisen können.

Einhergehend mit der Verbreitung der Archäologie ist ein jüngerer Mythos von den „Terramaricoli", von „indoeuropäischen Italikern", auf uns gekommen.[14] Sie sollen, von Norden kommend, Rom schon in „vorrömischer" Zeit gegründet haben: Diese Erklärung schien den Wissenschaftlern eine Zeitlang plausibler als die Marszeugung der Zwillinge Romulus und Remus und war eine Auffassung, mit der der Gedanke des römischen Primats zunächst konterkariert werden konnte.

Seit dem 17. Jahrhundert fanden Forscher aus ganz Europa besonders viele Beweisstücke, die für die etruskische These sprachen.[15] Der italophile schottische „Universalgelehrte" und Dichter Thomas Dempster faßte im Auftrag von Cosimo II. seine Erkenntnisse in dem Sammelwerk „De Etruria Regali libri septem" zusammen. In Europa entstand in der Folge eine

---

11 Als Goethe 1786 in Rom ankam, notierte er: "Ja, ich bin endlich in dieser Hauptstadt der Welt angelangt." Goethe, J.W.v., Italienische Reise, hrsg. v. Andreas Beyer/ Norbert Müller, München 1992, S. 125. Über die Tradition des Rom-Bilds als „caput mundi": Seel, Otto, a.a.O., S. 48ff.

12 Im Zeitalter der europäischen Wirtschaftsgemeinschaft erscheinen zunehmend Publikationen, die neben der Behauptung nationaler Bedeutung die internationalen Traditionen Italiens betonen, um eine Kontinuität europäischer Anschlußmöglichkeiten nachzuweisen. Mitte 1993 kam ein neues Journal mit dem Namen „Roma, moderna e contemporanea" auf den Markt, das – vierteljährlich erscheinend – von einem Stab von Wissenschaftlern unter dem Historiker Giuseppe Talamo verantwortet wird. Es soll unter dem Aspekt der sozialen, wirtschaftlichen, politischen, urbanistischen und kulturellen Dynamik die letzten 600 Jahre Roms aufzeigen, einer Stadt, die schon immer auch und vor allem ein internationales Zentrum gewesen sei, wie es dort heißt. Muratore, Giorgio, „Che città, è eterna eppur si muove", in: Messagero, 23.05.1993. Im Herbst 1993 erschien überdies bei Einaudi/Turin eine europäische Geschichte in vier Bänden, die nicht zuletzt auch die Anknüpfung Roms an Europa thematisiert. „Europa oggi", herausgegeben von Perry Anderson, Maurice Aymard, Paul Bairoch, Carlo Ginzburg.

13 Poliakov, Léon, Der arische Mythos, Hamburg 1993. Vgl. im besonderen das Kapitel über Italien, S. 72–89.

14 Massimo Pallottino, Etruskologie, Basel 1988, S. 32ff.

15 Cristofani, Mauro, Der „etruskische Mythos" zwischen dem 16. und 18. Jahrhundert, in: Die Etrusker und Europa. Katalog zur Ausstellung im Alten Museum/Berlin, Berlin 1993, S. 276–291.

regelrechte etruskische Modewelle.[16] Der Porzellanfabrikant Josiah Wedgwood wußte diesen Kunstsinn im Zeitalter der technischen Reproduzierbarkeit zu nutzen und ließ eine Vasenserie schaffen, die unter dem Motto „Artes Etruriae Renascuntur" Furore machte.[17] Hier zeigt sich zum erstenmal deutlich, daß die Marktwirtschaft eine entscheidende Rolle bei dem wie eine Beschwörung klingenden Telos der „Wiedergeburt" Italiens spielen konnte.

1829 entstand durch Anregung von Eduard Gerhard und unter der Schirmherrschaft des Preußischen Königshauses in Rom das „Istituto di Corrispondenza Archeologica". In diesem Institut kulminierten alle Erkenntnisse über Etrurien. Publiziert und kommuniziert wurde offiziell auf italienisch.[18] Die Archäologie wurde mit der ihr immanenten Kapazität zur Mythenbildung zu einem wichtigen Medium, das vor allem außerhalb Italiens einen Eindruck von kultureller Bedeutsamkeit verbreitete, der über die in der Literatur und Malerei vermittelte Latinität hinausging.

Vieles, was die Bildungsbeflissenen unter etruskischer Kunst und Geschichte verstanden, entsprang freilich barer Projektion oder speiste sich aus der Kombination von Halbwissen und ergrabenen Tonscherben.[19] Aber die Faszination, die Sehnsucht nach einem mythischen Italien, spiegelt den Wunsch nach Rückwendung auf vergangene Zeiten und steht für die vorherrschende Meinung innerhalb des Klassizismus, daß eine „Wiedergeburt" der antiken Künste

---

16 Goethe erzählt von seiner Reise nach Neapel, daß die gewitzten Neapolitaner den Antikenwahn der aus dem Norden strömenden Bildungstouristen gleich gewinnbringend auszunutzen wußten und zweifelhafte etrurische Vasen verkauften. Goethe, Johann Wolfgang von, Italienische Reise, a.a.O., S. 242.

17 Wedgwood hatte für sein Steingut eine Tonrezeptur entwickelt, die er „etruskisch" nannte, wohl weil der gebrannte Ton in seiner feinen Struktur dem „Bocchero" nahe kam. Haynes. Sybille, Etruria Britannica, in: Die Etrusker und Europa. Katalog zur Ausstellung im Alten Museum/Berlin, Berlin 1993, S. 313. – Nicht nur die Herren und Damen der englischen Gesellschaft, sondern auch die englischen Historiker von Trevelyan bis Mack Smith verband – mit Ausnahme der Zeit des Faschismus – eine außergewöhnliche Affinität mit der Geschichte Italiens und des „Risorgimento" im besonderen. Der Ire Daniel A. Binchy vermerkte 1940 in „Church and State in Fascist Italy" ganz maliziös, daß nun, wo Großbritannien entdeckt habe, daß das vereinigte Italien eine Gefahr darstelle, der bedingungslose Enthusiasmus der Engländer für das „Risorgimento" hoffentlich abgeschwächt werde. Zit. bei: Maturi, W., Interpretationi del Risorgimento, Turin 1962, S. 675.

18 Eduard Gerhard (1795–1867) wurde zu Beginn der zwanziger Jahre vom Kulturminister von Allenstein von Preußen beauftragt, in Italien Kunstschätze zu erwerben. Bei einem Aufenthalt 1829 in Rom und Neapel überzeugte er Kronprinz Friedrich Wilhelm IV. vom Aufbau des „Istituto Archeologico". Es wurde geplant, von allen gesammelten Kunstgegenständen Abgüsse und Zeichnungen für das Museum in Berlin anzufertigen. Colonna, Giovanni, Das romantische Abenteuer, in: ebd., S. 330. – Mitteilungen des deutschen Archäologischen Instituts, Römische Abteilung, 25. Ergänzungsheft (zur 150jährigen Feier des Instituts), Rom 1982.

19 Die Idee des Fortschritts der aufblühenden englischen Porzellanmanufakturen konnte durch ein aus dem italischen – und nicht genuin englischen – Kulturraum stammendes künstlerisches Erbe mythisch überhöht werden. Benjamin West schuf einen Gemäldezyklus für die Queens Lodge in Windsor mit allegorischen Themen, unter anderem der Darstellung von Wedgwoods etrurischen Keramiken, der in sich die Huldigung an den industriellen Fortschritt Britanniens trägt. Die mythische Kontamination mit etrurischer Kunst sollte also der britischen Porzellanmanufaktur Be-

einen gesellschaftlichen Fortschritt bedeuten könnte. Gleichzeitig führte diese Sehnsucht europäischer Gelehrter und Forscher, die das ehemalige Etrurien archäologisch traktierten, doch zu einer Beschäftigung mit italischer Kultur und damit zu einem Eindruck der kulturellen „Einheit" eines Landes, das machtpolitisch als „zersplittert" verstanden wurde.

Wir können für das europäische Bürgertum die Zeit seit dem späten 18. Jahrhundert als Epoche der historistischen Italophilie bezeichnen. Belege dafür sind auch der grassierende Tourismus. Das Fernweh nach der mediterranen Welt konnte gewinnbringend mit Fotografien, Gemälde- und Panoramenausstellungen und geographisch-authentischen Bühnenbildern gemildert werden.[20] Die Pariser Akademie der Wissenschaften erwarb im Jahr 1851 zu Studienzwecken ein Album der Fotografen Alinari aus Florenz mit dem Titel „L'Italie monumentale". Es zeigte Baudenkmäler toskanischer Städte.[21] Die Erfindung der Daguerreotypie ergänzte Reiseberichte und Reiseführer durch sinnliche Anschauung. Der bildungshungrige Bürger-Tourist war jetzt in der Lage, Italien auch in katalogisierter Form zu Hause auf dem Kanapee zu konsumieren. Dieses Italien setzte seinen ideologischen Kontext aus den Scherben etruskischer Vasen ebenso zusammen wie aus griechischen, römischen und mittelalterlichen Ruinen, aus einzelnen Städten und Inseln wie Neapel[22] oder Sizilien oder wilder Landschaft und bukolischem Landleben. „Italien" verdichtete sich zu einem Bild und wurde im europäischen Ausland zum Konsumprodukt, dessen Verbreitung wir bis zu kulinarischen Vermarktungsstrategien heutiger Zeit verfolgen können. Auf der Halbinsel selbst scheint das Bewußtsein von

---

deutung verschaffen. – Morigi Govi, Cristiana, Allgemeine Aspekte des Problems, in: Die Etrusker und Europa, a.a.O., S. 300–309, hier S. 302f.

20 Seit Robert Barker 1791 in London das erste „Panorama"-Rundgemälde ausstellte, hatten auch jene Bevölkerungsschichten, die sich solch eine Reise nicht leisten konnten die Möglichkeit, Rom (1803), Florenz (1806), Pompeji (1824), Neapel (1820) und viele andere Städte mehr zu sehen. „Das Genre der >Tourismusmalerei< hatte nördlich der Alpen kommerziellen Erfolg. Die bemalten Leinwände setzten gewissermaßen den auf Kupferstichfolgen begründeten Anschauungsunterricht physiokratischer Lehranstalten fort und vermittelten den Geist der Aufklärung in das Erlebnis der großformatigen Rundbilder." Vgl.: Plessen, Marie-Luise von, Der gebannte Augenblick. Die Abbildung von Realität im Panorama des 19. Jahrhunderts, in: Sehsucht: das Panorama als Massenunterhaltung des 19. Jahrhunderts, hrsg. v.d. Kunst- und Ausstellungshalle der Bundesrepublik Deutschland in Bonn, Frankfurt/Main 1993, S. 15. – Bei der Aufführung von Aubers „Stumme von Portici" 1828 zum Beispiel wurde beim Bühnenbild großer Aufwand mit der Darstellung der neapolitanischen Landschaft getrieben: Unter anderem brach während des Operngeschehens auf der Bühne ein künstlicher Vesuv aus. Die Kostüme der Fischer waren nach historischen Vorbildern gearbeitet und sollten möglichst authentisch wirken. Das Ensemble sollte mediterranes Volkskolorit vermitteln. Zimmermann, Reiner, Giacomo Meyerbeer, Berlin 1991, S. 151. – Zur historistischen Oper siehe hier ausführlicher im dritten Teil.

21 Maffiolo, Monica, Die Fotografen Alinari, in: Das Italien der Alinari, hrsg. v. Regione Toscana/ Fratelli Alinari Frankfurter Kunstverein, Florenz 1988, S. 13.

22 Neapel war für den internationalen Tourismus ähnlich attraktiv wie Rom, vor allem nachdem 1837 Herculaneum und 1847 Pompeji entdeckt worden waren. Der bis heute – auch wegen seiner „Volksdarstellungen" Neapels – berühmteste Fotograf war der in Frankfurt geborene Giorgio Sommer, der seit 1857 in Neapel lebte und arbeitete. Miraglia, Marina, Giorgio Sommer, Ein deutscher Fotograf in Italien, in: Giorgio Sommer in Italien, Fotografien 1857–1888, hrsg. v. Miraglia, Marina/ Piantanida, Pino, u.a., Heidelberg 1992, S. 6ff.

italienischer Identität bei vielen Italienern noch heute an vergangene Kultur und Mythen gebunden.[23]

Die Tradition des politischen Mythos von der ewigen „Wiederkunft"

Als die Blütezeit von kultivierter Macht, die sich auf die gesamte italische Halbinsel erstreckte und die schon den Deutschen Otto III. von der Idee einer „renovatio imperii Romanorum" träumen ließ, gelten die rund 400 Jahre des Römischen Reiches von Cäsar bis zur Plünderung und Verwüstung Roms durch die Goten unter Alarich. Danach war das Verständnis des Begriffs „Italia" – von außen betrachtet – dem Wechsel zwischen geographischem und staatspolitischem Terminus unterworfen. Das „Regnum Italiae" in der Karolingerzeit meinte zum Beispiel im wesentlichen ausschließlich das Reich der Langobarden.[24] Politisch ambitionierte Gestalten wie Cola di Rienzo, Petrarca oder Machiavelli, die sich ihrerseits selbst wieder auf Mythen beriefen, spielen im Mythos „Italia", aus dem sich schließlich später „italianità" herauskristallisierte, eine wichtige Rolle. Diese Patrioten wurden später im „Risorgimento" romantisiert und mythisiert. Sie bilden das Komplementär zu den Künstlermythen der Renaissance, denn auch aus der Meisterschaft eines Palestrina, Dante oder Michelangelo konnte sich ein mythisches Versatzstückwerk wie der „Primat Italiens" ableiten lassen.

Vom Wiedererstehen der einstigen Größe eines Reiches oder vom Wiederkommen eines erlösenden Führers – ob weltlicher oder sakraler Natur – zu schwärmen, hat eine ausführliche, wenn auch nicht ideologisch homogene Tradition, die in Italien schließlich in der Beschwörung des „Risorgimento" kulminierte. Wir finden sie bei religiösen Kündern wie Gioacchino da Fiore, der sich auf die Prophezeiungen des Matthäus-Evangeliums bezog, aber auch in den politischen Traktaten von Machiavelli.[25] Und zuletzt wurde diese Tradition, in Gestalt der „idea di roma", von den Faschisten bemüht. Cola di Rienzo versuchte bis zu seinem gewalt-

23 1992 erschien ein Buch, das diese Auffassung dokumentiert: „Heimat – Der Schriftsteller und sein Land". Neun Schriftsteller schildern ihr Verhältnis zu Italien. Beim Versuch der Autoren, den Zwiespalt zwischen Wut über die politische Situation und Stolz auf die Nationalität zu überwinden, kommt doch hier und da wieder mythisch Verklärtes heraus. So z.B., wenn Sandra Petrignani die „bizarre" geographische Form als dem Stiefel eines Musketiers ähnlich beschreibt und das Land mit den Assoziationen „Meer und Süßheit, Blut und Brutalität, Schönheit und Antike, Geschichte, Staub, Ruinen" identifiziert. Lidia Ravera beschreibt Italien schön und ruiniert wie eine Frau, die ihren Körper mißbraucht habe. Vgl.: Patria. Lo scrittore e il suo paese: nove interventi. Rom/Neapel 1992, zit. bei: De Luna, Giovanni, Cercando l'Italia, in: l'Unità, 25.11.1992.

24 Goetz, Walter, Das Werden des italienischen Nationalgefühls, München 1939, S. 12ff.

25 Vgl.: auch Eliade, Mircea, Kosmos und Geschichte – Der Mythos der ewigen Wiederkehr, Frankfurt/Main 1984, passim. – Blumenberg, Arbeit am Mythos, a.a.O., S. 80. – In seinem Aufsatz über die „Nation als politische Idee im frühneuzeitlichen Europa" weist Herfried Münkler auf eine Reihe von politischen Theoretikern hin, die – zwar vom Wohle Italiens – nicht aber als einer geeinten Nation träumten. Er nennt Coluccio Salutati, Francesco Guicciardini und Alessandro Tassoni. Münkler, Herfried, Nation als politische Idee im frühneuzeitlichen Europa, in:

samen Tod mit dem Zitat der Identifikationsfolie „antikes Rom“, Einheitspolitik für das vergangene „Italia“ zu betreiben. Auch er, wie noch viele nach ihm, konnte sich freilich an einen großen Staat „Italien“ nicht aus seiner Lebenszeit erinnern, sondern entnahm dieses Wissen der Überlieferung. Er setzte im Vorgriff auf die breitenwirksame historistische Monumentalmalerei des 19. Jahrhunderts auf ein Gefühl der kollektiven Erinnerung an ehemaligen Ruhm und Größe. Zur werbenden und plastischen Unterstützung seiner politischen Rhetorik ließ Rienzo 1347 an die Fassade der Kirche S. Angelo in Pescheria ein großes Wandbild malen, das – so ist es auf uns gekommen – großes Aufsehen erregte.[26] Es zeigte als Metapher die Rettung Roms aus dem „Feuer“, der Korruption. Durch die Errichtung – Cola sprach naturgemäß von Wiedererrichtung - eines römischen Tribunats, durch die Umformung christlicher Zeremonien und Ideen in antike wollte er den Stolz auf den „Mittelpunkt aller großen Menschheitsbewegungen“, auf Rom, lenken.[27] Sein Zeitgenosse und zeitweiliger Sympathisant Francesco Petrarca bedichtete das vergebliche Mythenzitat und begleitete Rienzos Agitation in politischen Kanzonen, in denen er das Blut der alten Lateiner besang, deren Mut in Italiens Jugend noch nicht untergegangen sei. Wie in der italienischsprachigen Lyrik später noch oft, ist hier von den nördlichen Barbaren die Rede, die der „Erde schönstes Land“ verdorben hätten und die es nun endlich zu vertreiben gelte.[28] Petrarca hätte gern mit dem politischen Pathos seines Vorbilds Livius geschrieben, doch konnte er sich nicht wie dieser auf eine – in seinem Sinn – glorreiche Gegenwart beziehen, und so schrieb er die Geschichte kurzerhand um und hoffte auf den Tag, an dem Cola di Rienzo als „iunior Brutus“ zu einem lebenden Held der „viri illustres“ werden sollte. Wäre uns nicht die Chronik überliefert, die ein Römer – Anonimo Romano genannt – 1350 in der Volkssprache verfaßte, der völlig unmythisch und nüchtern das damalige Geschehen in Rom beschreibt, wir könnten aus der Retrospektive schwerer die Grenze zwischen wirklicher Politik und purem Phantasma erkennen.[29]

Am Beispiel Cola di Rienzos zeigt sich, daß das Zitat des Mythos allein keine staatsverändernde Wirkung zeitigt, wenn er nicht auf ein vorbereitetes politisches Klima trifft. Darüber hinaus erweist sich, daß sich der in Anspruch genommene Mythos im Fall der Schwäche und

---

Nation und Literatur im Europa der Frühen Neuzeit, hrsg. v. Garber, Klaus, Tübingen 1989, S. 66ff.

26 Belting, Hans, Das Bild als Text, in: Malerei und Stadtkultur in der Dantezeit, hrsg. v. Hans Belting und Dieter Blume, München 1989, S. 25.

27 Der Cola di Rienzo-Forscher Konrad Burdach nimmt die Rom-Romantik des Volkstribun sehr ernst und mythisiert stark dessen Wirkung: „Er hatte in der Anarchie eines Chaos tausendfacher Frevel, erschütternder und physischer Katastrophen, das längst glimmende Einheitsbewußtsein und Nationalgefühl Italiens zu heller Flamme entzündet.“ Briefwechsel des Cola di Rienzo. Rienzo und die geistige Wandlung seiner Zeit, hrsg. v. Konrad Burdach, Berlin 1913–1928, S. 19. S. auch: Gregorovius, Ferdinand, Geschichte der Stadt Rom, Band II,2, München 1978, S. 690–745.

28 Ein Beispiel Petrarcas verherrlichender Lyrik: „O Blut du der Lateiner,/ Wirf ab die schweren unheilvollen Netze!/ Kein Name sei dein Götze,/ So inhaltleer erfunden!/ Daß uns die Wut nun seiner wilden Horden/ An Einsicht überwunden,/ Ist lediglich durch eigne Schuld uns worden“ In: Petrarca, Franceso, Canzoniere – Rerum vulgarium fragmenta, Mainz 1987, S. 125.

29 Seibt, Gustav, Anonimo Romano – Geschichtsschreibung in Rom an der Schwelle zur Renaissance, Stuttgart 1992, S. 160.

der Niederlage schnell gegen den wendet, der ihn zu seinem eigenen Vorteil zitierte.[30] Cola di Rienzo wurde als Verräter vom Volk zu Tode gebracht. Um seinen Kult für die Antike zu persiflieren und ihn im Tod symbolisch mit seinen eigenen nostalgischen Ritualen zu erniedrigen, wurde er im Mausoleum des Augustus verbrannt.[31]

30 Wie die Suggestion des Mythos obsiegt, zeigt sich auch in einer Arbeit von Mario Biagioli über den Mythos um Cosimo Medici, den Galileo Galilei mit Hilfe der Jupiter-Monde zu schaffen half. Biagioli beschreibt wie Galilei der durch seine eigene Mytheninvention legitimierten Macht der Medicis selbst zum Opfer fiel. Vgl.: Galileo, the Emblem-Maker, in: ISIS, University of Pensylvania, Juni 1990.

31 Gregorovius, Ferdinand, Geschichte der Stadt Rom im Mittelalter, Darmstadt 1978, Band II, 2, S. 742.

II. „Risorgimento“: Begriff oder Programm?

Der Begriff „Risorgimento“, abgeleitet vom italienischen Verb „sorgere“ (sich erheben, entspringen, quellen), ist bis heute der unumstrittene historische Eigenname für die Geschichte der italienischen Einheit.[32] Die Übersetzung des Wortsinns von „Risorgimento“ zeigt nicht nur das erstmalige Entstehen – zum Beispiel einer Nation – an, sondern die Wiederholung dieses Vorgangs. „Risorgimento“ drückt eine Entwicklung aus, das heißt der „status nascendi“ regiert mit dem unverbrüchlichen Recht der alten verschütteten Existenz. Durch die etymologische Herkunft von „sorgente“ (die Quelle) vermittelt der Begriff ein natürliches, frisches und gleichzeitig archaisches Gefühl. Die Quelle ist auch in der Bibel eine vielfach gebrauchte Metapher für den Ursprung, doch sie ist nicht zwingend an religiöse Inhalte gebunden. Nach Roland Barthes liegt das eigentliche Prinzip des Mythos in der semiologischen Verwandlung von Geschichte in die Evidenz und Macht von Naturprozessen. Auch Niklas Luhmann hat als Regelmäßigkeit herausgestellt, daß in einem Mythos, der den Übergang vom Chaos zum Kosmos erklärt, dieser Transformationsprozeß meist als Geburt oder Naturereignis dargestellt wird.[33] Die Assoziation der Quelle, von Geburt und Natur, schafft diesen Bezug und mythisiert den Begriff von der etymologischen Seite per se. Durch das Präfix „wieder“ entsteht Ambivalenz: in der Rückwendung zum Alten liegt hier der Progress.

Der Begriff birgt überdies die Profanierung einer gnostischen Erwartung an die Wiedergeburt in einer anderen – überirdischen – Welt. Der Mensch braucht angesichts eines weltlichen „Risorgimento“ nicht auf ein besseres Dasein nach dem Tod zu warten. Der Begriff suggeriert, daß er schon zu Lebzeiten Erlösung durch die politische Läuterung genießen können wird. Oder mit Voegelin zu sprechen: „Das Wissen um die Weltinhalte und die darauf begründete Technik sind nicht die temporal untergeordneten Mittel für das ewige Ziel des Lebens im überweltlichen Gott, sondern das Lebensblut des innerweltlichen Gottes selbst (...).“[34] Wobei unter dem „innerweltlichen Gott“ hier soviel wie die den neuen Staat tragende Ideologie zu ver-

32 Benedetto Croce hielt schon die italienischen „Jakobiner“ zur Zeit der Französischen Revolution für Vorboten des „Risorgimento“. Croce, Benedetto, La rivoluzione napoletana del 1799. Biografie, raconti, ricerche, Bari 1912.

33 Barthes, Roland, Mythen des Alltags, Frankfurt/Main 1964, S. 113. – Luhmann, Niklas, Brauchen wir einen neuen Mythos?, a.a.O., S. 262.

34 Voegelin, Eric, Die politischen Religionen, a.a.O., S. 55.

stehen ist. Es findet ein Sakraltransfer statt: Diesem Staat wird, ähnlich wie vorher der Religion, mit einer neugeschaffenen nationalen Liturgie gehuldigt.[35]

Als der Jesuit Saverio Bettinelli 1773 seine Reflexionen über das Wiederaufleben der Künste nach dem Jahr 1000 unter dem Titel „Risorgimento d'Italia negli studi, nelle arti e nei costumi dopo il mille" veröffentlichte, hatte er das kulturhistorische Phänomen der frühen Stadtrepubliken im Sinn. Diese hätten eine Art Nation gebildet, wie niemals zuvor und niemals mehr danach.[36] Wie der Modeneser Leopoldo Cicognara[37], der um 1818 eine Kunstgeschichte der Plastik schrieb, die „Storia della scultura dal suo risorgimento in Italia sino al secolo di Canova" ließ Bettinelli „Risorgimento" um 1000 beginnen, in einer Epoche also, die Kunstwissenschaftler und Historiker heute gerne „Protorenaissance" nennen.[38]

Das hohe und späte Mittelalter, wie wir noch genauer sehen werden, gewann im 19. Jahrhundert bei den Schriftstellern der nationalen Bewegung eine große politische Bedeutung. Auch Giuseppe Verdi bezog sich auf Komponisten der „Renaissance" und nannte Palestrina als den Meister der wahren Musik. Verdi prägte später die vielzitierte Formel „Kehren wir zum Alten zurück und es wird ein Fortschritt sein".[39] Bei der mythisierenden Verklärung des Mittelalters gab es zwei Anschlußmöglichkeiten: Eine ästhetische Variante, die sich auf die Epoche bezog, die wir heute nach Michelet und Burckhardt „Renaissance" nennen. Und es gab eine politische Variante, die sich allein auf die italienischen Stadtrepubliken und deren „Bürgertugend" ab 1000 bis etwa 1300 bezog. Das politische Erneuerungsbewußtsein des 19. Jahrhunderts knüpfte zum einen an den im 14. und 15. Jahrhundert entwickelten neuen Kunststil

35 Der Austausch der christlichen durch die „nationale Liturgie" zeigte sich im italienischen Faschismus dann schließlich schon für neu eingeschulte Kinder: Beim Eintritt in die Schule mußten sie nicht mehr sagen „Ich bin katholisch", sondern „Io sono Italiano, io sono Italiana". Vgl.: Varga, Lucie, Zeitenwende – Mentalitätshistorische Studien 1936–1939, hrsg. v. Schöttler, Peter, Frankfurt/Main 1990, S. 183. – Auf den Begriff der „nationalen Liturgie" wird später noch näher eingegangen.

36 Bettinelli lobt ausdrücklich die Kultiviertheit der mittelalterlichen städtischen Kommunen in Italien, das „(...) divenne allora una nazione qual non era mai stata né fu dopo mai più." zit. bei: Fubini, Mario, Romanticismo italiano, Bari 1971, S. 159f.

37 Cicognara versuchte sich an einer Art Bestandsaufnahme, nachdem die napoleonischen Truppen vandalisch die italienischen Städte verwüstet, geplündert und Kirchen in Pferdeställe verwandelt hatten – wie auch Johann Gottfried Seume aus Italien berichtete. Cicognaras Publikation war die erste dieser Art und es war ihm um die Darstellung der Entwicklung des „Genio italiano" vom hohen Mittelalter zum Klassizismus zu tun. Cicognaras dreibändiges Werk, das er in Venedig 1813–1818 publizierte, galt als Standardwerk und findet sich auch in Goethes Italienliteratur. Von Goethe benutzte Literatur, in: Goethe, Johann Wolfgang von, Italienische Reise, in: Werke – Hamburger Ausgabe in 14 Bänden, Bd. 11, S. 720.

38 Giorgio Vasari gebrauchte zuerst den Begriff „rinascità", mit dem Verständnis einer „guten Wiedergeburt der Kunst", in seinen erstmals 1550 erschienenen „Künstlerviten" für die Zeit Giottos und die ersten Jahrzehnte des 15. Jahrhunderts. Daraus entstand im 19. Jahrhundert der Begriff der „Renaissance" für das „Quattrocento". Daraus wiederum abgeleitet spricht man für das 12. Jahrhundert und dessen neue Dynamik in der Architektur in Rom oder Florenz von „Protorenaissance". Wundram, Manfred, Renaissance, Stuttgart 1981, S. 5ff.

39 „Torniamo all'antico sarà un progresso". Verdi-Briefe, hrsg. v. Hans Busch, Frankfurt/Main 1979, S. 99.

an: In der „Renaissance", der man die Geburt des „uomo universale" zuschrieb, versuchten sich die fortschrittshungrigen Geister zu spiegeln. Für politische Inhalte indes konnte die nationale Bewegung des 19. Jahrhunderts diese Epoche nicht so spielend instrumentalisieren, da bekannt war, daß diese Blüte der Kunst unter zweifelhaften Regierungsformen gedieh, zum Beispiel dem usurpierenden und keineswegs „national" gesinnten Geschlecht der Medici. Den Medici war die Kunst für ihre Legitimierungsarbeit dienstbar, doch ihre Politik taugte keinesfalls als Fundament des modernen Nationalstaatsgedankens. Die „Renaissance" wurde also selektiv zitiert. Das heißt, es wurde zum einen die frühe Epoche der florierenden Stadtrepubliken und zum anderen die späte Epoche der Kunstblüte instrumentalisiert, in dem Maße eben, wie beide Epochen „semiotisiert" waren.[40] Die Hinwendung zum italienischen Mittelalter war auch eine Emanzipation vom Mythos der römischen Antike.[41] Die erstgenannte Tradition spiegelt ein politisches Selbstbewußtsein, das besonders nördlich Roms gedieh.

Im „Dizionario della Lingua italiana", das Niccolò Tommaseo und Bernardo Bellini in der soeben gekürten Hauptstadt des neuen Königreichs, Turin, edierten, wird noch 1861 unter dem Stichwort „risorgimento" zunächst der literarische Gebrauch bei Boccacio und Tasso als „kulturelle Auferstehung" definiert. Mit „Età del risorgimento" erklärten die Autoren dann den französischen Begriff „Renaissance". Von der politischen Einheit eines italienischen Königreichs als „Risorgimento" war explizit noch nicht die Rede.[42] Der Terminus „risorgimento" konnte demzufolge bis zur Hälfte des 19. Jahrhunderts mehr noch als „rinascimento" auch als der italienisierte wissenschaftliche Epochenbegriff für die uns heute geläufige französische Variante gelten.[43] Dieser linguistische Purismus war sicher auch das Ergebnis verschiedener patriotischer Vereinigungen, die vor allem seit dem 18. Jahrhundert die italienische Hochsprache von sprachlichen Fremdeinflüssen reinzuhalten versuchten.[44] So zum Beispiel die 1804 gegründete „Accademia dei Concordi", die eine Gruppe junger Intellektueller um die Brüder Cesare und Ferdinando Balbo[45] in Turin ins Leben rief. Sie wollten neben der „italienischen" Sprache auch die Traditionen pflegen und fühlten sich sprachlich Alfieri, Foscolo, Petrarca

40 Assmann, Jan, Das kulturelle Gedächtnis, a.a.O., S. 297.

41 Dafür spricht auch, daß um dieselbe Zeit der Pluralismus der Kulturen stärker betont wurde: Der Anspruch auf Einmaligkeit der griechischen und lateinischen Kultur zerrieb sich im Zuge von exotischen Expeditionen nach Indien oder Ägypten. Assmann, Jan, ebenda; Said, Edward, Orientalismus, Frankfurt 1981.

42 Ein weiterer Eintrag lautet: „Risorgere delle nazioni. – L'anno quarantasei preludeva all' risorgere dell'Italia. – Risorgere della libertà." Das heißt: „Wiederentstehen der Nationen. – Das Jahr '46 deutete auf das Wiederentstehen Italiens hin. – Wiederentstehen der Freiheit." Dizionario della Lingua italiana, hrsg. v. Tommaseo, Nicolò/ Bellini, Bernardo, Turin 1861, S. 369.

43 Während wir im selben Lexikon unter dem Stichwort „rinascimento" als dritte Erklärung finden: „Rinascimento della civiltà. Taluni traducono il fr. Renaissance, che così chiamano l'arte moderna fatta imitatrice dell'antico". Das heißt: „Wiedergeburt der Zivilisation. Manche übersetzen so das französische „Renaissance", weil sie so die moderne Kunst nennen, die das Antike imitiert." Dizionario della Lingua italiana, a.a.O., S. 286.

44 Peter Burke nennt verschiedene Autoren, die im 18. Jahrhundert heftig gegen den „Gallizismus" – „il francesismo" – und die entstehende „Zwittersprache" – „ermafrodita favella" – polemisierten. Burke, Peter, Sprache und Identität im Italien der frühen Neuzeit, in: ders., Reden und Schweigen, Berlin 1994, S. 27.

und Machiavelli verbunden. Die Mitglieder der „Accademia" wandten sich vorrangig gegen einen französischen Einfluß auf ihre Sprache.[46]

Der italienisierte Epochenbegriff für „Renaissance", „Risorgimento", der sukzessive seine frühere Bedeutung, nämlich die vage Epoche zwischen 1000 und 1500, ablegte und eindeutig nur noch das 19. Jahrhundert und die Nationsbildung meinte, wurde zunächst ein Bestandteil politischer Semantik.[47] Er wurde von einigen politischen Schriftstellern zu einer Art Programm oder Kampfbegriff gewählt: Cavour, der schon Ende der 50er Jahre des 19. Jahrhunderts von dem deutschen Beobachter Alfred von Reumont die Kontamination „neuer Machiavell" erhielt, hatte aktiven Anteil am Mythos des Begriffs „Risorgimento".[48] Im Dezember 1847 gab er zusammen mit Cesare Balbo die erste Ausgabe der Zeitschrift „Il Risorgimento" heraus.[49] Die Deutung des Namens der Zeitschrift in einer viel späteren Mythisierungsphase des 19. Jahrhunderts ist naheliegend: Sie soll der nationalen Bewegung ihren Namen gegeben haben, was in den meisten Darstellungen so klingt, als habe der Titel der Zeitschrift einen Exklusivanspruch auf die Bedeutung des Begriffs und als hätten in ihm gleichsam chiliastische Elemente mitgewirkt.[50] Das genauere Hinsehen verrät uns aber mehr: Cavour erläuterte in der ersten Ausgabe, daß die Zeitung alles in ihren Kräften stehende tun wolle, um die Bewegung des „risorgimento economico", dessen erste Anzeichen Cavour in den Regionen Romagna,

45 Die Brüder Balbo galten als Intellektuelle des katholischen moderat-liberalistischen Zirkels und entstammten einer Familie der „alta burocrazia piemontese". Mitgründer der Gesellschaft waren Luigi Provana, Luigi Ornato und Santorre di Santarosa. Cesare Balbo wurde 1848 erster Ministerpräsident von Piemont-Sardinien. Er und stärker noch Vincenzo Gioberti zählen zu Vertretern der papstfreundlichen „Neoguelfen". Herde, Peter, Die Neoguelfen, in: Pipers Handbuch der politischen Ideen, hrsg. v. Iring Fetscher u. Herfried Münkler, Bd.4, München 1986, S. 619f. Romeo, Rosario, Dal Piemonte sabaudo all'Italia liberale, Turin 1964, S. 5–17. – Salvadori, Massimo L., „Introduzione" zu: Cesare Balbo, Storia d'Italia, Neapel 1969, S. 22.

46 Prinz Carlo Alberto soll während seiner militärischen Dienstzeit als junger Knappe von Giacinto di Collegno um 1816 mit der „Accademia" sympathisiert haben. Talamo, Giuseppe, Carlo Alberto, in: Dizionario biografico degli Italiani, Bd. 20, S. 313.

47 So wurde zum Beispiel im Juni 1859, während des Kriegs zwischen dem Königreich Piemont-Sardinien und Österreich, in einer Ausgabe der Mailänder Kulturzeitschrift „La Fama" eine Hymne Manzonis auf Italien von 1821 unter der Überschrift „Inno del risorgimento italiano" abgedruckt. La Fama, 28.06.1859.

48 Wolfgang Altgeld zitiert Reumont, der seit 1849 für die Blätter Cottas Artikel aus Italien schrieb und dessen Berichterstattung vor allem seine konservativ-liberale und propäpstliche Haltung widerspiegelte. Altgeld, Wolfgang, Giuseppe Garibaldi in zeitgenössischer Sicht, in: Risorgimento, 3/1982, S. 173.

49 Im Oktober 1847 hatte Carlo Alberto verschiedene Gesetze zu einer sehr bedingten Liberalisierung der zivilen Ordnung erlassen. Zum Beispiel wurde die Zuständigkeit für die Polizei vom „ministero della Guerra" auf das „ministero dell'Interno" übertragen. Die kirchliche Zensur wurde aufgehoben. In der Folge wurden verschiedene Zeitschriften gegründet, die mit einer Auflage von zwei- bis dreitausend erschienen. Romeo, Rosario, Vita di Cavour, Roma-Bari 1984, S. 148ff. – Talamo, Giuseppe, Carlo Alberto, a.a.O., S. 321.

50 Vgl.: Lill, Rudolph, Geschichte Italiens, a.a.O., S. 128. – Schulze, Hagen, Staat und Nation in der europäischen Geschichte, München 1994, S. 226.

Toscana und Piemont entdeckt hatte, zu propagieren und zu fördern. Also etwa dort, wo im Mittelalter Stadtrepubliken bestanden. Freiheit, so Cavour weiter, müsse auch Freihandel bedeuten.[51] Zweifellos bezog er im Kontext „risorgimento" auf das Mittelalter, denn er sprach von Zeiten, in denen die Arbeitsbereitschaft und Energie von Lombarden und Toskanern schon einmal ein in Europa einzigartiges Blühen von Wirtschaft und Wohlstand zustande gebracht haben.[52] Der Titel der Zeitschrift umschrieb also die politische Zielsetzung einer ganz bestimmten Interessengemeinschaft, die auf den Zug des entstehenden europäischen Industrialismus und Kapitalismus rechtzeitig aufspringen wollte.[53] Neben der Beschwörung mittelalterlicher Bürgertugend schmähte Cavour sprachlich sicher ganz bewußt die „Revolution", von der seit 1793 behauptet werden konnte, sie fresse wie Saturn ihre eigenen Kinder.[54] Das angestrebte „Risorgimento" sollte mehr eine Umgestaltung als eine Umwälzung werden.[55]

In dem wöchentlich erscheinenden Journal der Gesellschaft für italienischen Unterricht „Il Gaspare Gozzi"[56] von 1873, das die Erziehungreform im neugegründeten Königreich begleitete, findet sich konsequenterweise ein Artikel, in dem eindeutig für den Begriff „risorgimento" in strikter Abgrenzung zu „rivoluzione" plädiert wird – mit der Begründung, die Exzesse der Despotie verursachten die Revolution, und deren Exzesse wiederum verursachten die Rückkehr zur Despotie. Mit „Revolution" wollten die Pädagogen und nationalen Gründervä-

51 Dieser Artikel findet sich in: Tutti gli scritti del Cavour, hrsg. v. Carlo Pischedda u. Giuseppe Talamo, Turin 1976–1978, Bd. III, S. 1011ff.

52 Dieser Text widerspricht einer gängigen Meinung über Cavour, er sei völlig zukunftsorientiert gewesen und habe von einer Glorifizierung der Vergangenheit nichts wissen wollen. So zum Beispiel bei Lill, Rudolph, Geschichte Italiens, a.a.O., S. 121.

53 In der Gruppe der Förderer der Zeitschrift waren auch Turiner Finanziers repräsentiert, die über den Freihandel hinaus auch protektionistische Ambitionen hatten. Sie wollten den Import ausländischer Konkurrenzprodukte durch eine neue Gesetzgebung erschwert wissen. Ähnlich wie in England, wo die Landbesitzer einen Sitz im Parlament anstrebten, um hernach die Getreideeinfuhrzölle bestimmen zu können, versuchten auch im Königreich Sardinien Land- und Seidenfabrikbesitzer Einfluß zu gewinnen. Guichonnet, Paul, Cavour agronomo e uomo d'affari, Mailand 1961, S. 221.

54 Cavour hatte in Paris an der Sorbonne Michelet gehört, der über die „Französische Revolution" las. Romeo, Rosario, Vita di Cavour, a.a.O., S. 94f. – Die Befürchtung, die Revolution könne wie Saturn ihre Kinder verschlingen, wurde von dem Girondisten Vergniaud bei einer Konventsrede im März 1793 in Paris geäußert. Vergniaud, Pierre-Victurien, Über die Gleichheit, in: Reden der Französischen Revolution, hrsg. v. Peter Fischer, München 1974, S. 284.

55 Daß das Wort auch als politischer Kampfbegriff gebraucht wurde, zeigt ein Artikel in der papsttreuen Bologneser Zeitschrift „Teatri, Arti e Letteratura". Am 27. April erschien hier über den Neoguelfen Vincenzo Gioberti ein Artikel, wo über den „Zeigefinger Gottes" gesprochen wurde, der – so die Hoffnung – Italiens Wiedergeburt und sein unsterbliches Schicksal initiieren werde. Die weltlichen Zeichen dafür sah der Autor sowohl im Papst, als in Carlo Alberto wie auch im lothringisch-habsburgischen Leopold II. Teatri, Arti e Letteratura, Bologna, 27. April 1848.

56 Il Gaspare Gozzi – Giornale Letterario Didascalico, 16. Juni 1873, Nr. 33, S. 519f.

ter nichts zu tun haben. Anstelle der „Revolution von oben“ wählten sie lieber den Begriff der Quelle, der von unten sprudelnden Kraft, die Konsens suggerierte.[57]

57 Der Journalist Nello Ajello beschreibt, daß in seiner Generation manche Lehrer in der Schule „Risorgimento“ noch mit der Zeit der Kommunen und Cola di Rienzo gleichsetzten, während andere den Beginn des „Risorgimento“ mit der Kanzone Leopardis „All'Italia“ fixierten. Vgl.: Ajello, Nello, Licenziate i Generali, in: Repubblica, 24.09.1993.

III. Die serielle Mythenkomposition des politischen Mythos „Risorgimento"

Der politische Mythos vom „Risorgimento" läßt sich in Serien erzählen, die sich im Verlauf des 19. Jahrhunderts über mehrere historische Phasen hinziehen.[58] Immer wieder begegnet uns dasselbe Personal, das durch die verschiedenen Konjunkturen des Mythos zwar bereichert werden kann, aber die Grundkonstellation, das Ziel, das alle auftretenden Personen eint, bleibt konstant. Durch diese Phasen gibt es kontinuierlich die klassische Gut- und Böse-Konstellation: Der Kampf der Unterdrückten gegen den kujonierenden Tyrannen, personifiziert in der „dominazione straniera", der Fremdherrschaft. Gefüllt wird diese binäre Grundkonstellation durch Diplomatie, Kabale und Abenteuer verschiedener historischer Personen, die durch ihre in der Geschichtsschreibung und Literatur einheitlichen Beinamen oder Charakterisierung volkstümlich wirken. Nach einer langen schmerzensreichen „Katharsis" gipfelt schließlich alles im „glücklichen Ende": der Vereinigung der italienischen Regionen.

Die Französische Revolution ist von Historikern wie Michelet oder Carlyle mit Hilfe der Metapher des „Dramas" oder „Schaupiels" beschrieben worden, und in dieser Bezeichnung steckt schon eine vage Unterstellung mythisch-szenischen Charakters.[59] Bei der historischen Erzählung über das „Risorgimento" indes handelt es sich weniger um ein Schauspiel, denn um ein seriell komponiertes politisches Epos. Die Protagonisten des „Risorgimento" konnten nicht zur Zeit der Ereignisse diesen Prozeß, einem weltgeschichtlichen Drama gleich, ästhetisieren wie die französischen Revolutionäre: Es gab keinen dem „14. Juli"[60] vergleichbaren Tag und sich darum focussierende politische Handlungsverläufe, sondern viele verschiedene Daten[61], verschiedene handelnde Protagonisten und politische Ereignisse, die ex post nach 1861, und

58 Vgl. zum Begriff der seriellen Mythenkomposition die Erläuterung in der Einleitung.

59 Kurz, Gerhard, Mythisierung und Entmythisierung der Revolution – Die Französische Revolution als Schauspiel der Geschichte, in: Revolution und Mythos, hrsg. v.: Dietrich Harth u. Jan Assmann, Frankfurt/Main 1992, S. 134ff.

60 Dieser Tag mit dem „Sturm auf die Bastille" ist mit der ihm unterstellten Wichtigkeit auch ein politischer Mythos. Und doch machten die französischen Revolutionäre diesen Tag sofort als öffentlichkeitswirksames Wendedatum fest. Ebenda.

61 Zu Ereignissen, die unmittelbar rezipiert und mythisiert wurden, gehörten auch die „Cinque Giornate", die Tage in denen es lombardischen, ligurischen und piemontesischen Aufständischen gelang, die Österreicher für eine Zeit aus Mailand und der Lombardei zu vertreiben. Von diesen Tagen gibt es Zeugnisse, daß in der Folge des Sieges in den Theatern patriotische Lieder gesun-

vor allem nach der Annexion des Kirchenstaats mit Rom 1870, historisiert und erst jetzt wie ein historisches Panorama der Nationsgründung inszeniert wurden.[62] Erst im Moment der Krönung Vittorio Emanueles als König von Italien konnten die Agitationen des letzten halben Jahrhunderts rückwirkend zusammengerafft werden, als seien sie ein einziges Ereignis gewesen, und zwar eines, wovon alle immer geträumt hatten: ein „Risorgimento“. Da sich die „Nation“ nicht in kurzer Zeit wie durch ein Erdbeben erwirken ließ, besorgte nun der Entwicklungsbegriff „Risorgimento“ das Einbetten alles historischen Personals, das wie von Klios Hand gelenkt in mehreren schlüssigen – ja notwendigen – Etappen und vermeintlich ohne jegliche Kontingenzen auf das glorreiche „Schlußbild“ der Nation hinarbeitete. Das heißt – um im Bild zu bleiben –, die Revolutionäre in Paris stilisierten ihre Bedeutsamkeit, indem sie die Wirklichkeit wie ein Schauspiel inszenierten und ästhetisch überhöhten[63], während die meisten Protagonisten und Ereignisse des „Risorgimento“ erst nach und nach eine dezidierte Rolle in ihrer spezifischen Historieninszenierung zugeschrieben bekamen. So hatten sowohl Giuseppe Verdi als auch Giuseppe Garibaldi vor 1861 zwar eine Aura als außergewöhnliche Personen. Diese bekam aber nach 1861 eine neue Codierung übergestülpt und wurde mit dem „Risorgimento“-Mythos kontaminiert. Fürderhin waren sie Zuarbeiter dieses Mythos, für den ihr Name pars pro toto stand und heute noch steht.

Es zeigt sich zum Ende des 19. Jahrhunderts eine Entwicklung, die über die uns bekannten Mittel der Herrschaftslegitimation, wie die Historienmalerei vorheriger Jahrhunderte, hinausgeht, denn nun sollte über den relativ intimen Rahmen des Herrschaftspalastes hinaus öffentlich und massenverständlich legitimiert und Konsens simuliert werden. Personen wie Garibaldi oder Verdi wurden durch ihre öffentliche und medial dokumentierbare Präsenz zum politischen Instrument dieses Konsenses. Die Instrumentalisierung findet ihre Höhepunkte im „Herumreichen“ Garibaldis in den europäischen Salons oder dem fast unermüdlichen Auftreten des zweiten Königs nach Vittorio Emanuele – Umberto I. – und seiner Frau Margeritha bei öffentlichen Massenveranstaltungen wie zum Beispiel den Industrieausstellungen in Turin und anderswo.[64] In der seriellen Komposition des Mythos „Risorgimento“ werden die Typen

---

gen und Stücke aufgeführt wurden, die das politische Thema zum Inhalt hatten. Dennoch sind sie nicht mit dem 14. Juli vergleichbar, weil sie keine Auswirkungen auf den Rest der Halbinsel hatten und sie keine längerfristige Beseitigung der „Fremdherrschaft“ festschrieben. Teatro e Risorgimento, hrsg. v. Federico Doglio, Bologna 1972, S. 32f. – In der „Gazzetta Musicale“ des Mailänder Verlegers Ricordi wurden neu komponierte und edierte Hymnen auf das politische Ergebnis angepriesen. Gazzetta Musicale, 5. April 1848.

62 Herausragendes Moment ist dabei die „Breccia di Porta Pia“ am „XX. Settembre“, der fast gewaltfreie Durchmarsch durch dieses Stadttor von Rom, der für eine Fotografie am 21.9.1870 sogar noch einmal authentisch nachgestellt wurde. Rom – in frühen Photographien, hrsg. v. Thorvaldsen Museum/Kopenhagen, München 1988, S. 14. – Es geschah ähnliches, wie dies Michelet für die französische Juli-Revolution 1830 feststellte, die er als erstes Modell einer „Revolution ohne Helden“ bezeichnete. Am Ende sei ein Held gesucht worden, und man habe anstelle dessen ein ganzes Volk vorgefunden. Piero Gobetti hat diesen Begriff wahrscheinlich für seinen Titel „Il Risorgimento senza eroi“, Turin 1926, aufgegriffen, wo er diese Zeit als einen Mythos beschreibt, mit Hilfe dessen sich der Gedanke einer Nation organisieren läßt. Bergami, Giancarlo, Rivoluzione senza eroi di Gobetti, in: Nuova Antologia, April/Juni 1992, S. 318f.

63 Siehe auch das Kapitel über Kunstmythen im I. Teil.

64 Die Präsenz der „königlichen Körper“ war das Signifikat für das vereinigte Königreich. Bei der

nicht nur „(...) zyklisch als starre Invarianten durchgehalten, sondern der spezifische Inhalt des Spiels, das scheinbar Wechselnde ist selber aus ihnen abgeleitet. Die Details werden fungibel."[65] Diese Umschreibung Adornos für die Produkte der modernen Massenunterhaltungsindustrie ist für den politischen Mythos des „Risorgimento" gleichfalls zutreffend, denn in der mythischen Dramaturgie haben unsere Protagonisten alle ihre festen Funktionen. Diese werden durch eine immer gleiche Selektion der semantisch gebündelten Attribute, die die auftretenden Protagonisten begleiten, konstituiert. Diese „Mytheme" genannten Attribute formen mythische Vignetten der historischen Personen.

Die Art, in der sich die Personen in der Erzählung gegenseitig stützen, wird sich – verdeckt – als tautologisch erweisen, weil der Mythos vorgibt, daß es eine logische Bedingtheit und gegenseitige Stütze gebe, die aber nur dadurch entstehen kann, weil der mythischen Erzählung implizit das Recht zugebilligt wird, ihre Logik autopoietisch zu schaffen. Die Tautologie ist also keine Schwäche, sondern im Gegenteil eines der stabilisierenden Momente. Bevor ich versuche, die vernetzte Symbolik der Mytheme und die daraus resultierenden Strategien der Entmythisierungsresistenz differenziert darzustellen, folgt hier schon einmal eine kurze einführende Präsentation einiger politischer Protagonisten, denen wir begegnen werden:

Carlo Alberto ist der „Re tentenna", der König aus dem Hause Savoyen, der Italien noch nicht zur Einheit zu führen vermochte. Darum heißt er der „Zögerer".[66] Die mythische Szenerie wird vordergründig eigentlich erst richtig belebt, als er 1848 abdanken muß und kurz darauf vor Gram stirbt. Nun werden die Prinzen Savoyens zu „legitimen" Anwärtern eines italienischen Königstitels „gemacht", obwohl ihr Haus strenggenommen genausowenig „Italianità" repräsentiert wie das Haus Habsburg oder Bourbon, die im binären System von Gut und Böse die Rolle des Feindes einnehmen.

„Esposizione Industriale Italiana" 1884 in Turin wurde das Königspaar außer bei der Eröffnung weitere 32 Male auf dem Ausstellungsgelände gesehen. Und auch die anderen Mitglieder der Königsfamilie waren dort bis zu 50 Mal anwesend. Sie sollte das Vertrauen in den wirtschaftlichen Aufbau vermitteln und versichern, daß der politische Aufbau bereits gelungen war. Tobia, Bruno, Una patria per gli italiani, Bari 1991, S. 80.

65 Adorno beschreibt in seinem Passus über die Kulturindustrie vor allem Seifenopern und Schlager, doch charakteristisch für die Erzählung über das „Risorgimento" ist, daß seine Beobachtungen auch hier zutreffen: „Die traumlose Kunst fürs Volk erfüllt jenen träumerischen Idealismus, der dem kritischen zu weit ging (...) Die kurze Intervallfolge, die in einem Schlager als einprägsam sich bewährte, die vorübergehende Blamage des Helden, die er als good sport zu ertragen weiß, die zuträgliche Prügel, die die Geliebte von der starken Hand des männlichen Stars empfängt, (...) sind wie alle Einzelheiten fertige Clichés, beliebig hier und dort zu verwenden, und allemal völlig definiert durch den Zweck, der ihnen im Schema zufällt." Adorno, Theodor W./ Horkheimer, Max, Dialektik der Aufklärung, Farnkfurt/Main 1969, S. 112.

66 Ein Beispiel: „Karl Albert war ein schwankender Charakter; sein nationaler Krieg gegen Österreich machte ihn zum tragischen Vorläufer Cavours." Großer Brockhaus, Leipzig 1930, Bd. 4, S. 722.

Giuseppe Garibaldi ist der „Lione di Caprera"[67], der als feuriger charismatischer „Brigantaggio" auftritt. Er durchbricht mit seinem „phantastischen Kostüm"[68], dem roten Hemd, die zivile bürgerliche wie die militärische Ordnung, weil er den Krieg für Italien in die eigene Hand nimmt. Darum ist er nicht Staatsmann, sondern „Freiheitsheld". In dieser mythischen Funktion weiß er, wie er das „Volk" um sich scharen kann und befreit schließlich mit seinen „Rothemden" von Süden her das ganze Land.[69]

Vittorio Emanuele II., der Sohn von Carlo Alberto, ist der wohlbeleibte „Re Galantuomo" mit dem extravaganten unzeitgemäßen Bart. Er ist gleichsam wie ein Ölportrait an der Wand während des ganzen Mythengeschehens präsent: Die Akteure reden viel von ihm, gelegentlich tritt er selbst auf, doch es scheint, als agiere er nicht wirklich auf der diplomatischen Bühne, eher noch wenn es um den Beweis der Manneskraft auf dem Schlachtfeld geht. Darum wird er in Form eines Denkmals gerne als der „Primo soldato dell'Indipendenza italiana" mit dem Schwert in der Hand auf einem gewaltigen Roß dargestellt.[70] Als er stirbt, wird der „galante König" zum „padre della patria"[71], wie es kurz darauf zum Begräbnis im Tympanon des Pantheons in Rom zu lesen war.[72]

Cavour, der „Milord Camillo", ist der Diplomat innerhalb des mythischen Personals – ja mehr noch wirkt er wie der gute Onkel, der dramaturgisch auf das „risorgimentale" Geschehen Einfluß nimmt. Seinen distinguierten Beinamen „Milord" verdankt er seinen vielen Rei-

---

67 „Ich habe ihn (Garibaldi, B.P.) an Land wiedergesehen, als er in der Uniform eines piemontesischen Generals langsam und lächelnd die Anhöhe hinaufstieg. Die Uniform paßte schlecht zu seinem langen Haar und Bart. Der Hauptmann Montanari, der ein guter Freund von ihm zu sein scheint, ging scherzend neben ihm her, und ich hörte, wie er zu ihm sagte: ‚In dieser Kleidung seht Ihr aus wie ein gefangener Löwe' ". Diese Beobachtung stammt von Giuseppe Cesare Abba, der einer der Gefolgsleute von Garibaldi beim Angriff Siziliens 1860 war. Abba, Giuseppe Cesare, Von Quarto zum Volturno, Berlin 1901, S. 25. – Als Löwe wurde Garibaldi auch oft in Karikaturen zum Ende des 19. Jahrhunderts dargestellt. Hausmann, Friederike, Garibaldi – Geschichte eines Abenteurers der Italien zur Einheit verhalf, Berlin 1985, S. 64. Auf der Insel Caprera verbrachte Garibaldi, gesundheitlich schwer angeschlagen, seinen Lebensabend. Ebenda, S. 168ff.

68 So bezeichnet Ferdinand Gregorovius am 9. Juni 1859 die Anti-Uniform, das rote Hemd mit dem grauen südamerikanischen Poncho, mit der Garibaldi nach der Schlacht bei Magenta auf Plakaten in Rom dargestellt worden ist.Gregorovius, Ferdinand, Römische Tagebücher, hrsg. v. Hanno-Walter Kruft u. Markus Völkel, München 1991.

69 Giuseppe Galasso vertritt die These, daß durch Garibaldi im Süden eine politische Verbindung zu den Bauern hergestellt werden konnte, was – nicht zuletzt nach Garibaldis eigenen Memoiren – bezweifelt werden muß. Die deutsch-italienischen Beziehungen im Zeitalter des Risorgimento – Referate und Diskussionen der 8. deutsch-italienischen Historikertagung, Braunschweig 1968, S. 117f.

70 Tobia, Bruno, a.a.O., S. 226.

71 Die Italianisierung des einst lateinischen Ehrentitels Römischer Kaiser „pater patriae" war der konsequente Anschluß an die Kontinuität des römischen Reichs.

72 Tagebucheintrag von Gregorovius am 10.02.1878, a.a.O., S. 382. – Eine Fotografie von dem für das Begräbnis geschmückten Pantheon mit der Aufschrift: Vittorio Emanuele II Padre della patria findet sich in: Rom – in frühen Photographien, a.a.O., S. 124. – Normalerweise finden wir an dieser Stelle im Tympanon den Namen des Architekten Marcus Agrippus.

sen nach England und seiner Vorliebe für die Angelsachsen, deren Sprache er lange Jahre vor dem Italienischen beherrschte. Er ist Monarchist und nur mit der Politik verheiratet, für die er allein – zumindest offiziell – lebt. Nicht umsonst vielleicht wird seine Zusammenarbeit mit den gemäßigten „Demokraten" zum „connubio" – dem Ehebund ausgerufen. Seinem König allerdings rät er aus Staatsräson zu dem Schritt, der ihn nicht wirklich je verlockte: zu einer Eheschließung.[73]

Der prominenteste unter den Intellektuellen im Geschehen ist Giuseppe Mazzini, der die großen Theorien entwirft, aber der als zu wenig volksnah oder zu radikal geschildert wird. Gerne wird er der Apostel oder Prophet des „Risorgimento" genannt. Auf den wenigen Fotos[74], die es von ihm gibt, variiert der Eindruck nicht: Er entspricht dem Klischee des hoffnungslosen Grüblers mit hohlen Augen, umschattetem Blick und einer „blaßriesigen Republikanerstirn", wie Franz Werfel später dichtete.[75]

Es gibt nun neben den politischen Rollen eine Vielzahl von Akteuren, die vor und während des Geschehens das politische Klima in der mythischen „Szenerie" bilden: Zum einen sind das politische Theoretiker, Journalisten und Geheimbündler. Zum anderen finden wir Schriftsteller, Theaterautoren und Komponisten wie Manzoni und Rossini, die im Mythos mehr indirekt als politische Aktivisten beschrieben werden. Ihrer Funktion in der seriellen Mythenkomposition nach stehen sie für Frömmigkeit, bürgerliche Tugend, einfaches Volksgut und Historienbeziehungsweise Traditionspflege. Obwohl diese „Akteure" allesamt unterschiedliche Ziele hatten, gelingt es dem Mythos, ihre Komplexität in der narrativen Extension so zu reduzieren, daß es scheint, als hätten sie alle das gemeinsame Ziel verfogt, das dann 1870 der italienischen Realität auf der Halbinsel entsprach. Wie oben angesprochen, verbindet sie der „hypoleptische Diskurs".[76] Sie problematisieren alle trotz großer Dissonanzen den politisch desolaten Zustand auf der Halbinsel. Und diese Kohärenz ist für die Einbindung in die narrative Extension des Mythos entscheidend.

Eine weitere Stütze des mythischen Systems stellen historische Daten dar, die Aufstände, Kriegserklärungen, deren Allianzen und Friedensschlüsse festschreiben. Sie werden von vielen institutionalisierten Eigennamen für diese Daten wie „Cinque Giornate"[77], „Spedizione dei

---

73 Cavours Muttersprache war französisch. Talamo, Giuseppe, Cavour, Rom 1992, S. 23. – Die Frauen in Cavours Leben sind wenig bekannt und werden im Grundmythos des „Risorgimento" selten genannt. Wir wissen heute, daß er zwischen 1830 und 1840 eine wechselhafte Romanze in Genua mit Anna Schiaffino hatte und seit 1856 bis zu seinem Tod eine Vertraute und Geliebte in Bianca Ronzani gefunden hatte. Talamo, Giuseppe, Cavour, a.a.O., S. 22, 47f., 196.– Auch Giuliano Procacci macht eine Ausnahme und spricht von Cavours „Liebesaffären". Procacci, Giuliano, Geschichte Italiens und der Italiener, München 1989, S. 267. – Lill, Rudolf, Geschichte Italiens, Darmstadt 1988, S. 162. – Romeo, Rosario, La vita di Cavour, Rom 1984, S. 394ff.

74 Die bekannteste Fotografie – wahrscheinlich als Wiedererkennungsbild von der sardischen Polizei benutzt – findet sich unter anderem bei Cesare Spellanzon in der „Storia del Risorgimento e dell'unità d'Italia" mit der Bildunterschrift, er sei der „unermüdliche Inspirator der Patrioten" gewesen. Ebenda: Mailand 1951, S. 225 und Hausmann, F., a.a.O., S. 21.

75 Werfel, Franz, Verdi – Roman der Oper, Frankfurt/Main 1991, S. 354. – Nauer, Josef, Mazzini und Garibaldi, revolutionäre Aktivität und Anhängerschaft, Zürich 1980, S. 220.

76 Vgl.: Erster Teil, Kap. VI.

77 Die „Cinque Giornate" bezeichnen die fünf Tage des Aufstands gegen die Habsburger in Mailand vom 18. März bis 22. März 1848.

Mille"[78] oder „XX. Settembre"[79], die auch in der anderssprachigen Literatur meist in der italienischen Version genannt werden, begleitet. Daneben gibt es feststehende Formulierungen wie die „Lösung der nationalen, italienischen oder römischen Frage"[80] oder Sätze wie „Italien war zersplittert"[81]. Vielverwendet wird auch ein Zitat von Metternich, das – bei dem Politiker als eindeutige Polemik eingesetzt – in der Geschichtsschreibung zur Formel avanciert: Italien sei lediglich ein „geographischer" und kein „politischer Begriff"[82], oder Piemont „sei die ganze italienische Frage".[83] Diese Namen und Begriffe suggerieren, daß es eine ganz dezidierte Vorstellung von „ungelösten nationalen Fragen" und „zersplitterten Ländern" gibt. Und darum zählt Eric J. Hobsbawm derlei Formulierungen zum „Wortschatz politischer Beleidigungen"[84]. Sie halten die historische Erzählung zusammen, die sonst von vielen Unwägbarkeiten und Lükken umspielt wird, die innerhalb eines politischen Prozesses und einem Zeitraum der Gesetzesvakuen und Verwaltungsheterogenitäten, wie wir sie auf der italischen Halbinsel vorfinden, gang und gäbe sind. Die Installation und identische Wiederkehr dieser Eigennamen und Begriffe oder Sätze in der „bricolage" vermittelt einen Anschein von Authentizität, von Wahrheit der Erzählung. Der Eigenname eines politischen Aufstandes bewirkt dessen beglaubigte Institutionalisierung in der historischen Abfolge. Plausible und weniger plausible Mytheme vereinigen sich, und auch ihre möglichen Widersprüchlichkeiten werden semantisch aufgehoben und totalisiert, so daß durch dieses Gewebe ein hoher Grad von Entmythisierungsresistenz entsteht.[85]

Eine weitere Faser im mythischen Gewebe sind die einzelnen geographischen Regionen, denen in der Geschichtsschreibung eine industrielle Entwicklung oder aber eine Rückständig-

---

78 Die „Spedizione dei Mille" meint die Landung Garibaldis mit von ihm angeheuerten freiwilligen Briganten im Frühjahr 1860 und deren erfolgreicher Kampf gegen die Soldaten des Königreichs beider Sizilien.

79 Am „XX. Settembre" 1870 schließlich marschierten die Truppen des italienischen Heeres durch die Porta Pia in Rom und beendeten die politische Macht des Kirchenstaats.

80 Die deutsch-italienischen Beziehungen, a.a.O., S. 129. – Lill, Rudolph, Geschichte Italiens, a.a.O., S. 165.

81 „Zersplittert" ist eindeutig peiorativ besetzt. Der Begriff suggeriert, daß das Land gewaltsam in Splitter gerissen, ja zerstört wurde. Man kann damit assoziieren, daß durch den Zustand der vielen kleinen „Splitter" verunmöglicht wird, effektiv politisch zusammenzuarbeiten, oder daß die Teile des Landes nicht einmal historischen und politischen Gegebenheiten gemäß auseinanderbrachen, sondern beliebig und oberflächlich „splitterten". Diese Formulierung könnte aus Machiavellis „Discorsi" herrühren. Dort formulierte er polemisch, die Kirche habe sein Land immer in Zersplitterung gehalten und halte es noch in Zersplitterung. Machiavelli, Niccolò, Discorsi. Gedanken über Politik und Staatsführung, Stuttgart 1977, S. 49.

82 Dies schrieb Metternich in einem Bericht vom 6. August 1847 an alle Höfe. Metternich Winneburg, Klemens Lothar von, Mémoires, documents et écrits divers laissés par le prince de Metternich, hrsg. v. R. de Metternich, Paris, 1883, Bd. VII, S. 415.

83 Treitschke, Heinrich von, Cavour, in: Ausgewählte Schriften, Leipzig 1908, Bd. 2, S. 11.

84 Hobsbawm bringt im Zusammenhang mit der Entstehung des „Nationalitätenprinzips" andere Beispiele politischer Beleidigungen, die sich ebenso bis heute gehalten haben: „Kleinstaaterei" und „Balkanisierung". Hobsbawm, Eric J., Nationen und Nationalismus – Mythos und Realität seit 1870, Frankfurt/Main 1991, S. 44.

85 Lévi-Strauss, Claude, Strukturale Anthropologie, Frankfurt/Main 1967, S. 247.

keit unterstellt wird. Ein Beispiel: Dem Königreich Piemont-Sardinien wird angerechnet, daß von dort die industrielle Modernisierung ausgegangen sei. Bis heute steht in Italien Piemont für Prosperität. Daran schließt die unterschwellige Behauptung an, nur Cavour habe seine Region mit enormer finanzieller Unterstützung der ansässigen Industrie wirtschaftlich überdurchschnittlich vorangetrieben. Die anderen Regionen werden indessen meist nach einem informellen und der Realität ihrer ökonomischen Kapazität wenig angemessenen Schlüssel qualifiziert, ohne auf die einzelnen geographischen Besonderheiten einzugehen.[86] Daraus ergibt sich der Eindruck, daß die politische Einheit für alle rückständigen Regionen nur als Segen betrachtet werden kann und daß die nationale Bewegung ausschließlich vom Norden kommen konnte.

Eine bedeutungsreiche Form der politischen Mythisierung zum Zweck der Identitätsfindung der italienischen Nation und ein Beispiel eines hohen Grades an Entmythisierungsresistenz einer nicht politischen Figur werde ich in einem eigenen Teil analysieren: Giuseppe Verdi. Ich will Bronislaw Malinowskis Aufforderung folgen und diesen Mythos untersuchen, so lange er noch lebendig ist.[87] Die stringente Leichtigkeit, mit der ein Kunstmythos als Glied in einem komplexen politischen Mythensystem Sinn produziert, läßt auch Italiens heutige politische Kultur in neuem Licht erscheinen.

---

86 In Neapel zum Beispiel, das noch heute als arm und rückständig charakterisiert wird, gab es zum Beginn des 19. Jahrhunderts unter den Bourbonen eine anwachsende Prosperität im Bürgertum. Auch die anderen Souveräne der präunitarischen Staaten versuchten, die ökonomischen und sozialen Bedingungen ähnlich zu befördern wie Cavour. Lill, Rudolph, Geschichte Italiens, a.a.O., S. 153ff. – Preissl, Brigitte, Wirtschaftsstil und Wirtschaftsentwicklung – Eine Studie zur Geschichte der Agrarstruktur des Königreichs Neapel 1815–1860, Frankfurt/Main 1985, S. 410ff. – Romano, Roberto, L'industria italiana (1815–1861), in: Storia della Società italiana, hrsg. v. Giovanni Cherubini, Franco della Peruta, u.a., Mailand 1986, S. 119.

87 Malinowski, Bronislaw, Schriften zur Anthropologie, Frankfurt/Main 1986, S. 142f.

IV. Das intellektuelle Klima für den politischen Mythos

Die Visionäre des „Risorgimento“ im hypoleptischen Diskurs

Die Zeit nach der Französischen Revolution bildete nicht nur für deutsche Historiker wie Ranke, Droysen und Burckhardt einen Wendepunkt in der Geschichtsauffassung. Das historische Geschehen in Frankreich bis zum Sturz Napoleons oder die gesellschaftliche Entwicklung in Amerika hatten eine neue Rolle des Historikers angeregt.[88] Die professionelle Vergegenwärtigung jüngster Geschichte wurde durch das bewußtere – und damit schnellere – Miterleben von neuen politischen Veränderungen notwendig. Der Historismus, die Ästhetik des Bewahrens, wurde zur Methode, damit die Traditionen nicht durch die Finger rannen, bevor äquivalente Erklärungsmuster festgeschrieben werden konnten. Das nationale Selbstbewußtsein entwickelte sich in der Folge der napoleonischen Kriege, wie Carlo Cattaneo formulierte, „(...) wie das ‚Ich‘ der Ideologien, das erst im Zusammentreffen mit dem ‚Nicht-Ich‘ sich selbst erlebt.“[89] Das heißt, die eigene „Identität“ zeichnete sich vor allem durch die Ablehnung einer als gegensätzlich empfundenen Gemeinschaft aus. Dieses gegensätzliche „Nicht-Ich“ waren für Piemontesen oder Lombarden zum Beispiel die Franzosen, die Norditalien besetzt hatten. Viele der revolutionären Franzosen lebten nach dem von ihnen geführten „Kampf um die Nation“ – nach dem Prinzip des kleinsten gemeinsamen Nenners: Sie besaßen jetzt qua Geburt den Status der nationalen Zugehörigkeit zu dem Land, in dem sie lebten. Solche Aufnahmekriterien für eine Gemeinschaft fanden sich sonst nur in Religionen. Die Angehörigkeit zu einer vom Volk getragenen Nation suggeriert die Beförderung vom Untertan zum Teilhaber. Und diese Teilhaber einer neuen und distinkt anderen Nation standen den Norditalienern

---

88 Reinhard Bendix betont überdies die Vorbildfunktion, die die amerikanische Revolution für Europas Mächtige und Intellektuelle hatte. Die Revolutionen wurden zu einer Art Stimulans für eigene Mobilisierungsprozesse. Bendix, Reinhard, Könige oder Volk. Machtausübung und Herrschaftsmandat, Frankfurt/Main 1980, Bd. II S. 38f. – Der neapolitanische Staatsrechtler Gaetano Filangieri (1752–1788) nahm in seiner achtbändigen „Scienza della legislazione“ auf Amerika Bezug und reflektierte über die sich entwickelnde neue Gesellschaftsordnung dort. Chabod, Federico, Italien-Europa. Studien zur Geschichte Italiens im 19. und 20. Jahrhundert, Göttingen 1962, S. 47ff.

89 Cattaneo, Carlo, Considerazioni sulle cose d'Italia nel 1848, Turin 1942, S. 7.

nun gleichermaßen fremd als auch bedrohlich gegenüber. Paul Hazard und Henri Bédarida vertreten die These, daß die Französische Revolution und die Besetzung Oberitaliens durch die Franzosen nicht nur zu einem Bewußtsein des eigenen „Ich" in Abgrenzung zu einem „Nicht-Ich" führte, sondern daß die Italiener jetzt sogar ihre Identitätsmodelle auf das ganze Volk, das auf der italischen Halbinsel lebte, zu beziehen begannen.[90] Doch, so müßte man Hazard und Bédarida entgegnen, wer waren die „Italiener", die in dieser Zeit in Oberitalien solche relativistischen Betrachtungen anstellen konnten und sich in der Begegnung mit dem Franzosen dem Sizilianer als nationalem Kompatrioten näher fühlten. Der „popolino" oder „popolo minuto", das einfache Volk, erfuhr zwar, daß der neue Souverän Italiens jetzt Napoleon hieß, aber wie groß mag wohl der dadurch bedingte Unterschied für die Verrichtung des Tagwerks gewesen sein? In intellektuellen Lebenszusammenhängen finden wir vor allem in Nord- und Mittelitalien wohl zahlreiche Belege für eine starke Reflexion der gegenwärtigen Veränderungen und ein erstarkendes Bewußtsein für die systematische Pflege der eigenen Kultur und Sprache – so bei den im folgenden dargestellten Schriftstellern, und auf diese ist Hazards These auch ausschließlich übertragbar.[91]

Die poetische Verklärung der Geschichte

„Hier schau, hier spiegle dich,
vermessne blöde Zeit!"[92]

An einer kulturell blühenden Vergangenheit richteten Autoren wie Vittorio Alfieri, Vincenzo Cuoco, Ugo Foscolo und in jungen Jahren auch Giacomo Leopardi ihr angeschlagenes Selbstbewußtsein auf. Die Genannten sind nur eine Auswahl der Schriftsteller, die mit ihrer Lyrik und Prosa zu den Kämpfern für die nationale Einheit Italiens gerechnet werden. Es einte sie der poetische Blick in die vergangene Zeit, dem sie meist in toskanischem Idiom Ausdruck verliehen. Und allein diese Vorgabe zählte manchmal bereits für die wesentlich spätere Aufnahme in den Mythos „Risorgimento".[93] Es genügte, daß sie eine Zeit beschrieben, die sie rein „italisch" auffaßten, damit sie für eine vermeintlich gemeinsame Idee instrumentalisiert werden konnten. In schwärmerischer Weise subsumierten sie darunter auch die gesamte latinische Kultur Roms – eine „translatio traditionis". Die meisten Schriftsteller standen in der sprachlichen Tradition der Accademia della Crusca und pflegten einen klassizistischen Duktus. Sie

90 Bédarida, Henri/ Hazard, Paul, La réaction de l'italianisme, in: dies., L'influence francaise en Italie aux dix-huitième siècle, Paris 1910, S. 114f.

91 Seit Ende des 15. Jahrhunderts finden sich in gelehrten Schriften Hinweise für ein „italienisches Bewußtsein." Es kann nach Peter Burke nicht „national" gedeutet werden. Ähnlich wie der Begriff „Nazione" wurde dieses Bewußtsein im 18. Jahrhundert nicht mehr ethnisch sondern kulturell verstanden. Burke, Peter, Sprache, a.a.O., S. 14.

92 Leopardi, Giacomo, Ginestra (Der Ginster), in: Leopardi, Giacomo, Gedichte und Prosa, Frankfurt/Main 1979, S. 92.

93 Besonders seit 1865, als die Hauptstadt von Turin nach Florenz verlegt wurde erstarkte die Bedeutung, die Politiker der toskanischen Sprache und Dichtung beimaßen. Massimo d'Azeglio forderte in einem Brief den Theaterautor Ferdinando Martini auf, sich um die Wiederge-

versuchten ganz bewußt, barocke Stilelemente aus ihrer Sprache zu verbannen.[94] Die literarische Epoche, die sie – wenn überhaupt – außer der Klassik anerkannten, war die Dantes und Boccaccios.

Der über die italienischen Sprachgrenzen hinaus berühmteste Schriftsteller war Alessandro Manzoni. Bis heute wird er – fast wie Giuseppe Verdi – als Künstler und Nationalheld verehrt, der zur „geistigen Gründung des neuen Italien“ beigetragen hat.[95] Sein wichtigstes Werk, „I Promessi Sposi“, handelt zur Zeit der spanischen Herrschaft über die Lombardei im 17. Jahrhundert und enthält neben seiner Handlung – die Heirat der einander Versprochenen wird durch Widrigkeiten ständig verzögert – tiefgehende moralische und religiöse Reflexionen.[96]

„I Promessi Sposi“ gehört zur Gattung der „Volksromane“, wobei mit „Volk“ der „popolo grasso“ und nicht der „popolino“ – also der Bürgerstand und nicht die „einfache“ Bevölkerung – gemeint ist.[97] Die erste Fassung des Romans von 1823 überarbeitete Manzoni noch einmal in Gänze und gab den Roman in einer vom lombardischen Idiom „gereinigten“ letztgültigen toskanischen Version 1842 heraus.[98] Diese „Reinigung“ war ihm ein großes – auch pädagogisches – Anliegen, äußerte er doch schon in jungen Jahren seinen Gram über die

---

burt seiner Sprache zu kümmern: „Tocca a loro scrivere per il teatro ed occuparsi del suo Risorgimento.“ Zit. bei: Teatro e Risorgimento, a.a.O., S. 42.

94 In Venedig wurde 1583 die „Academia della Crusca“ gegründet, die, wie der Name bedeuten sollte, die Sprache pflegen, sie von Spreu trennen wollte („crusca“ = Kleie). Ein eigens erstelltes „Dizionario“ sammelte ein Repertoire von Wörtern, das an der Prosa Boccaccios, der Poesie Petrarcas und mit Vorbehalten an derjenigen Dantes orientiert war. Blasco Ferrer, Eduardo, Handbuch der italienischen Sprachwissenschaft, Berlin 1994, S. 158f. – Arthur Schopenhauer lobte besonders eine von dieser Gesellschaft 1804 publizierte „Bibliotheca de' Classici Italiani“, die in den herausgegebenen Texten jede Abweichung von der Toskanischen Sprache vermerkte. Diese Strenge, so urteilte Schopenhauer über die Crusca, sei keine Pedanterie, sondern die Vorsorge, daß nicht jeder „tintenklexende Bube sich am Nationalheiligthum der Sprache vergreifen dürfe, wie das in Deutschland geschieht.“ Schopenhauer, Arthur, Werke in zehn Bänden, Band X: Parerga und Paralipomena, Zürich 1977, S. 585.

95 Lernet-Holenia, Alexander, Nachwort des Übersetzers, in: Manzoni, Alessandro, Die Verlobten, Zürich 1958, S. 752.

96 In der Rezeptionsgeschichte wird aus diesen vielen Hindernissen auch eine Metapher auf das Versagen des vor-unitarischen Staates gelesen. In einem Schulbuch von 1891 für die fünfte Elementarklasse zum Beispiel wurde der Roman als Spiegel für die miserablen Bedingungen Italiens, speziell aber der Lombardei, in jenen „traurigen Zeiten“ dargestellt. Vgl.: Brevi Raconti di Storia Patria – Ad uso della quinta classe elementare, Florenz 1891, S. 55f.

97 Zu der Literatur, die später in den achtziger Jahren des 19. Jahrhunderts wirklich fast jede Familie Italiens erreichte und das „Neutoskanisch“ wahrscheinlich mehr noch verbreitete als Manzonis Roman gehörten Jugendromane wie „Le aventure di Pinocchio“ von Carlo Lorenzini Collodi, 1881–1883 im „Giornale dei bambini“ erschienen, und der andere Kinderroman aus dem Jahr 1886, „Cuore“, von Edmondo De Amicis. Vgl.: Blasco Ferrer, Eduardo, a.a.O., S. 169.

98 Arico, Rosario, In margine a „I Promessi Sposi“, Mailand 1975. – Giacalone, Giuseppe, Introduzione storica a „ I Promessi Sposi“, in: Manzoni, Alessandro, „I promessi Sposi“, Florenz 1987. – Hösle, Johannes, Grundzüge der italienischen Literatur des 19. und 20. Jahrhunderts, Darmstadt 1979, S. 17–23.

Schwierigkeit für einen Italiener, auch nur den banalsten Prosatext abzufassen, weil ihm spontan immer nur Wörter der eigenen Mundart einfielen.[99]

Die „Promessi Sposi" regten bereits wenige Jahre nach ihrem ersten Erscheinen eine regelrechte Moderezeption an. Die entstehende bürgerliche „Folklore" wurde mit Vignetten und Illustrationen ikonographisch belebt. Die erste Theateradaption schrieb 1827 Giambattista Nasi.[100] Und die erste von neun Opern mit einem Libretto nach den „Promessi Sposi" kam 1830 in Neapel auf den Spielplan: Der heute wenig bekannte Komponist hieß Luigi Bordese.[101] In unserem Jahrhundert setzte sich diese Mode fort: Sonderbriefmarken erinnerten zum 50. und 100. Jahrestag von Manzonis Todestag an die „Promessi Sposi". Renzo und Lucia wurden jedem Medium einverleibt – zuerst dem Kino und dann 1966 auch der Television[102]. Die Literaturwissenschaftler diskutieren indessen über die Entstehungsgeschichte: ob sich Manzoni von einem barocken Abenteuerroman oder einer historisch belegten Episode inspirieren ließ.

Simonde de Sismondis Schrift über die Geschichte der italienischen Republiken im Mittelalter, in der er sich kritisch über die katholische Religiosität ausließ, muß Alessandro Manzoni sehr getroffen haben. Denn er veröffentlichte ein gegen Sismondis „Histoire" verfaßtes Pamphlet.[103] Manzoni wehrte sich heftig gegen die Vorwürfe des Obskurantismus und der Bigotterie der katholischen Kirche. In seinen von den Neoguelfen[104] rezipierten „Osservazioni sulla morale cattolica" von 1819 betont er die Menschennähe der katholischen Religion. Erst kurz zuvor war er vom Kalvinismus zum Katholizismus übergetreten. Manzoni und seine Gesinnungsgenossen, wie Antonio Rosmini oder Carlo Troja[105], sahen keinen Widerspruch in der Verknüpfung einer orthodoxen katholischen Religiosität mit dem Reformismus liberalen Denkens. Das Papsttum wurde in Manzonis „Osservazioni" als integraler Bestandteil der italienischen Geschichte gewertet. Obwohl Cavours Politik schließlich auf eine weitgehende Entmachtung der Kirche hinauslief und damit Manzonis neoguelfische Implikationen keine Repräsentation im neuen Staat fanden, arrangierte sich Manzoni auch mit einem de jure machtlosen Papst im vereinigten Königreich.

---

99 Blasco Ferrer, Eduardo, a.a.O., S. 165.

100 Bellezza, Paolo, Curiosità manzoniane, Mailand 1923.

101 Der berühmtere Amilchare Ponchielli, einer der ersten dem „Verismo" zugerechneten Komponisten, schuf 1856 – und 1872 eine veränderte – Opernversion von den „Promessi Sposi". Erstere hatte keinen großen Bühnenerfolg, während die zweite Fassung nach 1872, vor allem nach Manzonis Tod, auf der ganzen Welt aufgeführt wurde. Morini, Mario, I Promessi Sposi nel melodramma dell'Ottocento, Mailand 1973. – Kaufman, Thomas G., Verdi and his major contemporaries, New York 1990, S. 221ff. – Giuseppe Verdi, obwohl großer Liebhaber des Romans, schrieb keine Oper nach dieser Vorlage, dafür aber 1874 ein Requiem zu Ehren des Dichters. Von dem Zeitgenossen Verdis, Errico Petrella, und seiner Oper nach der Manzoni-Vorlage (1869) wird im drittel Teil noch die Rede sein.

102 Folclore de „I Promessi Sposi", hrsg. v. Centro Nazionale di Studi Manzoniani, Mailand 1980.

103 Wolfzettel, F./ Ihring, P., Katholizismus und Nationalbewußtsein im italienischen Risorgimento, in: Giesen, Bernhard (Hrsg.), Nationale und kulturelle Identität, Frankfurt 1991, S. 397f.

104 Zu den „Neoguelfen" siehe eigener Abschnitt, hier weiter unten, Kap. IV.

105 Antonio Rosmini war wie Gioberti katholischer Priester und publizierte Reformvorschläge für die Kirche. Seiner Meinung nach war der Feudalismus an den verkommenen Sitten innerhalb

Bei seiner Teilnahme an der Erziehungsreform zusammen mit Francesco de Sanctis[106] im Jahr 1871 setzte sich Manzoni für die Einführung des toskanischen Idioms als Sprache der Nation ein, obwohl er selbst mailänder Dialekt oder französisch schrieb und sprach.[107] Manzoni schloß sich dem allgemeinen Nationsdiskurs an und erläuterte, daß eine einheitliche Sprache am meisten dazu beitrage, die Einheit einer Nation zu gestalten.[108] Die italienische Sprache habe ihren Sitz in Florenz, wie die lateinische früher in Rom und die französische in Paris. Diese Behauptung hatte zwar gute Gründe und entsprach der Meinung einiger Intellektueller, aber der Anspruch lief in seiner rigiden Exklusivität normativ auf einen feudalen Herrschaftsanspruch hinaus, denn die Alltagssprache der einzelnen italienischen Regionen entsprach bis weit ins 19. Jahrhundert nur bei einem Bruchteil der Bevölkerung der neuen „Nationalsprache". Ähnlich wie zur Zeit Dantes, als dieser für das sogenannte „Volgare Illustre" anstelle von Latein plädierte, war es auch zur Zeit Manzonis nur eine Minderheit, die sich mit dem toskanischen Idiom über das geschriebene und gesprochene Wort zu identifizieren imstande war.[109] Die von den Intellektuellen im vereinigten Königreich betriebene Vereinheitlichungspolitik zeigte nurmehr, daß es sowohl um die ästhetische Gestaltung der Nation als Mittel der Politik ging wie auch um die Lösung der überregionalen Kommunikation.

---

des Kirchenwesen verantwortlich. Carlo Troja schrieb 1839 die „Storia nel' Medioevo". Auch er verfolgt die These, daß der Papst in der italienischen Geschichte als „defensor plebis" fungiert habe. Lönne, Karl Egon, Politischer Katholizismus im 19. und 20. Jahrhundert, Frankfurt/Main 1986, S. 94ff. Wolfzettel/Ihring, a.a.O., S. 397ff.

106 De Sanctis wurde 1817 in Morra Irpina bei Neapel geboren. Er studierte und lehrte in Neapel. Nach 1848 wurde er für zwei Jahre nach Amerika exiliert. Seit 1853 lebte er in Turin, wo ihn Cavour noch kurz vor seinem Tod zum Unterrichtsminister berief. Zwischen 1865 und 1873 verfaßte er Schriften über Literatur und Erziehung. 1876 gründete er in Neapel den „Circolo filologico". Cairoli berief ihn 1878 wieder zum Minister für öffentlichen Unterricht. Er versuchte, den Analphabetismus im Land zu bekämpfen.

107 Hobsbawm, E.J., a.a.O., S. 76. – Dialekt zu sprechen, war über die „Renaissance" hinaus nicht nur die Kommunikationsform des „popolo minuto", sondern wurde im 16. Jahrhundert bei bestimmten Anlässen von sonst toskanisch-florentinisch sprechenden Patriziern als sprachliches Spiel gepflegt. Nach einem kurzen „Rückzug" der Oberschichten vom Dialekt, kam er im 18. und 19. Jahrhundert wieder in Mode. Burke, Peter, Sprache..., a.a.O., S. 20ff.

108 Manzoni, Alessandro, Dell'unità della lingua italiana e dei mezzi di diffonderla, in: Ders., Scritti vari sulla lingua italiana, Mailand 1870, S. 61.

109 In seinem theoretischen Traktat „De Vulgari eloquentia" versuchte Dante zu beweisen, daß mit der Entwicklung einer Sprachplanung die ungeschliffene Volkssprache zu einer dem Lateinischen ebenbürtigen Hochsprache – einem „volgare illustre" – verwandelt werden könnte. Diese Sprachform blieb in dieser Zeit vom funktionalen Gebrauch in den unteren Schichten isoliert. An den Höfen in Norditalien wie Mantua, Mailand oder Verona hatte sich zum Ende des 13. Jahrhunderts eine eigene Sprache konkurrierend zum Florentisch-Toskanisch herausgebildet, das „koiné padana". Diese Sprache leistete dem Toskanischen bis zur Zeit des Boiardo und Ariost Widerstand. Blasco Ferrer, Eduardo, a.a.O., S. 142ff. Seit dem 16. Jahrhundert bezeichnete man das „volgare curiale" im Sinne Dantes – anlehnend an Baldassare Castiglione – die „Mundart des Hofes" – das „Cortegiano". Burke, Peter, Sprache..., a.a.O., S. 24. – „Parlare latino" oder „parlare in latino" bedeutet noch heute in Italien „unverständlich sprechen". Grande Dizionario della Lingua Italiana, hrsg. v.Battaglia, Salvatore, Turin 1974, S. 813.– Die Anga-

Giuseppe Meini, einer der Kuratoren des 1861 erstmals edierten und 1879 überarbeiteten „Dizionario della Lingua italiana", argumentierte ähnlich wie Manzoni: Da Italien keine allgemeine lebende Sprache habe, sei Toskanisch zu bevorzugen, denn es sei von den großen Schriftstellern immer als Hauptinstrument ihres Denkens gebraucht worden. Mit einer gemeinsamen Sprache sollte die Reife der eigenen Nation und die Gleichrangigkeit zu anderen Nationen wie England oder Frankreich bewiesen werden.[110] Daraus sprach das Gedankengut der Romantiker, nämlich die Verknüpfung von Sprache und Identität als universell zu betrachten. Die Entscheidung für Toskanisch als einzig gültige Sprache im vereinigten Königreich verhalf zwar vorerst nur einigen Angehörigen der Nation zu einer erleichterten und schnelleren Kommunikation, nämlich denjenigen, welche zum „gebildeten" Teil gehörten und den Diskurs bereits beherrschten. Aber die toskanische Sprache sollte nach und nach die „allgemeine Grundvorstellung des Ethnos" definieren.[111]

Manzoni wird im Mailänder „Cimitero Monumentale" als Kultfigur geehrt: Im „Famedio", der Gedenkkapelle des Friedhofs, wo unter anderem Cavours, Mazzinis und Garibaldis in Form von Büsten gedacht wird, wurde 1883, zehn Jahre nach seinem Tod, mit einem pompösen Festakt ein marmorner Sarkophag mit den sterblichen Überresten des Dichters aufgestellt.[112]

Innerhalb der mythischen Figuration des „Risorgimento" nimmt der Lombarde Manzoni die Funktion des christlichen Bürgers mit Nationalbewußtsein ein. Seine „Promessi Sposi" gelten nicht als exklusive Intellektuellenliteratur, sondern werden als auf das „Risorgimento" hinführendes Volksgut gedeutet. Der politische Mythos instrumentalisiert ihn zum Bindeglied zwischen Bürger- und Volkskultur. Die immense Streuung der Adaptionen der „Promessi Sposi"

---

ben über die Zahl derjenigen, die nach 1861 auf der Halbinsel „italienisch" sprechen konnten, variiert zwischen 2% (nach Chiellino) und 10% (nach Blasco Ferrer). Blasco Ferrer, Eduardo, a.a.O., S. 168. – Chiellino, Carmine, a.a.O., S. 21.

110 Im Vorwort des bereits erwähnten „Dizionario della Lingua Italiana" von 1861 betonte Meini, daß die Intention seiner philologischen Arbeit vor allem sei, qualitativ an die Wörterbücher der schon „zivilisierteren Nationen" wie England, Frankreich und Spanien heranzureichen. Die Entwicklung der Fähigkeit, die Vokabeln der italienischen Sprache differenzieren und definieren zu können, wurde als entscheidendes Merkmal des Landes auf dem Weg zu einer „Nation" im staatsrechtlichen Sinne erachtet. Bei der Zusammenstellung der Wörter wurde auch das „Dizionario della Crusca" verwendet. Es handelt sich bei dem verzeichneten Wortschatz um den toskanischen Sprachgebrauch, spezieller noch um den florentinischen, wie Meini 1879 in einer neueren Auflage vermerkte.Dizionario della Lingua Italiana, hrsg. v. Tommaseo, Nicolò, u.a., a.a.O., S. VI/ XXVI.

111 Vgl.: Francis, Emerich, Ethnos und Demos, Berlin 1965, S. 121.

112 Borri, Francesco Silvio (Hrsg.), Il Cimitero Monumentale di Milano, Mailand 1966, S. 11. – Falkenhausen, Susanne von, Italienische Monumentalmalerei im Risorgimento, Berlin 1993, S. 139f. – Vergleichbare Ehre wird den ebenfalls als Nationaldichtern gefeierten romantischen Dichtern Adam Mickiewicz und Juliusz Slowacki zuteil: In der Kathedrale auf dem Wawel in Krakau liegen sie in Sarkophagen neben General Tadeusz Kosciuszko und werden als Vorreiter der nationalen „Erweckungsbewegung" Polens gefeiert. Kostrowski, Jan K., Cracow, Warschau 1992 S. 188.

wird von der Bedeutsamkeit des Originals überstrahlt, das die italienische Geschichte lyrisch, prosaisch und wissenschaftlich bis heute begleitet.[113]

Das Theater des „Risorgimento"-Mythos

Der kulturspezifische italische „Genius", für dessen freie Verwirklichung die Theaterautoren des frühen 19. Jahrhunderts polemisierten, äußerte sich thematisch fast immer in einer historistischen Replik auf jenes „Risorgimento" beziehungsweise „Rinascimento", in dem Petrarca und Dante lebten – so zum Beispiel im Drama von Francesco Benedetti da Cortona, „Cola di Rienzo", über den römischen Volkstribun. Er griff ein historisches Sujet kämpferisch auf, um an diesem die potenziellen politischen Qualitäten „italischer" Landsleute aufzuzeigen, und gilt darum als Vorreiter eines „nationalen Theaters".[114] Giuseppe Mazzini kritisierte diese historistische Haltung, als er 1830 in einem Artikel der Florentiner „Antologia" die Charaktere der romantischen Dramaturgie der „scuola manzoniana" analysierte und deren Abstraktheit und inhaltliche Konzeptionslosigkeit bemängelte. Die Darstellung von vergangenen Taten der Historie blieben, so Mazzini, unverstanden und wirkungslos, wenn man nicht ihre Zusammenhänge zur aktuellen Situation deutlich mache.[115] Das hat der Mythos des „Risorgimento" erst später besorgt.

Der toskanische Dramatiker Giovanni Battista Niccolini verfaßte 1815 das Stück „Nabucco" mit zahlreichen Anspielungen auf die napoleonische Ära. Wie beim „Ipercalisse" von Ugo Foscolo war die Assoziation des Titelhelden mit Napoleon beabsichtigt.[116] Der französische Kaiser wurde hier allerdings schließlich zum Hoffnungsträger.[117] Ähnlich wie weiland

---

113 Es gibt Sätze aus dem Roman, die zu Sprichwörtern wurden. Die Vornamen einiger Personen wurden sogar zu stereotypen Eigennamen. So nennt man die Köchin des Pfarrers in der italienischen Wirklichkeit gelegentlich auch nach der im Roman beschriebenen „Perpetua". – Benedict Anderson bezeichnet den Roman – und auch die Zeitung – als die technischen Mittel, mit Hilfe derer sich „das Bewußtsein von Nation" kommuniziert. Die Inhalte, die in den verschiedenen Regionen auf der Halbinsel sozusagen „simultan" wahrgenommen werden konnten, waren jedoch nur einer kleinen Schicht von Intellektuellen vertraut. Vgl.: Anderson, B., a.a.O., S. 32.

114 Teatro e Risorgimento, hrsg. v. Federico Doglio, Bologna 1972, S. 21.

115 Mazzini schrieb: „(...) la rappresentazione dei fatti passati, esibiti senza chiave d' interprete e scorta di filosofia, rimane inferiore ai bisogni dei tempi e al progresso delle opinioni." zit. bei: Teatro e Risorgimento, a.a.O., S. 24.

116 Ebenda, S. 21. – Foscolo, der enttäuscht über Napoleons Imperialismus war – er hatte zuvor 1798 sogar im französischen Heer gekämpft – verfaßte 1807 die berühmte Dichtung „Dei sepolcri". In den reimlosen Elfsilblern forderte er dazu auf, gegen die Tyrannei aufzustehen und der eigenen Sprache zu huldigen, die, wie Foscolo kritisierte, bislang nur geschrieben und nicht gesprochen werde. Blasco Ferrer, Eduardo, a.a.O., S. 158. – Hösle, J., a.a.O., S. 11.

117 Die Verbindung zwischen Napoleon und römischer Geschichte zog um 1800 der Mailänder Giovanni Antonio Antolini. Er plante ein monumentales „Foro Bonaparte" zu Ehren des Franzosen, der sich in bezug zur „Romanità" der Antike setzen sollte. Das Projekt scheiterte an Geldmangel. Die Idee aber wurde in den achtziger Jahren in der italienisch-nationalen Presse lobend besprochen. Rodieck, Thorsten, Das Monumento Nazionale Vittorio Emanuele II. in

Dante im deutschen Kaiser Heinrich VII. den Retter zu erblicken glaubte, hielt nun Napoleon diesen Platz so sehr besetzt, daß auch seine Angriffe auf den Papst niemals als Schmähung des italienischen Ehrgefühls aufgenommen wurden.[118] Niccolini gilt wegen seiner Napoleonverehrung als „Neoghibelline“.[119] Seine Tragödie mit dem Titel „Arnaldo da Brescia“ verfaßte er 1843 als angriffslustige Erwiderung auf die neoguelfische Schrift Vincenzo Giobertis „Del primato morale e civile degli italiani“.[120]

Obwohl Niccolini und Gioberti zwei entgegengesetzte politische Ziele vertraten, werden diese im Mythos „Risorgimento“ miteinander ausgesöhnt, denn sie eint auch hier wieder die gemeinsame Problemstellung im hypoleptischen Diskurs. Während Niccolini die Tyrannei der Päpste verdammt, bleibt er doch der mythisch deutbare Kämpfer gegen die „Fremdherrschaft“ und damit für die „Wiedergeburt“ Italiens. Während Gioberti das Gegenteil, die Papstherrschaft, verlangt, bleibt auch er immerhin ein Kämpfer für die „Wiedergeburt“ Italiens. Bei Detailbetrachtungen fast aller Schriftsteller, die wir aus der epischen Erzählform des „Risorgimento“ herauskristallisieren können, begegnet uns diese „Diaphonie“. Erst in der „bricolage“ des Mythos erscheint die Komplexität solcher Antagonismen aufgehoben. In der historischen Erzählung bleibt schließlich nur noch die mythische Einstimmigkeit auf der Theaterbühne übrig.

Der mythische Dualismus von „patria“ und „dominazione straniera“[121]

Der Begriff der „patria“ umfaßte im 19. Jahrhundert keine nationale territoriale Größe und meinte bei vielen politischen Schriftstellern schlicht die Heimatregion oder -stadt.[122] Wenn es auch keine die Halbinsel umfassende Nation gab, so konnten sich trotzdem die Bewohner ein-

---

Rom, Frankfurt/Main 1983, S. 56. – In Pistoia baute sich in den vierziger Jahren des 19. Jahrhunderts der reiche Niccolò Puccini in den Park seiner Villa, der mit klassizistischen Monumenten für „uomini illustri“ bestückt war, ein „Pantheon“, in dem er seinem Patriotismus Ausdruck geben wollte. Unter den dreizehn Berühmtheiten, die in Form einer Büste in diesem kuriosen Bauwerk vertreten sind, findet sich neben Dante, Machiavelli und Galilei bezeichnenderweise auch Napoleon. Falkenhausen, Susanne von, a.a.O., S. 145.

118 Wolfzettel,F./ Ihring, P., a.a.O., S. 391.

119 Herde, Peter, Die Neoguelfen, a.a.O., S. 621.

120 Vgl. Kapitel über die Neoguelfen.

121 dt.: Heimat und Fremdherrschaft. Anstatt von Fremdherrschaft war vor dem 18. Jahrhundert auch oft von den „Barbaren“, die nach Italien eingefallen waren, die Rede. In der sprachpolitischen Diskussion dienten dem Humanisten Flavio Biondo die „Barbaren“, die die Sprache der Norditaliener verbildet hätten, beziehungsweise durch Korruption die Entwicklung vom Lateinischen zum Italienischen initiiert hätten, zur Polemik. Diese „Korruptionsthese“ konnte im frühen 18. Jahrhundert für die Idee vom Primat des Toskanischen ausgeschlachtet werden. Blasco Ferrer, Eduardo, a.a.O., S. 162f.

122 So zum Beispiel bei Coluccio Salutati, der mit „patria“ seine Loyalität gegenüber Florenz ausdrückte. Burke, Peter, Sprache..., a.a.O., S. 15, Münkler, Herfried, Nation als politische Idee im frühneuzeitlichen Europa, a.a.O., S. 64ff.

zelner Regionen neben ihrem Bewußtsein, „Lombarden“ oder „Venetianer“ zu sein, mit einem geographisch umrissenen „Italien“ identifizieren, was im Nachhinein gerne so ausgelegt wird, als habe in diesem Verständnis der Anspruch auf die unbedingte Zusammengehörigkeit ganz Italiens als einer politischen „Nation“ gesteckt.[123] Jedes dichterische Werk, jede Schrift eines italienischen Gelehrten und jedes Journal, das den Begriff der „patria“ nutzte, konnte aber für das sich vergrößernde Königreich Piemont-Sardinien instrumentalisiert werden. Die Artikulierung von heimatlichem Pathos wurde in der Folge auch im mythischen Dualismus von Freund und Feind als zielgerichtet gegen jede Form von „Fremdherrschaft“ rezipiert.[124] Die politischen Systeme, die im regionalen „Patria“-Diskurs jeweils thematisiert wurden, hatten nichts mit dem Diskurs der italienischen Nation nach 1861 gemein. Die Begriffe „Heimat“ und „Fremdherrschaft“ wurden dem disparaten diskursiven Fundus entnommen und wurden mit ihrer „transsituativen Relevanz“[125] dem „Risorgimento“ einverleibt.

Als Beispiele dafür sollen hier die Werke „Niccolò de' Lapi“ und „Ettore Fieramosca“ von Massimo d'Azeglio dienen. Der Schwiegersohn Manzonis, der Ende der 50er Jahre Ministerpräsident des sardischen Königreichs wurde, thematisierte in beiden Handlungen Krieg und Belagerung einer italienischen Stadt durch eine fremde Macht. Beide Handlungen verherrlichen die politische Idee der freien Republik im starken Kontrast zur bösen „Bedrohung“ von außen, im einen Fall dargestellt durch den deutschen Kaiser, im anderen Fall durch die Spanier und Franzosen.[126] Francesco Domenico Guerrazzi veröffentlichte 1843 „L'Assedio di Firenze“ – die Belagerung von Florenz. Protagonisten sind unter anderem Niccolò Machiavelli und Michelangelo Buonarroti.[127] Es ging Guerrazzi weniger um die positive politische Idee einer Staatsform als um den Beweis der florentinischen Wehrhaftigkeit.[128] Vincenzo Cuoco beschreibt in seinem Historienroman „Platone in Italia“ vorbildlichen Bürgersinn. Er schildert die einfache italische Landbevölkerung, die schon vor der römischen Klassik auf der Halbin-

---

123 Das für den Mythos der Nation instrumentalisierte Bewußtsein, der „Italicorum communia“ anzugehören,wird an der später zitierten Quelle über den Sieg der „Lega Lombarda“ bei Legnano noch deutlicher.

124 Innerhalb der sogenannten"Fremdherrschaft“ der Habsburger über die Lombardei wurde in den Regierungsjahren von Maria Theresia, 1750–1780 lombardische Heimatpflege betrieben: Maria Theresia förderte die Universitäten und im besonderen die Forschungsarbeit italienischer Aufklärer wie Pietro Verri oder Cesare Beccaria. Die Liaison, die hier innerhalb einer Epoche des österreichischen Primats zwischen dem herrschenden und dem beherrschten Land bestand, ermöglichte immerhin die Gründung einer „Società patriotica“, die sich um die Förderung der lombardischen Landwirtschaft, des Gewerbes und der Industrie kümmerte. Lill, a.a.O., S. 46f.

125 Jan Assmann betont, daß es nicht genügt aufzuschreiben, was gesagt wurde, sondern daß viel wichtiger ist, welchen Belang die Thematisierung eines Inhalts hatte. Der Inhalt des Gesagten aber mache die „transsituative Relevanz“ aus. Assmann, Jan, Das kulturelle Gedächtnis, a.a.O., S. 288.

126 Teatro e Risorgimento, a.a.O., S. 26.

127 Der Topos der Befreiung von den Barbaren oder der Fremdherrschaft wurde auf theoretischer Ebene unter anderem in Machiavellis „Principe“ formuliert. Machiavelli, Niccolò, Der Fürst, a.a.O., S. 106ff. Vgl. dazu: Münkler, Herfried, Machiavelli. a.a.O., S. 359f.

128 Teatro e Risorgimento, a.a.O., S. 26.

sel europäische Kultur gegründet habe. Damit erweiterte er die Anschlußmöglichkeiten von Bürgertugend und Heimatliebe von der „Renaissance“ auf die früheste Antike.[129]

Eine der am häufigsten zitierten Schriften, wenn es um die Darstellung der „Fremdherrschaft“ zu Beginn des 19. Jahrhunderts auf der Halbinsel geht, sind „Le mie prigioni“ von Silvio Pellico, der, von den Habsburgern als Mitglied der verbotenen Geheimgesellschaft der „Carbonari“ eingesperrt, nach seiner Freilassung aus der Festung Spielberg bei Brünn seine Erfahrungen niederschrieb.[130] Die Beschreibungen sind zwar durchzogen vom Haß gegen die Habsburger, bestechen aber durch ästhetische Reflexionen. Mehr noch als die aktuelle politische Situation zur Zeit seiner Einkerkerung spiegeln sie den Versuch, sich aus der tiefen Verzweiflung über den langen Gefängnisaufenthalt mit Hilfe der Religion zu retten.[131] Er schreibt über die Kraft, die der Mensch aus dem Christentum schöpfen könne und die gleichviel dem Vaterland nützlich sei. Das war sicher auch ein Grund, warum Vincenzo Gioberti die Aufzeichnungen besonders lobte. Wie fast alle italienischen Schriften aus dieser Zeit gelten „Mie prigioni“ in der Rezeptionsgeschichte als „nationale Kampfschrift“.

Während der Mussolini-Zeit wurden gekürzte Fassungen der „Mie Prigioni“ für Schulbücher eingerichtet.[132] Wie schon 1869, kurz vor der Eroberung des Kirchenstaats, die Einheitspropagandisten, versuchten nun im anderen Gewand auch die Faschisten von Pellicos Schrift und seinem Appell an die „Patria“ zu profitieren. Dieser Topos war also in sehr heterogene politische Diskurse einflechtbar.

Pellico wie Guerrazzi übernehmen im politischen Mythos des „Risorgimento“ die Funktion, die unerträgliche Grausamkeit der „Fremdherrschaft“ zu verdeutlichen. Die durch Gefangenschaft und Belagerung erlittene Pein lenkt im politischen Mythos den Blick auf eine einzige Handlungsmöglichkeit: das Hinauswerfen der Fremden und das Gründen der eigenen Nation. Obwohl die „Rettung“ der Heimat auch noch in den ästhetischen Formen des späten 18. und

129 Wolfzettel, Friedrich/ Ihring, Peter, Katholizismus und Nationalbewußtsein im italienischen Risorgimento, in: Nationale und kulturelle Identität, hrsg. v. Bernhard Giesen, Frankfurt/Main 1991, S. 390ff.

130 Sivio Pellicos (1789–1854) Aufzeichnungen erschienen in einer ersten Ausgabe 1832. Bis zur zweiten Ausgabe 1843 erweiterte er seine Erinnerungen noch – sie verkauften sich besser als seine Dramen. 1837 schrieb Pellico an einen Freund über seinen zurückgezogenen Lebenswandel und seine Lethargie betreffs politischer Aktionen, daß er froh sei, in Ruhe gelassen zu werden und sowohl für die Unterdrückten wie die Unterdrücker beten würde: „(...) mi limito ad abborrire le malignità e le ingiustizie di tutti i diversi partiti, pregando Dio per gli oppressi ed anche per gli oppressori.“ in: Lettere di patrioti italiani del Risorgimento, hrsg. v. Amoroso, Giuseppe, Bologna 1971, S. 49. – Die „Carboneria“ wurde um 1806 in Süditalien als republikanische Geheimgesellschaft gegründet und organisierte sich mit verschiedenen anderen Logen und Klubs bald europaweit.

131 Ricarda Huch widmete Pellico ein Kapitel in ihrem Buch über das „Risorgimento“. Sie beschrieb das „tränenerregende“ Schicksal des kränkelnden aber standhaften Pellico, das man auch in Deutschland nach dem Erscheinen von „Le mie prigioni“ mit größter Rührung gelesen habe. Sie verglich ihn als Vertreter des „romantischen Typus“ mit Ludwig Tieck.Huch, Ricarda, Das Risorgimento, Leipzig 1908, S. 57ff.

132 Vgl.: Luce che sorge. Classe quinta, hrsg. v. Mantellini, Domenico, Bologna, Neapel, Mailand, Palermo, Rom, Turin, Verona, ca. 1920–22, S. 50ff. – Ama la terra. Corso di letture per le scuole rurali – Classe quinta, hrsg.v. Sandrone, Giuseppe, S. 134ff.

frühen 19. Jahrhunderts diffus formuliert und nicht zwingend an einen „nationalen" monarchischen Führer gebunden war, wie das später für das italienische Königreich galt, sondern als Ziel des politischen Kampfes die Republik oder gar die Herrschaft des Papstes verklären konnte, vermochte der Mythos „Risorgimento" alle noch so heterogenen Inhalte zu amalgamieren und mehr noch: die fungiblen Details wie „Bürgertugend" oder „Frömmigkeit" auszuschlachten. Die große Stärke des politischen Mythos liegt hier einmal mehr in der Reduzierung der Komplexität auf ein einziges Ideologem.

Ein Beispiel für eine gründliche Mißinterpretation zugunsten des patriotischen Mythos ist der Dichter Giacomo Leopardi. Er wird unter anderem wegen seiner Kanzone „All'Italia" im „Risorgimento"- Mythos rezipiert.[133] Mit elf Jahren übersetzte Leopardi schon die Oden des Horaz und gilt darum als ein Beispiel des „genio italiano".[134] Die Art der Instrumentalisierung geht bei diesem Dichter noch über die vorigen Beispiele hinaus. Guerrazzi oder d'Azeglio hatten ja tatsächlich ein historisch-politisches Thema aufgegriffen. Leopardi indes kritisierte solche modischen Rückwendungen und Mythisierungen des Mittelalters vieler seiner Dichterkollegen heftig. Eines der letzten Gedichte von Giacomo Leopardi heißt „Ginestra" und wird innerhalb „risorgimentaler" Argumentation für seinen „großen poetischen Ausdruck" gelobt. Leopardi polemisiert hier mit Hilfe von Metaphern gegen die Tendenz seiner Zeitgenossen, die „Aufklärung" rückgängig machen zu wollen, und ereiferte sich darüber, diesen Versuch als „Fortschritt" zu bezeichnen: „Hier schau, hier spiegle dich,/Vermessne, blöde Zeit!/Du hast den Weg verlassen,/Den uns das Denken, seit es neu erwacht,/Gewiesen, hast das Rad zurückgedreht/Und rühmst dich noch der Nacht/Und nennst das Dunkel Fortschritt (....) Freiheit erträumst du und zugleich aufs neue/Verknechtest du die Klarheit."[135] Und auch der „Zibaldone" ist in seiner Selbstbespiegelung mehr eine Absage an das Leben und seine Unbill als eine Hymne auf romantische Hoffnungen eines neuen Vaterlandes.[136] Bei der Selektion nach den Kriterien des Mythos wird nicht die politische Kritik und Misanthropie Leopardis wahrgenommen, sondern allein die Titel der Gedichte gereichen zum Mythologem. Leopardis Gedicht „Risorgimento" vom Februar 1828, zum Beispiel kann beim Zitieren des Titels im Sinne des Mythos interpretiert werden. Man könnte meinen, es handele sich um eine antizipierende Eloge auf die Politik Cavours. Leopardi feiert hier aber die kurzfristige Genesung von einer chronischen Krankheit und nicht den nationalen Kampfbegriff.[137] Der patriotischen Erfolgsgeschichte des Poems und seines Autors tat dies keinen Abbruch.

Eine breitere Identifikation mit dem Begriff der „patria" bewirkten – im Vergleich zu Literatur und Theater – kleinere Journale wie „Il Popolano" aus Florenz, die „Enciclopedia popo-

---

133 So in dem Band „Mit Rothemd und Muskete". Lieder und Dichtungen aus dem Risorgimento, hrsg. v. G. Steinig, Berlin 1963. Dies wird auch zitiert bei: Markgraf, Wolfgang, Verdi, Leipzig 1982, S. 14.

134 Spadolini, Giovanni, Gli uomini che fecero l'Italia, Florenz 1989, S. 535f.

135 Es hat zum Untertitel das Johanneswort: „Und die Menschen liebten die Finsternis mehr als das Licht." Leopardi, Giacomo, a.a.O., S. 91ff.

136 Dies beweist nicht zuletzt Schopenhauers Urteil: Keiner habe so gründlich und erschöpfend den Gegenstand „Von der Nichtigkeit und dem Leiden des Lebens" behandelt wie Leopardi. Schopenhauer, Arthur, Werke in zehn Bänden, Band IV: Die Welt als Wille und Vorstellung, Zürich 1977, S. 689.

137 Leopardi, Giacomo, a.a.O., S. 56ff.

lare" aus Mailand oder die „Letture popolari".[138] Um ein größeres Publikum zu erreichen, bedienten sich diese Journale der Umgangssprache. Sie enthielten sich weitgehend der politischen Agitation, um die Zensur passieren zu können. Die Texte wendeten sich an den einfachen Arbeiter und vermittelten tiefes Mitgefühl für deren oft mißliche und arme Lebenssituation. Sie suggerierten die Hoffnung auf Reformen und eine Verbesserung der sozialen Bedingungen.[139] Kalender waren neben dieser Lektüre ein zweites Volksmedium. Sie druckten Bauernregeln, Mondphasen, Feiertage, Märkte und illustriertes Volksgut ab, welches sicherlich mehr zu einem Bewußtsein über die regionale „Patria" und das eigene Idiom verhalf als zu einer Identifikation mit der noch gar nicht existierenden „Nation".[140] Für die gebildeteren Schichten erschienen im 19. Jahrhundert vor allem Zeitschriften über Kultur und Musik oder Anthologien, die eine Art Blütenlese aus Prosastückchen und auch wissenschaftlichen Aufsätzen anboten. So erschien in Mailand der „Conciliatore" und in Florenz die „Antologia".[141]

Wir müssen in Anbetracht der möglichen Kommunikationswege aller Schriften jedoch immer die Prozentzahlen über den Analphabetismus im Gedächtnis behalten, die 1861 für das gesamte Gebiet des italienischen Königreiches erstellt wurden und im Durchschnitt 78% betrugen.[142] Zu Beginn des 19. Jahrhunderts müssen wir eher eine viel höhere Zahl annehmen.[143] Nach den Statistiken können wir nicht davon ausgehen, daß die Texte so, wie sie uns überliefert sind, von breiten Schichten gelesen werden konnten.[144] Wenn in einem Dorf der Pfarrer

---

138 I periodici popolari del Risorgimento, hrsg. v. Bertoni Jovine, Dina, Bd. 1.: Il periodo prerisorgimentale (1818–1847). – Bd. 2: La rivoluzione (1847–1849). – Alle Texte sind von Bertoni Jovine in heutigem Italienisch publiziert. Es fehlen genaue Angaben, ob dies Transkriptionen sind oder ob diese Hefte im Dialekt der jeweiligen Region erschienen.

139 Der Turiner Seidenfabrikant Lorenzo Valerio gründete 1836 die „Letture popolari". Ebenda, Bd. 1., S. 243.

140 Man kann diese Distributionsformen patriotischen Wissens durchaus auf einer weniger anspruchsvollen Ebene mit den Anthologien für das Bürgertum des späten 19. Jahrhunderts vergleichen. Vgl. zur Wirkung von Anthologien in Deutschland: Mythisierung und Anthologie, in: Historische Mythologie der Deutschen, hrsg. v. Wülfing, Wulf/ Bruns, Karin/ Parr, Rolf, München 1991, S. 14f.

141 Gernert, Angelica, Liberalismus als Handlungskonzept – Studien zur Rolle der politischen Presse im italienischen Risorgimento vor 1848, Stuttgart 1990, S. 35ff.

142 Lill, Rudolph, Geschichte Italiens, a.a.O., S. 181. Die folgenden Zahlen beziehen sich auf eine Zählung von 1871: Emilia Romagna: 71,9%. – Lombardei: 42,2%. – Veneto, 64,7%. – Toscana: 68,1.%. – Lazio: 67,7%. – Ambrosoli, L., Appunti sul problema dell'istruzione popolare nella Lombardia e nel Veneto dalla Restaurazione all' Unità, in: Il Lombardo-Veneto sotto il profilo politico, culturale, economico-sociale. Atti del Covegno Storico, hrsg. v. Giusti, Renato, Mantua 1977, S. 157.

143 Initiiert von Naturwissenschaftlern, wurden jährlich Kongresse in größeren Städten Italiens veranstaltet. Auf dem Kongreß in Pisa im Oktober 1839 war unter anderem auch von der Schulbildung und der Alphabetisierung die Rede. Der Wissenschaftler Domenico Milano, der sich nur auf ungefähre Schätzungen stützen konnte, gab für die gesamte Halbinsel mit Sizilien an, daß von 25 Einwohnern 24 keine Schulbildung genossen haben. „Ciò nullameno nella piú favorevole supposizione arrossisco ancora nel dirvi che il 96% dei figli del popolo sono nella piú brutta ignoranza." Zit. bei: I periodici popolari del Risorgimento, a.a.O., S. XXXVII.

144 Ein Zeitkolorit: Ferdinand Gregorovius berichtet von einer Dame aus Marino, die er in einem

lesen konnte, war das wahrscheinlich schon viel. Wir können vermuten, daß er nach der Zensurbehörde derjenige war, der auswählte, was seine Gemeinde erfuhr und was nicht.[145] Die Interaktion zwischen den Bewohnern auf der italienischen Halbinsel, die durch die beschriebenen Kommunikationsmittel initiiert wurde, ist von uns also nur schwer nachvollziehbar, da es hier deutliche Grenzen der kommunikativen Horizonte gibt.[146] Die Prozentzahlen des Analphabetismus legen nahe, daß Historiker, die die Literatur als wirkmächtig beschrieben haben, diese Literatur und ihre Rezeption im Sinn des Mythos überbewertet haben.

Die Neoguelfen und die spirituelle „Italianità"

Ähnlich wie das Wort „Italia" ruft für uns Heutige „italianità" vielerlei atmosphärische Assoziationen der Welt der italischen Halbinsel wach. Ein Mensch, der über „italianità" verfügt, verkörpert – gleichsam als besitze er eine genetische Codierung – das ganze Erbe von zweitausend Jahren Kulturgeschichte, die sich zwischen den Alpen und Sizilien abgespielt hat: Rom und die Latinität, aber auch Plutarch und Sizilien mit den Traditionen Griechenlands.[147] Dabei war „italianità" ein Kampfbegriff, der etwa zum selben Zeitpunkt entstand wie in Deutschland der Begriff „Deutschtum" entstand. „Italianità" wurde über reine Distinktionsbemühungen hinaus ein rhetorisches Ideologem, das vor allem von den sogenannten Neoguelfen verwendet wurde. Die Schule der Neoguelfen faßt diejenigen Katholiken zusammen, die in der Zeit zwischen 1830–1850 eine nationale Einigung unter dem Primat des Papstes anstrebten. Analog zur propäpstlichen Partei im Mittelalter und der Renaissance, an die sie kulturell und politisch anzuknüpfen versuchten, richteten sie sich gegen ein von Deutschland oder Österreich ausgehendes Kaisertum, das Italien seiner politischen Autonomie beraube. Gemäß der neoguelfischen Ideologie beweise der Sitz des Papstes in Rom die Vorrangstellung der Italiener und sei somit das ideale Symbol für eine italienische Nation.[148] „Italianità" war also ein

---

Seebad nahe Roms im Juli 1859 kennenlernte. Sie kam aus dem Mittelstand und wußte nichts über den Krieg zwischen dem Königreich Sardinien und Österreich. Sie begründete dies damit, daß man nur informiert sei, wenn man in den Cafés der Städte verkehre, wo die Zeitungen ausliegen.Gregorovius, Ferdinand, Römische Tagebücher, a.a.O., S. 83.

145 Die dem Vatikan treuen Pfarrer predigten sicher nicht die Revolution. Garibaldi vermerkt in seinen Memoiren, daß die Priester zu dieser Zeit ihrer Gemeinde einzig beigebracht hätten, daß die Liberalen alle Mörder seien. Die Memoiren Giuseppe Garibaldis, hrsg. v. Walter Friedensburg, Hamburg 1909, S. 138.

146 Die „lesende Schicht" indes verfügte durch diese Fähigkeit naturgemäß über den Zugang zum Diskurs und damit zur Macht. Neben dem Adel und den Angestellten am jeweiligen Hof beherrschten zunächst die neue entstehende Beamtenschaft und die Handels- und Industriebourgeoisie die Schriftsprache. Benedict Anderson vertritt die These, daß mit der Verbreitung des Kapitalismus eine einheitliche Sprache zunehmend an Bedeutung gewann. Anderson, Benedict, Die Erfindung der Nation, Frankfurt/Main 1988, S. 51ff.

147 Seel, Otto, a.a.O., S. 74ff.

148 Herde, Peter, Guelfen und Neoguelfen, Wiesbaden 1985. – Ders., Die Neoguelfen, a.a.O., S. 615–622. – Omodeo, Adolfo, Vincenzo Gioberti e la sua evoluzione politica, Turin 1957. –

„spiritueller“ politischer Begriff. Scheinbar genauso mühelos wie Cavour die politischen Implikationen der italienischen Stadtrepubliken synkretistisch mit dem liberalistischen Nationalismus der „Moderati“ mischen konnte, fand unter den Händen der Neoguelfen die neue Idee „italianità“ mit mittelalterlichen Mythologemen zusammen.[149]

Cesare Balbo, der schon als Herausgeber der Zeitschrift „Risorgimento“ zusammen mit Camillo Cavour erwähnt wurde, formulierte „italianità“ zum ersten Mal 1820 wie eine politische Forderung, die die Behauptung eines italischen Primats unbedingt einschloß.[150] Balbos Auffassung von der Besonderheit der italienischen Kultur begegnet uns vor allem in seinem „Sommario della storia d'Italia“ von 1846. Er schrieb im vierten Kapitel, daß Italien die einzige unter den Nationen sei, die sowohl eine antike als auch eine moderne Geschichte aufweise. Ihm gelang der historische Streich, die Epocheneinteilungen „antik“ und „modern“ unter einem Begriff von Nation zu vereinen, indem er schlichtweg die „Romani“ mit den anderen „Italici“ versippte, denen er ein reines, mächtiges und edelstes „Blut“ bescheinigte.[151] In seiner Biographie über Dante Alighieri versuchte Balbo, den Ghibellinen Dante als Guelfen darzustellen und damit von der verehrten Person eine kontinuierliche Linie der politischen Tradition bis zu einem seiner Gewährsmänner, dem Geistlichen Antonio Rosmini, zu ziehen.[152] In seiner Schrift „Delle speranze d' Italia“ beschrieb Balbo seine Vorschläge zur Entwicklung Italiens und das Streben nach der nationalen Unabhängigkeit.[153] Diese forderte er aber nur für die nördliche Hälfte der Halbinsel: Eine Revolution mit dem Ziel eines geeinigten Königreiches auf der ganzen Halbinsel hielt er für unwahrscheinlich wegen der großen Heterogenität der Bevölkerung, die sich oft noch in altem regionalistisch bedingtem Haß gegenüberstünde.[154]

Wolfzettel, Friedrich/ Ihring, Peter, Katholizismus und Nationalbewußtsein im italienischen Risorgimento, a.a.O., S. 390ff.

149 Giulio Bollati bezeichnet die „italianità“, mit der die Neoguelfen versucht hätten, die staatlichen und regionalen Partikularismen auf der Halbinsel unter ein Dach zu bringen, als rein rhetorisch und spirituell. Bollati, Giulio, L'Italiano, Turin 1983, S. 61.

150 Balbo, Cesare, Lettere di politica e letteratura, Florenz 1965, S. 176ff.

151 Ganz dem modischen Rassegedanken verhaftet, schreibt Balbo wörtlich: „(...) noi siamo di razza, di sangue più puro; noi siamo più anticamente potenti e signori, più nobili, nobilissimi.“ Balbo, Cesare, Storia d'Italia, Neapel 1969, S. 158.

152 Wie bei vielen Protagonisten der „Risorgimento“-Geschichtsschreibung wird auch im Fall von Rosmini heute die neue Interpretation europäischer Ansätze in seinem Denken augenfällig. Beim jährlichen Symposion des „Istituto Antonio Rosmini“ im Sommer 1993 wies der römische Politikwissenschaftler Mario d'Addio darauf hin, daß Rosmini mit den Neoguelfen die Vorstellung teilte, die christliche Religion habe im Mittelalter vor allem die europäische Kultur begründet. Negri, Guglielmo, Rosmini non è Bossi, Messagero, 21.09.1993.

153 Dieses Buch widmete er Gioberti. Balbo hielt die Idee der Herrschaft des Papstes über eine italienische Konföderation zwar für „großartig“, indes gleichzeitig für unrealisierbar. Herde, Peter, Neoguelfen, a.a.O., S. 619.

154 Als mögliche Alternativen für eine nationale Unabhängigkeit erörterte er immerhin: 1. Die Gründung eines unabhängigen Königreichs Italien, 2. Gründung eines die Halbinsel umfassenden österreichischen Königreichs (!), 3. die Errichtung von kleinen Republiken, 4. eine Konföderation der jetzigen italienischen Staaten. Er hielt allerdings alle vier Punkte für den politischen Umständen wenig angemessen.Balbo, Cesare, Delle speranze d'Italia, Turin 1844, S. 290.

In seinen „Pensieri sulla storia d'Italia" lobte er den Vertrag von Utrecht von 1738, weil durch diesen ein Königreich für das „würdige Haus der Savoia" in Italien geschaffen worden sei.[155]

Einer der Vordenker der Neoguelfen war der Geistliche Vincenzo Gioberti. In seiner „Teoria della mente umana" stellte auch er die „italianità" heraus.[156] Seiner Ansicht nach konnte ihr „Genius" ausschließlich durch die Anknüpfung an die Herrschaft des Papstes neu erstarken. Wie andere Neoguelfen vertrat er die politische Lösung einer föderalistischen Union der italienischen Länder. In „Del primato morale e civile degli italiani" gewann seine Überzeugung regelrecht chiliastische Dimensionen. Die Geschichte der italischen Halbinsel und des italienischen „genio" in Kunst und Philosophie deutete Gioberti ganz und gar mythengesättigt: Italien und nicht dem „maßlosen Orient" sei die Opferrolle zugekommen, die im christlichen Sinn auf dem Weg zur Erleuchtung durchlitten werden müsse. Und darum seien die Italiener auch das von Gott auserwählte Volk.[157] Daß Papst Pius IX. sich schließlich doch nicht als derjenige erwies, der half, das italienische Volk aus der Opferrolle in den „erlösenden" Zustand der Nation zu führen, muß Gioberti sehr verbittert haben: 1851 veröffentlichte der geläuterte Katholik in Paris „Del rinnovamento civile d'Italia" und plädierte für die Abschaffung der weltlichen Macht des Papsttums.[158] Es wird kolportiert, daß ihm diese Wende noch kurz vor seinem Tod die späte Sympathie Cavours verschaffte, der Gioberti ein „großes geniales Kind" genannt haben soll.[159]

Es zeigt sich hier wieder, daß der Kriterienkatalog bei der Aufnahme in den Kanon der narrativen Extension des Mythos recht beliebig formuliert ist. Wichtiger ist die Modellierbarkeit der Inhalte. Sind diese für die Instrumentalisierung im Dienst der Nation zu vage, so besticht immerhin die Quantität der Protagonisten in der seriellen Mythenkomposition. Obwohl vor

155 Maturi, Walter, Interpretazioni del Risorgimento, Turin 1962, S. 135.

156 Gioberti, Vincenzo, La teoria della mente umana, Mailand 1910, S. 458ff.

157 Gioberti, Vincenzo, Del primato morale e civile degli Italiani, Turin 1939, Bd. II, S. 44ff. – Daß dieser Band Giobertis in unserem Jahrhundert genau ein Jahr nach dem Ende des ersten Weltkriegs, 1919, wiederveröffentlicht wurde, ist sehr signifikant. Der faschistische Philosoph Giovanni Gentile konnte diese Art Schriften ganz im Sinne seines Dienstherrn Mussolini deuten. – Vgl. auch: Lill, Rudolph, Geschichte Italiens, a.a.O., S. 120.

158 Ähnliche Gedanken wie bei Gioberti oder Balbo finden wir auch bei Donoso Cortés, der ebenso eine Zeitlang im Katholizismus die Hoffnung sah, die Welt vor dem Untergang der Kultur zu retten. Noch 1847 lobte Cortés im Reigen mit den italienischen Intellektuellen den Reformwillen, den der Papst interimistisch bekundete. Doch die Erfahrung der Revolution von 1848 veränderte seine Wahrnehmung. Münkler, Herfried, Juan Donoso Cortés und der spanische Katholizismus, in: Pipers Handbuch der politischen Ideen, a.a.O., S. 277. – In seinen Schriften „Discurso sobre la dictatura" und „Las reformas de Pio IX" verwarf Cortés samt und sonders – ähnlich wie Gioberti – seine Idee, daß Pius IX. der ideale weltliche Herrscher sein könne. Sein Versprechen der Freiheit und Unabhängigkeit Italiens sei schließlich nicht die Erfindung des Papstes, sondern letztlich die von „Jesucristo". Martina, Giacomo, Pius IX. (1846–1850), Rom 1974, a.a.O., S. 1.

159 Spadolini, Giovanni, Gli uomini..., a.a.O., S. 70. – Giovanni Gentile schrieb seine Doktorarbeit über Gioberti und regte in den Jahren nach dem ersten Weltkrieg zu einer Rezeption Giobertis als dem „Traditionswahrer der Würde des italienischen Geistes" an. Bergami, Giancarlo, Gioberti e il Giobertismo nel debattito politico degli anni venti, in: Nuova Antologia, Juli/Sept. 1990, S. 84ff.

allem nach 1860 das vergebliche Machtgebaren des Papstes dieses geistliche Amt mit seinem weltlichen Anspruch vollends diskreditierte und Cavour die neue Parole der „freien Kirche im freien Staat“ ausgab, wurde die Tauglichkeit des neoguelfischen Mythemenfundus für den politischen Mythos des „Risorgimento“ nicht zweifelhaft. Die Neoguelfen haben in einer sehr frühen Phase der „Serie“ ihren festen Platz als – religiöse – Streiter um die Nation. Zu dem bewiesenen Grad der Entmythisierungsresistenz hat sicher auch das Kapitel der vermeintlichen päpstlichen „Reformbereitschaft“ in den vierziger Jahren beigetragen, das in der Geschichte über die Einheit immer stark herausgestrichen wird. Vor allem aber die mythische Invention des Begriffs der „italianità“ durch die Neoguelfen, das Beschwören des spezifisch italienischen „genio“, hat sie für alle Zeit dem Mythos anheimfallen lassen. Das beweist das Stichwort „italianità“ im „Dizionario della Lingua Italiana“, das im jungen Königreich der italienischen Nation 1861 konsequent als imperialistischer Kampfbegriff fungierte: Der „Italiener aus Dalmatien“ Niccolò Tommaseo[160] weitete den Begriff, indem er von der „italianità“ Triests, Istriens, des Friaul' und Teilen Dalmatiens schrieb.[161]

Die große Attraktivität des Begriffs „italianità“ für politische Distinktionen verhalf ihm schließlich zur Verselbständigung: Als Giuseppe Verdi 1901 starb, bezeichnete sein jüngerer Kollege, Pietro Mascagni, Verdis Schaffen als Affirmation der „italianità“ in Politik und Musik.[162] Der Begriff hatte nun nichts mehr exklusiv mit Gioberti oder Tommaseo zu tun, sondern bereitete auf die Rassenhygiene Mussolinis vor, dessen musikalischer Vasall Mascagni werden sollte.

Der politische Mythos der „Lega Lombarda“

Die Liste italienischer Romantiker, die zu Beginn des 19. Jahrhunderts den Mythos der „Lega Lombarda“ aufgriffen, ist beeindruckend lang.[163] Unter anderem trug dazu die Rezeption des Genfer Kalvinisten Jean Charles Léonard Simonde de Sismondi mit seiner „Histoire des Républiques italiennes du Moyen-age“ bei. Sismondi, der in der Toskana lebte, favorisierte in der zwischen 1807 und 1818 entstandenen Schrift die säkulare Vision einer Föderation kleiner starker Staaten und bezog sich auf die Zeit seit dem Jahr 1000. Seine Thesen versuchte er, anhand der Geschichte der Gründung der Lega Lombarda und besonders des Sieges über Barbarossa in der Schlacht von Legnano zu verifizieren. Sismondi lobte den außerordentlichen Freiheitssinn der italienischen Kommunen und den Kampfgeist der Bürger der Stadtrepubliken, die sich nicht vom Reichsbann des mächtigen Deutschen beeindrucken ließen. Die regionale Identität der Bevölkerung, die sich voneinander durch Kultur und Sprache unterschied, sah Sismondi – im Sinne Herders – durch politisch bedingte Nivellierungsbestrebungen ge-

160 So nennt ihn Benedetto Croce. Tommaseo sammelte im Jahr 1840 illyrische Volkslieder. Croce, Benedetto, Geschichte Europas im 19. Jahrhundert, Frankfurt/Main 1993, S. 115.

161 Dizionario della Lingua Italiana, hrsg. v. Tommaseo, Niccolò, u.a., a.a.O.

162 Mascagni, Pietro, In morte di Giuseppe Verdi, in: Rivista d'Italia, Februar 1901, S. 260.

163 Fubini nennt über zehn namhafte Autoren. Die wichtigsten werden im folgenden erwähnt. Fubini, Mario, Romanticismo italiano, Bari 1971.

fährdet. Dieser letzte Aspekt mußte in der mythischen Rezeption des Nationsdiskurses natürlich wegfallen, weil er dem Nationengedanken zuwiderlief.[164]

Etwa zur selben Zeit wie italienische Romantiker die Lega verherrlichten, finden wir bei deutschen Historisten einen ähnlichen publizistischen Eifer: Hermann der Cherusker wurde als Vorbild für den Volksaufstand gegen die französische Besetzung mythisiert. Und der Mythos um Kaiser Barbarossa stand für die Hoffnung der Wiederauferstehung des Reiches.[165] Zu Friedrich Rückerts Gedicht, der unter dem Eindruck napoleonischer Herrschaft in Deutschland die deutsche Kaiserherrlichkeit beschwor und den Mythos vom schlafenden Friedrich im Kyffhäuser weiterschrieb, gibt es gewissermaßen die Fortsetzungsgeschichte – aber mit lombardischem Vorzeichen: Giovanni Berchet verfaßte nach der niedergeschlagenen Bewegung der Lombarden 1821 das Gedicht „Il giuramento di Pontida", der Schwur von Pontida. Es sollte zeigen, daß beharrlicher Widerstand der Bürger und Zusammenhalt gegen den Feind von außen schon einmal zum Ziel geführt hatten. Der Titel verhieß, daß der Ritus der Verschwörung einen Wendepunkt in der italienischen Geschichte herbeigerufen hatte, der im Sieg der „Lega Lombarda" über Barbarossa gipfelte. Hatten die Lombarden die vom Norden kommenden Barbaren vor knapp 700 Jahren geschlagen, so intendiert Berchet, werde es mit der Berufung auf die geglückte Tat wieder gelingen. Das Ende des Gedichts klingt wie ein aktueller emotionsgeladener Kriegsaufruf gegen den lästigen Alemannen, den „increscioso Alemanno", der als Metapher für die Österreicher steht.[166]

---

164 Vgl.: Herde, Peter, Die Neoguelfen, a.a.O., S. 615. – Als Höhepunkt der Politik der 1167 von Cremona aus gegründeten Lega Lombarda gilt der Sieg über das Heer Barbarossas im Mai 1176. Die Lega wurde aus norditalienischen Städten gebildet, die sich mit der bereits 1164 gegründeten antistaufischen Veroneser Lega verbündeten. Es waren anfangs fünfzehn Städte, die jeweils von gewählten Konsuln regiert wurden. Schulz, Knut, Der lombardische Städtebund von 1167–1183, in: Ders., a.a.O., S. 187ff. – Die Kommune war ein „Schwurverband" der Bürger, der mit dem Friedensbund „pax et concordia" eine innerstädtische Fehde ausschloß. Dilcher, Gerhard, Kommune und Bürgerschaft als politische Idee der mittelalterlichen Stadt, in: Pipers Handbuch der Politischen Ideen, hrsg. v. Fetscher, Iring/ Münkler, Herfried, München 1993, Bd. 2, S. 314.

165 Während beim Hermannsmythos das Medium der Mobilisierung im Volkskrieg, vor allem der Haß gegen die Römer (identifiziert mit den Franzosen), geschürt wurde, wurde beim Mythos der „Lega Lombarda" vor allem der Stolz auf die Kraft des kleinen Bundes zelebriert, der den mächtigeren Kaiser (identifiziert mit dem habsburgischen Kaiser in Wien) gedemütigt hatte. Zum Hermannsmythos: Dörner, Andreas, Die Inszenierung politischer Mythen, in: Politische Vierteljahresschriften, Heft 2/ 1993, S. 204. – Zum Mythos der „Lega Lombarda": Voltmer, Ernst, Freunde im Krieg, Feinde im Frieden, in: Damals, Juli 1993. – Vgl.: Münkler, Herfried, Das Reich als politische Vision, in: Kemper, Peter, Macht des Mythos – Ohnmacht der Vernunft, Frankfurt/Main 1989, S. 346ff. – Straub, Eberhard, Barbarossa und der Mythos des Reiches, in: FAZ, 9. Juni 1990.

166 Der Mythos über den „Schwur bei Pontida" erzählt, daß Vertreter aus Bergamo, Cremona, Mantua und Mailand am 7. April 1167 in der Abtei von Pontida zusammengekommen seien, um sich gegen Barbarossa zu verschwören. Eine Vertragsurkunde über den Schluß des Bundes schreibt allerdings den 1. Dezember 1168 fest. Schulz, Knut, a.a.O., S. 203. – Der historische Mythos von Pontida wurde 1917 abermals zu einem politischen, als sich die Militärführer der

„Die Lega Lombarda“ und ihr „Freiheitskrieg“ regten neben dem Dichter Luigi Monteggia, dem Historiker Cesare Cantù und dem Librettisten Salvatore Cammarano – um nur einige zu nennen – auch Cesare Balbo an. Letzterer schrieb 1816 die Romanze „La Lega di Lombardia“.[167] Eine Ausnahme unter den Mythographen war Balbos Cousin, Massimo d'Azeglio. Er hinterließ ein Romanfragment von 1843 mit dem Titel „I lutti di Lombardia“. Was die Arbeit am Mythos anging, war der Politiker d'Azeglio skrupulöser als seine Dichterkollegen. Er schrieb 1855 einem Freund, warum er den Roman niemals zu Ende bringen könnte: Bei seinem Quellenstudium war ihm aufgefallen, daß die siegenden Lombarden nach der kriegerischen Auseinandersetzung mit Barbarossa weiterhin dessen Vasallen geblieben seien und es sich also um ein Stück „feudaler“ und nicht „nationaler“ Historie gehandelt habe. Darüber dennoch zu schreiben, hätte für ihn geheißen, entweder die Geschichte und den Geist dieses Jahrhunderts zu verfälschen, indem er sie zu einer nationalen Geschichte umgeschrieben hätte, oder – bei der Wahrheit bleibend – ein Buch zu schreiben, durch dessen Inhalt die Vorstellung einer Unabhängigkeit Italiens vollkommen geächtet worden wäre. Beide Möglichkeiten verwarf er.[168]

In der Tat kam es einer Geschichtsklitterung gleich, die Auseinandersetzung mit Friedrich I. als einen Krieg der Deutschen gegen die Italiener zu bezeichnen. Das Heer Barbarossas bestand nicht nur aus deutschen Rittern, sondern auch aus italienischen Verbündeten, die dem „Regnum Italiae“ angehörten und die ihm treu ergeben waren. Von einer auf die „Italienische Nation“ ausgerichteten Vergangenheit kann also für das Mittelalter keine Rede sein, zumal die „Einheit“ dieses städtischen Bundes auch keine feste Größe war oder politische Kontinuität sicherte. Die Einigkeit rührte vor allem von der desolaten Situation Mailands nach der Eroberung durch Barbarossa im Jahr 1162 her. Die fremde Herrschaft durch den deutschen Kaiser einte erst die verfeindeten Städte Mailand und Cremona. Sie bildete den Auftakt für weiteren Schulterschluß. Häufig gab es aber Rivalitäten und Kämpfe zwischen den Stadtstaaten, so daß die Zahl der Mitglieder in der Lega Lombarda stark variierte.[169]

Diese Details fallen im aktualisierten Grundmythos der „Lega Lombarda“ gleichwohl nicht ins Gewicht, weil sie über entmythisierendes Potential verfügen. Schriftsteller wie Berchet verherrlichten im Mythos einen siegreichen „Befreiungskrieg“, der überdies dadurch doppelte Bedeutung gewann, daß er der letzte Krieg war, den ein „italienisches“ Heer ohne die Hilfe eines dritten Landes erfolgreich geführt hatte. Die „Lega Lombarda“ wurde vom Mythos „moralisch-ästhetisch“ ausgezeichnet, und die Schlacht von Legnano avancierte damit zur paradigmatischen und einzigen „Handlungsvariante“.[170] Zur oft zitierten und mißbrauchten Quelle wurde ein Brief, den die Mailänder unmittelbar nach dem Sieg über den Kaiser an das verbündete Bologna richteten. Sie beschrieben die erbeuteten Siegestrophäen: Schild und Lanze

---

westlichen Allianz 1917 in Pontida trafen, um sich gegen Österreich-Ungarn und Deutschland zu verbünden. – Vgl.: Fubini, Mario, Romanticismo italiano, Bari 1971, S. 167.

167 Die Romanze liegt unveröffentlicht im Balbo-Archiv. Ebenda, S. 162 ff.

168 Der Brief ist zitiert bei: Ghisalberti, Alberto Mario (Hrsg.), Massimo d'Azeglio, La Lega Lombarda, Rom 1948, S. 36.

169 Voltmer, Ernst, Freunde im Krieg, Feinde im Frieden, a.a.O., S. 2.

170 Herfried Münkler bezeichnet die dichotomische Dualisierung der Fülle von Möglichkeiten und die Auszeichnung einer Handlungsvariante als typisches Moment mythischer Erzählungen. Münkler, Herfried, Das Reich als politische Vision, a.a.O., S. 344.

des Kaisers. Das Gold und Silber, das sie gefunden hatten, wollten sie nicht behalten, sondern die triumphale Beute käme gemeinsam dem Papst und der „Italicorum communia" zu.[171] Diese rhetorisch gemeinte Ausweitung der eigenen politischen Identität von Bürgern Mailands, Modenas, Piacencas und so fort auf „Italici" eignete sich späterhin hervorragend, um den Keim für den modernen Nationalstaat zu erblicken. Wenn in Dokumenten das Begriffspaar „honor et libertas italiae" fiel, so bedeute dies gleichwohl nicht, daß ein über das politische System der städtischen Kommunen hinausgehendes gesamtstaatliches Konzept Italiens geplant wurde. Mit dem überhöhten Appell an das mythische „Italia" war vielmehr die „Ehre und Freiheit der Städtegemeinschaft und nicht der jeweils einzelnen Stadt" gemeint.[172]

Der verengte Blick auf den Mythos um die „Lega Lombarda", nämlich auf die gemeinsame Verteidigung der politischen wie zivilen Unversehrtheit der Stadtrepubliken, wurde in jüngster Gegenwart aus der seriellen Mythenkomposition des „Risorgimento" und dem Nationendiskurs herausgefiltert: Im Mai 1990 trafen sich einige tausend Norditaliener in Pontida, um sich 800 Jahre nach ihren Vorfahren unter demselben Namen und wieder am mythischen Ort gegen eine neue Bedrohung zu verschwören. Und diesmal wurde die Rolle des „Alemannen" nicht mehr wie im 19. Jahrhundert auf die Österreicher als Gefahr für die Entstehung der italienischen Nation, sondern auf den Feind im eigenen Land umgemünzt: den römischen Zentralismus. Am Tag der rituellen Neuauflage des „Schwurs" hatte die Partei „Lega Lombarda", die aus einer Bürgerbewegung entstand, bei den Regionalwahlen in der Region „Lombardei" auf Anhieb ein Fünftel der Stimmen erreicht und wurde zweitstärkste Partei. Insgesamt 30% aller Italiener hatten neue politische Formationen außerhalb des etablierten Parteienspektrums gewählt.[173] Der Führer der „Lega Nord", Umberto Bossi, arbeitete von Anfang an mit allen emotionalen Mythemen, die die Erzählung über den lombardischen Städtebund aufzubieten hat. Er jonglierte mit Begriffen wie „Ehre" und „Unehre" und organisierte folkloristische Wahlveranstaltungen.[174] Das Emblem der neuen „Lega" zeigt den kämpfenden Alberto da Guissano, den militärischen Anführer der alten „Lega", mit emporgerecktem Schwert. Der affirmative Aufruf des „kollektiven Gedächtnisses" und die Instrumentalisierung der Ikonographie zeigen, daß die Parteiführer sich von dem aus der Semantik des Gesamtmythos herausgeschälten Mythologem – diesmal kurioserweise nicht nationalstaatlich sondern partikularistisch gedeutet – mythische Wirkmacht für die aktuelle Politik versprachen. Die neue Partei wurde in Italien zum einen von den alten Parteikadern als Bedrohung aufgenommen; Giovanni Spadolini malte das Schreckensbild eines Italien „in kleinen Dosen" an die Wand, das die Legisten mit ihrer „präunitarischen" Nostalgie evozierten.[175] Der Mythos der mittelalterlichen

---

171 Manaresi, C., Gli atti del commune di Milano fine all'anno 1216, 1919, zit. bei: Schulz, Knut, a.a.O., S. 208.

172 Schulz, Knut, a.a.O., S. 213.

173 Bocca, Giorgio, La disUNITA' d'Italia, Mailand 1990, S. 20. – Fischer, Heinz-Joachim, Mit Feldgeschrei gegen „Barbarossa" – den Zentralstaat, in: FAZ, 26. Mai 1990.

174 „La Lega deve governare con onestà, davanti a una classe politica professionista di disonestà". Zit. bei: Passalacqua, Guido, „Se fossi al governo..." – Ora Bossi fa le prove, in: La Repubblica, 2. Dezember 1991.

175 Spadolini, Giovanni, Processo al Risorgimento, in: Nuova Antologia, Juli/Sept. 1990, S. 23. – Während in der konservativen Presse die neue Bewegung zunächst meist nur als Symptom der offenkundig kritischen politischen Situation in Italien beurteilt wurde, die höchstens zu einer

„Lega Lombarda“ ist jedoch nicht die einzige Form wie sich die Partei mit dem „Risorgimento“ auseinandersetzt. Die berühmte überlieferte garibaldinische Kampfparole[176] verwandelten die Legisten zum antonymen Mythenzitat: „Qui si disfa l'Italia o si muore“, was soviel heißen soll wie: Hier wird Italien zerlegt oder wir sterben. Eine Verwirrung der mythischen Vorzeichen begleitete Italien: Während der mit den Legen sympathisierende Journalist Giorgio Bocca den Begriff „Disunità“ anstelle von „Unità“ ins Spiel brachte[177], der Schriftsteller Vittorio Messori forderte, den „padri della patria“ gehörte ein „Nürnberger Prozeß“ gemacht[178], geißelte der „Corriere della Sera“ solchen Bildersturm als „Anti-Risorgimento“[179], einem Begriff, der in der Zeit des italienischen Faschismus die Verweigerung der „Revolution“ ausdrückte.[180] Bossi schloß direkt an den entmythisierenden Bildersturm an und meinte, die Trikolore sei nichts als ein Fetzen Stoff ohne historische Würde.[181]

Doch trotz hoher Stimmanteile und vollmundigen Parolen gegen die „padri della patria“ konnte die Lega den Mythos des „Risorgimento“ nicht aushöhlen. Nach einer Umfrage gaben immerhin noch die Hälfte der Italiener den Wert des „Risorgimento“ als gültig und aktuell an, 61 % teilten die Meinung Bossis nicht und fanden das grün-weiß-rote Tuch als symbolischen Wert wichtig. Nur neun Prozent der Italiener beurteilten eine Teilung Italiens in drei föderale Staaten für vernünftig.[182]

Diese Entwicklung bestätigt die eingangs von mir ausgeführte These des hohen Grades an Entmythisierungsresistenz des „Risorgimento“. Der Mythos der „Lega Lombarda“ und die antonymisch gewendeten mythischen Zitate sind so semiotisiert, daß auch ein peiorativer Gebrauch schließlich zur Affirmation des Mythos werden kann.

---

weiterführenden Debatte anzuregen vermag. Vgl.: Veneziani, Marcello, Perché le leghe non sono convincenti, in: Il Tempo, 6.11.1990.

176 „Qui si fa l'Italia o si muore“, „Hier wird Italien gemacht, oder wir sterben“.

177 Bocca, Giorgio, La dis UNITA' d'Italia, Mailand 1990.

178 Corriere della Sera, 1.09.1990.

179 Ebenda.

180 Die Zeitschrift „Europeo“ brachte einen ganzen Sonderteil mit dem Titel „Controrisorgimento“, Europeo, 7. Dezember 1990, S. 10–26.

181 „uno straccetto senza dignità storica“, zit. bei: Brindani, Umberto, Mal di patria, in: Panorama, 23.09.1990.

182 Ebenda. – Ende 1994 regierten Minister von Umberto Bossis „Lega“ im Parlament, aber nicht in einem föderalistischen Nordstaat, sondern mit Silvio Berlusconi und den zentralistischen Neofaschisten im Einheitsstaat gebliebenen Italien. Im neuen Parlament der sogenannten „Zweiten Republik“ hatte die „Lega Nord“ 118 Sitze, „Forza Italia“ 101 Sitze und die „Alleanza Nazionale“ 105 Sitze. Alle drei koalierenden Parteien bildeten unter der hoffnungsvollen Bezeichnung „Polo della Libertà“ die Regierungsmehrheit im Parlament. Vgl.: Corriere della Sera, 30. März 1994.

V. Die politischen Akteure

Carlo Alberto, der „Re tentenna"

Der Mann, der in der ersten Hälfte des 19. Jahrhunderts das Königreich Piemont-Sardinien regierte und der weit weniger berühmt ist – oder in Denkmälern und Straßennamen geehrt wird – als sein Sohn Vittorio Emanuele II., heißt Carlo Alberto. Metternich soll ihn, wie Ricarda Huch kolportiert, den Prototyp der Verbindung aus Ehrgeiz und Schwächlichkeit genannt haben. Und selbst der Brockhaus von 1930 schreibt noch, den Mythos zitierend, von Carlo Albertos „schwankendem Charakter".[183]

Seine Position wird in der Geschichtsschreibung oft als zugleich pro- und konterrevolutionär dargestellt, um seiner Wankelmütigkeit noch mehr Ausdruck zu geben. Er habe zwar in jungen Jahren mit den „Carbonari" sympathisiert. Diese Haltung habe er aber als König schnell korrigiert. Nachdem die Verbreitung republikanischer Ideen und der Zeitschrift „Giovine Italia" innerhalb des piemontesischen Militärs durch Anhänger des Genuesen Giuseppe Mazzini denunziert wurde, wies Carlo Alberto zweihundert Verdächtige aus dem Lande, kerkerte eine Hundertschaft ein und verhängte 26 Todesurteile, von denen zwölf vollstreckt wurden.[184]

Carlo Albertos Geburtsjahr 1798 war auch das Jahr der Besetzung Savoyens durch die Franzosen nach der Französischen Revolution.[185] Die Königsfamilie des Hauses Savoyen wurde nun gezwungen, ihr Land zu verlassen und in Chaillot bei Paris zu leben. Danach verbrachte

183 „le prototype de l'ambition associé à la faiblesse". Huch, Ricarda, Das Risorgimento, a.a.O., S. 183. – Huch schrieb, Carlo Alberto sei darum ein furchtbarerer Herrscher gewesen als seine Vorgänger, gerade weil er einst den „Carbonari" zugeneigt gewesen sei. Seine „Unentschlossenheit" kommentierte sie so: „Man würde vieles an Karl Albert weniger rätselhaft finden, wenn er eine Frau gewesen wäre". Ebenda, S. 172. – Brockhaus, Leipzig 1930, Bd. 5, S. 722.

184 Es wird vermutet, daß der Selbstmord Giambattista Ruffinis, eines Freundes Mazzinis und Mitarbeiter der Zeitschrift „Indicatore Genovese", mit dieser Repression zusammenhängt. Talamo, Carlo Alberto, a.a.O., S. 318. – Mussolini wiederum verwandte später den Tod Ruffinis, ebenso wie das Exilieren Mazzinis, als Polemik gegen Carlo Alberto und das Haus Savoyen. Vgl.: Mussolini, Benito, Opera omnia, Bd. XXXII, Rom 1957, S. 282.

185 Zum Folgenden: Romeo, Rosario, Dal Piemonte sabaudo all'Italia liberale, Turin 1963. – Talamo, Giuseppe, Carlo Alberto, in: Dizionario biografico degli Italiani, Bd. 20, S. 310–326.

der junge Prinz mit seiner Mutter eine Zeit in Genf. Dort erhielt er in einem protestantischen Pensionat eine bürgerlich intellektuelle Erziehung humanistischer Prägung. Nach Paris zurückgekehrt, erlebte die Familie dort den Sturz Napoleons I. mit. Für Carlo Alberto bedeutete dieses Ereignis die Heimkehr nach Turin.[186] 1831 wurde er dann Souverän des Königreichs Sardinien. Von einer Liberalisierung der piemontesischen Politik nach dem Vorbild Englands versprach er sich einen ökonomischen Fortschritt des Landes. Mit seiner Zivilgesetzgebung schlug er einen Mittelweg zwischen Absolutismus und Konstitutionalismus ein. Er unterstützte die „Associazione agraria“, die Vertreter des „moderaten Liberalismus“ 1842 gründeten, und welche die Technologisierung der landwirtschaftlichen und industriellen Wertschöpfung voranzutreiben versuchten.[187]

Als zur Jahreswende 1847/48 nicht nur in Turin, sondern auch in Genua der Kommunale Rat eine Änderung der Verfassung forderte und sich dabei auf das Beispiel Ferdinand II. von Neapel berief, spielte Carlo Alberto mit dem Gedanken, seine Regentschaft niederzulegen. Doch er besann sich und verkündete am 8. Februar 1848 ein neues königliches Statut mit vierzig Artikeln über die politische Basis des zukünftigen Staates: Neben dem König sollten nun zwei Kammern über die Macht verfügen.[188]

---

186 Carlo Albertos Vater, der abgesetzte König Carlo Emanuele III., schwor der weltlichen Macht endgültig ab und ging als Jesuit nach Rom. Ebenda, S. 311. – Auch der spätere „prince-président“ von Frankreich, Charles Louis Napoléon Bonaparte, lebte um 1815 mit seiner Mutter in schweizer und deutschem Exil. – Die revolutionären Aufstände der zwanziger Jahre beeindruckten Carlo Alberto tief, wie Briefe belegen: Von den Ereignissen in Neapel und Sizilien sprach er entsetzt, die „Exzesse“ der Revolution schreckten ihn.

187 Nada, Narciso, Dallo Stato assoluto allo Stato costituzionale. Storia del Regno di Carlo Alberto dal 1831 al 1848, Turin 1980, S. 134. – Das Ziel der Associazione war auch, theoretisch-praktische Landwirtschaftsschulen einzuführen. Die Vereinigung war einem königlichen Kommissar unterstellt und die Mitglieder waren zum großen Teil Grundbesitzer oder Seiden- und Baumwollfabrikanten. Sie publizierten eine Zeitung, die landwirtschaftliche Themen behandelte. Talamo, G., a.a.O., S. 312f.

188 Ferdinand II. wurde von der neapolitanischen und sizilianischen Agrarbourgeoisie zu einer neuen Verfassung gezwungen. Lill, Rudolf, a.a.O., S. 129f. – Der „Statuto Albertino“ wurde am 5. März noch einmal um 44 Artikel erweitert und wandelte die absolutistische Monarchie in eine repräsentative ab. Das bedeutete kein parlamentarisches Regierungssystem. Es gab zwei Kammern: Im Senat war die „Aristocratia“, der Adel, und in der Abgeordnetenkammer war die „Alta Borghesia“, das besitzende Bürgertum, vertreten. Durch die Einrichtung von verschiedenen Ministerien, für die zum Teil Politiker des moderaten politischen Zirkels im Königreich verantwortlich wurden (wie Balbo und Bon Compagni), erweiterte sich das konstitutionelle System nach und nach. Eine eigens eingesetzte und von Balbo präsidierte Kommission – Mitarbeiter war auch Cavour – entwarf eine Wahlgesetzgebung. Wobei man den Begriff der „Wahl“ in diesem Zusammenhang mit äußerster Skepsis behandeln muß. Beyme, Klaus von, Die parlamentarischen Regierungssysteme in Europa, München 1970, S. 175–196. – Talamo, Giuseppe, Carlo Alberto, a.a.O., S. 321ff. – Narciso Nada beurteilte die Entwicklung nicht als eine gesellschaftliche Veränderung, sondern als eine Angleichung: Der Adel verbürgerlichte, und die Bourgeoisie trug einen Triumph davon. Nada, N., a.a.O., S. 187ff.

Bis dahin waren drei Ausgaben der Cavour'schen Zeitschrift „Risorgimento" erschienen, die eine konstitutionelle Veränderung im Königreich forderten und beschwichtigend betonten, daß es um eine friedliche Einrichtung neuer Institutionen ginge, die auch für die Kirche und das Patriziat vorteilhaft seien.[189] Nur auf diesem Weg könne Piemont-Sardinien das Risiko sozialer oder religiöser Konflikte unterbinden, wie sie die Revolutionen in anderen Ländern gezeitigt hätten.[190]

Die Zeitschrift „Risorgimento" plädierte auch für eine Einmischung in Mailand nach den ersten Ausschreitungen – vor den „Cinque Giornate" – zwischen Lombarden und Habsburger Militär, denn die Aufstände las Cavour als Zeichen, daß sich das Land bereits im Kriegszustand befinde.[191] Vielleicht wurde hier auch der sogenannte „Tocqueville-Effekt" wirkkräftig, nach dem Revolutionen immer erst dann ausbrechen, wenn ein repressives Regime sich zu lokkern beginnt. Die habsburgische Regierung hatte auf die Petition lombardischer Buchhändler und Schriftsteller im Januar 1848, die eine Trennung von Zensurbehörde und Polizei forderten, mit einer ersten liberalisierenden Maßnahme reagiert.[192] Vielleicht waren diese Maßnahmen schon das „kleine Lüftchen", das nach Paul Veyne genügt, den Deckel des überkochenden Topfes zum Wegsprengen zu bringen. Mit dieser Metapher beschrieb Veyne das recht kontingente Zusammenfallen von Ereignissen zu einem überbordenden aufständischen Geschehen, das als Ganzes betrachtet den Eindruck erweckt, es sei nicht „chaotisch" sondern organisiert entstanden.[193] Doch außer den mythisierten „fünf Tagen" blieb von diesem Aufstand substanziell nicht viel übrig.[194]

Der piemontesische Hofhistoriker Luigi Cibrario, der in Carlo Albertos Diensten stand, kritisierte den verstorbenen König im Jahr 1861: Er hätte die „italienische Frage" bereits 1848 lösen können, indem er mit Hilfe einer Art Ausnahmezustand dem Parlament außerordentliche Befugnisse verliehen hätte, die Kammer mit ihren überflüssigen Diskussionen geschlossen, die Presse verboten und sofort in den besetzten Gebieten ein Militärregime errichtet hätte.[195] Auch

189 Verbunden mit heftigen Diskussionen mit den Demokraten um den Seidenfabrikanten Lorenzo Valerio, die keinen Konflikt mit dem König wünschten, veröffentlichte das „Risorgimento" einen polemischen Artikel, in dem – notabene – der König von Neapel, Ferdinand II., der gerade erst eine Verfassung erlassen hatte, als Vorbild für Carlo Alberto dargestellt wurde. Später wurde er im Mythos als „re bomba" zur Ausgeburt der Reaktion erklärt. Romeo, Rosario, Vita di Cavour, a.a.O., S. 150ff.

190 Cavour lobte vor allem die neuen Beschlüsse der französischen Nationalversammlung. Tutti gli scritti, a.a.O., Bd.III, S. 1110ff.

191 Ebenda, S. 1132.

192 Zum Beispiel wurde eine unabhängige Zensuroberdirektion eingerichtet. Marx, Julius, Die österreichische Zensur im Vormärz, Wien 1959, S. 20.

193 Veyne, Paul, Glaubten die Griechen an ihre Mythen?, Frankfurt/Main 1987, S. 53.

194 Mario Isnenghi betont, wie schnell aus dem tatsächlichen historischen Ereignis eine „Fabel" wurde. Isnenghi, Mario, L'Italia in Piazza – I luoghi della vita pubblica dal 1848 ai giorni nostri, Mailand 1994, S. 43ff. – In Italien erinnert heute eine eher despektierliche Redewendung an die fünf Tage: „fare il Quarantotto" bedeutet „ein Durcheinander machen".

195 Cibrario, Luigi, Notizie sulla vita di Carlo Aberto, iniziatore e martire della indipendenza d'Italia, Turin 1861, S. 98f., zit. bei Fubini Leuzzi, a.a.O., S. 282.

Cesare Balbo hatte zu diesem Thema Kritik anzumelden: Er kritisierte Carlo Albertos große Schwerfälligkeit und die zu langsame Reformierung des Staates.[196]

Wenig rezipiert werden hingegen Carlo Albertos historische Neigungen, die Heinrich von Treitschke, bei aller Arroganz diesem König gegenüber, hervorhob.[197] Carlo Alberto gründete unter anderem eine königliche Akademie der Künste, die „Accademia Albertina“, und richtete eine Pinakothek ein.[198] Er erkannte, so können wir mutmaßen, die Bedeutung geschichtlicher Legitimation für die Politik und trug dafür Sorge, daß es royalistische Institute seien, die historische Traditionen pflegten und die Möglichkeit schufen, die neuen Diskurse zu besetzen. 1833 institutionalisierte Carlo Alberto die „Deputazione per gli studi di storia patria“. Diese Organisation orientierte sich an den wissenschaftlichen Standardwerken des Modeneser Philologen Ludovico Antonio Muratori und sollte sowohl einen Korpus von Chroniken herausgeben, als auch eine Art Kodex diplomatischer Dokumente der Dynastiegeschichte.[199] Carlo Alberto hatte für die Pflege der dynastischen Vergangenheit einen Haus- und Hofpublizisten, den schon erwähnten Luigi Cibrario, beschäftigt, der sich um den Nachweis eines langen und verdienstvollen Stammbaumes des Hauses der Savoyer mühte und der sehr wohl Anschlußmöglichkeiten für künftige nationale Legitimationsarbeit schuf.[200] Carlo Alberto förderte auch die Malerei und ließ seine Paläste mit historistischen Fresken ausstatten. Diese in die Vergangenheit weisende Neigung bot für spätere Mythisierer die Vorlage zum Dualismus:

---

196 Balbo, Cesare, Della storia d'Italia dalle origini fino ai nostri tempi – Sommario, hrsg. v. Giuseppe Talamo, Mailand 1962, S. 524.

197 Gleichwohl ist Treitschkes Ton eher herablassend, und er führt in der Textdramaturgie doch wieder zum mythenkonformen Bild des „re tentenna“ hin, dem das Volk böse Sprüche hinterherrief, weil er ewig „schwankend zwischen Wollen und Nichtwollen“ gewesen sei. Treitschke, Heinrich von, Cavour, in: Ausgewählte Schriften, Leipzig 1908, Bd. 2/ S. 34f.

198 Gian Paolo Romagnani schildert die Eröffnung als großes gesellschaftliches Ereignis, zu dem internationales Publikum eingeladen war. Romagnani, Gian Paolo, Storiografia e politica culturale nel Piemonte del Carlo Alberto, Turin 1985, S. 16ff.

199 Muratori hatte seit 1723 in 28 Bänden die „Rerum italicarum scriptores ab anno 500 ad 1500“ publiziert, die auch deutschen Intellektuellen wie Goethe oder Gregorovius als Standardwerk dienten. Vgl.: Autobiographische Schriften, III. Band: Italienische Reise; Von Goethe benutzte Literatur, München 1981, S. 722. – Gregorovius, Ferdinand, Tagebücher, a.a.O., S. 59 u. 266. – Der Sprachwissenschaftler, Historiker und Philosoph Muratori (1672–1750) war ebenfalls Herausgeber von den Quellenveröffentlichungen „Annali d'Italia“ und „Antiquitates Italicae medii aevi“. In der Zeit nach der Französischen Revolution, als französische Gelehrte den Italienern vorwarfen, das Italienische sei dem Französischen unterlegen, war Muratori einer der heftigsten Gegner dieses endozentrischen Urteils. Blasco Ferrer, Eduardo, a.a.O., S. 163. – Berengo, Marino, L'Organizzazione della cultura nell'età della restaurazione, in: Storia della società italiana, hrsg. v.: Giovanni Cherubini, Franco della Peruta, u.a., Mailand 1986, S. 64, Romagnani, Gian Paolo, Storiografia e politica culturale nel Piemonte del Carlo Alberto, Turin 1985, S. 16ff.

200 Piera Grisoli wies nach, daß ein großer Teil der politischen Energie Carlo Albertos darauf verwendet wurde, historische Schriften über das Mittelalter herauszugeben. Besonderes Augenmerk lag auf dem Ritterorden San Maurizo und San Lazzaro. Grisoli, Piera, L'uso politico della storiografia: Carlo Alberto e Luigi Cibrario, in: Rivista di Storia contemporanea, 1986 N. 1., S. 1.–37.

Während Carlo Alberto der zögerliche Schöngeist war, sollte erst Vittorio Emanuele II., der entschlossene Kämpfer, Italien ans Ziel bringen.

Im Grundmythos des „Risorgimento" vermögen die Carlo Alberto zugeordneten Mytheme seine Person vollständig zu überdecken. Seine „zaudernde" Regentschaft hat die Funktion, den Nachgeborenen zu erklären, warum das große italienische Königreich nicht schon früher gegründet wurde. Carlo Albertos gesamte Regentschaft wird durch das ihm zugewiesene Mythem des „Zauderns" zu einem Puzzlestein, der die stereotype mythische Figuration des Gesamtmythos „Risorgimento" unterstützt: eine dramaturgische Finte, um die Spannung zu erhöhen. Carlo Alberto kann durch seine Rolle vermitteln, daß Italien schon wesentlich früher reif für eine Nation gewesen wäre, wenn nur der richtige „Prometheus" rechtzeitig zur Stelle hätte sein können. Und doch ist die von Carlo Alberto betriebene frühe historistische Pflege der eigenen Dynastiegeschichte, die für ihr Ziel der Lückenlosigkeit ohne Geschichtsklitterung nicht auskam, ein Vorbote des „offiziellen Nationalismus" im Sinne Andersons. Wie andere Herrscher in Europa so empfand auch Carlo Alberto eine Affinität zum Aufkommen des Nationalgedankens. „Die Romanows entdeckten, daß sie Großrussen waren, die Hannoveraner, daß sie Engländer, die Hohenzollern, daß sie Deutsche waren (...)", und das Haus Savoyen, so können wir hinzufügen, daß sie Italiener waren.[201]

Giuseppe Mazzini, der „profeta"

Francesco de Sanctis, Erziehungsminister des neugegründeten Königreichs Italien, soll Mazzini den „Moses der Einheit" genannt haben.[202] Wie Moses führte er sein Volk ins „Gelobte Land". Und wie Moses, der mit den in Stein gemeißelten Botschaften Gottes den das Goldene Kalb umtanzenden Götzendienern prophezeite, daß jede falsche Anbetung das tödliche Verderben bringen kann, warnte auch Mazzini vor falschen Allianzen.[203] Wäre Mazzinis Botschaft indes so folgenreich wie die von Moses gewesen, wäre Italien sicher kein Königreich geworden.

Mazzini ist unter anderem deswegen in die „Risorgimento"-Mythologie eingegangen, weil er 1849 zusammen mit Aurelio Saffi und Carlo Armellini ein Triumvirat in der kurzlebigen „Römischen Republik" bildete. Von dieser aktiven Beteiligung abgesehen, ist er als der

201 Anderson, Benedict, a.a.O., S. 90.

202 Giovanni Spadolini zitiert De Sanctis aus dessen 1874 in Neapel gehaltenen Vorlesungen Spadolini, Giovanni, Gli uomini che fecero l'Italia, Florenz 1982, S. 121.

203 Karl Marx, der in London Kontakt mit Anhängern Mazzinis hatte, beschrieb deren Ängste vor Napoleon als Bündnispartner im Krieg gegen Österreich. Denn vielleicht habe der Franzose dasselbe Ziel wie sein Onkel und wolle aus dem Mittelmeer einen großen französischen See machen. Marx, Karl, New York Daily Tribune, 24. Juni 1859, in: Marx, Karl/ Engels, Friedrich, Gesamtausgabe, Berlin 1975, Bd. 13 S. 165. Auch Gioberti sprach schon 1842 in ähnlichen Worten wie Marx von den Absichten Napoleons I. aus dem Mittelmeer einen großen „gallischen See" und aus Rom eine „Zweigstelle von Paris" zu machen. Gioberti, Vincenzo, Del Primato morale e civile, a.a.O., S. 35.

„geistige Führer des italienischen Risorgimento“ charakterisiert, dessen Logik nicht in konsequente und unmittelbare politische Aktionen übersetzbar gewesen seien.[204]

Im Jahr 1805 in Genua geboren, studierte Mazzini dort an der „Facoltà di filosofia e di belle lettere“ Philosophie. 1821 nahm er am Aufstand in Turin teil, saß dann in der Festung von Savona ein und wurde ins Exil geschickt, wo er dreiviertel seines Lebens verbringen sollte. Bis er von Marseille aus begann, einen Geheimbund aufzubauen, arbeitete er für verschiedene Zeitschriften. Die „Giovine Italia“ sollte auf die Verwirklichung einer republikanischen Unifikation Italiens – später auch Europas – hinarbeiten. Genaue Zahlen der Anhänger Mazzinis oder Angaben der Verbreitungswege seiner Zeitschrift existieren allerdings nicht.[205] Wie wir aus polizeilichen Geheimakten aber wissen, wurden Mazzini und seine Anhänger nicht nur im Königreich Sardinien verfolgt. Metternich beurteilte 1833 Mazzini als „(...) die allergefährlichste Revolutions-Coryphä, ein Demagoge höherer Art und gefährlicher Feind der gesellschaftlichen Ordnung.“[206] Mazzini probierte viele Wege, um die „Einheit“ der Halbinsel zu befördern.[207] So wandte er sich 1847 in einem offenen Brief an Papst Pius IX., den er anflehte, seine persönlichen politischen Interessen aufzugeben und, um des christlichen Glaubens willen, Italiens Vereinigung voran zu treiben.[208]

In seinen Schriften bekannte Mazzini sich eindeutig zur Ausübung von Gewalt: Die Geschichte der Völker lehre, daß Freiheit nur über Tränen und Blut des Volkes erstritten werden könne.[209] Seine „Filosofia della musica“ von 1835 war kämpferisch gegen eine Musik für „gelangweilte Reiche“ gerichtet. Den „Belcantismo“ hielt er für tot. Die Musik habe vielmehr die erzieherische Aufgabe, die Menschen zu verbinden. Die italienische Oper verachtete er bis auf

---

204 Vgl.: Großer Brockhaus, a.a.O., Bd. 12, S. 297ff. – Talamo, Giuseppe, Cavour, Rom 1992, S. 144.

205 Die „Giovine Italia“ wurde in Marseille produziert und wurde – offensichtlich an der Zensur vorbei – ganz gezielt auch in anderen Ländern wie zum Beispiel England verteilt. Auf konspirativem Weg gelangte sie auch in verschiedene Städte der Halbinsel. Della Peruta, Franco, Mazzini e i rivoluzionari italiani: Il partito d'azione 1830–1845, Mailand 1974, S. 69ff.

206 Rundschreiben Metternichs vom 23. Mai 1833, zit. bei: Blaas, Richard, a.a.O., S. 607. – Doch beargwöhnt wurden in einer Zeit, die von der Angst der Herrscher vor der Revolution gekennzeichnet war, so ziemlich alle Vereinigungen mit intellektuellen und wissenschaftlichen Zielen. Die Geheimpolizei des Kirchenstaates mißtraute auch den Zusammentreffen bei den naturwissenschaftlichen Kongressen, die zwischen 1839 und 1847 jährlich auf der Halbinsel stattfanden. Bartoccini, Fiorella, Sui congressi scienzati, Rom 1952, S. 81ff. – Anfang der 50er Jahre fahndete die neapolitanische Polizei sogar nach einem deutsch-italienischen Grammatiklehrbuch, das in mazzinianischer Diktion verfaßt gewesen sein soll. Delcerro, Emilio, La censura borbonica in Sicilia del 1849–1860, in: Rivista d'Italia, Nr. 2/ 1910, S. 882.

207 Vgl. umfassend: Mazzini e il Mazzinianismo, Atti del XIV Congresso di Storia del Risorgimento Italiano, Rom 1974.– Die jüngste, populär geschriebene Biographie ist: Bracalini, Romano, Mazzini – Il sogno dell'Italia onesta, Mailand 1994.

208 Mazzini schrieb: „Voi (...) avete, Beatissimo Padre, immensi doveri (...) ma (...) per compire la missione che Dio v'affida, vi sono necessarie due cose, esser credente, e unificare l'Italia (...) Siate credente, Aborrite dall' esser re, politico, uomo di stato (...) unificate l'Italia (...)“. Zit. bei: Martina, Giacomo, a.a.O., S. 149

209 Diese Position beschrieb Mazzini 1834 in einer Ausgabe der Zeitschrift „Giovine Italia“. Zit. bei Gernert, Angelica, a.a.O., S. 59.

eine Ausnahme als seelenlos und zur Förderung der „Unità“ ungeeignet. Allein Gioacchino Rossini zollte Mazzini seine höchste Anerkennung. In Rossinis Musik bewunderte er vor allem europäischen Rang und Initiative. Die „Filosofia della musica“ wurde erst im späten 19. Jahrhundert rezipiert, als in Italien auch über Wagner und dessen musiktheoretische Schriften diskutiert wurde.[210]

Mazzinis Schriften können wir entnehmen, daß er sich die Republik sozusagen als große Erziehungsanstalt vorstellte, in der auf eine ethische Verbesserung des Menschengeschlechts hingearbeitet werden sollte. Mazzini war davon überzeugt, daß die Einheit der Nation das unverzichtbare Fundament für die Unabhänigkeit sei. Und ohne die Unabhängigkeit gebe es wiederum keine Freiheit. Mazzini kämpfte also nicht für ein savoyisches Königtum, sondern für eine nationale Republik, die aus den „natürlichen Kräften des Volkes“ entstehen und erhalten werden sollte.[211]

Vittorio Emanuele II. spielte in den 60er Jahren dennoch mit dem Gedanken, den Republikaner aus dem damaligen Londoner Exil ins Königreich zurückzuholen.[212] Er plante, wie ein Briefwechsel zeigt, mit Mazzinis Unterstützung – oder wahlweise der Garibaldis – nach der gelungenen Annexion der Lombardei und der Toskana, den Kirchenstaat einzunehmen. Die informelle politische Methode – die stillschweigend geduldete Landung Garibaldis in Süditalien –, mit der bereits der Anschluß Neapels und Siziliens erwirkt worden war, sollte sich nun auch im Kirchenstaat bewähren. Doch das Parlament stimmte gegen eine Amnestie für den steckbrieflich gesuchten Mazzini, so daß wieder Garibaldis Dienste in Anspruch genommen wurden.

Bis zu seinem Tod 1872 in Pisa blieb Mazzini polizeilich gesucht und wurde in Abwesenheit zum Tode verurteilt. Erst die letzte Zeit vor seinem Tod verbrachte er wieder in Italien und war gezwungen, unter falschem Namen zu leben.[213] Und doch finden wir den Dissidenten ausgerechnet im Sitzungssaal des 1877 fertiggestellten Finanzministeriums in Rom wieder. Er ist unter den „Uomini Illustri“ des Deckengemäldes abgebildet, als sei postum seine Seele amnestiert worden. Mazzini steht in der Loge der Dichter und Denker in der letzten Reihe hinter Dante, Petrarca und Alfieri.[214] Romano Bracalini bemerkte jüngst, es gebe keine falschere Stilisierung, als Mazzini zu Vittorio Emanuele und Cavour in das Reich der „Väter der Hei-

---

210 Mazzini, Giuseppe, Filosofia della musica, Rom 1984, S. 43/44. – Ragni, Stefano, Rossinis Musik und das philosophisch-politische Denken Giuseppe Mazzinis, Vortrag beim Symposium der Kammeroper Frankfurt, 8. März 1992.

211 Vgl.: Edizione nazionale degli scritti editi e inediti di Giuseppe Mazzini, Imola 1915, Bd. II S. 298, zit. bei Nauer, a.a.O., S. 27. – Levi, Alessandro, La Filosofia politica di Giuseppe Mazzini, Napoli 1967. – Nauer, Josef, Mazzini und Garibaldi, revolutionäre Aktivität und Anhängerschaft, Zürich 1980.

212 Mack Smith, I Savoia..., a.a.O., S. 75ff.

213 Mazzini starb unter dem Decknamen Dott. Brown. Vgl.: Enciclopedia Filosofica, Florenz 1982, S. 590.

214 Dante der „poeta sovrano“ steht auf dem Gemälde ganz vorne und Mazzini, dargestellt als alter weißhaariger Mann, dezent hinten. Er schaut nicht wie fast alle anderen zu Dante nach vorne, sondern eher verlegen zur Seitenwand der Loge. Eine Abbildung des Gemäldes findet sich bei Falkenhausen, Susanne, a.a.O., S. 158.

mat" aufzunehmen. Mazzini habe so gar nichts mit der „Italietta sabauda", dem savoyischen Italien, zu tun gehabt, bei dessen Geburt er lediglich zuschauen durfte.[215]

Nach Mazzinis Tod haben die Parteien eine öffentliche Rehabilitierung seiner Person beschlossen und ließen ihm, wie den anderen „Risorgimento-Heroen", fortan Denkmäler setzen.[216] Jacob Burckhardt, der 1881 in Genua eines frisch gestellten Mazzini-Denkmals ansichtig wurde, wunderte sich, daß das Aufstellen dieser bescheidenen Statue, die ihn in ihrer leidenden Haltung an Christus am Kreuz erinnerte, in seiner Vaterstadt immer noch prekär war und Widerstände erregte.[217] Burckhardt wendete ein, es seien doch letztlich alle großen Männer aus Erz und Marmor, die auf den Plätzen italienischer Städte stünden, mehr oder weniger erfolgreiche Verschwörer gewesen. Die Clique von Advokaten, welche in Italien tatsächlich regierte, passe schon auf, daß eine Mazzinistatue das Volk nicht zur aufrührerischen Staatsgefährdung anstachle, denn: „(...) ohne diese (die Advokaten, B.P.) zerfiele Italien in mehrere Republiken, und dabei wären gar keine Geschäfte mehr zu machen, ja, es kämen ganz ungefragt neue Gesichter empor, und mit dem Paradiesgärtlein, das man in Rom etabliert hat, wäre es gründlich zu Ende."[218] Burckhardt liefert uns damit ein Indiz für die staatlich organisierte Mythenpflege und zeigt, in welchem Maße die nationale Liturgie damals schon durchschaubar war.

Nach Mazzinis Tod instrumentalisierte die Publizistik Mazzinis Idee von der Kraft des „Mythos Rom" hemmungslos für den unitarischen Staat, in dem der republikanische Ansatz freilich ausgelassen wurde. Mazzinis Geschichtsphilosophie ähnelt der Vorstellung von Gioacchino da Fiore von einer Folge dreier Reiche: Nach dem Rom der Despoten und dem Rom des Katholizismus sollte das dritte und wahrhafte Rom kommen, das „Roma del Popolo".[219] Der italienische Staat schien politisch so gefestigt, daß dieser Topos von Mazzini instrumentalisiert werden konnte und seine Person als Repräsentant des Republikanismus keine Gefahr mehr für die Konstitution darstellte.

In der Rezeption seiner Schriften und den Darstellungen seiner Biographie wird immer wieder, entweder kritisch oder verherrlichend, der moralische Impetus hervorgehoben.[220] Es sei ihm, so die Kritiker milde, so sehr um ein „miglioramento", eine Verbesserung der Gesellschaft gegangen, daß er realistische politische Ziele außer acht gelassen habe. Francesco de

215 Bracalini, Romano, Mazzini, a.a.O., S. X.

216 Mack Smith, Dennis, I Savoia..., a.a.O., S. 77.

217 Die Statue in Genua bildet Mazzini bezeichnenderweise – wie auf dem Deckengemälde im römischen Justizpalast – als greisen Mann ab.

218 Jacob Burckhardt an Friedrich von Preen, Genua, 7. August 1881, in Haufe, Eberhard (Hrsg.), Deutsche Briefe aus Italien, Leipzig 1965, S. 366f.

219 Nauer, Josef, a.a.O., S. 29. – Mario Sanfilippo brachte 1993 ein Buch über Rom heraus, das gewissermaßen Mazzinis Modell einer Folge dreier Ausformungen Roms unter urbanistischem Blickwinkel wieder aufgreift. Er beschreibt ein imperiales, ein päpstliches und ein postunitarisches Rom. Sanfilippo, Mario, Le tre Città di Roma, Bari 1993.

220 So zum Beispiel in dem frühen historistischen Roman von 1867 des Londoner Schriftstellers George Meredith mit dem Titel „Vittoria". Er spielt in Norditalien um die Zeit der Mailänder Aufstände 1848 und der Hauptprotagonist ist Mazzini, der, völlig verherrlicht, immer nur „The Chief" genannt wird. In der Realität lebte der zum Tode verurteilte Mazzini in dieser Zeit im Exil und nicht in Mailand. Meredith bediente mit diesem Roman die englische Italien-Euphorie, von der er selbst infiziert war. 1921 wurde „Vittoria" ins Italienische übersetzt.

Sanctis war einer der ersten, der sich mit Mazzinis historischer Funktion wissenschaftlich auseinandersetzte. Er hielt Mazzini nicht für einen Philosoph, sondern für einen „großen Vorläufer". Vor allem aber achtete er ihn nicht als politischen Mensch, weil er Entwicklungen nur prophezeite und andere handeln ließ.[221] Der „Vorläufer", so nimmt Benedetto Croce die Beurteilung von De Sanctis auf, bleibe notwendigerweise ein verträumter Anachronist, der auf die politische Wirklichkeit kaum Auswirkung gehabt hatte. Croce weist ihm deshalb einen Platz unter den Visionären zu, keinesfalls jedoch unter den entscheidenden Akteuren. Das Italien von 1850 sei eben nicht mehr dasjenige von 1831 gewesen. Die „nationale Initiative" war bereits 1848 zu einem Faktum geworden. Doch nun waren keine unrealistischen Träume eines Volkskriegs mehr gefragt, sondern politisches Kalkül im Dienste der italienischen Nation.[222] Croce spielt dabei auf das von Mazzini angezettelte und mit einer Handvoll Aufständischer durchgeführte gewaltsame Eindringen in den Palazzo Reale 1853 in Mailand an. Die Aktion erbrachte jedoch außer Opfern auf beiden Seiten keine unmittelbaren politischen Ergebnisse.[223]

Meistens am Rande erwähnt wird in historischen Darstellungen, daß Mazzini schon zu Beginn der 50er Jahre eng mit Mitgliedern des neapolitanischen „Comitato rivoluzionario" um Nicola Fabrizi und Carlo Pisacane zusammenarbeitete. Diese Truppe machte den militärischen Part der „Giovine Italia" aus. Die Überlegung, daß es letztlich auch an dieser kämpferischen Organisationsstruktur gelegen hat, daß Garibaldi kurz nach seiner Ankunft auf Sizilien zu seinen „1000 Freiwilligen" schon süditalienische Mitstreiter für den Kampf gegen die Bourbonen werben konnte, paßt nicht in den Grundmythos vom „Risorgimento", schmälert es doch den spontanen Erfolg, der dem Volkshelden Garibaldi allein zufallen soll.[224]

Mazzinis Schriften enthalten ein emanzipatorisches Gesellschaftskonzept, wenngleich auch religiös überhöht, was ihm wohl nicht zuletzt einen Diskredit bei Marx und Engels einbrachte. Sie verachteten den Genuesen als Bourgeois.[225] Was die kommunistischen Bestandteile von Mazzinis Schrifttum betrifft, wurden sie im Zuge der Instrumentalisierung von Mazzini bewußt „entschärft", indem der „Risorgimento"-Mythos ihn gnädig zu einem Mitstreiter „erhob" und ihm, mitsamt seiner Ideen, den Stempel des neuen Königreichs aufdrückte. Mazzinis Funktion im Grundmythos war zu Lebzeiten die des umstürzlerischen Schreckgespensts – ähnlich wie auch der Kommunismus vom deutschen Juste-Milieu instrumentalisiert wurde. Nach

221 De Sanctis, Francesco, Mazzini e la scuola democratica, hrsg. v. Carlo Muscetta u. Giorgio Candeloro, Turin 1951, S. 71.

222 Croce, Benedetto, Geschichte Europas im 19. Jahrhundert, Frankfurt/Main 1979, S. 194f. In den kritischen Tenor stimmte Rudolph Lill ein. Mazzinis Unternehmungen hätten immer mehr gekostet als tatsächlich eingebracht. Lill, R., Geschichte Italiens, a.a.O., S. 158.

223 Karl Marx schrieb zu der Erhebung: „Armselig erschien sie allerdings, wenn sie das Endergebnis der einzigen Verschwörung Mazzinis, seiner bombastischen Proklamationen und seiner anmaßenden Kapuzinaden gegen das französische Volk bilden soll". Marx, Karl, a.a.O., Bd. 8, S. 526.

224 Lill, R., Geschichte Italiens, a.a.O., S. 115. – Spadolini, Gli uomini che ferero l'Italia, a.a.O., S. 543f.

225 Marx/Engels, a.a.O., Bd. 8, S. 364. und Bd. 9, S. 93. – Die Einschätzung, daß sich um Mazzini als solide Gefolgschaft hauptsächlich aristokratische und hochbürgerliche Gruppen versammelten, vertritt auch Della Peruta. Della Peruta, Franco, Mazzini e la democrazia risorgimentale, in: Storia della società italiana – Il movimento nazionale e il 1848, S. 176ff.

seinem Tod aber verkörperte er nur noch den abgehobenen Propheten, der auf das politische Endergebnis allein insofern Einfluß hatte, weil er dasselbe Thema aufgriff: die Einheit.[226] Er war also ein „Rhapsode" im „hypoleptischen Diskurs" über die Veränderung der politischen Situation Italiens.

Erst heute deutet sich eine Veränderung in der historischen Wertschätzung Mazzinis an. Für Dennis Mack Smith ist er der Patriot schlechthin. Er habe seine republikanischen Ideale schließlich aufgegeben, weil er erkannt habe, daß ein monarchistisches Italien immer noch besser sei als gar keines.[227] Die ungenaue Kenntnis über die Größenordnung seiner Anhängerschaft verführte in den vom Volkskrieg faszinierten 60er Jahren sogar dazu, die „Giovine Italia" als Überwindung der Geheimgesellschaften und als mächtige Frühform eines politischen Klubs oder gar einer revolutionären Partei zu beurteilen.[228]

In der neuesten Biographie von Romano Bracalini ist Mazzini nun wieder als Mystiker, Träumer und Idealist dargestellt. Doch klingt dies hier mehr wehmütig als verächtlich: Italien stünde heute besser da, wenn man anstatt ausschließlich auf den Zyniker Cavour mehr noch auf den Visionär Mazzini gehört hätte. Dann, so die optimistische These Bracalinis, wäre die entstandene „partitocrazia" nicht so sklerotisch und korrupt geworden.[229]

Mazzinis Pläne, Überlegungen und Aktionen werden vielfach in der Literatur in einem Zusammenhang mit Giuseppe Garibaldi gebracht. Der „Brigantaggio" soll sich 1833 für kurze Zeit Mazzinis Organisation „Giovine Italia" angeschlossen haben.[230] Doch häufiger noch werden sie gegeneinander ausgespielt. Die garibaldinische „Handlungsvariante" wird der unrealistischen Mazzinis als ästhetisch und moralisch wertvollere gegenübergestellt.[231] Obwohl Mazzini strenggenommen nach dem dualistischen Prinzip aus dem Lager der „Guten" ausscheiden müßte, manövriert die Beurteilung Mazzinis als „Prophet" ihn doch in eine der Bricolage willfährige Figur, denn es entsteht eine „Double-bind"-Situation: Beim Einpassen seiner Biographie in das „Risorgimento" kann unterstellt werden, er habe dasselbe Ziel wie Cavour oder Garibaldi gehabt. Das hatte den Nebeneffekt, daß seine tatsächlichen politischen Ziele, seine Opposition zu einer Einheitspolitik unter der zentralistischen Ägide einer konstitutionellen Monarchie mit Hilfe dieser Double-bind-Konstruktion negiert wurde. Die Widersprüchlichkeit von Mazzinis Platz im Mythos, die bei historischen Detailstudien offenbar wird,

---

226 Gregorovius vergleicht Mazzini mit Machiavelli insofern, als der eine als Person und der andere mit seinem „Principe" offiziell exkommuniziert, aber deren Inhalte nichtsdestoweniger de facto instrumentalisiert worden seien. Gregorovius, F., Römische..., a.a.O., S. 321.

227 Mack Smith, Dennis, I Savoia..., a.a.O., S. 13f.

228 Mastellone, Salvo, Mazzini e la „Giovine Italia", Pisa 1960 Bd. 1., S. 126ff. – Während der faschistischen Zeit in Italien gab es in den U.S.A. eine „Società Mazzini", die die führenden antifaschistischen Bürgerlichen im amerikanischen Exil vereinigte. Sie entstammten hauptsächlich den Linien der alten republikanischen Partei vor Mussolini. Battaglia, Roberto, Storia della Resistenza italiana, Turin 1953, S. 65.

229 Bracalini, Romano, Mazzini. Il sogno dell'Italia onesta, Mailand 1993, 297ff. – Talamo, Giuseppe, Giuseppe Mazzini e il sogno del Risorgimento – Alla ricerca dell'Italia onesta, in: Messagero, 17.06.1993.

230 Lill, Rudolph, Geschichte Italiens, a.a.O., S. 114.

231 Ebenda, S. 167. So auch bei Kammerer/Krippendorf: „Wie Mazzini Berufsrevolutionär, aber im Unterschied zu jenem eher der Haudegen als der Theoretiker (...)". Kammerer, Peter/ Krippendorf, Ekkehart, Reisebuch Italien, Berlin 1990, S. 65.

kann durch diese Methode für den Gesamtmythos unschädlich gemacht werden. Man könnte Mazzini mit der Lévi-Strauss'schen Terminologie einen „Trickster" im Mythos „Risorgimento" nennen. Seine Figur hilft, die Widersprüche in der historischen Erzählung zu vermitteln und behält dabei doch viel von der „Doppeldeutigkeit der Ausgangsantagonismen".[232]

Vittorio Emanuele II., der „Re Galantuomo"

Wenn wir den Begriff „Risorgimento"/„Wiedergeburt" für die Entstehung des italienischen Königreichs ernst nehmen, so ist Vittorio Emanueles Beharren auf die ihm aus dem Familienstammbaum des Hauses Savoyen zustehende Anrede „der Zweite" ein erster Widerspruch. Der König war bei der Proklamation Roms zur Hauptstadt weniger daran interessiert, die historische „Wiedergeburt" des national-italienischen Königstitels an prominenter Stelle zu dokumentieren, als den legitimen und vererbbaren Machtanspruch der Prinzen Savoyens auf diesen italienischen Titel festzuschreiben.

Verschiedene Politiker des ersten Parlaments, so vor allem der spätere Nachfolger von Cavour, Bettino Ricasoli, plädierten aus politischer Korrektheit heftig für die Titulierung „der Erste". Mit der Verwerfung von Ricasolis Antrag konnten sich Toskaner oder Lombarden zu Recht übergangen und verletzt fühlen.[233] Das hat dem Bild des „Re Galantuomo" nicht weiter geschadet, denn Vittorio Emanueles Funktion im politischen Mythos des „Risorgimento" ist nicht die Zuständigkeit für diplomatisches Feingefühl. Der „königliche Körper" galt in jedem Fall als das lebendige Symbol der nationalen Einheit, und darum wurde die ungalante Numerierung des Titels geduldet. Doch nur solange er lebte, zollte der italienische Staat dem König die Achtung seiner savoyischen Kapricen. Nach seinem Tod wurde er gemäß der nationalen Staatsräson und gegen seinen Willen im Pantheon beigesetzt und nicht in der Familiengruft in Turin.[234] Damit war er der italienischen Nation einverleibt.

Heinrich von Treitschke beschrieb Vittorio Emanuele II. so: „Wie das gute Gewissen der Nation erschien dieser „Ritter Italiens" der schöne, unwiderstehlich liebenswürdige, geistvolle Mann, der Beherrscher aller Weiberherzen, (...) treu seinem Wahlspruch: ‚die Vaterlandsliebe ist ein Opfer, nicht ein Genuß', freilich eine läßliche Künstlernatur, leicht gelangweilt, unfähig, die Pflichten des Beamten mit Pünktlichkeit zu erfüllen, ohne den derben Ehrgeiz, ohne die rastlose Tätigkeit des großen Staatsmannes."[235] Bis heute erzählt der Volksmund von dem wenig adonischen Mann recht schlüpfrig und vielsagender noch als Treitschke, er sei ein betörender Frauenheld und famoser Liebhaber gewesen. Er war eben der „Re Galantuomo"[236],

232 Vgl.: Wülfing, Wulf/ Bruns, Karin/ Parr, Rolf, Historische Mythologie der Deutschen, München 1991, S. 163.

233 Mack Smith, Dennis, I Savoia Re d'Italia, a.a.O., S. 17.

234 Lill, R., Geschichte Italiens a.a.O., S. 207f.

235 Treitschke, H. v., a.a.O., S. 55.

236 Eine der frühesten Quellen für diese Bezeichnung findet sich in einem Schulbuch von 1896, in dem erzählt wird, Massimo d'Azeglio habe den König schon nach seinen erfolgreichen Kämpfen auf den Schlachtfeldern bei S. Lucia und Goito (bei Mantua) so genannt. Für die Schulkinder sollte er also lieber der gute Soldat als der gute Liebhaber sein. Vgl.: Bertolini, Francesco, Manuale di Storia d'Italia ad uso della scuola elementare. Raconti storici del Risorgimento ita-

bevor er – nach seinem Tod – zum „padre della patria" neutralisiert wurde. Die in seinem mythischen Beinamen verheißene „Galanteria" – die wir auch mit Ritterlichkeit übersetzen können – soll kokett darauf hinweisen, daß Vittorio Emanuele seine private Leidenschaft über die Staatsräson des so fragilen neugegründeten Staates stellte: Neben seiner Frau Maria Adelaide – und über deren Tod 1855 hinweg – pflegte er eine Liaison mit der als „Bela Rosin" berühmt gewordenen Rosina Vercellana, die er 1869 schließlich noch legalisierte.[237] Sogar die sonst eher spröde englische Königin Victoria soll er mit einem Charme aus der puritanischen Reserve gelockt haben – eine Anekdote, die nur allzugut zum stereotypen Klischee der Vorliebe der kühlen „Nordfrau" für den mediterranen „Papagallo" paßt. Victoria soll bewundernd über Vittorio Emanuele gesagt haben, er gleiche mit seiner Barttracht eher einem Ritter oder König des Mittelalters als einem Mann der Neuzeit.[238] Und das war ja auch seine Absicht, wollte er doch atmosphärisch wie machtpolitisch an große Zeiten des hohen Mittelalters anknüpfen, da Graf Amadeus V. von Savoyen, einer der Führer der Ghibellinen, einst die Anjou aus Savoyen vertrieben hatte.[239] Die Muttererde seiner „patria" selbst indes kann Vittorio Emanuele nicht ganz soviel wert gewesen sein wie der savoyische Titel. Das windige Tauschgeschäft mit Napoleon III., durch das nach 1859 das Kernland Savoyen an Frankreich kam, wurde im Ausland als Verkauf von „Wiege und Gruft seiner Ahnen" kommentiert. Bei derlei Kritik war natürlich auch politische pro-österreichische Propaganda im Spiel. Es sprach daraus mehr Sorge vor zu befürchtenden imperialistischen Gelüsten Vittorio Emanueles als Sympathie für Italien.[240]

Innerhalb der mythischen Figuration des „Risorgimento" ist Vittorio Emanuele weder der brillante Kopf wie Cavour noch der verwegene Kämpfer wie Garibaldi, er ist kein religiöser Schöngeist wie Manzoni, kein humanistisch gebildeter König wie sein Vater Carlo Alberto[241]

---

liano dal 1848 al 1870 ad uso della terza classe, Florenz 1896, S. 92ff. – Zu Schulbüchern aus der Zeit vor der Jahrhundertwende und des italienischen Faschismus komme ich im Kapitel über Verdi noch zurück.

237 Vercellana konnte nicht zur Königin gekrönt werden, weil die Ehe „morganatisch" war. Die Kinder aus dieser Verbindung wurden nicht erbrechtlich anerkannt. Erst die Frau von Umberto I., dessen eigene Cousine Margherita, Tochter der Prinzessin von Sachsen und des Bruders Vittorio Emanueles, Herzog Amadeo d'Aosta, wurde bei der Thronbesteigung ihres Mannes zur ersten Königin Italiens. – Contini, Mila, Rosa Vercellana, favorita di Vittorio Emanuele II., Contessa di Mirafiori, in: Tempo, 3/ Januar 1950, S. 9ff. – Spadolini, Giovanni, Gli uomini che fecero l'Italia, a.a.O., S. 114.

238 Propyläen Weltgeschichte, Berlin 1930, Bd. 8, S. 105. – Hausmann, F., a.a.O., S. 86.

239 Tateo Sasse, Barbara, Montferrat, in: Die großen Familien Italiens, hrsg. v. Volker Reinhardt, Stuttgart 1992, S. 372–377.

240 So beschrieb die Augsburger Zeitung 1859 diesen Vorgang. Zit. bei: Altgeld, Wolfgang, Giuseppe Garibaldi..., a.a.O., S. 173. – Der enorme Kontrast zu deutschsprachigen italophilen Intellektuellen ist bemerkenswert. Jacob Burckhardt schrieb 1860 an Paul Heyse: „Wir haben uns inzwischen mit dem Hause Sardinien ralliiert und fürchten nur, unsere guten Gesinnungen mögen par distance nicht viel helfen (...). Wird ein gewisser Jemand doch allgemach für Euch Poeten reif ?" Er meint mit „Jemand" Napoleon, von dem er zu dem Zeitpunkt anzunehmen schien, er könne Italien zur nationalen Einheit verhelfen. Burckhardt, Jacob, Briefe, Leipzig 1940, S. 254.

241 Es wird – im Kontrast zum gebildeteren Carlo Alberto, der am Ende seiner Tage Plutarch las –

und schon gar kein ahnungsvoller Prophet wie Mazzini, aber der „Beherrscher aller Weiberherzen". Einer historischen Person bis heute kollektiv eine solche Funktion zuzuschreiben, paßt zum Mythos der „italianità". Oder können wir uns in der mythischen Erzählung der deutschen Geschichte Bismarck oder Wilhelm I. derart geschildert vorstellen? Selbst die Geschichte um das Zusammentreffen von Königin Luise von Preußen und Napoleon, die erst die Phantasie der deutschen Nachkriegsfilmindustrie anzuregen vermochte, wird durch die Mytheme der Religiosität und Keuschheit im Personenmythos um Luise jeder zweideutigen Delikatesse enthoben.

Wir können also hier bei der Analyse eines italienischen politischen Mythos durch die Mytheme auf die Toleranz der Landesmoral – beziehungsweise des mentalitätsabhängigen Ethos – Rückschlüsse ziehen. Während zum Beispiel bei Königin Luise die Mytheme der „Bürgerlichkeit"[242] hervorgehoben werden, widerläuft es offenbar nicht dem italienischen Komment, wenn ausgerechnet dem Gründervater Mytheme des „Libertins", der höfischen Frivolität und ausgelebter Erotik zugewiesen werden.[243] Der zweite König Italiens, Umberto I. führte dann dafür ein „bürgerlicheres" Leben, dessen Part im Mythos durch seine Frau Margeritha vervollständigt wurde.

Doch das außergewöhnliche Mythem der königlichen Libertinage innerhalb des politischen Mythos hat seinen ganz eigenen Zweck, vermag es doch über die Kontingenzen der Staatsbildung hinaus noch manches mehr zwischen den Zeilen zu vertuschen. Vittorio Emanueles machtpolitisches Kalkül und imperialistisches Taktieren, zum Beispiel seine expansionistischen Interessen weit über die Halbinsel hinaus, camoufliert der Mythos, als seien diese Eigenschaften kleine Schönheitsfehler, von denen man durch eine „kosmetische" Korrektur ablenken kann.[244] Durch dieses Manöver können auch entmythisierende Potentiale unter den Teppich der an Ereignissen satten Einheitsdramaturgie gekehrt werden. Es wird zum Beispiel oft vermerkt, daß der „Nizzardo" Garibaldi nach dem Friedensschluß von Villafranca 1859 gegen die Abgabe seiner Heimatstadt an Frankreich aufbegehrte.[245] Die gleichzeitige Abgabe des Stammgebiets der Dynastie Vittorio Emanueles, Savoyen, indes wird innerhalb der mythischen Logik damit begründet, daß dieses Stammland ohnehin schon immer mehr Affinität zu Frankreich gehabt habe. Wieso dann aber ein König aus einem Land, das Frankreich näher stand als Italien, den national-italienischen König stellen konnte, das Aufwerfen dieser Frage

---

überliefert, daß Vittorio Emanueles Lehrer, ein Abt namens Isnardi, an ihm fast verzweifelte, weil er zwölfjährig immer noch keine einzige lateinische Vokabel behalten konnte und von einem Tag zum anderen vergaß, was sie miteinander im Unterricht gelesen hatten. Bretti, Ludovico, a.a.O., S. 42. – Mack Smith bestätigt dieses Urteil über Vittorio Emanuele: Er habe mit Kultur nichts im Sinn gehabt und sie in keiner Weise gefördert. Mack Smith, Denis, I Savoia..., a.a.O., S. 92.

242 Vgl.: Königin Luise von Preußen – ‚Verbürgerlichung' des Hofes, in: Wülfing, Wulf/ Bruns, Karin/ Parr, Rolf, a.a.O., S. 59ff.

243 Prezioso, Giulio, Amori – Vittorio Emanuele e le donne, in: Historia, Dezember 1957, S. 62–69.

244 Mack Smith bezeichnet es als ein Glück, daß Vittorio Emanuele mit 57 Jahren schon starb, bevor er für das neue Königreich einen größeren Schaden der Reputation hätte verursachen können, zum Beispiel durch den europäischen Krieg, der Vittorio Emanuele vorschwebte. Mack Smith, Denis, I Savoia..., a.a.O., S. 90.

245 Talamo, Giuseppe, Cavour, Rom 1992, S. 66ff.

verhindert der Mythos spielend: Die Abgabe Savoyens unterminierte nicht die Identität der „italianità" des französisch sprechenden „Belami".

Und auch die naheliegende – und diskreditierende – Kontinuität der territorialen und kriegerischen Gelüste Vittorio Emanueles II. zu seinem Enkel Vittorio Emanuele III., die während des Mussolini-Regimes in der Absurdität der Kaiserwürde von Äthiopien gipfelten, wird durch den Mythos gemildert.[246] Während das äthiopische Kolonialabenteuer zum ohnehin geschmähten Faschismus zählt, wird Vittorio Emanuele, der gerne Äthiopien erobert hätte, mit der Beibehaltung seiner mythischen Vignette „galantuomo" in der Erzählung gleich gar nicht solcher Kritik unterzogen. Als Vittorio Emanuele einem englischen Botschafter gegenüber zu einem internationalen politischen Diskussionsthema, das nun nicht mehr „italienische Frage", sondern „Frage des Orients" hieß, bemerkte: „Wenn ich 200.000 Mann hätte, könnte ich die Balkanfrage lösen", konnte dieser maliziöse Größenwahn Vittorio Emanueles wegen seines Rufs zum Scherz verharmlost werden.[247] Der „Re Galantuomo", das Symbol der italienischen Nation, hat das Augenzwinkern bis heute immer auf seiner Seite.

Cavour, „Milord Camillo"

„Der Baumeister ist vom Gerüst gefallen; wer wird sein Werk weiterführen?" So beschrieb der Zeitgenosse Ferdinand Gregorovius lakonisch Cavours Tod und suggerierte, daß das Königreich, das Cavour bis zu seinem Todestag am 6. Juni 1861 als Ministerpräsident mitregierte, zum Zeitpunkt des Todes nicht das endgültige politische Ziel war. Wenngleich das vordergründige Ziel, der Sieg über die „Fremdherrschaft", schon erreicht war: Die Österreicher waren aus Mittel- und Norditalien und die Bourbonen aus Sizilien vertrieben.

Dem Gedanken einer nationalen Einheit von den Alpen bis Palermo stand Cavour zu Beginn seiner politischen Karriere sehr skeptisch gegenüber, wie wir heute durch Briefe an befreundete Politiker wissen.[248] Innerhalb der seriellen Mytheninszenierung des „Risorgimento" ist Cavour der versierte und listenreiche Politiker, der die Notwendigkeit einer Veränderung der politischen Strukturen nicht nur früh erkannte, sondern dann auch die verschiedenen „italienischen" Regionen zielgerichtet und vorsichtig taktierend zu ihrer eigentlichen politischen Bestimmung führte. In diesem Sinn urteilte auch Otto Dann, Cavours Zeitalter zeichne die Ablösung der Nationalrevolution durch die Nationaldiplomatie aus.[249] Dieses Urteil verharm-

---

246 Mack Smith, Denis, I Savoia..., a.a.O., S. 351f.

247 Ebenda, S. 86.

248 Cavour, Camillo di, Epistolario, Bd. I (1815–1840), Bologna 1962; Bd. II (1841–1843), ebd. 1968; Bd. III (1844–1846), ebd. 1973; Bd. IV (1847), ebd. 1978; Il Carteggio, Bd. I–V, Bologna 1949–1954. – Tutti gli scritti del Cavour, hrsg. v. Carlo Pischedda u. Giuseppe Talamo, Bd. I–V, Turin 1976–1978.

249 Vgl.: Dann, Otto, Italien und die Probleme des europäischen Nationalstaats im 19. Jahrhundert, in: Schieder, Theodor (Hrsg.), Nationalismus und Nationalstaat, Göttingen 1991, S. 332. – Und schon Francesco Crispi, einst Mazzinianer aus Sizilien und später monarchietreuer Minister der „Sinistra Storica" soll über Cavour gesagt haben, er habe nichts anderes getan, als die Revolution zu „diplomatisieren". „Egli non fece che diplomatizzare la rivoluzione." Zit. bei: Bretti, L., a.a.O., S. 15.

lost den politischen Vorgang der Nationsbildung. Sie wird so zu einer Art unblutiger – und eben diplomatischer – „Schreibtischtat“.

Zur Verdeutlichung der politischen Qualitäten Cavours stellte Benedetto Croce dem Staatsmann den Republikaner Mazzini im Vergleich gegenüber. Das für die mythische Extension entscheidende binäre System, dessen sich Croce bedient, überzeichnet hier den realistischen politischen Blick Cavours und ermöglicht über die Beurteilung Cavours hinaus einmal mehr eine Verortung Mazzinis im Bereich der Prophetie und der Mutmaßung.[250] Als Komplementär zu diesem binären Modell gibt es die mythische Erhöhung des Charakters Cavour durch den Vergleich mit Bismarck, der uns seit Treitschke bis zur neueren Geschichtsschreibung immer wieder begegnet – ein Analogieschluß, der im umgekehrten Fall auf die Person Bismarck bezogen ganz unüblich ist.[251]

So wird auch noch einmal der Kontrast zu Vittorio Emanuele deutlich, der ja durch den Ruf des Frauenhelden vom Piemontesen und kühlen Norditaliener zum mediterranen Heißblut umfunktioniert wurde, während der Bismarck-Vergleich Cavour die mentale Farbe eines „preußischen“, kühlen Italieners verleiht. Implizit verlängert diese Mythem-Anleihe aus dem deutschen Nationendiskurs sogar Cavours Leben. Die kontaminierende Analogie veschafft ihm – aus nationalistischer Sicht – den unausgesprochenen Verdienst, ganz Italien mit Rom vereinigt zu haben: Denn erstens starb Bismarck fast vierzig Jahre später als Cavour, und zweitens hat dieser tatsächlich die deutsche Nation in ihren bis zum Beginn des Ersten Weltkriegs gültigen Grenzen regiert.

Das Denkmal, das Cavour in Rom hinter dem „Palazzo di Giustizia“ errichtet wurde, zeichnet ihn als wohlbeleibten Bürger mit einer Backenbarttracht nach britischer Mode. Er steht dort in so bequemer Haltung, daß seine selbstgefällige „Juste-Milieu“-Gemütlichkeit fast ironisch wirkt.[252] Auch seine auf Fotografien und Lithographien dargestellte behäbige Gestalt mit der stets spacken Anzugsweste hat ihre mythenkonforme Wirkung: Sie täuscht darüber hinweg, daß Cavour in jungen Jahren ein mondänes Dandy-Leben in den Salons von Turin, Paris und London führte, ein leidenschaftlicher Spieler war und daß seine Passion für Börsenspekulationen seine Familie beinahe in den Ruin trieb.[253] Die Bonmots, die uns von ihm berichtet werden, passen zu seinem hintersinnigen Konterfei: Sehr bekannt ist die zynische Äußerung

---

250 Croce, Benedetto, Geschichte Europas im 19. Jahrhundert, Frankfurt/Main 1979, S. 198.

251 Treitschke widmete Cavour ein 200 Seiten starkes Werk. Seiner Überzeugung nach habe mit dem Eintritt Cavours in das Kabinett die Wiedergeburt des Staates begonnen. (S. 63) Er nennt ihn auch – vielleicht im Kontrast zu Mazzini – den „Philosoph des Möglichen“.(S. 180) Vgl.: Treitschke, Heinrich von, Cavour, in: Ausgewählte Schriften, Leipzig 1908, Bd. 2. – Auf den Vergleich Preußen/Piemont komme ich weiter unten zurück. –Rudolf Lill betont, daß sich die historischen Beurteilungen über Bismarck und Cavour in ihren Extremen ähneln. Lill, R., Geschichte ... a.a.O., S. 162.

252 Das Denkmal wurde 1895, also in einer fortgeschrittenen Mythisierungsphase weit nach Cavours Tod, auf der Piazza Cavour errichtet. Es stammt von Stefano Galletti.

253 Talamo zeichnet beispielhaft das Bild vom intellektuellen Salonlöwen. Talamo, G., Cavour, a.a.O., S. 48ff.

„Italien ist geschaffen, schaffen wir nun die Italiener"[254] oder der rassistische Scherz, man müsse die Neapolitaner erst waschen, bevor sie zum Königreich dazugehören könnten.[255]

Cavours Familie entstammte altem piemontesischem Dienstadel.[256] Wie alle Piemontesen, die den höfischen Kreisen in Turin angehörten, sprach Cavour Französisch und wurde in eben dieser Sprache unterrichtet. Seinen ersten Zeitschriftenartikel auf italienisch veröffentlichte er erst 1847 über die Reform der englischen Wirtschaftspolitik[257]. Doch das späte Erlernen der Sprache, mit Hilfe derer er später seine eigenen Sprachgenossen, die Savoyer und Nizzarden, politisch auszugrenzen verstand, wird ihm selbst nie zur Last gelegt. Indessen werden Cavours Belesenheit und seine Kontakte mit den intellektuellen Zirkeln europäischer Großstädte betont. Vor allem Charles Alexis de Tocquevilles politische Schriften sollen ihn für eine Zukunft präpariert haben, in der Nobilität allein keinen Herrschaftsanspruch mehr sicherte.[258] „Über die Demokratie in Amerika" könnte in der Tat viele Anregungen für Cavour enthalten haben, vor allem wenn wir an die Kapitel über die Pressefreiheit oder den „Fortschritt des Katholizismus in den Vereinigten Staaten" denken.[259] Cavours Haltung zur Kirche, die sich in der Parole „libera chiesa in libero stato" manifestierte, ist sicherlich vor diesem Hintergrund zu betrachten.[260]

---

254 Diese Bemerkung aus der ersten Parlamentssitzung im eben geschaffenen Königreich Italien kann man als belangloses Bonmot ansehen. Dahinter steht indes die Erkenntnis, daß „der" Italiener nun plötzlich die Definition für einen bis zur Staatsgründung nicht national definierbaren Lombarden, Sizilianer oder Venezianer war. Auf einmal gab es eine nationale Identität, von der die offizielle Politik vorgab, sie habe eine lange Tradition, die nur durch die „Fremdherrschaft" unterjocht war. Meistens wird diese Redewendung Cavour zugeschrieben. Vgl.: Kammerer, Peter/ Krippendorf, Ekkehart, a.a.O., S. 67. Hobsbawm indes bezieht sich auf E. Latham, Famous Sayings and their Authors, Detroit 1970 und meint der Ausspruch käme von Massimo d'Azeglio. Vgl.: Hobsbawm, Eric, J., Nationen...,a.a.O., S. 58.

255 Propyläen der Weltgeschichte, Berlin 1930, Bd. 8, S. 116.

256 Petersen, Jens, Der italienische Adel von 1861–1946, in: Geschichte und Gesellschaft: Europäischer Adel 1750–1950, Göttingen 1990, S. 243–259. – Cavours Vater war der erste Kammerherr von dem aus römischem Hochadel stammenden Camillo Borghese, Ehemann von Napoleons I. Schwester Paolina und seit 1805 französischer Staatsbürger. Borghese war seit 1808 Generalgouverneur von Piemont und acht weiteren transalpinen Departements. Der Vorname „Camillo" für seinen Sohn wählte der adelige Hofbeamte aus Verbundenheit nach seinem Dienstherrn.Reinhardt, Volker, Borghese, in: Die großen Familien Italiens, hrsg. v. Reinhardt, Volker, Stuttgart 1992, S. 85ff. – Talamo, Giuseppe, Cavour, Rom 1992, S. 12ff.

257 Tutti gli scritti, a.a.O., Bd. II, S. 971.

258 Bei seinem Aufenthalt 1834 in London lernte Cavour – durch seinen Mentor William Brockedon vermittelt – Tocqueville auch persönlich kennen. Romeo, Rosario, La vita di Cavour, Rom 1984, S. 56. – ders.: Cavour e il suo tempo, Bd. 1.:1810–1842, Rom 1971, S. 518.

259 Tocqueville, Alexis, München 1976; hier: I. Teil (1835), II/ Kap.3: Über die Pressefreiheit und II. Teil (1840), I/Kap. 6. – Norberto Bobbio betrachtet den Freiheitsgedanken Cavours in direktem Zusammenhang mit Tocqueville. Bobbio, Norberto, Una filosofia militante, Turin 1971, S. 24.

260 Aktenstücke zu den Verhandlungen Cavours mit dem Hl. Stuhl vom Jahre 1860/61, in: Giacometti, Zaccaria, Quellen zur Geschichte der Trennung von Staat und Kirche, Tübingen 1974, S. 654–658. – Talamo, G., Cavour, a.a.O., S. 215.

1852 wurde Cavour Ministerpräsident und begründete mit dem Führer der „gemäßigten Linken“ Urbano Rattazzi die „Destra storica“.[261] Die Arbeit für die Zeitschrift „Risorgimento“ hatte er mit dem Antritt seines ersten Ministeramtes für Landwirtschaft, Industrie und Marine unter dem Ministerpräsidenten d'Azeglio 1850 beendet. Wie sein Vorgänger Massimo d'Azeglio zählte Cavour auf das piemontesische „Juste-Milieu“. Er unterstützte die Unternehmerschicht, weil er mit deren Hilfe um eine Anerkennung auf dem europäischen Markt kämpfen konnte.[262]

Die Beteiligung am Krimkrieg mit der Entsendung von 15000 piemontesischen Soldaten im letzten Kriegsjahr setzte im Vergleich zu Massimo d'Azeglios Politik einen entscheidend neuen Akzent. Bei der Abstimmung in der Kammer gab es nur eine einfache Mehrheit für den Kriegseintritt, denn er bedeutete gleichzeitig eine Allianz mit dem „Fremdherrscher“ Österreich und die Verteidigung französischer und türkischer Interessen.[263] Cavour, so wird es heute überzeugend und einhellig von den Historikern dargestellt, wollte endlich den diplomatischen und europäischen Status, durch den das Königreich Piemont-Sardinien schließlich unter Vittorio Emanuele II. zwischen den „Großmächten“ an der Pariser Friedenskonferenz teilnehmen konnte. Der Krieg war zu dem Zeitpunkt so gut wie entschieden, und es standen weder sardische oder „italienische“ Interessen zu verteidigen noch lockende Territorialerweiterungen für das Königreich Sardinien in Aussicht, so daß diese pseudo-militärische Aktion wahrscheinlich wirklich einzig symbolische Bedeutung hatte.

Für das Ausland indes, zumal dasjenige, das auch auf der Halbinsel regierte, bedeutete die Beteiligung des Königreich Sardinien eine Veränderung der politischen Mächtekonstellation. Das in ganz Europa diskutierte „Nationalitätsprinzip“, nach dem eine Nation auch von der Größe und Zahl der Einwohner abhing, war Cavour gut bekannt und die Kriegsbeteiligung war ein erster Schritt, diesem Prinzip näher zu kommen.[264]

In der mythischen Erzählung des „Risorgimento“ findet sich auch der Kontakt Cavours mit den Republikanern um Mazzini: Nach der Gründung der „Giovine Italia“ und Cavours Bekanntschaft mit Aimable de Barante, eines mazzinianischen Gefolgsmanns, soll ihn der Vater, um weitere politische Verquickung zu verhindern, nach Grinzane bei Alba geschickt haben. An diesem mitten im Kirchenstaat liegenden Ort erhielt Cavour eine agrarwirtschaftliche Aus-

261 Cavour war derjenige, der in den kommenden Jahren für Handelsverträge mit Frankreich, England, Belgien und Österreich sorgte und so die Modernisierung durch Verbindung von Politik und Wirtschaft verfestigte. Talamo, Giuseppe, Cavour, a.a.O., S. 68.

262 Castronovo, Valerio, Piemonte, in: Storia d'Italia – Le regioni, Turin 1977, S. 87.

263 „Nicht spontan, wie eine langlebige Legende behauptete, sondern unter vielfachem innerem wie äußerem Druck hat er (Cavour, B.P.) im Januar 1855 den Kriegseintritt durchgesetzt.“ Lill, Rudolf, a.a.O., S. 165. – Talamo, Giuseppe, Cavour, a.a.O., S. 144.

264 Francis, Emerich, Ethnos und Demos, a.a.O., S. 88f. – Hobsbawm, Eric J., Nationen..., a.a.O., S. 43. – Vor allem die Eroberung des Südens 1860 vergrößerte die Zahl der Einwohner des Königreichs Italien. Nach einer Zählung um das Jahr 1860 verteilte sich die Bevölkerung auf der Halbinsel in Prozent folgendermaßen: Königreich Piemont–Sardinien: 16,5 % , Lombardo-Veneto: 22,3 % ,Groherzogtum Toscana: 7,3 % , Kirchenstaat: 17,2 % , Königreich beider Sizilien: 36,7 %. Vgl.: Mori, Giorgio, Industria senza industrialisazione. La penisola italiana dalla fine della dominazione francese all'Unità nazionale (1815–1861), in: Studi Storici, Nr. 3, Rom 1989, S. 608.

bildung, wie das – so sagt die Fama – auch seiner Neigung entsprochen habe.[265] Auch hier wieder bietet uns der Mythos alle Nuancen an: Sympathisieren durfte Cavour mit Mazzini, was diesen wiederum nebenbei „nobilitiert", aber seine besonnene Klugheit – in diesem Fall vermittelt durch seinen Vater – bringt ihn schnell wieder auf den italienischen Boden der landwirtschaftlichen Realität zurück. Das Mythem der agrarischen Neigung nährt noch einmal den ideologischen Kontext des realistischen, bodenständigen Piemontesen. Kein Wort vom Casinoleben und Dandytum – die Auswahl spricht für sich.

Im Fall von Camillo Cavour hat die neuere Geschichtswissenschaft auch Schattenseiten in der politischen Karriere aufgezeigt.[266] Während der europaweiten ökonomischen Krise 1853 und der schlechten Weizenernte im Königreich Sardinien soll Cavour mit einer gezielten Preispolitik dafür gesorgt haben, daß die Getreidemühlen, deren Aktionär er war, aus dem Debakel noch Vorteile und höhere Gewinne als alle anderen Konkurrenten ziehen konnten. Cavour ist im Senat keineswegs immer auf Parteigänger gestoßen, teilweise ist er dort sogar regelrecht bekämpft worden.[267] Als Spiegel der öffentlichen Stimmungslage können wir die Karikaturen, die zur Regierungszeit Cavours in der piemontesischen Zeitschrift „Fischietto" erschienen sind, heranziehen, in denen Cavour nicht eben schmeichelhaft dargestellt ist. So zum Beispiel eine Zeichnung, wo Cavour – als Friseur gezeichnet – dem personalisierten Piemont mit einer riesigen Schere den buschigen Schopf abschneidet – eine Anspielung auf Steuererhöhungen.[268] Und 1859 erschien in Mailand eine Satire des als „radikal" geltenden Gustavo Modena: Cavour hält, diesmal als Koch kostümiert, eine große Bratpfanne, in der er verschiedene Politiker wie Ingredienzien vermischt, so auch La Farina[269] – den er nach Neapel schickte, um eine „frittata" zu backen. Diese Art Pfannenkuchen, die kulinarisch betrachtet auf der Grundlage von Eiern alles enthalten kann, was die Küchenvorräte hergeben, stellte eine Allegorie auf die Annexionen der Herzogtümer und des Königreichs beider Sizilien dar – alles, was die Halbinsel vorerst also zu bieten hatte, sollte zu einem „Kuchen" vereinigt werden.[270]

Wie bei vielen berühmten Politikern der Geschichte können enthüllende Neuigkeiten wohl ein prekäres Licht auf die Person werfen.[271] Der Schatten aber ist flüchtig, wenn die Person

---

265 Kurz darauf, 1837, erhielt er vom Vater das Landgut Leri übertragen. Leri liegt bei der Stadt Vercelli, 75 km nordöstlich von Turin. Gosso, Marco, „Cavour, Camillo Benso conte di", in: Dizionario biografico ..., a.a.O., S. 120.

266 Die neueste Darstellung über Cavour ist von Giuseppe Talamo (Rom 1992).

267 In Turin sollen als Reaktion auf die Preiserhöhungen des Grundnahrungsmittels Getreide Unruhen entstanden sein. Die breite Unzufriedenheit sei in einem Aufstand kulminiert, bei dem die versammelten Aufständischen auf das Haus Cavours Steine geworfen haben. Talamo, G., Cavour, a.a.O., S. 112.

268 Spellanzon, C., a.a.O., S. 723.

269 Der Scherz bezog seine Pointe auch aus dem Nachnamen des nach Neapel geschickten Politikers La Farina, denn „farina" heißt zu deutsch „Mehl".

270 Grandi, T. (Hrsg.), Scritti e discorsi di Gustavo Modena, 1831–1860, Istituto per la storia del Risorgimento Italiano, Rom 1957, S. 217, zit. bei Gernert, A., a.a.O., S. 92.

271 Zwei neue Biographien versuchen sich zum Beispiel an der Entmythisierung der politischen Biographie John F. Kennedys. Doch allein die große Resonanz, die solche Publikationen in der Öffentlichkeit finden, zeigen, wie stark der Mythos wirklich ist und daß die Rezipienten über historische Personen doch immer wieder dasselbe in neuer Gestalt lesen wollen. Vgl.: Hamil-

gleichzeitig mythisch überhöht ist. Die öffentliche Meinung kann das identitätsstiftende und „glatte" Vorbild leichter erfassen als ein disparates Menschenbild, und sie scheint darum Cavour auch zwielichtige politische wie private Interaktionen zu gestatten. Hauptsache ist, daß die Erzählung über die Person sonst dem perfekten Bild des Staatsmannes entspricht und das Endprodukt seiner Arbeit aus der Rückschau als respektabel gewertet werden kann. Einzelnes Fehlverhalten diskreditiert nicht das ganze politische Amt, sondern wird trotz des entmythisierenden Potentials akzeptiert, als stünde es in einem für den Laien undurchschaubaren größeren Zusammenhang. Die Biographie eines Politikers, der innerhalb des Mythos der Staatsgründung die Funktion des Wahrers der politischen Korrektheit und Planung einnimmmt, sträubt sich hartnäckig gegen eine Dekonstruktion. Denn ein „Staatsmann" und gewiefter Diplomat hat das Recht auf Arkana und muß nicht jeden politischen Schritt offenlegen. Die Entmythisierungsresistenz Cavours ergibt sich genau aus dieser Machtreserve. Sie ist der Funktion, die er mit seiner politischen Rolle in der Erzählung über das „Risorgimento" übernimmt, inhärent. Hier läßt sich schon auf eine Parallele zu Giuseppe Verdi hinweisen. Wie der Mythos des undurchschaubaren Staatsmanns so verfügt auch der Mythos des „irrationalen" Künstlers über ein Kontingent an erzählerischen Ressourcen, die die Kohärenz im Mythos wieder sichern können, falls entmythisierende Potentiale zutage kommen und die gesamte Mythenkomposition gefährden.

Garibaldi, der „Lione di Caprera"

„Eine Masse Damen, größtenteils Engländerinnen, saßen steif im Kreis umher und starrten den Fetisch an. Er selbst aber ist einfach und herzlich geblieben (...)."[272] Das Objekt der Begierde, das hier im Mittelpunkt eines Damenkränzchens saß und ob seines Willens zum Exhibitionismus eher Mitleid erregt, war zu dem Zeitpunkt ein Gehbehinderter über Sechzigjähriger, den der britische Historiker Denis Mack Smith als den „größten italienischen modernen General" schätzt.[273]

Die „Damen-Beschreibung" Giuseppe Garibaldis stammt von der Schriftstellerin Malwida von Meysenburg. Sie hatte im April 1867 in Florenz die Gelegenheit, den umschwärmten „Bandenchef" als Anschauungsobjekt aus der Nähe zu betrachten. Für die im industriell weiterentwickelten England lebenden Bildungsbürger muß der archaische Held gleich einem Indianerhäuptling in New York oder sonst einem „edlen Wilden" besonders anziehend gewirkt haben.[274] Die „Römischen Helden", jene berühmten Stiche des Niederländers Hendrik Goltzius aus dem Jahr 1586, wurden in der bürgerlichen Phantasie durch den mythisierten Garibaldi zu neuem Leben erweckt. Thomas Carlyle hatte in den vierziger Jahren mit sechs

---

ton, Nigel, John F. Kennedy. Wilde Jugend. Leben und Tod eines amerikanischen Präsidenten, Frankfurt/Main 1993. – Reeves, Thomas, John F. Kennedy. Die Entzauberung eines Mythos, 1992.

272 Malwida von Meysenburg an Auguste von Stein-Rebecchini am 18. April 1867, in: Haufe, Eberhard (Hrsg.), Deutsche Briefe aus Italien, a.a.O., S. 439.

273 Mack Smith, Denis, in: The New Statesman and Nation, 24.04.1954; zit. bei: Maturi, Walter, Interpretazioni del Risorgimento, Turin 1962, S. 678.

274 Vgl.: Kohl, Karl-Heinz, Entzauberter Blick. Das Bild vom guten Wilden, Berlin 1981.

Vorträgen die zugehörige Theorie über die Notwendigkeit großer Männer geliefert.[275] Benjamin Disraeli, der vor seiner zwanzigjährigen Staatskarriere politische Gesellschaftsprosa schrieb, ließ sich durch Garibaldi und dessen Verknüpfung mit der Nationsbildung Italiens zu dem romantischen Roman „Lothar" anregen, wo Garibaldis Guerillatum vorrangig konfessionell als Kampf gegen den Katholizismus und insbesondere gegen den Papst interpretiert wird.[276] Es wird deutlich, daß Garibaldi auch darum in England besonders verherrlicht wurde, weil er aus dem Haß auf die katholische Kirche keinen Hehl machte und in England zur selben Zeit die Auseinandersetzung zwischen Katholiken und Bewegungen, die sich vom Primat des Papstes lossagen wollten, virulent war.

„Wie Fliegen eine Wunde, so umschwärmen Frauen den wunden Garibaldi", meinte Gregorovius, nachdem das italienische Heer Garibaldi niedergeschossen hatte.[277] Und in der Tat fällt es auf, daß sich verhältnismäßig viele Frauen des Lebens von Garibaldi angenommen haben.[278] Die Misogynie, die dem männlichen heldischen Charakter seit Herakles[279] meist zugedichtet war, scheint seine besondere Attraktivität gerade für diejenigen zu verströmen, auf die der Blick dieses Helden gemeinhin nicht fällt. Doch nicht nur in der Beschreibung seiner Biographinnen ist Garibaldi der glutäugige, temperamentvolle Mann des Volkes, dem das Prole-

275 Carlyle begründete die Wahl seines Themas mit der tiefen Berührung des Menschen „mit den verborgenen Triebfedern des menschheitlichen Wesens und den wichtigen Lebensfragen in dieser Welt (...)". Carlyle, Thomas, Über Helden, Heldenverehrung und das Heldentümliche in der Geschichte, Berlin 1912, S. 278.

276 Der Roman stammt aus dem Jahr 1870. Er ist zuletzt 1957 in London erschienen. Er ist vor allem auch als Parodie auf die Garibaldi-Begeisterung der Engländer zu verstehen: In „Lothar" gibt es nämlich u.a. eine englische Dame der Gesellschaft, die es sich nicht nehmen läßt, über die literarische Verehrung Garibaldis hinaus, selbst nach Italien zu reisen, um sich den „Freiwilligen" anzuschließen. Das hatte Vorbilder in der Realität. Die aus Hertfordshire stammende Maria Esperante von Schwartz zum Beispiel wird bei Gregorovius in diesem Zusammenhang als Agentin und „intime Freundin" Garibaldis erwähnt, die Gregorovius auch selbst kennenlernte. Und in den Erinnerungen über Garibaldis Feldzug 1860, von Giuseppe Cesare Abba, „Einem der Tausend", taucht eine Jessie White auf, die Garibaldi und seiner Truppe Nachrichten überbringt. Sie und ihr Mann Alberto Mario hatten in den 50er Jahren in England Treffen der italienischen Exilanten organisiert. Während im Roman die Engländerin beim Feldzug gegen den Kirchenstaat getötet wird, ist bei Schwartz der direkte Kampfeinsatz ungewiß. Abba, Giuseppe Cesare, Von Quarto zum Volturno, Berlin 1901, S. 221.– Gregorovius, Ferdinand, a.a.O., S. 117.

277 Gregorovius, F., Tagebücher, a.a.O., S. 154

278 Eine kleine Auswahl: De Mazzeri Alberti, Silvia, Le donne di Garibaldi, Mailand 1981. – Hausmann, Friederike, Garibaldi – Die Geschichte eines Abenteurers, der Italien zur Einheit verhalf, Berlin 1985, Huch, Ricarda, Die Geschichten von Garibaldi, Frankfurt/Main 1972 (1921). – Kyle, Anne Dempster, Red Sky over Rome, Boston 1938. – Melegani, Dora, La città del giglio, in: Nuova Antologia, Rom 1910. – Montemerli, Marie, The Florentines, London 1870. – Robert, Margaret, Mademoiselle Mori – A tale of modern Rome, London 1860. – Schwartz, Maria Esperante, Garibaldi anedottico e romantico, Mailand 1944. – Watson, Amy Foster, Meredith in Italy, London 1919. – White, Linda, Courtship and a compaign, London 1873. – White Mario, Jessie, Vita di Garibaldi, Pordenone 1986 (1882).

279 Vgl. dazu : Enderwitz, Ulrich, Der Mythos vom Heros, Freiburg 1990.

tarische seiner Herkunft und die bedingungslose Kampfbereitschaft mehr als jeder anderen historischen Figur des „Risorgimento" zum erotischen Appeal geraten. In seinen Memoiren schafft er die Mytheme, die sich aus Eros, Gewalt und Tod zusammensetzen, stellenweise selbst, wenn er schreibt: „Ich und meine jungen Gefährten sehnten die Stunde des Kampfes herbei, wie der Bräutigam die Stunde der Vereinigung mit der Angebeteten."[280] Solche Vergleiche zwischen Begattung und Kampf mit der Waffe beflügelten die Phantasie und formten um Garibaldi einen Kunstmythos, der in einer synkretistischen Melange alle famosen und romantisierten Helden vereinigt. Während Cavour als der „paziente tessitore", der geduldige Stoffweber, stilisiert wird, ist Garibaldi der pure „eroe", der Held mit dem Geruch archetypischer Maskulinität, die er in den „Urwäldern am Rio Grande" gestählt hatte.[281]

Als Seefahrer - Garibaldi ist 1807 im Hafengebiet von Nizza geboren, aufgewachsen und von dort als Jüngling zur See gefahren - bietet er über die Rolle des kämpfenden Helden zu Land auch noch die Folie des Milieus der tollkühnen Meeresbeherrscher, vom antiken Halbgott-Charisma eines Odysseus bis zum Hafencharme eines Byronschen Korsars.[282] Eine ganz andere und besonders extravagante Kontamination wählte Heinrich von Treitschke für die mythische Nobilitierung Garibaldis. In völliger Verkennung von Garibaldis Haß auf Religion und Frömmigkeit beschrieb er ihn ähnlich dem „Mädchen von Orléans, die einzige Gestalt der Geschichte, die sich dem dämonischen Manne vergleichen läßt".[283] Wir nennen heute Männer von Garibaldis Schlag mit Eric J. Hobsbawm eher nach dem Vorbild Robin Hoods „Sozialbanditen".[284]

Die britische Mythisierung Garibaldis und die damit einhergehende kritische Beleuchtung Cavourscher Politik hat bei italienischen Historikern nach dem Zweiten Weltkrieg einen empfindlichen Nerv getroffen.[285] Ihr gegen die Engländer polemisierender Ton zeigt unverdeckt die eigentliche Funktion von Garibaldi in der mythischen Narration.

Nach Walter Maturi hatte Garibaldi gar keine radikale Bauernrevolution im Süden im Sinn. Er hätte nur – und zwar egal mit welchem Konzept und mit welchem Ausgang – den Marsch auf Rom angestrebt. Für diese These spreche, so Maturi, daß Garibaldi keinen politischen Anschluß an die Bauern im Süden gefunden habe.[286] In seinen Memoiren bemerkte Garibaldi in

---

280 Garibaldi, Giuseppe, Memoiren, a.a.O., S. 168.

281 Der Kunstmythos um Garibaldi setzte in Italien direkt nach 1860 ein. Verschiedene italienische Schriftsteller wie Giuseppe Coglitore, Luigi Forti und Paulo Fambri verfaßten Romanzen, Satiren und Theaterstücke. Doglio, Federico, a.a.O., S. 42ff. – Venturi, Alfredo, Garibaldi in Parlamento, Mailand 1973, S. 17. – Abba, Giuseppe Cesare, a.a.O., S. 203.

282 Byron, George Gordon, The Corsair, Boston 1958 (1814).

283 Treitschke, Heinrich v., Cavour, a.a.O., S. 146.

284 Hobsbawm, Eric J., Der Sozialbandit (Kap.II), in: Sozialrebellen, Gießen 1979, S. 28–49.

285 Die Art und Weise, in der Garibaldi vom neugegründeten italienischen Staat behandelt wurde, beurteilt der englische Historiker Dennis Mack Smith als sehr ungerecht. In seiner frühen Publikation über Garibaldi und Cavour von 1956 nahm er Partei für den „Brigantaggio", dessen Wille zur Demokratie durch Cavour im Keim erstickt worden sei. Mack Smith konterkariert gern den „intellektuellen Landbesitzer Cavour" mit dem „plebejischen Garibaldi", der als „optimaler Vizekönig" in eigener Verantwortung die Probleme des Südens hätte besser lösen können als die Piemontesen. Mack Smith, Dennis, Cavour and Garibaldi: 1860, Cambridge 1954, S. 24. – Ders.: Italy, Michigan 1959, S. 39.

286 Maturi, Walter, a.a.O., S. 677. – Es gibt seit Gramsci eine ausführliche Diskussion über das

der Tat, daß er nie einen Bauern in seinen Freischaren gesehen habe. Garibaldi stellt die Bauern dar, als sei „diese kraftvolle und arbeitsame Schicht“ ganz und gar von den Priestern verführt worden. Diese hätten den Bauern gelehrt, ihr Vaterland zu hassen, und das wirkliche Vaterland im Himmel zu erblicken. Die Bauern, so schließt Garibaldi seine Betrachtungen verächtlich, seien die wertvollsten Werkzeuge der Despotie und des Klerus.[287] Karl Marx hingegen, der auch immer wieder die fehlende Unterstützung der Massen innerhalb der italienischen Bewegung mokierte, vertrat die Ansicht, daß der ländliche Teil schlicht zu arm war, um über Land zu ziehen und sich an einer Revolution zu beteiligen.[288]

Nach der von Garibaldi angeführten sogenannten „Spedizione dei Mille“ wurde er nicht weniger rigide als irgendein politischer Schwerverbrecher vom jungen italienischen Königreich kriminalisiert, obwohl er ja letztlich der piemontesischen Regierung den Gebietszuwachs des Königreichs beider Sizilien eingebracht hatte. Die Behandlungweise gipfelte schließlich darin, daß Garibaldi 1862 vom italienischen Heer am Berg Aspromonte zum fußlahmen Krüppel zusammengeschossen wurde.[289] Ferdinand Gregorovius befand sich in La Spezia zur selben Zeit, da Garibaldi an beiden Beinen schwer verwundet nahe bei „Fort Varignano“ in einem großen Militärlazarett lag. Eine deutsche Freundin, die jeden Tag zu Garibaldi ging, um ihn zu pflegen, erzählte Gregorovius, daß der Garibaldi behandelnde Chirurg noch nicht wußte, ob er Garibaldis Fuß amputieren mußte, da die Kugel immer noch nicht aus dem Fuß entfernt war und sich Knochensplitter gelöst hatten.[290] Garibaldi hat in seinen Memoiren beschrieben, daß er sofort ärztlicher Hilfe bedurft hätte, nachdem ihn das italienische Militär niedergeschossen hatte. Aber der italienische General hatte die Order, ihn unverzüglich nach Piemont zu bringen, so daß Garibaldi eine die Schwere der Verletzung verschlimmernde, mehrtägige Schifffahrt auf sich nehmen mußte. So verfuhr die Nation mit ihren Helden.

Garibaldi vermerkte hier nur kurz, er habe die nächsten Jahre nach Verheilen der Wunden nutzlos verbracht. Ob dem Helden der Fuß amputiert wurde, steif blieb oder heilte, steht in keinem Geschichtsbuch. Der große graue Poncho, der seinen sitzenden und liegenden Körper auf den späten Fotografien bedeckt, wird die Antwort wohl auch auf immer verhüllen. Hätte

---

Thema der Integration der Bauern. Die bekanntesten Historiker wie Chabod, Della Peruta, Candeloro und Galasso haben dieses Thema behandelt. Tullio-Altan, Carlo, Populismo e trasformismo. Saggio sulle ideologie politiche italiane, Mailand 1989, S. 74f. – Vgl. bei Gramsci: Gramsci, Antonio, Risorgimento italiano, in: Quaderni del carcere, Heft 15/ Bd.3, S. 1822ff.

287 Garibaldi, Giuseppe, Die Memoiren, Hamburg 1909, S. 183 u. 245. – Garibaldi äußert sich hier weiter unten über die möglichen Gründe des häufigen Mißlingens militärischer Aktionen des italienischen Heeres: „Vervollständigt aber wurde das Bild der Korruption durch das bäuerliche Element, das zahlreichste in unserem Heere und das stärkste, das der Priester in der Unwissenheit und im Haß gegen die nationale Sache erhält, was die berüchtigten Niederlagen von Novara und Custoza zur Folge gehabt hat.“ Ebenda, S. 350.

288 Marx, Karl, a.a.O., Bd. 8, S. 548. – Auch Giuseppe Cesare Abba, „Einer der Tausend“, beschreibt in seinen Erinnerungen Garibaldis Gefolgsleute als durchweg aus reichen bürgerlichen oder aristokratischen Familien stammend. Abba, Giuseppe Cesare, a.a.O., S. 13, 20ff.

289 Garibaldi nannte dies – selbst ein klassisch-mythisches Motiv bemühend – einen „brudermörderischen Angriff“. Den Beginn des Kampfes beschreibt er so: Das italienische Heer „(...) stürzte sich begierig auf uns als ob wir Briganten wären (...)“. Garibaldi, Giuseppe, a.a.O., S. 345.

290 Gregorovius, Ferdinand, a.a.O., S. 154f.

das italienische Militär Garibaldi getötet, hätte seine neue Rolle als Märtyrer auf die Reputation des neuen Staates vielleicht negative Auswirkungen gehabt. Der politische Mythos brauchte zu diesem Zeitpunkt einen lebendigen Garibaldi, der indessen schon längst ein Kunstmythos war. Und das Handicap seiner Verwundung erleichterte seine Instrumentalisierbarkeit für die piemontesische Politik, weil sie vorerst weitere seiner Aktionen verhinderte.

Garibaldi hatte keinen theoretischen Impetus und – außer seiner kategorischen Feindschaft der katholischen Kirche gegenüber – kein festumrissenes Programm, so daß sich seine Anhängerschaft einzig auf seinen Idealismus und sein Charisma zurückführen läßt. Gleichzeitig hat ihm das in der Kritik seit Karl Marx den Vorwurf leichter Manipulierbarkeit eingebracht.[291] Marx, der zunächst Garibaldi als „wahre Rettung" bezeichnete, qualifizierte ihn als „Esel" ab, nachdem der Nizzarde Neapel für den savoyischen König Vittorio Emanuele geräumt hatte.[292]

Garibaldi und seine Umtriebe wurden vom deutschen und österreichischen Ausland bei regierungsnahen Kreisen – ganz anders als in England – anfangs mehr angstvoll bespitzelt als bewundernd beäugt. In plakativer Sprache sind uns verschiedene Urteile aus der deutschsprachigen und vor allem „großdeutsch-liberalen" Zeitungspublizistik erhalten: Er wurde als „Pirat", „Guerillachef" und „Flibustier" tituliert.

Denn er hatte nach dem kurzen revolutionären Intermezzo von 1848 zum ersten Mal deutlich die zivile Ordnung in Italien durchbrochen, indem er den Waffenstillstand nach der Niederlage bei Custozza ignorierte, um den Kampf gegen die Österreicher auf eigene Faust nochmals aufzunehmen.[293] Die Niederlage vermochte er durch diesen Alleingang allerdings nicht mehr rückgängig zu machen. Da die Entwicklung Italiens von Deutschland aus mit großen Vorbehalten beobachtet wurde, war Garibaldi, wie auch Mazzini, eine willkommene Figur um einen „Negativ-Mythos" aufzubauen, der dazu diente, Italiens Ruf der Instabilität zu stilisieren.

Diejenigen Deutschen aber, die mit Garibaldi sympathisierten, gehörten fast ausnahmslos zu den Demokraten oder Linksliberalen wie Adolf Stahr oder Gustav Rasch: Sie sahen in Garibaldi den „Held des Volkes". So, wie sie ihn begreifen wollten, lieferte er ihnen mit seiner einfachen Herkunft eine Vorlage für ihre Gesellschaftsutopien, die freilich dem Mythos Vorschub leisteten.[294]

---

291 Kammerer/Krippendorf, Reisebuch Italien, a.a.O., S. 65.

292 Marx/Engels, a.a.o., Bd. 30, S. 90 und S. 171. Als Garibaldi in dieser Zeit einen Englandbesuch machte, lehnte es Marx ab, ihn zu treffen. Marx hatte seine zunächst auf Garibaldi gegründeten Hoffnungen wohl auch durch die Erfahrungen von Johann Philipp Becker revidiert. Becker ging Ende 1860 nach Neapel und wollte Garibaldi mit anderen Deutschen unterstützen, was fehlschlug. Ebenda.

293 Unter anderem in der Augsburger Zeitung dieser Jahre wurde er als der „berüchtigte Garibaldi mit seiner buntscheckigen, sogar aus Amerikanern (...) bestehenden Schaar" geschildert. Zit. bei: Altgeld, Wolfgang, a.a.O., S. 170.

294 Rasch schrieb in seinem Buch von 1863, „Schwert Italiens", Garibaldis Fehler lägen, wenn er denn überhaupt welche habe, in seinen Tugenden. Zit. bei Altgeld, W., a.a.o., S. 178. – Obwohl sich Garibaldi später durch seine politischen Stellungnahmen oft selbst diskreditierte, verglich Engels ihn 1894 noch als klassischen Typus Italiens mit Dante. Die Tendenz, Garibaldi sozialutopisch zu verklären, ist auch heute, zum Beispiel in der Garibaldi-Biographie von Friederike Hausmann zu bemerken. Hausmann schildert mit einiger Distanz das Geschehen des „Risorgimento", bleibt aber bei der Person Garibaldi ganz gefangen von der Vorstellung des

In Italien erfährt Garibaldi noch immer eine relativ lebendige Verehrung, besonders im Süden, wo sie in dieser Form heute außer ihm höchstens noch Mussolini zuteil wird.[295] Die Neapolitaner hatte Garibaldi sofort nach seiner Landung in seinen Bann gezogen: Sie demonstrierten sogar 1860 dafür, daß Garibaldi ihr „Statthalter“ würde und nicht ein von Turin aus bestellter Piemontese. Die Demonstranten wurden von der piemontesischen Truppe gewaltsam auseinandergetrieben.[296]

Garibaldi, der „uomo venuto dal niente“, der Mann aus dem Nichts, wie ihn der Historiker Mario Isnenghi jüngst nannte, ist der Italiener par excellence.[297] Und das, obwohl Garibaldis Muttersprache nicht das Italienische, sondern Provenzalisch war. Nizza gehörte zum Zeitpunkt seiner Geburt, wie schon im hohen Mittelalter seit 1388, zu Savoyen und davor zur Grafschaft Provence. Italienisch – besser toskanisches Italienisch – lernte Garibaldi vermutlich erst später, als er auf einem russischen Schiff auf andere Italiener traf.[298] Diese regionale Differenz hat aber nie zu einer Infragestellung seiner „italianità“ geführt. Er blieb der volkstümlichste, dem Boden des italienischen Ethnos entsprungene Held des „Risorgimento“.

Obwohl auch Mussolini von diesem Identifikationspotential für seine ideologische Rhetorik Gebrauch machte, konnte sich Garibaldi die heroische Reinheit seines Mythemefundus bewahren. In der „Resistenza“ gegen den Faschismus hießen einzelne vom „Comitato di liberazione nazionale“ organisierte Brigadegruppen, die sich nach verehrten Personen des 19. und 20. Jahrhunderts wie Matteotti oder Gramsci nannten, auch nach Garibaldi.[299]

---

einsamen guten Volksaufrührers, der von der staatlichen Gewalt ausgebeutet wurde. Ihre Mythisierung des „guten“ von den Mächtigen verratenen Helden kann mit Peter Weiss Text zu Herakles in der „Ästhetik des Widerstandes“ (Frankfurt 1978) analog gesehen werden.

295 So stellte auch der Brockhaus von 1930 fest: „In Italien wurde ihm (Garibaldi) eine beispiellose Volkstümlichkeit zuteil, die erst seit dem Aufstieg Mussolinis und des Faschismus allmählich verblaßt.“ Brockhaus, Leipzig 1930, Bd. 6, S. 772. – In Palermo wurde gleich nach 1861 ein Garten mit Büsten der Helden und ein Platz nach Garibaldi benannt.

296 Eine neapolitanische Tageszeitung berichtet von vielen Toten und Verletzten. Der Redakteur erklärte das gewaltsame Niederschlagen der Kundgebung mit dem Argument, daß das Land jetzt vor allem höchste Ordnung und Ruhe brauche. Notizie di Napoli, in: Il Secolo, 13. November 1860. – Eine Fotografie von Giorgio Sommer dokumentiert eine Besichtigung von „Giuseppe Garibaldi mit Gefolge beim Besuch der Ausgrabungen in Pompeji“. Abgebildet in: Miraglia, Marina, Giorgio Sommer, Ein deutscher Fotograf in Italien, a.a.O., S. 11.

297 Isnenghi, Mario, L'Italia in Piazza, a.a.O., S. 26. – Um 1900 versuchte Pietro Gribandi den Familienursprung Garibaldis ins piemontesische Mittelalter zurückzudatieren. Gribandi, Pietro, I cognomi Gabaldi, Garibaldi, Gribandi nel medioevo in piemonte. Note etimologiche estoriche, Florenz 1900.

298 Heute bezeichnen Sprachwissenschaftler das Franko-provenzalisch“ und „Provenzalisch“ als „Abstandssprachen“. Das heißt, der Abstand von verwandten Sprachen wie dem Italienischen ist so groß, daß es sich nicht nur um Dialekte handelt. Noch heute gibt es in Italien sprachliche Minderheiten, für die die italienische Regierung nach langwierigen Diskussionen einen noch nicht ratifizierten Gesetzesentwurf vorlegte, mit dem diese sprachlichen Minoritäten bewahrt werden sollen, so u.a.: Dolomitenladinisch, Friaulisch, Slowenisch, Sardisch, Griechisch, usw. Vgl.: Blasco Ferrer, Eduardo, a.a.O., S. 15ff. – Hausmann, Friederike, Garibaldi ..., a.a.O., S. 13f. u. 51. – White Mario, Jessie, Vita di Garibaldi, S. 4ff.

299 Battaglia, Roberto, Storia della Resistenza italiana, a.a.O., S. 143.

Ihren vorerst aktuellen Höhepunkt fand die Ehrerbietung der Italiener für Garibaldi zu seinem 100. Todestag im Juni 1982.[300] Kleidungsstücke und allerlei Alltagsgegenstände wie Feuerzeuge wurden mit Garibaldis Konterfei bedruckt, Speiseeis wurde in den Farben der Trikolore feilgeboten und der so typische graue Garibaldiponcho kam in Mode.

Die ikonographische Verdichtung des Mythos Garibaldi hat aber unterschiedliche Darstellungsformen. Manchmal trägt er wie ein ordentliches Mitglied des Militärs eine piemontesische Uniform mit einer Militärkappe, manchmal wiederum erkennen wir ein Kostüm, das sich keinem militärischen Grad zurechnet und mit dem Garibaldi selbst zu seinem Kunstmythos beitrug: ein purpurrotes Hemd und/oder grauen Poncho und eine Art ungarischen Hut.[301]

Glauben wir Garibaldis Memoiren, so hat er mit seinen Anhängern – den französischen Fremdenlegionären vergleichbar – vor allem im Norden in einer konzertierten Aktion mit der piemontesischen Regierung gegen die Österreicher gekämpft. Häufig will er versucht haben, sowohl piemontesische Waffen als auch piemontesische Uniformen zu erhalten, was ihm in den meisten Fällen verweigert wurde. Außerdem bat er um eine Position innerhalb des offiziellen Militärs, was ihm zugunsten von La Marmora ebenfalls versagt blieb.[302] La Marmora meinte später einmal, daß ein Grundübel in den „Freiheitskriegen" die mehrfache Besetzung von Kommandantenstellen gewesen sei.[303]

Die mythische Verklärung von Garibaldis Person, die sich in Italien dominierend in Denkmälern, Straßennamen[304] und „Risorgimento"-Gedenkstätten und -Museen niederschlägt, überdeckt mancherlei: Zuvorderst überdeckt sie die ambivalente Beziehung zwischen offi-

300 Eine Umfrage aus dem Todesfeierjahr ließ die Italiener schätzen, was Garibaldi heute wählen würde. Die Antwort war: 28 % meinten, er würde sozialistisch wählen und 13 % er würde für die Republikaner stimmen. Kraetz, Birgit, „Wir lieben Pertini wie Garibaldi", in: Der Spiegel, 26/1982.

301 Friederike Hausmann hält unter den Erklärungen, warum Garibaldi rote Hemden als Uniform für seine Mannen wählte, folgende Version für plausibel: Die italienische Legion habe in Montevideo billig einen Ballen roten Stoffes kaufen können, der der Farbe nach für die Schürzen des blutreichen Geschäfts der Metzger vorgesehen war. Hausmann, Friederike, a.a.O., S. 28. – Rot wurde immer wieder zur distinkten Farbe der Revolution und des Sozialismus. Der wie eine Synekdoche gebrauchte Begriff der „Rothemden" als personifiziertes Kleidungsstück entspricht den roten Mützen, die die Jakobiner signifizierten.

302 Garibaldi, G., Memoiren, a.a.O, S. 167. – Nach dem Sieg bei Caserta Vecchia im Oktober 1860 bat Garibaldi die piemontesische Regierung, als nationale Südarmee anerkannt zu werden. Die Bitte wurde ihm abgeschlagen. Ebenda, S. 363. – Und auch als er 1866 vom königlichen General aufgefordert wurde, den Oberbefehl gegen Tirol zu übernehmen, bekam er abermals nicht die rechte Unterstützung an Waffen: „(...) und wieder gab es schlechte Flinten alter Systeme, nicht aber die guten Gewehre, mit denen die regulären schon versehen waren. Ferner elende Sparmaßnahmen im Bekleidungswesen, so daß viele Streiter in bürgerlicher Kleidung dem Feinde entgegengingen." Ebenda, S. 349. Giuseppe Cesare Abba beschreibt – wie auch Garibaldi –, daß viele vom kaiserlich-königlichen Habsburger Heer abtrünnige Ungarn unter den „1000" waren. Darum kämpften auch viele in ungarischer Uniform. Abba, G.C., a.a.O., S. 138

303 Ajello, Nello, Licenziate i Generali, in: Repubblica, 24.09.1993.

304 Der Situierung der Straßennamen im Stadtplan kann man gelegentlich auch die Bedeutung der geehrten Personen in der jeweiligen italienischen Stadt ablesen. Während die Via Garibaldi in Florenz außerhalb des „Centro storico" in der Peripherie liegt, finden wir die Via Garibaldi

zieller Politik der Staatsmacht – unter Viktor Emanuel und Cavour – und selbstorganisierter, also informeller politischer Handlung Garibaldis. Sein Einzelkämpfertum bewahrt ihn vor dem Ruch kompromittierender politischer Affären der jungen Nation. Der „Risorgimento"-Mythos hat – und das ist ein weiteres stabilisierendes Konstituens – mit Garibaldis politischer Biographie eine Person gefunden, die gegen Entmythisierung zwar nicht ganz und gar resistent war, wie wir am Urteil von Marx gesehen haben. Aber durch die Reziprokmythisierung der beiden disponiblen Vignetten von Garibaldis Person, also als vaterlandsliebendes eigenverantwortliches Individuum und als vom italienischen Staat beauftragter „Kämpfer", kann er für aufgedeckte offizielle politische Fehler nicht verantwortlich gemacht werden, denn er ist in seiner Funktion als „Kunstmythos Garibaldi" für die offizielle Politik eigentlich gar nicht zuständig.[305]

Für militärische Niederlagen, derer das piemontesische respektive italienische Heer im Kampf gegen Österreich einige verzeichnet, kann so im Mythos der ranghöchste piemontesische General La Marmora allein verantwortlich gemacht werden. Alfonso La Marmora, der 1859 und 1866 den offiziellen Militäreinsatz gegen Österreich anführte, übernahm zusammen mit Rattazzi 1859/60 in Cavours kurzer Rücktrittszeit dessen Regierungsgeschäfte und leitete 1865 das Kabinett, doch er ist bei weitem nicht so berühmt geworden wie Garibaldi.[306]

Da Garibaldi als einfacher Matrose aus dem Hafen von Nizza auftritt, kann ihm wiederum militärische Torheit, wie sein hoffnungsloser Versuch, vom Aspromonte aus mit einer Handvoll Männer Rom zu erobern, nicht vorgeworfen werden, denn er hat die Aktion seinem Kunstmythos gemäß mit dem besten Gewissen geplant und ist dabei bis heute – allen Urteilen, er sei eine Art Westernheld zum Trotz – ein wahrhafter Märtyrer geblieben.[307] Seine politische Uneindeutigkeit, die aus den Memoiren und seiner Haltung – auch noch in späten Jahren – spricht, leisten der Reziprokmythisierung weiteren Vorschub.[308] Bis zu seinem Tod lebte er

---

Roms an privilegiertem Ort zum Gianicolo führend, wo ja auch das Reiterdenkmal für Garibaldi steht. So auch in Neapel, wo auf der Piazza Garibaldi ebenfalls ein Denkmal für ihn steht.

305 In seinen Memoiren beschreibt Garibaldi, er habe bald nach seinen ersten Aktionen erkannt, daß er von der piemontesischen Regierung als Lockvogel instrumentalisiert worden sei. Garibaldi, G., a.a.O., S. 224. – Die mythische Doppelstrategie fällt uns auch im Deckengemälde des schon genannten Sitzungssaals des Finanzministeriums in Rom auf, wo die „uomini illustri" in verschiedenen „himmlischen Logen" verteilt sind: Hier steht Garibaldi mit seinem roten Hemd und gezücktem Schwert nur außerhalb der Loge der Feldherren. In der Loge selbst aber stehen eindeutig für die italienische Geschichte reklamierte Kämpfer wie Andrea Doria, Marcantonio Colonna oder Francesco Ferrucci, die allesamt nur ihre Stadt verteidigten und strenggenommen nicht für den Kampf um die Nation instrumentalisiert werden können. Garibaldi ist also dabei und doch nicht dabei. La Marmora, offizieller General des piemontesischen Heeres, ist auffälligerweise nicht abgebildet. Abbildung in: Falkenhausen, S., a.a.O., S. 160.

306 Zur Vorbereitung des Kriegs von 1866 von Vittorio Emanuele II. und La Marmora: Mack Smith, Denis, I savoia re d'Italia, a.a.O., S. 42–49.

307 Das jüngste Buch von Giovanni Rocca mit dem Titel „Avanti Savoia! – Miti e disfatte che fecero l'Italia", Turin 1993, ist eine Betrachtung der italienischen Militärgeschichte im 19. Jahrhundert. Hier wird die Bewegung der Garibaldiner wie ein Westernhelden-Intermezzo beschrieben.

308 Ob die Memoiren Garibaldis als authentisches Abbild der Realität gelesen werden können, bleibt – wie immer bei diesem Schreibgenre – die Frage. Die Rezeption dieser Schrift indes

die inkonsequente Mischung aus monarchischer Willfährigkeit und aufsässigem Republikanertum. Beide Vignetten, der Kunstmythos und der politische Mythos bedingen sich gegenseitig und vermögen die Schwachstellen der jeweils anderen Vignette zu vertuschen. Erst diese doppelte Sicherung, die über eine „einfache" Kreisschlüssigkeit im Sinne Blumenbergs hinausgeht, schafft die Entmythisierungsresistenz.[309] Das Changieren zwischen positiver und negativer Haltung der piemontesischen Regierung gegenüber Garibaldi kennzeichnet diese Doppelstrategie des Mythos.[310]

---

zeigt, daß bei selektiver Wahrnehmung jeder in ihr seine Ausgangsthesen bestätigt finden kann. Seine Gegner finden hier die Bestätigung für seine Ignoranz die Bauern betreffend und seine imperialistische Begeisterungsfähigkeit, was die Eroberung Dalmatiens anbelangt. Seine Fürsprecher können hier die Feindschaft zu Cavour und den versuchten „Brudermord" der italienischen Regierung belegen.

309 Blumenberg, Arbeit am Mythos, a.a.O., S. 80. – Vgl. auch Eliade, Mircea, Kosmos und Geschichte. Der Mythos der ewigen Wiederkehr, Frankfurt/Main 1984, passim. – Venturi, Alfredo, Garibaldi in Parlamento, Mailand 1973. – Ein Beispiel für die Entmythisierungstendenz liefert Jerzy Borejska in seinem Aufsatz „Garibaldi und Polen". Er beschreibt, wie die Polen von Napoleon III. nach dem Zusammenbruch des Januaraufstandes enttäuscht wurden und dessen Mythos als potentieller Verteidiger der polnischen Nation versiegte. Aber „(...) die Gefühle für Garibaldi und die Hoffnung darauf, daß Polen einmal nach seinem Vorbild einen eigenen Volksdiktator hervorbringt, der es befreit" erloschen nicht. Borejsza, Jerzy W., Garibaldi und Polen, in: Risorgimento, 3/1982, S. 168. (Zum Zeitpunkt Borejszas Publikation war Lech Walesa Chef der Gewerkschaft „Solidarnosc".)

310 Auf dem Bucheinband einer jüngst erschienenen Geschichte der Nationsbildung in Europa ist ein Ausschnitt des Fresko aus dem Palazzo Pubblico in Siena abgebildet: Garibaldi mit Poncho und rotem Hemd reicht Vittorio Emanuele – beide auf Rossen sitzend – die Hand. Die Aussage dieser Abbildung, auf einem Buch, das zu einer breitenwirksamen Klärung der Nationsdiskurse beitragen will, willfahrt ganz dem Mythos des „Risorgimento": Die Einheit vollzog sich demnach Hand in Hand zwischen dem Dynasten und dem Volkshelden. Vgl.: Abbildg. auf dem Bucheinband von: Schulze, Hagen, Staat und Nation in der europäischen Geschichte, München 1994.

VI. Die „negativen" Rollen im Mythos des „Risorgimento"

Die Rollen des „Negativen" sind im dualistischen System des Mythos „Risorgimento" auf mehrere Personen verteilt: die „Fremdherrschaft", personifiziert vor allem durch das Habsburger Kaisertum, der Papst mit seinen weltlichen Herrschaftsbefugnissen und das bourbonische Königtum im Königreich beider Sizilien, das im Mythos hauptsächlich durch Ferdinand II., „Re bomba", verkörpert ist.[311]

Nach den im Juli 1820 von der republikanischen Geheimgesellschaft der „Carbonari" angezettelten Aufständen führte zunächst der in Neapel residierende Bourbone Ferdinand I. für das Königreich beider Sizilien eine gemischte Verfassung nach spanischem Vorbild ein. Es wuchs eine Agrarbourgeoisie aus Großgrundbesitzern, aber auch aus ehemaligen Pächtern und Verwaltern von Adelsgütern heran. Sein Nachfolger Ferdinand II. regierte wieder mit einem absolutistischen Kurs und brachte so die Agrarbourgeoisie gegen sich auf. Er nutzte die kriminelle Organisation der „Camorra" als eine Art „Geheimpolizei", um ein Aufbegehren der liberalen Kräfte zu verhindern.[312] Der Engländer William Ewert Gladstone berichtete darum aus Neapel, die Regierung dort müsse vom Teufel selbst eingesetzt sein. Man versuchte von England aus, die Liberalen in Neapel zu stützen.

Als sowohl der innen- wie außenpolitische Druck schließlich immer größer wurde, mußte Ferdinand II. schließlich noch vor Papst Pius IX. und Carlo Alberto konstitutionelle Konzessionen machen.[313] Die Gesetze wurden bei der Revision 1848 für das ganze Königreich beider Sizilien vereinheitlicht. Doch das erlassene Statut hatte mehr symbolische Aussagekraft, denn es gab noch immer repressive Dekrete über die Publikation von Schriften und Journalen.[314]

311 „König Bomba" wurde Ferdinand schon 1859 genannt, wie wir aus dem Tagebuch von Gregorovius wissen. Gregorovius, Ferdinand, a.a.O., S. 80. – Hans Kühner bemerkt in seiner Verdi-Biographie, Ferdinand habe deswegen so geheißen, weil sein Körpergewicht das einzige Gewicht gewesen sei, dessen er sich hätte rühmen können. Kühner, Hans, Verdi, Hamburg 1961, S. 66.

312 Die „Camorra" entstand wahrscheinlich zwischen 1790 und 1830 und beherrschte nicht nur das „Lumpenproletariat". Vgl.: Hobsbawm, Eric J., Sozialrebellen, a.a.O., S. 80f.

313 Lill, Rudolf, a.a.O., S. 129f.– Preissl, Brigitte, Wirtschaftsstil und Wirtschaftsentwicklung – Eine Studie zur Geschichte der Agrarstruktur des Königreichs Neapel 1815–1860, Frankfurt/Main 1985, S. 274ff. – Demarco, Domenico, Il crollo del regno delle Due Sicilie, Neapel 1960.

314 Wenn man Schriften publizierte, ohne diese den königlichen Revisoren vorgelegt zu haben,

Die Zensurgesetze wurden sogar verschärft. In jedem Distrikt der Insel sorgten bewaffnete „Kompanien“ – meistens aus Strafgefangenenlagern entlassene Delinquenten – für Ruhe und Ordnung und schafften das politische Klima, das Ferdinand II. seinen Spitznamen bescherte.[315]

Doch Ferdinand, wie auch schon seine bourbonischen Vorgänger, begriffen sich selbst weder als bourbonisch noch als „italienisch“, sondern als neapolitanisch.[316] Ohnehin ist der Begriff „Fremdherrschaft“ für Neapel zweifelhaft, denn ein genuin neapolitanisches Königshaus regierte dort nie. Immer waren es andere europäische Dynastien, die meist mit Gewalt Kampanien und Sizilien an sich rissen. Daß die Bourbonen sich selbst in Süditalien weniger als „Fremdherrschaft“ empfanden denn die Habsburger in Norditalien, zeigt ein Benefizkonzert, das im königlichen Theater „San Carlo“ 1848 zu Ehren der Opfer im Kampf gegen die Habsburger um die Lombardei veranstaltet wurde.[317]

Ferdinand Gregorovius notierte 1859 in sein Tagebuch, die unitarische Bewegung Italiens habe eigentlich im Kloster Monte Cassino, also auf bourbonischem Boden begonnen. Verwundert über das im Klosterarchiv hängende Porträt des bourbonischen Polizeiministers del Caretta erklärte ihm der Benediktinerabt, daß um 1848 in Neapel sehr liberal regiert worden sei. Del Caretta hatte damals dem Kloster eine eigene Druckerei zugestanden und wollte den Druck eines „Athenäum Italiens“ erlauben, in welchem alle italienischen Gelehrten, selbst die politisch Verbannten, veröffentlichen sollten. Rosmini, Pellico, Manzoni, Cantù, Gioberti und andere mehr hatten bereits Beiträge zugesagt, als das Projekt kurzfristig verboten wurde, weil Monte Cassino als Zentrum des Unglaubens und der Demokratie denunziert worden war.[318]

Als Garibaldi über zehn Jahre später auf Sizilien landete, hatte gerade Francesco II., Ferdinands Sohn, mit seiner Frau, der Habsburgischen Prinzessin Maria Theresia, den neapolitanischen Thron geerbt. Francesco hatte das Angebot Cavours, so wird es in der Geschichtsschreibung dargestellt, mit ihm zusammenzuarbeiten, abgelehnt. Francescos starke Bindung an die katholische Kirche hätte ein Antasten des päpstlichen Regnums nicht zugelassen. Auch seine durch die Ehe geschlossene Verbindung zu Habsburg hätte eine Einmischung in Piemont-Sardinien prekär gestaltet.

---

mußte man mit Gefängnisstrafen rechnen. Collezione delle leggi e decreti reali del Regno di Napoli, Decreto Nr. 11297: Legge sulla Stampa, Anno 1848/ Semestre I.

315 Delcerro, Emilio, La Censura Borbonica in Sicilia del 1849–1860, in: Rivista d'Italia, Nr. 2, 1910, S. 880.

316 Vgl.: Preissl, Brigitte, Wirtschaftsstil und Wirtschaftsentwicklung. a.a.O., S. 392.

317 Über dieses Konzert, zu dem auch Ferdinand erschien und selbst großen Applaus bekam, weil er kurz zuvor die Konstitution erlassen hatte, berichtet die Zeitschrift „Teatri, Arti e Letteratura“ vom 27. April 1848. – Nach einer Aufführung von Verdis Oper „Alzira“ 1845 in Neapel schrieb dort eine Zeitung indes, Neapel hätte genug eigene große Künstler und bräuchte keine Italiener, die sich hier die Hörner stoßen. Diese Bemerkung drückt ausgerechnet an Verdis Person die als distinkt empfundene Differenz zwischen den Beschreibungen „Italiener“ oder „Neapolitaner“ aus. Zit. bei Conati, Marcello, Verdi per Napoli, in: Il Teatro di San Carlo – 1737–1987, hrsg. v.: Cagli, Bruno/ Ziimo, Agostino, Neapel 1987, S. 230.

318 Gregorovius Ansicht, daß dies nun der Kern der „unitarischen Bewegung“ gewesen sei, muß man hinzufügen, daß es sich bei allen Autoren um Neoguelfen – oder für neoguelfische Ziele instrumentalisierbare Schriftsteller – handelte. Gregorovius, Ferdinand, Römische...a.a.O., S. 86f.

Über die Landung Garibaldis war Francesco bereits im Vorfeld informiert, doch er unterschätzte ganz offensichtlich das umsturzbereite Klima in seinem Königreich.[319] Francescos Verweigerung war jedenfalls ein gefundenes Mythem, um die Rolle des „Bösen" auszufüllen, der sich im Guten nicht überreden lassen wollte, für die gemeinsame Sache Italiens mit den Patrioten zusammenzuarbeiten.[320]

Eine weitere Person auf der dunklen Seite des binären Systems im Mythos ist der als herrisch und usurpatorisch dargestellte Papst. Massimo d'Azeglio, dem Pius IX. drei Audienzen gewährte, charakterisierte ihn harmlos als „fett und frisch, daß es eine Freude ist, und sympathisch, daß man keine Vorstellung davon hat".[321] Auf Fotografien können wir den wohlbeleibten Pius in der Tat stoisch milde lächelnd wahrnehmen, so daß es fast unvorstellbar scheint, daß seine Regierungszeit derart repressiv gewesen sein soll.[322]

Zu Beginn seines Pontifikats 1847 hatte Pius IX. eine Reform des Kirchenstaats und Amnestien für politisch Verfolgte angekündigt. Er sprach von einer neuen Konstitution und dem Willen, sich politisch von Österreich zu lösen. Diese Ankündigungen setzten viele Hoffnungen bei den Nationalisten frei. Garibaldi – ebenso wie auch Mazzini – antichambrierte bei Pius, um ihn für ein gemeinsames Vorgehen gegen die Österreicher zu gewinnen.[323]

Als Kardinal hatte Pius 1845 die „Pensieri relativi all'amministrazione pubblica dello Stato Pontifico" veröffentlicht, in denen er die These vertrat, daß ein Anwachsen der Exilanten auch die Gefahr der im Ausland gärenden Revolutionen multipliziere und daß er schon aus diesem Grund an andere Strafmaßnahmen gedacht habe.[324] Darunter eine Liberalisierung der kirchenstaatlichen Politik zu verstehen, bedeutete indes ein Mißverständnis: Als er zum Papst gewählt worden war, ging Pius vor allem bei Verstößen gegen die religiöse Ordnung – und die war unter seinem Pontifikat in ihren Reglementierungen stark ausgeweitet – sehr rigide vor: Die Exekution wurde zum häufigen Strafmaß bei politisch mißliebiger Betätigung.[325]

1861 verkaufte der noch selbstverwaltete Kirchenstaat eine der bedeutendsten Sammlungen etruskischer Funde ins Ausland. Es handelte sich um die Sammlung des Bankiers Campana, dem der Prozeß wegen Unterschlagung gemacht wurde. Giovanni Colonna bezeichnete diesen Verkauf als Nachlässigkeit und als weiteren Beweis des Scheiterns der Politik des Kirchen-

---

319 Petacco, Arrigo, a.a.O., S. 101.

320 So interpretierte es im Jahr 1861, kurz nach der Landung Garibaldis, der Präsident des pädagogischen Kongresses in Florenz, Raffaelo Lambruschini, der maßgeblich verantwortete, wie die Geschichte der Entstehung des Königreichs Italien in den italienischen Schulbüchern dargestellt wurde. Vgl.: Lambruschini, Raffaelo, Elogio del socio onorario – Conte di Cavour, Florenz 1861, S. 13f.

321 Wörtlich sagte d'Azeglio, Pius IX. sei „(...) grasso e fresco che è un piacere, è simpatico che non ce n'è idea". Zit. bei: Tesio, Giovanni, D'Azeglio Addio Lumbard, in: La Stampa, 20.07.1993.

322 Rom in frühen Photographien, a.a.O., S. 10.

323 Garibaldi knüpfte den Kontakt noch während seines Aufenthalts in Rio de Janeiro und wandte sich dort an den päpstlichen Nuntius. Martina, Giacomo, Pius IX., a.a.O., S. 149.

324 Ebenda, S. 97.

325 Von der öffentlichen Hinrichtung auf der Guillotine der beiden Aufständischen Monti und Tognetti im November 1868 gibt es eine Fotografie, die zeigt wie diese Form der Todesvollstreckung die Schaulustigen anzog. Rom – in frühen Photographien, a.a.O., S. 12.

staats – diesmal im Bereich des Denkmalschutzes.[326] Vielleicht aber war der Papst auch froh, mögliche Beweisstücke für die Herkunft einer vorchristlichen Kultur gewinnbringend aus der Stadt zu schaffen, die nach katholischer Überzeugung mit dem christlichen Mythos um die Gebeine Petri ohnehin konkurrierte.

Wir können indes bei Pius – ähnlich wie bei Carlo Alberto, Vittorio Emanuele und den Intellektuellen Piemonts – einen Kult um die mittelalterliche Geschichte feststellen: Ferdinand Gregorovius schildert, wie Pius IX. im Jahr 1861 das jährliche Fest am 26. Mai zu Ehren von Filippo Neri, einem heiliggesprochenen katholischen Reformer und Gründer des Oratorianerordens, im Stil des Mittelalters beging. Er hatte sich eigens für diesen Tag einen vergoldeten Wagen anfertigen lassen, „(...) ihm ritt voraus der Crucifer auf einem weißen Maultier, in ganz mittelalterlicher Weise, wie sonst nur bei den Possessen des Lateran geschieht.“[327]

Carlo Cattaneo urteilte in seinen „Considerazioni sulle cose d'Italia“ über den Papst, er sei von anderen gemacht worden, aber er habe sich selbst zerstört. Er sei mehr wie eine Fabel gedichtet worden, um dem Volk durch ihn etwas mitzuteilen.[328] Cattaneo spielte dabei zum einen auf den engsten Berater im Vatikan, den Kardinalstaatssekretär Pietro Antonelli, und dessen reaktionäre Haltung und entschiedene Kriegspolitik an.[329] Die Aussage, der Papst sei mehr wie eine Fabel gewesen, bedeutet zum anderen, daß seine Politik mehr von seinem Mitarbeiterstab als von ihm allein verantwortet wurde. Außerdem zeigt sie, daß Cattaneo das Prinzip des Mythos durchschaut hatte: Pius wurde seit der in den 50er Jahren von Cavour begonnenen antipapistischen Strategie zur Kampffigur regelrecht stilisiert.

Die katholische Kirche hatte trotz der militärischen Auseinandersetzungen und der landesweiten Diskussionen über den Kirchenstaat fortwährenden Einfluß auf die einfache Bevölkerung: Als in den Jahren 1865/66 in Süditalien die Cholera als Teil einer europäischen Pandemie ausbrach und dort täglich rund achtzig Menschen starben, kam es in der Bevölkerung zu kollektiven Angstausbrüchen, die vor allem mit der Vermutung verbunden waren, die Seuche sei Gottes Strafe für die Vertreibung der Bourbonen.[330]

Pius IX., der letzte Papst mit weitgehenden weltlichen Machtbefugnissen, erkannte früher als uns der Mythos glauben macht, daß die Trennung von Kirche und Staat unvermeidbar war. Im jüngst veröffentlichten letzten Band der Biographie über Pius IX. stellt Giacomo Martina dar, daß Pius schon um 1868 keine weltliche Macht mehr wollte und sich wünschte, im Vatikan zurückgezogen leben zu können. Voller Verachtung sprach er über die politischen Entwicklungen auf der Halbinsel: Er nannte die „spedizione dei mille“ ein „Räuberunternehmen“ und eine „italienische Posse“. Das Königreich Piemont-Sardinien wurde von seinen klerikalen Gefolgsleuten nur abschätzend als „delitto sabaudo“ bezeichnet.[331]

---

326 Colonna, Giovanni, Das romantische Abenteuer, a.a.O., S. 337.

327 Gregorovius, F., a.a.O., S. 131.

328 Cattaneo wörtlich: „Pio IX fu fatto da altri: e se disfece da sè; Pio IX era una favola immaginata per insegnare al popolo una verità; Pio IX era una poesia.“ Zit. bei: Martina, Giacomo, a.a.O., S. 3.

329 Lönne, Karl-Egon, a.a.O., S. 122.

330 Jede Gemeinde hatte ihre Schutzheiligen, derer sie bedurfte, da die Welt in der Vorstellung der Neapolitaner voller Dämonen war. Preissl, Brigitte, a.a.O., S. 380. – Gregorovius, F., Tagebücher, a.a.O., S. 201. – Preto, Paolo, Epidemia, paura e politica nell'Italia moderna, Rom 1987.

331 Lai, Benny, L'ultimo sovrano di Roma, in: Giornale, 5.10.1990.

Doch von Pius' eigenen Wünschen abgesehen gab es einige europäische Interessengruppen, die von der Kontinuität der weltlichen Macht des Papstes weiterhin profitieren wollten. Für Napoleon III. war es unwägbar, welche Konsequenzen ein vereinigtes Italien mit Rom für den Papst und dessen politischen Einfluß und damit für seine Legitimation hätte bedeuten können. Schließlich hing der Fortbestand seines kirchlich geweihten Kaisertitels entscheidend von der Existenz eines Papstes ab, und so unterstützte er die Herrschaft im Vatikan. Dies bestätigt auch ein Brief von Jacob Burckhardt an Salomon Vögelin, wo er von einer Rede des französischen Ministers Thiers berichtet, in der dieser gegen „italia unita" polemisiert und für die Verteidigung der weltlichen Herrschaft des Papstes gesprochen hatte.[332] Auch Benedetto Croce stellte in seiner historischen Darstellung vor allem das Interesse französischer Priester und Bischöfe am Fortbestand des Kirchenstaates heraus.[333]

Das Dogma der unbefleckten Empfängnis, das Pius IX. 1854 verkündete, der „Syllabus errorum", der sich gegen die modernen „Irrtümer" wie Kommunismus, Liberalismus und „Rationalismus" wendete und das „non expedit", das Verbot für Katholiken, an der Politik teilzunehmen[334], konnten schließlich das Mythem vom sakral-brutalen Rom vervollständigen, das die Funktion des Papstes in den Mythos der Nationswerdung einpaßte. Papst und katholische Religion sollten als politischer „Anti-Mythos" fungieren, dem die neue Religion der Nation, der „Mythus von der Kultur und der Kulturnation"[335] entgegengestellt wurde.

Pius IX. wie Ferdinand II. bekamen ihren Platz als jeweils unbequemer und nationalfeindlicher Widerpart zugeschrieben, wo sie auf ihre Weise „Italien machen" konnten, was im einen wie im anderen Fall mit einer starken Übergeneralisierung der tatsächlichen Zustände sowohl im Kirchenstaat als auch in Neapel einherging und die historischen Personen, Ferdinand und Pius, zu Stereotypen erstarren ließ.

---

332 Burckhardt, Jacob, Briefe, Leipzig 1940, S. 288.

333 Croce, Benedetto, Geschichte Europas..., a.a.O., S. 201.

334 Lill, R., Geschichte Italiens, a.a.O., S. 186. – Lönne, Karl-Egon, a.a.O., S. 148f.

335 Francis, Emerich, a.a.O., S. 113.

VII. Kassandrarufe aus dem „Politecnico“: Carlo Cattaneo – Exkurs zu einem Kantonist im Mythos

Carlo Cattaneo und einige Intellektuelle aus dem liberalen Lager in der österreichisch verwalteten Lombardei nahmen auf ihre Weise am beschriebenen „hypoleptischen Diskurs“ teil: In der 1839 in Mailand gegründeten Zeitschrift „Politecnico“ arbeiteten die Mitarbeiter nicht so sehr am Mythos des „Risorgimento“ wie Cavour, sondern am Mythos der Wissenschaft als politische Variante.[336] Statistiken und Graphiken über Geographie und Ökonomie dienten der Bebilderung des technischen Fortschritts. Cattaneo schrieb Artikel über die Industrialisierung, den Zollverein, und das Freihandels- und Geldwesen. Er war mehr Beobachter als politischer Akteur, doch seine Reflektionen und Überlegungen über die ökonomischen Vorteile einer Wirtschaftsunion – orientiert an den Schriften Friedrich Lists – spiegeln eine verbreitete Stimmung unter den norditalienischen Intellektuellen.[337]

Der Journalismus und die spezialisierte Literatur sollten, so Cattaneos längerfristiges Projekt, die Leser systematisch für eine mechanisch-technische Welt ausbilden. Die Wissenschaft betrachtete Cattaneo wie eine beispielhafte Philosophie, die er dem Hauptstrom der zeitgenössischen „letteratura ciarliera“, der geschwätzigen Literatur, wie er die Poesie der Romantiker nannte, entgegenstellte.[338] Dem savoyischen König stand er sehr skeptisch gegenüber. Schon kurz nach den „Cinque Giornate“ von Mailand beurteilte er hellsichtig das Königtum unter Carlo Alberto als eine Reliquie, die aus den Kämpfen gegen die französische Feudalschicht

---

336 Das „Politecnico“ war nicht die einzige Zeitschrift, die sich mit dem Industrialismus auseinandersetzte. In Florenz gab es seit 1821 die „Antologia“, in der französische und englische Artikel ins Italienische übersetzt erschienen. Carpi, Umberto, Letteratura e società nella toscana del Risorgimento. Gli intelettuali dell' „Antologia“, Bari 1974.

337 Diese Form von Zeitschriften sorgte dafür, daß sich der lombardische Leser von Chiavenna bis Sabbioneta eine Gemeinschaft von Lesern vorstellen konnte. Das Merkmal der Wirksamkeit dieses Typus von Zeitschriften, so Anderson, sei gerade ihre ungezwungene und apolitisch daherkommende Erscheinungsform. Anderson, B., a.a.O., S. 68. – Carlo Cattaneo wurde 1843 zum Mitglied in der höchsten offiziellen akademischen Institution des Lombardo-Veneto ernannt, in Anerkennung seiner Bemühungen um den kulturellen und wissenschaftlichen Fortschritt. Ursprünglich handelte es sich um eine napoleonische Gründung. Sie wurde 1814 von den Österreichern beibehalten. Cattaneo hielt diese Kontinuität und Etablierung von technischen Schulen in Mailand und Venedig für ein hoffnungsträchtiges Zeichen. Gernert, A., a.a.O, S. 72.

338 Cattaneo zit. bei: Spadolini, Giovanni: Quel gran lombardo..., a.a.O.

bei der Revolution übriggeblieben war. Das Haus Savoyen repräsentierte also für ihn das „ancien régime“ und keineswegs den kommenden modernen Staat. Vielmehr hätten die Savoyer vor den mit den Italienern kooperierenden republikanischen Kräften in Frankreich größere Angst als vor den Österreichern. Und nur aus der Furcht vor solchem Schulterschluß sei die Parole des Königs „L'italia farà da se“ zu verstehen.[339]

Eine föderativ geregelte Republik allein, so meinte Cattaneo, sei imstande, die nationalen und internationalen Beziehungen der Länder und Völker friedlich zu regeln und eine blutige Revolution zu verhindern.[340] Denn der Föderalismus sei in seiner Physiognomie der italienischen Kultur und Mentalität gewissermaßen kongruent. Die angestrebte „Unità“ zerstöre jede städtische Autonomie, und die Nivellierung der historischen vor allem auch geographische Bedingtheiten sei prekär.[341] Ähnlich wie in Deutschland bei Herder und Humboldt wurden in den Aufsätzen im „Politecnico“ der Sprache als kultureller Artikulation des „Nationalen“ Bedeutung beigemessen. Die „Krankheit“ Italiens, so diagnostizierte Cattaneo, war die Stagnation einer „nachtraditionellen“ Agrargesellschaft, deren Industrialisierung vorangetrieben werden müsse.[342]

In einer Rezension im „Politecnico“ über Cesare Balbos „Vita di Dante“ rechnete Cattaneo mit einer Gesellschaftsliteratur ab, die an die Erinnerungen von Italiens einstigem „risurgimento“, wie er schrieb, anzuknüpfen versuchte. Obgleich diese Literatur von jeher nur ein Zeitvertreib von Müßiggängern gewesen sei, werde sie nun zu einem Instrument des zivilen Lebens umfunktioniert. Wenn heute Schriftsteller wie der Poet Alfieri oder der Staatsrechtler Filangieri als mögliche Vorbilder ins Feld geführt würden, so geschehe das mit der Vorstellung, die Nation sei eine formbare Masse, die die Schriftsteller nur mit ihrer Phantasie zu formen bräuchten.[343] Cattaneo war wahrscheinlich einer der wenigen, der erkannte, daß diese der Literatur entnommenen Topoi ein literarisches Zerrbild des „Italienischen“ ergaben und nicht den historischen Besonderheiten der regionalen Identität entsprachen, sondern ideologischem Kalkül.

Mit solchen Meinungsäußerungen versperrte sich Cattaneo naturgemäß den Kriterien für eine problemlose Aufnahme in den Reigen der Protagonisten des Mythos „Risorgimento“. Sein entmythisierendes Potential wurde deshalb schon frühzeitig stillgelegt. 1860 äußerte sich Giuseppe La Farina, enger Mitarbeiter von Cavour, in „Il Piccolo Corriere d'Italia“, gegen eine

---

339 Cattaneo, Carlo, Insurrezione di Milano del 1848, Mailand 1848, zit. bei: Bretti, Ludovico, Fatti e Figure del Risorgimento, Rom 1928, S. 9.

340 Cattaneo, Carlo, L'Idea federale, in: Vimercati, Daniele (Hrsg.), Stati Uniti d'Italia, Mailand 1991, S. 57–74.

341 Castelnuovo Frigessi, Delia, Introduzione, in: Carlo Cattaneo – Opere scelte, hrsg. v. Castelnuovo Frigessi, D., Turin 1972, Bd. 1., S. XXV.

342 Cattaneo vertrat nicht die elitären Ansprüche einer Hochsprache, sondern seine linguistischen Ansätze konzentrierten sich vor allem auf die Vielfalt der Dialekte. Die Tatsache der unterschiedlichen Kultur- und Sprachgemeinschaften sollte die föderalistische These unterstützen: der Föderalismus sei eine dem menschlichen Wesen nahe Lebensform. Gernert, Angelica, a.a.O., S. 217.

343 „L'Italia infervorata a ristaurare le memorie del suo risurgimento, volle riannodare la catena della letteratura sociale, e da trastullo di scioperati tornarla strumento della vita civile.“ Cattaneo, Carlo, „Vita di Dante“ di Cesare Balbo, in: Politecnico, 1. April 1839, zit. bei: Bollati, Giulio, L'Italiano, Turin 1983, S. 60.

Aufnahme von Cattaneo ins Parlament. Noch eher sei einer Kandidatur Mazzinis zuzustimmen, der im Fall der „Unità“ unter Vittorio Emanuele, so La Farinas Vermutung, eher noch seine republikanischen Ideale aufgeben werde als Cattaneo.[344]

Trotzdem taucht er in der seriellen Mythenkomposition des „Risorgimento“[345] sogar an privilegierter Stelle auf, nämlich bei der Erzählung um die „Cinque Giornate“ in Mailand 1848. Cattaneo hatte für achtundvierzig Stunden eine Funktion unter den aktiven Revolutionsführern übernommen.[346] Der Mythos um diese Tage ist semantisch so dicht, daß er die Erwähnung eines „Renegaten“ vertragen kann.

Heute wird Cattaneo wieder für die aktuelle Politik reklamiert: In den letzten Jahren erschienen in Italien verschiedene Aufsätze und Monografien über ihn. Norberto Bobbio nannte seine Vorstellungen jüngst achtungsvoll eine „filosofia militante“[347]. Daniele Vimercato, ein Theoretiker aus dem Umkreis von Umberto Bossi und der „Lega Lombarda“, gab mit besonderem politischem Interesse 1991 eine Art „Dizionario cattaneano“ heraus, in welchem die Schriften des gebürtigen Mailänders, nach thematischen Schwerpunkten in kleine Texte aufgeteilt, für ein „breites Publikum“ zugänglich gemacht werden sollen. Der Sammelband suggeriert mit seinem Titel „Stati uniti d'Italia“ Bezüge von Cattaneos Denken zur föderalistischen Staatsform Amerikas.[348] Selbst die Politik der „Lega Lombarda“ knüpft mit ihrem Rekurs auf den Mythos des mittelalterlichen Städtebunds und mit der Vorstellung eines „risorgimentalen“ Vordenkers ihrer Ideen, wie hier Cattaneo, doch wieder an das „Risorgimento“ an. Es zeigt sich daran deutlich, daß die Regionalisten des 20. Jahrhunderts an den „hypoleptischen Diskurs“ des 19. Jahrhunderts genauso mühelos anknüpfen können, wie die

344 Zeitungsartikel von La Farina zit. bei Gernert, Angelica, a.a.O., S. 91. – Mit Mazzini muß Cattaneo im April 1848 große Kontroversen um die Fusion mit Piemont gehabt haben. Cattaneo beschuldigte Mazzini sogar wegen der plötzlichen Sympathie für Carlo Alberto des Verrats. Moos, Carlo, Cattaneo contro Mazzini, in: Il Risorgimento, Mailand 1993, S. 97ff.

345 Giovanni Spadolini verharmlost ihn in seiner Hommage an die „Uomini che fecero L'Italia“ im Gegensatz zu Mazzini, der unter den „padri della patria“ verortet ist, zu einem der „profeti del Risorgimento“, was Cattaneos politischen Zielen eindeutig nicht gerecht wird. Spadolini unterstellt ihm, er habe das „Risorgimento“ prophezeit, weil das so in seine Argumentation paßt. Doch realiter hat Cattaneo den politisierenden Rückbezug auf das Mittelalter – risorgimento – nie sonderlich geschätzt und war nicht Unitarist, sondern föderaler Republikaner. Spadolini, G., a.a.O., S. 62ff.

346 Ähnliches gilt auch für Daniele Manin, der im März 1848 zusammen mit Niccolò Tommaseo in Venedig die Republik ausrief. Seine Parole war, er wolle nicht, daß die Österreicher sich besserten, sondern daß sie verschwänden. Blaas, Richard, Metternich, Mazzini und die Gründung der Giovine Italia, in: Mitteilungen des österreichischen Staatsarchivs, Wien 1972, S. 598. – Nach dem Scheitern der Republik ging Manin zuerst nach Marseille und lebte dann bis zu seinem Tod 1857 in Paris. Ein paar Monate vor seinem Tod sagte er, er würde Murat, den Papst, Napoleon oder den Teufel selbst als König akzeptieren, wenn einer von diesen die Ausländer aus Italien vertriebe. Anscheinend kamen ihm die Franzosen nicht so ausländisch vor wie die Österreicher. Ginsborg, Paul, Daniele Manin and the Venetian Revolution of 1848–49, Cambridge 1979, S. 377.

347 Zit. bei: Spadolini, Giovanni: Quel gran lombardo nemico di ogni retorica, in: Messagero, 11.07.1993.

348 Vimercati, Daniele (Hrsg.), Carlo Cattaneo/Stati Uniti d'Italia, Mailand 1991.

Nationalisten des späten 19. Jahrhunderts. Doch der von den Legisten instrumentalisierte Cattaneo bleibt trotz aller semantischer Ambivalenzen dennoch Mythologem der gleichen „Grundemulsion“, ebenso wie die Mythen Garibaldi, Vittorio Emanuele oder – wie noch zu zeigen ist – Verdi.

VIII. Ästhetische, militaristische und geographische Mythologeme des politischen Mythos „Risorgimento“

Die mythischen Daten und Plätze des „Risorgimento“

Daten und kriegerische Konflikte haben in der seriellen Mythenkomposition des „Risorgimento“ vor allem die Funktion, der Geschichte der Nationalstaatsbildung eine lineare Schlüssigkeit zu verleihen, sie im Kontinuum der Zeit zu fixieren. Die Institutionalisierung der verschiedenen Etappen mit festen Eigennamen „erschleicht“ ihnen die „Assoziation von Wahrheit“[349]. Sie bilden das Koordinatennetz, innerhalb dessen die Protagonisten agieren können. Um dies aufzeigen zu können, werden im folgenden die Abläufe von zwei „italienischen Einigungskriegen“ in groben Zügen skizziert.

Solferino und Magenta oder Königgrätz?

In vielen Städten Italiens gibt es eine Via Solferino. Sie erinnert an das Schlachtfeld in der heutigen Provinz Mantua im Krieg von 1859, den das offizielle Heer des Königreichs Sardinien mit Hilfe Frankreichs gegen die Habsburger Monarchie führte.[350] Die Via Magenta indes erinnert an den gleichzeitig geführten garibaldinischen Brigantenkrieg bei Magenta, der den Sieg der Piemontesen sichern sollte, indem er ein zweites – sozusagen konkurrierendes – Schlachtfeld eröffnete.

Für diese kriegerische Auseinandersetzung hatte Cavour mehrere Jahre diplomatische Vorbereitungen getroffen: Die ersten Anschlußmöglichkeiten für den engeren Kontakt mit Europa und mit Napoleon III. im speziellen boten sich dem Königreich Sardinien als Teilnehmer der Pariser Friedenskonferenz nach dem Krimkrieg. Und in der Tat war das Ergebnis der

---

349 Blumenberg, Hans, Wirklichkeitsbegriff und Wirkungspotential des Mythos, in: Terror und Spiel. Probleme der Mythenrezeption, hrsg. v. Manfred Fuhrmann, München 1971, S. 26.

350 In Solferino und auch in San Martino, das seit dem Krieg dort San Martino della Battaglia heißt, gibt es seit 1870 „Ossari“, Museen, die die Knochen der getöteten Soldaten ausstellen. In Magenta gibt es diese Form von Gedenkstätte sogar schon seit 1862. Tobia, Bruno, a.a.O., S. 181.

Unterredungen, die Cavour dort knüpfen konnte, daß Napoleon sich zu einem Bündnis mit dem Königreich Sardinien entschloß.[351]

Das Ziel Cavours und Vittorio Emanueles bei einem Krieg gegen die Habsburger Monarchie war zunächst ein großer von Turin regierter oberitalienischer Staat mit dem angeschlossenen Lombardo-Veneto und den Herzogtümern. Napoleon forderte eine teure Entlohnung für seine Unterstützung: Er wollte zum einen Nizza annektieren, das vor dem Zugewinn Genuas 1814 der bedeutendste Mittelmeerhafen für das Königreich Sardinien gewesen war, und zum anderen wollte er Savoyen vereinnahmen, das recht eigentlich der Nucleus der im Königreich Sardinien herrschenden Dynastie war.[352] Darüberhinaus forderte der französische Kaiser die Übernahme der Kriegskosten und die Hochzeit zwischen Vittorio Emanueles fünfzehnjähriger Tochter Maria Chlotilde mit Napoleons Neffen Jérome.[353]

Vittorio Emanuele II. und Cavour gewährten alle Bedingungen mit der Erklärung vor dem Parlament, die schmerzhafte Konzession sei für den Gewinn der Lombardei, Emilia und Toskana unumgänglich und letztlich vertretbar: Cavour begründete solch territoriale Großzügigkeit unter anderem mit dem offiziellen Argument, die Sprache, die in Nizza gesprochen werde, weise nur – notabene – eine „entfernte Ähnlichkeit“ mit dem Italienischen auf.[354]

Nach außen wurde diese Entscheidung mit dem „plebiscito“ überdeckt, das heißt, in die narrative Extension wurde nun das Mythologem „Volksabstimmung“ aufgenommen, das den Willen der Nizzarden und Savoyer, zu Frankreich gehören zu wollen, festschrieb. An diesem Fall können wir sehr deutlich sehen, wie Distinktionen zwischen Sprache und Kultur – dem

351 Benedetto Croce urteilte über das Königreich Sardinien lakonisch, es sei das erste Land unter allen Völkern und Staaten gewesen, das sich „im Dienste der nationalen Sache“ der durch den Krimkrieg neu geschaffenen Bedingungen bedient habe. Croce, Benedetto, Geschichte Europas ...,a.a.O., S. 192ff. – Napoleon III. und Cavour trafen sich in dem kleinen Ort Plombières-les-Bains in den Vogesen und verhandelten das „Geheimabkommen“ über die Kriegsmodalitäten. Danach reiste Cavour nach Baden-Baden, um sich dort mit verschiedenen internationalen Diplomaten darüber zu besprechen. Vgl. u.a.: Romeo, Vita di Cavour, a.a.O., S. 386.

352 Die historische Region Savoyen liegt zwischen den Alpenpässen St. Bernhard und Mont-Cenis und wird im Norden vom Genfer See begrenzt, im Westen bis auf die Höhe Lyon reichend, grenzt es im nördlichen Osten an die Lombardei. 1418 kam die kleine Grafschaft Piemont an Savoyen. Doch regiert – und meistens burgundisch regiert – wurde bis 1563 nicht in Turin, sondern in Chambéry, nördlich von Grenoble. Das älteste und bedeutendste Adelsgeschlecht in der Region waren das Markgrafengeschlecht Monferrat, dessen Besitzungen im Westen Savoyen benachbarte. Im Hochmittelalter vertrieb Markgraf Wilhelm VII. von Monferrato zusammen mit Graf Amadeus V. von Savoyen, beide Führer der Ghibellinen, die Anjou aus Savoyen. Tateo Sasse, Barbara, Montferrat, in: Die großen Familien Italiens, hrsg. v. Volker Reinhardt, Stuttgart 1992, S. 372–377. – Das Kerngebiet Savoyen gehört heute zu Frankreich.

353 Vittorio Emanuele erwog auch eine Heirat mit dem Sohn Ferdinands II., des Königs beider Sizilien. Doch Ferdinand II. lehnte, so wird überliefert, mit der Begründung ab, es gebe schon zu viele Verwandte in Turin. Diese Verbindung hätte die Geschichte des „Risorgimento“ sicherlich verändert. Petacco, Arrigo, Die Heldin von Gaeta, Graz/Wien 1994, S. 37f. – Jérome Bonaparte war der Neffe von Napoleon I. Er wurde 1822 in Triest geboren und diente seinem Vetter Napoleon III. als Gesandter und General. Auch er ist heute unter seinem Spitznamen, „Plon-Plon“, bekannter. Hausmann, F., a.a.O., S. 83.

354 Talamo, Giuseppe, Cavour, a.a.O., S. 200f. – Hobsbawm, Eric J., a.a.O., S. 117.

Mythos gemäß – im einen Fall genutzt und im anderen Fall verschwiegen werden. „Fremdherrschaft" konnte also im Falle Savoyens und Nizzas schlichtweg uminterpretiert werden. Frankreich war nicht mehr als „fremd", sondern als „ähnlich" semiotisiert.

Eine Außenwahrnehmung dieses diplomatischen Feldzugs bietet uns ein Zeitungsartikel, den Friedrich Engels zu diesem politischen Anlaß schrieb: Die Tatsache, daß in Savoyen die Amtssprache französisch sei, sei noch lange kein Beweis dafür, daß die Nizzarden wünschten, von einem bonapartistischen Frankreich annektiert und regiert zu werden. Mit Nizza indes verhielte es sich nochmal anders. Hier könne als Grund für die Konzession an Frankreich nicht einmal die Sprache ins Feld geführt werden. Nizza sei von der Kultur völlig italienisch und die Verwandtschaft zwischen dem „oberitalienischen Patois" und dem in Nizza gesprochenen „südfranzösischen Patois" sei fließend. Besonders lächerlich fand Engels, daß Garibaldi, der auch für ihn den Prototyp des Italieners zu verkörpern schien, durch diesen Tausch genaugenommen französischer Staatsbürger wurde.[355]

Die territorialen Tauschgeschäfte waren damit zwar abgeschlossen, aber es war keineswegs geklärt, wie der Angriff zum „nationalen Befreiungskrieg" vor der europäischen Öffentlichkeit legitimiert werden konnte, denn die letzten militärischen Auseinandersetzungen mit den Habsburgern lagen lange Zeit zurück. Cavour begründete dies mit einer der klassischsten Formulierungen des „Risorgimento"-Mythos: Den Bedürfnissen des leidenden italienischen Volkes nach nationaler Einigung müsse Rechnung getragen werden.[356]

Eindeutig entstand dieser Krieg nicht wegen einer unmittelbar eskalierenden Bedrohung für das Königreich Sardinien, sondern war der Versuch, das Territorium um die wirtschaftlich reichere Lombardei, Emilia und Toskana auszuweiten – vor allem unter Zuhilfenahme der schon 1851 von Pasquale Stanislao Mancini proklamierten Legitimation zum „befreienden" Kampf durch ein zu erweiterndes Völkerrecht: Der Jurist Mancini hatte dies bei seiner Antrittsvorlesung „Della nazionalità come fondamento del diritto delle genti" an der Turiner Universität wie ein erstes entschiedenes Programm und als Kampfansage von königlich-sardischem Boden aus formuliert.[357] Nicht umsonst verglich der Lombarde Cattaneo „Piemontismo" mit „Napoleonismo".[358]

Der Mythos des „Risorgimento" schweigt über die Einzelheiten und Zufälligkeiten des Kriegsausbruchs und kann getrost auch die Zusammenhänge verschleiern, denn die Historiker sind sich bis heute über den genauen Vorgang dieses Kriegsausbruchs im unklaren: Englands, Preußens und auch Frankreichs Außenminister versuchten Cavour davon zu überzeugen, daß es, um einen Konflikt zu vermeiden, besser sei, eine europäische Konferenz einzuberufen, um über eventuelle Veränderungen in Oberitalien zu verhandeln. Der preußische Diplomat Pourtalès versuchte, die Piemontesen mit gelockerten Verhältnissen im Kirchenstaat und möglichen Verträgen zwischen Österreich und den italienischen „Ducati" zu locken.[359] Österreich aber versagte seine Teilnahme an einer solchen Konferenz, beziehungsweise machte sie von

355 Marx, Karl/Engels, Friedrich, Gesamtausgabe, Berlin 1975, Bd. 13, S. 560f.

356 Valsecchi, Franco, L'Italia del Risorgimento e L'Europa della nazionalità, Mailand 1978, S. 102.

357 Theodor Schieder, Nationalismus und Nationalstaat, Göttingen 1991, S. 331.

358 Gernert, Angelica, a.a.O., S. 95.

359 Valsecchi, Franco, L'Italia del Risorgimento e L'Europa della nazionalità, Mailand 1978, S. 98ff.

der Abrüstung des Königreichs Sardinien abhängig, so daß Cavour auf Anraten des Ministerrats zunächst nachgab. Die Lage wirkt aus der Retrospektive vertrackt, und es ist nicht ganz einsichtig, warum Österreich in dieser Situation dann am 20. März 1859 ein dreitägiges Ultimatum stellte, innerhalb dessen Cavour die Abrüstung zusagen sollte, so daß es zum Kriegsausbruch kam. Massimo d'Azeglio bezeichnete das Ultimatum euphorisch als einen jener Lotteriegewinne, wie sie in einem Jahrhundert nur einmal geschehen und zeigte damit unverhohlen, welch Geistes Kind die piemontesische Diplomatie eigentlich war.[360]

Entscheidender als die darauffolgenden Schlachten bei Magenta und Solferino war indes Villafranca, wo nach einem besonders blutrünstigen und opferreichen Krieg die Friedensverhandlungen zwischen Napoleon III. und Kaiser Franz Joseph stattfanden. Das Königreich Sardinien bekam nicht alle Versprechungen eingelöst.[361] Die weiteren begehrten Gebiete wie die Herzogtümer Toskana, Parma und Modena konnten nicht durch diplomatische Winkelzüge annektiert werden: Cavour schickte daraufhin seine Gefolgsleute Farini und Ricasoli nach Florenz, Modena und Parma, um mit den dort ansässigen liberalen Gruppen eine Aufstands- und Anschlußbewegung zu initiieren. Auch Garibaldi wurde für eine Zeit mit der Verheißung eines offiziellen politischen Amts dorthin beordert. Doch wie Garibaldi resigniert in seinen Memoiren vermerkt, sei das nur geschehen, um seine Volkstümlichkeit zu instrumentalisieren – wirkliche Macht habe man ihm vorenthalten.[362]

„Spedizione dei Mille“ – 1000 freiwillige Revolutionäre oder Söldner?

Der Begriff „spedizione dei Mille“, der im „Risorgimento“-Mythos die Landung Garibaldis im Jahr 1860 auf Sizilien meint und nach dem bis heute unzählige italienische Straßennamen benannt sind, kann semantisch zwei Bedeutungen haben: Zum einen können wir ihn wörtlich übersetzen als die vom lateinischen „expeditio“ kommende „Sendung“. Zum anderen kann „spedizione“ als „Feldzug“ verstanden werden. Im ersten Fall ist im Wort angelegt, daß es einen Auftraggeber, also einen „speditore“ geben muß.[363] Im zweiten Fall besagt die Semiotik

360 Das Ultimatum, so d'Azeglio wörtlich, „è stato uno di quei terni a lotto che accadono una volta in un secolo.“ Zit. bei Talamo, Giuseppe, Cavour, a.a.O., S. 194. – Craig, Gordon, Geschichte Europas 1815–1980, München 1983, S. 167. – Romeo, Rosario, La Vita.., a.a.O., S. 411. – Valsecchi, a.a.O., S. 109. – Karl Marx beschreibt, daß die Österreicher in kluger Voraussicht schon einige Zeit vor dem Ultimatum begonnen hatten, in Venetien und der Lombardei ihre Kasernen, Paläste und Arsenale zu verkaufen, um sie dann wieder von den Venetianern und Lombarden zu mieten. Marx resümiert, wenn die Habsburger Herrschaft auch vom italienischen Territorium vertrieben werden sollte, so war den schlauen Österreichern das Bargeld jedenfalls sicher. Marx, Karl, New York Daily Tribune, 24. Juni 1859, in: Marx/Engels Gesamtausgabe, a.a.O., Bd. 13, S. 163.

361 Lill, Rudolph, Geschichte Italiens, a.a.O., S. 168ff.

362 Garibaldi, Giuseppe, a.a.O., S. 224.

363 Auch im Falle der offiziell von der Regierung Cavour verantworteten Beteiligung des piemontesischen Heeres am Krimkrieg 1856 spricht man von „spedizione“.

des Wortes nicht, ob der Feldzug auf eigene Faust durchgeführt wurde, und es bleibt zur Gänze offen, ob er von einem Machthaber geplant und zur Ausführung gebracht wurde.[364]

In der deutschen Geschichtsschreibung wird die „Spedizione dei Mille" mit „Zug der Tausend" übersetzt. Bis zu jüngeren Publikationen überwiegt hier die These des heroischen Alleingangs Garibaldis gegen Cavours Willen.[365]

Giuseppe Talamo formulierte jüngst sibyllinisch, daß die piemontesische Regierung „offenkundig stillschweigend einverstanden" mit Garibaldis Aufbruch nach Sizilien gewesen sei.[366] Ministerpräsident Cavour habe von dem Unternehmen gewußt und es inoffiziell mit Waffen und dem freien Passieren der Seewege unterstützt. Er habe nicht, wie es in solch einem Fall normalerweise opportun gewesen wäre, den piemontesischen Admiral Carlo Pellion di Persano beauftragt, er solle die beiden Boote mit Garibaldis Freiwilligen stoppen. Offiziell, also vor den diplomatischen Gesprächspartnern, konnte Cavour eine militärische Operation unter der Führung Garibaldis keinesfalls stützen, da es sonst sofort zu einem europäischen Krieg gekommen wäre. Zumindest hat im Fall der offensichtlichen Aggression gegen Sizilien ein Verlust der französischen Unterstützung gedroht, die gerade im Moment, wo die Solidität des neugegründeten vorläufigen Königreichs – also das durch die Gebiete Lombardei, Emilia und Toskana erweiterte Königreich Piemont-Sardinien – noch unerprobt war, als besonders zukunftsträchtig erachtet wurde.[367]

Nach den ersten erfolgreichen Gefechten von Garibaldis Truppe hat der piemontesische Staat sehr schnell eigene Boote und Soldaten nach Sizilien und Neapel geschickt, um die von den „Freischärlern" erkämpfte Schwäche des neapolitanischen Königreichs auszunutzen und die eroberten Gebiete in piemontesische Hand zu bringen.[368]

Wie schon beim Mythos um Garibaldi finden wir also auch beim Mythologem „Spedizione dei Mille" eine Doppelstrategie. Das Königreich Sardinien-Piemont konnte sich 1860 mit dem Verweis auf Garibaldis Alleingang von politischer Aggression freisprechen, um gleichzeitig den territorialen Gewinn mit einer eigenen nachgesendeten piemontesischen Militärtruppe zu sichern.

---

364 Ganz im Gegensatz zu dem italienischen Wort „marcia", das nur die Aktion selbst meint, so „marcia su Roma".

365 So bei: Hausmann, F., a.a.O., S. 97. – Lill, R., Geschichte ... a.a.O., S. 175.

366 Talamo wertet es schon als Hilfe der Regierung für Garibaldis Aktion, daß Cavour zum einen fingierte, die Vorbereitungen für diese Aktion nicht zu bemerken, und zum anderen die Hilfe bei der Organisation von Waffen bei der „Società nazionale", die La Farina, Cavour und Pallavicino 1857 gegründet hatten."Il governo fu palesement connivente: nel fingere di non accorgersi dei preparativi, (...) nel non dare all'ammiraglio Persano di fermare dei due navi." Talamo, G., Cavour, a.a.O., S. 201. – Zur „"Società nazionale italiana": Croce, Benedetto, Geschichte Europas..., a.a.O., S. 204.

367 Talamo wörtlich: „Un insuccesso di una spedizione patrocinata da Torino, infatti, avrebbe portato con sé o una guerra generale o la perdita dell'appogio, più che mai necessario per il giovane regno, da parte di tutte le potenze europee.", Ebenda, S. 201.

368 Das war nur möglich, weil sich Admiral Persano schon geraume Zeit mit einem piemontesischen Schiffsgeschwader im thyrrenischen Meer aufhielt. Dies soll der Öffentlichkeit gegenüber damit begründet worden sein, daß die Schiffe allein zum Schutz der Gräfin von Syrakus dort abgestellt worden seien, die ihrerseits eine geborene Savoia Carignano war. Petacco, Arrigo, a.a.O., S. 122.

„Piazza del Plebiscito": der Wille des Volkes?

In fast jeder großen italienischen Stadt finden wir eine Piazza oder Via „del Plebiscito". Dieser Name suggeriert, daß an dieser Stelle der Wille des Volkes die Nation initiierte. Eine „Piazza del Plebiscito" manifestiert den Volkswillen im kollektiven Gedächtnis der Bürger.

Im politischen Mythos des „Risorgimento" finden wir zwischen den formellen und informellen kriegerischen Aktionen immer wieder die Erzählung über Volksbefragungen, in denen das befreite Volk mit seinen Stimmen für den im Kampf gegen die Österreicher, Franzosen und Bourbonen erstrittenen Gebietszuwachs habe votieren dürfen.[369] In der Geschichtsschreibung herrscht über den genauen Verlauf dieser „Wahlen" indes Ungewißheit.

Es wird überliefert, daß bei den Volksabstimmungen in der Emilia und Toskana zur Jahreswende 1859/60 die große Mehrheit des Volkes für die vollzogene Vereinigung gewesen sei. Wenn es indessen um die Abstimmung in Nizza geht, das Napoleon III. durch den Kriegshandel mit Cavour ohnehin versprochen war, so heißt es von dieser Abstimmung, daß sie allein „(...) unter dem Druck der Regierungen den gewünschten Verlauf vernahm".[370]

Die mythischen Verknüpfungen in der Geschichte über das „Risorgimento" sind bis zum Zeitpunkt der „Volksabstimmungen" in der Erzählung so verwoben, daß die Frage auch in kritischen historischen Darstellungen ungestellt bleibt, wieso wir uns so sicher sind, daß in Florenz oder Parma der „Plebiscito" ohne „Druck" stattfand und in Nizza mit „Druck".

Die Zeitzeugen Marx und Engels, die über die politischen Veränderungen in Italien unter dem Aspekt des emanzipatorischen Ansatzes reflektierten, mißtrauten dem von Cavour inszenierten „Volksbegehren": „Doch obwohl wir glauben, daß Italien nicht immer in seinem jetzigen Zustand bleiben kann, obwohl wir wissen, daß auf der ganzen Halbinsel eine wirksame Organisierung vor sich geht, können wir nicht sagen, ob diese Kundgebungen ausschließlich das spontane Aufwallen des Volkswillens darstellen, oder ob sie von den Agenten Louis Napoleons und seines Verbündeten, des Grafen Cavour, angeregt wurden."[371] Nach dem politischen Tauschgeschäft zwischen Napoleon III. und Cavour, in dem Savoyen und Nizza feilgeboten worden waren, schrieb Engels, er hielte die „(...) unter der Bevölkerung Savoyens ausgelöste Bewegung für einen Anschluß an Frankreich (...) durch französische Agenten geschürt."[372]

Nach dem Krieg von 1866, den Italien und Preußen gegen Österreich führten, wurde Venetien an das Königreich Italien angeschlossen. Wieder fand – pro forma – ein Plebiszit statt, das davon ablenken sollte, daß Venetien nur durch den Sieg der Preußen bei Königgrätz und nicht bei Custoza erstritten war.[373]

Die kollektive Erinnerung an die „plebisciti" wurde zum Ende des Jahrhunderts mit mehreren Feierlichkeiten animiert: 1883 formierte sich eine Kommission zur Planung einer nationa-

---

369 Einer der ersten „plebisciti" verzeichnet die Historie 1848 in Venetien. Obwohl die Zusammensetzung des abstimmenden „pleps" unsicher ist, wird die Bezeichnung „Plebiszit" konsequent beibehalten. Vgl.: Lill, Rudolph, Geschichte, a.a.O., S. 135.

370 Ebenda, S. 174. – Hausmann, Friederike, a.a.O., S. 89.

371 Marx, Karl, in: New York Daily Tribune, 24.Juni 1859, in: Marx/Engels Gesamtausgabe, Berlin 1974, Bd. 13, S. 162.

372 Ebenda.

373 Lill, R., Geschichte Italiens, a.a.O., S. 189f.

len Wallfahrt, eines „Pellegrinaggio“ zum Grab Vittorio Emanueles II., um am Todestag des Königs, dem 9. Januar 1884, den 25. Geburtstag des „Risorgimento Nazionale“ zu feiern.[374]

Das Jahr 1859, in dem Vittorio Emanuele eine Rede vor dem Parlament hielt, wurde rückwirkend zum eigentlichen Auftakt der Nationswerdung bestimmt. Gleichzeitig sollte die Wallfahrt so interpretiert werden, als wolle so das Volk der savoyischen Dynastie seinen Dank erweisen.[375] Desweiteren wurde bereits für die Zukunft an „Pellegrinaggi“ zu Ehren Cavours, Mazzinis und Garibaldis gedacht. Die Einladungen gingen an alle Stadtverwaltungen, Vereine, Schulen und Universitäten. In den Normen für die Gestaltung des Gedenkzuges sollte strikt darauf geachtet werden, daß während des ganzen Aktes eine offensichtliche Einmischung der Regierung ausbliebe, um den Charakter der Volksinitiative zu vermitteln, beziehungsweise Konsens zu simulieren.[376]

In populären, reich bebilderten Zeitschriften wurde zum Anlaß des „Pellegrinaggio Nazionale“ noch einmal die gesamte serielle Mythenkomposition „Risorgimento“ mit all ihren mythisierten Protagonisten hererzählt und die Wallfahrt in Bildern dargestellt. Besonders verbreitet war die Zeitschrift „L'Illustrazione Italiana“ – eine Sonderausgabe dieser Zeitschrift erschien auch im Jahr 1901 zu Verdis Tod.

Rom war während der Feierlichkeiten von Komitees und Vereinen der ganzen Halbinsel belebt, die König Umberto I. besuchen wollten oder eine Art „Sub-Pellegrinaggio“ zur Porta Pia oder auf den Gianicolo veranstalteten, um dort gefallenen Verwandten oder Landsleuten zu gedenken.

Die „Pellegrinaggi“ für politische Persönlichkeiten und Massenveranstaltungen zur Feier von politischen Jahrestagen, wie beim 25. Jahrestag der „Breccia di Porta Pia“, zur Einweihung des Denkmals für Vittorio Emanuele in Mailand 1896 oder der historische Zug durch Mailand zum 50. Jahrestag der „Cinque Giornate“ bilden einen weiteren Baustein in der nationalen Liturgie, die nach und nach mit ihrer Form von Sinnerfüllung der religiösen Liturgie immer näher kam.

---

374 Das Komitee zählte schließlich 105 Mitglieder. Tobia bezeichnet es als von konservativen Kräften und Honoratioren dominiert. Tobia, B., a.a.O., S. 107. – Die achtziger Jahre waren von großen politischen Unruhen gekennzeichnet. Zum einen gab es anarchische Bewegungen, die gegen alle Staatspolitik opponierten, zum anderen gab es die sogenannte „Irredenta“, ein Zusammenschluß, der für die „unerlösten“ Gebiete wie Trento und Triest kämpfte. Diese politische Grundstimmung beförderte den Bedarf an einheitsstiftenden Veranstaltungen. Vgl.: Sabbatucci, Giovanni, Il problema d'irredentismo e le origini del movimento nazionalista in Italia, in: Storia contemporanea, 3/1970, S. 467–502. Dazu mehr im Dritten Teil, Kap. X.: Simone Boccanegra gegen Anarchie und Irredenta.

375 In alle Städte wurden Alben geschickt, die die Wallfahrt dokumentierten und die von allen Bürgern unabhängig von Alter und Geschlecht unterschrieben werden konnten. Ein simulierter „plebiscito“ also.Tobia, B., a.a.O., S. 108.

376 Im Normenkatalog stand: „(...) eliminare in ogni atto l'ingerenza governativa per conservare l'iniziativa popolare alla patriotica impresa e per non svisare il carattere della manifestazione.“ zit. bei Tobia, Bruno, a.a.O., S. 102f. – Und gleichzeitig dachten die Initiatoren angestrengt darüber nach, wie Ausschreitungen bei einer erwarteten Zahl von 60.000 anreisenden nationalen Wallfahrern verhindert werden könnten. Man einigte sich schließlich auf eine Aufteilung der einzelnen Provinzen auf drei Tage, die Reglementierung sollte mit Sonderzügen für die anreisenden Menschen kontrolliert werden. Ebenda, S. 116f./131f.

Die nationalen Pilgerfahrten haben mit den religiösen und deren Zeremonien vieles gemeinsam: die Substanz des Zuges, die Wallfahrer selbst, die die „dichte körperliche Präsenz“ der Veranstaltung ausmachen und die von einem schmalen Segment Gebildeter geführt werden, die die einheitsstiftenden Riten vollziehen und damit der Veranstaltung den kollektiv spürbaren Sinn vermitteln.[377]

Im Jahr 1857, als Pius noch weltlicher Herrscher über den Kirchenstaat war, ließ er zum Anlaß der Verkündung des Dogmas der „Unbefleckten Empfängnis“ auf der Piazza di Spagna die Mariensäule aufstellen. Der Akt wurde auch wie eine Wallfahrt inszeniert und hatte sich schnell zu einer christlichen Massenzeremonie ausgeweitet.[378] So berühren sich die scheinbaren Extreme.

377 Vgl.: Anderson, Benedict, a.a.O., S. 61.

378 Rom in frühen Photographien, a.a.O., S. 66.

IX. Der mythische Dualismus der Regionen: der „mito sabaudo“ gegen den Mythos der „Lazzaroni“

Die Suche nach einer Kontinuität innerhalb der Wirtschaftsgeschichte zwischen der Zeit vor der nationalen Einheit und der Zeit danach verschleiere die tiefe Widersprüchlichkeit, die durch die Restaurationszeit entstanden sei, so urteilte in einer jüngeren Untersuchung Stefano Angeli.[379] Seiner Ansicht nach beruhen Thesen wie die des „lento“ oder „dolce sviluppo“ der Industrialisation mehr auf elitären Mutmaßungen als auf verifizierten Statistiken. Denn realistische Untersuchungen über die Sozialgeschichte der wirtschaftlichen Entwicklung Italiens im 19. Jahrhundert – besonders für das Italien „settentrionale“ – gibt es eigentlich erst seit 1945.[380]

Heute wird sogar gemutmaßt, daß die Parole vom „dolce sviluppo“ seit Ende des letzten Jahrhunderts eine rhetorische Finte der Arbeitgeber war, um den „Massen“ zu erklären, warum es ihnen trotz eines nationalen Einheitsstaates nicht besser ging.[381] Und es gab viel Erklärungsbedarf, denn das Königreich Italien wurde zum Ende des Jahrhunderts Schauplatz von Demonstrationen und heftigen Protestaktionen gegen den „Einheitsstaat“. Die politischen Schlüsselpositionen hatten nach 1861 vor allem diejenigen inne, die im Prozeß der Nationalstaatsbildung zur liberalen Fraktion gehört hatten.[382]

Für einen Historiker vom Schlage Heinrich von Treitschkes war es noch historisch offensichtlich, warum sich die absolutistische Monarchie im Königreich Sardinien für eine Vorrangstellung auf dem Weg zum großen Königreich qualifizierte: „Dieser Staat allein hatte sich, umringt von erschlafften und geknechteten Nachbarn, zwei unschätzbare politische Güter bewahrt: ein tapferes Heer und ein nationales Königtum.“[383] Doch bei nüchterner Betrachtung liegt es nicht auf der Hand, warum gerade aus dem Hause Savoyen der Regent eines Landes stammte, das „Italien“ hieß, und nicht aus Rom, aus Florenz oder auch Neapel.[384] Die poli-

379 Angeli, Stefano, Proprietari, commercianti e filandieri a Milano nel primo Ottocento, Mailand 1982, S. 160.

380 Als Gramscis „Quaderni del Carcere“ (1928–1935) 1946 veröffentlicht wurden, war dies die erste Weichenstellung für einen neuen Weg der italienischen Historiographie.

381 Hunecke, Volker, Cultura liberale e industrialismo nell'Italia dell'Ottocento, in: Studi Storici, Nr. 4, Rom 1977, S. 32.

382 Taliani, Enrico, Die sozialistische Arbeiterbewegung in Italien (1865–1898), Saarbrücken 1963, S. 6.

383 Treitschke, Heinrich von, Cavour, in: Ausgewählte Schriften, Bd. 2, Leipzig 1908, S. 11.

384 Mythisiert – und obendrein historisch falsch – wird die Rechtmäßigkeit des Anspruchs Vittorio

tische und ökonomische Situation im Großherzogtum Toskana zum Beispiel war nicht so desolat, daß ein Anschluß an Piemont wirtschaftlich die beste oder einzig denkbare Lösung gewesen wäre. Und die Lothringer waren in der Toskana überdies seit langem „assimiliert", so wie auch der Bourbone Francesco II. schon 1734 beteuerte, er fühle sich als veritabler Neapolitaner.[385]

Der lothringisch-habsburgische Leopold II., in dessen Interesse ein Anschluß seiner Gebiete an Piemont gewiß nicht stand, regierte mit Hilfe einer funktionierenden toskanisch-adligen Regierungsbürokratie.[386] Unter Leopold wurden die ersten Eisenbahnlinien Florenz-Pisa-Livorno und Lucca-Pisa gebaut. Der Jurist und Verwaltungsfachmann Giovanni Baldasseroni war zunächst Minister für die Finanzen und von 1849–1859 letzter toskanischer Ministerpräsident. Seit Februar 1848 gab es auch in der Toskana eine liberalere Verfassung, die der Großherzog auf Druck liberaler Gruppen zunächst erließ. Baldasseroni versuchte im Frühjahr 1859, den Fall der Regierung zu verhindern, indem er die Wiedereinführung der Konstitution und das Zurücktreten von Leopold II. vorschlug. In Perugia wurden die heftiger werdenden Aufstände im Juni von den päpstlichen Schweizer Truppen niedergeschlagen. Als sich die Unruhen dann auch in Florenz mehrten, war der Fall der lothringischen Regierung nicht mehr zu verhindern. Das Ende des Großherzogtums war wenig spektakulär. Im Dezember 1859 kam Carlo Buoncampagni – zuvor Gesandter von Vittorio Emanuele II. – als königlicher Kommissar und Vizeregent von Turin nach Florenz. Zur gleichen Zeit war Bettino Ricasoli nach Bologna gesandt worden, um dort die bürgerlichen Schichten für einen Anschluß an Piemont zu bewegen.

Die Toskana war eine begehrte Region im zusammengeschlossenen Königreich, weil sie über eine sehr gute Finanzsituation verfügte – Florenz zählte schon zwischen 1840 und 1843 bei 76.000 Einwohnern 115 fabrikartige Betriebe.[387] Es bleibt die Frage, ob die Toskana vom ländlichen Piemont tatsächlich wie von einer Lokomotive zur „Einheit" zum Fortschritt gezogen wurde.

Als regionale Antipoden gelten durch alle Phasen der seriellen Mythenkomposition Piemont, das „deutsche" Italien", und der Süden mit Neapel und Palermo, den Städten der „Lazzaroni" und „Galantuomini"[388]. Parallel zur Argumentation des Nationsdiskurses, das ge-

---

Emanueles auf den Titel des italienischen Königs zum Beispiel in einem deutschen Schulbuch erklärt: „Da unter den acht italienischen Staaten nur Piemont-Sardinien einen Italiener (!) als Herrscher hatte und gleichzeitig liberal regiert wurde, wurde dieses Königreich die Keimzelle des späteren italienischen Staates." Zeiten und Menschen – Geschichtliches Unterrichtswerk/ Oberstufe, hrsg. v. Robert Hermann Tenbrock u. Kurt Kluxen, Paderborn 1977, S. 164.

385 Die Deutsch-italienischen Beziehungen, a.a.O., S. 105. – Preissl, Brigitte, a.a.O., S. 392.

386 Weiter oben zitierte ich schon einen Zeitungsartikel von 1848 aus Bologna, wo auch Leopold II. als mutmaßlicher Erwecker eines „risorgimento" bezeichnet wurde. Vgl.: Fußnote 55.

387 Ballini, Pier Luigi, Tra riforme e baionette, in: Nazione, 1.09.1993. – Gregorovius, Ferdinand, Römische Tagebücher, „Rom, 16. Juni 1859", a.a.O., S. 80; Kruft, Hanno-Walter/ Völkel, Markus, Anmerkungen zu den Römischen Tagebüchern, in: ebd., a.a.O., S. 457. – Lill, Rudolph, a.a.O., S. 130. – Mori, Renato, Giovanni Baldasseroni, in: Dizionario biografico, a.a.O., S. 447ff. – Ders., Introduzione a Giovanni Baldasseroni – Memorie (1833–1859), Florenz 1959.

388 Ein jüngeres Beispiel für diese Parallelisierung bei Kammerer/Krippendorf: „Durchaus der Preußisch-deutschen Einigung vergleichbar, machte sich Piemont zum gewalttätigen Geburtshelfer des italienischen Einheitsstaates (...)." Kammerer, Peter/Krippendorf Ekkehart, Reise-

samte Volk der Halbinsel strebe nach der nationalen Einheit und wurzele auf einem gemeinsamen „italischen" Ethnos, finden wir auch das rhetorische Bild vom entwickelten, sendungsbewußten Norden abgesetzt vom entwicklungsbedürftigen Süden, für den der „lazzarone" als Typus des vorindustriellen Menschen stand.[389]

In einem klassisch binären System von Gut und Böse werden Norden und Süden gegeneinander ausgespielt, und es erscheint nurmehr eine einzige Handlungsvariante, nämlich die Halbinsel nach und nach an das Königreich Piemont-Sardinien anzuschließen und damit ökonomisch zu erschließen. Dieser Dualismus wurde so erfolgreich propagiert, daß er, zu einer Stereotype erstarrt, bis heute Gültigkeit hat.

Über die kulturelle Heterogenität auf der Halbinsel, die sich schon durch sehr unterschiedliche Dialekte und Lebensweisen bemerkbar machte, ist indes nicht hinwegzusehen. Vor allem auch die ökonomischen Systeme der einzelnen Landesteile unterschieden sich, sie hatten sich durch lange historische Prozesse hindurch herausgebildet. Der Wirtschaftsstil war von den jeweiligen Herrschern beeinflußt.[390]

Treitschke hatte sich in seinem Werk über Cavour wortgewaltig zurechtgelegt, warum in den Süden die Ordnung – notfalls mit Gewalt – Einzug halten mußte: „In Neapel vollends lungerte die wilde Meute Lazzaroni, von den Bourbonen mit Brot und Spielen gesättigt und zur gelegenen Stunde wider die denkenden höheren Stände gehetzt."[391] Wie wir an seinen Ausführungen bemerken können, war diese Schrift auch als eine Art Programm für den Weg Deutschlands verfaßt. Vielleicht versuchte der preußenfreundliche Sachse Treitschke zu plausibilisieren, warum sich Italien schneller zu einer Nation ausweiten konnte als Deutschland: nämlich als widerstandsloser Feldzug gegen die „grenzenlose Sittenfäulnis des Südens", der wie eine afrikanische Kolonie kultiviert werden mußte.[392]

Und doch sind im vorurteilsloseren Lichte der Sozialhistorie verschiedene Entwicklungen im Norden und Süden der Halbinsel unter ähnlichen Gesichtspunkten beschreibbar und stellen das mythisierte binäre System in Frage. Während im Süden nach 1861 ein ausgeprägtes Brigantenwesen zugunsten der „ausländischen" Bourbonen entstand, das den neuen Staat zu torpedieren versuchte, während das Aufstandspotential durch den Anschluß an das Königreich Sardinien immer größer wurde, kam es ebenfalls in Piemont nach 1861 zu einer Serie von Unruhen, unter anderem als die Hauptsstadt von Turin nach Florenz verlegt wurde.[393] Für

---

buch Italien, Berlin 1990. – Lill, Rudolph, Geschichte Italiens, S. 154. – Treitschke, H.v., Cavour, a.a.O., S. 146.

389 Die Fotografie des „typischen" Lazzarone war um so mehr ein häufiges und begehrtes Motiv in den Fotoalben des schon erwähnten Giorgio Sommer. Miraglia, Marina, Giorgio Sommer, a.a.O., 20.

390 Mori, Giorgio, Industrie senza industralizzazione, La penisola italiana dalla fine della dominazione francese all'Unità nazionale (1815–1861), in: Studi Storici, Nr. 3, Rom 1989, S. 606.

391 Treitschke, H.v., Cavour, a.a.O., S. 146.

392 Ebenda, S. 152.

393 Hobsbawm zitiert ein Verhör zwischen einem bourbonischen Briganten und einem Richter. Der Brigant sagte aus, er und seine Gefolgsleute hätten die Order aus Rom, und es sei eine heilige Sache, für den abgesetzten Bourbonenkönig Franz II. zu kämpfen. Außerdem würden sie dafür gesegnet, denn die wahren Briganten seien nicht sie, sondern die Piemontesen. Hobsbawm, Eric J., Sozialrebellen, a.a.O., S. 236. – 1866 wurde der „Corso forzoso" eingeführt: Papiergeld war nicht mehr in Silber oder Gold konvertierbar bis 1883. Die Mahlsteuer und andere

Turin und sein Umland bedeutete dieser politische Schritt eine gravierende Verschlechterung der ökonomischen Bedingungen.[394]

Wenn es auch keine Quellen für reziproke mythische Kontaminationen gibt, wie etwa diejenige, Bismarcks Weg sei durch Cavour vorgezeichnet worden, so überliefert Croce immerhin die politische Anekdote, Cavour habe dem preußischen Gesandten in Turin gesagt, Preußen würde Italien noch einmal dankbar sein, weil es ihnen sicher bald zum Vorbild politischen Handelns würde. Und, so berichtet Croce weiter, eine französische Zeitung habe sogar von der „Piemontesischen Mission“ der Hohenzollern geschrieben.[395] Und das, obwohl die Hohenzollern ihre Kriege immer gewannen, während die Savoyer sie fast immer verloren.

Treitschke vermutete bei Cavour das Bewußtsein, deutsches Blut in sich zu haben: „Wie war er (Cavour, B.P.) stolz auf dies Grenzvolk, das an den Vorzügen der Germanen und der Romanen zugleich Anteil“ hatte.[396] Treitschke war in seiner Wahrnehmung Piemonts und des Hauses Savoyen von Cesare Balbo beeinflußt, der seine Heimat Piemont und das Königshaus Savoyen als den Inbegriff der Freiheit geschildert hatte.[397] In seiner „Storia d'Italia“, die einen regelrechten „mito sabaudo“ initiierte, behauptete Balbo, nur von Piemont könnte der Kampf um die Unabhängigkeit Italiens geführt werden.[398] Als indessen Marx in einem Artikel von 1859 Preußen als „das Piemont Deutschlands“ bezeichnete, war das keineswegs schmeichelhaft gemeint.[399] Bei dem Nationalisten Treitschke lag in solchen Analogismen natürlich der agitierende Wunsch nach einer deutschen Nationalbewegung[400] und die Hoffnung, Bismarck möge sich wie der mythisierte Cavour verhalten. Wogegen wir bei Marx die Beob-

---

Steuern wurden erhöht. Folgen waren Aufstände in Palermo, bei denen nicht selten eine Rückkehr der alten Regimes und Fürsten gefordert wurde. Lill, R., a.a.O., S. 191. Teilweise wurden diese Bauernaufstände auch von Garibaldis Leuten niedergeschlagen, so bei dem Aufstand im September 1860 in Irpina. Procacci, Giuliano, a.a.O., S. 276.

394 Die Turiner Bevölkerung nahm diese Hauptstadtverlegung nicht einfach hin. Nachdem der Beschluß bekannt wurde, kam es in Turin zu Aufständen, die mit militärischen Mitteln beendet wurden: es gab 50 Tote und 300 Verletzte.Castronovo, Valerio, Storia delle città italiane: Torino, Rom 1987, S. 5ff. – 1869 kam es erneut zu Aufstandsbewegungen im Norden, weil eine hohe Mahlsteuer eingeführt wurde. Procacci, Giuliano, a.a.O., S. 281.

395 Croce, B., Geschichte Italiens, a.a.O., S. 204.

396 Treitschke, H.v., Cavour, a.a.O., S. 23.

397 Treitschke berief sich in seinem Cavour-Text explizit auf Balbos Vaterlandstreue. Treitschke, H.v., Cavour, a.a.O., S. 15f.

398 Balbo, Cesare, Della storia d'Italia dalle origini fino ai nostri tempi – Sommario, hrsg,v. Giuseppe Talamo, Mailand 1962, S. 524. – Der von Balbo ausgehende Mythos wurde von anderen piemontesischen Intellektuellen wie zum Beispiel Giacchino Volpe rezipiert. Salvadori, Massimo L., „Introduzione“ zu Cesare Balbo, Storia d'Italia, Neapel 1969, S. 46.

399 Marx/Engels Gesamtausgabe, Bd. 13, S. 163.

400 In Treitschkes Aufsatz „Bundesstaat und Einheitsstaat“ von 1864 hatte er nicht nur aus politischen, sondern auch aus ästhetischen Gründen gegen den Zustand von nebeneinander existierenden Kleinstaaten polemisiert. Sie entsprachen nicht seiner Vorstellung von „Weltpolitik“. Treitschke, Heinrich von, Historische und politische Aufsätze, Leipzig 1871, Bd. II. – Treitschke, den Max Weber später als „Kathederpropheten“ bezeichnete, war nicht der einzige Hochschullehrer, der für die deutsche Sendung Preußens dozierte. Etwa zur gleichen Zeit lehrten mit ähnlicher Gesinnung F.C. Dahlmann in Bonn, L. Häusser in Freiburg, J.G. Droysen in Jena und

achtung des außenstehenden politischen Analytikers erkennen, der lediglich die imperialistischen Absichten beider Länder miteinander vergleicht.

Aber Treitschkes Urteil bedeutete eine grobe Überschätzung der Tatsachen. Das Königreich Piemont-Sardinien war nicht von Anfang an der große ökonomische Vorreiter wie uns das heute die Industrielandschaft Piemont mit Fiat, Ferrero und den großen Verlagen glauben macht. Vielmehr konnte sich das randständige Piemont-Sardinien an der reichen Lombardei und Toskana bereichern.

Die industrielle italienische Gesellschaft sei nicht in Turin zwischen den „einsamen Helden" des Kapitalismus geboren, so Valerio Castronovos Resümee über die Entwicklung des Königreichs Piemont-Sardinien seit dem 19. Jahrhundert. Keine andere italienische Stadt habe so von Grund auf den Prozeß der Industrialisierung durchmachen müssen und so hart mit seinen zivilen, kulturellen und sozialen Traditionen der Vergangenheit brechen müssen wie Turin.[401]

Für die Gesellschaftsstruktur späterer Jahrhunderte war in Piemont das 16. Jahrhundert prägend, denn es entstand eine bürokratische Verwaltung, der französischen nicht unähnlich, die sich aus militärischem Dienstadel zusammensetzte.[402] Ebenso wie im Süden der Halbinsel zogen auch in Turin zwischen 1862 und 1870 in die Stadtverwaltung nach und nach wieder die einflußreichen Repräsentanten des alten Patriziats ein, die ihre Gunst und Stellen nach dem „Guida Paravia", dem italienischen „Gotha" verteilten: Eine streng hierarchische, aristokratische Elite hatte die Macht inne, bürgerliche heimische Bankiers oder Investoren gehörten nicht dazu.[403]

Der wichtigste ökonomische Zweig für den Export war neben der Baumwoll- und Wollherstellung die Seidenverarbeitung.[404] Lange Zeit hatte das ehemalige Königreich, die jetzige Region „Piemont", seine Probleme auf dem neuen italienischen Markt, hatte es noch immer den Ruf einer landwirtschaftlich-handwerklichen Ausrichtung.[405] In der Tat lebte ein großer Teil

---

H.v. Sybel in München. Vgl.: Schulze, Hagen, Staat und Nation in der europäischen Geschichte, a.a.O., S. 183f.

401 Castronovo, V., Piemonte, a.a.O., S. 781f.

402 Die Haupstadt Turin zeigte auch architektonisch ihren Bezug zu Frankreich und wurde nach dem Vorbild barocker Herrschaftsarchitektur, ähnlich wie Nancy, geometrisch angelegt. Für alle Regionen des Königreichs Italien nach 1865 wurde die piemontesische Verwaltungsordnung verbindlich, die nicht nur für administrative Abläufe, sondern auch für die Rekrutierung von Personal hierarchische und einheitliche Regelungen vorsah. Wagner, Peter, Sozialwissenschaften und Staat – Frankreich, Italien, Deutschland, Frankfurt/Main 1990, S. 45.

403 Castronovo, Valerio, Piemonte, a.a.O., S. 57. – Vittorio Emanuele II. sorgte auch dafür, daß die für ihn wichtigsten politischen Mitarbeiter, zum Beispiel die Botschafter im Ausland, ihm dienstbare Piemontesen waren, die den militärischen Schwur auf die Treue zur Krone geleistet hatten. Mack Smith, Dennis, I Savoia..., a.a.O., S. 86f.

404 Die Seidenherstellung betrug 1843 647 Tonnen, 1854 908 Tonnen. Das war gerade die Hälfte von der Produktion im habsburgisch regierten Lombardo-Veneto. Die Baumwollproduktion erbrachte im Königreich Sardinien im Vergleich zu den anderen Gebieten auf der Halbinsel die höchsten Ergebnisse: 1844 2854 Tonnen und 1860 8000 Tonnen. Ein Drittel mehr als im Lombardo-Veneto. Statistiken in: Mori, Giorgio, Industria senza industrializzazione. a.a.O., S. 631.

405 Durch die Förderung des Freihandels während der Regierungszeit Cavour waren nach und nach zum Exportgut Seide die Ausfuhr von Wein, Reis und Leder hinzugekommen.

der savoyisch-piemontesisch regierten Bevölkerung – und das blieb bis zur Wende zum 20. Jahrhundert so – in kleinen Dörfern am Rande der Hügel des Salluzese und Pellice und ernährte sich von der Landwirtschaft.[406]

Für die Menschen, die in den Bergen und Hügeln selbst wohnten, war das Leben rauh: „Preise den Berg und bleibe im Tal", so rät ein piemontesisches Sprichwort.[407] Die beschriebene Ärmlichkeit außerhalb der städtischen Zentren korrespondierte mehr mit der des Königreichs beider Sizilien, als wir das heute annehmen würden. Und das änderte sich auch nach der Einheit nicht wesentlich.

Auch ein großer Teil des Königreichs beider Sizilien bestand aus Berggebieten, die ausschließlich die Haltung von Ziegen und Schafen zuließen. Die schmalen Küstenstriche waren zwar äußerst fruchtbar, doch sehr von Überschwemmungen bedroht.[408] Wie auch in Piemont war eines der Hauptnahrungsmittel der Mais. Die einseitige Ernährung mit dieser leicht faulenden Getreideart führte im Süden wie im Norden zu zahlreichen Mangelerkrankungen wie zum Beispiel der „Pellagra".[409] Neben dem Anbau von Getreide, das wegen der Preise hauptsächlich der Schicht der „galantuomini" und „baroni" vorbehalten war, wurde Wolle, Seide und Baumwolle produziert und exportiert.[410]

Zwischen 1800 und 1860 setzte eine „Verbürgerlichung" des süditalienischen Adels ein. Die Großbürger nahmen die Lebensweise der Aristokratie an und bildeten noch kein distinkt eigenes Standesbewußtsein aus, so daß gerade sie an einer Veränderung der politischen Situation – anders als im Königreich Piemont-Sardinien – nicht interessiert waren.[411] Die Agrarbourgeoisie war zum großen Teil durch Usurpation von kirchlichem Domänenbesitz zu Großgrundbesitzern geworden. Zum anderen Teil konnten ehemalige im Dienst des Landadels stehende Verwalter oder Pächter Land erwerben.

Bis zur Mitte des 19. Jahrhunderts hatte sich der übrige europäische Markt wesentlich schneller entwickelt als im Königreich Sardinien, wo die Schlußfolgerung für bestimmte Schichten nahelag, einzig der große Nationalstaat könne eine Veränderung der ökonomischen Bedingungen herbeiführen.[412]

---

406 Eine 1861 erhobene Statistik weist für das „Regno di Sardegna" 62,5% Bauern aus.Mori, Giorgio, Industria senza industrializzazione, a.a.O., S. 618.

407 Von Zeit zu Zeit gingen die Bergbewohner hinunter ins Tal, um eine Saison einem Handwerk nachzugehen oder einem Bauern bei der Ernte zu helfen. Castronovo, Valerio, Piemonte, a.a.O., S. 35.

408 Preissl, Brigitte, a.a.O., S. 409ff.

409 Taliani, Enrico, Die sozialistische Arbeiterbewegung in Italien, Saarbrücken 1963, S. 106.

410 Lill, Rudolph, Geschichte Italiens, a.a.O., S. 155.

411 Literarische Umsetzungen dieses Vorgangs sind zum Beispiel „Die Vizekönige" von Federico de Roberto und „Der Leopard" von Giuseppe Tomasi di Lampedusa, auf die noch eingegangen wird. – Vgl.: Preissl. Brigitte, a.a.O., S. 321f.

412 Zu sozioökonomischen Aspekten vgl. folgende Literatur: Castronovo, Valerio, Piemonte, in: Storia d'Italia – Le regioni, Turin 1977. – De Rosa, Luigi, Iniziativa e capitale straniero nell'industria metalmeccanica del Mezzogiorno 1840–1904, Neapel 1968. – Muttini Conti, G., La popolazione del Piemonte nel secolo XIX, Turin 1962. – Romano, Ruggiero, Versuch einer ökonomischen Typologie, in: Die Gleichzeitigkeit des Ungleichzeitigen, hrsg. v. Eva Maek--Gérard, Frankfurt/Main 1980, S. 22–75. – Romeo, Rosario, Cavour e il suo tempo 1842–1854, Bari 1977, Bd. I, S. 74ff.

Und so wird bei der Erzählung über das Entstehen der Einheit selten über die negativen Begleiterscheinungen des piemontesischen Annexionswillens für Piemont selbst gesprochen. Die Niederlage von Novara im März 1849 hatte zum Beispiel verhängnisvolle Folgen: Der Vittorio Emanuele aufgenötigte Waffenstillstandsvertrag verpflichtete das Königreich Sardinien zu einer ruinösen Kriegsentschädigung.[413] Zwischen 1847 und 1859 stiegen durch die Staatsanleihen die öffentlichen Ausgaben um das Fünffache.[414] Obwohl die Republik Genua im Mittelalter die bedeutendste Bankenstadt gewesen war und lange Zeit die Herrschenden Spaniens, Frankreichs und des Kirchenstaats mit Krediten versorgt hatte, lag das Bankwesen zu Beginn des 19. Jahrhunderts in der piemontesisch regierten Stadt wie überhaupt im Königreich Sardinien darnieder.

Französische Bankiers wie die Familie Rothschild verdienten viel Geld mit ihrer Unterstützung der desolaten Finanzorganisation. Sie kontrollierten die jungen Investitionen in das „Unternehmen Eisenbahn" und verdienten am nationalen Einheitswillen.[415]

Als in den 50er Jahren für den Eisenbahnbau Metall gebraucht wurde, war das piemontesische Förderungsgewerbe nicht in der Lage, mit einer Modernisierung und Wiederaufnahme stillgelegter Bergwerke eigene Ressourcen zu verarbeiten. Sehr zum Vorteil der französischen, belgischen und englischen Finanziers erleichterte die piemontesische Regierung nun den Import der notwendigen Gerätschaften durch befreite Zölle, um den auf eine Nation spekulierenden Markt möglichst schnell bedienen zu können.[416]

---

413 Französische Agenturen behielten die Kontrolle über den Seidenmarkt und den agrarischen Handel, als 1844 zunächst der „Banca di Genova" und 1847 der „Banca di Torino" das Patent für eine Notenbank verliehen wurde. Nach der Niederlage von Novara schlossen sich die beiden Banken zur „Banca nazionale degli Stati Sardi" zusammen. Wilmersdorfer, Ernst, Notenbanken und Papiergeld im Königreich Italien seit 1861, Berlin 1913, S. 4.

414 Lill, Rudolf, Geschichte ... a.a.O., S. 138. – Muttini Conti, G., a.a.O., S. 99. Die oben genannten Karikaturen über Cavour sind beredte Zeugen für die wirtschaftliche Misere.

415 Die Turiner „Banca Generale" hatte mit einem Schweizer Geldinstitut ebenfalls versucht, im Finanzmarkt zu intervenieren. Doch die Interessen piemontesischer Finanziers, die noch in alter historisch gewachsener Verbindung mit den Rothschilds standen, waren stärker. Es handelt sich um den Bankier Luigi Bolmida. Bezeichnenderweise partizipierte er 1861 an der Konstituierung der Gesellschaft der Eisenbahnlinien „Società delle Strade Ferrate" vom Süden Österreichs, von Venezien, von der Lombardei und Zentralitaliens. Castronovo, V., a.a.O. S. 60. – Das Königreich Piemont–Sardinien produzierte 1854 zwei Lokomotiven, das Lombardo-Veneto ebenfalls, während das Königreich beider Sizilien bereits zwischen 1845 und 1847 sieben Lokomotiven baute. Zwischen 1855 und 1860, also in der Zeit, in der sich der Krieg mit Österreich anbahnte, wurden im Königreich Sardinien weitere 16 Lokomotiven gebaut. Mori, Giorgio, Industria senza industrializzazione. La penisola italiana dalla fine della dominazione francese all'Unità nazionale (1815–161), in: Studi Storici – Rivista trimestrale dell'Istituto Gramsci, Nr. 3 1989, S. 631.

416 Die Bestrebungen, auf dem Finanzmarkt enger mit England zusammenzuarbeiten, fruchteten erst 1862 nach Cavours Tod durch die Vermittlung des englischen Botschafters James Hudson. Die „Banca Anglo-Italiana" startete mit einem Kapital von einer Million Sterling. Ihre Präsenz im piemontesischen Geldgeschäft blieb marginal. Die Aktivitäten blieben auf die Betreuung des englischen Investitionskapitals in der Gesellschaft des Cavour-Canal beschränkt. Castronovo, V., a.a.O., S. 60ff. – Der Cavour-Canal ist ein 800 km-langer Bewässerungskanal

„Die Klagen des Bürgerstandes beziehen sich vorzüglich auf die Hemmnisse der Industrie, auf den erschwerten Verkehr und insbesondere auf die drückenden Zollverhältnisse, welche bei der großen Zerstückelung Italiens in einzelne Staaten dem Reisenden ebenso wie dem Kaufmanne fühlbar werden."[417] So schrieb der Jurist Karl Joseph Anton Mittermaier in seiner 1844 in Heidelberg publizierten Schrift „Italienische Zustände", die bereits ein Jahr später von Pietro Mugna übersetzt auf italienisch erschien.

Mittermaier bereiste die gesamte Halbinsel und stand mit ebenfalls wissenschaftlich arbeitenden Italienern wie dem in Turin lebenden Neapolitaner Pasquale Stanislao Mancini in Kontakt. Mittermaier sammelte Statistiken[418] über Handel, Gewerbe und Landwirtschaft. Er versuchte sich aber an einem „Sittenbild" der Halbinsel, das über bloße Statistik hinauszugehen bemüht war. Die Beschreibungen seiner Kenntnisse über die Volksbildung wie auch über die Kriminalität auf der Halbinsel erscheinen außergewöhnlich dicht und authentisch. Seiner Meinung nach hingen die Unterschiede in der Schwere der Kriminalität zwischen den Regionen im Norden und im Süden von klimatischen Verhältnissen ab.[419]

Für den Süden der Halbinsel wurde die Zeit nach der Einigung ambivalent. In Neapel zum Beispiel konnte zwar ein Teil des schon vor der Einigung saturierten Bürgertums von den nun gefallenen Zollgrenzen und neu gebauten Eisenbahnlinien ökonomisch profitieren. Doch der Auf- und Umbau der Stadt, der ähnlich wie in Rom das neue politische System dokumentieren sollte, sorgte für eine Zerstörung der alten gewachsenen Stadtstrukturen und verstärkte damit eine unverhältnismäßige Anspannung der sozialen Bedingungen. Außerdem machte es sich für einige Erwerbszweige schmerzlich bemerkbar, von welcher Region die politische Veränderung ausgegangen war: Achtzig Prozent der uns erhaltenen Fachpublikationen über Ökonomie und Wirtschaftspolitik aus jener Zeit wurden von Norditalienern verfaßt, die damit auch federführend für die weitere industrielle Entwicklung waren.[420] Bei einem Kongreß der Verleger im Jahr 1878 in Neapel kam zutage, daß durch die politische Vereinigung das Verlagswesen im Süden von Norditalien regelrecht abgeschnitten worden war, weil geschäftliche Assoziationen zwischen Süd und Nord nur zögerlich oder gar nicht zustande kamen.[421]

Das binäre Erzählsystem, das die Regionen auf der Halbinsel in industriell „entwickelt" und „unterentwickelt" einteilt, hat also die Funktion, das komplexe Thema der kulturellen Heterogenität des vereinigten Italiens auf die moralische Implikation der brüderlich-nationalen Hilfe zu reduzieren. Das heißt, der „volksnationalistische Enthusiasmus", mit dem Garibaldi in

---

zwischen dem Po bei Chivasso und dem Tessin bei Galliate. Er wurde zwischen 1863 und 1866 erbaut. Die durch ihn bewässerte Fläche beträgt 250.000 ha.

417 Mittermaier, Karl J.A., Italienische Zustände, hrsg. v. Erik Jaime, Heidelberg 1988, S. 52.

418 Er gibt in seiner Analyse Statistiken über die italienische Industrialisierung und Manufakturen an, die er italienischen Publikationen entnommen hat, wie der volkswirtschaftlichen Studie des Turiner „Moderaten" Ilarione Pettiti di Roreto sowie statistischen Zeitschriften wie den in Mailand publizierten „Annali di Statistica". Diese Zahlen werden heutigen empirischen Ansprüchen erstaunlich gerecht. Mittermaier, Karl J.A., Italienische Zustände, a.a.O., S. 81ff.

419 Ebenda, S. 13. Hier war Mittermaier sicherlich von Herder und Rousseau beeinflußt, die zu belegen versuchten, daß das Klima ein grundsätzliches Konstituens für die Kultur und den Charakter einer Bevölkerung bildet. Vgl. zu diesem epochenspezifischen Einfluß auf Vorformen nationalistischer Ideen auch: Anderson, Benedict, a.a.O., S. 67.

420 Vgl.: Raith, Werner, Wiedervereinigung auf italienisch, in: TAZ, 8.05.1990.

421 Vgl.: Doria, Gino, Mondo vechio e nuovo mondo, Neapel 1966, S. 180ff.

seinem Kampf gegen die Bourbonen erfolgreich war, wird als Wunsch des Südens interpretiert, zum ökonomisch stärkeren Norden und damit zur selben Nation zugehörig zu sein. Die Institutionalisierung des binären Systems der Regionen im kollektiven Gedächtnis diente schließlich der „Durchsetzung einer nationalistischen Ideologie".[422]

Dieses System bewirkte eine für den politischen Mythos typische Verengung des Blickfelds: nämlich auf die „Rückständigkeit" des Südens. Im Jahr 1877 kam es im italienischen Parlament zu ersten harten Debatten, bei denen der Regierung die Fahrlässigkeit, die sie dem Süden des Landes gegenüber an den Tag legte, vorgeworfen wurde. Der Abgeordnete Billia kritisierte, daß die südlichen Provinzen wie ein unbedeutendes Anhängsel behandelt würden.[423] Das Brigantenwesen und die „Camorra", die nach 1870 zunächst eingedämmt wurden, erwachten zum Ende des Jahrhunderts wie durch eine „Self-full-filling-prophecy" zu neuem Leben und bestätigen bis heute die Klischees, die auch die Staatsgründung begleiteten, ohne die Frage aufkommen zu lassen, ob die Krankheiten des Südens nicht auch Folgen der vom Norden eingefädelten Staatsgründung sein könnten.

---

422 Benedict Anderson: „Diese Mischung von Volks- und offiziellem Nationalismus ist wiederum das Produkt der vom europäischen Imperialismus geschaffenen Anomalien: die bekannte Willkürlichkeit von Grenzziehungen und eine zweisprachige Intelligenz, die einen Balanceakt oberhalb der unterschiedlichsten einsprachigen Bevölkerungsgruppen vollführt." in: Die Erfindung der Nation, a.a.O., S. 116.

423 Taliani, Enrico, Die sozialistische Arbeiterbewegung in Italien, Saarbrücken 1963, a.a.O., S. 110.

X. Das „Risorgimento" in Architektur und Malerei

Carlo Alberto, der im politischen Mythos des „Risorgimento" die Funktion des Zögerers hat, war, was die Legitimation der Rechtmäßigkeit seines politischen Erbes durch die Mythisierung seiner Ahnen anbelangte, nichts weniger als zögerlich. Er ließ die Historienmalereien im königlichen Palast erweitern und schuf mit ästhetischen Mitteln frühe Anschlußmöglichkeiten Piemonts an Italien und den Nationsdiskurs.[424]

Für das Königshaus Savoyen beginnt hier der Prozeß, den Anderson eine antizipatorische „Naturalisierung" der Geschichte nennt.[425] In seiner Sommerresidenz, dem Schloß Racconigi bei Turin, ließ sich Carlo Alberto schon 1834 für seinen privaten Arbeitsraum von dem Maler Pelagio Palagi ein Dekorationsprogramm „all'etrusca" gestalten. Die Friese und Wandbilder enthielten sowohl Versatzstücke des vorangegangenen italienischen und europäischen Klassizismus als auch die rekonstruierte Bildwelt der Etrusker, die hier als das „älteste Volk Italiens" für die politischen Ansprüche Carlo Albertos instrumentalisiert wurden.[426]

Wahrscheinlich entwickelte der Hofhistoriker Luigi Cibrario für Carlo Alberto auch die Themen, nach denen der König im Turiner Palazzo Reale die Wände und Decken mit einem Bildprogramm ausmalen ließ, bei dem nationale Ansprüche vorformuliert wurden, an die Vittorio Emanuele beim Ausbau des Turiner Palastes anschließen konnte.[427] Die Tatsache, daß Carlo Alberto die aus früheren Jahrhunderten stammenden Fresken erweitern oder im Sinne der Ansippung an Italien verändern ließ, verdeutlicht das neue Postulat einer kollektiven Erinnerung. Die barocke Themenfolge der Herkunft der savoyischen Dynastie ab dem Jahr 1003 in der „Sala delle Guardie del Corpo" wurde durch ein neues Bild von Francesco Gonin ver-

---

424 Über Carlo Albertos Engagement in Kunst und Architektur vgl. auch: Massarani, Tullio, L'Arte nella società moderna, in: Nuova Antologia, Juni 1880.

425 Anderson, Benedict, Die Erfindung der Nation, Frankfurt/Main 1988, S. 90ff.

426 Pelagio Palagi war durch ein königliches Patent zum „pittore preposto alla decorazione dei Reali Palazzi", „Maler für die Dekoration der Königlichen Paläste", bestimmt worden. Falkenhausen, Susanne von, a.a.O., S. 25. – Morigi Govi, Cristiana, Allgemeine Aspekte des Problems, in: Die Etrusker und Europa, a.a.O., S. 300–309, hier S. 308.

427 Als 1860 Turin zur Hauptstadt des Königreichs Italien wurde, ließ Vittorio Emanuele das Vestibül und die Treppe im königlichen Palast zu einer „Scalone d'onore", Ehrentreppe, ausbauen. Die Geschichte der Savoyer wurde nun mit der jüngsten „nationalen" Vergangenheit – mit Abbildungen unter anderem von Cesare Balbo, Vincenco Gioberti und Carlo Alberto – an die Vergangenheit der Dynastie angeschlossen. Falkenhausen, Susanne von, a.a.O., S. 64ff.

ändert, das die Heirat zwischen dem Sohn Umberto Biancamanos mit Adelaide von Susa darstellte, durch die das Haus Savoyen zum ersten Mal Territorien südlich der Alpen bekam – und vor allem den Titel „Markgraf von Italien“.[428]

Außerdem ergänzte Gonin die Wandfresken in der heutigen „Sala dei Corazzieri“ um Szenen der jüngeren Vergangenheit, wie die kurzzeitige Erwerbung Siziliens im Jahr 1713 mit dem Königstitel 1714 und die Übernahme Liguriens nach dem Wiener Kongreß.[429]

Luigi Cibrario forschte im Auftrag des Königs über die Abstammung der Savoyer, um das kollektive Gedächtnis mit Quellen zu untermauern.[430] Cibrario war Mitglied in verschiedenen Geschichtsakademien im Ausland, so zum Beispiel beim „l'Institut historique de Paris“ und unterrichtete den König über deren „aggressive wissenschaftliche Aktivität“.[431] Cibrarios Schriftsprache war in den dreißiger Jahren nicht französisch, sondern toskanisch, denn er erachtete die Sprache der toskanischen Nation, wie er selbst schrieb, für besonders schön und würdig.

Die Wissenschaft der Geschichte begann, sich in diesem Jahrhundert in einem Maße als Legitimationswissenschaft zu approbieren, daß sich ein Stammbaum nicht mehr schicklich mit Legenden über die Versippung zwischen Potentat und mythischen Göttern erzählen ließ.[432] Ein Stück Leinen allein, von dem das Turiner Königshaus behauptete, es sei das „Leichentuch Jesu“, und das im 16. Jahrhundert – aus Chambéry herbeigeschafft – als fester Bestandteil des liturgischen Rituals der Familiendynastie deren Bedeutung und Macht visibilisierte, sollte für die Aufgaben der kommenden Zeit nicht mehr genügen.[433] Cibrario recherchierte im Auftrag des Königs nach historischen Dokumenten und Quellen in den Archiven in Frankreich und der Schweiz. Er veröffentlichte seine Funde im Jahr 1833 in Turin und versah sie mit einer um-

---

428 Falkenhausen, S., a.a.O., S. 50/54.

429 Ebenda. – 1720 tauschte das Haus Savoia mit den Österreichern Sizilien gegen Sardinien und trug seit 1720 den im Mittelalter von Barbarossa verliehenen sardischen Königstitel.

430 Fubini Leuzzi, Maria, Luigi Cibrario, in: Dizionario Biografico degli Italiani, Bd. 25, Rom 1981, S. 278–284

431 Wörtlich schrieb Cibrario, daß die Institute „al momento esplicavano un'aggressiva vitalità scientifica.“ Zit. bei Grisoli, a.a.O., S. 5. – Beispiele für diese „aggressiva vitalità“ liefern außer dem „Institut historique de Paris“, Rankes „Historisch-politische Zeitschrift“ (1832) oder auch die Berner Zeitschrift „Der Schweizerische Geschichtsforscher“. In den 40er Jahren entstanden auch in anderen italienischen Städten historische Archive: in Florenz unter Giovan Pietro Vieusseux, in Neapel unter Carlo Troya und in Lucca unter Girolamo Tommasi. Ballini, Pier Luigi, Tra riforme e baionette, in: Nazione, 1.09.1993. – Berengo, a.a.O., S. 65ff. – Giudice, Giuseppe del, Carlo Troya, Vita pubblica e privata, studi, opere, Neapel 1899.

432 Ähnliche Entwicklungen der historistischen Wandmalerei finden wir auch in Frankreich oder Deutschland. Der von Rom inspirierte bayerische Kronprinz Ludwig ließ von Peter Cornelius Fresken in die Münchner Glyptothek malen und beauftragte 1835 Julius Schnorr von Carolsfeld, den Kaiserzyklus in der Münchner Residenz von dem bis dahin allegorischen Konzept in eine historisch geordnete Folge zu stellen. Hager, Werner, Geschichte in Bildern, Hildesheim-Zürich-New York 1989, S. 180/211. – Hardtwig, Wolfgang, Nationale Geschichtsbilder und politische Symbole in der Reichsgründungsära und im Kaiserreich, in: ders., Geschichtskultur und Wissenschaft, München 1990, S. 224–264.

433 Noch heute wird dieses Tuch, das in der barocken Kapelle S. Sindone aufbewahrt wird, bei bestimmten christlichen Feiern wie ein sakraler Fetisch vorgezeigt.

fangreichen Einleitung, in der seine – Carlo Albertos Interessen gemäße – Interpretation gezielt den Mythos der Savoyer herausarbeitete. Die Prinzen von Savoyen stammten, so deutete Cibrario die Geschichte, noch bevor sie Burgund regierten, von italienischen Königen ab.[434]

Mit diesem entscheidenden Schritt von der historischen Ahnenarbeit zur mythisch-politischen Arbeit erscheint eine Gestalt von Macht, die ganz im Sinne Michel Foucaults Macht-Begriff als ein „produktives Netz" mit Hilfe konstruierter Kontaminationen den „ganzen sozialen Körper" zu überziehen beginnt.[435] Denn neu an den Plänen war gerade die Ausrichtung auf den „ganzen sozialen Körper": Die historischen Publikationen wurden – besonders die Darstellung des Ritterordens des Hauses Savoyen, der 1363 von Amadeus VI., dem mythisierten „Conte Verde" gegründet wurde – mit reichen Illustrationen ausgestattet, eine Darstellungsform, die vorher hauptsächlich der populären Literatur aber auch historischen Romanen vorbehalten war.[436]

Der König und seine Berater wollten eine möglichst populäre Verbreitung der savoyischen Dynastiegeschichte, die nicht an mangelnden Lesekenntnissen scheitern sollte.[437] Neben der Publikation der Ordensgeschichte stiftete Carlo Alberto dem „SS. Annunziata"-Orden wieder eine Kapelle und sorgte für eine Wiederbelebung des Ordens. Darüber hinaus veranstaltete Carlo Alberto historistische Ritterturniere im Charakter von Volksfesten[438] und schürte so das

434 Der Titel der Archivfunde lautet: Documenti, sigilli e monete appartenenenti alla monarchia di Savoia (Turin 1833) und ist schon mit Fußnoten und Quellen zeitgemäßer Gelehrsamkeit verpflichtet. In seiner Einleitung schilderte Cibrario sein Ziel: „E qui, per risalire grado a grado dal noto all'ignoto, vogliamo esaminare quale fosse e quanta la signoria del'glorioso progenitore dei principi di Savoia al di là e al di qua dalle alpi." Fubini Leuzzi wertet manche Teile dieser Einleitung als Geschichtsklitterung: „Oltre alla parte documentaria, (...) l'introduzione affronta il problema, vecchio di secoli, dell'origine di casa Savoia, attraverso una lettura filologica spesso discutibile, in cui più personaggi vengono fusi in uno, modificando ed adattando nomi propri alla bisogna (...) ma l'intento è per ora sopratutto di mostrare l'alto linaggio dei Savoia." Fubini Leuzzi, a.a.O., S. 279. – Opuscoli del cavaliere Luigi Cibrario, Autore dell' economia del medio Evo. Turin 1841, S. 62.

435 Foucault, Michel, Dispositive der Macht, Berlin 1978, S. 34f.

436 In verschiedenen Publikationen schilderte Cibrario das Ritterordenswesen in plastischen und bunten Bildern: Er beschrieb mittelalterliche Turniere, Szenerien und Kleiderordnungen und begründete den Niedergang dieser Kultur mit den unruhigen Zeiten im 17. und 18. Jahrhundert. Der Ritterorden, der nun von Carlo Alberto wieder gepflegt wurde, sollte zweierlei Tugenden symbolisieren und vereinigen: „L'unione del mestier dell'armi colle pratiche di una divozione profonda". Falkenhausen, a.a.O., S. 36ff.

437 Grisoli beurteilt diese Aufmerksamkeit als um ein Vielfaches größer als bei Standardwerken. Grisoli, a.a.O., S. 8. – Carlo Alberto ließ auch Veröffentlichungen, die nicht von der königlichen Abteilung publiziert wurden, genau auf Linientreue überprüfen. So zum Beispiel die marginale Biographie über den Admiral Andrea Provana di Leynì von Napoleone Mosso. Ebenda, S. 27

438 Seit George Dubys Untersuchung „Der Sonntag von Bouvines" (Berlin 1988) weiß man, daß Ritterturniere, wie sie das 19. Jahrhundert simulierte, keine authentischen Rekonstruktionen waren, sondern pure Phantasiegebilde.

entstehende bürgerliche Interesse für den Glanz der mittelalterlichen Historie, wo immer die sich auch abgespielt hatte, in „Frankreich“, „Italien“ oder anderswo.[439]

Die Historie erhielt im Laufe dieses Jahrhunderts immer mehr eine der Religion „äquivalente Funktion“.[440] Am 15. September 1861 wurde die erste allgemeine Kunst- und Industrie-Ausstellung Italiens in Florenz eröffnet. Ferdinand Gregorovius beschrieb, daß „eine schrecklich lächerliche Reiterstatue Viktor Emanuels, von bronciertem Gips“ vor dem Eingang des Ausstellungsraumes stand.[441] Die Heiligenmalerei, für die Italien so berühmt gewesen war, fand Gregorovius dort fast gar nicht mehr vertreten, Historienmalerei dafür um so mehr. Der Himmel und sein Personal hatten ausgedient, nun wurde der Krieg mit seinen historischen Ergebnissen angebetet.

Die Reiterstatue des Königs war nur ein erster Vorgeschmack für all die Denkmäler, die Vittorio Emanuele in der Folge in vielen italienischen Städten errichtet werden sollten, um mit dem omnipräsenten „königlichen Körper“ nationale Weihe zu verstrahlen.

Seit den 70er Jahren versuchte der italienische Staat mit modernem architektonischem Ehrgeiz das klerikale Rom in eine weltliche Stadt umzugestalten.[442] Kirchen wurden abgerissen, Straßenzüge im Stil des französischen Architekten Haussmann erweitert und ganze Viertel umstrukturiert.[443] Die „risorgimentalen“ Helden traten gegen die Heiligen und Kaiser in einen Wettlauf des Erinnerungskults. Gleichzeitig begann ein politisch motivierter Ikonoklasmus, der den Italienern die Zeitenwende verdeutlichen sollte: Die Heiligenbilder des päpstlichen Roms wurden bis 1939 von 2739 auf 535 verringert, viele wanderten ins Museum. Auf dem Pincio entstand ein nationaler „Büstenpark“. Jede der dargestellten Personen, der Architekten, Juristen, Philosophen, Schriftsteller, Komponisten und vieler mehr, sollen sich um das „Risorgimento“ verdient gemacht haben. Der Park, der heute 225 Büsten zählt, hinterläßt den Eindruck, durch die Masse der Köpfe allein sollten sich die Antagonismen des Mythos „Risorgimento“ wegkürzen. Es ist für jeden politischen Geschmack etwas dabei.[444]

San Martino della Battaglia ist der Ort, wo 1859 die Italiener gegen die Österreicher eine derart blutige Schlacht schlugen, daß Henri Dunant auf die Idee des „Roten Kreuzes“ gekommen sein soll.[445] Dem Massaker zum Gedenken wurde dort ein „Torre Monumentale“ eingeweiht, der auf den Resten eines aus dem 11. Jahrhundert stammenden Wachtturms aufgebaut

---

439 Pecchioli, Arrigo, La Cavalleria e gli ordini Cavallereschi, Rom 1980, S. 117ff.

440 Siehe auch erster Teil, Kap. VI.

441 Im Innern der Ausstellung fand Gregorovius eine Statue eines weiteren „neuen Heiligen“: Salustio Bandini, der dort als der erste Staatsökonom Italiens geehrt wurde. Gregeorovius, Ferdinand, Römische Tagebücher, a.a.O., S. 137.

442 In vielen großen Städten Italiens fand gleichfalls solch ein Umbau statt. In Mailand und Neapel entstanden mitten in der Stadt riesige Einkaufspassagen, die damals gerade in architektonische Mode kamen. In Mailand wurden für die „Galleria Vittorio Emanuele“ mehrere mittelalterliche Straßenzüge abgerissen. Die Passage wurde vom Baustil eine Kombination aus Neorenaissance und Moderne; das Dach ist eine Glaskonstruktion. Auch die Einweihung 1865 diente der unmittelbaren nationalen Weihe und wurde von Domenico Induno in Öl festgehalten. Dies Bild hängt heute im Museo di Milano. Falkenhausen, Susanne, a.a.O., S. 109ff.

443 Insolera, Italo, Roma moderna. Un secolo di storia urbanistica 1870–1970, Turin 1976.

444 Tobia, Bruno, a.a.O., S. 218 u. 97. – Hoffmann, Paola, Il Monte Pincio e la casina Valadier, Rom 1967.

445 Kammerer/Krippendorf, a.a.O., S. 168. – Lill, R., Geschichte Italiens, a.a.O., S. 170.

wurde. Der neogotische Turm wurde innen mit historistischen Schlachtengemälden ausgestattet, die man in chronologischer Reihenfolge von unten nach oben erschreiten kann.[446]

Im Eingangsbereich wurden Tafeln angebracht, auf welchen die Namen von Kriegsopfern oder Veteranen standen. Bei der Einweihung 1893 sagte der Industrielle und konservative Abgeordnete von Padua, Vincenzo Cesare Breda: Wenn das Pantheon, wo Vittorio Emanuele ruhe, heilig sei, so sei auch dieser Ort heilig, wo der „re soldato“ selbst gekämpft habe. Hier sei wirklich der Geburtsort der italienischen Unabhängigkeit.[447] Aus dieser Formulierung sprach dieselbe Distanz und politische Diskriminierung gegenüber dem Süden der Halbinsel, die schon Vittorio Emanueles Beharren auf die Numerierung „II.“ deutlich gemacht hatte. Es zeigt sich, daß die Blickfeldverengung, die das savoyische Königtum durch seinen exklusiven Anschluß an die eigentliche italienische Geschichte initiierte – und aus der sich die savoyische Herrschaftslegitimation speiste – sehr schnell in der öffentlichen Meinung im Norden adaptiert wurde.

Der unbestrittene Höhepunkt des nationalgestalterischen Parforceritts wurde das römische Denkmal zu Ehren Vittorio Emanueles, wegen seiner unästhetischen, bedeutungsleeren Form im Volksmund die „Schreibmaschine“ genannt.

Vier Monate nach dem Ableben des Königs wurde die Planung für das Denkmal per Gesetzesentwurf von Minister Zanardelli offiziell. Bis 1892 die ersten Mauerarbeiten stattfanden, wurden mehrere Wettbewerbe ausgeschrieben und viel diskutiert. Francesco Crispi, Angehöriger der „historischen Linken“ und ehemaliger Mazzinianer, plädierte für ein besonders großes Denkmal, das der Größe der vor-nationalen „Roma eterna“ korrespondieren sollte. Der nationale Ehrgeiz hieß jetzt nicht mehr wie zu Zeiten Balbos ausschließlich „Italianità“, sondern auch „Romanità“ und verdeutlichte über die Anknüpfung hinaus den symbolisch zementierten Wunsch nach einer Rückkehr zu antik-imperialistischen Zielen. Das sollte sich an der italienischen Kolonialpolitik noch allzu deutlich erweisen. Es dauerte 20 Jahre bis zu einer ersten Einweihung und 50 Jahre, bis das Denkmal in seiner heutigen Form vollendet war.[448] Die langwierigen Entscheidungsprozesse bei der Wahl des Standorts und der ästhetischen Ausgestaltung dokumentieren, wie schwer das Verlangen umzusetzen war, das kaiserliche und päpstliche Rom mit einem Denkmal für das neue nationale Königtum zu dominieren. Die Planer hatten anscheinend ähnliche Vermutungen wie Ferdinand Gregorovius, der nach der Wahl Roms zur Hauptstadt voraussah, daß der savoyische König im „caput mundi“ eine vergleichsweise mickrige Figur abgeben werde: „wie einer der dakischen Kriegsgefangenen vom Triumphbogen des Trajan“.[449]

---

446 Vgl.: Guida ai monumenti di San Martino e Solferino, hrsg.v.: Società Solferino e San Martino, San Martino della Battaglia 1989. Der Bau wurde über Spenden finanziert und über Gelder, die die italienischen Provinzen entrichteten, deren Bürger sich um das Einschreiben auf den Erinnerungstafeln beworben hatten. Von sechsundzwanzig Regionen die die Steuer hatten bezahlen können, gehörten zwanzig zu Norditalien, so daß das im Turm angeregte kollektive Gedächtnis eigentlich nur den Norden umfasst. Tobia, B., a.a.O., S. 195.

447 Zit. bei Tobia, Bruno, a.a.O., S. 193.

448 Rodieck, Thorsten, S. 28 u. S. 430f. – In einer italienischen Zeitschrift wurde damals die Vermutung geäußert, die sich durch Korruption und Skandale hinauszögernde Fertigstellung des Baus diene lediglich der Arbeitsbeschaffung. Ebenda, S. 200.

449 Gregorovius, F., Römische Tagebücher, a.a.O., S. 129.

1921 wurde in der Mitte des „Monumento" ein unbekannter Soldat beigesetzt. Dort werden heute noch bei Staatsbesuchen und am 10. Juni, dem „Tag der italienischen Marine", Kränze niedergelegt. So ist die Erinnerungsstätte für Vittorio Emanuele II. zum „Grabmal des Unbekannten Soldaten" mutiert. Die „Schreibmaschine" wurde in unserem Jahrhundert zum Denkmal der von Roland Barthes definierten „societé anonym". Das nun als Teil fürs Ganze stehende anonyme Grabmal figuriert als symbolischer Spiegel einer Sozietät, die die Existenz sozialer Klassen um den Preis der eigenen Negation verneint.[450]

450 Rodieck, T., a.a.O., S. 205. – Ackermann, Volker, „Ceux qui sont pieusement morts pour la France", Die Identität des unbekannten Soldaten, in: Jeismann, Michael/ Kosseleck, Reinhart, Der politische Totenkult – Kriegerdenkmäler in der Moderne, Paderborn 1994, S. 21ff.

XI. Von der seriellen Komposition des politischen Mythos des „Risorgimento" zur Operninszenierung

Die Konjunktur des Mythos Verdi leitet eine neue Phase beziehungsweise „Serie" in der Mythenkomposition des „Risorgimento" ein. Ein aus unterschiedlichsten Teilen zusammengesetztes Italien stellte nach den ersten politischen Krisen des Königreichs seinen nationalen Angehörigen zum Beispiel in Schulbüchern und Illustrierten einen weiteren Protagonisten im Personal der gemeinsamen nationalen Liturgie vor. In der Spiegelung des nationalen Antlitzes hatte sich schon kurz nach der Einigung ein Vexierbild offenbart. Der an den Hof der Savoyer gebundene Legitimationsdiskurs vermochte die Angehörigen der jungen Nationen nur sehr ungenügend zu erreichen. Die ihnen durch die nationale Gemeinschaft abverlangte Solidarität entsprach einer der Geschichte anderer europäischer Länder entlehnten Idee. In Italien aber entstand in allen Teilen des Landes eine starke Gegenbewegung: Im Süden expandierte und verfestigte sich das System von Camorra, Mafia und n'drangheta, in Mittelitalien herrschte nach wie vor die päpstliche Ablehnung dem neuen Staat gegenüber und im Norden verdiente die alte wirtschaftliche Elite das Geld, während anarchistische Industriearbeiter für Unruhen sorgten, die sich bis zur Ausübung von Gewalt verschärften.

Es zeigte sich, daß die ganze Schwäche des legitimierenden mythischen Überbaus des „Risorgimento" bei der ersten Beweisprobe zusammenfiel – anders als das in England oder Frankreich möglich gewesen wäre, wo eine Staatskrise niemals in dieser Schärfe das Hinterfragen der Zusammengehörigkeit der in Jahrhunderten gewaltsam zusammengeschweißten Nation zur Folge gehabt hätte. In Italien dagegen wurde nun die Heterogenität der Mythologeme, die sich auf der Landkarte scheinbar zum Ganzen des „Risorgimento" zu fügen schienen, zum Verhängnis: Die Mythologeme mit dem geringsten nationalitalienischen Bodensatz, nämlich die Regionen, strebten nun durch ihre eigenen ethnischen Wurzeln und Kräfte auseinander.[451] Für die diskursive Zusammenbindung dieser Regionen durch die große Mehrzahl der Bevölkerung der arbeitenden Massen mußte ein noch schlichteres Mythensystem geschaffen wer-

---

451 Werner Raith verglich wegen der geographischen und ökonomischen Heterogenitäten die Vereinigung Italiens von 1870 mit der Wiedervereinigung Deutschlands im Jahr 1989. In Italien habe hauptsächlich der Norden als treibende und die Wirtschaftspolitik determinierende Kraft von der Vereinigung profitiert, während sich der ausblutende Süden in großen Auswanderungswellen „entleerte". Ein Arbeiter aus Piemont verdient noch heute mehr als doppelt soviel wie ein Arbeiter aus der Region Basilicata. Vgl.: Raith, Werner, Wiedervereinigung auf italienisch, in: TAZ, 8.05.1990.

den, als es die Gründungsväter um und nach Cavour ersonnnen hatten. Mussolini muß erkannt haben, daß er noch simplere mythopoietische Zitate mit Hilfe der sich entwickelnden Medien streuen mußte, um diesmal wirklich alle Schichten an sich zu binden.

Im Faschismus eindeutig instrumentalisierte Figuren wie Mazzini oder Garibaldi haben sich aber ihre für weitere Instrumentalisierungen notwendige „Reinheit“ des nationalen Kämpfertums über den Faschismus hinaus bis heute bewahrt. Wohl gibt es einige vereinzelte Stimmen, die in Detailstudien auch die Biographien dieser sogenannten „padri della patria“ gegen das Licht halten. Doch der Gründungsmythos hat sich durch sein metasprachliches Zeichensystem – unter anderem via Literatur und Spielfilm[452] – so im kollektiven Gedächtnis der Italiener festgesetzt, daß ein wahrer Proteststurm ausbrechen konnte, als der Legist Vittorio Messori forderte, die „Risorgimento“-Statuen von den italienischen Plätzen zu entfernen.[453] Giovanni Spadolini, republikanischer Politiker in verschiedenen Ämtern der ersten Republik, arbeitete zeit seines Lebens an der Aufrechterhaltung der Erzählung des „Risorgimento“. In seinen eigenen Büchern und den von ihm herausgegebenen Publikationsreihen begegnet man einem vielgestaltigen historischen Mythos, der seine Helden gleichzeitig an so vielen Schauplätzen agieren läßt, daß sich die Widersprüchlichkeiten durch die Masse allein aufzuheben scheinen. Die folgerichtige Menge der „Risorgimento“-Gedenkstätten überzieht den gesamten italienischen Staat.

Der Politikwissenschaftler Gian Enrico Rusconi beschrieb es als mißlichen Fehler – vor allem der linken – Intellektuellen, nicht in positiver Weise vom „Risorgimento“ zu erzählen. Er warf Umberto Eco vor, er solle lieber einen Roman über das „Risorgimento“ schreiben, anstatt über das Mittelalter.[454] Würde das aber etwas an der verfahrenen politischen Situation in Italien verändern bei der schon existierenden Vielfalt von wissenschaftlicher wie ästhetischer Umsetzung der Nationalstaatsbildung, von Geschichten über den „Lione di Caprera“, den „Milord Camillo“ oder den „Re Galantuomo“?

Die literarischen Umsetzungen des „Risorgimento“, die es in der italienischen Prosa gibt, sind sicherlich nicht so geartet, wie sich das Rusconi von einem neuen Roman über die Nationsbildung erhoffen würde. Mit schonungsloser Härte führte zum Beispiel Federico de Roberto im Jahr 1894 die Protagonisten des „Risorgimento“ vor.[455] „I Vicerè“, so heißt der Roman, sind die Vizekönige des Königreichs beider Sizilien, eine aristokratische Familie, die während der neapolitanischen Herrschaft der Bourbonen in Palermo residierte. Das Resümee dieses Romans geht, ähnlich wie in Giuseppe Tomasi di Lampedusas Roman der „Leopard“ von 1953, dahin, daß sich während der Jahre der Nationsbildung in Italien im Vergleich zu vorher – außer den Benennungen – nicht viel verändert hat. So wird der Adelssproß im Laufe

---

452 Nach der Jahrhundertwende waren es vor allem italienische Spielfilme, die das Bild des „Risorgimento“ transportierten und dem Publikum die historischen Helden sinnlich erlebbar machten. So zum Beispiel im Jahr 1905 „La presa di Roma“, 1907 „Garibaldi“, 1910 „Anita Garibaldi“, 1911 „La fucilazione di Ugo Bassi e del garibaldino Giovanni Livraghi“, 1912 „I mille“, 1913 „O Roma o morte“, 1915 „San Martino“, 1915 „I martiri della Giovane Italia“ und 1916 „Altri tempi altri eroi“. Vgl.: Cincotti, Guido, Il risorgimento nel cinema, in: Meccoli, Domenico (Hrsg.), Il risorgimento italiano nel teatro e nel cinema, Rom 1970, S. 129–145.

453 Corriere della Sera, 1.09.1990.

454 Interview mit Gian Enrico Rusconi, in: Der Spiegel, 14.06.1993, S. 140ff.

455 Dt. Übers.: De Roberto, Federico, Die Vizekönige, Stuttgart 1992.

von De Federicos Beschreibungen von rund dreißig Jahren Geschichte (1855–1882) zum ans Bürgertum assimilierten Deputierten und das Benediktinerkloster zum Übungsgelände der neuen Turnerschaft. Garibaldi wird von den Vizekönigen als verrückter Utopist erachtet, und von Cavour ist nur, von der arroganten Höhe des sizilianischen Adels herab, als dem „Polentafresser" die Rede. Der Held des Romans, Consalvo Fürst von Francalanza, der nun Anfang der achtziger Jahre als Sohn der alten Familie der Vizekönige im Parlament der jungen Nation eine bürgerliche politische Karriere als Abgeordneter anstrebt, erklärt am Schluß seiner noch immer distinguierten Großtante, daß die in zweihundert Jahren erworbene „Rechtmäßigkeit" der Herrschaft der Bourbonen in höchstens achtzig Jahren zur „Rechtmäßigkeit" der Herrschaft des Hauses Savoyen geworden sein wird.[456]

Auch der „Leopard", Titelheld des sizilianischen Romanciers Tomasi di Lampedusa, wird von seinem garibaldinischen Neffen belehrt, daß, wenn alles so bleiben soll, wie es ist, es nötig ist, daß sich alles verändert. Lampedusa sympathisiert in seinem historischen Roman sehr mit der Titelfigur Don Fabrizio, Fürst Salina, der recht gelassen dabei zusieht, wie sich sein Nachkomme mit der schönen Tochter eines zu Geld gekommenen Bauern verheiratet. Aus der Sicht Don Fabrizios wird das „Risorgimento" im frontalen Gegensatz zu den italienischen Geschichts- oder Schulbüchern erzählt.

Für Tomasi di Lampedusa, der die herkömmliche historische Erzählung seines Landes voll Ironie dekonstruiert, hat gar keine heldenhafte Revolution stattgefunden. Einen Posten als Senator im neuen Parlament in Turin lehnt Don Fabrizio indigniert ab.[457] Die Sizilianer hätten sich im Laufe der Jahrhunderte schon mit byzantinischen Steuereintreibern oder Emiren aus der Barbarei zurechtgefunden, und so würde man nun auch mit den karrieristischen Piemontesen zurechtkommen – „Fremdherrschaft" kannte man in Süditalien quer durch die Epochen.

Wenn wir das „Risorgimento" aus der quellenkritischen Rückschau betrachten, erkennen wir nicht nur in den Romanen, sondern auch auf der historiographischen Bühne die Protagonisten einer klassischen Operninszenierung der „opera semiseria": Es tritt der hintersinnige Hagestolz auf, der Pantalone, der listig und verschroben wie der Donizetti'sche „Don Pasquale" agiert: Cavour. Wir finden den alten Wüstling, der ewig Zwielichtig-Schmierige, fast ein Verdi'scher „Falstaff", dem wir aber eigentlich nichts übelnehmen können: Vittorio Emanuele II. Dann haben wir den musischen Schwärmer, einen Meyerbeer'schen „Prophète", der angeklagt und verfolgt wird: Mazzini. Aufgelockert und mit Spannung durchflochten wird das Opernbild vor allem durch den heldischen Kämpfer, einen Rossini'schen „Tancredi": Garibaldi. Es gibt böse Verschwörer wie „Horn und Ribbing" aus Verdis „Un Ballo in maschera", die es auszuschalten gilt: den Papst, die Habsburger und die Bourbonen. Das Bühnenbild bietet uns

---

456 Mit De Robertos Roman in seiner Kritikfähigkeit vergleichbar ist „Piccolo mondo antico" von Antonio Fogazzaro aus dem Jahr 1895. Er schildert das Alltagsleben einer lombardischen Familie in den Jahren zwischen 1851 und 1859, weit entfernt von Mazzini oder Garibaldi. Die Banalität der beschriebenen Ereignisse und das Fehlen der mythisierten Protagonisten haben dafür gesorgt, daß dieser Roman in Italien entweder gar nicht oder nur am Rande als „Risorgimento"- Roman rezipiert wird. Fogazzaro selbst hielt nicht viel von historischen Heldenromanen im Stil d'Azeglios oder Guerrazzis. Vgl.: Friebe, Freimut, Das Risorgimento im Roman bei George Meredith und Antonio Fogazzaro, a.a.O., S. 19, 39.

457 Tomasi di Lampedusa, Giuseppe, Der Leopard, München 1984, S. 124f.

eine große Menge von Statisten aller Stände, die das Geschehen umrahmen und Chöre, die von der Zukunft singen. In diesem „Maskenball" von Bühnenhelden gibt es für die streitenden Herren auch eine Herzensdame: Die heiß Begehrte, um die alle werben, heißt „Italia".

Um nun zu überprüfen, ob tatsächlich „Belcanto = Italianità, oder hohes C = politische Einigung"[458] bedeuten, fehlt in unserer Inszenierung nur noch einer: der Komponist.

---

458 Rosendorfer, Herbert, Arrigo Boitos Weg zu Giuseppe Verdi, in: Programmheft zu „Falstaff" im Rahmen der Salzburger Festspiele 1993, Salzburg 1993, S. 27.

Dritter Teil
Der politische Mythos Verdi

I. Oper und Gesellschaft im „Risorgimento“

Als der italienische Ministerpräsident Camillo Benso di Cavour nach seiner Meinung über die Oper gefragt wurde, antwortete er, er halte sie für eine wahrhaft große Industrie mit weltweiter Wirkkraft. Die Oper sei eine Stimulation für Kommerz, Tourismus und Geldumlauf.[1]

Cavours Äußerung paßt sehr gut in das Bild, das uns der Mythos des „Risorgimento“ von ihm gezeichnet hat: Cavour erweist sich ganz als der trockene Ökonom. Denn seine Antwort faßt pragmatisch den Aspekt der Wertschöpfung durch die Oper ins Auge, einer Kunstform, die viele andere Gemüter vor und nach Cavour zu phantasievolleren Schwärmereien hingerissen hat.

Cavour hatte eine durchaus richtige Perspektive: Zum einen, das zeichnete sich schon vor der nationalen Einheit ab, eröffnete die Oper – modern gesprochen – neue Märkte. Denn neben der touristischen Anziehungskraft der Opernhäuser stieg die Produktion der Musikverlage sukzessive an. Die in den großen Städten ansässigen Verlagshäuser wie Ricordi oder Lucca in Mailand, Cottrau oder Clausetti in Neapel publizierten im Verlauf des 19. Jahrhunderts außer den Aufführungspartituren, die sie in die ganze Welt verkauften, Klavier- und Gesangsauszüge und Musikzeitschriften.[2]

Zum anderen bot sich die italienische Oper als Sinnstiftungsinstanz für die „werdende“ italienische Nation an. Sie gehörte zu den Identifikationssymbolen, die sich durch den Markt intensivierten und sich gleichzeitig politisch wie ökonomisch nutzbar machen ließen. Es gab zu einer Zeit, da sich die savoyische Politik in den europäischen Nationsdiskurs einklinken wollte, vor allem aber nach 1860, viel Bedarf an „neuen“, möglichst überregionalen, „genuin italienischen“ Werten, die die nationale Gemeinschaft kulturell verbinden sollten.

Das Heraufbeschwören des kulturellen Kapitals der Antike – mit dem bildende Kunst und Oper im Barock die europäische Hofgesellschaft beliefert hatte – stand im Zeitalter Cavours

---

1 Rosselli, John, Il sistema produttivo, 1780–1880, in: Storia dell'opera italiana. Il sistema produttivo e le sue competenze, hrsg.v. Bianconi, Lorenzo/ Pestelli, Giorgio, Turin 1987, S. 79. – (in dt. Übersetzung: Rosselli, John, Das Produktionssystem 1780–1880, in: Geschichte der italienischen Oper, hrsg.v. Bianconi/Pestelli,Wiesbaden 1990, Bd. 4, S. 97. Die folgenden Zitate entnehme ich der deutschen Ausgabe). – Auch Carlo Gatti zitierte Cavour mit den Worten Musik sei zu allen Zeiten ein weites Feld des Ruhms für Italien. Gatti, Carlo, Verdi, Mailand 1951, S. 365.

2 Pasi, Mario, 204 anni di Scala, in: Long, Gianni (Hrsg.), La Scala – Vita di un teatro, Mailand 1982, S. 6.

und einer industrialisierten Welt nicht mehr an erster Stelle und hatte auch während des Kampfes um die Vorrangstellung des Königreichs Piemont-Sardinien auf der Halbinsel ausgedient. Die italienische Oper war flexibel genug, die internationale Strahlkraft des neuen Italien in der Welt und den Schwung der jungen Nation auch nach innen zu symbolisieren. Sie bediente sich überdies in ihren Textbüchern meistens des „fiorentino-aureo", einer Sprache, die die Staatsgründer zur nationalen Sprache erkoren hatten.

Die italienische Oper also, die sich vielen politischen Sinnstiftungen anpassen konnte – wie zu zeigen sein wird –, entwickelte sich bis zum Ende des 19. Jahrhunderts immer mehr zum nationalen Exportartikel für das internationale Prestige des jungen Italien. Der Glanz des Opernhauses in den großen Städten täuschte an der Oberfläche über die Armseligkeit des bäuerlichen Alltags in den Dörfern des vereinigten Königreichs hinweg.

Diese Funktion der italienischen Oper als Repräsentantin der Nation sollte sich zunächst bei einem Auftragswerk bewähren: Einer der weltweit berühmtesten italienischen Komponisten wurde von offizieller Seite gebeten, beim Eröffnungkonzert der Weltausstellung in London 1862 das italienische Königreich unter Vittorio Emanuele II. zu vertreten: Gioacchino Rossini. Doch er lehnte mit Verweis auf Unpäßlichkeiten und Altersschwäche ab, und Verdi bewarb sich mit der Kantate „Inno delle Nazioni".[3]

Die nächste Gelegenheit, bei der sich die junge – nun auch um Rom bereicherte – italienische Nation bei internationalen Feierlichkeiten wieder in Gestalt der Oper exponieren konnte, war dann die Eröffnung des Suezkanals 1871, bei der Verdi mit dem exklusiven Auftragswerk „Aida" für sein Land einstand. Die italienische Oper und Giuseppe Verdi als ihr berühmtester lebender Komponist „machten" nun zu einem gut Teil den symbolischen Überbau der Nation, zumindest nach außen und für die Regierungen der anderen Nationen.[4]

Schon bald nach ihrer Erfindung an den italienischen Höfen des späten sechzehnten Jahrhunderts verfügte die „italienische Oper" über jene Wirkkraft, von der Cavour fast dreihundert Jahre später sprechen würde.[5] Zunächst war eine ihrer Vorformen allerdings eine sehr intime Angelegenheit und gleichzeitig ein Beispiel für ihre Funktion als dynastische Legiti-

---

3 Während Verdi ein Stück für Italien schreiben sollte, komponierten Auber für Frankreich, Meyerbeer für Deutschland und William Sterndale Bennett für England. Doch Verdis Stück fand keinen Anklang beim italienischen Kapellmeister Michele Costa am „Covent Garden Theatre", so daß sie kurz darauf außerhalb der Ausstellungseröffnung im Londoner „Her Majesty's Theatre" zur Aufführung kam. Gatti, Carlo, a.a.O., S. 413ff. – Marggraf, Wolfgang, Giuseppe Verdi, Leipzig 1982, S. 208ff.

4 Massimo Mila weist darauf hin, daß im Ausland, wo die Kunst der italienischen Orchestrierung viel beachtet und studiert wurde, die Instrumentierung von Verdis Opern seit dem „Nabucco" (1842) großes Aufsehen erregten. Mila, Massimo, La Giovinezza di Verdi, Turin 1974, S. 88. – Ein Bild dieses Bewußtseins können wir zum Beispiel 1857 der florentinischen Musikzeitschrift „L'Armonia" entnehmen. Hier schreibt ein Redakteur, daß Verdi den Namen Italiens glorreich über die ganze Welt verbreite: „(...) il quale fa suonare gloriose il nome italiano su quasi tutta la superfice della terra." L'Armonia, 29. Juli 1857. – John Rosselli aber macht gar mit dem Jahr der Einheit Italiens, 1861, das Ende der eigentlichen italienischen Oper fest, die für ihn an das politische System der ehemaligen Souveräne auf der Halbinsel gebunden war. Verdi sei nun nur noch eine isolierte Stimme gewesen. Rosselli, John, Sull ali dorate, Il mondo musicale italiano dell'Ottocento, Bologna 1992, S. 79.

5 Seit etwa dem 16. Jahrhundert entstand die Gattung der Oper. Ein genauer Ursprung ist nicht

mation: Am Hof von Mantua ließen sich die Gonzaga-Fürsten über zwanzig Jahre mit dem Musiktheater von Claudio Monteverdi ihren Herrschaftsanspruch auch musikalisch bestätigen.[6] Wie schon in der Historienmalerei, die die Gonzaga-Paläste zierte, waren die Themen der Musik vom klassischen Mythos bestimmt. Orpheus und Odysseus begleiteten vergnüglich die höfischen Feste und personifizierten den Heldenmut der Auftraggeber-Fürsten.[7] In den Stücken, die Monteverdi ersann, sangen die „Götter" für die Gonzaga und ihre Gäste. Das Privileg des Genuß' an dieser Art Spektakel war ein exklusiv aristokratisches[8] oder, wie der Hofkomponist Marco da Gagliano sagte, wahrhaft für Prinzen gemacht.[9]

Als Jean Jacques Rousseau durch Italien reiste, hatte sich die musikalische Welt auf der Halbinsel schon sehr geändert, hatte sich das Publikum über die Hofgesellschaft zu einem städtischen Opernpublikum erweitert und der große Rahmen des Opernhauses den kleinen Rahmen der Schloßbühne abgelöst. So konnte Rousseau gleichermaßen verzückt wie beeindruckt berichten:

„In ganz Italien sah man Theaterhäuser entstehen, die an Ausdehnung königlichen Palästen gleichkamen und in Anmut der Form den Denkmalen der Antike, von denen das Land voll ist. Sie auszuschmücken, erfand man die Künste der Perspektive und Bühnenmalerei. Die sinnreichsten Maschinen, die waghalsigsten Flugerscheinungen, Stürme, Blitze, Donner und alle Wunderwerke des Zauberstabs wurden aufgeboten, die Augen in Bann zu schlagen, während eine Vielzahl von Instrumenten und Stimmen die Ohren in Erstaunen setzte."[10]

Vom Ruhm der italienischen Oper versuchten Komponisten nun auch außerhalb der italienischen Halbinsel zu profitieren. Der Hallenser Georg Friedrich Händel, der nach seiner Musikausbildung in Deutschland drei Jahre in Italien verbrachte, schrieb in seiner Wahlheimat London für die italophilen Engländer seit 1712 sogenannte „Burlette per musica" und „Dramme giocose" mit italienischen Titeln und Texten am „King's Theater".[11] Es ist nicht

---

nachvollziehbar. Claudio Monteverdi (1567–1643), der im Dienst des Hofes in Mantua stand, gilt als einer der ersten „Opernkomponisten".

6 Vgl.: Florimo, Francesco, Da Palestrina a Monteverdi, in: ders., La scuola musicale di Napoli, Bd. I, Neapel 1881, S. 37ff.

7 Richard Wagner erklärte die Erfindung dieser Musikform mit dem Überdruß der vornehmen Leute an der Kirchenmusik Palestrinas. Vgl.: Wagner, Richard, Oper und Drama, Stuttgart 1984, S. 20. – Vgl. zur französischen Form der Oper als Hofmusik: Graevenitz, Gerhard von, Mythos – Zur Geschichte einer Denkgewohnheit, Stuttgart 1987, 262f.

8 Mantua bekam in dieser Zeit den Ruf einer „Hauptstadt der Musik". Auch der Niederländer Orlando di Lasso stand zeitweilig am Hof in Mantua in Lohn und Brot. Confurius, Gerrit, Sabbioneta – oder Die Schöne Kunst der Stadtgründung, Frankfurt/Main 1991, S. 205f./Fußnote 18. – Das Exklusive an der an den Höfen praktizierten Musikform zeigt eine Ähnlichkeit zwischen dem dynastischen und dem nationalen Diskurs auf. Hier wie dort wird zwischen Angehörigen und Außenstehenden unterschieden. Die Distinktionskriterien sind zwar andere, doch begrifflich läuft diese Differenz über Inklusion und Exklusion.

9 Zit. bei: Dallapicola, Luigi, Words and Music in Italian Nineteenth–Century Opera, in: The Verdi Companion, hrsg. v. Weaver, William/ Chusid, Martin, New York, London 1988, S. 193.

10 Rousseau, Jean Jacques, Musik und Sprache – Ausgewählte Schriften, hrsg. v. Schaal, Richard, Wilhelmshaven 1984, S. 288.

11 Zum Beispiel: „L'Infedeltà d'elusa", „Il mondo della luna", „Armida". Csampai, Attila/ Holland, Dietmar, Opernführer, Hamburg 1989, S. 163ff.

möglich, hier auf alle Aspekte des Opernschaffens vor dem neunzehnten Jahrhundert einzugehen, doch ist in diesem Zusammenhang einzig das Folgende beachtenwert: Bereits im Barock wurden „Oper" und „Italien" als „Kulturnation"[12] im Ausland weitgehend gleichgesetzt, die italienische Hochsprache galt als die einzige gemäße Gesangssprache, und an jedem europäischen Hof wurde auf diese Weise eine Art Vorgefühl nationaler kultureller Identität in die Welt getragen – lange bevor das rurale Italien diese Qualitäten auch nur mitbekam.

Giacomo Meyerbeer, der – ähnlich wie schon 350 Jahre zuvor Orlando di Lasso[13] – sogar seinen deutschen Vornamen italianisierte, komponierte eine der französischen „Grand-Opéra" zugezählte Opernform, mit der er aber die Beherrschung des zeitgenössischen „Gattungsidioms", der Sprache der italienischen Oper mit ihren typischen Kantilenen, unter Beweis zu stellen suchte.[14] Selbst das mondäne Paris kam also bei seinen Eigenproduktionen nicht ohne Verweis auf das Herkunftsland der Gattung aus.[15]

Der Belgier André Ernest Modeste Grétry oder der Franzose Hector Berlioz verbrachten ebenfalls mehrere Jahre in Italien, um sich vom Stil der „italienischen" Kompositionsform inspirieren zu lassen.[16] Umgekehrt waren italienische Musiker in Deutschland stets gefragt. In Dresden fand Carl Maria von Weber starke Konkurrenz durch Francesco Molacchi, der dort dreißig Jahre das beliebte italienische Repertoire betreute.[17]

Lange bevor Wagner Bayreuth mit seinem spezifisch deutsch-nationalen Opern-Mythos befruchtete, hatte die fränkische Stadt durch die Initiative der italophilen Markgräfin Wilhelmine einen wichtigen Grundstein für Bayreuther Opernkultur gelegt: Wilhelmine ließ 1748 ein von Giuseppe Galli-Bibiena[18] prächtig ausgestattetes Opernhaus errichten, um dort die italienische Operntradition zu pflegen.[19]

---

12 Vgl. zum Begriff der „Kulturnation": Francis, Emmerich, Ethnos und Demos, a.a.O. – Meinecke, Friedrich, Weltbürgertum, München 1967.

13 Der aus dem belgischen Hennegau stammende Orlando di Lasso huldigte mit der italienischen Form seines Namens – manchmal nannte er sich auch Orlandus Lassus – dem italienischen Geschmack seines Brotherrn Herzog Wilhelm V. – Vgl.: Boetticher, Wolfgang, Orlando di Lasso und seine Zeit, Kassel 1958, S. 27.

14 Meyerbeers erste italienische Oper war „Romilda e Costanza" von 1817. Döhring, Sieghart, Giacomo Meyerbeer und die Oper des 19. Jahrhunderts, in: Giacomo Meyerbeer – Weltbürger der Musik, hrsg. v. Musikabteilung der Staatsbibliothek Preußischer Kulturbesitz, Berlin 1991, S. 29.

15 Rousseau hatte in seinem „Brief über die französische Musik" der italienischen Sprache als Singsprache eindeutig den Vorrang vor der französischen eingeräumt: „Was den harmonischen Eindruck der Sprache angeht, der ebenso von der Silbenzahl, von der Prosodie wie von den Silbenklängen abhängt, so liegen in diesem Punkt die Vorzüge der italienischen Sprache auf der Hand." Rousseau, Jean Jacques, Musik und Sprache – Ausgewählte Schriften, a.a.O., S. 57.

16 Berlioz, Victor, Italienische Reise, in: ders., Memoiren, Hamburg 1990, S. 115ff. – Mellers Wilfried, Musik und Gesellschaft, Frankfurt/Main 1964, S. 190.

17 Voss, Egon, Musikdrama und Gesangsoper, in: Dahlhaus, Carl (Hrsg.), Funk-Kolleg Musik, Frankfurt/Main 1981, Bd. 1, S. 276.

18 Die Architekten- und Bühnenbildnerfamilie Galli-Bibiena trug seit 1618 die handwerkliche Kunst der italienischen Opernarchitektur in europäische Städte wie Barcelona, Wien, Nancy und Prag. Vgl.: Seeger, Horst (Hrsg.), Opernlexikon, Berlin 1989, S. 90.

19 Auch der Opernwettstreit, den Mozart und Salieri im Auftrag Josephs II. austragen mußten, ist

Und schließlich war es um die 1840er Jahre Giuseppe Verdi, der dem Ostpreußen Otto Nicolai beim Wiener Publikum den Rang ablief. Nicolai, der seit 1841 – nach zehn Jahren Musikfortbildung in Italien – die Stelle des ersten Kapellmeisters an der Wiener Hofoper bekleidete, hatte als Komponist nicht denselben Erfolg wie als Dirigent: Der Wettkampf zwischen der deutschen und italienischen Opernrichtung und die Vorliebe, die die Wiener unter anderem für Verdi hegten, trieben Nicolai schließlich zum Ende der vierziger Jahre in das damals für die Oper wenig illustre Berlin.[20]

Das italienische „Musiktheater“[21] war indes reichhaltiger, als es die berühmten Hofopern vermuten lassen. Es umfaßte zum Wechsel vom 18. zum 19. Jahrhundert auch der Oper verwandte Gattungen wie die „Farsa“, das „Dramma giocoso per musica“ oder die typisch neapolitanische Variante der „Commedia per musica“, die heute gewöhnlich alle unter den Gattungsbegriff der „Oper“ gerechnet werden.[22] Und in allen diesen Formen überlebte, so Carl Dahlhaus, jene „Wesensnähe zum Barocktheater, das eben nicht nur das Theater des Jahrhunderts war, aus dem die Oper stammte, sondern auch das Theater, dessen Geist in der Oper das Barockzeitalter überdauerte.“[23]

Ausdruck für das Bewußtsein der Bedeutung des italienischen Musiktheaters. Beide Komponisten schrieben eine Oper zum selben Thema – Mozart mit einem deutschen Text und Salieri mit einem italienischen –, die beide am selben Abend im Februar 1786 aufgeführt wurden. Die Publikumsgunst entschied sich für Salieris „Prima la Musica, Poi le Parole“. Mozarts „Schauspieldirektor“ konnte weder durch den deutschen Text noch durch die Musik überzeugen. Vgl.: Harnoncourt, Nikolaus, Mozarts „Schauspieldirektor“ und Salieris „Prima la Musica“, in: Textbuch zur gleichnamigen Aufnahme des Concertgebouw Orchestra Amsterdam, 1987.

20 Meyerbeer hielt sehr viel von Nicolais Fähigkeiten als Kapellmeister. Meyerbeer, Giacomo, Briefwechsel und Tagebücher, hrsg. v. Becker, Heinz und Gudrun, Bd. 4: 1846–1849, Berlin 1985, S. 40. – Vgl. auch: Schumann, Karl, Nicolai: Die lustigen Weiber von Windsor, in: Nicolai, Otto, Die lustigen Weiber von Windsor, Textbuch zur Aufnahme des Bayerischen Staatsorchesters mit Robert Heger vom Februar/März 1963, Köln 1988, S. 7f.

21 Carl Dahlhaus wies darauf hin, daß der Terminus „Musiktheater“ seit dem 19. Jahrhundert immer diffuser wurde und keinesfalls ein Synonym für „Oper“ sei. Er erweise sich manchmal als engerer und manchmal als umfassenderer Begriff. In diesem Text wird er als der umfassendere verwendet werden. Vgl.: Dahlhaus, Carl, Dramaturgie der italienischen Oper, in: Geschichte der italienischen Oper, a.a.O., Bd. 6, S. 85.

22 Die „Farsa“ bestand meist aus einem Akt und hatte keinen Chor. Es ist bis heute unsicher, ob man sie als eigene Gattung oder einfach als eine kürzere „Opera buffa“ bezeichnen soll. Sie hat vom Inhalt ihre Verwandtschaft mit dem Sprechtheater der Commedia dell'arte des 15. und 16. Jahrhunderts. „Farsette“ als Form des Theaters mit Musik finden sich zuerst in Rom im 18. Jahrhundert. Berühmte Namen sind Domenico Cimarosa oder Francesco Degrada. Die Texte hatten meist komische Inhalte und waren literarisch wenig anspruchsvoll, so daß sich die hohen Zahlen der komponierten Werke – Niccolo Piccini komponierte in 15 Jahren 120 Stücke – einzelner Komponisten aus der Kürze und der geringen zu bewältigenden Stoffdichte ergaben. Brandenburg, Daniel, Rossini und die Farsa, Vortrag beim Symposium der Kammeroper Frankfurt, 8. März 1992. – Venezia e il dramma nel Settecento, hrsg. v. Muraro, Maria Teresa, Florenz 1978.

23 Dahlhaus, Carl, Dramaturgie der italienischen Oper, a.a.O., S. 86.

Die sich entwickelnde „Opernindustrie“ – um einen Begriff John Rossellis zu verwenden – war in vielen Städten Europas in der Hand italienischer Entrepreneure.[24] Außerhalb der Grenzen der italienischen Halbinsel war ihr Musiktheater – ähnlich wie die Literatur – in gebildeten Kreisen gut bekannt und repräsentierte für ausländische Italienreisende einen Teil des italienischen Ethnos im Sinne Emerich Francis' auch ohne eine vereinte Nation und ihrer Rezeption darin vorgreifend.[25] Dies alles sollen nur Hinweise sein auf die Stellung der italienischen Oper in der europäischen Hochkultur, schon bevor die Politik der Piemontesen und Savoyer Italien auch als politisches Phänomen auf die Landkarte der Nationen brachte.[26]

Nach Rossinis erstem großen europäischen Erfolg „Tancredi“ reüssierte seine „L'italiana in Algerie“, ein „Dramma giocoso“, über europäische Grenzen hinaus; uraufgeführt im Jahr 1813 in Venedig, wurde dieses Stück schon kurz darauf in München, Wien, London und New York einem internationalen Publikum als Musiktheater in italienischer Sprache geboten.[27]

Die überragende Bedeutung, die der Musik in den adligen und großbürgerlichen Gesellschaften der europäischen Großstädte in der ersten Hälfte des 19. Jahrhunderts – und auch darüber hinaus – zukam, erklärte der Soziologe und Gesellschaftsbiograph Siegfried Kracauer so: „Wie die romantische Literatur hatte sie (die Musik, B.P.) die Funktion, die bürgerliche Jugend auf eine politisch unverfängliche Art für die Ideenlosigkeit des Juste-Milieu zu entschädigen.“[28]

Die Musik hatte also in einer wechselhaften Zeit der Revolutionen und Restaurationen weiterhin, ähnlich wie die Romane jener Zeit, etwa von Walter Scott oder Edward George Bulwer-

24 Rosselli, John, Opera Industry from Cimarosa to Verdi – The Role of the Impresario, Cambridge 1984.

25 So zum Beispiel werden neben den Werken von Rossini auch Saverio Mercadantes Opern, zum Beispiel „Il Bravo“, uraufgeführt 1839 in Mailand, kurz darauf neben vielen Städten auf der Halbinsel in Wien, Berlin, Paris, Rio de Janeiro gespielt. Oder Giovanni Pacini, dessen „Saffo“ nach der Uraufführung 1840 in Neapel unmittelbar danach in Rio de Janeiro, Kopenhagen, Paris, Berlin, London, Athen, Amsterdam, Warschau und St.Petersburg gegeben wurde, um nur wenige Orte zu nennen. Kaufman, Thomas G., a.a.O., S. 117ff.

26 Auch nach der Einigung Italiens finden wir Spuren des Bedeutungsgehalts der ehemals typisch italienischen Oper außerhalb Italiens: Als Friedensfeier für den gewonnenen Krieg gegen Frankreich wurde am 17. Juni 1871 von Kaiser Wilhelm I. die Militäraristokratie zu einer Festveranstaltung im Berliner Opernhaus eingeladen. Zunächst wurde die Ouvertüre zu Meyerbeers Oper „Ein Feldlager in Schlesien“ gespielt, eine der wenigen Opern Meyerbeers mit deutschem Text und Titel. Dann folgte unter anderem eine Dichtung mit Musik von Bernhard Hopffer: Barbarossa. Arno Borst, der diesen Abend beschreibt, deutet das Spielen des Stückes von Meyerbeer als sichtbares Zeichen dafür, daß die Oper ein „wichtiges Symbol preußischer Kulturtradition bildete“. Zumal Meyerbeer als preußischer Generalmusikdirektor (seit 1842) im Jahr 1844 das abgebrannte Opernhaus mit eben dieser Oper neu eröffnete. Nun, 1871, feierte der Kaiser im Opernhaus den Sieg, während das Volk draußen „die prachtvoll illuminierten Straßen durchwogte“. Borst, Arno, Barbarossa 1871, in: ders., Reden über die Staufer, Frankfurt/Main 1978, S. 91ff. – Das deutsche Libretto zu Meyerbeers „Feldlager“ wurde später von Eugène Scribe umgeschrieben und auf französisch mit dem Titel „La stella del Nord“ aufgeführt. Gatti, Carlo, a.a.O., S. 389.

27 Csampai, Attila/ Holland, Dietmar, a.a.O., S. 328.

28 Kracauer, Siegfried, Jacques Offenbach und seine Zeit, Frankfurt/Main 1976, S. 61.

Lytton, vorwiegend unterhaltenden Wert – wobei hier nicht darüber gerechtet werden soll, ob und welche Wirkungen sie soziologisch und politisch überhaupt einnehmen kann. Die Frage im Zusammenhang dieser Arbeit ist vielmehr, welche gesellschaftliche Klasse sich mit welchen Themenstellungen der italienischen Oper des neunzehnten Jahrhunderts unterhalten ließ, um eine „imagined comunity" zu bilden und welche politischen Funktionen dieser Unterhaltungsindustrie im Laufe der Zeit zufielen.

Der Musikkritiker Hanslick, der die revolutionäre Zeit 1848 in Wien erlebte, dokumentierte in seinen Lebenserinnerungen eine gesellschaftliche Facette jenseits der von Kracauer beschriebenen glamourösen Welt der Höfe, der Pariser Boulevards und der mondänen Bäder. Die Szenerie auf den Straßen in Wien kurz nach den „Cinque Giornate" 1848 und während der Eröffnung der sogenannten „italienischen Saison" im Kärtnertortheater beschrieb er so: Aufgebrachte Wiener sollen sich auf Anzeigenwände und Litfaßsäulen gestürzt haben, um die Ankündigungsplakate von Verdis Oper „Ernani" zu zerkratzen oder abzureißen. Und Hanslick schlußfolgerte, daß diese Demonstration zum einen den Haß gegen die Italiener ausdrückte, doch ein zweites käme hinzu, Hanslick wörtlich: „(...) die italienische Oper galt nun einmal als exklusiver Kunstluxus, als die Musik des Hofes, der Aristokratie und der Reichen."[29] Das heißt also, die Oper stand für eine bestimmte Gesellschafts- und Lebensform und setzte bei der revoltierenden Wiener Schicht negative Emotionen frei. Hier war also die Oper das Klassensymbol der „Reichen" in den gesellschaftlichen Konflikten und nicht die vorurteilsfreie Bühne, auf der die Revolution zwischen Proletariat, Bourgeoisie und Adel ausgetragen wurde und sich schließlich die Klassen versöhnten. Wie heute war sie also offenbar kulturelle Plattform eines distinkten Teils der Gesellschaft, war Partei und nicht ästhetischer Schiedsrichter.

Ganz im Gegensatz zu diesem Bild gilt die Oper des 19. Jahrhunderts bis heute oft als der Ort, wo sich die Menschen der unterschiedlichsten Klassen trafen: Wir finden die Oper wie eine Enklave demokratischen Lebens jenseits absolutistischer Realitäten geschildert, wo sich der Adlige neben dem Arbeiter – und umgekehrt – wohlfühlte und seiner Abendvergnügung nachging, wo eine Vorform der Demokratie erprobt und gelebt wurde.[30] Solche Träume von einer sozialisierenden Wirkung der italienischen Oper wollen in der Regel nichts vom ökonomischen Unterbau dieses Mediums wissen. Sie beziehen sich in ihren Beschreibungen des Opernpublikums oft oberflächlich auf literarische Reiseeindrücke – unter anderem von

29 Hanslick, Eduard, Aus meinem Leben, hrsg. v. Peter Wapnewski, Kassel 1987, S. 81. – Auch die Bologneser Zeitschrift „Teatri, Arti e Letteratura" berichtete einigermaßen erstaunt über diese opernfeindliche Demonstration der sonst so opernliebenden Wiener. Vgl.: „Teatri, Arti e Letteratura", 4. Mai 1848.

30 Rubens Tedeschi geht sogar soweit, die Entwicklung der Oper seit dem frühen 17. Jahrhundert „von der Feierlichkeit am Hofe zum Volksvergnügen" zu beschreiben und stellt Vergleiche mit unserer heutigen Kinokultur an. Tedeschi, Rubens, L'Opera italiana, in: Storia d'Italia, Bd. 5, Turin 1973, S. 1150.

Stendhal[31] – und verzichten deshalb meist auf plausible Angaben über die Zusammensetzung des Publikums.[32]

Landläufige Darstellungen der italienischen Oper des 19. Jahrhunderts sind oft auch darum unkritisch und undifferenziert, weil sie von einer Vermischung aus Volkslied und Oper oder sogar von einem Ursprung der Opernmusik aus dem vokalen Arbeiter- und Bauernliedgut im Opernrepertoire ausgehen. Es begegnet uns in diesem Zusammenhang oft das Klischee des ewig trällernden musikalischen Italieners[33], dem die Oper, ob „Landarbeiter" oder „Landesherr"[34], naturgemäß im Blute steckt.[35] Weitere Anhaltspunkte für dieses Klischee finden wir

---

31 Giuliana Ricci zitiert Stendhal, der in seinem„Rome, Naples et Florence" die Restaurierung des Opernhauses „San Carlo" lobte und die Erhaltung dieses Hauses als die beste Garantie für den König beschreibt, die Gunst des „Volkes" zu erhalten. Der Begriff des „Volkes" ist in diesem Zusammenhang von Ricci mißverständlich zitiert und wird dem Mythos der „volkstümlichen Oper" als Stütze einverleibt. Ricci, Giuliana, Teatri d'Italia dalla Magna Greca all'Ottocento, Mailand 1971, S. 195. – Stendhal berichtete aber ebenso, daß ihm ein Neapolitaner, dem gegenüber er die Architektur des San Carlo sehr lobte, meinte, Stendhal nehme nur das Theater wahr und übersehe dabei die Realität in den kleinen Städten. Vgl.: Stendhal, Rome, Naples et Florence, hrsg. v. Brunel, Pierre, Paris 1987, S. 319.

32 „Statistiken" über das Opernpublikum im modernen soziologischen Sinn gibt es nicht. Das erleichtert das Mythisieren. – Raffaele Pozzi dehnt die „Verbürgerlichung" der Oper auf alle Schichten aus. Anstatt die Entwicklung der Oper im 19. Jahrhundert von der Hofkunst zur Unterhaltungsform der reichen „alta borghesia" zu sehen, unterstellt er den volkstümlichen Charakter der italienischen Oper im 19. Jahrhundert. Pozzi, Raffaele, La realtà e la maschera. L'opera italiana da Cimarosa a Verdi, in: Storia della società italiana, hrsg.v. Cherubini, Giovanni/ Della Peruta, Franco, Bd. 15, Mailand 1986, S. 99–122, hier: S. 104. – Wolfgang Marggraf versucht das Bild der italienischen Oper als volkstümliche Oper noch zu verstärken, indem er sie von der französischen Oper differenziert, die ganz anders als die italienische, „dem französischen Bürgertum seine auf Besitz gegründete Machtfülle glorios überhöht zurückspiegelte". Marggraf, Wolfgang, Giuseppe Verdi, Leipzig 1982, S. 181.

33 So zum Beispiel Conrad Lay, der schlichtweg behauptet, noch heute würden in Neapel im Teatro San Carlo ganze Familien kommen, um bei den bekannten Arien „munter mitzusingen". Hier wird das 1913 eingeführte Ritual der Sommerfestspiele in der „Arena di Verona", wo tatsächlich ganze Familien zur Opernaufführung wie in den Zirkus gehen, auf das großbürgerliche San Carlo übertragen, wo die Eintrittspreise kaum für ganze Familien erschwinglich sind. Vgl.: Lay, Conrad, Neapel, in: Anders reisen, Italien, hrsg. v. Humburg, Jürgen; Lay, Conrad; Wunderle, Michaela, Hamburg 1988, S. 339.

34 In dem Hörspiel des Schweizers Urs Widmer, „Die schrecklichen Verwirrungen von Giuseppe Verdi", ist die Dramaturgie ganz auf den Gegensatz des „Landesherrn" zum Verdi-Arien singenden „Landarbeiter" aufgebaut. Widmer suggeriert, daß Verdi für den Chor „Va sull'ali dorate" in Wirklichkeit singende Landarbeiter vorgesehen hatte und ihm der Theaterdirektor aus Vorsicht vor der Meinung der Zensur einen Chor von singenden Juden vorgeschlagen habe. In einer weiteren Szene des Hörspiels wird das Attentat auf den österreichischen Kaiser geschildert. Der Attentäter ist – in der italienischen Historie der Irredentist – Oberdan, und er singt im Hörspiel während seiner Aktion Verdi-Lieder, was der Kaiser daraufhin verbieten lassen will. Verdi wird hier zum „Landarbeiter"-Komponist und „Irredenta"-Sympathisant mythisiert. Vgl.: Widmer, Urs, Die schreckliche Verwirrung des Giuseppe Verdi, Hörspiel, Südwestfunk Baden-Baden, 1974.

35 Franz Werfel urteilte: „Für einen Italiener ist ja Musik und Oper ein- und dasselbe." Vgl.: Wer-

sowohl in poetischer wie auch in wissenschaftlicher Literatur – vor allem der deutschsprachigen Kulturgeschichte. Das mag unter anderen auf das Vorbild Goethes zurückgehen, der von seiner italienischen Reise folgende Beobachtung berichtet:
„Nachts geht nun das Singen und Lärmen recht an. Das Liedchen von Marlborough hört man auf allen Straßen, dann ein Hackebrett, eine Violine. Sie (die Italiener, B.P.) üben sich, alle Vögel mit Pfeifen nachzumachen. Die wunderlichsten Töne brechen überall hervor. Ein solches Übergefühl des Daseins verleiht ein mildes Klima auch der Armut, und der Schatten des Volks scheint selbst noch ehrwürdig."[36]

Und auch Mozart und sein Vater waren sehr überrascht, in welcher stimmlichen Perfektion einfache Leute auf der Straße zu singen und zu improvisieren imstande waren.[37] Die berühmten an die Kirche angeschlossenen Waisenhäuser, die in Venedig und Neapel gleichzeitig eine Art Musikschule waren und die Höfe seit dem Barock mit ausgebildeten Singstimmen belieferten, sind beredte Beispiele dafür.[38]

Selbst Adorno äußerte in seiner „Einleitung in die Musiksoziologie" die Auffassung von einer Verbindung der Sprache der Menschen des Mezzogiorno mit dem musikalischen Medium. Die „archaische Volksmusikalität" fand er „(...) an einem Material, das einmal seinerseits der individualistischen Sphäre angehörte", nämlich an den italienischen Opern.[39] Dies ist allerdings eine sehr ungenaue Verallgemeinerung, denn zum einen gab es vor der Vollendung der politischen Einheit Italiens im letzten Drittel des 19. Jahrhunderts wegen der kulturellen Heterogenität auf der Halbinsel gar keine einheitliche „italienische" archaische Volksmusik. Die einzelnen Regionen waren nicht nur sprachlich, sondern auch im Gesangsstil und der Art der Stimmbildung mehr von den Kulturgebieten außerhalb Italiens beeinflußt, mit denen sie in Verbindung standen. Deren Traditionen mischten sich mit dem Charakter ihrer eigenen Musikalität und prägten von Region zu Region unterschiedliches Liedgut, ohne einen gesamtitalienischen Liedcharakter zu entwickeln.[40] Zum anderen finden sich bis ins späte 19. Jahrhundert trotz aller im Mythos – vor allem in den Opern von Giuseppe Verdi[41] – propagierter „Volkstümlichkeit" auch von diesen regionalen Volksliedern keine auffälligen Spuren in der italienischen Oper.

---

fel, Franz, Ein Bildnis Giuseppe Verdis, in: Zwischen Oben und Unten, München 1975, S. 368.

36 Das „Liedchen von Marlborough" ist das Volkslied „Malbrough s'en va–t–en guerre", es soll 1786 in einem Mischdialekt aus französisch und italienisch auf allen Straßen Italiens gesungen worden sein. Goethe, Johann Wolfgang von, Italienische Reise, a.a.O, S. 57.

37 Rosselli erklärt die Wurzeln der italienischen Tradition des volkstümlichen Singens teilweise aus dem 17. Jahrhundert, wo Bauern und Tagelöhner ihre bestimmten Lieder und Tänze hatten. Rosselli, John, Sull'ali dorate. a.a.O., S. 14/27ff.

38 Das „Ospedale della Pietà" in Venedig beherbergte 1730 etwa 1000 junge Mädchen, von denen einige unterrichtet wurden. Oehrlein, Josef, Das Waisenhaus als Klanglabor, in: FAZ, 27. Juli 1991.

39 Adorno, Theodor W., Einleitung in die Musiksoziologie, Frankfurt/Main 1975, S. 197.

40 Stockmann, Doris (Hrsg.), Volks – und Popularmusik in Europa, Wiesbaden 1992, S. 242ff.

41 Conati hat in einem Aufsatz die Opern Verdis auf Volkstümlichkeit untersucht, ohne allerdings wirkliche Spuren volkstümlicher Musik zu finden. Er weist darauf hin, daß eine breitere Untersuchung zu diesem Thema fehlt. Dazu später noch mehr. Vgl.: Conati, Marcello, Ballibili nei „Vespri". Con alcune osservazioni su Verdi e la musica popolare, in: Studi Verdiani, 1/1982, S. 44. – Roberto Leydi, der den Einfluß des Volkslieds auf die Oper bestreitet, konstatiert um-

Unter allen Komponisten des 19. Jahrhunderts ließ sich nur der Franzose Hector Berlioz deutlich von der vielgestaltigen volkstümlichen Musiktradition der italienischen Halbinsel inspirieren und zitierte sie. Er hatte diese Musik bei seinem Aufenthalt in Italien anläßlich eines Stipendiats an der französischen Akademie in Rom kennengelernt. Berlioz baute in seine viersätzige Sinfonie „Harold en Italie" das „Ständchen eines Abruzzenbewohners an seine Geliebte"[42] ein, dem der Komponist durch das Nachahmen vom Klang einer Schalmei und von Gitarrengeklimper spielerische Bukolik verlieh.[43] Von der italienischen Oper indes und ihrem Hang zu allem „was tanzt, schimmert, glänzt, belustigt" war Berlioz nicht sehr angetan.[44] Ebensowenig unterstützte er in seinen Memoiren die Erzählung über den so musikalischen Italiener. Am Ende seines Aufenthalts an der Akademie schrieb er: „In Rom hingegen habe ich selten einen harmonischen Klang aus dem Volksmund gehört. Die Pecorari, die Hirten der Campagna, haben eine Art von eigentümlichem Grunzen, das zu keiner musikalischen Skala gehört und unmöglich durch Noten wiedergegeben werden kann."[45] Das in seinen Memoiren vermittelte Kolorit sagt – wenngleich auch nichts über das Publikum der Oper – so doch um so mehr über die Subjektivität der Eindrücke eines Italienreisenden aus. Die Vermutung, die „italienische Oper" hätte ihre Wurzeln in der „italienischen Volksmusik" und darum auch jene vorgeblich sozialisierende Wirkung, kann – wenn überhaupt – nur mit großen Vorbehalten betrachtet werden. Eher ist sie auf der musikalischen Ebene als eine Weiterentwicklung des höfischen Traditionsstrangs zu betrachten; die Oper trug mit ihrem geschichtlichen Ursprung im Barocktheater dessen charakteristische Facetten bis in unsere Zeit.

Entgegen der hartnäckigen These von einem „demokratischen Opernhaus" hat Anselm Gerhard für den Opernbetrieb in Frankreich herausgestellt, daß zwischen 1830 und 1866 nur der Anteil der Rentiers und der Hochfinanz neben dem aristokratischen Publikum stark zunahm.[46] Gelegentlich bestand das Publikum seither auch aus Vertretern des Besitzbürgertums[47], was

---

gekehrt seit der Jahrhundertwende eine nur oberflächliche Beeinflussung der Opernkultur auf die Musikausübung des Volkes. Gleichzeitig aber weist er den Versuch der Rezeptionsgeschichte seit 1900 nach, eine Verbindung aus Oper und Volkslied zu konstruieren und zu mythisieren. So falsifiziert er die Ansicht eines italienischen Autors, der Donizetti fälschlicherweise als den Komponisten eines berühmten neapolitanischen Liebeslieds dargestellt hatte, das aber nachweislich aus der Feder eines neapolitanischen Optikers stammt. Leydi, Roberto, Verbreitung und Popularisierung, in: Geschichte der italienischen Oper, a.a.O., S. 334ff.

42 Es handelt sich um den III. Satz der Sinfonie, und er heißt im Original: „Sérénade d'un montagnard des Abruzzes à sa maitresse".

43 Rosselli, John, Sull'ali dorate, a.a.O., S. 31. – Der Held in „Harold en Italie" ist zwar auch zum Teil von Byrons Gedicht „Childe Harold" inspiriert, doch hauptsächlich handelt es sich um die autobiographische Verarbeitung von Berlioz' Italienaufenthalt.

44 Berlioz ist mit seiner Kritik – neben Heinrich Heine oder Johann Gottfried Seume, der Rom als „Kloake der Menschheit" bezeichnete – eine der wenigen kritischen Ausnahmen unter den Italienreisenden. Vgl.: Heine, Heinrich, Italien, in: ders., Reisebilder, Frankfurt/Main 1980. – Seume, Johann Gottfried, Spaziergang nach Syrakus im Jahre 1802, in: Prosaschriften, Darmstadt 1974, S. 484.

45 Berlioz, Hector, a.a.O., S. 186.

46 Gerhard, Anselm, Die Verstädterung der Oper, Stuttgart, 1992, S. 29ff.

47 Knepler, Georg, Fakten und Theorien zu den Anfängen der Oper, in: Musikwissenschaftliche Kolloquien der Internationalen Musikfestspiele in Brno, Bd. 15, Brno 1984, S. 18ff.

dazu führte, daß standesbewußte Adlige nach der Julirevolution 1830 sich vermehrt in die Intimität der Salons oder in solche Opernhäuser zurückzogen, die ausschließlich von Abonnenten besucht wurden.[48]

Auch auf der italischen Halbinsel besaßen bis weit ins 19. Jahrhundert üblicherweise die „nobili“ qua Geburt ihre eigenen Logen, während den einfachen „borghesi“ der Zugang zur „zona nobile“ zunächst verwehrt blieb. Entsprechend dem sozialen Aufstieg, der natürlich in den von den Habsburgern oder Bourbonen besetzten Gebieten von der Kooperationsbereitschaft mit den Machthabern abhing, hatte später die „Alta Borghesia“, also Ärzte, Juristen oder höheres Militär, ebenfalls die Möglichkeit, solche Logen zu erwerben.

Die mythische Erzählung vom proletarischen Opernbesucher führt Gerhard auf eine krasse Fehlinterpretation einer Stelle in Honoré Balzacs Erzählung „La Fille aux yeux d'or“ zurück, wo von einem ehemaligen Arbeiter die Rede ist, der seinen Lohn durch die Nebenbeschäftigung in einem Chor aufbessert.[49] Die Geschichte der französischen oder italienischen Oper – und später auch der Operette – war jedoch in Paris auch unter Louis Philippe untrennbar mit dem „Juste-Milieu“ verbunden.[50]

Wenn man versucht auszurechnen, ob ein einfacher lombardischer Arbeiter mit seinem Tageslohn im 19. Jahrhundert, vor der staatlichen Einheit Italiens, ein Eintrittsbillett für „La Scala“ in Mailand oder das „San Carlo“ in Neapel bezahlen konnte und dabei die Kosten für den Lebensunterhalt in Relation zum Eintrittspreis setzt, so könnte man mutmaßen, daß es eine Chancen-Gleichheit zwischen Adel und Arbeiter tatsächlich gab. Denn eine Eintrittskarte für einen Platz im Parkett kostete zwischen 1815 und 1846 ungefähr dasselbe wie der Tageslohn eines Maurers.[51] Solch eine Rechnung hält aber genaueren sozio-historischen Betrachtungen nicht stand. Zum einen hatte der „statistische Maurer“ im 19. Jahrhundert mit einem Tageslohn nicht nur sein Brot für den Tag verdient, sondern er hatte eine ganze Familie zu versorgen. Er mußte hohe Steuern zahlen und hatte keine modernen sozialen Absicherungen. Außerdem gab es eine klare Kleiderordnung im Opernhaus.[52] Eine dieser Kleiderordnung entsprechende Garderobe war sicher mit dem Tagessold eines einfachen Arbeiters nicht zu erwerben. Und selbst wenn sie zu erwerben gewesen wäre, so erregte ein Zuschauer, der ohne Kutsche als Fußgänger in die Oper kam, schon allein dadurch Aufsehen, weil seine Kleidung vom Staßenschmutz bestäubt war.[53] Im Parkett standen und saßen meistens Militärs oder Per-

---

48 Die für ein Jahr zu mietenden Logen kosteten das Vielfache eines überdurchschnittlichen Jahresgehalts. Gerhard, Anselm, Die Verstädterung der Oper, a.a.O., S. 35.

49 Ebenda, S. 414, Anmerkung 34.

50 Jane Fulcher zeigt überdies die Bedingtheit der Opernstoffe vom jeweiligen Regime in Frankreich auf. Fulcher, Jane, The Nation's Image, French Grand Opera as Politics and Politicized Art, Cambridge 1987, passim.

51 Bei der Eröffnung der „Scala“ im Jahr 1778 kostete der Eintritt für einen Platz im Parkett: 4,26 Lire, der Tageslohn eines Maurers betrug 1,63 Lire; 1816: Eintritt: 1,50/ Tageslohn: 1,63; 1830: Eintritt: 3,18/Tageslohn: 2,0; 1846: Eintritt: 3,62/ Tageslohn 2,50. Pintorno, Giuseppe, Quanto costava andare alla Scala, in: Nuova Rivista Musicale, April/Juni 1979, S. 368ff.

52 Bourdieu beschreibt, daß auch heute im „demokratisierten“ Opernbetrieb die Besucher der Oper mehr als Theaterbesucher ihre gesellschaftlichen Zeremonien abhalten und eine genaue Vorstellung von Distinktion und Zugehörigkeit zur Klasse der „besseren Kreise“ haben. Bourdieu, Pierre, Die feinen Unterschiede, Frankfurt/Main 1982, S. 422f.

53 Cambiasi, Pompeo, La Scala, Mailand 1889, S. 83ff.

sonal der Aristokraten und Großbürger, die durch ihre Berufsuniformen der Kleiderordnung enthoben waren.[54] Manche Zuschauer im Parkett gehörten allerdings auch den oberen Gesellschaftsschichten an und hatten sich erst kurzfristig entschieden, den Zuschauerraum zu betreten: Man konnte nämlich auch nur ein Billett für das Opernfoyer lösen. Dies ermöglichte gesellschaftliche Kontakte und den freien Zugang zu den Glücksspielen, die im ganzen 19. Jahrhundert in vielen Opernhäusern betrieben wurden.[55]

Als in Triest in den vierziger Jahren der Besitzer einer Loge dieselbe für eine Aufführung an eine dritte Person – den Sohn eines Apothekers – gegen Entgelt abgegeben hatte, wurde ihm anschließend die Loge von der Direktion für weitere Aufführungen untersagt. Das begründete die Theaterleitung erstens damit, daß die Person als inadäquater Opernbesucher Anstoß erregt hatte, und zweitens wurde die Vermietung an Dritte eindeutig als mangelnde finanzielle Solvenz des Logenmieters gedeutet, und arme Opernbesucher wollte das Theater nicht.[56]

Die Untersuchung des Schriftverkehrs der „Scala" in Mailand und des „San Carlo" in Neapel vor der Nationsbildung zeigt, wie sehr dort die Aristokratie und höchstens die aus Rechtsanwälten, Bankiers oder Ärzten bestehende Alta Borghesia vorherrschte.[57] Manche Familien hielten über Generationen – für einige Opernhäuser Italiens gilt das bis heute – ihre angestammten Logen. Die archivalischen Dokumente sprechen von Sänftenträgern und anderen die noble Welt begleitenden Annehmlichkeiten. Und wenn ein Gast der Oper gar ohne Frack gesehen wurde, so gab es umgehend einen Beschwerdebrief an die Theaterleitung.[58]

Die kostspieligste der italienischen Opernformen an den bedeutenden Häusern in Venedig, Mailand oder Neapel war im 19. Jahrhundert die „Opera seria".[59] Seit die Romantik in der Literatur in Mode gekommen war, wurden sowohl auf der Theaterbühne wie auch bei der „Opera seria" historische Themen bevorzugt, für deren Inszenierung größerer finanzieller Aufwand betrieben wurde als bei einer „Opera semiseria".[60]

---

54 Auch für Reisende oder Studenten waren diese Plätze vorgesehen. Rosselli, John, Sull'ali dorate, a.a.O., S. 66.

55 Rosseli, John, Das Produktionssystem, in: Bianconi, Lorenzo/ Pestelli, Giorgio, a.a.O., S. 104.

56 Ebenda, S. 100.

57 Für andere Städte, die schon weit vor dem 19. Jahrhundert mehr vom Handwerk und Handel bestimmt waren und eine deutlichere kommunale Kultur vorwiesen als Neapel oder Mailand, wie zum Beispiel Florenz oder Venedig, können wir vermuten, daß seit dem 19. Jahrhundert auch immer mehr Bürgerliche dieser Stände die Eintrittspreise mancher Opernaufführungen bezahlen konnten. Hierfür wäre allerdings eine gesonderte Studie notwendig.

58 Vgl.: Archivio Storico/Mailand, Sektion: Spettacoli Publici, Materie 24, 86, 87, 100, 822 (1858–61). – Archivio di Stato/Neapel, Serie: Teatri, fasc. 8, 15, 16, 20, 50, 51, 83, 103, 104 (1848–60). – Auch Stendhal erzählte von seinem Opernbesuch in Neapel im San Carlo wie steif dort die Form gewahrt wurde. In allen Räumen und Korridoren wurde man von livriertem Personal zur Ordnung gerufen. Wenn der König im Publikum saß, durfte nicht nach Belieben applaudiert werden. Als er, Stendhal, aus dem Opernhaus herausgetreten sei, habe eine sechsspännige Kutsche, die auf irgendwelche Prinzessinnen wartete, den Weg versperrt, und er habe keinen Wagen besteigen können, bis die Kutsche nicht abgefahren war. Vgl.: Stendhal, Rome, Naples et Florence, a.a.O., S. 334ff.

59 So wie in Frankreich die „Grande Opéra".

60 Gary Tomlinson geht davon aus, daß der Essay von Anne-Louise Germaine Necker über die Nützlichkeit von Übersetzungen (1816) romantischer Romane nicht nur Literaten, sondern auch

Die Ausstattung war neben der Besetzung der Rollen das wichtigste Element: Das Bühnenbild war zeichnerisch perfekter und opulenter, die Kostümbildner bemühten sich um eine authentische Rekonstruktion der vorgeführten historischen Epoche und arbeiteten nur mit luxuriösen Materialien. Eine historistische Kulissenwelt wurde mit Samt und Seide, Marmor und Onyx dekoriert und belebt. Bei der „Opera seria" wurden außerdem anspruchsvollere Sänger und viel mehr Komparsen und Tänzerinnen beschäftigt, als beispielsweise bei der noch preiswerteren „Opera buffa".

In Neapel bestimmte ein bis 1860 gültiges Dekret, das 1811 noch unter der Herrschaft Murats verfertigt wurde, die Art der Aufführung, die sich nach der Klasse des Theaters richtete. Opernhäuser der ersten Ordnung, wie das „San Carlo", waren verpflichtet, „perfekte Aufführungen" anzubieten, das heißt mit bereits akkreditierten, großen Künstlern. Die Theater der zweiten Klasse zeigten oft volkstümliche Stücke, die auch von Anfängern im Theaterfach vorgeführt werden konnten. Die Abonnenten hatten der Qualität der Aufführungen entsprechende Preise zu entrichten.[61] Darüber hinaus gab es in manchen Häusern gestaffelte Eintrittspreise. In Florenz zahlten bis 1839 männliche Besucher höhere Preise als weibliche.[62]

Erst nach 1860 boten die Opernhäuser Ballett und Oper auch zu erschwinglichen Preisen und damit für ein breiteres Publikum an. Oft waren die Häuser für so viele Besucher architektonisch gar nicht ausgerichtet: Im „La Fenice" in Venedig zum Beispiel wurde erst nach 1878 die Galerie ausgebaut, um überhaupt billige Plätze anbieten zu können.[63]

Wir Heutigen können uns die Stimmung während der Aufführung einer „Opera seria" – oder einer Premiere gar – in einem der berühmten italienischen Opernhäuser bis weit ins späte 19. Jahrhundert mit all ihrem Bewußtsein für gesellschaftlichen Stil und Kleiderordnung nicht farbig und exotisch genug vorstellen.[64] Der Opernbesuch wurde mehr wie ein rauschender Ball inszeniert und gefeiert, als vom stummen Zuschauer konsumiert, wie das heute geschieht, wo nur noch die in der Pause zwischen den Akten praktizierten Rituale als Abglanz an einen Opernbesuch im 19. Jahrhundert erinnern. Der Unterschied zu einem Ball war damals eigentlich nur, daß bei der Oper auf der Bühne getanzt und gesungen wurde und nicht im Parkett – und das fast täglich. Wie bei einem Ball aber wurden die Adligen[65] in den mit Kerzen beleuch-

---

Opernkomponisten dazu anregte, romantische Stoffe für die italienische Bühne zu bearbeiten. Tomlinson, Gary, Italian Romanticism and Italian Opera: An Essay in their Affinities, In: 19th Century Music, 1/1986, S. 43ff. – Wild, Nicole, La Recherche de la précision historique chéz les décorateurs de l'Opéra, in: Report of the twelfth Congress, International Musicological Society (Hrsg.), Berkeley 1977.

61 Belli, Carolina, Il San Carlo attraverso le fonti documentarie, in: Il Teatro del Re – Il San Carlo da Napoli all'Europa, hrsg. v. Gaetano Cantone/ Greco, Franco Carmelo, Neapel 1987, S. 174. – Surian, Elvidio, Organizzazione, Gestione, Politica Teatrale, 1800–1820, in: Musica e Cultura a Napoli. Dal XV al XIX secolo, hrsg. v. Bianconi, Lorenzo/ Bossa, Renato, Florenz 1983, S. 327.

62 Rosselli, John, Das Produktivsystem, a.a.O., S. 100ff.

63 Rosselli, John, Opera Industry, a.a.O., S. 169. – Ders., Produktivsystem, a.a.O., S. 100.

64 Die Pracht bezieht sich natürlich hauptsächlich auf die Äußerlichkeiten des Opernabends. Wenn wir uns heute vergegenwärtigen, daß so ein Opernhaus im Winter schwerlich zu beheizen und im Sommer genauso schwer mit frischer Luft zu versorgen war, und daß die sanitären Anlagen wahrscheinlich auch sehr zu wünschen übrig ließen, so zeigt sich uns ein differenzierteres Bild.

65 In Parma war es ausschließlich den „nobili" erlaubt, Kerzen in der Loge zu entzünden. Rosselli, John, Sull'ali dorate, a.a.O., S. 22.

teten Logen während der Arien von ihrer Dienerschaft betreut, sie konnten essen und trinken, plaudern und sich sonstwie vergnügen.[66] Es war ein Kommen und Gehen, denn während der Vorstellung versuchten die Herren zwischendurch im Foyer oder in separierten Räumen ihr Glück im Roulette oder in der Lotterie und kamen nur wegen einiger besonders beliebter Arien in die Loge zurück.[67]

Diese von Kristallüstern, rauschenden Fächern und nachtfarbenen Fräcken geprägte sinnliche Atmosphäre, die mit kleinen Unterschieden in den großen Opernhäusern in Wien, Paris, Berlin oder Venedig und Mailand anzutreffen war, war sicher ein schwerwiegender Grund, warum Richard Wagner von einem durch die Revolution geläuterten Publikum träumte. Er stellte sich ernsthafte Zuschauer vor, die durch eine sakrale Ehrfürchtigkeit seines Musiktheaters hätten würdiger sein sollen als die unterhaltungssüchtigen Besucher der „opera italiana".

Am Tag nach der Aufführung konnten die Opernbesucher ihr Erlebnis noch einmal in einer der vielen Musikgazetten[68], die es von Mailand bis Neapel in allen größeren Städten gab, nachzelebrieren. Sie gehörten ähnlich wie die intellektuellen Salons unmittelbar zum musikalischen Leben des 19. Jahrhunderts, denn hier erfuhr das Publikum den Stellenwert der Oper und seines Komponisten. Die Leser in Mailand konnten hier verfolgen, welchen Erfolg eine in „La Scala" uraufgeführte Oper in anderen Orten auf der Halbinsel, wie zum Beispiel in Neapel hatte und umgekehrt. Sie konnten außerdem erfahren, welche Opern in welchen Städten auf der ganzen Welt aufgeführt wurden.[69]

Seit den achtzehnhundertzwanziger Jahren entdeckten in ganz Europa immer mehr Journalisten das Thema der Oper. Sie hatten ein Sujet gefunden, das gleichwohl als beliebte Lektüre bei der gebildeten Gesellschaft aufgenommen wurde, und doch für die Regierungen der Restauration weniger heikel war als politische Themen.[70] Außerhalb der Aufführungskritik schil-

---

66 Erst zum Ende des 19. Jahrhunderts wurden die Opernhäuser mit elektrischer Beleuchtung oder Gaslicht ausgestattet. In manchen Häusern gab es später auch eine mit Gaslicht beleuchtete Uhr über der Bühne, die mit arabischen und römischen Ziffern die Viertelstunden anzeigte – so heute noch im „Teatro Regio" in Parma. So konnte man eventuelle Rendez-Vous im Foyer einhalten.

67 Bis etwa 1820 wurde das von den Franzosen eingeführte Roulette gespielt. Es bildete eine zusätzliche und lukrative Finanzierungsrücklage für die Theaterverwaltung. Als das von den Restaurationsregierungen verboten wurde, spielte man stattdessen Lotterie. Rosselli, John, Das Produktivsystem, a.a.O., S. 105.

68 Einige Beispiele: Gazzetta Musicale di Milano (1842–165); Italia Musicale/Mailand (1847–1859); Teatri, Arti e Letteratura/Bologna (1824–1863); Gazzetta Musicale di Napoli/ Neapel (1852–1881). Vgl.: Fellinger, Immogen (Hrsg.), Verzeichnis der Musikzeitschriften des 19. Jahrhunderts, Regensburg 1968. – Dies., Reflections on Nineteenth-Century Periodicals and Musicological Research, in: Periodica Musica/ Centre for Studies in Nineteenth-Century Music of the University of British Columbia, Jan/März 1983, S. 5ff.

69 Es wurden neben italienischen auch deutsche Komponisten wie Gluck und Meyerbeer besprochen. Ähnliches läßt sich für Produktion und Konsum von Musikzeitschriften in der ersten Hälfte des 19. Jahrhunderts auch für Frankreich aufzeigen. Dort war allerdings der Anteil an Analphabeten bedeutend geringer als auf der italienischen Halbinsel: Immerhin 30% konnten lesen. Bloom, Peter, „Politics" and the Musical Press in 1830, in: Periodica Musica, V/1987, S. 14.

70 Zwischen 1850 und 1860 mehrten sich in den italienischen Musikzeitschriften dann auch implizit politische Urteile über die „Nationalität" der Musik, das heißt der Kritiker vermerkte, ob die

derten mehrteilige Serien den Lebenslauf und Werdegang verschiedener bekannter „maestri“ und ihrer „poeti“, wobei hier deutlich die Parteinahme der Redakteure für einen beim selben Verlag unter Vertrag stehenden Komponisten zu spüren war. Notenauszüge einzelner Opern für Klavier oder Geige wurden von den Musikverlagen annonciert. Die Zeitschriften richteten sich aber vor allem an die Opernschaffenden selbst, also an Komponisten, Sänger und Impresari.

Diese Zeitschriften, ob Anthologie[71] oder Musikjournal, ermöglichten dem lesenden Bürger, sich auch außerhalb der Universität zu bilden und die italienische Hochsprache an aktuellen, kulturellen Themen zu üben.[72] Die Wirksamkeit, so äußerte sich Benedict Anderson über diesen Typ von Zeitschrift, ergebe sich gerade durch ihre ungezwunge und apolitisch daherkommende Erscheinungsform.[73]

Ob „Gazzetta Musicale“ oder „Antologia“, die Zeitschriften sorgten dafür, daß sich auf der ganzen Halbinsel eine „vorgestellte Gemeinschaft“ von Lesern und Opernbesuchern bildete, deren Gemeinsamkeit das Interesse an ihrer Lektüre war und die nach der Einigung Italiens bereits über eigene – sprachliche wie inhaltliche – Anschlußmöglichkeiten verfügten. Doch diese Gemeinschaft schloß den auf der Halbinsel größten Teil der Bevölkerung aus: die bäuerlichen, unalphabetisierten, des Toskanischen nicht mächtigen Schichten. Ebenso wie die Opernlibretti, die bei manchen Opernhäusern am Eingang verkauft wurden, konnten die Zeitschriften nur von einer des Lesens – des „Italienischen“ zumal – mächtigen Schicht konsumiert werden, die, wie ich weiter oben schon ausführte, bis zum Ende des Jahrhunderts in der

---

Oper besonders „italienisch“ oder „deutsch“ geklungen habe. Letzteres war eine eindeutige Beleidigung.

71 Neben den Zeitschriften über Kultur und Musik erschienen für die gebildeteren Schichten im 19. Jahrhundert, auch Anthologien, die eine Art Blütenlese aus Prosastückchen und auch wissenschaftlichen Aufsätzen anboten. In Florenz gab es zum Beispiel die Zeitschrift „Antologia“. Gernert, Angelica, Liberalismus als Handlungskonzept – Studien zur Rolle der politischen Presse im italienischen Risorgimento vor 1848, Stuttgart 1990, S. 35ff. – In Mailand erschien für ein Jahr (1819) der „Conciliatore“, wo der aufkommende Romantizismus in der italienischen Literatur besprochen wurde. Tomlinson, Gary, Italian Romanticism and Italian Opera, a.a.O., S. 44. – Gelegentlich wurden in solch feuilletonistischen Zeitungen auch politische Themen untergebracht, so zum Beispiel in der Bologneser „Tetri, Arti e Letteratura, wo am 27. April 1848 ein längerer Aufsatz über Vincenzo Gioberti erschien.

72 Wülfing, Bruns und Parr haben die Detailfunktion der in Deutschland erscheinenden „Anthologie“ am Fortschreiben des Mythos für die historische Mythologie der Deutschen untersucht. Sie beschreiben sie als eine „geglückte Koinzidenz von Tauschwert und Gebrauchswert unter den Bedingungen des Mythos“. Wulf Wülfing, Karin Bruns und Rolf Parr, Historische Mythologie der Deutschen, München 1991, S. 14ff.

73 Lexikographische Bemühungen im 19. Jahrhundert, wie wir sie auch in den feuilletonistischen Journalen auf der italienischen Halbinsel finden, bezeichnete Benedict Anderson als eine Art „Revolution“, wo es an allen Enden knalle und jeder Explosion eine weitere folge, um schließlich am Ende in einem Flammenmeer, dem Nationalstaat, zu kulminieren. Vgl.: Anderson, B., a.a.O., S. 68.

Minderheit war.[74] Wie also konnte Verdi, der Komponist der bürgerlichen Oper, zum volkstümlichen Heros des „Risorgimento“ werden?

74 Denn die uns überlieferten Texte zu den Opern wie die Zeitschriften sind in der italienischen Hochsprache, also auf toskanisch–florentinisch verfaßt. Und nicht einmal alle Sänger und Sängerinnen der italienischen Opern, die tagtäglich mit den Libretti zu tun hatten, konnten problemlos italienisch schreiben. Rosselli, John, Sull'ali dorate, a.a.O., S. 36.

II. Der politische Mythos Verdi und seine Konjunkturen

Die Bibliographie zu Giuseppe Verdis Leben und Werk dürfte die der ähnlich populären Figur des italienischen 19. Jahrhunderts, Giuseppe Garibaldi, dessen Leben immerhin zu 16.000 Publikationen anregte, noch weit übertreffen. Verdi, der noch zu Napoleons Herrschaft über Norditalien im französisch regierten Roncole geboren wurde, ist nicht nur ein Zeitgenosse der Nationsbildung Italiens, sondern er ist mit Rossini, Wagner, Mozart und Beethoven einer der bedeutendsten großen Komponisten der letzten zweihundertfünfzig Jahre. Unzählige Aufsätze und Buchtitel beschäftigten sich seit Mitte des letzten Jahrhunderts in historischer, musikwissenschaftlicher und feuilletonistischer oder gar anekdotischer Weise mit Verdis Leben.[75]

Kaum eine Publikation nach 1880 indes erzählt das Leben Verdis, ohne dessen Opern in eine Analogiebeziehung zur Nationsbildung Italiens zu bringen. Daß sich Darstellungen solcher Art an den historischen Erzählfluß des „Risorgimento" und dessen Mythologeme halten, und an die Episoden aus Verdis Leben, wo die Strömung kollektiver Identifikationssbilder am kräftigsten zu quellen vermag, sichert dem Mythos eine hohe Umlaufquote.[76]

Unter Hunderten von Titeln ist allein schon des Umfangs wegen die Biographie über Verdi von Franco Abbiati erwähnenswert. Sie wurde 1959 veröffentlicht, und jeder der vier epochalen biographischen Bände zählt an die achthundert Seiten.[77]

---

75 Seit 1960 gibt es in Parma ein Verdi-Archiv, das Istituto Nazionale di Studi Verdiani. Es archiviert außer der „letteratura Verdiana" auch Zeitschriften, Libretti und Tonträgerdokumente und bringt eine eigene Publikation – die „Studi Verdiani", heraus, wo unpublizierte Quellen vorgestellt und musikwissenschaftliche Details betrachtet werden. In jeder Ausgabe werden die neuesten Publikationen zu Verdi bibliographiert.

76 Ein der Kuriosität halber zu zitierendes Buch ist „Le cas Verdi" (zu dt. „Der Fall Verdi") von Jean-Francois Labie. Es erschien 1987 in Paris. Der französische Industrielle Labie versucht dem „wahren Verdi" ohne Archivrecherchen, aber mit graphologischen Gutachten über die Handschrift Verdis aus den einzelnen Lebensphasen und psychologischen Betrachtungen über sein Verhältnis zu Frauen, auf die Spur zu kommen. Trotz zweifelhafter wissenschaftlicher Methoden hat er zum gängigen Verdi-Bild eine sehr konträre Position. Seiner Ansicht nach wurde Verdi als Nationalheld stilisiert, weil Italien einen „heroischen und genialen Großvater" brauchte. Vgl.: Labie, Jean-Francois, Le cas Verdi, Paris 1987, S. 54.

77 Abbiati, Franco, Verdi, 4 Bde., Mailand 1959. – Frank Walker beschrieb das Werk Abbiatis als teilweise von purer Fiktion durchzogen. Trotz seiner Mängel wird es von der Musikwissenschaft als unerläßlich eingestuft, weil verschiedene unpublizierte Quellen nur hier zu finden sind. Vgl.:

In den letzten Jahren erschienen in der internationalen Literatur fast nur noch Detailbetrachtungen, die sich einzelner Opern oder Kompositionsformen Verdis widmeten und ein sehr viel differenzierteres Bild als die biographischen Gesamtdarstellungen bieten. Zu nennen sind an erster Stelle Pierluigi Petrobelli, Roger Parker und Marcello Conati, die daran arbeiten, daß Verdis Musik mehr werkorientiert interpretiert wird.[78] Diese Autoren hinterfragen stark die affirmative Haltung zu dem politischen Zusammenhang, in dem Verdi von einem Großteil der Biographen und Wissenschaftler gesehen wird.

Eine politikwissenschaftliche Auseinandersetzung mit Verdis Werk und Leben fand sich lediglich in einem Aufsatz der Zeitschrift „Nuova Antologia" von 1989, wo der Autor Michele Mazotti versucht, die tatsächliche politische Tätigkeit Verdis während dessen zweijähriger Mitgliedschaft im italienischen Parlament nach 1861 kritisch zu analysieren.[79]

Ästhetische oder biographische Schriften von Verdi selbst gibt es nicht. Um so höher werden die einzigen „Ausnahmen" aus dieser Regel gewertet: In den siebziger Jahren gab Verdi eine kurze biographische Skizze zu Protokoll – wahrscheinlich seinem Verleger Ricordi –, in der er auf seine ersten Opern bis „Nabucco" einging. Sie wird bis heute immer wieder als authentisches Zeugnis seiner ersten Berufsjahre abgedruckt.[80] Veröffentlicht wurde die Skizze zum ersten Mal 1878 von Arthur Pougin in der Zeitschrift „Le Ménestrel" und 1881 als Anhang zu Arthur Pougins Anekdotensammlung über Verdis Leben, also über Dritte.[81] Die zweite Schrift indes, die auf Veranlassung von Verdi publiziert wurde, dürfte eine einzigartige Veröffentlichung eines Opernkomponisten sein. Es handelt sich um die „Difesa", die Verdi zu-

---

Weaver William/ Chusid, Martin, The Verdi Companion, a.a.O., S. 245. – Auch Massimo Mila versucht Abbiati Ungenauigkeiten nachzuweisen – und zwar um die Episode des Kennenlernens und der ersten Annäherungen zwischen Verdi und Giuseppina Strepponi, Verdis zweiter Frau; Mila bemerkt, daß diese Ungenauigkeiten – zum Beispiel von Carlo Gatti – oft ohne Überprüfung übernommen werden. Vgl.: Mila, Massimo, La giovinezza di Verdi, a.a.O., S. 82f. – Roger Parker hat, wie wir noch sehen werden, Abbiati im Zusammenhang mit „Nabucco" vorsätzliche Lügen nachweisen können.

78 Petrobelli ist Professor für Musik in Rom und derzeitiger Leiter des „Istituto Nazionale di Studi Verdiani" in Parma. Marcello Conati ist Professor für Musik am Konservatorium in Parma. Er leitet die italienische Dependance des CIRPM, das Musikperiodica des 19. Jahrhunderts auf Mikrofilm sammelt. Roger Parker lehrt Musik an der Cornell University.

79 Vgl.: Manzotti, Michele, L'Attività politica di Giuseppe Verdi (1848–1865), in: Nuova Antologia, Januar/März 1989, S.338–347. – Nicht ganz so analytisch aber auch kritisch sind: Tintori, Giampiero, Viva V.E.R.D.I., in: Il filo Rosso, 4/1963, S. 90–93. – Luparello, Mariada, L'ombra della politica non tocca le sue opere, in: Giornale di Sicilia, 26.11.1963.

80 Vgl. u.a: Weaver, William, Verdi – Immagini e documenti, Florenz 1980, S. 11–14.

81 Die Biographie von Pougin „Verdi, Histoire anecdotique de sa vie et de ses oeuvres" (Paris 1881) war die erste dieser Art. Zuvor erschien noch 1859 in Florenz von Abramo Basevi „Studio sulle opere di Giuseppe Verdi". – Der Anhang bei Pougin war die von Jacopo Caponi erweiterte Fassung aus der genannten Zeitung. Vgl.: Petrobelli, Pierluigi, Einige Thesen zu Verdi, in: Komponisten auf Werk und Leben befragt, hrsg. v. Goldschmidt, Harry/ Knepler, Georg/ Niemann, Konrad, Leipzig 1985, S. 141. – Roger Parker hält manches in dieser Skizze, das als authentisch rezipiert wurde, durch diesen langen Überlieferungsweg für ungenau. Vgl.: Parker, Roger, Verdi and the Gazzetta privilegiata di Milano: An „Official" View seen in its cultural Background, in: Research Chronicle, 18/1982, S. 56.

sammen mit seinem Rechtsanwalt Ferdinando Arpino unmittelbar nach seinem Prozeß beim Handelsgericht in Neapel 1858 publizierte.[82] In dieser knapp fünfzig Seiten starken Schrift werden detailliert Verdis Argumente gegen seinen Ankläger, den Impresario des „Teatro San Carlo" aufgeführt, der Verdi gegen seinen Willen verpflichten wollte, seine neueste Oper in seinem Haus aufzuführen. Die Oper „Un Ballo in maschera", um die es in der Gerichtsverhandlung ging, soll später noch genauer betrachtet werden.

Die einzigen authentischen „Schriften" aus Verdis Feder sind somit seine Korrespondenzen. Seit Verdis Tod wurden viele Bände mit Sammlungen von Tausenden von Briefen, die Verdi an Freunde, Librettisten und Verleger richtete und vice versa, publiziert.[83] In der Rezeptionsgeschichte dienten diese Briefe in Ermangelung anderer Texte immer wieder als bündelnde Vermittlungsebene innerhalb der Biographien.[84] Auf die jeweilige Funktion Verdis im Mythos hin ausgerichtet, wurden aus der Menge selektierte Briefe an den jeweils passenden Stellen zitiert, gedeutet und in die mythische „bricolage" eingefügt. Aldo Oberdorfer gab eine „Autobiografia dalle lettere" heraus. Er strukturierte die Briefe Verdis ereignisgeschichtlich oder thematisch und vermittelte durch Kommentare und Einleitungen – vor allem aber durch den Titel – den Charakter einer Autobiographie des Komponisten aus einem Guß.[85]

„Die Mythen kehren ständig wieder – vor allem da, wo man sie am wenigsten erwartet. Zum Beispiel in den Wissenschaften. Die Wissenschaftler denken selbstverständlich nicht in Mythen, aber wenn sie sich heute an die Unwissenden wenden, und das sind wir praktisch alle, sehen sie sich gezwungen, neue Mythen zu erfinden."[86] So erklärte Lévi-Strauss die zeitlose

---

82 Arpino, Ferdinando/ Verdi, Giuseppe, Difesa del Maestro Cavaliere Verdi – Nel tribunale di Commercio di Napoli, Neapel 1858. Neben der Schilderung des Hergangs aus der Sicht Verdis versucht diese Schrift mit Hilfe von Zitaten von Horaz, Aristoteles und dem Evangelisten Johannes, die Unschuld Verdis im Streitfall mit dem Opernhaus in Neapel zu beweisen.

83 Eine Auswahl: Cella, Franca/Petrobelli, Pierluigi, Giuseppe Verdi – Giulio Ricordi. Corrispondenza e immagini 1881/1890, Mailand 1982. – Luzio, Alessandro, Carteggi Verdiani. Studi e Documenti, 4 Bände, Rom 1935–47. – Monaldi, Gino, Verdi (1839–1899), Mailand 1951. – Morazzoni, Giuseppe, Verdi: Lettere inedite, Mailand 1929. – Pascolato, Alessandro, Re Lear e Ballo in maschera. Lettere di Giuseppe Verdi ad Antonio Somma, Città di Castello 1902. – Petrobelli, Pierluigi/ Di Gregorio Casati, Marisa/ Mossa, Carlo Matteo, Carteggio Verdi-Ricordi 1880–1881, Parma 1988. – Verdi/Boito – Briefwechsel, Herausgegeben und übersetzt von Busch, Hans, Frankfurt/Main 1986. – Zoppi, Umberto (Hrsg.), Angelo Mariani, Giuseppe Verdi e Teresa Stolz in un carteggio inedito, Mailand 1947.

84 Zur Publikation des ersten Brief-Bandes 1913 schrieb Emil Thieben, nun könne man endlich wirkliche „Verdi'sche Prosa" lesen. Es handelte sich um die publizierten Kopien, die Verdi von allen Briefen, die er abschickte, angefertigt hatte. Vgl.: Thieben, Emil, Die Kopierbücher Giuseppe Verdis, in: Neue Musik-Zeitung, 7/1913, S. 90.

85 Das Buch wurde zum ersten Mal zu Verdis vierzigstem Todestag herausgegeben. Es liegt seit 1981 in einer von Marcello Conati besorgten Revision und mit Anmerkungen versehenen Fassung vor. Vgl.: Verdi, Giuseppe, Autobiografia dalle lettere, hrsg. v. Oberdorfer, Aldo, Mailand 1981. – Ein Gefühl der Authentizität des Berichts über Verdi versuchen auch Buchtitel wie: Verdi – aus der Nähe, hrsg. v. Wallner-Basté, Franz, Zürich 1979; Verdi intimo, hrsg. v. Alberti, Annibale, Mailand 1931.

86 Interview mit Claude Lévi-Strauss von Jürg Altwegg, in: FAZ-Magazin, 65/1991.

Präsenz von Mythen. Die menschlichen Gesellschaften – ob „zivilisiert" oder „primitiv" – ähnelten sich, weil es unter ihnen eine Vermittlungsebene gebe, die von mythischem Denken gesättigt sei, um Unbegreifliches begreiflich zu machen.[87] Und da Mythen helfen, diese „unbegreifliche" Komplexität – zum Beispiel von historischem Geschehen – zu bündeln, sind sie ein entscheidendes Grundmuster der Anthropologie. Das heißt letztlich, der Kreis schließt sich: Der Mythenforscher wird am Ende zum Mythographen. Diesem Dilemma kann man nur mit Hilfe der Methode der behutsamen Dekonstruktion entgehen, mit dem Versuch, keine neue Folie für einen weiteren Mythos oder sein Supplement zu konturieren. Wie ich versuchte in meinem ersten Teil darzulegen, sind hier begriffliche Distinktion, die Zuspitzung des Terminus „Mythos" und seine Übertragbarkeit auf historische Erzählungen begleitende Geschichten von Bedeutung.

Auf Ausprägungen des Dilemmas indes stoßen wir bei den Verdi-Forschern, die partout versuchen, das musikalische Werk von Verdi mit den historischen Knotenpunkten der italienischen Nationsbildung in eine analoge Beziehung zu bringen. So soll Verdis gesellschaftliche Bedeutung aufgewertet werden. Eine andere Spielart ist das Konstruieren von Kausalzusammenhängen aus Opernthemen und den Eckdaten und Ereignissen in Verdis Privatleben. Szenen und Charaktere der Opernhelden werden mit realen historischen Ereignissen oder Personen identifiziert – so zum Beispiel der Protagonist in „Ernani" von 1844 mit Garibaldi[88], obwohl der Nizzarde in den vierziger Jahren fern von Piemont und „La Scala" seine Manneskraft gerade in den „Urwäldern am Rio Grande"[89] austobte.

Ja selbst die Umstände und Dauer der Entstehung einer Komposition werden von den Biographen wie aus der nahen Sicht eines guten Freundes erzählt, der über tiefste Einblicke in die Seelenbefindlichkeit Verdis verfügt.[90] Der vermeintlich sichtbare Einfluß der Lebensumstände auf die Komposition soll Verdis persönliche Schwächen oder Affinitäten transparenter gestalten, den Komponisten und sein Werk dem Rezipienten vertrauter machen.

Eine der letzten Anstrengungen, die unternommen wurden, um ein Werk zu verfassen, das tatsächlich zum Ziel hat, nicht nur ein Detail aus Verdis schöpferischer Laufbahn zu betrachten, sondern die Komplexität seines ganzen Lebens, die dazugehörende Literatur und Archivmaterialien, ist die jüngst veröffentlichte Biographie der Amerikanerin Mary Jane

87 Smith, Pierre, Stellungen des Mythos, in: Lévi-Strauss, Claude/ Vernant, Jean Pierre (Hrsg.), Mythos ohne Illusion, a.a.O., S. 50.

88 Vgl.: Gerhartz, Leo Karl, Oper, a.a.O., S. 76.

89 Abba, Giuseppe Cesare, a.a.O., S. 203

90 Dyneley Hussey versuchte, das psychologische Profil der Azucena, beziehungsweise die in ihrer Rolle angelegte Mütterlichkeit, in der Oper „Trovatore" mit dem Tod Verdis Mutter, die kurz vorher gestorben war, in Beziehung zu setzen. Vgl.: Hussey, Dyneley, Verdi, London 1940, S. 80. – Hans Kühner hat ausgerechnet, daß in Verdis Opern mehr tragische Vater-Tochter- als Vater-Sohn-Beziehungen auftreten und schließt daraus auf ein unergründliches in Verdis Person begründetes psychologisches Geheimnis. Kühner, Hans, Giuseppe Verdi – mit Selbstzeugnissen und Bilddokumenten, Hamburg 1961, S. 63. – Ursula Dauth vermutet, daß Verdis Wahl des Schillerschen Dramas „Kabale und Liebe" für seine Oper „Luisa Miller" mit seiner damals noch nicht legitimierten und darum gesellschaftlich umstrittenen Beziehung zu Giuseppina Strepponi zusammenhänge. Dauth, Ursula, Verdis Opern im Spiegel der Wiener Presse, München 1981, S. 166.

Phillips-Matz.[91] Seit 1975 bezog sie immer wieder für längere Zeit ihr Domizil einen Steinwurf von „Sant'Agata", dem Villenanwesen Verdis in der Emilia Romana, und versuchte ihre geistige Affinität zu dem Komponisten und seinen Opern durch ihre physische Nähe zu seinem ehemaligen Geburts- und Wohnort zu ergänzen.[92] Ihre fast tausend Seiten zählende Biographie ist ein Lebenswerk, und nur mit diesem zeitlichen Aufwand wird man heute der Aufgabe, eine umfassende Arbeit über Verdis achtundachtzig Jahre dauerndes und zweiunddreißig Opern[93] aufweisendes Leben zu schreiben, gerecht werden.

Das soll hier nicht geschehen. Weder handelt es sich um eine Arbeit, die alle Details von Verdis Leben erfassen will, noch soll hier die umfassende musikwissenschaftliche Forschung über Verdi anhand von neu gedeuteten Notenbeispielen ergänzt werden. Ob der Fülle der Sekundärliteratur kann ein Überblick über die Tradierung von Verdis Bild in der internationalen Rezeptionsgeschichte weder erschöpfend noch minutiös geraten. Doch will ich versuchen, die Person Verdi als einen der Protagonisten in der seriellen Mythenkomposition des „Risorgimento" mit seinen verschiedenen Facetten und Funktionen darzustellen.

Dabei werde ich detaillierter auf die personengebundene Mythisierung eingehen als zuvor bei Mazzini, Vittorio Emanuele und den anderen „Risorgimento"-Protagonisten. Ausgewählte und oft zitierte Quellen sollen zeigen, daß Verdi durch verschiedene Vignetten seiner Person, die er selbst mitprägte, nach und nach ganz bestimmte Aufgaben im mythischen System des „Risorgimento" erfüllte. Auch hier liegt wieder wie bei jedem politischen Mythos in der rezeptiven Modifikation, die sich über die letzten einhundertfünfzig Jahre seit Verdis ersten Opern bis heute hinzieht, der Ansatzpunkt.

Diese rezeptive Modifikation ist sehr vielschichtig, weil sich die oben dargestellte Form der seriellen Mythenkomposition konsequent fortsetzt. Das heißt, daß verschiedene Generationen, trotz unterschiedlicher Implikationen, am Endprodukt des Mythos mitarbeiten. So soll es uns auch hier nicht um den eigentlichen „wahren" Ursprung des Mythos gehen, sondern um das Publikum, das sowohl vom Mythos als auch von Verdis Opern erreicht wurde und bis heute wird. Der schließlich erfolgreiche identitätsstiftende und politische Solidarität initiierende Einbau in den Mythos der Nation einer Person, die nicht wie Garibaldi oder Cavour aktiv am politischen Prozeß teilnahm, erfaßte zunächst nur eine kleine Schicht, nämlich die oben beschriebenen Opernbesucher im 19. Jahrhundert – vor allem diejenigen, denen der Nationsdiskurs ohnehin bekannt war.

Erst zum Ende des Jahrhunderts können wir davon ausgehen, daß Verdi außer dieser exklusiven Minderheit einem größeren Teil der italienischen Bevölkerung als italienische Identifikationsfigur bewußt wurde und somit breitere Schichten vom Mythos Giuseppe Verdi poli-

---

91 Phillips-Matz, Mary Jane, Verdi – A biography, Oxford 1994. – Phillips-Matz ist außerdem Mitarbeiterin am „American Institute for Verdi Studies" in New York, das das Periodikum „Verdi newsletter" herausgibt.

92 Vgl. auch: Phillips-Matz, Mary Jane, The Verdi-Family of Sant'Agata and Roncole. Legende and Truth, in: Atti del 1° Congresso internazionale di studi Verdiani, Parma 1969. – Dies., Chatelaine to the End: New Light on Giuseppina Strepponi, in: Opera News, 27.01.1979. – Dies., New Verdi Documents, in: Verdi newsletter, 4/1978.

93 Diese Zählung schließt die umgearbeiteten Fassungen von „I Lombardi alla prima crociata", „Stiffelio", „Simone Boccanegra" und „Don Carlos" mit ein.

tisch überhaupt gebunden werden konnten.[94] Diese sich erweiternde Segmentierung des Rezeptionspublikums nach der Vereinigung Italiens zum Königreich hat viele, vor allem pragmatische Gründe: niedrigere Eintrittspreise für die Oper, neue Erfindungen wie mechanische Musikspielwerke, Radio und Grammophon – später auch das Kino. Aber vor allem der von den Medien veranstaltete Kult um Verdi nach seinem Tod im Januar 1901 und bei seinem 100. Geburtstag 1913 unterstützten die ersten deutlichen Konjunkturen dieses Mythos.

Schon unmittelbar einen Monat nach Verdis Ableben schrieb zum Beispiel eine chemisch-pharmazeutische Gesellschaft in Mailand mit dem Namen Bartelli öffentlich 3000 Lire in Gold für eine ausdrücklich volkstümliche Biographie über Verdi aus.[95] Die publizierende Öffentlichkeit, die sich nun vermehrt Verdis Leben annahm, multiplizierte rasend schnell seine Bekanntheit und seinen Wert als italienischer Identitätsstifter und Gründungsvater neben Cavour, Vittorio Emanuele II. und Garibaldi. Die Alphabetisierung sicherte obendrein eine größer werdende Effektivität dieser kollektiven Erinnerung.

Die Verbreitung des Mythos fand weitere Orte unter anderem in der seit 1913 bespielten „Arena di Verona" wie auch in den Schulbüchern seit der Zeit des Faschismus, auf die ich eingehen werde. Wir finden nach dem Zweiten Weltkrieg neue, skurrile Verbreitungswege wie die sogenannten „Rundgesänge" oder „Kettengesänge", die auch in unserer heutigen Zeit als Singtradition in lombardischen und ligurischen Osterien zu finden sind. Es handelt sich bei dieser Art Gesängen um einen alten Brauch: Bekannte Lieder werden mit neuen eigenen, teils frivolen Texten im regionalen Dialekt verändert und von Männerrunden gesungen. Sie werden, weil sie ein Gemisch sind und zu Tisch gesungen werden auch im Dialekt „minestrún" oder „risott" genannt.[96] Mit der Popularisierung der Oper fanden auch einzelne Opernarien nach und nach in diesen Brauch Eingang, und so mischte sich zwar spät – aber schließlich doch noch dem Klischee gemäß – Volkskliedbrauch und Operntradition.[97]

Aber bis dahin ist es ein langer Weg. Wir wollen uns zunächst dem „Grundmythos"[98] oder der „Urzelle der Biographik", wie Kris und Kurz[99] die sich tradierende Künstleranekdote nennen, widmen. Zu fast jeder der nahezu dreißig Opern von Verdi und ihren Entstehungsgeschichten gibt es passende Anekdoten, die den Vignetten Verdis zuarbeiten. Wir wollen uns vor allem diejenigen genauer anschauen, die unmittelbar mit der Nationsbildung in Zusammenhang gebracht werden und die bis heute so Verbreitung finden.

Zum einen spielt „Nabucco" aus dem Jahr 1842 und zum anderen der 1859 uraufgeführte „Un Ballo in maschera" im Gründungsmythos der italienischen Nation eine besondere Rolle.

---

94 Die national-politische Einordnung dieser Chöre erforderte vor der Vereinigung Italiens das Decodierungsvermögen einer politisch gebildeten Schicht, und die entsprach ungefähr derjenigen, die es sich leisten konnte, in die Oper zu gehen.

95 Das Preisausschreiben wurde auch in Deutschland annonciert. Vgl.: Zeitschrift der Internationalen Musikgesellschaft, 10/1901, S. 359.

96 Leydi, Roberto, Die Oper wird zur Minestrone, in: Bianconi, Lorenzo/ Pestelli, Giorgio, a.a.O., S. 342f.

97 Leydi zitiert in seinem Aufsatz drei solcher Lieder aus Osterien. Eines davon stammt aus Brescia und wurde im Oktober 1971 aufgenommen. Es enthält Versatzstücke aus Aida. Radamès wird hier dargestellt, wie er mit der Hose in der Hand unter eine Brücke kommt und von einer Frau, Aida, aufgefordert wird, sie zu begatten. Ebenda, S. 343.

98 Blumenberg, Hans, Die Arbeit am Mythos, Frankfurt/Main 1984, S. 198.

99 Kris, Ernst/ Kurz, Otto, Die Legende vom Künstler, Frankfurt/Main 1980, S. 33.

Zur Vielschichtigkeit der rezeptiven Modifikation kommt hinzu, daß Verdi zu Beginn seiner Karriere mit manchen seiner Opernthemen gewissermaßen als Teilnehmer am oben erläuterten hypoleptischen Diskurs der „patria"[100] darstellbar ist. Mit einigen seiner Opern, vor allem aber mit den daraus stammenden Chören, belieferte er zusammen mit seinen Librettisten, zu nennen sind Temistocle Solera, Salvatore Cammarano, Francesco Maria Piave und Felice Romani, ähnlich wie die politischen und ästhetischen Schriftsteller, eine bestimmte Schicht auf der Halbinsel mit historistischen Stoffen. Diese „Diskursbeteiligung" und die später daraus entstandenen Verdischen Vignetten des „papà dei chori" und des „maestro della rivoluzione italiana" werden wir für das Jahr 1848, also für die Zeit der Mailänder „Cinque Giornate" in ihrer möglichen Motivation, Bedeutung und Ernsthaftigkeit genauer anschauen.[101] Behandelt oder erwähnt werden dazu auch neben „Nabucco" die Opern „I Lombardi all prima crociata" von 1843, „Il Corsaro" von 1848 und „La Battaglia di Legano" von 1849. Im Zusammenhang mit Verdis Wirkung auf das Ausland wird außerdem „Les Vêpres Siciliennes" von 1855 als exklusives Auftragswerk für Paris angesprochen werden.

Der aus dem „patria"-Diskurs herausgeschälte Mythos um Verdi wird für die nationale identitätsstiftende Politik des italienischen Königreichs vor allem aber um 1860 bedeutsam, also in der Phase vor den piemontesischen Annektionen der Lombardei, Toskana und des bourbonischen Königreiches und der Proklamation Vittorio Emanueles II. zum ersten König Italiens. Zu diesem Zeitpunkt, am Abend der Uraufführung von „Un Ballo in maschera" 1859 in Rom, so erzählt der Mythos, soll die politische Parole „Viva V.E.R.D.I." entstanden sein.[102] Dieses Akrostichon, das, heimlich auf die italienischen Häuserwände gekratzt, die Hoffnung auf die Befreiung von der Herrschaft des Papstes und der „Fremdherrschaft" der Österreicher und Bourbonen durch den savoyischen König Vittorio Emanuele habe symbolisieren sollen, bringt Verdi genauso wie der berühmte Chor der Juden aus „Nabucco" in einen Kausalzusammenhang mit der Geschichte des „Risorgimento".

Mit dem Auftreten dieses Wortspiels als Ikon im politischen Mythos des „Risorgimento" ist die reale Zeitlichkeit des historischen Prozesses der Nationsbildung außer Kraft gesetzt: Mit dem Akrostichon ist die Einheit Italiens im Mythos vollzogen, Verdi ist kein Emilianer mehr

---

100 Ebenso bedienten diesen Diskurs auch Donizetti oder Rossini, der zum Beispiel in seine „Italiana in Algier" eine Hymne mit dem Refrain „Pense alla patria" einbaute. Vgl.: zum Begriff der „patria" im hypoleptischen Diskurs: Zweiter Teil, Kapitel III. 3.

101 Eine der Eingangsfragen zum Beginn meiner Arbeit lautete, warum gerade Verdi unter den populären italienischen Komponisten zu einem Symbol mit derart politischer Konnotation werden konnte und nicht etwa Bellini oder Rossini, dessen Vater sogar als Republikaner im Gefängnis gesessen hatte, oder heute weniger bekannte Komponisten wie Giuseppe Apolloni oder Errico Petrella, der 1861 immerhin eine Hymne auf Vittorio Emanuele II. schrieb. Es gab noch weitere italienische Opern, die das Thema der Fremdherrschaft belieferten: Zum Beispiel „Lorenzino de'Medici" von Giovanni Pacini, eine „Tragedia lirica" mit einem Libretto von Francesco Maria Piave, die 1845 in Venedig uraufgeführt, dann bis 1860 in 29 Städten auf der Halbinsel gezeigt wurde, oder die 1856 in Paris im „Théatre italien" uraufgefürte Oper „L'Assedio di Firenze" von Giovanni Bottesini, die in Italien seit 1860 aufgeführt wurde und ebenso den „patria"-Diskurs der jungen Nation belieferte. Kaufman, Thomas G., a.a.O., S. 27/135ff.

102 Im größten Teil der Rezeptionsgeschichte wird für das Akronym als Geburtsstunde das Jahr 1859 festgelegt. Einige Ausnahmen behaupten 1848/49 als Ursprungszeit.

und Vittorio Emanuele kein Savoyer, sondern beide sind sie nun Italiener und Angehörige eines Volkes. Die Entstehungsgeschichte von „Un Ballo in maschera" wird, vermittelt durch die Schwierigkeiten, die Verdi mit der bourbonischen Zensur hatte, im Mythos zur Bestätigung für das Mythem der „Repressivität" und der süditalienischen Willkür des bourbonischen Regimes. Darum werde ich die Enstehungsgeschichte dieser Oper ausführlicher beleuchten als andere. Die Oper, die dann statt des „Ballo in maschera" ein Jahr später in Neapel aufgeführt wurde, war „Simone Boccanegra" von 1857, die in der umgearbeiteten Version von 1881 betrachtet werden soll.

Weil die Spuren der rezeptiven Modifikation des Mythos, die wir verfolgen, eine große Zeitspanne umfassen, werde ich vor allem die auffälligen Konjunkturen darstellen, in denen der Mythos Verdi nach der Vereinigung Italiens mit Rom als Hauptstadt politische Bedeutung gewinnt und distinkte Funktionen übernimmt. Dies betrifft sowohl Verdis späte Lebensjahre, als auch die verschiedenen historischen Epochen nach seinem Tod, so den Faschismus und auch die heutige Zeit.

Daneben gibt es auch Konjunkturen, die quasi parallel zu den politischen verlaufen und mehr individuell mit Verdis Biographie und seinem Kunstmythos zusammenhängen. Sie haben oft nur vermeintlich rein anekdotischen Wert. Zum Beispiel die Propagierung der Vignette Verdis, in der er zum ewigen „Antipoden Wagners" stilisiert ist, hat wie wir sehen werden während des letzten Drittels des 19. Jahrhunderts zunächst hauptsächlich solch persönliche Gründe. Das aus dieser Vignette gewonnene Mythem läßt sich aber mühelos in den politischen Mythos einklinken: Verdi wird in der Folge als prototypisch „italienischer" Komponist zum Mythos als „Kampfbegriff" des Nationalen. Die Färbung seiner „italianità" wird durch den Gegensatz zu Wagner noch einmal schärfer akzentuiert.

Mit Roland Barthes – für den der Mythos in erster Linie eine „Aussage" ist – unterscheiden wir zwischen Objekt- und Metasprache als zwei semiologischen Systemen[103]. Der Mythos teilt sich durch die Objektsprache mit und ist als Einheit Metasprache. Diese Metasprache hat die besondere Qualität, zwischen den verschiedenen Diskursen zu vermitteln. Das bedeutet hier: Gebiete, die auf den ersten Blick vermeintlich nichts miteinander zu tun haben, wie private Opernranküne und Politik, finden mit Hilfe der Metasprache des Mythos zueinander und bilden miteinander eine mythische „Figuration".[104]

Die Metasprache artikuliert sich sowohl innerhalb der Aussagekraft der mythischen Ikonographie, beziehungsweise im Grad ihrer Verdichtung, also in Zeitungsillustrationen, Gedenkstätten und Denkmälern, als auch im Feiern von Geburtstagen, Todestagen, im Benennen von Straßen - und selbst im Zelebrieren des Opernbesuchs. Dem Weg dieser Verdichtung, die vor allem seit Verdis Tod spürbar wird und neue Konturierungen durch seine Rezeption in Deutschland erhält, werde ich in einem eigenen Kapitel folgen.

Ein weiterer Blick gilt „Luisa Miller" von 1849, „Rigoletto" von 1851, „La Traviata" von 1853 und „Falstaff" von 1893, weil sich an ihnen fern des patriotischen Diskurs gesellschaftliche Befindlichkeiten in Verdis Opern widerspiegeln lassen.

---

103 Vgl.: Barthes, Roland, Mythen des Alltags, Frankfurt/Main 1974, S. 85.

104 Vgl.: Ders., Literatur oder Geschichte, Frankfurt/Main 1969, S. 70.

III. Die Vignetten des Mythos: „il componista è mobile“

Verdi hat – anders als Garibaldi oder Cavour – gleich mehrere Beinamen verliehen bekommen, die ihn in Wissenschaft und Literatur charakterisieren. Er ist nicht nur, so wie Garibaldi der „Löwe von Caprera“ genannt wird, der „Schwan von Busseto“[105], sondern wir begegnen ihm in Form von weiteren Vignetten: als dem „Bauern von Roncole“, als „Deputiertem Verdi“, als „Maestro der Revolution“ und „Vater der Chöre“, als „Antipoden“ Wagners oder schlicht als „Gran Vegliardo“.[106] Diese Beinamen oder Vignetten sind genauso wie das Akrostichon „V.E.R.D.I.“ zu mythischen „Invarianten“[107] geworden, die das feste Gerüst für fast alle Biographien über den Komponisten bilden. Sie sind es schließlich, die auch außerhalb von rein musikwissenschaftlichen Publikationen als mythische, funktionalisierbare Versatzstücke aufscheinen und so die Botschaft des Mythos – teils bewußt, teils unbewußt – transportieren. Das System der Vignetten wird durch seine Vielfalt geschmeidig und anpassungsfähig. Es ist fähig, Widersprüche[108] gegeneinander „wegzukürzen“ und sichert dem Mythos Verdi eine hohe Entmythisierungsresistenz.

Wie beim Mythos „Risorgimento“ gibt es beim Mythos Verdi eine für plausibel gehaltene Wirklichkeit von historischen Daten und Orten und eine mythische „Wirklichkeit“, die sich ihre „Wahrheit“ durch die Kontamination mit bereits „etablierten“ Mythen, wie den oben beschriebenen „Risorgimento“-Mythologemen, erwirbt. Auch hier finden wir wieder die

---

105 Vgl.: Colombani, Alfredo, L'Opera Italiana nel secolo XIX, Mailand 1900, S. 12 – Der Schwan gilt sowohl metaphorisch als auch ikonographisch als das mythisch musikalische Tier und ist keine exklusive Bezeichnung für Verdi allein. Auch Rossini wurde und wird als „Cigno di Pesaro“ bezeichnet. So zum Beispiel in einem Zeitungsartikel von Léon Escudier im „L'osservatorio bolognese – giornale artistico, teatrale, d'industria e varietà“ vom Oktober 1850, zit. bei Colombo, Paola, Fétis–Verdi: cronaca di una polemica, in: Nuova Rivista musicale italiana, 3–4/1991, S. 406.

106 Die Beinamen wie „Gran Vegliardo“ oder „Maestro“ tauchen auch in deutschen Texten oft in der italienischen Version auf und verstärken damit den Charakter eines naturwüchsigen Eigennamens. Vgl. z.B.: Henscheid, Eckhard, Vom Opernsüden nichts Belangvolles, in: Merkur, 4/1981, S. 417. – Kühner, Hans, Verdi, a.a.O., S. 146.

107 Vgl.: Lévi-Strauss, Claude, Mythos und Bedeutung – Vorträge, Frankfurt/Main 1980, S. 20.

108 Über das Verfahren der mythischen Erzählung, mit Widersprüchen umzugehen, beziehungsweise zur „Kultur des Widerspruchs“ vgl.: Lévi-Strauss, Claude, Strukturale Anthropologie, Frankfurt/Main 1967, S. 247. – Assmann, Jan, Das kulturelle Gedächtnis, a.a.O., S. 280ff.

Blumenberg'sche „Kreisschlüssigkeit", denn beide Wirklichkeiten werden ineinander verschachtelt, so daß sie jeweils für sich allein nicht mehr auftreten.[109] Das heißt, Verdi ist nicht mehr der mythisierte „maestro della musica", ohne gleichzeitig der „maestro della rivoluzione italiana" zu sein. Diese „Doppelstrategie", die wir beispielsweise auch schon bei Garibaldi fanden, wird bei Verdi zur „Mehrfachstrategie" und erhöht gerade durch ihre Polymorphie die Stabilität des Mythos und den Wert seiner Beglaubigung. Der Mythos benötigt nach Etablierung von Verdis „invarianten" Vignetten nur noch wenig Hilfe von außen oder „neutraler" Seite, um seine „bricolage" zu fixieren. Er produziert durch die Rezeption seine „Quellen" autopoietisch. Die Invarianz dieser Vignetten wiederum erleichtert uns mit strukturalistischem Blick die Wiedererkennbarkeit der Muster, denen wir chronologisch folgen wollen.

Auch hier wieder gilt die These wie beim Mythos „Risorgimento", daß in der Literatur der Versuch des „Bildersturms" einzelner Vignetten zur unfreiwilligen Affirmation des grundmythischen Sprachspiels wird. Das heißt, daß eine Darstellung Verdis, die bewußt die politischen Verknüpfungen auslassen will und die Vignette des „maestro della rivoluzione italiana" umgeht, dafür aber unreflektiert eine andere Vignette oder ihren Sinnzusammenhang nutzt – etwa die des „Bauern" oder des „Vaters der Chöre" etwa – zwangsläufig durch die Fixierung der Vignetten aufeinander den Mythos weitererzählt.

Hinzukommt, daß in kritischen Untersuchungen von Verdis Werken meistens sehr unkritisch und sehr selbstverständlich die Geschichte des „Risorgimento" mitverarbeitet wird. Es ist zum Beipiel kurzerhand von „risorgimentalen Chören"[110] oder „Risorgimento-Obertönen"[111] die Rede, ohne den Begriff „Risorgimento" zu hinterfragen oder sich zu überlegen, daß Chöre oder Obertöne zu Beginn der vierziger Jahre, also in einer Zeit, die erst Jahre später – und dann in der Bedeutung eines politischen Kampfbegriffs – als „Risorgimento" bezeichnet wurde, nur schwerlich „risorgimental" genannt werden können. Neben historischen Ungenauigkeiten schwingen in solchen Darstellungen sämtliche oben explizierten Konnotationen, Mytheme und Mythologeme von Garibaldi bis Vittorio Emanuele mit und prägen den hier speziellen Untersuchungsgegenstand: Verdi.[112]

Paul Veyne wies darauf hin, daß in der Antike der Mythos vor allem in der stetigen Wiederholung dessen, was man über Götter und Heroen sagte, bestand.[113] Diesem Verfahren im mythischen System, der Wiederholung, begegnen wir auch beim Mythos Verdi. Wie schon im

---

109 Blumenberg, Die Arbeit am Mythos, a.a.O., S. 80.

110 Vgl.: Markus Engelhardt, Die Chöre in den frühen Opern Giuseppe Verdis, Tutzing 1988, passim.

111 Vgl.: Budden, Julian, Werk eines glühenden Patrioten, in: Verdi, Giuseppe: La Battaglia di Legnano, Textbuch zur Aufnahme des Wiener Symphonieorchesters des ORF mit Lamberto Gardelli vom Juni/Juli 1977, S. 36.

112 Claudio Casini benutzt sogar im Zusammenhang mit Verdi in historischer Verkürzung leichterhand den politischen Begriff des „Irredentismus", ohne ihn in diesem musikwissenschaftlichen Zusammenhang zu erklären. Vgl.: Casini, Claudio, a.a.O., S. 117. – George Martin zum Beispiel behauptet entgegen dem heute gängigen Urteil der Mediävisten, daß ebenso wie die Lombarden in der Oper „Battaglia di Legnano" hätten auch schon die Lombarden von 1176 für die notwendige Einheit Italiens gekämpft, was, wie oben im zweiten Teil erläutert, nicht den historischen Gegebenheiten zur Zeit der Stadtrepubliken entspricht. Vgl.: Martin, George, Aspects of Verdi, New York 1988, S. 14.

113 Veyne, Paul, Glaubten die Griechen an ihre Mythen?, a.a.O., S. 35.

Mythos „Risorgimento“ gibt es auch hier neben den Vignetten ein ganzes Inventar feststehender Ausdrücke oder wiederkehrender Aphorismen, die hauptsächlich aus seinen Briefen stammen, so zum Beispiel der Ausdruck der „Galeerenjahre“, mit denen Verdi die Jahre seit dem „Nabucco“ bis 1858 meinte.[114] Auch ein einzelner Satz aus einem Brief an den Librettisten Piave wird immer wieder zitiert: Verdi schrieb hier, daß die einzige Musik, die im Jahr 1848 an die Ohren der Italiener gerichtet sein dürfte, die Musik der Kanonen sei.[115] Die Formulierung wird – in Ergänzung zu seinen patriotischen Chören – als Beweis für die politisch nationalistische Haltung Verdis gewertet. Damit wird dieser Satz zum Beweis für die kämpferische Bedeutung seines ganzen Werks im „Risorgimento“.[116] Der Ausdruck der „Galeerenjahre“, die recht eigentlich die Jahre seiner größten Erfolge und der Konsolidierung seines internationalen Renommees umfassen, kann ebensogut ein sehr persönliches Gefühl vermitteln, das nichts mit Politik zu tun haben muß. Vielleicht wollte Verdi damit auch aussagen, daß nun die mühsamen, mageren Jahre der Frohnarbeit an den Opernhäusern ein Ende hatten und jetzt die fetten Jahre beginnen sollten. Die Formulierung wird aber im nationalen Mythos zum Ausdruck der Mühen, die Verdi – im übertragenen Sinn – in der „Galeere“ Fremdherrschaft auf sich nahm, um den Traditionen der italienischen Oper treu zu bleiben, um eine typisch „italienische“ Oper zu schreiben und gleichzeitig doch neue und vergemeinschaftende Musik zu schaffen.[117] Die Wiederholung dieser wenigen aber immer gleichen Sätze verankert ihre Bedeutung im mythischen Gedächtnis.

Die einzelnen Entstehungsgeschichten, Verdis Opern selbst und die daraus sich kristallisierenden Vignetten erweisen sich als Mythologeme, die im „Ganzen“ der mythischen Erzählung distinkte Funktionen erfüllen, beziehungsweise dem Fond, aus dem sich die „imagined community“ der italienischen Nation formiert, zuarbeiten. Sie kommen in der Erzählung über die Entstehung der italienischen Nation so dicht vor, daß sie kaum den Verdacht der Kontingenz von Verdis Stellenwert innerhalb des Prozesses der Nationsbildung aufkommen lassen. Die Opern und ihre Entstehungs- und Aufführungsgeschichten werden darum bei der Analyse dieses politischen Mythos entlang der Chronologie betrachtet werden.

1848: „maestro della rivoluzione italiana“ und „papà dei chori“

Am 18. März 1848 brach – wie in verschiedenen anderen europäischen Städten – auch in Mailand eine Revolution gegen die österreichischen Machthaber aus. Ihre Dauer gab ihr ihren Namen: „Le Cinque Giornate“. Die Aufständischen, so berichtet die Geschichtsschreibung,

114 Verdi 1858 in einem Brief an Clara Maffei wörtlich: „Dal Nabucco in poi non ho avuto, si può dire, un'ora di quiete. Sedici anni di galera!“. Verdi schließt daran an, daß er in diesen Jahren seine eigentliche musikalische Heimat Mailand verlassen habe. Vgl.: Oberdorfer, Aldo, Giuseppe Verdi: Autobiografia dalle lettere, Mailand 1981, S. 230.

115 Es handelt sich dabei um einen Brief, dessen Original in Privatbesitz ist. Zum ersten Mal wurde er 1948 veröffentlicht. Vgl.: Mila, Massimo, La giovinezza di Giuseppe Verdi, a.a.O., S. 323f.

116 Marggraf, Wolfgang, a.a.O., S. 113. – Walker, Frank, L'uomo Verdi, Mailand 1964, S. 229.

117 Casini, Claudio, Verdi, Königstein 1985, S. 61. – Gatti, Carlo, a.a.O., S. 356. – Einzig

hatten die habsburgische Vormundschaft satt und wollten ihre Region selbst verwalten. Der katholische Zweig innerhalb der liberalen Bewegung glaubte an eine nationale Föderation der italienischen Staaten unter dem Vorsitz des Papstes. Andere, wie Cattaneo, träumten von einer Republik. Die Vielzahl der starken Strömungen und die widersprüchlichen Strukturen der italienischen Kräfte aber ließen sich in ihrer Unterschiedlichkeit nicht amalgamieren.[118]

Kurz nach den ersten Sraßenkämpfen und militärischen Konfrontationen zwischen dem zu Hilfe geeilten piemontesischen Heer und den österreichischen Truppen bekam einer der Hoffnungsträger, Pius IX., Angst vor der anfänglichen Courage und vor allem vor den sich mobilisierenden Massen. Pius bat den französischen König um Hilfe und trug so die Idee eines auf dem katholischen Institutionensystem sich gründenden italienischen Nationalstaats zu Grabe. Auch König Ferdinand II. vom Königreich beider Sizilien, der zuerst Hilfe gestellt hatte, machte plötzlich wieder einen Rückzieher. Bis in den August 1848 zogen sich die Kämpfe hin, und ein Jahr später regierte Habsburg wieder uneingeschränkt über die Lombardei und Venetien.

„Verdis Chor <va pensiero...> aus der Oper <Nabucco> (1842) war zur heimlichen Nationalhymne geworden, die Mailänder Scala und überhaupt die Oper zu einem Ort nationaler, erhebender Gefühle; (...)" Dies ist aus der Retrospektive eine klassische Beurteilung der Situation in Mailand während der „Cinque Giornate". Sie stammt von dem Soziologen Peter Kammerer und ist nur ein Beispiel unserer Tage für die Einschätzung von Verdis politischer Bedeutung.[119] Und William Weaver schrieb: „Verdis Oper (Nabucco) ist selbst eine Prophezeiung: der Triumph des unterjochten Volkes, den sie vorwegnimmt, sollte für die Italiener Jahre später Wirklichkeit werden."[120] Der eigentliche Beginn des „Risorgimento", der so oft mit der ersten Ausgabe der gleichnamigen Zeitschrift von Cavour festgemacht wird, wird bei den Verdi-Biographen gerne auf das Datum der Premiere von „Nabucco" vorverlegt.[121] Massimo Mila deutet die Musik des „Nabucco" mit seinem „urto di popoli", seinem „Aufschrei des Volkes", als Vorboten des Jahres 1848, den Verdi schon 1842 – kaum daß er in Mailand angekommen war – in der Atmosphäre der Stadt erspürte. Die Kraft dieser Musik sei es, da schließt Mila sich Camille Bellaigue an, die Verdis Opern von Bellinis und Donizettis unterscheide und die das gesamte Italien des „Risorgimento" erwartet habe.[122]

Doch wie konnte eine derart breite Begeisterung angesichts der oben beschriebenen begrenzten Schicht, für die der Opernbesuch zur Zeit des „Nabucco" zum gesellschaftlichen Leben gehörte, entfacht werden? Besaß allein Verdis Musik diese „revolutionäre" Kraft? Und wo war Verdi in dieser unruhigen Zeit, was komponierte er? Konzentrieren wir uns darum zunächst auf das Mailand der vierziger Jahre.

Petrobelli hält den Begriff der „Galeerenjahre" für ein „Klischee, das aus einer Fehlinterpretation (...) stammt." Vgl.: Petrobelli, Pierluigi, Einige Thesen zu Verdi, a.a.O., S. 143.

118 Vgl.: Corrado Vivanti, Zerrissenheit und Gegensätze, in: Die Gleichzeitigkeit des Ungleichzeitigen, Ruggiero Romano,u.a., (Hrsg.), Frankfurt/Main 1980, S. 139ff.

119 Kammerer, Peter/ Krippendorf, Ekkehart, Reisebuch Italien, a.a.O., S. 60.

120 Weaver, William, Nabucco: Verdis Schlachtruf, in: Verdi, Giuseppe: Nabucco, Textbuch zur Aufnahme der Wiener Staatsoper unter Lamberto Gardelli, Wien 1986.

121 So auch u.a. bei: Gatti, Carlo, a.a.O., S. 169ff. – Kühner, Hans, Verdi, Hamburg 1961, S. 27. – Martin, George, Aspects of Verdi, a.a.O., S. 10.– Marggraf, Wolfgang, a.a.O., S. 63f.

122 „Perciò ben a ragione il Bellaigue poté indicare la forza' come fattore capitale del trionfo di Nabucco, quella forza che mancava alla musica di Donizetti e Bellini e che l'Italia del Risorgimento attendeva." Mila, Massimo, La giovinezza di Verdi, a.a.O., S. 88.

Schon nach seinem ersten großen Erfolg, seiner dritten Oper, „Nabucco", wurde Verdi als der neue Komponist der typisch italienischen Oper auf der Halbinsel gefeiert.[123] Die ersten beiden Opern „Oberto" von 1839 und „Un giorno di regno" von 1840 indes genießen in der Musikwissenschaft bis heute kein hohes Ansehen.[124] Während erstere in musikologischer Hermeneutik als bloßer Vorläufer und Vorbote der großen späteren Werke gewertet wird, beurteilen manche Kritiker die zweite Oper sogar als gänzlich mißlungen.[125] Sie werden beide heute kaum noch in Opernführern erwähnt. Beide Erstlinge waren mit nur zwei Akten verhältnismäßig kurz. Und während „Oberto" ein Stück voller Tod, Rache und Dramatik ist, huldigt „Un giorno di regno" ganz dem Stil der „Buffo-Opern", den Verdi erst dreiundfünfzig Jahre später mit dem „Falstaff" noch einmal aufgreifen sollte. Sowohl in der einen wie in der anderen Oper gibt es noch nicht die wiedererkennbare Stilform der Chöre, für die Verdi dann seit dem „Nabucco" berühmt wurde.[126]

„Geehrt sei Verdi und geehrt sei Italien, das ihn hervorgebracht hat", schrieb im Oktober 1845 eine Bologneser Zeitung nach einer Aufführung der „Lombardi alla prima crociata", zu einem Datum also, als Bologna noch lange nicht an Piemont-Sardinien angeschlossen, beziehungsweise im Königreich Italien aufgegangen war. Bologna stand noch unter der Herrschaft von Papst Gregor XVI.[127] Die hier, drei Jahre vor den Aufständen, dokumentierte Freude über Verdis Produktivität, der bis zu dem Zeitpunkt schon acht Opern komponiert hatte, hing auch damit zusammen, daß die Epoche Donizettis, Bellinis und Rossinis offensichtlich zu Ende gegangen war: Donizettis letzte Oper war „Don Pasquale" von 1843, Bellinis letzte Oper war „I Puritani" von 1835, und Rossini hatte seit dem „Guillaume Tell" von 1829, die er außerdem für Paris schrieb, keine neue Oper mehr vorgelegt. Somit konnte Verdi als einer ihrer legitimen Nachfolger gefeiert werden, der das typische Gattungsidiom bewahren sollte. Auf junge Komponisten wie ihn wurde in der italienischen Musikkritik alle ästhetische Hoffnung projiziert. Verdis erster und einziger Schüler, der dreiundzwanzigjährige Emanuele Muzio, berichtete am 29. Mai 1844 in einem Brief an den Schwiegervater von Verdi, Antonio Barezzi aus Busseto, ehrfurchtsvoll von den Erfolgen des Schwiegersohns.[128] Wie wir von Muzio erfah-

---

123 Zu den Opern von „Oberto" (1839) bis „Rigoletto" (1851) vgl.: Gerhartz, Karl Leo, Die Auseinandersetzungen des jungen Giuseppe Verdi mit dem literarischen Drama, a.a.O. – Mila, Massimo, La giovinezza di Verdi, a.a.O.

124 Verdi war 1832 von Busseto, wo er zuletzt als Organist in der Kirche angestellt war, nach Mailand umgezogen, um dort Privatunterricht bei Vincenzo Lavigna zu nehmen. Auf Verdis Schulbildung und Jugend in Roncole und Busseto wird später noch eingegangen.

125 Mila, Massimo, La giovinezza di Verdi, a.a.O., S. 77. – Meistens wird dieses harte Urteil durch die persönlichen Umstände, in denen sich Verdi während der Komposition befand, erklärt: Verdis Frau Margherita war gerade gestorben. Vgl.: Gerhartz, Leo Karl, Die Auseinandersetzungen des jungen Giuseppe Verdi mit dem literarischen Drama, Berlin 1968, S. 18

126 Die Musikwissenschaft vermutet, daß es vor „Oberto" noch eine Oper namens „Rocester" gab oder daß es sich dabei um eine erste Version des „Oberto" handelt. Guide des opéras de Verdi, hrsg. v. Cabourg, Jean, Paris 1990, S. 22. – Mila, Massimo, La giovinezza di Verdi, a.a.O., S. 53. – „Un giorno di regno" war überdies die letzte Oper Verdis mit vom Cembalo begleiteten „Secco-Rezitativen".

127 „Onore al Verdi, e alla Italia che lo ha prodotto." Vgl.: Teatri, Arti e Letteratura, 30.10.1845.

128 Antonio Barezzi hatte Muzio als Kompositionsschüler an Verdi vermittelt. Er blieb Verdis einziger Schüler. Die Briefe von Muzio an den Mäzen Barezzi wurden zum Beginn der dreißiger

ren, stieg Verdis Stern nach seinen Opern „Nabucco“ von 1842, nach „I Lombardi alla prima crociata“ von 1843 und „Ernani“ von 1844 am Ort der Uraufführungen, beim Mailänder Publikum, vor allem wegen der Chöre. Allein die Oper „Nabucco“ wurde nach der Premiere in der Folge über sechzig weitere Male am „Teatro alla Scala“ aufgeführt.[129] Sie verhalf Verdi zum Entree in den privaten „Salon“ der Contessa Clarina Maffei, der seit den dreißiger Jahren als intimer Treffpunkt für Künstler und Literaten in Mailand galt.[130] Die Mailänder Opernliebhaber, so Muzio weiter, sollen Verdi vertraulich auch „papà de' chori“, Vater der Chöre, genannt haben.[131] Aber auch die Großherzogin von Toskana aus dem Hause Habsburg-Lothringen, so berichtet Muzio seinem Gönner Barezzi, kam eigens nach Mailand, um als Anhängerin dieser Musik und ihrer Chöre Verdi persönlich kennenzulernen. Die Musik gefiel also nicht nur den vorgeblich vom „patria“-Diskurs beseelten Lombarden, die genausowenig allein Verdi zu seinem sozialen Aufstieg verhalfen.

Das Zitat aus Muzios Brief an Barezzi indes dürfte eines der frühesten Quellen für die Vignette des „papá dei chori“ sein. Diese stand in der folgenden Rezeptionsgeschichte häufig für die breite Bekanntheit Verdis – und pointierter noch für die patriotisch aufrührerische Wirkung der Chöre für die italienische Nationsbildung. Die Vignette verband sich später spielend mit der des „maestro della rivoluzione italiana“. So wurde Verdi nach seinem Tod von seinem Kollegen, dem „Veristen“ Pietro Mascagni, in einer Hommage genannt.[132] Und so lautete dann auch der Buchtitel von Gino Monaldi, der in Mailand zum 100. Geburtstag des Komponisten 1913 herauskam und die Vignette am nachhaltigsten geprägt hat.[133]

Die bewundernden Worte des Schülers jedenfalls sind ein Anzeichen, daß Verdi ganz offenbar dem Zeitgeschmack des Mailänder Publikums der frühen vierziger Jahre entsprach. In der Tat wurden auch die nächsten Opern nach „Nabucco“ – neben „I Lombardi alla prima crociata“ von 1843 auch „Ernani“ von 1844 oder „Macbeth“ von 1847, die den Zeitungen zu-

---

Jahre, also zur Zeit der sogenannten „Verdi-Renaissance“ von Luigi Agostino Garibaldi zum ersten Mal aufgelegt. Vgl.: Giuseppe Verdi nelle lettere di Emanuele Muzio ad Antonio Barezzi, hrsg. v. Luigi Agostiono Garibaldi, Mailand 1931

129 Vgl.: Chronologie der Spielpläne in: Carlo Gatti, Il Teatro della Scala, Mailand 1964, S. 313ff.

130 Barbiera, Raffaello, Il salotto della contessa Maffei e la società milanese, 1834–1886, Mailand 1895, S. 9ff.

131 Vgl.: Giuseppe Verdi nelle lettere di Emanuele Muzio ad Antonio Barezzi, hrsg. v. Luigi Agostino Garibaldi, Mailand 1931, S. 162. – 1858 wurde Verdi in einer Musikzeitschrift auch „papà del Trovatore“ genannt. Cosmorama pittorico, 25.05.1858

132 Mascagni, Pietro, In morte di Giuseppe Verdi, in: Rivista d'Italia, 1901, S. 262. – Mascagnis bekannteste Oper ist die „Cavalleria rusticana“ von 1890.

133 In einer zeitgenössischen Rezension über Gino Monaldis „Verdi: il maestro della rivoluzione italiana“ urteilte Gino Pestelli, dieses Buch sei hauptsächlich für das einfache Volk geschrieben. Das heißt, daß die schlichte Sprache dieser Publikation dazu dienen sollte, die Vignette des „Maestro della rivoluzione italiana“ unter das Volk zu bringen. Pestelli, Gino, Il maestro della rivoluzione, in: La Stampa, 7. Juni 1913. – Eine ähnliche Argumentation findet sich auch in der „Scena Illustrata“ mit dem Titel „Giuseppe Verdi e il sentimento patriotico“ vom 1. November 1913.

folge nicht überall so großen Erfolg hatten wie „Nabucco", doch wenigstens wegen ihrer effektvollen Chöre gelobt.[134]

Schon zum Beginn des 19. Jahrhunderts waren in die Oper eingebaute Chöre sowohl in den französischen wie in den italienischen Musikmetropolen dramaturgisch immer wichtiger geworden. Sie waren in dieser Form eine Neuheit innerhalb des Musiktheaters, denn die „dramme giocose" oder „farse" der Jahrhundertwende kamen ganz ohne sie aus.

Doch ihr steigender Wert läßt sich im Zeitalter der napoleonischen Kriege sicherlich auch auf ein sich entwickelndes historistisches Bedürfnis zurückführen: Die Chöre füllten optisch und stimmlich die beliebten historistischen Szenarien der Opernthemen. Und das galt nicht nur für das italienische Publikum. Auch Meyerbeer und Auber bauten Chor- und Massenszenen in die Handlungen ihrer Opern ein.[135] Aubers „Muette de Portici" soll ja sogar, wie ein anderer nicht ganz so berühmter Mythos erzählt, 1830 die Revolution in Belgien ausgelöst haben und wird, vor allem was die Chorpartien anbelangt, in der Musikkritik als „bahnbrechend" bewertet.[136]

Nicht zuletzt entsprach die Historienmalerei selbst dem ästhetischen Bedürfnis, politische Prozesse bildhaft nachzuerleben. Große Mengen von Menschen im Hintergrund der Bilder belebten die blutarmen Erzählungen über historische Ereignisse, Kriege und Aufstände.[137] Die beliebten Bühnenbilder, die von den Schlachten übriggebliebene Ruinen oder fremdländische Landschaften möglichst authentisch abzubilden suchten, kontrastierten in Paris wie in Mailand oder Neapel mit den üppigen Empire-Verzierungen und samtenen Vorhängen – kurz dem architektonischen Luxus – der Opernbühne.

Eine der ersten Opern, in denen Rossini große Chorszenen lieferte, war seine 1813 für Venedig geschriebene Oper „L'Italiana in Algeri". Hier präsentierte er zudem die in der Publikumsgunst ebenfalls steigende bunt-fremde Szenerie des Orients genauso wie in „IL turco in Italia" von 1814 und in seinem „Mosè in Egitto" von 1818, mit dem die Zeitgenossen Verdis Oper „Nabucco" wegen ihres biblisch-geographischen Kolorits verglichen.[138] In der Einleitung der Oper „L'Italiana in Algeri" ruft der Chor „Pense alla patria" zu Heimatliebe auf und entspricht damit thematisch dem gängigen „patria"-Diskurs des frühen 19. Jahrhunderts.

---

134 N.N., Studio sulle opere di Giuseppe Verdi, in: „L'Armonia – Giornale non politico", 30. Juni 1857. – Ders., 14. Oktober 1857. – Dauth, Ursula, Verdis Opern im Spiegel der Wiener Presse, a.a.O., S. 108f. – Verdi fügte in „Macbeth" einen von Shakespeare nicht vorgesehenen dem „Va pensiero sull'ali dorate" nicht unähnlichen schottisch-patriotischen Chor – „Patria opressa" – ein. Doch Meyerbeer urteilte nur, Verdi habe hier „den Geist des großen Briten mit Füßen getreten." Vgl.: Meyerbeer, Giacomo, Briefwechsel und Tagebücher, a.a.O., S. 276.

135 Zimmermann, Reiner, Giacomo Meyerbeer, Berlin 1991, S.150.

136 Gerhard, Anselm, Die Verstädterung der Oper, a.a.O., S. 84. Die These der politischen Brisanz der französischen „Grande Opéra" vertritt auch Gerhard von Graevenitz, vgl.: ders., Mythos – Geschichte einer Denkgewohnheit, a.a.O., S. 262.

137 Susanne von Falkenhausen wies auf den Zusammenhang der Historienmalerei mit der Choreografie von Chorszenen in der Oper hin. Vgl.: Falkenhausen, Susanne von, Italienische Monumentalmalerei, a.a.O., S. 120

138 Die Zeitung „L'Armonia – Giornale non politico" aus Florenz schrieb in einer Serie über Verdi von den glücklichen Übereinstimmungen zwischen „Nabucco" und „Mosè" in der Darstellung des Antiken. L'Armonia – Giornale non politico, 30. Juni 1857. – Außerdem wurde die Oper auch wegen des „colorito sacro", des heiligen Kolorits, neben Rossinis „Mosè" gestellt

Dieter Schickling vertritt die These, daß Rossini fast unmerkbar ein Zitat aus der Marseillaise eingeflochten habe.[139] Er deutet dies als Plädoyer für die Errungenschaften der Französischen Revolution im Hinblick auf sein „zerrissenes Vaterland".[140] Man kann dieses musikalische Zitat aber genauso als eine Huldigung Rossinis an seine spätere Wahlheimat Paris lesen.

Ein Beispiel für den mitteleuropäischen Publikumsgeschmack, der nach monumentalen, ausstattungsreichen, historistischen Themen mit großen Chören verlangte, liefert Saverio Mercadantes Oper „Il Bravo", die im März 1839 in Mailand am „Teatro alla Scala" Uraufführung hatte. Sie wurde in den vierziger Jahren in über zwanzig Städten auf der ganzen Halbinsel und vielen europäischen Metropolen aufgeführt und handelte vom Venedig eines düster gemalten 16. Jahrhunderts mit viel Gewalt und Intrigen. Das Libretto war nach der Vorlage von James Fenimore Cooper gestaltet, einem republikanisch gesinnten Historienromancier.[141]

Zudem sind im blühenden Opernleben dieser Jahre auch Opern, die in Antike oder Mittelalter spielten wie Donizettis „Les Martyres", Meyerbeers „Robert le Diable" und Giovanni Pacinis „Saffo", zu nennen.[142] Komponisten wie Meyerbeer waren unter anderem auch aus Erfolgskalkül fest entschlossen, „jene hektische Suche nach vergangener Größe auszuschlachten, die in der revolutionären Bourgeoisie unter der Oberfläche satter Zufriedenheit glomm."[143]

Der Kritiker unterschied hier zwischen einem „heiligen" Kolorit im „Nabucco" und einem „heilig-christlichen" Kolorit in „I Lombardi alla prima crociata", den er als kalt und aussageschwach kritisierte. L'Armonia, 1.Dezember 1857.

139 Das sei „partikularer Nationalismus als Alternative zum real erlebten supranationalen Polizeistaat". Schickling, Dieter, Sozialkritik in der Oper, in: Bermbach, Udo/ Konold, Wulf (Hrsg.), Gesungene Welten, Hamburg 1992, S. 121.

140 Die „Marseillaise" in einer italienischen Oper würde natürlich nicht dem Komment des nationalen Mythos entsprechen. Auch daß Rossini einen großen Teil seines Lebens in Paris verbrachte prädestinierte ihn nicht für die Rolle, die Verdi schließlich einnahm. Rossini äußerte sich sogar den Franzosen gegenüber dankbar. In gewissem Sinn verdanke er es ihnen, daß er Komponist geworden sei. Wenn die Franzosen nicht in das damals vom Kirchenstaat besetzte Pesaro einmarschiert wären, sei er wohl eher Apotheker oder Olivenhändler geworden. Fabbri, Paolo, Gioacchino Rossini uno e due', Vortrag beim Symposium der Kammeroper Frankfurt, 8. März 1992. – Rossini starb 1868 in Paris. Seine sterblichen Überreste aber wurden 1878 nach Florenz in die Kirche Santa Croce überführt. Rossini wurde damit postum doch noch die Funktion als Bedeutungsträger für die italienische Nation zugewiesen.

141 Di Perna, Roberto, Mercadante – Il Bravo, in: Mercadante, Saverio: Il Bravo, Textbuch zur Aufnahme des Orchestra Internazionale d'Italia mit Bruno Aprea vom Juli 1990, Martina Franca 1991, S. 11ff. – Kaufman, Thomas G., Verdi and his Contemporaries, a.a.O., S. 81ff.

142 Giovanni Pacini (1796–1867) war schon beim Beginn Verdis Karriere ein berühmter Komponist. „Saffo" war seine zweite Oper, die nach der Uraufführung 1840 in Neapel kurz darauf in vielen Städten auf der Halbinsel gespielt wurde; darunter Rom 1841, Venedig 1841, Bologna 1842, Florenz 1842, Mailand 1842. Sie ist auch unter Pacinis über dreißig weiteren Werken die heute bekannteste Oper. Inhaltlich an der klassischen Vorlage orientiert, bietet diese Komposition mit einigen eindrucksvollen Chorszenen musikalisch eine dem Genre der „tragedia lirica" huldigende hohe Qualität. Vgl.: Kaufman, Thomas, Verdi and his Contemporaries, a.a.O., S. 117–126. – Pacini, Giovanni, Saffo, Textbuch zur Aufnahme des Orchestra e Coro del Teatro San Carlo mit Franco Capuana vom 7. April 1967, Mailand 1992.

143 Mellers, Wilfried, Musik und Gesellschaft, a.a.O., S. 228.

So gehört ebenfalls Wagners Nummernoper „Rienzi", die die blutige Geschichte des Volkstribun Cola di Rienzo für die Dresdner Hofoper 1842 aufgriff, mit seinen Prozessionen und Märschen zum selben Themenkreis.

In all diesen historistischen Opern ging es meistens um die politische oder kriegerische Auseinandersetzung zwischen verfeindeten Ethnien oder Herrschern, und die Dramaturgie wurde, wie auch bei Verdi, immer durch eine Liebesgeschichte, durch Eifersucht und „vendetta" angereichert. Gerade das Ineinandermontieren von individuellem Lebensglück oder -leid mit historistischen Haupt- und Staatsaktionen auf der Opernbühne, wie wir es bei „Nabucco" finden, vermochte das alltägliche Leben in einer als wenig beeinflußbar erlebten Geschichte aufzuheitern.

Die gesellschaftliche Schicht, die Verdis Opern im Mailänder „Teatro alla Scala", wo „Nabucco" uraufgeführt wurde, besuchte, setzte sich hauptsächlich aus Angehörigen der habsburgischen Verwaltung und aus mit ihnen kooperierenden Adligen und Großbürgern zusammen. Sie gehörten zu denjenigen Gebildeten, die mit der toskanisch-florentinisch verfaßten Literatur eines Manzoni, Gioberti oder Alfieri vertraut waren und für die natürlich auch eine Oper wie „Nabucco" zum Ort des Wiedererkennens des „patria"-Diskurs' werden konnte, eines Diskurses, der ja seit Beginn der vierziger Jahre immer dichtere Kreise zog und auf eine Neuordnung der politischen Verhältnisse abzielte.[144]

Das spiegelte sich in den lombardischen Musikzeitschriften „Gazetta Musicale di Milano" oder „L'Italia Musicale" ebenso wie in den Wissenschaftszeitschriften „Annali universali di statistica" unter der Leitung von Giandomenico Romagnosi oder in Carlo Cattaneos „Politecnico". Die Antwort der österreichischen Stadtregierung in Mailand auf diesen noch diffusen „patria"- Diskurs war die „Gazetta privilegiata di Milano". Sie war wie der Name schon sagte privilegiert – und zwar, weil sie ohne Zensur und Umschweife politische – natürlich habsburgfreundliche – Meinungen publizieren durfte.[145] Seit 1834 gab es in dieser Zeitung auch einen feuilletonistischen Anhang, der wie der politische Teil versuchte, die engen österreichisch-italienischen Beziehungen zu betonen. Bis dahin scheint solch eine Kolumne nicht nötig gewesen zu sein, denn zwischen 1820 und 1830 partizipierte die österreichische und italienische Kulturwelt eher selbst an der Vermischung und ließ sich gemeinsam derart von Paris beeinflussen, daß Leopardi Mailand sarkastisch als ein Anhängsel der Tuilerien bezeichnete.[146]

Das Opernhaus „Teatro alla Scala" in Mailand gehörte - zusammen mit „La Fenice" in Venedig – während der langen künstlerischen Tätigkeit Giuseppe Verdis zu den wichtigsten Opernhäusern auf der italienischen Halbinsel. Beide Häuser standen zur Zeit des „Nabucco" unter österreichischem Kuratel, die Impresari waren dem österreichischen „Luogotenente" verpflichtet, ja sie waren gewissermaßen seine Angestellte.[147] Finanziert wurde das Opernhaus

144 Wir können davon ausgehen, daß auch die österreichischen Eliten in der Lombardei und Venetien die florentisch–toskanisch verfaßte Literatur kannten, da ihre Handelssprachen durch die Kontakte mit den Höfen auf der Halbinsel neben Französisch Italienisch war. Die für die Habsburger geführten Bücher und Dokumente im von ihnen beherrschten Mailand jener Zeit sind fast alle auf italienisch, bzw. toskanisch verfaßt. Vgl.: Fondo cancellerie austriache/ Archivio di Stato, Mailand. – Affari publici/ Archivio Storico/ Mailand. – Dauth, Ursula, a.a.O., S. 44

145 Vgl. im folgenden: Parker, Roger, Verdi and the Gazzetta privilegiata di Milano: An „official" View seen in its cultural Background, a.a.O., S. 54.

146 Zit. bei: ebenda, S. 53.

147 Noch im Mai 1858 kam von Mailand der Vorschlag, das „Teatro alla Scala", das „Kärntner-

in Italien wie in Österreich oder Frankreich meist durch Mäzene. Der Impresario eines Opernhauses der ersten Kategorie hatte die vertraglich geregelte Verpflichtung, eine bestimmte Anzahl neuer Opern und vor allem Exklusivwerke pro Saison zu präsentieren, um seine Geldgeber und Abonnenten zufriedenzustellen.[148]

Der Impresario der Mailänder Scala und einer der einflußreichsten Theatermänner zum Beginn von Verdis Karriere war Bartolomeo Merelli. Er verstand es beispielhaft, die Koexistenz mit den Habsburgern für sich fruchtbar zu machen. Er betreute neben dem „Teatro alla Scala" gleichzeitig das Kärntnerthor-Theater in Wien, wo die italienische Oper sehr beliebt war.[149] So wurde auch „Nabucco", Verdis vorgeblich erste „risorgimentale" Oper, nach ihrem Erfolg in Mailand unmittelbar danach für Wien übernommen.

Durch seinen geschickten Umgang mit der „Fremdherrschaft" wurde Merelli ein reicher Mann: Er führte ein mondänes Leben und scheute weder Kosten noch Mühen, um seinen Stammbaum soweit zurückverfolgen zu lassen, bis ein Ahne in der Familiengeschichte aufgetrieben werden konnte, dessen Name seinen Söhnen das Entree zur Schule der österreichischen Aristokratenzöglinge verschaffte.[150] Merelli hatte Verdis Fähigkeiten bald entdeckt. Die vierziger Jahre bis zum Zeitpunkt der Revolution, die den Habsburger-Freund schließlich finanziell und moralisch ruinierte, standen ganz im Zeichen der Zusammenarbeit zwischen den beiden Männern.[151]

Merelli war es auch, der die Libretti der aufzuführenden Opern über die Theaterdirektion an die habsburgische Zensurbehörde, beziehungsweise die „Imperiale Regia Direzione Generale della Polizia" zu leiten hatte.[152] Die Behörden reagierten vor allem auf moralische Unschicklichkeiten auf der Opernbühne und, wie Rosselli für Norditalien feststellte, auf mutmaßliche Anspielungen, die der Propaganda für das napoleonische Frankreich hätten dienen können. So wurde 1834 eine Aufführung der „Lucia di Lammermoor" von Donizetti verbo-

---

thor-Theater" in Wien und auch das „Teatro La Fenice" in Venedig unter eine gemeinsame Leitung zu stellen. Vgl.: Fondo cancellerie/ Archivio di Stato, cart. 142, fasc. 34.

148 Vgl. Rosselli, John, The Opera Industry from Cimarosa to Verdi, a.a.O., hier: Kapitel I.: A season in the life of an Impresario, S. 1–17.

149 Merelli ist ein Beispiel für die Möglichkeiten eines Lombarden, beziehungsweise „Italieners", im Habsburgisch verwalteten Mailand durchaus wichtige Stellen zu besetzen. Für viele lombardische Bürger war patriotische Gesinnung und der gleichzeitige Dienst für die Habsburger vereinbar. Im von Habsburg regierten Lombardo-Veneto konnte durch diese Koexistenz eine Form des „Nationalismus" entstehen, die sich am typisch habsburgischen Machtverständnis anlehnte. – Auch in Wien beherrschten Adel und Großbürgertum neben der französischen Sprache auch italienisch. Die kulturelle Affinität zum politisch beherrschten Norditalien, die sich nicht zuletzt im Wiener Opernhaus spiegelte, wurde oft noch durch familiäre Bindungen mit bedeutenden italienischen Familien ausgebaut. Vgl.: Dauth, Ursula, a.a.O., S. 41.

150 Rosselli, John, The Opera Industy in Italy, a.a.O., S. 26ff. – Merelli ließ sich als feiner Mann mit „Vatermörder", Taschenuhr und Silberknaufstock in Öl verewigen. Das Bild hängt im Museo Teatrale alla Scala in Mailand.

151 Ders., Die Impresario-Laufbahn, in: Das Produktionssystem, a.a.O., S. 127.

152 Engelhardt, Markus, Nuovi dati sulla nascità dell'opera giovanile di Verdi „Un giornio di Regno", in: Studi Verdiani, Parma 4/1986–87, S. 12.

ten, weil die Kostüme der Tänzerinnen mit den Farben der napoleonischen Trikolore in Zusammenhang gebracht wurden.[153]

Das Thema des babylonischen Königs Nebukadnezar war bereits 1815 von Battista Niccolini aufgegriffen worden.[154] In der Theaterversion sollen damals Anspielungen auf Napoleon I. versteckt gewesen sein. Merelli bot im Jahr 1840 das von Temistocle Solera geschriebene Libretto mit demselben Titel dem Deutschen Otto Nicolai an. Bereits 1838 hatte es am „Teatro alla Scala" auch ein Ballett mit dem Titel „Nabucodonosor" gegeben.

Doch Nicolai, der sich im Stil Donizettis und Rossinis an den italienischen Opernhäusern versuchte, lehnte ab, weil ihm das Thema zu blutrünstig war.[155] Als Verdi bereits seine ersten großen Erfolge mit „Nabucco" gefeiert hatte, notierte Nicolai darüber in seinem Tagebuch: „Wer jetzt in Italien schreibt ist Verdi. Er hat auch den von mir verworfenen Operntext Nabucodonosor komponiert und damit großes Glück gemacht. Seine Opern sind aber wahrhaft scheußlich und bringen Italien völlig ganz herunter."[156]

Der Titelheld der Oper ist nach dem babylonischen König im Zweiten Buch der Könige des Alten Testaments „Nebukadnezar" benannt. Doch ist die Bibelstelle nicht wirklich die Quelle der Handlung. Die literarische Vorlage stammt von dem französischen Theaterschriftsteller Anicet Bourgeois und wurde 1836 in Paris uraufgeführt. Bourgeois gehörte zu jener Avantgarde der Vaudevillisten, die – so urteilt Kracauer – ihre burlesken Stücke „am laufenden Band fabrizierten" und die politischen Stimmungen der Regierungsnahen in Paris jeweils zu nutzen wußten.[157] Temistocle Solera formte aus Bourgeois' Vorlage ein historisierendes Drama mit viel Statisterie, Staffage und „patria"-Pathos.

Um die Interpretation, „Nabucco" sei eine „Risorgimento"-Oper, zu beurteilen, betrachten wir im folgenden die Handlung genauer. Die erste Szene der Oper beginnt mit einem Chor. Die Juden beklagen im Tempel ihr Schicksal: Sie wurden von Nabucco, dem assyrischen König von Babylon, besiegt und gefangengenommen. Ihre Feindschaft ist vor allem im unterschiedlichen Glauben begründet: die Assyrer haben Baal zum Idol, während Jehova der Gott der Juden ist. Zacharias, der Hohepriester der Juden kommt in den Tempel der Seinen geeilt. Er hat die Tochter Nabuccos, Fenena, als Geisel genommen und erhofft sich dadurch eine Verbesserung der politischen Situation für die Juden.

Doch Fenena wird Ismael, dem Sohn des Königs der Juden anvertraut, der sie schon lange aus seinem Aufenthalt in Babylon kennt, und flugs wird aus dem Geiseldrama eine Liebesgeschichte. Denn Ismael will, die Interessen seines jüdischen Volkes mißachtend, die assyrische Fenena aus den Händen seiner eigenen Landsleute retten. Doch auch Abigail, ebenso wie Fenena eine Tochter von Nabucco, liebt Ismael und trachtet danach, deren Liebe zu zerstören.

---

153 Rosselli, John, Sull'ali dorate, a.a.O., S. 73.

154 Teatro e Risorgimento, hrsg. v. Federico Doglio, Bologna 1972, S.21. – Vgl.: Zweiter Teil, Kapitel III.

155 Temistocle Solera, der zu Nicolais „Gildippe e Odoardo" von 1840 das Librettos schrieb, war für seinen pathetischen Stil bekannt. Er widmete sich nicht nur der Oper, sondern schrieb auch religiöse und patriotische Gedichte. Gerhartz, Leo Karl, Temistocle Solera, in: Csampai, Attila/ Holland, Dietmar, Opernführer, Hamburg 1990.

156 Nicolai, Otto, Nicolais Tagebücher nebst biographischen Ergänzungen, hrsg. v. B. Schröder, Leipzig 1892. Vgl. dazu auch: Dauth, Ursula, Verdis Opern im Spiegel der Wiener Presse von 1843 bis 1859, a.a.O., S. 66f.

157 Kracauer, Siegfried, Jacques Offenbach, a.a.O., S. 63.

Als Nabucco mit seinem Heer den jüdischen Tempel stürmen will, versucht Zacharias ihm mit der Geisel Fenena Einhalt zu gebieten und droht, sie mit einem Dolch zu erstechen. In diesem Konflikt zwischen Vaterland und vaterlandsfeindlicher Liebe entscheidet sich Ismael für Fenena und rettet sie aus den Händen Zacharias'. Damit zieht er den Zorn der Juden auf sich, denn sie werten seine Entscheidung als Verrat. In der Zwischenzeit, der Schauplatz ist nun der Palast des Assyrer-Königs, hat Abigail herausgefunden, daß sie nicht die richtige Tochter von Nabucco ist, sondern ursprünglich eine Sklavin war. Nichtsdestotrotz will sie ganz selbstbewußt den babylonischen Thron für sich und sowohl Nabucco als auch Fenena vernichten. Während sich Fenena von Zacharias zum jüdischen Glauben bekehren läßt, bittet Ismael um Verzeihung für seinen Verrat aus Liebe. Ein Bote bringt die Nachricht, Nabucco sei tot und das Volk unterstütze Abigail. Doch das war eine falsche Meldung. Denn Nabucco taucht plötzlich auf und erklärt sich selbst anstatt Baal zum Gott, darauf nimmt ihm ein Donnerschlag die Krone vom Kopf, und er fällt in Irrsinn. Nun nimmt doch Abigail den Thron ein. Sie heckt gemeinsam mit dem Oberpriester die Ausrottung der Juden einschließlich Fenena aus.

Abigail kann dem verstörten Nabucco seine Zustimmung zu ihrem Plan abringen. Da wird ihm bewußt, daß er damit auch das Todesurteil für seine richtige Tochter Fenena unterschrieben hat. Doch Abigails Leute sind schon unterwegs, sie zerreißt das Dokument, das die Unrechtmäßigkeit ihrer Verwandtschaft beweist und läßt Nabucco gefangensetzen.

In der nächsten Szene beklagen die Juden ihr Schicksal mit dem berühmten Chorgesang „Va pensiero sull'ali dorate". Nabucco muß von seinem Zimmer mitansehen wie die Juden nun alle umgebracht werden sollen – auch seine Tochter. Die Gefolgsleute Abigails, die vorher noch Nabucco bewachten, wollen ihm nun helfen. Tatsächlich kann Nabucco die Hinrichtungszeremonie stören. Plötzlich zerbricht das Bild des Assyrer-Gottes Baal. Nabucco erklärt – durch die vergangenen Ereignisse – seine Bekehrung zum jüdischen Glauben und daß er die Juden in ihr Land ziehen lassen wolle. Abigail quittiert ihre Niederlage, indem sie sich vergiftet und schließlich sterbend alle um Vergebung bittet.

Inwiefern kann für das Publikum um 1842 eine derart verworrene Handlung dazu taugen, die politisch-sozialen Verhältnisse der Habsburger Herrschaft im Norditalien des 19. Jahrhunderts zu spiegeln?

In der autobiographischen Skizze, die Verdi in den späten siebziger Jahren zu Protokoll gab, beschreibt er, daß er in seiner damaligen Leidensverfassung – im Schmerz um den Tod seiner Frau und seiner beiden Kinder[158] – „Nabucco" nicht komponiert hätte, wenn er nicht wie magisch von jener Stelle gefesselt worden sei, in welcher dann der Chor exilierter Juden die verlorene Heimat betrauerte. Merelli habe ihm das Textbuch zunächst geradezu gewaltsam aufgezwungen. Er habe es zu Hause impulsiv und wütend auf den Tisch geworfen. Nun lag es aufgeschlagen da, und Verdi wurde von den Zeilen „Va pensiero sull'ali dorate" sofort bezaubert.[159] Die Melodie, die Verdi dann zu diesen Zeilen komponierte, begleitet als Thema die

---

158 Roger Parker weist darauf hin, daß in der autobiographischen Skizze Verdi den Tod seiner Frau und Kinder auf wenige Monate zusammengerafft hat. Die Todesfälle ereigneten sich aber über mehrere Jahre. Vgl.: Parker, Roger, Verdi and the Gazzetta Privilegiata di Milano, a.a.O., S. 56. – Vgl. zur autobiographischen Skizze: Oberdorfer, Aldo, Giuseppe Verdi: Autobiografia dalle lettere, Mailand 1981, S. 112. – William Weaver, Verdi-Immagini e Documenti, Florenz 1980, S. 11ff.

159 Vgl.: Ebenda.

gesamte Oper. Erst im zweiten Bild des dritten Aktes schwillt die Melodie zum voluminösen Klagegesang der Juden an: „Zieht, Gedanken, auf goldenen Flügeln/ Zieht Gedanken, ihr dürft nicht verweilen/ (...) Zu den teuren Gestaden zu eilen/ Zur verlorenen Heimat, der süßen/ Zieht Gedanken, lindert der Knechtschaft Qual!“[160]

Ohne Zweifel ist es dieser Chor, der die Biographen vermuten ließ, daß Verdi eigentlich mit den Juden „die“ Italiener gemeint hatte und mit den Assyrern „die“ Fremdherrscher. William Weaver will in der Rolle des Zacharias, des Hohepriesters und Sehers der Juden im „Nabucco“, sogar Mazzini, den „Propheten“ des „Risorgimento“, wiedererkannt haben.[161] Der Chor leitete jedenfalls den künftigen großen Erfolg Verdis ein. Seine Machart galt es in den kommenden Opern mit einem sich bewährenden Rezept zu wiederholen. So wurden auch in die Handlung der „Lombardi alla prima crociata“, zu der ebenfalls Solera das Buch schrieb, große Chorszenen eingebaut. Roger Parker, dem es in einer Studie über die Chöre darum geht, den ausschließlich politischen Wert Verdis in den frühen Opern zu relativieren, hat in einer Gegenüberstellung der Texte des Chores aus „Nabucco“ und jenes aus den „Lombardi“ festgestellt, daß letzterer eine geradezu „schamlose“ Nachahmung des ersten sei.[162]

Beiden gemeinsam ist der elfsilbige Versaufbau und der Topos: die Trauer um die verlorene Heimat und das mitschwingende Gefühl der traurigen Resignation. Die Homophonie der Stimmen verstärkt den Hymnencharakter der Texte, deren Stimmen die verlorene, unterdrückte, wiedergewonnene oder schlicht geliebte „Heimat“ deklamieren. Die getragene Stimmführung erleichtert die Einprägsamkeit.[163]

Wer prägte sich nun in den 40er Jahren diese Chöre ein? Waren es nur die Adligen und Großbürger, die allein es sich leisten konnten, die Oper zu besuchen und die zwischen Applaus und Frivolitäten konspirative Pläne schmiedeten?[164] Oder waren es auch die verarmten Bauern der Po-Ebene, die durch die Chöre beseelt, der „Fremdherrschaft“ überdrüssig, mit ihren Mistgabeln auf die Straße gingen, wie es uns die gängigen Verdi-Biographien glauben machen? War es diese Musik, die die „bäuerliche Bevölkerung in der Poebene liebte“, weil sie in hohem Maße zu einer Vereinfachung des Ausdrucks ins Volkstümliche tendierte?[165] Oder waren es die Handwerker und kleinen Beamten in den Städten, die insgeheim durch Verdis

---

160 Verdi, Giuseppe/ Solera, Temistocle: Nabucco, Textbuch zur Aufnahme der Wiener Staatsoper unter Lamberto Gardelli, Wien 1986, S. 104.

161 Weaver, William, Weaver, William, Nabucco: Verdis Schlachtruf, a.a.O., S. 24.

162 Vgl.: Parker, Roger, „Sull ali dorate“ – The Verdi patriotic chorus and its reception in 1848, (unveröffentlichtes Manuskript) Parma 1989, S. 40.

163 Abramo Basevi deutete in seiner Studie über Verdi von 1859 in die Musik von „Nabucco“ eine Kraft hinein, die die Individualität aufhebe und sie in Universalität verwandle. Die Gefühle die ein einzelner Sänger mit dieser Musik auszudrücken vermöge, vermittelten dem Zuschauer die Gefühle einer ganzen Gemeinschaft. Basevi, Abramo, Studio sulle opere di Giuseppe Verdi, S. 157. – Petrobelli äußerte die These, daß die Einprägsamkeit der Chöre über die Homophonie hinaus auch in ihrer Isoliertheit innerhalb des dramatischen Gewebes der Oper begründet läge. Verdi sei zur Zeit von „Nabucco“ und „Ernani“ noch auf der Suche nach seiner eigenen musikalisch-dramatischen Sprache gewesen. Eine Konzeption der Einheit einer Oper sei ihm noch nicht klar gelungen. Petrobelli, Pierluigi, Einige Thesen zu Verdi, a.a.O., S. 147.

164 Monterosso vertritt die Ansicht, daß das Opernhaus die Plattform für politische Verschwörer und ihre Pläne bot. Monterosso, Raffaello, La musica nel Risorgimento, Mailand 1948, S. 39.

165 Casini, Claudio, a.a.O., S. 64/67.

Weisen aufgestachelt auf die nächstbeste Möglichkeit zum Umsturz hofften und darum klandestin „Viva V.E.R.D.I." in den Häuserputz ritzten?

Wir haben darüber keine Statistiken und auch keine Quellen – was dem Mythos nur dienlich ist. Wir können zum einen nur probabilistische Erwägungen heranziehen: Nehmen wir also zunächst einmal an, daß in Städten mit einer älteren bürgerlichen Tradition jenseits der Aristokratie und des Großbürgertums ein Stand angesiedelt war, der ökonomisch und gesellschaftlich in der Lage gewesen wäre, Opernhäuser mit einem künstlerischen Rang eines „San Carlo", „La Fenice" oder „La Scala"[166], um die es hier im Zusammenhang mit Verdi vor allem geht, zu besuchen. Dann müssen wir zumindest anzweifeln, daß die dargebotenen Opern und ihre Texte angesichts der niedrigen Prozentzahl von Menschen, die die toskanische Hochsprache verstehen oder lesen konnten, sofort erfaßt und politisch gedeutet wurden. Noch heute wird dem Opernbesucher empfohlen, vor dem Besuch einer Oper das Libretto des betreffenden Stücks zu kennen, denn oftmals ist die gesungene Sprache schlecht zu verstehen, die Handlung nur schwer nachvollziehbar. Für das betuchte Publikum ergab sich das Verständnis eines Opernlibrettos wahrscheinlich allein schon aus der Häufigkeit des Besuchs ein und derselben Oper während einer „stagione" oder aus der Lektüre der Musikzeitschriften.[167] Und wie unter anderem Otto Nicolai für das italienische Publikum herausgestellt hatte, war ihm der Text sowieso nicht so wichtig wie die Musik. Anders als die Deutschen, so Nicolai, wollten sich die Italiener in der Oper nur dem Genuß der Musik hingeben und kein Behagen aus der Beschäftigung des „Denkungsvermögens" beziehen.[168]

Doch noch einmal zu den Bauern: Einmal davon abgesehen, daß John Rosselli feststellte, daß kein italienischer Bauer bis zum Ende des 19. Jahrhunderts je ein Opernhaus betrat[169], wäre es denkbar, daß die eingängigen Chor-Melodien – vor allem aus „Nabucco" von 1842, aus „I Lombardi alla prima crociata" von 1843 oder aus „Ernani" von 1844 – mit ihrem patriotischen Pathos auch auf anderen Wegen in das „Volksohr" gelangen konnten. Von einer verbreiteten Kultur der Musikkapellen, die das Opernrepertoire auf öffentlichen Plätzen einer breiteren Masse hätten bekannt machen können, können wir allerdings erst in der zweiten

---

166 Neben den erwähnten „großen" Theatern gab es auch zweitrangige Häuser, die ebenfalls „opera seria" anboten. An diesen Theatern, wie am „Teatro del Fondo" oder „Teatro Nuovo" in Neapel oder am „Carcano" in Mailand kamen keine Opern im Rang von Verdis Werken zu Uraufführungen, sondern die an den großen Theatern uraufgeführten Werke kamen üblicherweise in einem Abstand von einem bis mehreren Jahren danach dort auf den Spielplan.

167 Die Schicht, die es sich leisten konnte, ging während der Opernsaison, der sogenannten „stagione", fast täglich ins Opernhaus. Aber auch beim einfachen Volkstheater wurde manchmal aristokratisches Publikum gesehen. Der Adel betrachtete dies als eine Art burleske Abwechslung des höfischen Lebens. Man erfreute sich der „ordinären" Volksbelustigung. Rosselli, John, Das Produktivsystem, a.a.O., S. 99.

168 Nicolai, Otto, Musikalische Aufsätze, hrsg. v. Kruse, Richard, Regensburg o.J., S. 84, zit. bei: Gerhartz, Leo Karl, Die Auseinandersetzungen des jungen Giuseppe Verdi mit dem literarischen Drama, Berlin 1968, S. 324. – Ähnlich urteilte um 1840 auch der Musikkritiker Heinrich Adami. Er unterschied die Italiener vor allem in der Gleichgültigkeit gegenüber den Inhalten von den Deutschen, deren erste Frage nach der Handlung zielte. Vgl.: Dauth, Ursula, a.a.O., S. 48.

169 Rosselli, John, Sull'ali dorate, a.a.O., S. 66

Hälfte des 19. Jahrhunderts, beziehungsweise zur Jahrhundertwende hin, ausgehen.[170] Doch waren Kontakte zwischen den Sängern, Musikern der Orchester oder der Bühnenarbeiter mit einfacheren Schichten möglich – vielleicht sogar eine Art gelungene „Mundpropaganda“, in der die Chöre kursierten?[171]

Wenn diese Verbreitungswege aber politische Auswirkungen gehabt haben sollen, müßten die Verdi-Chöre auch in den berühmten Mailänder Tagen eine Rolle gespielt haben, es müßten Spuren in den Mailänder Zeitungen dieser Zeit gefunden werden können. Bei der Lektüre der Zeitschriften der Revolutionsphase stellt man schnell fest, daß die Spielpläne an den Opernhäusern während der Kämpfe geändert wurden, wenn nicht das Theater ohnehin geschlossen war.[172]

Das „Teatro alla Scala“ führte erst wieder Opern auf, als der österreichische Feldmarschall Radetzky die Ergebnisse der Mailänder Tage längst rückgängig gemacht hatte. Das war auch nicht weiter verwunderlich, denn kaum waren die Aufstände ausgebrochen, so berichtete der „Corriere delle Dame“, flüchteten die anerkannten Sänger und Sängerinnen sofort ins Ausland und übrig blieb nur, so die Zeitung wörtlich, die Ausschußware, „il scarto“, mit der sich keine großen Opernaufführungen hätten realisieren lassen.[173]

Wirkliches Kolorit der Aufständischen dieser Tage finden wir indes im volkstümlicheren Theater „Carcano“: Hier sangen die Mailänder in den Tagen nach der Vertreibung der Österreicher patriotische Lieder. In erstaunlichen Mengen wurden Hymnen auf das befreite Mailand oder zu Ehren des Hoffnungsträgers Pius IX. produziert und gespielt.[174] Im „Carcano“ wurden Opern aufgeführt, die für ihr patriotisches und heldenhaftes Sujet gepriesen wurden wie die Oper „Gennaro Annese“ von einem Komponisten namens Sanelli.[175]

---

170 Eine Monographie über die Kultur der Musikkapellen in Italien gibt es noch nicht. Darum könnnen wir über diesen Rezeptionsweg schwer spekulieren. Es gibt einen Aufsatz über das Repertoire der Kapellen von Piacenza und Cremona zwischen 1861 und 1874, wo Amilchare Ponchielli Kapellmeister war. Vgl.: Albarosa, Nino, Amilcare Ponchielli, „capomusica“ a Piacenza e Cremona (1861–1874), in: Amilcare Ponchielli, 1834–1886, Saggi e ricerche nel 150 anniversario della nascità, Casalmorano 1984, S. 93–124. – Leydi, Roberto, Ein Hoch auf die Kapelle, in: Geschichte der italienischen Oper, a.a.O., S. 349–355. Eine weitere Untersuchung belegt die außer der Reihe stehende Tradition der Musikkapellen in Bergamo seit 1823. Vgl.: Anesa, Marino, Musica in piazza, Contribuiti per una storia delle bande bergamesche, Bergamo 1988.

171 Roberto Leydi bezweifelt zwar eine weitverbreitete Präsenz einer mehr als oberflächlichen Kenntnis der Opern in volkstümlichen Schichten, doch er räumt ein, daß wenn überhaupt solch eine für den größten Teil des 19. Jahrhunderts unübliche – vorsichtig gesprochene – Popularisierung, zum Beispiel über Bühnenarbeiter, stattgefunden habe, dann in Neapel. Die Namen Bellini, Donizetti, Mercadante und Rossini dominierten hier in den Quellen. Vgl.: Leydi, Roberto, Verbreitung und Popularisierung, a.a.O., S. 340f.

172 Zwischen Dezember 1847 und März 1848 wurden am „Teatro alla Scala“ keine Opern von Verdi aufgeführt, jedoch an 25 Abenden die „Norma“ von Bellini und 17 Mal „L'Elisir d'Amore“ von Donizetti.

173 Zit. bei: Gutierrez, Beniamino, Il Teatro Carcano, Mailand 1916, S. 107.

174 Viele italienische Musikzeitschriften dieser Zeit, wie zum Beispiel die Mailänder „Gazzetta Musicale“, bezeugen dies eindrücklich.

175 Teatri, Arti e Letteratura, 27. April 1848.

Es gab Schauspiele mit dem Titel „La caduta del Dispotismo“ und „La caduta d’un impero“, deren Inhalte unmittelbar die Revolution betrafen.[176] Die Musikzeitschrift „L’Italia Musicale“ des Verlagshauses Lucca – ein harter Konkurrent des Verlegers Ricordi – stellte sofort ihr Programm um. Für die nächsten Monate hieß die Zeitschrift „Italia Libera“ und widmete sich – bis zur Rückkehr der Österreicher – hauptsächlich ambitiösen Hoffnungen über die künftige politische Gestaltung der Lombardei.[177]

Am 4. Mai 1848 berichtete die in Bologna verlegte Zeitschrift „Teatri, Arti e Letteratura“, daß nun keine Zeit mehr für musikalische Dramen sei, und sie lobte verschiedene uns heute unbekannte Komponisten, die in dieser Situation kämpferische Hymnen auf die politischen Ereignisse schrieben. Der Redakteur der Zeitung fragte: „Und was denkt Verdi zu tun? Seine Feinde sagen, daß der Moment gekommen sei, Kanonen auf das Orchester zu richten.“[178]

Dieselbe Lage der Oper bei den unter Manin feiernden Venetianern, so der Bericht weiter: Hier hatten Tommaseos Proklamationen größeren Zulauf als Pacinis neue Oper. In Bologna wurde im Theater Verdis „Lombardi alla prima crociata“– eine der Opern die später für ihre „risorgimentalen“[179] Chöre berühmt geworden ist – abgesetzt, um Nationalchöre singen zu lassen. Und im fernen Neapel führte man Verdis „Nabucco“ nur mit mäßigem Erfolg auf, da man dort – notabene – nach typisch italienischer Musik verlangte und nicht nach dem alten Orient.

Im Zusammenklang mit diesen Zeitungskommentaren werden die weiter oben genannten Verklärungen von Verdis Chor aus „Nabucco“, der „heimlichen Nationalhymne“ und des „urto dei popoli“, schon fragwürdiger.

Es muß auffallen, wenn die Leipziger Zeitschrift der Internationalen Musikgesellschaft zum Tod von Verdi im März 1901 urteilte: „Die ‚Lombarden‘ haben seinen Namen zu einem politischen Faktor ersten Ranges gestempelt; voll glühenden Freiheitsdranges und hinreißender Vaterlandsbegeisterung sind sie der Sturmvogel der italienischen Revolution geworden“[180]; wenn eine sehr verbreitete deutsche Biographie über Verdi dokumentiert: „Die Menge feiert Verdi als Befreier (...) man preist ihn als den ‚maestro della rivoluzione italiana‘ (...)“[181]; oder auch wenn George Martin ohne Quellenangabe behauptet, das Publikum habe bei der Aufführung von „I Lombardi alla prima crociata“ beim Text des Tenors: „Das Heilige Land wird unser sein!“ geschrien: Ja (...) Krieg, Krieg!“, klingt das ziemlich erfunden.[182]

Doch wo hielt sich Verdi selbst – als Mittzwanziger im virilsten Soldatenalter – zwischen 1847 und 1849 auf?

---

176 Gutierrez, Beniamino, Il Teatro Carcano, a.a.O., S. 103.

177 Pasquinelli, Anna, Francesco e Giovannina Lucca, a.a.O., S. 194.

178 „E il Verdi ..che pensa di fare? i suoi nemici dicono che questo è il tempo di mettere il cannone nel’orchestra“. Teatri, Arti e Letteratura, Bologna, 4. Mai 1848.

179 Vgl.: Engelhardt, Markus, a.a.O., S. 329ff. – Auch Giovanni Calendoli bezeichnet „Nabucco“ als „risorgimentales Thema“, weil vor Verdi schon Niccolini dieses Sujet aufgegriffen habe, und Verdis Wahl zeige, daß er in diesem Stück die wahrhafteste Allegorie auf die Situation der Italiener erkannt habe. Vgl.: Calendoli, Giovanni, Il risorgimento nel teatro, in: Il risorgimento italiano nel teatro e nel cinema, hrsg.v. Meccoli, Domenico, Rom 1970, S. 61.

180 Abert, Hermann, Giuseppe Verdi, in: Zeitschrift der Internationalen Musikgesellschaft, 6/1901, S. 205.

181 Kühner, Hans, a.a.O., S. 42.

182 Martin, George, Verdi and the Risorgimento“, in: Weaver, William/ Chusid, Martin, The Verdi Companion, a.a.O., S. 22.

Seine erste Uraufführung außerhalb der italienischen Halbinsel hatte er im Juli 1847 in London mit „I Masnadieri" („Die Räuber"). Diese war nach der „Giovanna d'Arco" („Johanna von Orleans") von 1845 die zweite Oper nach einem Drama von Schiller. Für das „Her Majesty's Theatre" stellte besonders die italienische Oper „ein Modeartikel und Leckerbissen für die Reichen" dar, wie Hanslick formulierte.[183] An diesem exklusiven Ort soll Verdi auch anläßlich der Aufführung von „I masnadieri" Mazzini kennengelernt haben.[184]

Das Libretto nach der Schillerschen Vorlage besorgte der Literat Andrea Maffei, der als Spezialist für deutsche Dramaturgie galt und seit 1827 Schillers Dramen ins Italienische übertrug.[185] Auf dem Weg nach London machte Verdi Station in Paris, um Giuseppina Strepponi zu besuchen, die er seit der Uraufführung des „Oberto" in Mailand 1839 kannte und die in der Mailänder Premiere des „Nabucco" die Rolle der Abigail gesungen hatte.

Strepponi lebte schon einige Zeit in Paris und verdiente ihr Geld mit Gesangsunterricht und Arienabenden, in denen sie unter anderem Verdis Musik dem Pariser Salonpublikum vertraut machte.[186]

Nach seinem ersten kurzen Eindruck lobte Verdi das freie Leben in Paris. Doch bald schon langweilten ihn die Attitüden auf den Boulevards, wo man all die Menschen zu treffen pflegte, denen der scheue Verdi lieber auswich.[187] Der Pariser Opernwelt war Verdis Name schon seit dem 16. Oktober 1845 durch eine Aufführung des „Nabucco" im „Téatre Italien" wohlbekannt. Der französische Musikkritiker des „Constitutionnel" hatte die Oper als aus der Zahl der anderen italienischen Opern hervorstechend bezeichnet. Sie habe einen korrekten Stil und man finde in ihr nicht jene vulgären Phrasen, die sich sonst oft in den schlechten „Cavatinen" der italienischen Opern versteckten. „La France Musicale" lobte gar, Verdi sei das Glück der Opernhäuser Italiens.[188]

Im Juli 1847, nach seinem Londoner Engagement, ergab sich für Verdi ein Kontakt zwischen den Pariser Direktoren der „Opéra", Duponchel und Roqueplan. Sie wollten ihm für die Umarbeitung der Oper „I Lombardi alla prima crociata" dasselbe Honorar wie für eine neue Oper zahlen. Das war für Verdi eine Chance, ähnlich wie sie sich vor zwanzig Jahren Rossini angeboten hatte, der für Paris seine Oper „Maometto II" zur französischen Variante

---

183 Hanslick, Eduard, Aus meinem Leben, a.a.O., S. 208.

184 Mila, Massimo, La giovinezza di Verdi, a.a.O., S. 306.

185 Andrei Maffei war der Mann von Clarina Maffei, jener schon erwähnten Mailänder Contessa, die in der habsburgisch-lombardischen Metropole einen Salon unterhielt. Vgl.: Cabourg, Jean (Hrsg.), Guide des Opéras de Verdi, a.a.O., S. 268. – Gerhartz, Leo Karl. Die Auseinandersetzungen des jungen Giuseppe Verdi mit dem literarischen Drama, a.a.O., S. 401. – Musik nach literarischen Vorlagen charakterisierte in diesen Jahren den Publikumsgeschmack in den europäischen Metropolen. Außer Verdi ließen sich auch Mendelssohn, Tschaikowski und Berlioz zum Beispiel von Shakespeare inspirieren. Vgl.: Hobsbawm, Eric J., Die Blütezeit des Kapitals – Eine Kulturgeschichte der Jahre 1848–1875, München 1977, S. 361f.

186 Vgl. zum folgenden: Günther, Ursula, Giuseppe Verdis erster Erfolg in Paris, in: Lendemains, 31–32/ 1983, S. 53ff.

187 Vgl.: Brief an Clarina Maffei, 7. Juni 1847, in: Verdi – Briefe, a.a.O., S. 23. – Brief an dies., 6. September 1847, in: Oberdorfer, Aldo, a.a.O., S. 142.

188 Emanuele Muzio fügte die Zeitungsartikel, denen die Zitate entstammen, einem Brief an Barezzi bei. In: Garibaldi, Luigi Agostino, a.a.O., S. 231.

„Le siége de Corinthe“ umarbeiten konnte und damit seine Pariser Karriere begann und sich finanziell konsolidierte.

Verdi bekam von den Direktoren hervorragende Sänger und Chorstimmen zugesichert. Es sollten keine Kosten und Mühen gescheut werden, um das Bühnenbild mit größtem Luxus auszustaffieren. Die für das historistische Sujet notwendigen zweihundertneunzig Kostüme sollten aus edelsten Stoffen gearbeitet werden. Diese schmeichelhaften Umstände erleichterten Verdi die Entscheidung, vorerst in der französischen Hauptstadt zu bleiben – auch wenn er dafür fast die ganze Oper umstellen, fast alle rezitativen Überleitungspassagen erneuern und für ein großes Orchester instrumentieren mußte.

Zwei an der Pariser „Opéra“ arbeitende Librettisten schrieben den italienischen in einen französischen Text um und versuchten das historistische Genre durch weitere dramaturgische Einarbeitungen aus der Kreuzzugs-Darstellung von Michauds „Histoire des Croisades“ authentischer zu gestalten.

Théophile Gautier, der die Aufführung gesehen hatte, schrieb am 29. November 1847 voller Enthusiasmus, er könne sich keine wundervollere Verwirklichung des Orients auf der Bühne vorstellen. Die aufmarschierenden Massen von Soldaten auf der Bühne konnten seiner Auffassung nach kaum geringer gewesen sein als die Armee eines der mächtigsten Fürsten im Mittelalter.[189] Erst der Ausbruch der Februar-Revolution in Paris setzten dem Erfolgskurs von „Gérusalemme“, wie die Oper jetzt hieß, ein Ende. Und auch Verdi blieb diese ganze Zeit in Paris, genoß seinen Erfolg und ließ es sich gut gehen.

Für die nun kommenden Monate rekurrieren die Biographen einheitlich auf einen Brief, den Verdi im April 1848 schrieb, während bei Mantua und Verona der Krieg unter der Führung piemontesischer Generäle gegen Österreich in vollem Gange war. Dieser Brief gilt als Quelle für Verdis Euphorie für Mazzini und, so Mila, lasse auch auf Infiltrationen von Giobertis Werk „Del primato morale e civile degli italiani“ schließen.[190]

Francesco Maria Piave, an den der Brief gerichtet war, verfaßte die Libretti zu „Ernani“, „I due Foscari“ und „Macbeth“ und wird immer als der von Verdi formbare, ja charakterlose Schreiberling dargestellt. Wenn Kritiker die verquaste Logik von Textbüchern zu Verdis Opern bespotten, ist meistens Piave die Zielscheibe allen Hohns. Piave besaß zwei Jahre Erfahrung im Libretti-Schreiben, bevor er mit Verdi zum ersten Mal 1844 zusammenarbeitete. Seit 1842 war er am „Teatro La Fenice“ als Hauspoet beschäftigt. Zuvor war er Korrektor bei einem venetianischen Verlagshaus gewesen.[191] Piaves Abwertung hat oft mehr der Aufwertung Verdis gegolten, der sich – so die Unterstellung – mit einem charakterschwachen Menschen einen gefügigen Librettisten gesucht habe – einen, der das Textbuch so schrieb, als stamme es direkt aus der Feder des genialen Komponisten.

In seinem aus Mailand abgeschickten Brief sprach Verdi Piave aufmunternde Worte zu, denn der hatte sich als Nationalgardist im Kampf gegen Österreich zu den Truppen gemeldet.

---

189 Günther, Ursula, a.a.O., S. 56.

190 Mila, Massimo, La giovinezza di Verdi, S. 323f. – Borrows, Donald, Music and Revolution: Verdi, Portsmouth, 1976, S. 42. – Martin, George, Verdi and the Risorgimento, in: Aspects of Verdi, New York 1987, S. 13.

191 Gerhartz, Leo Karl, a.a.O., S. 28. – Die Verlagstätigkeit zeigt zumindest, daß Piave mit Sprache umgehen konnte. Das war in einem Land wie Italien, wo die Heterogenität der Idiome die Sprachlandschaft gestaltete, sicherlich von Vorteil.

Verdi äußerte seine Hoffnungen, Italien möge bald frei sein und entschuldigte sich, daß er nicht lange in der Heimat bleiben könne, weil er wegen Verpflichtungen und Geschäften nach Frankreich zurück müsse, da dort noch Honorare ausstünden – also könne er kein Soldat sein, sondern nur ein miserabler Tribun.[192] Auf die Frage nach Musik, die ihm Piave wohl in einer der vorangegangenen Korrespondenzen gestellt haben muß, antwortete Verdi, er könne sich im Augenblick nicht mit Tönen beschäftigen. Es dürfe in den Ohren der Italiener von 1848 nur eine Musik geben: die Musik der Kanonen. Und tatsächlich waren ja auch die meisten Opernhäuser im Aufstandsgebiet geschlossen, so daß es wirklich nur die Musik der Kanonen gab.

Nur kurz scheint Verdi sich im Frühling 1848 in Busseto[193] aufgehalten zu haben, denn drei Monate nach dem Datum seines Briefs an Piave, um die Zeit des Siegs Radetzkys über die Truppen von Carlo Alberto bei Custoza, war Verdi schon wieder nach Paris zurückgekehrt und dachte nun doch wieder über andere Musik nach als die der Kanonen. Diesmal sollte es aber im Unterschied zu all seinen vorherigen Opern explizit ein italienisches, freiheitliches Thema sein – es wurde aber schließlich nicht bei den kämpfenden Norditalienern aufgeführt.

Verdi empfahl Piave das Sujet der Belagerung von Florenz im Mittelalter, das Francesco Domenico Guerrazzi mit dem Titel „L'assedio di Firenze“[194] aufgegriffen hatte und das somit dem oben beschriebenen „patria“-Diskurs des frühen 19. Jahrhunderts entsprang.[195] Doch nicht das Stück über das mittelalterliche Florenz, in dem die bürgerlich-florentinische Wehrhaftigkeit gegen einen fremden Belagerer verherrlicht wurde, wählten Verdi und Piave schließlich aus, sondern das schauerromantische Drama von Byron „The Corsair“ von 1814. Piave formte daraus ein Stück, das ganz dem unpolitischen Abenteurergenre aus Liebe, leidenschaftlichen Eskapaden und Heldentod huldigte.

Aufgeführt wurde „Il Corsaro“ am 25. Oktober in der reichen Hafenstadt Triest, wo noch immer von Revolution und Krieg unbehelligt die Habsburger regierten. Es ist vorstellbar, daß der krude Inhalt der Oper für das Triester Publikum gar nicht einmal so wichtig war: Es bekam ein turbulentes Szenario mit großen Chören, „Odalisken“ im orientalischen Harem und „Muselmanen“ geliefert:

Corrado, der Seeräuber und seine Mannen haben kein rechtes politisches Ziel. Sie singen von Blut, Schätzen, Raub und Brutalität und von ihrer Heimat, dem Ägäischen Meer, das sie unter

---

192 Brief von Verdi an Piave, 21. April 1848, in: Verdi – Briefe, a.a.O., S. 25f. – Der deutsche Herausgeber Hans Busch vermerkt, daß dies der einzige Brief von Verdi sei, der nur mit „Giuseppe“ unterschrieben ist.

193 Nach den Erfolgen mit „Ernani“ kaufte sich Verdi um 1845/46 das Landgut Sant'Agata bei Busseto. Mila, Massimo, La giovinezza di Verdi, a.a.O., S. 325.

194 Teatro e Risorgimento, a.a.O., S. 26. – Vgl. hier: Zweiter Teil, Kap. IV.

195 Vgl.: Brief von Verdi an Francesco Maria Piave, vom 22. Juli 1848, in: Briefe, hrsg. v. Otto, Werner, a.a.O., S. 62. – Massimo Mila vermutet, daß Gespräche mit Giuseppe Giusti in Florenz Verdi auf die Idee brachten, das von Guerrazzi bearbeitete Stück in Musik zu setzen. Mila, Massimo, La giovinezza di Verdi, a.a.O., S. 275. – Giuseppe Giusti gehörte wie Giovanni Berchet zu den Schriftstellern des „patria“-Diskurses, die die Unabhängigkeit Italiens in Gedichten und Prosa beschworen. Vgl.: Nicastro, Aldo, Il melodramma e gli Italiani, Mailand 1982, S. 140, 157.

der „rossa bandiera“, der roten Flagge, besegeln. Kanonenschüsse unterstreichen die hitzige Atmosphäre, die auch hier wieder durch eine Liebesgeschichte aufgelockert wird.
Verdi selbst reiste nicht zur Premiere nach Triest, sondern blieb in Paris, und so wurde eine Uraufführung ausnahmsweise einmal nicht von ihm selbst dirigiert, was normalerweise im Honorar inbegriffen war.

Vielleicht hat die Oper zum einen wegen dieser Vernachlässigung kaum Nachhall in der Literatur gefunden.[196] Zum anderen paßte es ganz sicher nicht in die Argumentation der Mythographen, daß der „italianità“ versprühende Komponist, der „Sturmvogel der italienischen Revolution“ während des Hoffnungsjahres 1848, noch während des Kriegs mit Österreich und zwischen den Niederlagen von Custozza und Novara just in einer österreichischen Stadt, einer Stadt der „Fremdherrschaft“, sein Geld verdiente.[197]

So wird die Oper in der Musikkritik der Einfachheit halber als ähnlich mißlungen wie „Un giorno di Regno“ beurteilt und die Phase ihres Entstehens als Verdis „Krisenzeit“.[198] Diese beispielhafte Wertung klärt ein für allemal, daß „Il Corsaro“ nicht nur ein ungeeigneter Bestandteil für die „Emulsion“ des politischen Mythos der italienischen Nationsbildung ist, sondern daß der Entstehungszusammenhang der Oper auch die anderen Mythologeme wie „Moleküle“ einer Emulsion in Unruhe bringen könnte.

„La Battaglia di Legnano“: Der Krieg der Piemontesen?

Carl Dalhaus hat für die Herstellung eines unmittelbaren Zusammenhangs zwischen Oper und der Revolution von 1848 gefordert, daß die Opern unmittelbar nach der Revolution deutliche

196 Mila, Massimo, La giovinezza di Verdi, a.a.O., S. 362. – Julian Budden hat eine kuriose Deutung dafür, daß Verdi später nicht so gern von der Oper sprach: Die Figur des „Corrado“ sei ihm wohl zu hart gewesen und zugleich habe er sich früher vielleicht ein wenig mit ihr identifiziert. Budden sieht nämlich wenig schmeichelhafte Verbindungen zwischen einer der Protagonistinnen der Oper zur echten Giuseppina Strepponi. Budden, Julian, Eine romantische Abenteuergeschichte, in: Verdi, Giuseppe: Il corsaro, Textbuch zur Aufnahme des New Philharmonia Orchestras mit Lamberto Gardelli, 1975, S. 28.

197 Seit dem Jahr 1383 war Triest österreichisch. Zu Beginn des 18. Jahrhunderts nutzte Wien die Stadt als Adria-Hafen des Habsburger Reiches. Während der napoleonischen Kriege war es kurzzeitig von Frankreich besetzt, kam aber nach dem Wiener Kongreß an Österreich zurück. Triest wurde erst nach dem Ersten Weltkrieg als letztes Gebiet an das italienische Königreich angeschlossen.

198 Abramo Basevi nannte sie eine Art Todgeburt. Vgl.: Basevi, Abramo, Studio sulle opere di Giuseppe Verdi, a.a.O., S. 133. – Vgl.: Casini, Claudio, a.a.O., S. 131. – Nicht nur in Opernführern wird sie häufig gar nicht genannt. Carlo Gatti bemängelte, daß im „Corsaro“ nicht die von den Italienern verlangten kämpferischen Gesänge und Chöre vorkommen. Vgl.: Gatti, Carlo, a.a.O., S. 249. – Anders verfährt Mary Jane Phillips Matz: Sie nennt das „Teatro Grande“ im habsburgischen Triest schlicht eines der besten Häuser Italiens und umgeht damit jede weitere Fragestellung. Phillips Matz, Mary Jane, Verdi, Oxford 1994, S. 227. – „Il Corsaro“ wurde erst nach 1852 in verschiedenen Städten der italienischen Halbinsel aufgeführt. Vgl.: Kaufman, Thomas G., a.a.O., S. 364.

Zeichen eines künstlerischen Prozesses tragen müßten. Die Wandlung im Kompositionsstil, so Dalhaus, müsse durch die Revolutionstage selbst verursacht sein.[199]

In den Monaten nach den „Cinque Giornate" komponierte Verdi nach dem „Corsaro" die „Battaglia di Legnano", uraufgeführt im Januar 1849 in Rom. Im Dezember darauf hatte die Oper „Luisa Miller" in Neapel Premiere. Sie war Verdis dritte Oper nach einem Drama von Schiller, diesmal „Kabale und Liebe". Keine der neuen Opern kam aber in Mailand, dem eigentlichen Ort des politischen Geschehens, zur Uraufführung. Das „Teatro alla Scala" war in dieser Zeit sowieso geschlossen, doch auch an keinem anderen Opernhaus Mailands, wie zum Beispiel dem genannten „Teatro Carcano", gab es in diesem Zeitraum eine neue von der Revolution beeinflußte Verdi-Oper.

Die „Battaglia di Legnano", die als Auftragswerk zunächst für Neapel vorgesehen war, spiegelt von den nach 1848 entstandenen Opern dramaturgisch und mit musikalischen Mitteln am ehesten die Stimmungen vom März 1848 und kommt damit – allerdings mehr thematisch als musikalisch – der Forderung von Dalhaus am nächsten. Der Mythos führt hier allerdings ins Paradoxe, denn die einzig wirkliche „Risorgimento"-Oper führt in der Rezeptionsgeschichte ein Schattendasein und wird, heute kaum aufgeführt, als „Gelegenheitsarbeit"[200] ausdifferenziert.

Wie schon vor der Entstehung des „Corsaro" muß Verdi bei der Suche nach einem Stoff für das Operhaus „San Carlo" in Neapel an ein Thema gedacht haben, das zur Stimmung auf der Halbinsel paßte. Verdi und sein neapolitanischer Librettist Salvatore Cammarano[201] wählten den Stoff der „Battaglia di Legnano", jenes mittelalterlichen Kriegszugs gegen König Barbarossa, der schon zu Beginn des Jahrhunderts in Norditalien eine ausführliche Rezeptionsgeschichte aufweisen konnte und in den gebildeten Schichten gut bekannt gewesen sein muß.

Erstaunlicherweise diente aber keine der zahlreichen patriotisch-italienischen Fassungen des Kampfes zwischen der Lombarden-Liga und Kaiser Friedrich I. als Vorlage, sondern das französische Drama „La Bataille de Toulouse" von Joseph Méry. Méry, der auch zusammen mit Jacques Offenbach für das Pariser Publikum unter Louis-Philippe arbeitete[202], hatte die im April 1814 von Wellington gegen die kaiserlichen Truppen unter Soult gewonnene Schlacht im Jahr 1828 historistisch dramatisiert.[203] Warum Cammarano sich nun für diese Vorlage entschied und nicht für eines der italienischen Dramen wie die von Cesare Balbo, kann damit zusammenhängen, daß das französische Theaterstück mehr dem Zeitgeschmack des Opernpublikums in Neapel entsprach – auch wenn die Oper letztlich wegen Schwierigkeiten mit dem neapolitanischen Opernhaus in Rom am „Teatro Argentino" uraufgeführt wurde.[204]

---

199 Dahlhaus, Carl, Über die musikgeschichtliche Bedeutung der Revolution von 1848, in: Melos, 1/1978; S. 15.

200 Vgl.: Budden, Julian, Werk eines glühenden Patrioten, a.a.O., S. 35.

201 Der Neapolitaner Cammarano war am „Teatro San Carlo" fest als „maestro concertatore" eingestellt. Als solcher kümmerte er sich auch um die musikalische Einstudierung der Opern und hatte dramaturgische Aufgaben.

202 Kracauer, Siegfried, a.a.O., S. 147.

203 Julian Budden vergleicht Mérys Drama im „heroischen Versmaß" mit Heinrich Heines Gedicht „Die beiden Grenadiere". Vgl.: Budden, Julian, Werk eines glühenden Patrioten, a.a.O., S. 29. – Méry schrieb zusammen mit Camille Du Locle das Libretto von „Don Carlos" von 1867.

204 Vgl.: Briefe von Verdi an Cammarano vom 18. und 24. September 1848, in: Briefe, hrsg. v.

Wahrscheinlich hatte Méry mehr Gewicht auf eine farbig ausgearbeitete Liebesgeschichte gelegt als die am „patria"-Diskurs arbeitenden Norditaliener, denen es in ihrer Bearbeitung der historischen Schlacht bei Legnano hauptsächlich um genuin politische Topoi ging. In Verdis Oper „La Battaglia di Legnano" indes sollte schließlich der mittelalterliche Kampf gegen die „Barbaren des Nordens" von einer tragischen Liebesgeschichte überhöht werden. Auch hier ist ein Blick in die Details des Librettos klärend.

Die erste Szene der Oper beginnt mit dem Schwur der Lombarden-Liga[205] gegen Barbarossa – ähnlich effektvoll wie Rossinis „Guillaume Tell", der mit dem Schwur der Schweizer Eidgenossen beginnt. Arrigo, der nach vorangehenden Kämpfen zusammen mit der Truppe der Veronesen nach Mailand zurückgekehrt ist, erwartet das Wiedersehen mit der vor seinem Auszug aus Mailand geliebten Lida. Er begegnet seinem alten Kameraden Rolando, der ihn totglaubte. Mit allen Anwesenden stimmen sie nun in den Schwur gegen den deutschen Kaiser ein. Die nächste Szene gilt den Frauen der Stadt. Die Lombardinnen besingen im schönsten Walzerrhythmus, einem Tanzrhythmus, der typisch deutsch oder österreichisch ist[206], die Ankunft der tapferen Vaterlandskämpen und befragen Lida nach ihrer Zurückhaltung im allgemeinen Jubel der Mailänder. Während sie ihr Lebensleid betrauert – sie hat alle Angehörigen in Kampf und Elend verloren –, nähert sich ihr Marcovaldo, ein deutscher (!) Kriegsgefangener, den ihr Mann Rolando in sein Haus aufgenommen hat. Er gesteht ihr seine „blinde Liebe". Schon nähern sich Rolando, Lidas Ehemann, und sein Freund Arrigo, Lidas ehemaliger Geliebter, gemeinsam ihrem Haus. Sowohl Lida als auch Arrigo erschrecken, als sie einander sehen. Die Szene wird dramatisch, als Rolando von einem Herold weggerufen wird und das einstige Liebespaar allein bleibt. Es folgt ein Anklage- und Ausrede-Duett zwischen Lida und Arrigo. Sie beteuert, ihr Vater habe die Heirat mit Rolando auf dem Sterbebett gewollt, doch Arrigo glaubt ihr kein Wort. Das Duett gipfelt in der Beschuldigung Lidas als Verräterin. Lida bekennt sich schuldig und bittet darum, daß Arrigo sie bestraft und ihr sein Schwert in die Brust stößt. Und mit den Worten, er hasse sie nun wie einen Teufel und fürchte sich vor ihr, stürmt Arrigo von dannen.

Der zweite Akt spielt im Rathaus von Como. Wieder ertönt ein kämpferischer Chor mit Pauken und Trompeten. Doch diesmal sind es die Bürger von Como, die ihre Regionsnachbarn, die Mailänder, anklagen, ihnen unvergeßliche tödliche Wunden zugefügt zu haben. Rolando, Sprecher der Mailänder Liga, warnt vor der von Norden kommenden Horde von Barbaren, deren Bedrohung müsse die verfeindeten Regionen wiedervereinen. Doch der Podestà erinnert nur an das Bündnis, das Como mit dem deutschen Kaiser eingegangen ist. Rolando und Arrigo appellieren an die italische Sprache und die Solidarität, die aus der Feindschaft den Barbaren gegenüber erwachsen muß. Statt einer Antwort des Podestà von Como tritt plötzlich Friedrich I. als langsam dröhnender und drohender Baß auf die Bühne. Er kündigt den end-

---

Otto, Werner, a.a.O., S. 64f. – Casini, Claudio, a.a.O., S. 133. – Gatti, Carlo, Verdi, a.a.O., S. 248.

205 Den mythisierten „giuramento di Pontida", den Berchet bedichtete und der für die Partei der „Lega Lombarda" heute noch von Bedeutung ist, haben Verdi und Cammarano weggelassen. Der Schwur findet nicht in Pontida, sondern in Mailand auf einem öffentlichen Platz statt.

206 Verhoeven-Kooij hat für die „Battaglia di Legnano" zwei Formen des „Gesellschaftstanzes" ausgemacht. Hier ist es der aus dem 18. Jahrhundert stammende Tanzrhythmus „Walzer", in dem sich der Frauenchor artikuliert. Vgl.: Verhoeven–Kooij, Anna Jacoba, a.a.O., S. 287.

gültigen Untergang Mailands und die Unterjochung aller Mailänder an. Der Bariton Rolando und der Tenor Arrigo antworten, an die Größe Italiens appellierend, zunächst in leichtem Belcanto. Nachdem sich dieser Wettgesang zum Kampfgesang gesteigert hat, bleibt dem Podestà von Como das letzte Wort, und er beschwört einen Kampf um das Recht des Stärksten. Der dritte Akt spielt im unterirdischen Gewölbe der Basilika Sant'Ambrogio. Dort wollen die Mailänder „Campioni della Morte“[207] – eine besonders todessehnsüchtige Kampfeinheit –, zu denen nun auch der liebesgequälte Arrigo gehört, abermals schwören, bis zum Letzten zu kämpfen. Lida will versuchen, Arrigo von seinem Himmelfahrtskommando abzuhalten und schreibt ihm einen Brief, den ihre Zofe überbringen soll. Derweil verabschiedet sich Rolando von Lida und seinem Kind und bittet sie, dem Sproß Vaterlandsliebe und Demut zu Gott beizubringen. Kurz darauf kommt Arrigo zu Rolando, der nichts von der Mitgliedschaft Arrigos bei den „Campioni della Morte“ weiß. Darum fleht er ihn an, in Mailand zu bleiben und seiner Frau und dem Kind Beschützer zu sein, falls er, Rolando, im Kampf sterben sollte. Arrigo ist tief bewegt und kann seinem Freund die Unmöglichkeit seiner Bitte nicht mitteilen. Der Deutsche Marcovaldo, der malafide den Brief Lidas an Arrigo abgefangen hat, konfrontiert heimlich Rolando damit.

Rolando packt tobende Eifersucht, und er schwört blutige Rache. Es ist die Nacht vor dem Zug in den Kampf. Lida eilt zu Arrigo nach Hause, um noch einmal zu versuchen, ihn von seinem Todesunternehmen abzuhalten. Doch Arrigo will sterben, weil er so nicht mehr leben kann. Lida versucht ihn von ihrer unverbrüchlichen Liebe zu überzeugen. Doch weil Gott es so wollte, müßten sie sich meiden und trotz allen Grams weiterleben – Arrigo für seine Mutter und Lida für ihren Sohn. Plötzlich klopft Rolando an die Tür und begehrt Einlaß. Lida wird auf dem Balkon versteckt, was kurz darauf von dem vor Eifersucht rasenden Rolando aufgedeckt wird. Rolando verflucht sie beide. Arrigo versucht, Rolando von Lidas Unschuld zu überzeugen und fordert Rolando dazu auf, ihn zu töten. Lida hält ihren Mann davon ab. Nun will sie als Schuldige sterben. Doch Rolando tötet weder seine Frau noch seinen Freund, sondern ersinnt die größte Strafe für Arrigo: die Schande, nicht fürs Vaterland in den Kampf gezogen zu sein. Rolando schließt von draußen die Türe ab und eilt zu den ausziehenden Mailänder Soldaten. Arrigo springt kurz darauf mit einem Satz aus dem Fenster, und Lida fällt in Ohnmacht.

Während die Männer in der Schlacht kämpfen, beten die Frauen zu Gott, die Helden Italiens zu schützen. Plötzlich rufen Stimmen: Sieg, Sieg! Arrigo wird sterbend herbeigetragen. Er hat Barbarossa getötet.[208] In der Stunde seines Todes bittet er nun abermals Rolando, ihm und Lida zu vergeben, und beteuert Lidas Unschuld. Mit dem Argument, „wer für sein Vaterland stirbt, kann keine Schuld im Herzen tragen“, hofft er auf Rolandos Nachsicht. Rolando verzeiht, drückt Lida an sein Herz, und Arrigo stirbt.

Schon die Ouvertüre enthält die beiden charakteristischen und musikalischen Elemente der Oper: Liebe und Kampf. Verdi führt hier sowohl eine hauptsächlich aus mächtigen Bläsern

---

207 „Todeskämpfer“.

208 In der historischen „Schlacht bei Legnano“ von 1176 wurde Barbarossa mit seinem Heer zwar besiegt, doch nicht getötet. Barbarossa starb 1189 beim Dritten Kreuzzug in Klein-Asien. Mit diesem Eingriff in die Biographie Friedrich I. betrieben Verdi und Cammarano echte Geschichtsklitterung.

und Schlagzeugen tönende Musik ein als auch – gewissermaßen dagegen montiert[209] – die tänzerisch leichte von Solo-Oboen geführte Streichmusik der Liebeständelei, die sich hier schon andeutungsweise zu schrillen Lauten des Liebesdramas steigern kann. Zweifellos handelt es sich bei dieser Oper sowohl um ein kämpferisches Vaterlands- wie um ein tragisches Liebessujet. Ja die Verknüpfung von Liebesleid und Vaterlandskampf steigert die Gefühle und Zwiespälte noch. Und wir finden hier in der Tat verschiedene typische Motive nationaler Selbstbeschreibung, die Abgrenzung gegen die Barbaren und der Appell an die Solidarität wegen der gemeinsamen Sprache.

Ein römischer Korrespondent der Bologneser Zeitung „Teatri, Arti e Letteratura" berichtete, daß die Oper bei der Uraufführung in Rom großen Erfolg feierte. Vor allem lobte der Kritiker die Lebendigkeit des italienischen Gefühls.[210] Verdis Schüler Muzio informierte wenige Tage danach Barezzi über den Ausgang der Premiere: Das römische Publikum habe Verdi zwanzigmal auf die Bühne kommen lassen.[211]

Massimo Mila kann solch zeitgenössischen Enthusiasmus schwerlich nachvollziehen. Zum ersten Mal, so wendet er, der sonst den patriotischen Gestus gerne wahrnimmt, zweifelnd ein, habe Verdi wirklich Gelegenheit gehabt, in einem liberaleren Klima in Rom – der Papst war schon seit einiger Zeit nach Gaeta geflüchtet – eine wirklich provokante, revolutionäre Oper auf die Bühne zu bringen. Und doch überwögen statt dessen individualisierte Studien: Anstelle des Schreies der nationalen Leidenschaft habe Verdi persönliche Szenen der Eifersucht und Akzente des menschlichen Sarkasmus abgebildet.[212]

In der Tat könnten wir uns darüber wundern, warum Verdi seine Oper nicht mit „Revolution von Mailand" betitelte - vergleichbar einem Marc Antoine Desaugiers 1789, der sein Weihedrama nach dem aktuellen politischen Geschehen „La prise de la Bastille"[213] benannte – und nicht Mazzini, den er ja aus London persönlich kannte, darin als Held auftreten ließ. Doch um derlei spekulative Erwägungen geht es hier nicht.

Bemerkenswert ist vielmehr das mythische Verfahren, das bei dieser Art Komplexitätsverarbeitung der Rezeptionsgeschichte zutage kommt. Wir finden eine beispielhafte Glättung der Antagonismen: Der eigentliche Impetus der Bastler am nationalen Mythos ist abermals stärker als die Manöverkritik an Verdis Musik.

In einer zeitgenössischen Rezension über Gino Monaldis „Verdi: il maestro della rivoluzione italiana" von 1913 äußerte Gino Pestelli lakonisch, er könne heute nicht mehr so ganz verstehen, warum Verdi ausgerechnet mit seinen frühen, wenig erhebenden Werken zum „maestro della rivoluzione italiana" geworden sei, doch nach 50 Jahren Einheitspolitik sei es

209 Leo Karl Gerhartz betont, daß eine der Hauptcharakteristika in der Kompositionsform Verdis die „Montage" von konträren Elementen sei: „(...) triviale Marschrhythmen etwa und Utopien beschwörende Kantilenen." Gerhartz, Leo Karl, in: Diskussion zu Petrobelli, Pierluigi, Einige Thesen zu Verdi, a.a.O., S. 150.

210 Teatri, Arti e letteratura, 22.Februar 1849.

211 Brief von Muzio an Barezzi vom 4. Februar 1849, in: Garibaldi, Luigi Agostino, a.a.O., S. 362.

212 Mila beruft sich bei seinem Urteil auch auf einen Kritiker der Zeitschrift „Il Pugnale", der nach einer Wiederaufnahame der „Battaglia di Legnano" 1861 eben das wenig Kämpferische dieser Oper bemängelte. Mila, Massimo, La giovinezza di Giuseppe Verdi, a.a.O., S. 381f.

213 Prieberg, Fred K., Musik und Macht, Frankfurt/Main 1991, S. 18.

wahrscheinlich ganz normal, daß man den Inhalt und Zusammenhang dieser frühen Opern nicht mehr verstehe.[214]

Ebenso begegnet uns bei Wolfgang Marggraf die Ambivalenz aus musik-ästhetischer Krittelei und national-politischer Mythophilie. Er schreibt zur „Battaglia di Legnano“: „Noch einmal hatte Verdi ein Werk geschaffen, das ganz direkt in die politische Situation des geknechteten Landes eingriff und das die Römer mit einem leidenschaftlichen Pathos, das noch heute über alle unleugbaren Schwächen der Oper hinweg fasziniert, zu einem ungeheuren patriotischen Enthusiasmus anfeuerte. Man muß sich vor Augen halten, daß Garibaldi bereits zu seinem legendären Marsch nach Rom aufgebrochen war, als diese Oper dort aus der Taufe gehoben wurde, und daß er nur zwölf Tage danach die römische Republik proklamierte.“[215]

Ähnlich wie Mila oder Pestelli urteilt auch Carlo Gatti viele Elemente der „Battaglia di Legnano“ – mit Ausnahme weniger Stücke wie der Ouvertüre oder der vaterländischen Schwüre der Chöre – als ausgesprochen manieriert ab.[216] Auch er ist verwundert über Verdis damaligen Erfolg.

Und trotz dieser Mängelrügen wird Verdi mit der „Battaglia di Legnano“ für Gatti in seiner 1951 publizierten Biographie neben Mazzini, Saffi und Armellini immerhin zu einem musikalischen Tribun der römischen Republik und die Oper zu einem „Propagandawerk“.[217]

Die eingestandene harsche Kritik der Verdi-Liebhaber und Verdi-Forscher, es handle sich hier bloß um ein eigentlich schwaches, bürgerliches „vor-verdianisches“[218] Ehebruchsstück, wird durch die politische Konnotation, durch die baldige Ankunft Garibaldis in Rom, die Verdi bei der Komposition nicht ahnen konnte, verbrämt und wirkungslos. Das Datum der Aufführung, während der kurzlebigen römischen Republik, wird zum hinreichenden Indiz für die demagogische Bedeutung der Oper 1849 und zum weiteren Indiz, warum die Oper danach – im Gegensatz zu „Nabucco“ – in Italien keine großen Erfolge mehr feierte[219]: zunächst, so wird begründet, habe es an der Zensur der anderen Städte gelegen und an der fehlenden Unmittelbarkeit zur politischen Situation auf der Halbinsel.[220]

Während die Oper „Nabucco“, die keinen historischen Bezug zur italienischen Geschichte aufweist, in der Rezeptionsgeschichte zum Symbol wird, zum Fanal für die kommende italienische Nationsbildung, wird „La Battaglia di Legnano“ eher mühsam von den Kritikern in den Mythos des „Risorgimento“ eingegliedert. Bei einer solchen Bündelung des Blickfelds wird allerdings das Entscheidende übersehen: Die vorgeworfene Bürgerlichkeit des Dramas war es

---

214 Pestelli, Gino, Il maestro della rivoluzione, in: La Stampa, 7. Juni 1913. – Eine ähnliche Argumentation findet sich auch in der „Scena Illustrata“ mit dem Titel „Giuseppe Verdi e il sentimento patriotico“ vom 1. November 1913.

215 Marggraf, Wolfgang, Verdi, a.a.O., S. 116.

216 Gatti, Carlo, a.a.O., S. 253.

217 Gatti wörtlich: „Triumviro della Republica il Mazzini, col Saffi e l'Armellini. Soldato il Mameli. Tribuno musicale il Verdi e opera in un certo senso tribunizia „La Battaglia di Legnano“. Ebenda, S. 252.

218 Mila, Massimo, a.a.O., S. 383.

219 1849/50 wurde sie noch in Ancona, Florenz und Genua aufgeführt, dann erst wieder 1860/61 mit mittlerem Erfolg und 1916 als patriotische Aufmunterung während des Ersten Weltkrieges. Seit 1945 wird sie nur spärlich auf die Bühne gebracht. Vgl.: Kaufman, Thomas G., S. 366ff.

220 Denn der Titel wurde oft abgeändert und die Handlung in ein anderes Land verlegt. Gatti, Carlo, a.a.O., S. 253f.

gerade, die das Publikum der Oper von 1849 ansprach. Für die bürgerliche Gesellschaft auf der italischen Halbinsel hatte die von patriotischen Chören und bürgerlichen Liebes- und Familiennöten durchflochtene Oper eine ganz spezielle Funktion: Ein Land, das mitten im europäischen Nationendiskurs keine Nation war, ein Alltag, der durch die Präsenz von „Nicht-italienern" gekennzeichnet war, verlangte Kompensation.

Und gleichzeitig kann die Oper der späten vierziger und fünfziger Jahre bis zur ersten Einheit Italiens eher als kurzweiliger Ort der Flucht aus der Realität denn als politische Handlungsanweisung betrachtet werden: Hier ließ sich das Lamento leben und der Ausnahmezustand feiern. Das italienische Opernpublikum wollte beim Besuch der Opern nicht an der mentalen Auseinandersetzung von tragischer Ausweglosigkeit partizipieren, sondern es wollte sich in erster Linie beim kurzweiligen Appell an „Italia" und beim Wiedererkennen menschlicher Probleme in historistischem Rahmen amüsieren. Dabei spielte innerhalb der Dramaturgie die Liebesgeschichte eine überragende Rolle: „Denn es war jedermanns Geschichte, ob erregend oder langweilig, wirklich oder erträumt, eine Einladung zum Experiment oder eine Droge gegen die Angst."[221]

Die auf der Opernbühne dargestellten Themen, die mit ihrem teils patriotischen Pathos in den aktuellen Diskurs paßten, wurden, so meine These, mehr distanzierend ironisch oder folgenlos sentimental als revolutionsstimulierend vom adligen und bürgerlichen Publikum aufgenommen. Seit der Zeit von Pierre Augustin de Beaumarchais, dem Autor des „Barbier de Sevilla", hatte sich an den Ansprüchen nicht viel geändert: Beaumarchais forderte 1767, daß es Zeit sei, sein Publikum mitzureißen und es zu Tränen zu rühren.[222]

Auch das Publikum des 19. Jahrhunderts wollte sich von der Oper und ihren Chören erschüttern und unterhalten lassen. Abendgestaltung, sozialer Austausch und politische Identifikation lagen nahe beieinander. In den Salons trafen sich dann anderntags die Opernbesucher, um bei Wiener Feingebäck und französischem Schaumwein den Opernarrangements für Piano, Violine oder Gesang zu lauschen, um über die Sänger der letzten Opernaufführung, über die Qualität der Kostüme und über „Italianità" in Literatur und Musik zu diskutieren.[223]

Daran hatte sich seit dem „Nabucco" nicht viel geändert. Und darum kann in „La Battaglia di Legnano" nach Dalhaus strengem Verständnis nur insofern ein der Revolution gezollter Veränderungsprozeß in der Komposition konstatiert werden, als das schwungvolle, pathetisch-kämpferische Element etwas stärker hervortritt als etwa bei „Nabucco" – auch weil es inhaltlich unmittelbarer um geographische Norditaliener und den fiktiven Mord am „Fremdherrscher" geht.

221 Vgl.: Gay, Peter, Die zarte Leidenschaft – Liebe im bürgerlichen Zeitalter, München 1987, S. 142.

222 Zit. bei: Gerhartz, Leo Karl, Personen aus Bruchstücken – in Handlungen aus Fetzen, in: Programmheft zu „Rigoletto", hrsg. v. Bielefelder Stadttheater, Bielefeld 1981.

223 Die Salonmusik war unter den italienischen gebildeten Kreisen, die diese Kulturform den Parisern gleichtaten, sehr beliebt. Die zeitgenössischen Musikzeitschriften „Gazzetta musicale di Milano", „Italia musicale", „La Fama", „La Gazzetta musicale di Napoli" und andere mehr sind voll von Annoncen der Musikverlage, die solche Notenauszüge aus Opern Verdis, Rossinis aber auch Meyerbeers oder Aubers feilboten. Instrumente wie Klavier oder Violine, für die diese Auszüge eingerichtet waren, konnten sich nur wohlhabende Schichten leisten. Während sich in Italien seit dem 17. Jahrhundert regionales volkstümliches Liedgut für Blockflöte

Der Topos des „Tyrannenmords“ auf der Opernbühne wird in der Rezeptionsgeschichte gerne als Aufruf zur Revolution gegen den Machthaber interpretiert. Dabei kann es sich um eine Überinterpretation und Fehleinschätzung der solch einer Darstellung innewohnenden Ironie handeln. Beim bayrischen König Ludwig I. war der „Tyrannenmord“ auf der Bühne sogar ein gern gesehenes Sujet und eine eindeutige Stellungnahme eines aufgeklärten Monarchen, das gegen die Französische Revolution und ihre libertären Folgen gerichtet verstanden wurde.[224]

Matthias Broszka entwickelte die These, daß, weil sich für die Opernbühne historisierte Ereignisse, wie zum Beispiel der Aufstand der neapolitanischen Fischer gegen die spanische Herrschaft in der Oper „La muette de Portici“ von Auber, mit ihrer geschichtlichen Eigendynamik durch die Komposition kaum szenisch vergegenwärtigen lassen, sie dem gesamten Operngeschehen sogar eher zu einer „anti-revolutionären“ Wirkung verhelfen.[225]

Das heißt, der „gesungene“ Aufstand auf der Opernbühne kann nur soviel zeitliches Bewußtsein vermitteln, wie das die musikalische Gestaltung der jeweiligen Protagonisten zu modulieren vermag. Die die Dramaturgie begleitende Musik kann einen realen historischen Prozeß in seiner Chronologie aber nicht simulieren, weil in der Oper eine „diskontinuierliche Zeit“[226] herrscht. So ist mit Broszka eine revolutionär animierende Wirkung einer Oper wie die von „La muette de Portici“ durch ihren Inhalt allein genauso zu bezweifeln wie bei „La Battaglia di Legnano“ oder „Un Ballo in maschera“, von der noch ausführlich zu sprechen sein wird.[227]

Eine deutliche Veränderung in Verdis Kompositionsstil nach der Revolution von 1848, wie in der These von Dalhaus gefordert, vollzieht sich indes erst mit der nächsten Oper, „Luisa Miller“. Sie wird auch in der Verdi-Rezeption einhellig als neuer Entwicklungsschritt gewertet, weil Verdi sich hier mehr auf das Psychologische des bürgerlichen Dramas zu konzentrieren begann. Die Oper enthält zwar einige Chöre, aber keinen einzigen mehr, der dem „patria“-Diskurs huldigt.[228] Ob für diesen Entwicklungsschritt allerdings die Revolution verantwortlich

---

tradierte. Vgl.: Stockmann, Doris, Volks– uns Popularmusik, a.a.O., S. 244. – Vgl. zum Piano als typisches Saloninstrument und Besitzsymbol: Ballstaedt, Andreas/ Widmaier, Tobias, Salonmusik – Beihefte zum Archiv für Musikwissenschaft, Stuttgart 1989, S. 183–200.

224 Zimmermann, Reiner, Giacomo Meyerbeer, S. 150.

225 Broszka, Matthias, Historisches Bewußtsein und musikalische Zeitgestaltung, in: Archiv für Musikwissenschaft, 1/1988, S. 53ff.

226 Dahlhaus, Carl, Dramaturgie der italienischen Oper, a.a.O., S. 108.

227 Ein weiterer Beweis für diese These ist die Oper, die Napoleon 1809 bei Spontini in Auftrag gab: Sie sollte als Kampfoper in historistischer Ausstattung die Eroberung Mexicos durch Fernandez Cortez darstellen. Napoleon wollte, daß das von Jouy und Esménard geschriebene Libretto beziehungsreich und propagandistisch auf seine Eroberungen Spaniens anspielen sollte. Doch die Oper hatte beim Publikum trotz Spontinis assoziationsreicher Musiksprache nicht den gewünschten Effekt und wurde von Napoleon sofort wieder abgesetzt. Gregor, Joseph, Kulturgeschichte der Oper, Wien 1950, S. 270f. – Zimmermann, Reiner, a.a.O., S. 144. – Prieberg, Fred K., Musik und Macht, Frankfurt 1991, S. 19f.

228 Es geht um die Liebe eines Adligen zu einer Bürgerlichen, die die Väter der beiden Liebenden verhindern wollen. Am Ende, nach mehr Kabale als Liebe, vergiften sich die beiden Geliebten. Der österreichische Musikkritiker Leone Herz meinte 1852 in einer Kritik sogar, durch die Kombination aus Verdis Musik und des Schillerschen Dramas vereinten sich gleichberechtigt

war und nicht eher die Konsolidierung des vorrevolutionären Status Quo, bleibt die Frage. Dem neapolitanischen Journalisten Torelli, der die Premiere im Dezember 1849 gesehen hatte, gefiel die Veränderung von Verdis Stil jedenfalls gar nicht. Er kritisierte, Verdi habe sich wohl zu lange jenseits der Alpen aufgehalten und zu viel französische und deutsche Ästhetik studiert, daß er jetzt der Musik seiner vorherigen Opern untreu wurde.

Und Torelli fragte rhetorisch: „Ist es nicht besser das Frühjahr bei uns auf dem Land zu verbringen, nachts unseren Himmel zu betrachten, und den Sonnenaufgang zwischen unseren Hügeln?“ Wer wie Rossini, Bellini und Donizetti Italien verlassen habe, der sei noch immer entweder gestorben oder charakterlich erkaltet.[229] Dem Komponist, dessen Musik später als der Wurzelgrund der italienischen Volkstümlichkeit bezeichnet werden sollte, wurde hier also zu viel Kosmopolitismus und zu wenig „italienische“ Bodenständigkeit vorgeworfen.

---

die Nationalitäten. Damit also würde Verdis Oper zum genauen Gegenteil einer patriotischen Aufputschung. Dieser Aspekt aber paßt nicht in den politischen Mythos und wird daher unterschlagen. Zit. bei: Dauth, Ursula, Verdis Opern im Spiegel der Wiener Presse von 1843 bis 1859, a.a.O., S. 167. – Die „Luisa Miller“ wurde nach der Premiere in den 50er Jahren in rund 45 italienischen Städten aufgeführt. Kaufman, Thomas G., Verdi and his Contemporaries, a.a.O., S. 371ff.

229 Es handelt sich bei dem Artikel um eine Übernahme aus der neapolitanischen Zeitschrift „Omnibus“, in: Teatri, Arti e Letteratura, 27. Dezember 1849. – Conati, Marcello, Verdi in Napoli, a.a.O., S. 236.

IV. Exkurs: Verdi und das „Risorgimento" versus Meyerbeer und die Reaktion

Hier sei als Kontrastmittel ein kleiner Exkurs zu Giacomo Meyerbeer gestattet, der sich zur selben Zeit vor und während der Revolution von 1848 wie Verdi in Paris aufhielt und auch unmittelbar danach eine Oper schrieb.

Nach seinen ersten Erfolgen an der „Opéra" wurde Meyerbeer Anfang der vierziger Jahre an die Berliner Oper geholt und arbeitete dort als Generalmusikdirektor. Wie kurz zuvor Verdi konnte auch Meyerbeer nur mit großen Versprechungen gelockt werden, wieder eine Oper für Paris zu schreiben. Seine Tagebuchaufzeichnungen belegen, daß er in den Tagen der Aufstände viel auf den Boulevards und in den Tuilerien umherspazierte und den Tumult beobachtete.

Anders als in Mailand, wo das „Teatro alla Scala" sofort nach den ersten Ausschreitungen geschlossen wurde, fanden in der „Opéra" in Paris noch Aufführungen statt.[230] Meyerbeer notierte am 2. April 1848 eine Veranstaltung mit Musik im Hof des Opernhauses, wo unter großem Zulauf ein Freiheitsbaum gepflanzt wurde und der Innenminister Ledru-Rollin den deutschen Komponisten und seine Opern mit einer Ansprache ehrte.[231]

In derselben Zeit, in der Verdi am „Corsaro" und der „Battaglia di Legnano" arbeitete, komponierte Meyerbeer seine dritte „Grande Opéra": „Le Prophète", die am 6. April 1849 uraufgeführt wurde. Gleich im ersten Akt der Oper ist in aller Deutlichkeit von Repression und Leibeigenschaft die Rede. Die auftretenden Wiedertäufer wiegeln die Bauern auf, indem sie sie befragen, ob sie die Felder, auf denen sie Tag für Tag ihren Schweiß fruchtbar machten, nicht lieber selbst besäßen. Warum, so fragen sie, sollen die Schlösser nur den Herren gehören. Und so zeugt der Chor der Bauern – schnell überzeugt – unter dem anfeuernden Rufen der Wiedertäufer „Levez-vous, levez-vous" von der baldigen Rache am Tyrannen. Sie nehmen Harken, Sensen und Hacken und marschieren kampflustig davon.[232] Das Libretto von Eugène Scribe orientierte sich am historischen Gewaltregiment der Wiedertäufer in Münster im Jahr 1534. Scribe hatte es schon 1835 geschrieben und nun – vielleicht aus aktuellem Anlaß – wieder intensiv ins Auge gefaßt. Ganz eindeutig hat Meyerbeer in seiner Komposition die explo-

---

230 Tagebucheintrag vom Februar 1848, in: Meyerbeer, Giacomo, Briefwechsel und Tagebücher, a.a.O., S. 368. – Zimmermann, Reiner, Giacomo Meyerbeer, a.a.O., S. 338.

231 Ebenda, S. 377.

232 Meyerbeer, Giacomo, Le Prophète, Textbuch zur Aufnahme des Royal Philharmonic Orchestra mit Henry Lewis, 1979, S. 62ff.

sive Stimmung von den Pariser Straßen und Plätzen eingearbeitet.[233] Scribe als einer der reichsten Librettisten und Meyerbeer als Millionär großbürgerlicher Abstammmung hatten sicher kein Interesse an einer Verkehrung der gesellschaftlichen Bedingungen, oder an einem Umsturz, der den Verlust ihrer Klientel bedeutet hätte. Sie hofften nicht wie Wagner auf ein durch die Revolution geläutertes Publikum und nutzten nur das Zeitkolorit als Inspirationsquelle. Da Meyerbeer aus seiner politischen Haltung keinen Hehl machte, gibt es über „Le Prophète“ in der Rezeptionsgeschichte kaum einen Zweifel. Die Oper wird trotz großer Chöre und obrigkeitsfeindlicher Parolen als Spiegel der berechtigten Ängste des Bürgertums vor der „ungezügelten und pervertierten Rebellion“ interpretiert – schließlich war der Herrschaft der Wiedertäufer ja auch kein Erfolg beschieden.[234]

Aber auch wenn Meyerbeer – wie Verdi – während der revolutionären Unruhen kleine Summen an die Verletzten spendete[235] und zum ersten Mal revoltierende, nach Landverteilung schreiende Bauern auf die Opernbühne brachte oder ebenso wie Verdi immer wieder Probleme mit der Zensur bekam, so wird er – ganz anders als der ihm in manchem verwandte Verdi – in der Kritik als antirevolutionär, als restaurativer, konservativer Komponist beschrieben, der mit seinem „eklektischen bürgerlichen Prunk“ das Publikum regierte und sich nur um seinen eigenen materiellen Vorteil scherte.[236]

Nicht zuletzt Wagners antisemitische Schrift „Das Judentum in der Musik“ dürfte von Meyerbeer bleibend das Bild des reaktionären, habsüchtigen Kapitalisten geprägt haben. Auch hier erwies sich der Mythos als stärker denn die historischen Fakten und selektionierte die passenden Mytheme zur Erzeugung des politischen Kampfbilds vom „typischen Juden“, das sich in kommende ideologische Folien hervorragend einpassen ließ.

---

233 Schon weit vor der Revolution von 1848 hatten Scribe und Meyerbeer über eine gemeinsame Arbeit an diesem Stoff nachgedacht, so daß die politischen Unruhen nicht als monokausale Begründung für die Wahl des Stoffes betrachtet werden können. Döhring,Sieghart, Giacomo Meyerbeer und die Oper des 19. Jahrhunderts, a.a.O., S. 31.

234 Vgl.: Graevenitz, Gerhard von, Mythos, a.a.O., S. 268.

235 Sowohl Meyerbeer als auch sein Librettist Scribe spendeten im Februar 1848 fünfhundert Francs für die Opfer des 23. und 24. Februar. Meyerbeer, Giacomo, Briefwechsel und Tagebücher, a.a.O., S.369 u. 597.

236 Medici, Mario, 1857–1861, in: Bolletino dell'Istituto di Studi Verdiani, 3/1960, S.1752. – Schumann, Karl, Le Prophète, in: Opernführer, hrsg. v. Csampai, Attila/ Holland, Dietmar, S. 319.

V. Die selektive Wahrnehmung der Hymnen

Das Entscheidende bei der Mythisierung eines Komponisten im Dienst politischer Handlungsanweisungen ist also nicht nur der Zeitgeschmack, dem sowohl Verdi als auch Meyerbeer entsprachen. Entscheidend ist vielmehr die Selektion der historischen und biographischen Episoden und die Deutung der Werke aus einem parteiischen Vorverständnis.

Zum Beispiel werden die um 1848 entstandenen Chöre von Verdi in der Literatur wie im mündlichen Sprachgebrauch meistens gleich zu „Hymnen", „Freiheitshymnen" oder sogar „Volkshymnen" im Kampf um die Nation mythisch figuriert.[237] Diese Charakterisierung exponiert sie deutlich aus den Opern.

Zum einen rührt das natürlich daher, daß Verdis Chöre mit Hymnen die Einfachheit der Melodieführung und die Behandlung der Stimmen im „unisono", auch in höchstens zwei Oktavlagen, gemeinsam haben. Die Benennung und Funktionalisierung der Chöre dient dann hauptsächlich der Argumentation des Mythos vom national-ambitionierten Komponist und täuscht darüber hinweg, daß Verdi sonst nur wenige Hymnen geschrieben hat. Ja, er betonte vielmehr oft, daß er Gelegenheitswerke wie Hymnen hasse[238], und schrieb, obwohl er genugsam dazu aufgefordert wurde, weder für Vittorio Emanuele II. noch für Napoleon III. oder gar Pius IX. eine Hymne – ganz im Gegensatz zu seinen Kollegen, zu Errico Petrella, der schon 1860 eine Hymne zu Ehren Vittorio Emanueles komponiert hatte, zu Pietro Platania, der 1878 eine Trauermesse für Vittorio Emanuele II. schrieb, zu Edoardo Mascheroni, der 1888 zum 10. Todestag dem savoyischen König ein Requiem widmete, und zu Saverio Mercadante, der zu Ehren Garibaldis eine Hymne verfaßte.[239] Auch hier funktioniert der Mythos wie ein

---

237 Vgl.: Perinello, Carlo, a.a.O., S. 39. – Roger Parker führt als Beispiel für die selektive Wahrnehmung in der Rezeptionsgeschichte Stellen in den Briefen von Emanuele Muzio an Antonio Barezzi an, wo Muzio nicht nur vom großen Erfolg der Chöre Verdis spricht, sondern auch von Konzerten, wo diese Mißfallen erregten. Vgl.: Parker, Roger, „Sull ali dorate" – The Verdi patriotic chorus and its reception in 1848, (unveröffentlichtes Manuskript) Parma 1989, S. 40.

238 Am 2. Mai 1862 schrieb Verdi aus London, wo er sich anläßlich der Weltausstellung, für die er „Inno delle Nazioni" komponiert hatte, in einem Brief an Arrivabene, daß er schon immer gemeint habe, und es auch immer noch meine, daß Gelegenheitsstücke „künstlerisch gesprochen abscheulich" seien. Zit. bei: Verdi/Boito – Briefwechsel, hrsg.v. Busch, Hans, a.a.O., S. 611.

239 Vgl. zu Mascheroni: Abbiati, Franco, Verdi, a.a.O., Bd. IV, S. 342. – Zu Petrella: Florimo, Francesco, La scuola musicale di Napoli, a.a.O., Bd. III, S. 369ff. – Zu Platania: Petrobelli, Pierluigi, Der Notentext der „Messa" für Rossini, in: Messa per Rossini, Geschichte-Quellen-

Magnet, der alles an sich zieht, zu sich ausrichtet und zu Mythologemen formiert, was ihm nützlich ist. Der Mythos läßt die brauchbaren Details in die „bricolage“ einbauen und läßt die unbrauchbaren liegen – beziehungsweise weist sie sogar ab.

So zum Beispiel folgendes: Roger Parker hat vor über zehn Jahren durch zeitgenössische Quellen herausgefunden, daß Verdi 1836 zu einem Text von Renato Borromeo eine Kanzone zu Ehren von Ferdinand I., dem neuen Kaiser Österreichs[240], komponiert hatte, die zum Geburtstag des Kaisers in Mailand aufgeführt wurde. Solch eine Kanzone zu schreiben wäre an sich für einen jungen Komponisten nichts Ehrenrühriges. Verdi stand damals am Beginn seiner Karriere und mußte für jedes Engagement froh sein, mit dem er Geld verdienen konnte. Er mußte Gelegenheiten nutzen, die ihn unter anderen Musikern bekannt machten und höchste Kreise, das hieß in Mailand die Habsburger, gnädig stimmte. Erst durch die Dekonstruktion des politischen Mythos wird diese Kanzone zumindest fragwürdig, denn Verdi hat damit zu Ehren derselben „Fremdherrschaft“ komponiert, gegen die seine patriotischen Opern angekämpft haben sollen.

Verdi selbst spricht in seiner bei Pougin veröffentlichten autobiographischen Skizze auch von diesem Musikstück. Doch hier wird Ferdinand I. nicht erwähnt. Zum Zeitpunkt der Niederschrift der Skizze waren einige Jahrzehnte vergangen, und so konnte Verdi die vage Formulierung wählen, es „scheine“ ihm, als habe er jene „Cantata“ von 1836 zur Hochzeit eines Familienmitglieds Borromeos komponiert.[241] Doch Parkers Entdeckung, die der Erinnerung Verdis widerspricht, hat so gut wie keine Aufnahme in die neueren Biographien gefunden – sie hat nicht ins Bild gepaßt.

Im selben Maß wie die Forschung und der größte Teil der Verdi-Rezeption die Entdeckung der Widmung an den österreichischen Kaiser ignoriert, wird eine andere Gelegenheitskomposition aufgeblasen: Verdi schrieb 1848 in Paris eine Hymne auf einen vaterländischen Text von Goffredo Mameli.[242] Ein kurzer Brief Verdis aus Paris an Mazzini belegt, daß Mazzini ihn wohl darum gebeten haben muß. Verdi schrieb, er habe sich bemüht, volkstümlicher und verständlicher zu sein, als ihm das sonst möglich gewesen sei. Wenn die Musik Mazzini nicht gefalle, solle er die Noten verbrennen.

Schließlich wünschte er der Hymne, daß sie bald neben der Musik der Kanonen in der lombardischen Ebene erklinge. Im Postscriptum erwähnte Verdi noch eine Verlagsadresse, an die sich Mazzini wenden sollte, falls er die Hymne zu veröffentlichen beabsichtigte.[243] Gatti

---

Musik, hrsg. v. der Internationalen Bachakademie Stuttgart, Stuttgart 1988, S. 106. – Zu Mercadante: Musikhandbuch, hrsg. v. Lindlar, Heinrich, Bd. 2, Hamburg 1973, S. 534. – Noch 1890 wurde Verdi von der Gesellschaft „Pro Patria“ in Trento, die um den Anschluß an das Königreich kämpfte, um eine Hymne gebeten und lehnte mit der diplomatischen Begründung ab, nun sei er zu alt zum komponieren. Vgl.: Isnenghi, Mario, L'Italia in Piazza – I luoghi della vita pubblica dal 1848 ai giorni nostri, Mailand 1994, S. 98.

240 Ferdinand regierte von 1835 bis 1848. Er soll geisteskrank und die willfährige Marionette Metternichs gewesen sein.

241 Parker, Roger, Verdi and the Gazzetta Privilegiata di Milano, a.a.O., S. 60ff.

242 Nach der Abschaffung der Monarchie wurde eine andere von Mameli gedichtete Hymne zur italienischen Nationalhymne: „Fratelli d'Italia.“ Die Musik stammt von Michele Novaro. Ruggero Leoncavallo brachte 1916 in Genua eine Oper mit dem Titel „Goffredo Mameli“ zur Aufführung, in der auch Garibaldi eine Rolle spielte.

243 Vgl.: Verdi an Mazzini, 18. Oktober 1848. In: Verdi – Briefe, hrsg. v. Busch, Hans, a.a.O.,

berichtet, daß Verdi eine Kopie der Hymne auch als Art Hommage an Erzherzogin Maria Luisa von Parma geschickt haben soll. Das ist nicht unwahrscheinlich: Ausgerechnet die italienisch-patriotisch gedeutete Oper „I Lombardi alla prima crociata“ von 1843 hatte er auch der Habsburgerin und französischen Ex-Kaiserin Maria Luisa gewidmet, einer Regentin, die das österreichische Herrschaftssystem repräsentierte.[244]

Massimo Mila stellt fest, daß die Hymne unter den Soldaten des Krieges 1848/49 nicht bekannt gewesen sei.[245] Und in der Tat hat erst die Veröffentlichung des Briefes an Mazzini 1913 die Existenz dieser Gelegenheitskomposition wirklich populär gemacht.[246]

Doch die Biographen schossen auch bei der Darstellung von Verdis Tribut an die republikanische Idee wieder weit übers Ziel hinaus. Frei assoziierte Ausschmückungen begleiten die Geschichte um die Hymne für Mazzini, die sich mangels anderer Quellen doch alle nur aus den wenigen Zeilen des Briefes von Verdi an Mazzini speisen müssen.[247]

Der Biograph der neuesten Publikation über Mazzini will indessen wissen, daß Mazzini am Abend vor einer seiner drohenden Verhaftungen beim Schein einer alten Öllampe sinnend und eine Zigarre schmauchend am Schreibtisch saß, seine Frau ein modernes Verdi-Motiv auf dem Piano spielte und Mazzini sie mit seiner warmen baritonalen Stimme begleitete.[248] Da Bracalini keine Quelle für seine atmosphärische Schilderung angibt, ist auch diese Episode wahrscheinlich pure Insinuation. Neben Verdi wird hier kein Bellini, kein Donizetti und natürlich erst recht nicht der lombardische Revolutionär und Komponist Apolloni erwähnt – die einzige Ausnahme ist Gioacchino Rossini, der, als „neurotischer Optimist“ charakterisiert, sowieso nicht zur nationalen Inspirationsquelle gereichen kann.[249]

S. 30. – Die Aussagekraft über die politische Haltung eines Komponisten mittels seiner „Gelegenheitskompositionen“ zeigt sich auch an dem Neapolitaner Domenico Cimarosa (1749–1801). 1799 komponierte er eine patriotische Hymne auf die neapolitanische Revolution gegen die Bourbonen und kurz darauf eine Kantate zu Ehren der Rückkehr des Bourbonen Ferdinands I. an die Regierung. Vgl.: Pozzi, Raffaele, La realtà e la maschera. L'opera italiana da Cimarosa a Verdi, a.a.O., S. 103.

244 Gatti ist einer der wenigen, der von dieser Widmung der Hymne wissen will. Maria Luisa starb zwar im Dezember 1847 in Wien, doch vielleicht gingen die zugeeigneten Noten auch einfach direkt an den Parmenser Hof. Vgl.: Gatti, Carlo, Verdi, a.a.O., S. 248f. Zu Maria Luisa von Parma: Montale, Bianca, Parma nel Risorgimento, Mailand 1993, S. 7–31.

245 Mila, Massimo, La giovinezza di Verdi, a.a.O., S. 327.

246 I Copialettere di Giuseppe Verdi, hrsg. v. Cesari, Gaetano/ Luzio, Alessandro, Mailand 1913, S. 469.

247 Wolfgang Marggraf schreibt, es habe Verdi mit Stolz erfüllt, daß er für Mazzini eine Kampfeshymne schreiben durfte. Claudio Casini unterstellt – ähnlich wie Mary Jane Phillips Matz – Verdi habe gehofft, die Hymne würde zur Marseillaise der Italiener werden. Casini, Claudio, Verdi, a.a.O., S. 126. – Marggraf, Wolfgang, Verdi, a.a.O., S. 113. – Phillips Matz, Mary Jane, Verdi, a.a.O., S. 237.

248 „Mazzini si accese uno dei suoi soliti sigari e seduto allo scrittoio cominciò a scrivere con quel suo modo rapido e senza pause, al lume di un'antica lucerna a olio, mentre la signora Costanza eseguiva al pianoforte un motivo molto voga di Giuseppe Verdi, accompagnata dalla calda voce baritonale del marito.“ Bracalini, Romano, Mazzini – Il sogno dell'Italia onesta, Mailand 1994, S. 328.

249 Ebenda, S. 15.

Neben der Fortschreibung seines Mythos dient Verdi an dieser Stelle aber als aufwertendes Mythologem für den politischen Theoretiker. Bracalini, der in seiner Biographie vor allem die Qualitäten des mißachteten, unterschätzten Mazzini zeigen möchte, kann beim Leser mit Hilfe Verdis einen Mytheme-Fundus mobilisieren, der Mazzini in ein bürgerlich-besonnenes und doch populäres Licht taucht. Während heutzutage Mazzini mit dem etablierteren Mythos Verdi aufgewertet werden kann, gibt es eine ältere Verknüpfung Verdis mit Mazzini, in der Verdis Opern umgekehrt durch die Kontamination mit Mazzini Bedeutung erhalten sollten: Mazzini hatte 1836 im Vorwort seiner „Filosofia della musica" seiner Hoffnung Ausdruck gegeben, daß irgendwo im Land vielleicht schon ein unbekannter Komponist sitze, der seine Musik in den Dienst der Unabhängigkeit Italiens stellen wolle.[250] Mazzini konnte vielleicht zum damaligen Zeitpunkt als großer Verehrer der Opern von Rossini noch auf eine Erneuerung der Oper durch Donizetti hoffen, Rossini selbst aber hatte schon seit 1830 keine Oper mehr geschrieben.

Doch Luigi Agostinio Garibaldi, der 1931 die Briefe von Emanuele Muzio an Antonio Barezzi herausgab, weiß in der Einleitung zu den Briefen mehr über die Gedanken Mazzinis zu berichten. Er erklärt, der Hoffnungsträger Donizetti sei bald aus Krankheitsgründen nicht mehr in der Lage gewesen zu komponieren, Mercadante habe es an Genialität gefehlt, und Pacini habe kein künstlerisches Bewußtsein besessen, um Mazzinis Hoffnung in die Wirklichkeit umzusetzen.

Mazzini, der im Mythos des „Risorgimento" immer wieder als der „Prophet" geschildert wird, kann nur, so legt es Garibaldi dem Leser in den Sinn, Giuseppe Verdi vorausgeahnt haben.[251] Bewußt oder unbewußt, das räumt Garibaldi schließlich ein, sei Verdi zum „maestro della rivoluzione italiana" förmlich gedrängt geworden.

Auch Massimo Mila bringt Mazzinis Widmung an jenen „unbekannten Gott", der die Musik erneuern sollte, eindeutig mit Verdi in Zusammenhang und beschwört: „Als Mazzini seine Filosofia della musica schrieb, existierte der unbekannte Gott, dem das Büchlein gewidmet ist, (...) schon wirklich und arbeitete auf (...) seine erste Oper hin."[252]

Ein weiteres Mythologem, das genauso wie der Nexus zu Mazzini zur Bildung der Vignette des „maestro della rivoluzione italiana" beigetragen hat, ist der Chor aus dem dritten Akt der Oper „Ernani": In den Briefen Emanuele Muzios an Barezzi von 1846 ist viel die Rede vom neu gewählten Papst Mastei-Ferretti, Pius IX. Kurz nach seinem Amtsantritt 1846 machte er durch Reformvorschläge und politische Amnestien weit über die Grenzen des Kirchenstaats hinaus Furore und schürte manche liberal-patriotische Hoffnungen auf eine italienische Nation unter päpstlichem Regiment. Wie Muzio berichtete, habe in Bologna am Tag der Bekanntmachung der Amnestie bei der Aufführung des „Ernani" der Chor im dritten Akt anstelle „Carlo Quinto" „Pio Novo" singend hochleben lassen. Es handelte sich um eine Szene, in der der zuvor grausam strenge spanische König Don Carlo durch eine Sinneswandlung die Ver-

250 Mazzini, Giuseppe, Filosofia della musica, Rom 1984, S. 45ff.

251 Garibaldi, Luigi Agostino, a.a.O., S. 26ff.

252 „Quando Mazzini scrisse la Filosofia della musica, il nume ignoto al quale il libricino è dedicato (...) esisteva veramente, e si agitava (...) alla sua prima opera teatrale (...)" Vgl.: Mila, Massimo, La giovinezza di Verdi, Turin 1974, S. 9. – So auch Monterosso, Raffaello, La musica nel Risorgimento, Mailand 1948, S. 25.

schwörer begnadigt. Muzio zufolge muß dieser Namensaustausch großes Gefallen beim Publikum erregt haben.[253]

Als Kundgebung in einer Stadt, die zu dem Zeitpunkt dem Kirchenstaat angehörte und damit dem Papst untertan war, ist die Verehrung von dessen Namen in einer Opernaufführung – wegen eines politischen Vorgangs also, der beim Amtsantritt eines neuen Papstes nichts außergewöhnliches war – gewiß nicht politisch anrüchig. Im übrigen war das kein einzigartiger oder allein für die Opern Verdis typischer Vorgang. Auch im Mailänder Theater „Carcano" wurde am 24. April 1848 die Oper des Belgiers Auber „La Muta di Portici" um zwei Hymnen für Pius IX. bereichert.[254] Hier, unter der Regierung der Habsburger, war der in die Oper geflochtene Name des Papstes politisch schon eher gefährlich. Die Kundgebungen zeigen indes, daß bestimmte Gesellschaftsschichten, also Großbürger und Adlige, so sensibilisiert für eine politisch-gesellschaftliche Veränderung waren, daß sie auch „normale" Konzessionen, wie sie der neue Papst gewährte, zum Anlaß nahmen, ihre Aspirationen zu artikulieren.[255]

Doch einzig die auf den Papst gemünzte Hymne aus Verdis „Ernani" kristallisierte sich zum verstärkenden politischen Mythem von Verdis Opern für die italienische Nationsbildung unter dem savoyischen König Vittorio Emanuele II. – obwohl Verdi zum einen in seinen Briefen oft gegen die katholische Kirche polemisierte und der Papst zum anderen später zu den hartnäkkigsten Feinden der Einheit gehörte.[256]

Daß Rossini, der weniger beliebte Identitätsstifter, 1848 eigens ein „Inno Marziale", eine Kriegshymne, für die „Guardia Civile" schrieb, die zum zweiten Jahrestag des Amtsantritts Pius IX. in Bologna unter großem Aufsehen mit vierhundert Sängern und Musikern aufgeführt wurde, wird in diesem Zusammenhang nie erwähnt.[257] Rossini bleibt im Mythos der Oper der Komponist der Restauration, der frankophile Gourmet und Dekadenzler.

Heinrich Heine begründete die politische Irrelevanz von Rossinis Opern in Zeiten einer Revolution mit der Behaglichkeit, die Rossinis Opern verströmten. In einem Aufsatz über Meyerbeer und Rossini von 1837 urteilte Heine: „Nimmermehr würde Rossini während der Revolution und dem Empire seine große Popularität erlangt haben. Robespierre hätte ihn vielleicht antipatriotischer, moderatistischer Melodien angeklagt."[258] Heine beschrieb Rossini als Meister des isolierten Gefühls des Individuums und seine Opern darum als ungeeignet, eine Gesamtbegeisterung hervorzurufen. Heines zeitgenössische Kritik zeigt uns, daß Rossinis Mytheme-Fond für seine Instrumentalisierbarkeit im Dienst des nationalen Gründungsmythos zu spärlich war. Verdi war unter anderem auch zeitlich für die „bricolage" greifbarer als Rossini, der seit 1830 keine Oper mehr komponiert hatte.

Und darum können auch zunächst unpassende Versatzstücke aus Verdis Biographie amalgamiert werden: So die wohl harmlose Widmung von Verdis „Nabucco" am 31. März 1842

253 Brief von Muzio an Barezzi, 13. August 1846, in: Garibaldi, Luigi Agostino, a.a.O., S. 259.

254 Gutierrez, Beniamino, Il Teatro Carcano, a.a.O., S. 103.

255 Zu den „Viva-Pio"- Kundgebungen auf italienischen Plätzen zum Ende der vierziger Jahre vgl.: Isnenghi, Mario, L'Italia in Piazza, a.a.O., S. 34ff.

256 Vgl.: Casini, Claudio, Verdi, a.a.O., S. 118. – Marggraf, Wolfgang, Verdi, a.a.O., S. 82. – Pougin, Arthur, Verdi, London 1887, S. 88.

257 Die Bologneser Zeitschrift „Teatri, Arti e Lette-ratura" berichtete am 27. Juni 1848 darüber.

258 Heine, Heinrich, Vertraute Briefe, in: Allgemeine Theater Revue, 1837, (der gesamte Artikel) zit. bei: Zimmermann, Reiner, Giacomo Meyerbeer, a.a.O., S. 243–253, hier S. 245.

an Maria Adelaide von Österreich, Herzogin von Parma. Als präventive Maßnahme gegen den Verdacht, Verdi habe womöglich ein doppeltes Spiel gespielt, nationale Opern komponiert und derweil in braver Untertanmanier dem Feind gehuldigt, entschuldigt Carlo Gatti die Widmung an die Dynastie der „Fremdherrschaft" damit, daß zu jenem Zeitpunkt Maria Adelaide von Österreich bereits mit Vittorio Emanuele verlobt gewesen sei. Man wisse ja, daß dieser bald das Schicksal Italiens bestimmen sollte.[259] Gatti unterstellt Verdi übermenschliche Seherkräfte, die die Zueignung begründen sollen: Denn 1842 dürfte weder Vittorio Emanuele selbst geschweige denn Verdi geahnt haben, daß der Savoyer knapp zwanzig Jahre später König von Italien werden sollte.

Es gibt weitere auffällige Merkmale der selektiven Wahrnehmung der Mythographen. Dazu gehört das Zitieren oder das Weglassen bestimmter zeitgenössischer Rezeption - zum Beispiel über „Nabucco" – aus den Musikjournalen. Meistens ist nur von großen Erfolgen die Rede, von „Da-Capo"-Rufen und überbordendem Publikumsjubel. Manchmal werden dafür die Quellen sogar schlicht manipuliert: So zum Beispiel wenn Franco Abbiati und in dessen Folge Julian Budden und viele andere behaupten, schon bei der ersten Aufführung von „Nabucco" habe es trotz des Verbots der österreichischen Polizei regelrechte öffentliche Demonstrationen gegeben, damit der Chor „Va pensiero sull'ali dorate" wiederholt werden konnte.[260]

Der von den Biographen erfundene Zeitungsartikel, das darin beschriebene Einschreiten der Polizei, sollten Indizien für die Brisanz Verdis Musik sein, für die subtile Gratwanderung seiner Opern zwischen allgemeinem Komment und politischer Renitenz auf der Opernbühne. Seine Oper wurde in diesem Kontext auf eine Stufe mit indizierten politischen Schriften, mit dem Milieu der Geheimgesellschaften und Freischärler, die heimlich für die zu bildende nationale Einheit eiferten, gestellt.[261]

Während hier Quellen verfälscht werden, spielen andere Zeitungsdokumente gleich gar keine oder nur eine marginale Rolle. So zum Beispiel eine Opernbesprechung im Wiener „Wanderer". Nach einer Aufführung des „Nabucco" in Wien im April 1844 schilderte der Autor sein Erlebnis mit der Musik des Chors als mächtig und ergreifend, aber er amüsierte sich über den Text, den er einem Begleitbüchlein entnahm: Der Kritiker fand es allzu unsinnig und

259 Gatti, Carlo, a.a.O., S. 165.

260 Roger Parker hat nachgewiesen, daß die Zitate Abbiatis und seiner Adepten nicht stimmen. Abbiati habe eine andere Quelle als die zitierte verwendet und es sei dort auch von einem anderen Chor als dem von „Nabucco" die Rede gewesen. Parker, Roger, Sull'ali dorate, a.a.O., S. 11.

261 Die erfundene Geschichte kann außerdem durch einen Bericht aus dem bereits vom Kirchenstaat befreiten und an das Königreich Italien angeschlossene Bologna konterkarriert werden, der zeigt, daß Zwischenfälle in der Oper nicht zwingend mit Verdis Musik und dem „Risorgimento" der italienischen Nation unter der savoyischen Monarchie zusammenhingen, wie das der Mythos nahelegt. Die Oper „Ebréa" des deutschstämmigen in Paris geborenen Juden Halévy mußte an einem Oktoberabend 1868 in Bologna abgebrochen werden, weil eine Gruppe von Zuschauern in der Mitte der Vorstellung „Viva Garibaldi e Mazzini" und „Es lebe die Republik, nieder mit der Monarchie" skandierte und laut rufend das Orchester aufforderte, die Garibaldi-Hymne zu spielen. Vgl.: Bottrigari, E., Cronaca di Bologna 1845–1871, zit. bei.: Mossa, Carlo Matteo, Eine „Messa" für die Geschichte, in: Messa per Rossini, Geschichte-Quellen-Musik, hrsg. v. der Internationalen Bachakademie Stuttgart, Stuttgart 1988, S. 37.

lächerlich, daß sich die Gefangenen in einer Zeile des Chors darüber beklagten, daß sie gezwungen seien zu arbeiten.

Genauso wenig finden wir im Mythos das Urteil des Kritikers der „Wiener Zeitschrift“ aus derselben Zeit: Dieser lobte zwar auch das melodisch kräftige „unisono“ des „Va pensiero“ im Chor der Juden. Doch daß ihm als Österreicher in diesem Chor, der im Mythos die Italiener repräsentieren soll, die Sehnsucht nach dem verlorenen Vaterland explizit zu wenig Ausdruck fand, wird nur in Detailbetrachtungen erwähnt. Dann aber sind solche Kommentare schnell als „eigenartig“, die Kritiker selbst als „kurzsichtig“ abgetan, weil sie den starken nationalen Gestus von Verdis Chören überhören konnten, anstatt zu mutmaßen, daß er vielleicht gar nicht unbedingt zu hören war.[262]

262 Vgl.: Dauth, Ursula, Verdis Opern im Spiegel der Wiener Presse von 1843 bis 1859, a.a.O., S. 62f.

VI. 1850: Sizilianer in Paris

Die Stimmung auf der italienischen Halbinsel kurz nach der Revolution und dem Sieg Radetzkys, der vorerst alle Hoffnungen auf Selbstverwaltung erstickte, war alles andere als euphorisch. Karl Marx berichtete im Oktober 1852 in einem Zeitungsartikel von einer Aktion Mazzinis, der einen ungarischen General und eine ungarische Sängerin unter falschen Namen zu einer Reise über die gesamte Halbinsel veranlaßt hatte, um die revolutionäre Gesinnung der Italiener zu untersuchen. Mazzini erhoffte sich von den beiden „Spionen" Details aus dem Leben der bürgerlichen Schicht. Das Ergebnis des Reports war für Revolutionärgesinnte niederschmetternd: Italien sei ganz und gar materialistisch orientiert. Bilanzen über den Handel mit Seide, Olivenöl und anderen Produkten beherrschten einzig die Gespräche. Die Bourgeoisie berechne unablässig, welche ökonomischen und finanziellen Verluste ihnen die revolutionären Bewegungen beschert hatten. Das Resümee dieser Reise lautete dahin, daß die meisten Italiener nach diesen Verlusten um so mehr am Geld interessiert seien und der revolutionäre Teil der Bevölkerung durch das ständige Fehlschlagen entmutigt sei. Eine Unterstützung der Massen zu einem Umsturz fehle gänzlich.[263] Bei dieser politischen Einstellung ist die Geisteshaltung der Italiener, die Johann Jakob Bachofen im selben Zeitraum in Siena unangenehm auffiel, wenig verwunderlich: Er schrieb an Wihelm Henzen, er könne den ostentativen Haß der Italiener auf die Österreicher nurmehr als „äußerlich und bei manchen gänzlich erzwungen" interpretieren. Bachofen reflektierte die politische Stimmung und deutete die Abneigung als pure effektheischerische Taktik, um sich Ausländern gegenüber wichtig zu machen.[264]

Verdi hatte die 48er Jahre ohne ökonomische Verluste gut überstanden und war zu Beginn der fünfziger Jahre besser denn je im Operngeschäft etabliert. Außer der Schließung des „Teatro alla Scala" hatten die revolutionären Monate um 1848 keine weiterreichenden unangenehmen Folgen für ihn. Es sind uns keine Strafandrohungen, Aufführungsverbote, Bespitzelungen oder dergleichen repressive Maßnahmen der Habsburger gegen ihn bekannt.

Im Gegenteil konnte er ja sogar, wie wir am „Corsaro" sahen, auch während der Zeiten des offenen Konflikts selbst mit Hilfe der Kriegsgegner seiner Heimat für sein Auskommen sorgen. Dieser geglückte Beginn einer Biographie war im Norditalien der Mitte des 19. Jahrhun-

---

263 Marx, Karl, a.a.O., Bd. 8, S. 364f.

264 Bachofen, Johann Jakob, An Wilhelm Henzen in Rom, Siena 17. März 1852, in: Haufe, Eberhard (Hrsg.), a.a.O., S. 368f.

derts durchaus eine Ausnahme. Einem lombardischen Kollegen Verdis zum Beispiel erging es ganz anders. Der 1822 in Vicenza geborene Giuseppe Apolloni, der in seiner Heimatstadt eine klassische musikalische und eine rechtswissenschaftliche Ausbildung absolvierte, mußte nach den norditalienischen Unruhen von 1848 für vier Jahre ins Exil. Erst danach konnte der Aufständler versuchen, sich mit dem wider alle politischen Wirren etablierten Verdi musikalisch zu messen.

In den fünfziger und sechziger Jahren, als Verdi längst auf der ganzen Welt seine Erfolge feierte, wurden auch Apolloni mit seinem „melodramma tragico" „L'Ebreo" auf der Halbinsel und weltweit große Erfolge zuteil. Danach geriet er fast völlig in Vergessenheit.[265] Apolloni taucht unter den Helden des „Risorgimento" wie soviele andere Komponisten und Zeitgenossen Verdis nicht auf. Verdi aber wurde derweil durch sein diplomatisches Geschick und die richtigen Kontakte, die ihm seit „Oberto" ermöglichten, en suite neue Opern zu schaffen, zu einem überlebensfähigeren Mythologem als unsichere Kantonisten wie Apolloni. Die typisch mythische Blickfeldverengung sorgt bis heute dafür, daß Apolloni nicht mehr auf den Spielplänen erscheint.

Auch finanziell machte sich das bemerkbar. Seit Verdis Debüt von 1839 hatten sich seine Gehälter mehr als verdoppelt und überstiegen bei weitem die seiner italienischen Kollegen, ganz zu schweigen von den Beträgen, die Rossini oder Donizetti auf dem Höhepunkt ihrer Karriere verdient hatten.[266] Gehörten diese trotz des Ruhms und ihrer Position als „maestri" noch der flitternden, unbürgerlichen Halbwelt an, die sich auch nicht scheute, ihre Gehälter aus dem im Opernhaus gespielten Roulette zu beziehen, war Verdi zu einem eigenverantwortlichen Unternehmer-Künstler in der Opernindustrie geworden. Er mußte nicht mehr wie noch Mozart in der Ambivalenz des „Kanonkonflikts" zwischen höfisch-aristokratischer und bürgerlicher Welt seine eigene Existenz verorten.[267]

Mit harter Arbeit und pragmatischem Lancieren seiner Werke war ihm gelungen, seine gesellschaftliche Position entscheidend zu verändern: Er hatte sich als Sohn eines Gaststättenbesitzers vom Dorforganisten zu einem angesehenen Künstler und weitab vom Ruch einer Semiprostitution, die noch zum Beginn des 19. Jahrhunderts das Milieu der Primadonnen, Ballerinen und Impresari umgab, zu einem geachteten Bürger hochgearbeitet. Und Verdi lebte immerhin lange Jahre unehelich mit einer Sängerin zusammen.

Im weiteren Verlauf der fünfziger Jahre wurde ihm die piemontesische Ritterwürde des Ordens „SS. Maurizio e Lazzaro" zugesprochen, und er wurde in die französische Ehrenlegion gewählt.[268] Verdi konnte in den Salons von Mailand, Wien und Paris ebenso verkehren wie

---

265 Die Oper – mit einem Libretto nach dem Stück „Leila" von Edward George Bulwer-Lytton, dessen Novelle „Rienzi" auch für Wagners gleichnamige Oper Pate stand – wurde teilweise aus Zensurgründen unter dem Titel „Leila di Granata" gespielt. Battaglia, Fernando, Giuseppe Apolloni, in: Apolloni, Giovanni, L'Ebreo, Textbuch zur Aufnahme des Orchestra Sinfonica di San Remo mit Massimo de Bernart vom 31. Oktober 1989 in Savona, Bologna 1989.

266 Vgl.: Rosselli, John, Verdi e la storia della retribuzione del compositore italiano, in: Studi Verdiani, 2/1983, S. 16ff.

267 Vgl.: Elias, Nobert, Mozart – Zur Soziologie eines Genies, hrsg.v. Schröter, Michael, Frankfurt 1993, S. 18f.

268 Dieser Orden wurde vom savoyischen König an verschiedene Musiker verliehen, so auch an Mariani und Petrella. Vgl.: Florimo, Francesco, La scula musicale di Napoli, a.a.O., Bd. III, S. 373. – Siehe zu diesem Orden auch in Teil Drei das Kapitel zu Carlo Alberto. – Vgl.:

die dort herrschenden Schichten, denen seine Musik außerordentlich gefiel. Über diese Kreise, nicht über Garibaldis Freischärler oder die Bauern der Emilia, führte Verdis Weg zur Respektabilität und damit letzten Endes zu seiner Funktion als bürgerlich anerkanntes Mythologem.

Der steigende Wert seiner Arbeit und Honorare resultierten nicht zuletzt aus seinen internationalen Erfolgen: Er hatte bereits in jungen Jahren exklusiv für London und Paris gearbeitet, und seine Partituren wurden bis nach Santiago oder Konstantinopel verschickt. Es gab zu diesem Zeitpunkt nur einen Opernkomponisten, der weltweit bekannter und erfolgreicher war als Verdi: Meyerbeer. Mit dessen Ruhm gleichzuziehen war Verdis Ehrgeiz, als er sich 1852 entschied, eine neue Oper für die „Grande Opéra“ in Paris zu schreiben. Bis zur Uraufführung der französischsprachigen „Les Vêpres Siciliennes“ am 13. Juni 1855, waren „Rigoletto“, „Il Trovatore“ und „La Traviata“, die die „populäre Trilogie“ genannt und als erster Höhepunkt Verdis künstlerischer Entwicklung bezeichnet werden, entstanden.[269]

Für Paris zu komponieren bedeutete ganz konkret, einen Akt mehr zu schreiben, als auf den italienischen und österreichischen Bühnen verlangt wurde. Das Pariser Publikum war an lange Balletteinlagen gewohnt, es wollte neben hochwertigem Gesang und Drama auch hübsche Tutus und Beine zu sehen bekommen. Die Stücke des Librettisten Eugène Scribe, der für Rossini und Donizetti gearbeitet hatte, nun vor allem aber für Meyerbeer schrieb, sollen Verdi sehr beeindruckt haben. Er bemühte sich ungewöhnlich intensiv, für die Pariser Auftragsoper Eugène Scribe als Librettisten zu gewinnen. Er war einer der Erfolgreichsten seines Faches und zeichnete über vierhundert Werke mit seinem Namen.[270]

Verdi sollte seine Wahl sehr bereuen, denn Scribe, der auf mehreren Hochzeiten gleichzeitig tanzte und nurmehr mit einer Heerschar von Zuarbeitern sein florierendes Geschäft bewältigte, lieferte ihm ein Libretto voller Doubletten von der einst für Donizetti geschriebenen Oper „Duc d'Albe“ aus dem Jahr 1839, die ebenfalls den sizilianischen Aufstand gegen die Dynastie der Anjou von 1282 historisierte. Verdi beklagte, daß in diesem Libretto anders als erwartet die dramatische Kraft fehlte, die er am „Prophète“ Meyerbeers so bewundert hatte, und daß es nicht den rührenden und tränenreichen Schluß gab, den sich Verdi für die Oper gewünscht hatte. Er beschwerte sich heftig beim Verwalter der Oper und monierte, daß das Sujet, zu dem er sich von Scribe hatte überreden lassen, sowohl die Ehre der Franzosen als auch die der Italiener verletze. Doch seine Gesuche, Scribe möge öfter zu den Proben erscheinen und

---

Kühner, Hans, Verdi, a.a.O., S. 61. – Zur französischen Ehrenlegion: Fulcher, Jane, The Nation's Image, French Grand Opera as Politics an Politicized Art, a.a.O., S. 182f.

269 Wobei hier „populär“ nicht die „Volkstümlichkeit“, sondern den Bekanntheitsgrad bezeichnet. Vgl.: Petrobelli, Pierluigi, The music of Verdi: An Exemple of the Transmission and Reception of Musical Culture, in: Verdi newsletter, 9–10/1981–82, S. 3. – Marggraf, Wolfgang, Giuseppe Verdi, a.a.O., S. 174. – Die Beliebtheit dieser Trilogie zeigt sich auch beim Entstehen der Plattenindustrie. Arien aus Verdis Opern „Rigoletto“, „Il Trovatore“ und „La Traviata“ standen, unter den Opern von Ponchielli, Rossini und Donizetti, an erster Stelle der Anzahl der frühesten Plattenaufnahmen um 1908. Vgl.: Leydi, Roberto, Verbreitung und Popularisierung, a.a.O., S. 382.

270 Vgl.: Porter, Andrew, „Les Vêpres Sicilienne“: new letters from Verdi to Scribe, in: 19th century music, 2/1978–79, S. 95–109, S. 96. – Hessler, Ulrike, Augustin Eugène Scribe, in: Opernführer, hrsg. v. Csampai, Attila/ Holland, Dietmar, a.a.O., S. 1379.

vielleicht doch noch den einen oder anderen seiner Wünsche in den Text einarbeiten, blieben nahezu wirkungslos.[271]

Obwohl diese Oper einen „italienischen" Aufstand gegen eine „Fremdherrschaft" behandelte, komponierte Verdi keinen der typischen „patria"-Chöre wie in „Nabucco" oder „La Battaglia di Legnano". Statt dessen gibt es einen homophonen patriotisch-hymnischen Gesang dreier vereinzelter Protagonisten, die nur ihr – dem individuellen Glück zuwiderlaufender – politischer Fanatismus eint. Dieses „Trio" bietet sich keinesfalls wie die Chöre der Juden oder Lombarden der älteren Opern zur Vereinnahmung in den Mythos des „Risorgimento" an und wurde auch nie als „Freiheitshymne" bezeichnet.

Bemerkenswert ist, daß diese Oper für Paris die erste Oper von Verdi war, in der er sich musikalisch an typisch „italienisch"-regionalem Kolorit versuchte, anstatt wie in vielen früheren Opern andere europäische Musiktraditionen einzubauen, wie zum Beispiel im „Nabucco", wo Verdi den Anfang des Jahrhunderts in Mode gekommenen böhmischen Volkstanz „Polka" verwendete.[272]

Verdis „Tarantella" hat zwar recht eigentlich nicht viel mit dem ursprünglichen süditalienischen Volkstanz gemein – der Tanz gehörte in dieser Zeit zu den kommerzialisierten musikalischen stereotypen Versatzstücken, die auch Komponisten wie Meyerbeer oder Rossini verwandten –, doch die „Volkstümlichkeit", die Verdis Opern im Mythos zugesprochen wird, findet sich zumindest in Andeutungen ausschließlich hier und in der 1862 für St. Petersburg geschriebenen „La forza del destino".[273] Fast scheint es, als habe Verdi dem Opernpublikum des Auslands nicht nur italienische Oper bieten wollen, sondern auch einen Hauch romantisierbaren „volkstümlichen" Ambientes.

Der österreichische Kritiker Moritz-Gottlieb Saphir, der die „Sizilianische Vesper" 1857 im Kärntnerthor-Theater gesehen hatte, dankte Verdi dessen kompositorische Versuche nicht. Er urteilte: „Das ist nicht Italien, nicht Sicilien, das ist nicht der locale Ton, nicht die locale Farbe, nicht das siedende Blut, nicht die fiebernde Landschaft, nicht die üppige Hitze der musikalischen Vegetation."[274] Nach solcher Kritik kann man den Eindruck gewinnen, Saphir kannte Sizilien besser als Verdi. In der Tat recherchierte Verdi erst während der Vorbereitungszeit zu seiner Komposition mit Hilfe seines neapolitanischen Freundes Cesare De Sanctis nach Takt und Geschwindigkeit des süditalienischen Tanzes „Tarantella" und bat ihn um Noten, um einige Szenen einfügen zu können, die von dieser Tanzart inspiriert sein sollten.[275]

Aber auch ein im Süden der Halbinsel beheimateter Kritiker der neapolitanischen Zeitschrift „Omnibus" fand die Oper fremd und schwer und zu sehr nach dem französischen Ge-

---

271 Vgl: Pizzi, Italo, Unpublished Verdi Memoirs, in: Conati, Marcello, Interviews and encounters with Verdi, a.a.O., S. 344., Verdi – Briefe, hrsg. v. Busch, Hans, a.a.O., S. 57.

272 In der Szene bei der Hinrichtung der Juden, die Nabucco verhindert, singen Abigail und er ein Duett, das Polkafragmente enthält. Vgl.: Verhoeven-Kooij, Anna Jacoba, De gezelschapsdans in de opera's van Giuseppe Verdi, Rotterdam 1983, S. 286.

273 Vgl.: Conati, Marcello, Ballibili nei „Vespri". Con alcune osservazioni su Verdi e la musica popolare, in: Studi Verdiani, 1/1982, S. 21ff. – Zimmermann, Reiner, Giacomo Meyerbeer, a.a.O., S. 270.

274 Kritik im „Humorist" 1857, Jg. 3, Nr. 94, S. 314, zit. bei: Dauth, Ursula, Verdis Opern im Spiegel der Wiener Presse, a.a.O., S. 219.

275 Conati, Marcello, Ballabili nei „Vespri", a.a.O., S. 22.

schmack orientiert.[276] Da „italianità“ erst noch kollektiv erfunden werden mußte, hatte es ein Emilianer um 1850 eben noch nicht im Blut, wie das Volk im Süden der künftigen Nation zu tanzen hatte.

In der Rezeptionsgeschichte indes wird Verdis rarer Tribut an die „italienische“ Volksmusik kaum erwähnt. Da seine Opern im politischen Mythos ja alle volkstümlich sein sollen und gerade dadurch die Massen politisch zur Nation hin bewegt haben sollen, wird, der „Tarantella“ ungeachtet, Verdis Engagement für Paris, für ein Opernhaus, das so explizit großbürgerlichen Luxus pflegte, gelegentlich fast entschuldigt. Verdi hätte sich nur darum auf die materialistischen Pariser eingelassen, weil ihn die enormen Möglichkeiten, die ihm dort bei der Inszenierung geboten wurden, gereizt hätten.[277] Daß Verdi beim Pariser Publikum gut ankam, daß es dem Italiener exzellent gelang, ein französisches Genre zu bedienen, das so ganz anders als die italienische „Freiheitsoper“ eingeschätzt werden muß, fällt den Mythographen augenscheinlich weniger ins Auge. Wie schon der „Corsaro“ werden auch die „Vêpres siciliennes“ zur „Übergangsoper“ heruntergestuft und damit in die zweite Reihe innerhalb des Fundus der Mythologeme für die Erzählung über die Nationsbildung verwiesen.[278]

Verdi reizte es nach seinen Erfahrungen mit Scribe keineswegs – anders als Rossini –, in Paris zu bleiben und künftig hier sein Geld zu verdienen. Trotz verschiedener Pariser Annehmlichkeiten blieb seine geographische Mitte „Sant'Agata“ in der Emiliana. Er wurde nicht zum Parvenü mit Großstadt-Allüren, was ihm der Mythos „honorieren“ sollte. Verdi erklärte seine Abkehr von Paris offiziell mit dem zu teuren Pariser Lebensstil, der es ihm nicht erlaube, sich dort länger aufzuhalten. Darüber hinaus hatte er mit „Les Vêpres Siciliennes“ nicht den Erfolg, den er sich erhofft hatte. Noch immer sprachen die Pariser Zeitungen mehr von Meyerbeer, an dem er allenfalls gemessen wurde. Schon kurz darauf aber wurde die Oper in italienischer Sprache in vielen Städten auf der italienischen Halbinsel aufgeführt – vom Bologna des Kirchenstaats über die habsburgisch regierten Städte Mailand und Triest bis zu den bourbonisch regierten Städten Neapel und Palermo.[279] Eine neue Verdi-Oper gehörte nun endgültig zum „Muß“ jeder Opern-„stagione“. Komponisten wie Pacini und Mercadante hatten einen schlechter werdenden Stand.

Die Nachfrage auf der Halbinsel nach den „Vêpres Siciliennes“ demonstriert recht anschaulich, daß, nachdem schon die „populäre Trilogie“ das vorläufige Ende des „patria“-Diskurs markiert hatte, dieses Ende einen weiteren Schlußstein bekam.

---

276 Rota, Giuseppe, Firenze, 17. Aprile: 1. Rappresentazione di „Giovanna di Guzman“. in: Omnibus, 26.4.1856.

277 Marggraf, Wolfgang, Giuseppe Verdi, a.a.O., S. 183ff.,

278 Casini, Claudio, Verdi, a.a.O., S. 187.

279 Kaufman, Thomas G., Verdi and his Contemporaries, a.a.O., S. 431f.

VII. Der Maskenball: Guelfen in Neapel und „V.E.R.D.I.“ in Rom

Die Oper „Un Ballo in maschera“, 1857 für das „Teatro San Carlo“ in Neapel geplant, uraufgeführt aber 1859 in Rom am „Teatro Apollo“, wird in der Musikkritik allgemein als die Befreiung von der Konventionalität und als Europäisierung von Verdis Kompositionsstil gewertet.[280]

Im politischen Mythos jedoch ist sie von herausragender Bedeutung. Nach den frühen Werken mit patriotischen Chören bis 1849 gilt sie als direktes Verbindungsglied zur Erzählung über das „Risorgimento“. Mit ihr wird die Entstehung des Akrostichons V.E.R.D.I. in Verbindung gebracht: Der Ruf „Viva Verdi“ soll seit dem Abend der Uraufführung am 27. Februar 1859 in Rom nicht mehr nur der Musik gegolten haben, sondern auch der Hoffnung auf den künftigen König und wird darum als „stärkste Politikbindung in der Kulturgeschichte“ gedeutet.[281]

Der „populären Trilogie“ und der Pariser Auftragsarbeit „Les Vêpres Siciliennes“ kann der Mythos nur schwerlich revolutionäres Gedankengut und „risorgimentale“ Mytheme für seine „bricolage“ abgewinnen.[282] Hier gibt es weder Hymnenchöre noch politische Inhalte. In den fünfziger Jahren wird lediglich „Rigoletto“, beziehungsweise die Probleme mit der österreichischen Zensurbehörde bei der Uraufführung in Venedig, als Vorspiel für den vorgeblichen Zensurfall bei „Un ballo in maschera“ gewertet.

Die Oper „Rigoletto“, nach der Vorlage von Victor Hugos „Le roi s'amuse“, verletzte die Ehre der Monarchie, weil der Potentat als gewissenloser Lüstling gezeigt wurde.[283] Eine konkrete, politische Implikation für ein anderes, zum Beispiel das savoyische, Herrscherhaus ist

---

280 Pozzi, Raffaele, L'opera da Cimerosa a Verdi, a.a.O., S. 121. – Soffredini, Alfredo, Le opere di Verdi – studio critico analitico, Mailand 1901, S. 191ff.

281 Vgl. u.a.: Casini, Claudio, Verdi, a.a.O., S. 199. – Flora, Francesco, Il libretto, in: Bolletino dell'Istituto di Studi Verdiani, 1/1960, S. 326. – Gregor, Joseph, Kulturgeschichte der Oper, a.a.O., S. 355.

282 Auf die umgeschriebene Oper „Stiffelio“ von 1850, die Verdi in Rimini 1857 unter dem Namen „Aroldo“ aufführte, gehe ich hier nicht ein. Sie spielt im Verdi-Mythos keine beispielhafte Rolle. Von „Simone Boccanegra“, uraufgeführt im selben Jahr, wird später noch die Rede sein.

283 Vgl.: Lavagetto, Mario, Un caso di censura – „Rigoletto“, Mailand 1979. – Gerhartz, Leo Karl, Von Bildern und Zeichen, in: Giuseppe Verdi – Rigoletto, hrsg. v. Csampai, Attila/ Holland, Dietmar, Hamburg 1982, S. 11ff.

daraus jedoch nicht abzuleiten. Im Mythos um Verdi sind die Machenschaften um „Rigoletto" so nur das Donnergrollen, das dem Gewitter von „Un Ballo in maschera" vorausging.

Die Zensurmaßnahmen in Neapel aber werden am Präzedenzfall des prominenten Verdi zum Symbol für die Repression und Ungerechtigkeit, mit der die „Fremdherrscher" – also die Bourbonen in Neapel, die Habsburger im Norden und schließlich auch die katholischen Verwalter des Kirchenstaates – die Italiener knechteten und damit die italienische Nation zu verhindern suchten. Verdi wird zum Opfer des „Freiheitskampfs" stilisiert, das Verhalten der Neapolitaner sogar als Unterdrückung Verdis, diesen „gefährlichen Progressist in der Musik wie in der Politik", interpretiert.[284]

Da die Entstehungsgeschichte von „Un Ballo in maschera" in der Rezeptionsgeschichte noch unmittelbarer als „Nabucco" mit der Politik auf der italienischen Halbinsel verknüpft wird, da Verdi nun sogar mit jedem Buchstaben seines Namens für die piemontesische Politik stehen soll, verlangt diese Oper, ihr Inhalt und ihre Geschichte eine detailliertere und sorgfältigere Dekonstruktion als alle anderen Opern von Verdi.

Die Geschichte um die Entstehung und erste Aufführung der Oper wird seit nahezu 130 Jahren in verschiedenen Publikationen, Tonträgerkommentaren und Opernprogrammheften ähnlich erzählt[285]: Verdi soll sich nach einigem Tauziehen mit seinem Librettisten Antonio Somma für die neue Oper in Neapel auf das Thema „Gustavo III. von Schweden" geeinigt haben. Die Vorlage von Eugène Scribe aus dem Jahr 1833, nach der sich Somma richten will, behandelt das historische Attentat eines adligen Verschwörers, Jacob Johann Ankarström, auf den schwedischen König Gustav III. auf einem Maskenball am 16. März 1792.

Mit der Prosafassung dieses Themas erklärt sich die neapolitanische Theaterleitung auch einverstanden, doch fordert sie eine Verlegung des Spielorts und der Zeit. Verdi und Somma entschließen sich, anstatt Stockholm Stettin und statt des 18. das 17. Jahrhundert zu wählen. Die Oper soll nun nicht mehr „Gustavo III.", sondern „Una Vendetta in Domino"[286] heißen.

Doch als Verdi Anfang Januar 1858 in Neapel zu den Proben eintrifft, wird er mit dem endgültigen Veto der Zensur konfrontiert. Die Theaterleitung hat derweil den ganzen Text von einem neapolitanischen Librettisten – man vermutet Domenico Bolognese – umschreiben lassen, es trägt nun den Titel „Adelia degli Adimari".[287] Doch Verdi lehnt ab und zieht seine Oper zurück, weil er ein solches Vorgehen mit seinem künstlerischen Anspruch nicht vereinbaren kann.

---

284 Casini, Claudio, Verdi, a.a.O., S. 197.

285 Eine Auswahl: Abbiati, Franco, Verdi, a.a.O., Bd.2, S. 447ff. – Un Ballo in maschera, Bolletino dell'Istituto di studi Verdiani (Sonderausgaben zur Oper), Bd.1–3, Parma 1960. – Casini, Claudio, Verdi, a.a.O., S. 195ff. – Colombani, Alfredo, L'Opera Italiana nel secolo XIX, a.a.O., S. 200ff. – Engelhardt, Markus, Abschied von den Galeerenjahren, in: Verdi, Giuseppe: Un Ballo in maschera, Textbuch zur Aufnahme der Wiener Philharmoniker mit Herbert von Karajan, 1989, S. 12ff. – Garibaldi, Franco T., Giuseppe Verdi, Mailand 1943, S. 153ff. – Gatti, Carlo, Verdi, a.a.O., S. 367ff. – Martin, George, Aspects of Verdi, a.a.O., S. 18ff. – Marggraf, Wolfgang, Verdi, a.a.O., S. 192ff. – Perinello, Carlo, Giuseppe Verdi, a.a.O., S. 52ff.

286 „Die Rache im Dominokostüm".

287 Die Vermutung beruht auf der Tatsache, daß Domenico Bolognese (1819–1881), so wie zuvor Salvatore Cammarano, einen festen Vertrag als Librettist mit dem „San Carlo" hatte. Viviani, Vittorio, Storia del teatro napoletano, Neapel 1969, S. 569f.

Während Verdi sich bereits mit Cencio Jacovacci, dem Impresario am römischen „Teatro Apollo" in Verbindung setzt, um zu klären, ob er seine neue Oper auch in Rom herausbringen könnte, beharrt das Neapolitanische Theater auf seinem Vertrag über eine Uraufführung. Bei Vertragsbruch droht Verdi eine Strafe von 50.000 Dukaten Schadensersatz oder Gefängnis in den Kerkern der Bourbonen.[288]

Verdi verfaßt eine Verteidigungsschrift, in der er Punkt für Punkt die Gründe seiner Säumnis anführt. Er will damit vor dem Handelsgericht nachweisen, daß es vom Standpunkt der Kunst unzumutbar sei, seine Musik einfach mit einem ihm bis dato unbekannten Libretto zu vereinigen. Das Handelsgericht schlägt indes einen Vergleich vor. Die Parteien einigen sich darauf, daß Verdi nun im kommenden Winter statt der neuen Oper die ältere Oper „Simone Boccanegra" in Neapel aufführen und, was sonst nur bei Uraufführungen üblich ist, sie auch selbst dirigieren wird. Der Impresario des römischen „Teatro Apollo" signalisiert derweil seine Bereitschaft, die neue Oper von Verdi zu inszenieren. Er verspricht, weitere Unannehmlichkeiten zu vermeiden. Dennoch verlangt auch die päpstliche Zensurbehörde eine Verlegung des Spielorts der Opernhandlung. Und zwar nach Übersee. Somma und Verdi einigen sich auf Boston und so wird aus dem schwedischen König ein amerikanischer Gouverneur. Fast ein Jahr später als ursprünglich geplant, wird die Oper dann in Rom mit großem Erfolg aufgeführt, und das Publikum jubelt „Viva Verdi" und meint damit nicht nur den Komponisten und seine Musik, sondern auch den künftigen König des vereinigten Königreichs Italien. Soweit die Rezeptionsgeschichte.

In der angeführten Literatur über „Un Ballo in maschera" wird meistens das Thema der Oper als zu brisant und politisch bewertet und die Brisanz als Grund für das „engstirnige"[289] Veto der Zensurbehörden in Neapel wie in Rom genannt.

Das Libretto, so wie es ursprünglich geplant war und heute meistens aufgeführt wird, handelt von einem schwedischen König, Gustavo, der sich leidenschaftlich in die Frau seines Sekretärs Renato verliebt hat und der an nichts anderes mehr als an seine Gefühle zu dieser verheirateten Frau denken kann, vor allem nicht an seine Staatsgeschäfte. Renato, Amelias Ehemann, der nichts von diesen Gefühlen ahnt, ist Gustavo treu und in völliger Loyalität ergeben. Als Renato erfährt, daß Verschwörer am Hof planen, den König zu töten, warnt er Gustavo.

Doch der scheint wie apathisch und wird von diesen Neuigkeiten nur wenig bewegt, ihn treibt anderer Kummer. Renato mahnt ihn zur Vorsicht und appelliert an seine Verpflichtung als Souverän dem Volk gegenüber. Gustavo aber versichert, er glaube an den Schutz Gottes und die Liebe seines Volkes, die ihn vor einem üblen Schicksal bewahren werden.

Ein Richter betritt die Bühne und schildert den Fall einer im Wald lebenden Frau, die vorgibt, weissagen zu können. Deswegen soll sie verurteilt werden. Sie heiße Ulrica und sei vom dunklen Blut der Zigeuner, so der Richter.[290] Doch der Abwechslung suchende König möchte

---

288 Das Honorar für eine in Neapel uraufgeführte Oper betrug sechs- bis siebentausend Dukaten.

289 Vgl.: Bollert, Werner, Auber, Verdi und der „Maskenball"-Stoff, Programmheft zu „Un Ballo in maschera", hrsg.v. der Intendanz der Oper Frankfurt, Frankfurt 1982, S. 60

290 In der Libretto-Version, die der Uraufführung in Rom von 1859 entspricht und die in Boston spielt, heißt es, Ulrica sei vom schmutzigen Blut der Neger – „dell mondo sangue de' negri". Die Bostoner Version wird heute je nach Inszenierung alternativ zur schwedischen Version aufgeführt.

sich von der weissagenden Frau selbst ein Bild machen. Offensichtlich mit der Phantasie, sich mit seinem Hofstaat eine lustige Zeit zu machen, will er mit seinen Vasallen als Fischer verkleidet in den Wald spazieren, um die „Hexe" nach der Zukunft zu befragen. Das erste Bild endet mit einem heiteren, operettenhaften Gesang auf die Vergnügungssucht und die Uhrzeit, zu der sich der König mit seinem Hofstaat für den kostümierten Ausflug treffen will: „Alle tre, alle tre".

Wie durch einen Zufall besucht zur selben Zeit auch Gustavos Herzensdame Amelia die Weissagerin. Sie fürchtet sich sehr, denn insgeheim erwidert sie Gustavos Liebe und weiß keinen Rat, wie sie ihn vergessen kann, um eine treue Ehefrau zu bleiben. Doch Ulrica kennt eine Kräutermischung, die gegen derlei Gefühle Wunder wirken. Die Pflanzen müssen jedoch um Mitternacht von Amelia selbst an einer geheimnisumwitterten Stelle gepflückt werden, weil sie nur dann ihren magischen Zauber entwickeln.

Gustavo und sein Hofstaat – alle als Fischer verkleidet – warten bei der Hexe im Wald angekommen vor der Tür, daß sie bei Ulrica eintreten können. Gustavo, der als einziger an der Türe das Gespräch im Hexenhäuschen belauscht, erkennt Amelias Stimme. Und er träumt von dem unbeobachteten Stelldichein, das ihm Amelias mitternächtliche Suche nach dem die Liebe tötenden Kraut verschaffen wird. Amelia geht durch den hinteren Ausgang in den Wald hinaus, und der König tritt nun zur Hexe mit seinen Mannen ein. Sie liest dem verkleideten König aus der Hand, daß ihm ein großes Unglück bevorstehe.

Doch er sei wohl einer der frech sein Schicksal fordere, so sei Unbill sein gerechter Lohn. In Gustavos Begleitung sind außer Renato auch die Verschwörer Horn und Ribbing, die ihrerseits die Weissagung als gutes Omen für ihre geplante Mordtat deuten. Der Sekretär Renato, ganz der getreue Hahnrei, warnt den König abermals zu Vorsicht.

Als Amelia sich um Mitternacht an die von Ulrica bezeichnete Stelle begibt, wird sie vom König überrascht. Die Verschwörer, die Gustavo heimlich dorthin gefolgt sind, weil sie eine günstige Gelegenheit zum Mord suchen, beobachten nun die offensichtliche Tändelei zwischen dem König und der Frau seines Sekretärs.

Amelia beschwört den König, ihre Würde als Ehefrau nicht anzutasten. Renato, der Gustavo warnen will, kommt zu der Szene hinzu. Amelia zieht sich schnell einen Schleier über das Gesicht, damit ihr eigener Mann sie nicht erkennt.

Gustavo bittet nun seinen Sekretär, Amelia ans Stadttor zu geleiten und ihr Geheimnis zu wahren. Renato beschwört nochmals Gustavo, er solle schnellstens flüchten.

Gustavo flieht, und Horn und Ribbing treffen auf Renato und seine verschleierte Frau. Es kommt zum Handgemenge und Amelias Schleier fällt. Dem Ehemann Renato offenbart sich nun, daß das Schäferstündchen seines Königs mit seiner eigenen Frau abgehalten wurde. In seiner Wut will er seine Frau dafür richten und töten.

Doch ihn überfällt Mitleid mit ihr, und er besinnt sich anders: Er will sich lieber an Gustavo rächen. So trifft er sich mit den anderen Verschwörern und gibt ihnen zu verstehen, daß er von ihren Plänen weiß. Sie fürchten ihn zunächst als Königstreuen, doch er eröffnet ihnen, daß er die gleichen Mordabsichten hat wie sie. Amelia, die hinzukommt, muß auslosen, wer der drei den König töten darf.

Denn, da sie alle ihre persönlichen Gründe für den Mord haben, können sie sich nicht einigen. Amelia zieht das Los: Renato wird es sein. Ein Page des Königs kommt hinzu und spricht eine Einladung zum Maskenball aus.

Die Verschwörer sehen eine ideale Gelegenheit, dort den Mord zu begehen. Nun will Amelia ihrerseits Gustavo warnen. Der hat derweil beschlossen, seinen Sekretär Renato an einen anderen Ort zu versetzen. Er soll mit Amelia in seine Heimat zurückgehen.[291]

Trotz der Warnung Amelias geht Gustavo auf den Maskenball. Er trifft sie dort und erzählt ihr von seinem Entschluß. Der Page verrät, unter welchem Kostüm sich der König verbirgt, und Renato tötet ihn. Sterbend sagt Gustavo nun noch, daß er Amelias Unschuld niemals angetastet habe. Renato bereut sofort seine Tat. Als die Wachen Renato fassen wollen, ruft Gustavo, sie sollen ihn freilassen. Er vergibt ihm und will nicht, daß Renato für den Mord bestraft wird. Mit großem Addio stirbt Gustavo, und die Oper ist zu Ende.

Diese Handlung, so sollen wir glauben, war in den Augen der neapolitanischen und der römischen Zensur ein ungeheurer Affront, ein Aufruf zum Tyrannenmord.

Da das neapolitanische, von der Zensur gebilligte Libretto, das die Theaterleitung für die Oper von Verdi vorgeschlagen hatte, vom Komponisten in der Verteidigungsschrift als nicht aufführbar bezeichnet wurde und in der Rezeptionsgeschichte als entpolitisierter und harmloser Stoff dargestellt wurde, möchte ich im folgenden die Unterschiede, die Verdi handschriftlich zwischen dem neapolitanischen Libretto[292] und dem Libretto von Antonio Somma herausgestrichen und in Fußnoten kommentiert hat[293], vorstellen.

Sie dienten im Prozeß vor dem Handelsgericht wahrscheinlich als Beweismittel. In der Literatur wird aus der neapolitanischen Version immer nur auszugsweise zitiert, oder sie wird zusammen mit einigen ausgewählten Fußnoten Verdis – ohne die notwendige Gegenüberstellung des Textes von Somma – so tendenziös kommentiert, daß es unmöglich ist, die Geschehnisse zu bewerten.[294]

Der Ort der Szenerie ist im veränderten neapolitanischen Libretto nicht mehr Stettin und Umgebung im 17. Jahrhundert, sondern Florenz und Umgebung um 1385. Der Titelheld ist nicht der Duca Gustavo di Pomerania, sondern Armando degli Armandi, florentinischer Führer der Guelfen. Der Sekretär im Somma-Libretto, Conte Renato, ist im Neapel-Libretto Roberto degli Adimari, Anhänger des Guelfenführers Armando. Seine Frau heißt nicht

---

291 In der „schwedischen“ Fassung heißt es nur „Heimat“, in der amerikanischen sollen Renato und Amelia nach England zurück.

292 Da es nicht gesichert ist, ob Domenico Bolognese, der in Neapel als Librettist – zum Beispiel für Errico Petrella – arbeitete, wirklich den Text umgearbeitet hat, nenne ich das von der Zensur gebilligte Textbuch im weiteren Neapel-Libretto. Die Version, die dann in Rom aufgeführt wurde und in Boston spielt, werde ich die „amerikanische“ Version nennen.

293 Dieses nachträglich gebundene Dokument liegt in der Accademia Nazionale dei Lincei, Rom: Fondo accademico 90: „Libretto del „Ballo in maschera“ manomesso della Censura e fulmina protesta di Verdi“. Jede Seite, die die beiden Libretti gegenüberstellt, ist in der Mitte geteilt. Links steht der Text von Somma mit der nach Pommern verlegten Handlung, rechts steht der von den Behörden veränderte Text. Am Ende jeder Szene sind von Verdi in einem oder mehreren Fußnoten seine Bemerkungen zur Veränderung des Textes festgehalten. Die Seiten sind nicht nummeriert. Alle folgenden Zitate, die sich auf diesen von Verdi handgeschriebenen Text beziehen, stammen aus dem italienischen Original. Die deutschen Zitierungen sind meine Übersetzung.

294 Vgl.: Abbiati, Franco, Verdi, a.a.O., Bd. 2, S. 476ff. – Flora, Francesco, Il libretto, in: Bolletino dell'Istituto di Studi Verdiani, 1/1960, S. 44ff. – Luzio, Alessandro (Hrsg.), Carteggi Verdiani, Rom 1933, S. 241ff.

Amelia, sondern Adelia. Ulrica, die Wahrsagerin, hat in beiden Libretti denselben Namen und dieselbe Funktion. Oskar, der Page, aber wird zu Orsini, dem jungen Gefolgsmann von Armando. Der Matrose Cristiano wird zum Knappen Germano. Die adligen Verschwörer, in der Stettiner Version Ermanno und Manuel – werden in der neapolitanischen Fassung zu geheimen Anhängern der Ghibellinen und heißen Donato und Lando.[295] Der Justizminister wird zu einem weiteren Führer der Guelfen. Der Chor aus Kavalleristen, Offizieren, Volk, Kindern und Tanzenden wird zu einem Chor aus Guelfen, Volk, Kindern und Ghibellinen.

Verdi bemerkt in der Fußnote, daß man schon bei der Veränderung der Personen in Führer politischer Parteien erkenne, welche Schwierigkeiten das Neapel-Libretto mit sich brächte.[296] Vor allem verändere das Fehlen des Pagen die gesamte Szenerie und reiße dem Libretto mit diesem theatralischen Charakter eine schmerzliche Lücke. Die Veränderung der Epoche und des Ortes lösche auch den Charakter des Dramas und der Musik aus.[297]

Der Rechtsanwalt der Impresa habe leicht reden von lokaler Farbigkeit und mehr oder weniger zurückliegenden Epochen, so Verdi. Jede Epoche indes habe ihren spezifischen Charakter. Die Menschen des Nordens ähnelten nicht den Menschen des „Mezzogiorno“. Man nehme zum Beweis nur ein neapolitanisches Lied und vergleiche es mit einem schwedischen Lied.[298]

Die erste Szene der Oper findet im Neapel-Libretto nicht am Hof des Duca oder Königs statt, sondern im Palazzo von Armando degli Armandi in Florenz. Der „Coro di popolani“ wird zum „Coro di guerrieri e popolani“. Dieser singt anstatt „Questa patria, che reggi e t'adora“ im Neapel-Libretto „Questa patria, che diffendi e t'adora“.[299]

Verdi bemerkte, daß die Veränderung des Schauplatzes in der ersten Szene – vom Königssitz zum Haus des Guelfenführers – jede Opulenz für den ganzen „Aktionskörper“ verschwinden lasse.[300]

---

295 Die Verschwörer der heute oft aufgeführten „schwedischen“ Fassung, „Horn und Ribbing“, hießen später in der „amerikanischen“ „Samuel und Tom“, hießen aber im von Verdi eingereichten Libretto Sommas „Ermanno und Lando“.

296 Verdi will damit sagen, daß die Veränderung der Personen auch eine notwendige und schwierige Veränderung der zu ihnen passenden Musik zur Folge haben müßte.

297 Verdi wörtlich: „Il cambiamento d'epoca e di luogo toglie il carattere al drama ed alla musica.“ Und weiter: „Il colorito, in fondo, dirò così, del quadro musicale diviene necessariamente falso.“

298 Wie wir wissen, kannte Verdi ja seit der Oper „Les Vepres Siciliennes“ durch seinen neapolitanischen Freund De Sanctis neapolitanische Lieder.

299 Also anstatt: „Diese Heimat, die du regierst und die dich liebt“: „Diese Heimat, die du verteidigst und die dich liebt“. Das „diffendi“ wirkt ausdrucksstärker als das „reggi“. In der Version, wie die Oper heute aufgeführt wird, ist der Text noch einmal geändert. Die Oper beginnt mit einem Chor aus Offizieren und Edelleuten die dem König wünschen, daß sich in friedvoller Ruhe sein edles Herz erquicken möge: „Beschirmer deiner Wohnstatt sei die Liebe dieses reinen Landes“. Also es ist nicht mehr der König, der regiert oder verteidigt, sondern die Liebe des Volkes, die jetzt den König schützt, die besungen wird. Vgl.: Textbuch zur Aufnahme der Wiener Philharmoniker mit Herbert von Karajan, a.a.O., S. 80.

300 „Cosí sparisce ogni lusso per tutto il corpo dell'azione“.

In der zweiten Szene spricht Armando[301] die Versammelten im Neapel-Libretto nicht mit „Meine Freunde", sondern mit „Meine Freunde, Krieger und Soldaten" an.[302] Den Auftritt von Orsini anstelle des Pagen, der dem Guelfenführer/König die Liste der eingeladenen Gäste zum Ball/Bankett gibt, kommentiert Verdi mit der Bemerkung: Orsini, der Krieger, wirke „dreist und grausam".[303] Und die Worte, die im Munde eines „Duca" nobel klingen, würden im Munde eines Parteiführers rätselhaft und frech. Wenn der Ball zum Bankett werde, so müsse er, Verdi, die Musik ändern. Die verwendeten Walzer, Galopp und „Cracovienne"[304] indes seien nur typisch für den Norden.[305]

Die Kanzone, die dann folgt und in der Gustavo/Armando Amelia/Adelia verherrlicht, nachdem er auf der Einladungsliste ihren Namen gelesen hat, bleibt identisch. Während sich das folgende Chorlied in der Somma-Version mehr wie der unheilverkündende Kommentar eines Chors des klassischen Dramas ausnimmt, wirkt der Chor in der neapolitanischen Fassung mehr wie ein kriegerischer Aufruf an die Ghibellinen gegen den Führer der Guelfen.[306]

Als in der nächsten Szene Renato/Roberto Gustavo/Armando auf sein unglückliches Gesicht anspricht und andeutet, er kenne den Kummer seines Herrn, exklamiert Gustavo „Gran Dio!" und Armando „O Cielo!"[307], weil er befürchtet, daß Renato/Roberto etwas von der Liebe seines Herrn zu Amelia/Adelia ahnt. Doch während bei Somma Renato nur neutral von einer Verschwörung spricht, warnt Roberto im Neapel-Libretto, daß Ghibellinen und ihre Gefolgsleute eine Falle planten.[308] Verdi bemerkt hierzu, daß in der neuen Fassung ein Vers bei der Androhung der Verschwörung zuviel ist und, daß er den keinesfalls komponieren könne. Er bemängelt weiter, daß der individuelle Personencharakter des Protagonisten dadurch verloren gehe, daß er Führer einer Partei sei.

Die nächste Szene, in der Gustavo/Armando die Anklage gegen die Wahrsagerin Ulrica vorgelegt wird, bleibt unverändert. Der Page/Orsini hebt zu einer Verteidigungspartie für Ulrica an. Wie in der Somma-Version Gustavo fordert auch in der neapolitanischen Version

---

301 In der vergleichenden Gegenüberstellung werden hier immer die Namen der Protagonisten des Somma-Librettos und des Neapel-Librettos nacheinander mit einem Schrägstrich gesetzt (z.B.: Gutstavo/Armando), um zu verdeutlichen, daß der Inhalt der beschriebenen Szene ansonsten in beiden Libretti sinngemäß der gleiche ist.

302 Im Gegensatz zur Anrede „Meine Freunde" in der Somma-Version der Handschrift heißt es in der schließlichen „amerikanischen" Fassung des Libretto – wie auch in der angefeindeten neapolitanischen Version – dann „Meine Freunde, Soldaten".

303 „ardito e feroce"

304 „Walzer" ist ein deutscher Rundtanz aus dem 18. Jahrhundert, der seine Hochzeit im Wiener Walzer der Jahrhundertwende fand. Der schnelle Rundtanz „Galopp" ist etwa um 1824 entstanden. Wahrscheinlich meint Verdi mit „Cracovienne" den polnischen Nationaltanz im 3/4 Takt „Polonaise".

305 Hier muß ich hinzufügen, daß die von Verdi erwähnten Tanzrhythmen gewiß genausowenig typisch für Schweden waren, wo die Oper ja ursprünglich spielen sollte.

306 Diese Szene, die in der Somma-Version mit einem Chor ausgestattet war, ist in der „amerikanischen" Version noch einmal verändert.

307 Die Ghibellinen beschwören natürlich nicht Gott, sondern allgemeiner den Himmel.

308 In der „amerikanischen" Fassung heißt diese Stelle: „Ein schändlicher Plan reift im verborgenen und bedroht dein Leben."

Armando dazu auf, mit allen Versammelten verkleidet in den Wald zu Ulrica zu gehen. Doch anstatt im Kostüm eines Fischers wie Gustavo, geht Armando als Jäger verkleidet.[309]

Verdi moniert hier, daß es sich nicht schicke, daß ein Parteiführer einem Ebenbürtigen ein solches – juristisches – Dokument übergebe.[310] Das Verteidigungslied für Ulrica klinge im Mund eines Pagen graziös, werde jedoch hingegen lächerlich im Munde eines Kriegers. Die ganze Fröhlichkeit der Szene werde mit einem Parteiführer der Guelfen und in einer Epoche von Eisen und Blut düster, schwarz, schwer und langweilig.[311]

Amelia/Adelia, die bei Ulrica Hilfe und Rat sucht, spricht im Neapel-Libretto explizit vom Führer und Held der Guelfen, den sie vergessen möchte.[312] Verdi bemerkt zu dieser Arie, die Impresa habe einfach Verse hinzugefügt. Und er fährt fort, indem er die Stimme der Theaterleitung simuliert: „Signor Maestro, flickt hier oben ein paar eurer Noten ein (...) Ihr habt das Stück (doch) gemacht (...) was soll's! Verlängert, dehnt aus, verstümmelt, alles wird gut gehen (...) Wir wollen eine Musik, euren Namen, euch als unseren Komplizen, um dieses Publikum zu verschaukeln, das uns bezahlt!"[313]

Die Szene bei Ulrica bleibt sinngemäß und fast wörtlich in beiden Texten gleich. Ulrica sagt Gustavo/Armando den baldigen Tod voraus. Doch während Ulrica ihn in der Somma-Version vor dem Verräter in den eigenen Reihen warnt, läßt sie das Neapel-Libretto vor einem oder mehreren mit Namen genannten Ghibellinen unter Armandos Leuten warnen.

In der ersten Szene des zweiten Aktes befindet sich Amelia/Adelia auf jenem geheimnisvollen einsamen Feld, wo sie die Kräuter gegen ihre Gefühle pflücken soll. Als Gustavo/Armando sie dort überrascht, spricht sie ihm in der Somma-Version von ihrer Liebe, im Neapel-Libretto deutet sie diese Gefühle nur zart an. Renato/Roberto kommt dazu, um vor den Verschwörern/Ghibellinen zu warnen. Wie in der heutigen Version übergibt Gustavo/Armando die verschleierte Amelia/Adelia in die Obhut ihres Mannes. Im Somma-Libretto rufen die ankommenden Verschwörer – jetzt „Partigiani" genannt – „Stürzen wir uns auf ihn!". Im Neapel-Libretto: „Stürzen wir uns auf den Guelfen!" Die folgenden Szenen sind nun wieder dieselben, Renato/Roberto verschwört sich mit den adligen Feinden beziehungsweise den Ghibellinen gegen Gustavo/Armando, den Guelfen. Während für die Ghibellinen der Mordplan aus politischen Gründen der Parteiung entsteht, haben in der Somma-Version Ermanno und Manuel individuelle Gründe für ihre Rachsucht: Dem einen hat Gustavo das Schloß geraubt, dem anderen den Bruder erschlagen. Der Mörder wird von Amelia/Adelia ausgelost: es ist Renato/Roberto. Der Page/Orsini kommt hinzu und spricht die Einladung zum Ball/Bankett aus. Die Verschwörer sehen eine Möglichkeit, ihren Mordplan umzusetzen.

---

309 Daß die Umwandlung des Fischers in einen Jäger den politischen Gehalt der Oper, den die Rezeptionsgeschichte in ihr sieht, ungemein entstellt, will nicht so ganz einleuchten.

310 „Un capo di parte non può con decenza offrire quella carta egli stesso ad un suo eguale."

311 Verdi wörtlich: „(...) quella cert'aura di gajezza che correva per tutta l'azione (...) con un capo di parte e di parte Guelfa, ed in epoca di ferro, e di sangue tutto diviene fosco, nero, pesante, nojoso."

312 In der „amerikanischen" Version ist die Reihenfolge im Szenario bei Ulrica verändert.

313 „Signor Maestro, cucite qui sopra le vostre note (...) Avete fatto il pezzo' (...) che importa! Allungate, attorciate, storpiate, tutto andrà bene (...) Vogliamo una musica, il vostro nome, voi complice nostro per gabbare questo pubblico, che paga!"

Bis zur dritten Szene des letzten Aktes – soviel kann verkürzend gesagt werden – ist der Handlungsverlauf in den Libretti quasi identisch: Amelia/Adelia versucht Gustavo/Armando noch vor dem drohenden Mord zu warnen. Doch zu spät: Ihr Mann Renato/Roberto sticht zu: der neuzeitliche Renato in Stettin mit dem Dolch und der mittelalterliche Roberto in Florenz mit dem Schwert. Gustavo/Armando stirbt – sowohl in Stettin als auch in Florenz – mit großem „Addio".

Alles in allem: Die Korrekturen oder Ergänzungen sind derart belanglos, daß es schwerfällt, das Original von der zensierten Fassung zu scheiden. Sind diese Modifikationen tatsächlich hinreichend, um die Bourbonische Herrschaft in Neapel als repressives anti- „italienisches" Gewaltsystem zu charakterisieren? Weshalb konnte Verdi diese Änderungen nicht hinnehmen, wo er doch später für die römische Fassung noch viel weitreichendere Entstellungen akzeptierte?

Es ist notwendig, das neapolitanische Libretto ausführlich und in der direkten Gegenüberstellung zu studieren, um festzustellen, daß recht eigentlich der Stoff, den der neapolitanische Librettist verändert hatte und der von der Zensur bewilligt war, politisch brisanter war als die ursprüngliche Version von Verdi und Somma.[314] Zumal auch wenn man bedenkt, was im Mythos naturgemäß unter den Tisch fällt: daß ausgerechnet der mutmaßliche neapolitanische Librettist und Bourbonenfreund, Domenico Bolognese, derjenige war, der 1860 den Text zu Errico Petrellas Hymne auf den neuen König Italiens, Vittorio Emanuele II., und damit auf den Widersacher des letzten Bourbonenherrschers, Francesco II., verfaßte.[315]

Politisch harmloser war die neapolitanische Version des „Gustavo III." jedenfalls nicht. Denn auch im Neapel-Libretto gab es den Mord am Machthaber, den das Publikum mit dem Attentatsversuch von Orsini auf Kaiser Napoleon im Januar 1858 hätte assoziieren können, wie das in der Rezeptionsgeschichte als plausibler Grund für das Veto der Zensur nahegelegt wird.[316]

Wenn man denn davon ausgeht, daß ein Opernlibretto die politische Realität eines Landes – auch metaphorisch – spiegeln kann, dann entsprach der Inhalt des neapolitanischen Librettos mit Guelfen und Ghibellinen in Florenz jedenfalls weit mehr der historischen Wirklichkeit als das Libretto von Somma, in dem es um einen von seinem Volk geliebten liberalen Herrscher ging, der von den adligen Verschwörern aus privaten Gründen gehaßt wird.

Der ständige Streit um die Macht zwischen den Guelfen und den Ghibellinen in Florenz zwischen dem 12. und 14. Jahrhundert hatte mehr mit dem Italien des 19. Jahrhunderts zu tun als ein König in Stockholm, ein Graf in Stettin oder schließlich ein Gouverneur in Boston im 17. oder 18. Jahrhundert. Wobei zur historischen Handlungszeit des Neapel-Librettos, im Jahr

314 Markus Engelhardt weist zwar darauf hin, daß die neapolitanische Variante aus dem Stoff einen Streit zwischen Ghibellinen und Guelfen gemacht habe. Doch er betont, daß die Veränderung des Librettos die Oper ihrer charakteristischen Kontraste zwischen höfischer Festlichkeit und düsterem Mordgeschehen berauben wollte. Der grundlegende Konflikt zwischen Liebe und Pflicht, der sich an Amelias Person verdeutlicht, falle weg. Engelhardt, Markus, Abschied von den Galeerenjahren, a.a.O., S. 15.

315 Vgl.: De Filippis, F./ Arnese, R. (Hrsg.), Cronache del Teatro di S. Carlo, Neapel 1961, S. 240.

316 Vgl.: Abbiati, Franco, Verdi, a.a.O., S. 460f. – Engelhardt, Markus, Abschied von den Galeerenjahren, a.a.O., S. 13. – Marggraf, Wolfgang, Giuseppe Verdi, a.a.O., S. 194.

1385, das Ende dieser guelfisch-ghibellinischen Kämpfe eigentlich schon überschritten war und der „Popolo grasso“ über die Herrschaft verfügte.[317]

Doch von dieser historischen Ungenauigkeit der Neapolitaner abgesehen, bleibt der Inhalt des neapolitanischen Librettos ein politischer Kampf zwischen zwei Parteien, dessen gewaltsames Ende im Florenz des 14. Jahrhunderts durchaus eine Veränderung der politischen Verfaßtheit des Gemeinwesens hätte erzwingen können. Man hätte das mutmaßliche Bolognese-Libretto, genauso wie das für das Sujet der „Battaglia di Legnano“ behauptet wird, bequem auf die Gegenwart übertragen können, und zwar in zweierlei Hinsicht: Zum einen konnte man in der politischen Lage Europas Ende der achtzehnhundertfünfziger Jahre eine widerstrebende Italienpolitik der „Parteien“ der Papsttreuen und Kaisertreuen erkennen: nämlich von Kaiser Napoleon III. und Papst Pius IX.. Und Felice Orsini, der das Attentat auf Napoleon III. 1858 begangen hatte, entstammte einer Familie, die schon im Mittelalter auf der Seite der Guelfen gestanden hatte, und pikanterweise hieß nun auch der direkte Untergebene des Guelfenführers Armando degli Armandi im Libretto „Orsini“.

Welche Möglichkeit für eine Umdeutung in „risorgimentales“ anti-französisches, antipäpstliches Fahrwasser hat der bourbonische Zensor hier eröffnet! Zum anderen konnte man die politische Situation der Zensurfassung auch auf das Königreich beider Sizilien selbst übertragen: Hier herrschte eine dem Papst treue Regierung unter Ferdinand II., und in der Tat gab es an Ferdinands Hof einige, die insgeheim eine liberalere und konstitutionelle Verfassung bevorzugt hätten – auch um den Preis eines Sturzes der bourbonischen Herrschaft, zu der es dann ja auch kam.

Beide Versionen, sowohl Verdis und Sommas als auch das neapolitanische Libretto, haben allerdings, wenn man sie politisch auslegen will – etwas gemeinsam: Sie können beide ebenso als anti-revolutionäres Schaustück verstanden werden, das verdeutlichen sollte, daß die Gefahr zum Umsturz schnell bei der Hand sein konnte, wenn der Machthaber zu volksfreundlich und liberal war und wenn er sich dann noch leichtsinnig entgegen allen Herrschaftsregeln von Aristoteles bis Machiavelli verhielt.

In diesem Fall handelte es sich um den herrschaftsgefährdenden Versuch des Potentaten, die Frau eines Gefolgsmanns zu verführen.[318] Im neapolitanischen Libretto wie in dem von Somma kostet dieses Ansinnen den Machthaber schließlich tatsächlich das Leben.

Das Libretto in eine frühere Zeit zu verlegen, wie es der neapolitanische Librettist intendierte, widersprach jedenfalls gar nicht so sehr den ursprünglichen Vorstellungen des Librettisten Somma, der zu Beginn der Änderungen an Scribes Vorlage meinte, das 12. Jahrhundert eigne sich gut als Handlungszeit, weil die Menschen in dieser Zeit auch wirklich noch an

317 Münkler, Herfried, Machiavelli, a.a.O., S. 181. – Noch 1295 hatte der guelfische Stadtadel an „die politischen Entscheidungszentren der Stadt“ angeknüpft und mehr und mehr die Koalition mit dem „Popolo grasso“ erneuert. Ebenda, S. 161ff.

318 „Denn nichts, so die übereinstimmende Meinung von sonst so unterschiedlichen politischen Theoretikern wie Aristoteles und Machiavelli, gefährdet eine Herrschaft stärker als fortgesetzter sexueller Umgang der Fürsten mit den Frauen der Untertanen.“ So betont Herfried Münkler in seinem Aufsatz: Von der Herrschaftsregel zum Skandal: Der Umgang der Herrschenden mit den Frauen der Untertanen, in: Anatomie des politischen Skandals, hrsg. v. Ebbighausen, Rolf/Neckel, Sighart, Frankfurt/Main 1989, S. 106.

Hexen geglaubt hätten und eine der Kernszenen, bei Ulrica im Wald, damit realistischer würde.[319] Doch Verdi wollte, wie er sich ja auch in seinen Kommentaren ausdrückte, partout die dramaturgischen Elemente eines Maskenballs ausschöpfen. Ein Maskenball auf der Opernbühne des mittleren 19. Jahrhunderts indes war, anders als es die Rezeptionsgeschichte darstellen möchte, nichts Neues und vor allem kein unbedingtes Kriterium für ein Veto der neapolitanischen Zensur: Im Juni und den ganzen Herbst 1857 über hatten das „Teatro San Carlo" und auch das „Regio Teatro Nuovo" in Neapel die italienische Version von Verdis Oper „Les Vêpres Siciliennes" unter dem Namen „Batilde di Turenna" mit gutem Erfolg und problemlos gespielt.[320]

Schon hier gab es eine große Maskenballszene im dritten Akt. Und selbst die Idee eines geplanten Mords während eines solchen Balls konnte den Neapolitanern spätestens aus dieser Oper bereits bekannt sein. Auch die Rolle des „Pagen", die Verdi als Sopranrolle – dem „französischen" Stil seines Vorgängers Auber ähnlich – ausgestaltete, war keine revolutionäre Neuerung, wie Verdi das in seinem Verteidigungspamphlet nahelegte.[321]

Wenn wir uns die kommentierenden Fußnoten Verdis zum neapolitanischen Libretto etwas genauer ansehen, hat Verdi nicht etwa eine Entschärfung, sondern die Politisierung seiner Oper nicht behagt. Es leuchtet ein, daß er kein düsteres Mittelalter mehr auskomponieren wollte wie noch zu Zeiten von „I Lombardi alla prima crociata", kein Sujet, das in dunklen Palazzi spielte und wo die politischen Verschwörer mit schweren Schwertern anstatt mit leichten Dolchen hantierten. Verdi wollte leichte, höfische Tanzmusik aufführen und als Kontrast ein paar dunkle Verschwörungskanzonen montieren. Er wollte Luxus, Glanz und Tand, die unermeßliche Langeweile des Hoflebens spiegeln – eines Alltags, in dem der Fürst schon froh um ein kleines Kostümspiel im Wald war, um ihn fröhlich eine ganze Kanzone auf den Rendevous-Termin anstimmen zu lassen. Insofern ließe es sich tatsächlich vom ästhetisch-künstlerischen Standpunkt, nicht vom politischen, verstehen, daß Verdi das Libretto nicht gefiel.

Die politische Brisanz war es keinesfalls, die im neapolitanischen Libretto fehlte, und eigentlich auch nicht die schon im „Rigoletto" angeklungene Kombination aus Tragödie und Komödie, die „Un Ballo in maschera" ebenso wie „Adelia degli Adimari" charakterisierte.[322] Und schließlich paßt auch die letzte Ortsverlegung nach Boston, die Verdi dann für die römische Aufführung vorzunehmen bereit war, nicht in Verdis in der Verteidigungsschrift „Difesa"

---

319 Brief von Somma zit. bei: Abbiati, Franco, Gli anni del „Ballo in maschera", in: Bolletino dell'Istituto di Studi Verdiani, a.a.O., S. 239.

320 Die ursprünglich französische Oper wurde kurz nach der Uraufführung ins Italienische übersetzt und entweder unter dem oben genannten Titel oder unter „Giovanna di Guzman" aufgeführt – so in Mailand 1856. Vgl.: Tintori, Giampiero, 200 anni di Teatro alla Scala, Rom 1979, S. 38 – Kaufman, Thomas G., Verdi and his Contemporaries, a.a.O., S. 433.

321 Wir finden die Rolle des Nachrichtenüberbringers in Gestalt vieler Rollen durch die Operngeschichte, um zeitlich Abläufe zu verkürzen. Vgl.: Broszka, Matthias, Historisches Bewußtsein und musikalische Zeitgestaltung, in: Archiv für Musikwissenschaft, 1/1988, S. 53ff.

322 Vgl. zu den Aspekten von Emotionalität in dieser Oper : Brow, Mathew/ Parker, Roger, Motivic and tonal interactions in Verdi's ‚Un Ballo in maschera', in: Journal of the American Musicological Society, 1983. – Gerhartz, Leo Karl, Exkurs II: Erst Komödie vor dem Abgrund, dann positive Utopie vor dem Tode, in: ders., Oper, Mainz 1983, S. 52f.

geführte Argumentation, wo dargelegt wurde, daß Verdis Musik für ein höfisches Stück mit Glanz und Dekor komponiert wurde und nicht für das mittelalterliche Florenz.[323]

Paßte denn die von Verdi so verteidigte Tanzmusik à la „Cracovienne" besser in die puritanische Lageratmosphäre nach Boston zwischen ausgewanderte Engländer und urwüchsige Indianer als in das Florenz des 14. Jahrhunderts? Warum machte Verdi für Rom solche Konzessionen? Was hatte es mit der Zensur in Neapel auf sich? Warum konnte es schließlich zu einem Prozeß kommen und als Ergebnis zu einem gerichtlichen Vergleich?

Die Erfindung der Nation oder der Kampf um das Urheberrecht

„Sono in un mare di guai"[324]

Für die Vorlage „Gustave III.", die Eugène Scribe in den dreißiger Jahren schrieb, interessierten sich gleichzeitig einige Komponisten. Zunächst wollten sowohl Rossini als auch Bellini dazu eine Oper komponieren, dann aber verkaufte Scribe das Libretto an den Belgier François Esprit Auber. Die Uraufführung fand 1833 in der Pariser „Grande Opéra" mit dem Titel „Gustave III. ou le bal masqué" statt und wurde ohne politische Verwicklungen vom Publikum gefeiert.[325] Dafür sorgte der ehemalige Arzt Louis Véron, der zu der Zeit Direktor des Opernhauses war. Er hatte sich als ehemaliger Royalist seit der Julimonarchie zum treuen Anhänger Louis Philippes und des Juste-Milieu verwandelt und brachte ausschließlich Themen auf die Bühne, die dem Regime behagten. Und das änderte sich auch nicht, als die Macht von Louis Philippe zu Louis Napoléon wechselte.[326]

Nach Auber war es der Neapolitaner Saverio Mercadante, der das Sujet des schwedischen Königs wählte und sich von Cammarano das Buch umschreiben ließ: „Il Reggente" kam 1843 im savoyischen Turin zur Uraufführung und hat anscheinend Verdis Komposition zum selben Thema beeinflußt.[327] Hier spielte das schmiegsame Drama in Schottland im 16. Jahrhundert

---

323 Verdis Rechtsanwalt, Arpino, betonte in der „Difesa" noch einmal die Unveränderbarkeit der „tinta locale" von Verdis Tanzmusik in der Oper. Da diese ganz typisch nördlich sei, könne sie nur im Norden ihren Platz haben. Am Handlungsort Florenz könne sie nicht authentisch wirken. Arpino, Ferdinando/ Verdi, Giuseppe, Difesa del Maestro Cavaliere Verdi – Nel tribunale di Commercio di Napoli, Neapel 1858, S. 20ff. – Daß der römische Kritiker Nicola Cecchi nach der Aufführung des „Ballo in maschera" 1859 in Rom in seiner Rezension in „Il Filodrammatico" meinte, er habe in der Ballade des Gouverneurs, also Riccardos, Ähnlichkeiten mit den volkstümlichen Fischergesängen von Bari entdeckt, mutet uns nach alledem fast ironisch an. Zit. bei: Conati, Marcello, Ballibili nei „Vespri", a.a.O., S. 45.

324 Dt.: Ich befinde mich in einem Meer von Unannehmlichkeiten". Giuseppe Verdi: Autobiografia dalle lettere, hrsg. v. Oberdorfer, Aldo, a.a.O., S. 300.

325 Fulcher, Jane, The Nation's Image, French Grand Opera as Politics an Politicized Art, a.a.O., S. 80.

326 Kracauer, Siegfried, Jacques Offenbach, a.a.O., S. 28f./125f.

327 Abbiati, Franco, Verdi, a.a.O., Bd. 2, S. 451.

und König Gustavo hieß „Conte Murray“.[328] Sowohl Auber als auch Mercadante mußten mit ihrer Oper die Pariser – beziehungsweise Turiner – Zensur passieren. Bei beiden sind keine Probleme mit den Zensoren bekannt.[329]

Betrachten wir darum die Episode des politischen Mythos noch einmal genauer, denn die oben geschilderte Version der Rezeptionsgeschichte ist sehr verkürzt und läßt einige Entwicklungsschritte[330] bis zum Höhepunkt, dem Prozeß, aus: Nachdem Verdi – nach seinem Engagement in Paris – mit Somma verabredet hatte, eine neue Oper zu schreiben, äußerte er Somma gegenüber, er stelle sich ein Sujet voller Gefühle und Leidenschaft vor – eine Art „Somnambula“, ohne Bellini zu imitieren.[331] Von einer dezidierten Vorstellung war noch nicht die Rede. Verdi dachte aber in derselben Zeit bereits auch darüber nach, ob es möglich wäre, Shakespeares „King Lear“ für die Oper einzurichten. Im Mai 1856 unterzeichnete er endgültig den Vertrag mit dem Impresario des „Teatro San Carlo“ Alberti und verpflichtete sich, für die Wintersaison 57/58 ein Auftragswerk für Neapel zu komponieren und rechtzeitig das Thema mitzuteilen, damit die Behörden den Text auf seinen Inhalt prüfen könnten. Ursprünglich war dafür im Vertrag Januar 1857 ausgemacht, aber der Vertragsartikel wurde auf Juni 1857 geändert.[332] Noch im September 1857 indes war Verdi unentschieden, welches Sujet er wählen sollte, obwohl er schon Anfang Januar mit der Partitur anreisen sollte. Verdi schrieb an den Sekretär der Theaterleitung, Torelli, er studiere gerade das Drama „Gustave III.“ von Eugène Scribe, doch er könne sich nicht recht damit anfreunden, weil ihm der Text eigentlich zu konventionell sei.[333] Er schickte ihm zwar die Vorlage von Scribe, bot Torelli aber wegen der Kürze der Zeit gleichzeitig an, statt der vertraglich versprochenen neuen Oper drei alte Opern zum selben Preis in Neapel aufzuführen: die „Battaglia di Legnano“ von 1849, an der er Än-

---

328 Pascolato, Alessandro (Hrsg.), Re Lear e Ballo in maschera – Lettere di Giuseppe Verdi ad Antonio Somma, Città di Castello 1913, S. 25.

329 Gara, Eugenio, Die Entwicklung der Oper in einem Jahrhundert der Interpretation, in: Bolletino dell'Istituto di studi Verdiani, 1/1960, S. 420. – „Il Reggente“ mußte sogar die bourbonische Zensur passieren, denn die Oper wurde 1847 in Trapani auf Sizilien aufgeführt. Vgl.: Kaufman, Thoams G., a.a.O., S. 96

330 Zum Beispiel wird meistens behauptet, Verdi sei über die Kommentare der Zensur überhaupt nicht von der Theaterleitung informiert worden, sondern sei erst im Januar, gerade in Neapel angekommen, mit dem Veto konfrontiert worden, als er gar nichts mehr ändern konnte. Vgl.: Casini, Claudio, Verdi, a.a.O., S. 196. – Marggraf, Wolfgang, Verdi, a.a.O., S. 194

331 Brief von Verdi an Somma, 7. April 1856, in: Oberdorfer, Aldo, Autobiografia dalle lettere, a.a.O., S. 330.

332 Der Vertrag, wie er auch heute noch im Original in Neapel im „Archivio di Stato“ im Fond „teatri“ einzusehen ist, wurde vollständig publiziert: Vgl.: Walker, Frank, Lettere inedite, in: Bolletino dell'Istituto di Studi Verdiani, Bd. 1, 1960, S. 297ff.

333 Im März 1854 wurde der Herzog von Parma, Carlo III di Borbone-Parma, bei einem Spaziergang mit einem Dolch erstochen. Die Umstände des Attentats wurden nicht geklärt. Man vermutete entweder private Rache, einen Komplott am Hofe oder eine politische Verschwörung als Hintergrund. Es ist durchaus denkbar, daß Verdi durch den Mord an seinem Landesvater, der für soziale Sensibilität und Aufmerksamkeit gegenüber agronomischen Notwendigkeiten bekannt war, auf das ihm bereits durch Mercadante und Auber vertraute Thema kam. Vgl.: Montale, Bianca, Parma nel Risorgimento, a.a.O., S. 23, 74. – Trebiliani, Maria Luisa, Carlo III di Borbone, in: Dizionario biografico degli Italiani, a.a.O., S. 258–260.

derungen vorzunehmen bereit sei, den „Simone Boccanegra“ von 1857 und den umgearbeiteten „Aroldo“ vom selben Jahr. Daß er sie selbst in der Premiere dirigieren wollte, sei im Preis inbegriffen. Alle drei Opern, so fügte Verdi hinzu, seien allerdings Verlagseigentum seines Mailänder Verlegers Tito Ricordi, bei dem das „San Carlo“ also die Rechte hätte erwerben müssen. Eine neue Oper, so Verdi weiter, vielleicht nach Shakespeares „King Lear“, würde er dann ein Jahr später in Neapel präsentieren können.[334] Doch der Impresario Luigi Alberti lehnte diesen Handel ab, konnte er doch bei einer Uraufführung auf einen glanzvollen Abend hoffen, dem durch seine Exklusivität für das neapolitanische Publikum großer Erfolg beschieden wäre und der die gesamte „stagione“ aufwerten und damit auch hohe Einnahmen für das Theater bedeuten könnte. Die ökonomische Situation des „San Carlo“ war zu dem Zeitpunkt mehr als desolat. Die Abonnenten verlangten nach Aufführungen mit bekannten Komponisten und Sängern mit hohem Prestige. Vom Glanz der vierziger Jahre, in denen der Impresario noch das Monopol auf „Roulette“ besaß und die berühmtesten Sänger und Komponisten verpflichtete, konnte das Opernhaus nicht mehr zehren.[335] Damals war das „San Carlo“ reich und unabhängig von staatlichen Subventionen und damit auch nahezu frei von politischer Einflußnahme gewesen. Nun aber unterstand das „Teatro San Carlo“ – wie alle Opernhäuser eines monarchisch regierten Landes auf der italienischen Halbinsel –, dem König. Die Logenbesitzer finanzierten mit ihrer jährlichen Miete einen Teil des Opernetats. Dadurch gehörten die sogenannten „palchisti“ mit der Regierung und einer teils vom König, teils von der Theaterleitung bestimmten Kommission aus Honoratioren zu den Entscheidungsträgern des Opernhauses.[336] Ein für Theaterangelegenheiten zuständiger Minister der bourbonischen Regierung kontrollierte, ob die vertraglich festgelegte Anzahl an Uraufführungen vom Theater auch eingehalten wurde.

Verdi indessen mußte wissen, worauf er sich einließ, wenn er für Neapel schrieb, denn er hatte in der Vergangenheit schon einige Unbill mit dem „San Carlo“ erlebt. Mit der „Battaglia di Legnano“ gab es Ärger und unnötige Verzögerungen, die schließlich zur Folge hatten, daß Verdi diese Oper in Rom aufführte.[337] Und für „Luisa Miller“ wollte der Impresario nicht das ausgehandelte Honorar bezahlen. Bei „Les Vêpres Siciliennes“ schließlich gab es unangenehme Auseinandersetzungen um die Aufführungsrechte, die die geschäftstüchtigen Neapolitaner Verdi streitig machen wollten.[338] Probleme mit den Urheberrechten waren zwar auf der

334 Brief vom 19. September 1858, zit. bei: Abbiati, Franco, Die Jahre des Maskenball, in: Bollettino dell'Istituto di Studi Verdiani, Bd. 1, 1960, S. 231f.

335 Vgl.: Rosselli, John, Materiali per la storia socio-economico del San Carlo nell'Ottocento, in: Musica e cultura a Napoli del XV al XIX secolo, Florenz 1983, S. 377.

336 Rosselli, John, Das Produktivsystem, a.a.O., S. 109.

337 Verdi hatte sich in Neapel 1848 für eine neue Oper verpflichtet. Doch wegen der Revolutionsunruhen erhielt er lange keine genaue Nachricht von der Theaterdirektion, ob das Thema der „La Battaglia di Legnano“ angenommen wurde und vermutete, es gebe in Neapel politische Verwicklungen, die eine Aufführung ganz unmöglich machten. So wandte er sich kurzerhand selbst an Cammarano, mit dem er nun die Oper für ein anderes Haus zu schreiben gedachte. Als der neapolitanische Impresario das mitbekam, versuchte er Cammarano auf Schadensersatz zu verklagen. Conati, Marcello, Verdi per Napoli, in: Il Teatro di San Carlo, 1737–1987, hrsg. Cagli, Bruno/ Ziimo, Agostino, Neapel 1987, S. 232. – Gatti, Carlo, Verdi, a.a.O., S. 248.

338 Brief von Verdi an Cesare De Sanctis, in: Luzio, Alessandro (Hrsg.), Carteggi Verdiani, a.a.O., S. 36. – Conati, Marcello, Verdi an Napoli, a.a.O., S. 235

italienischen Halbinsel gang und gäbe, weil es keine einheitlichen Gesetze gab, doch warum Verdi ausgerechnet für Neapel schreiben wollte, wissen wir nicht. Von seinen Auslandserfahrungen, Paris und London, scheint er jedenfalls erst einmal ernüchtert gewesen zu sein. Vielleicht kündigte sich schon der von Cavour[339] eingefädelte Krieg gegen Österreich an, und Verdi ahnte aus der Zeit von 1848, was das für die norditalienischen Opernhäuser bedeuten würde. Oder aber es lag daran, daß der Schüler Bellinis und Zingarellis, Errico Petrella - im selben Jahr wie Verdi in Palermo geboren –, gerade an „La Scala" seine großen Erfolge feierte und Verdi darum lieber in einer anderen Stadt uraufführte. Nach Bellini und Verdi war Petrella der erste Komponist, der nach der stürmischen Aufnahme seiner Oper „Elnava o L'Assedio di Leida" von 1856 gleich für weitere zwei Opern an die „Scala" verpflichtet wurde. Er schrieb für Mailand die heute völlig vergessenen Werke „Jone ovvero L'ultimo giorno di Pompei" von 1858 und „Il duca di Scilla" von 1859.[340]

Nachdem Verdi sich mit Torelli jedenfalls bereits auf „Gustavo III." geeinigt hatte und ihm die ersten Entwürfe eines Libretto nach Neapel geschickt hatte, bekam er die Antwort aus Neapel, daß das Thema zwar angenommen sei, doch daß die Zensur in ihrem Memorandum die Verlegung des Schauplatzes, eine andere Epoche und Personen für dieselbe Handlung wünsche, daß aber die Zensoren meinten, daß solche Veränderungen grundsätzlich nicht unmöglich seien.[341] Verdi antwortete Torelli, daß der Verzicht auf den Schauplatz Schweden schade sei, aber daß er sich darauf einließe. Er fügte hinzu, daß weitere Änderungen aber später vorzunehmen seien, weil man jetzt den Librettisten erst einmal arbeiten lassen müßte. Während Somma schon begonnen hatte, die Handlung in Verse zu bringen, teilte Verdi ihm Mitte November mit, daß die Zensur ein erstes Memorandum gegen das Libretto vorgebracht

---

339 Cavour muß im Vorfeld des Krieges von 1859 sehr angestrengt versucht haben, auf diplomatischem Weg unter den europäischen Mächten Unterstützung gegen die Habsburger zu finden. Anhand der Korrespondenzen zwischen den Gesandten und den Königshäusern, also dem preußischen Gesandten in Turin Anton von Brassier de Saint Simon mit dem preußischen König und dem Gesandten Edoardo de Launay des Königreichs Sardinien in Berlin mit Cavour, kann rekonstruiert werden, wie sehr und wie vergeblich Cavour um Preußen als Verbündeten warb und in welchem Maße es in der kommenden militärischen Auseinandersetzung mehr um einen Territorialkrieg als einen Freiheitskrieg ging. Durch De Launay ließ Cavour die preußische Regierung wissen, daß Preußen und Piemont am selben Strang zögen, weil beide sowohl einen progressiven als auch einen konstitutionalistischen Weg eingeschlagen hätten. Valsecchi, Franco, L'Italia del Risorgimento e L'Europa della nazionalità, Mailand 1978, S. 86.

340 Florimo, Francesco, Errico Petrella, in: La scuola musicale di Napoli, Bd. III, Neapel 1881, S. 369–374, hier: S. 371. – Minardi, Gian Paolo, Errico Petrella, in: Dizionario enciclopedico universale della musica e dei musicisti, hrsg.v. Basso, Alberto, Turin 1988, S. 673.

341 Zit. bei: Zazo, Alfredo, Una visita di Giuseppe Verdi al Conservatorio di Musica di Napoli e l'epilogo di una tragicommedia, in: Bolletino del Conservatorio S.Pietro a Majella, Juni 1938, S. 6. – Es gab auch Fälle, in denen die Zensur ein Thema ganz zurückwies und keine Änderungen zuließ wie im Fall des „Gustavo III." Als Verdi zum Beispiel 1849 Neapel eine Oper mit dem Sujet von Guerrazzis „L'Assedio di Firenze" unter dem Titel „Maria de' Ricci" anbot, lehnte die Zensurbehörde so kurz nach der Revolution von 1848 das Thema ganz ab. Daraufhin bot Verdi das Schillersche bürgerliche Drama „Kabale und Liebe" an, das unter dem Titel „Luisa Miller" im Dezember 1849 auf die Opernbühne des „San Carlo" kam. Conati, Marcello, Verdi per Napoli, a.a.O., S. 234.

habe. Und Somma antwortete auf die Änderungswünsche mit dem exotischen Vorschlag, man könne die Oper von Schweden nach Pommern im 12. Jahrhundert verlegen und das Melodram dann „Il Duca Ermanno“ nennen.[342] Slawische, tartarische und teutonische Sitten und Gebräuche, so Somma, würden sich auf der Opernbühne sicherlich wirksam gestalten lassen. Doch Verdi betonte den „französischen“ Charakter, den er dem Titelhelden schon gegeben habe, und daß er darum das 17. Jahrhundert bevorzuge.

Somma veränderte die Vorlage von Scribe an verschiedenen Stellen auch aus ästhetischen Gründen, also ohne eine Einflußnahme der Zensur: Gustavo wurde in Sommas Worten und Verdis musikalischer Dramaturgie fast zu einer gütigen, durch die Liebe verwirrten Märchengestalt, ganz anders als bei Auber und Scribe, wo Gustave mehr der historisch-politischen Figur des absolutistischen Herrschers des 18. Jahrhunderts glich. Verschiedene Namen änderte Somma wegen des Klangs: die Hexe Ulrica hieß zum Beispiel in der ursprünglichen Vorlage Sybille.[343] Weil die schwedischen beziehungsweise Stettiner Nachnamen des Fürsten und seines Sekretärs nicht musikalisch klangen, sollten sie beim Vornamen genannt werden. Die meisten Vornamen wurden außerdem durch die Endung auf einen Vokal italianisiert.[344] Eine dramaturgische Vorwegnahme des Finales, die sich Scribe und Auber ausgedacht hatten, eine Szene bei der die Attentäter schon im Wald bei der Hexe Ulrica fast ans Ziel des Mords gelangen, um die Spannung des Attentats zu steigern, übernahmen Verdi und Somma nicht.[345]

Zum Jahreswechsel wurden in Sant'Agata, wo Somma Verdi besuchte, die letzten Verse geschrieben und Noten komponiert, und um den 10. Januar 1858 bestieg Verdi mit seiner Lebensgefährtin Giuseppina Strepponi ein Schiff in Genua, das sie nach Neapel bringen sollte. Bei sich trug er Text und Partitur, die aber in Neapel schon viel eher erwartet worden waren. Aus einem Brief von Francesco Scorza, Minister für Kirchenangelegenheiten und öffentliche Erziehung am bourbonischen Hof, können wir entnehmen, daß man dort eigentlich bereits seit November mit Verdi gerechnet hatte, was die Theaterleitung Verdi auch mitgeteilt haben muß. Weil Verdi aber nicht kam, gingen immer wieder Gerüchte um, er käme vielleicht gar nicht nach Neapel.[346] Die Zeitschrift „Omnibus“ druckte sogar, um die Kolportagen zu zerstreuen, einen Brief Verdis ab, in dem sich der Maestro für seine Verspätung entschuldigte und mit den besten Wünschen für das Neue Jahr seine Ankunft für den 8. Januar ankündigte.[347] Auch in den nächsten beiden Ausgaben des „Omnibus“ wurde das Ausbleiben Verdis erwähnt und der Tag darauf als voraussichtlicher Ankunftstag annonciert. Die Spannung stieg: Anscheinend wartete ganz Neapel ungeduldig auf den „Maestro Verdi“. Aber warum verspätete er sich so?

---

342 Vgl.: Pascolato, Alessandro (Hrsg.), Re Lear e Ballo in maschera – Lettere di Giuseppe Verdi ad Antonio Somma, Città di Castello 1913, S. 42ff. – Carteggi Verdiani, hrsg. v. Luzio, Alessandro, Rom 1935, S. 227.

343 Abbiati, Franco, Die Jahre des Maskenball, a.a.O., S. 237.

344 Die Protagonisten der in Stettin und der in Stockholm spielenden Version heißen bis auf die Verschwörer, Ermanno und Manuel beziehungsweise Horn und Ribbing, alle gleich.

345 Vgl.: D'Amico, Der Maskenball vor Verdi, in: Bolletino del'Istituto di studi Verdiani, 3/1960, S. 1665ff. – An anderen Stellen wiederum wies Verdi Somma immer wieder auf die Dramaturgie der französischen Vorlage hin, die Verdi sehr bühnenwirksam erschien und nach der Somma sich richten sollte. Das geht aus Briefen zwischen Verdi und Somma hervor. Zit. bei: Flora, Francesco, Il libretto, a.a.O., S. 316f.

346 Zazo, Alfredo, Una visita di Giuseppe Verdi, a.a.O., S.7.

347 N.N., Ecco come l'illustre Verdi manca alle sue promesse, in: Omnibus, 2.01.1858.

Gerade er war all die Jahre wegen seiner zuverlässigen Liefergeschwindigkeit bei den Impresari beliebt und bewältigte manches Jahr zwei Opern zugleich. War es tatsächlich der Schneefall, wie Verdi aus Genua an Torelli schrieb, der seine Ankunft aus Genua noch einmal verzögerte?[348]

Leider gibt es aus dieser Zeit keine publizierten oder öffentlich zugänglichen Briefe, die Verdi aus Neapel an seinen Verleger Ricordi in Mailand geschickt hat, sondern nur etwa zehn wenig ergiebige Briefe, die Verdi in Neapel an Torelli schrieb und die auch veröffentlicht sind.[349] Aber es gibt Briefe, die Ricordi Verdi während der Entstehung der Oper und als er sich bereits in Neapel aufhielt von Mailand aus geschrieben hat und die mehr Aufschluß über Verdis Verspätung geben als der in der Rezeptionsgeschichte erwähnte Schneefall in Genua.[350]

In einem dieser Briefe vom 4. September 1857 ermahnte Ricordi Verdi auffällig, folgendes zu bedenken: Wenn er einmal mit seinen Partituren in Neapel angekommen sei, sei das gleichbedeutend, als habe man sie mit beiden Händen bereits auf der ganzen Welt ausgestreut. Es sei also nötig, so warnte Ricordi, daß man die Partituren so spät wie möglich dorthin schicke, damit das Hauptgeschäft mit den ersten Theaterhäusern im Ausland von ihm, Ricordi, schon gemacht sei.[351]

Es kann sich bei den von Ricordi erwähnten Partituren eigentlich nur um die Werke handeln, die Verdi Torelli anstelle einer neuen Oper angeboten hatte, also „Simone Boccanegra", „Battaglia di Legnano" und „Aroldo", denn über „Gustavo III." war das letzte Wort ja noch nicht gesprochen. Aber dennoch spricht aus diesem Brief vor allem die Sorge vor einem finanziellen Verlust durch die bekannten neapolitanischen Methoden, Partituren entgegen den Abmachungen ins Ausland zu verkaufen. Verdi und Ricordi mußten den finanziellen Nachteil der staatlichen Heterogenität auf der italienischen Halbinsel immer wieder am eigenen Leib erfahren, weil Raubdrucke, die teilweise sogar falsch instrumentiert waren, zu niedrigeren Preisen den internationalen Markt überschwemmten, ohne daß der Komponist und sein Verleger dagegen eine rechtliche Handhabe hatten. „Piraterie" nannte man das in den einschlägigen Kreisen. In Frankreich dagegen gab es schon seit 1791 ein Urheberrechtgesetz, das sowohl dem Librettisten wie dem Komponisten außer der ökonomischen Sicherung auch die Unantastbarkeit des künstlerischen Werks zumindest auf dem Papier garantierte.[352] Und seit 1840 regelte für Österreich und das Königreich Piemont-Sardinien ein austro-sardischer Vertrag die Autorenrechte. Das heißt, daß außer im neapolitanisch regierten Süden und im Kirchenstaat in allen anderen Ländern die Bedingungen für einen Komponisten ähnlich gut waren wie in Frankreich oder Österreich.[353] Und so warnte ein weiterer Brief Ricordis vom 6. Januar 1858 Verdi nochmals, daß eine Zusammenarbeit mit Neapel größte Vorsichtsmaßnahmen erforder-

---

348 Zit. bei: Walker, Frank, Unveröffentlichte Briefe, in: Bolletino dell'Istituto di Studi Verdiani, a.a.O., S. 285.

349 Vgl.: Walker, Frank, Unveröffentlichte Briefe, in: Bolletino dell'Istituto di Studi Verdiani, a.a.O., S. 285ff.

350 Fast alle Briefe Verdis aus dem Zeitraum 1858 bis 1861 sind im Besitz eines Mailänder Sammlers, der sie zu Forschungszwecken nicht einsehen läßt. Die unpublizierten Briefe Ricordis befinden sich im Verdi-Archiv/Parma: Fondo: Lettere Ricordi/Verdi, Scatola 120, 1857–1859, Nr. 13ff., (im folgenden mit Fondo R./V. abgekürzt).

351 Fondo R./V., 4.9.1857, Nr. 13.

352 Gerhard, Anselm, Die Verstädterung der Oper, a.a.O., S. 41f.

353 Rosselli, John, Das Produktivsystem, a.a.O., S. 106.

ten, wenn es sich um eine Oper handle, die zum ersten Mal aufgeführt würde. Schon mit der Oper „Saffo“ von Pacini, so Ricordi, hatte er eine schlimme Erfahrung gemacht: Der Prozeß mit Neapel dauerte fünfzehn Jahre und kam Ricordi dementsprechend teuer zu stehen. Die erste Vorkehrung sei also, so der Mailänder Verleger weiter, daß er im Besitz des Vertrags zwischen Verdi und Neapel sei, noch bevor die Oper inszeniert würde. Und des weiteren müsse Verdi, „per carità“[354], darauf achten, daß in Neapel keine Stücke veröffentlicht würden, bevor Ricordi sie in Mailand veröffentlicht hätte, weil das sonst Auseinandersetzungen um den Eigentumsanspruch nach sich ziehen würde. Also, so schloß Ricordi, müsse Verdi das Autograph der Oper zuallererst ihm, Ricordi, schicken, bevor er die Partitur Neapel überlasse.[355]

Verdi nahm die Ratschläge seines Verlegers ernst und fuhr erst nach dem ursprünglich festgelegten Termin in Genua ab. Vorher schrieb er noch einen Brief an seinen neapolitanischen Freund Cesare De Sanctis, er habe schon böse Geschichten von der Theaterleitung in Neapel gehört und er hoffe, daß sich Geschichten wie mit „Luisa Miller“ nicht wiederholten.[356]

Wie wir dem offiziellen Regierungsblatt entnehmen können, kam Verdi am 16. Januar 1858 in Neapel an.[357] Auch der „Omnibus“ berichtete davon und auch vom Schneefall in Genua, der die Ankunft Verdis noch einmal verzögert habe. Der Maestro beginne nun, so hieß es weiter, noch am selben Tag mit den Proben seiner neuen Oper, die den fremdartigen und neuen Titel „Una vendetta in Domino“ trage.[358]

Ein vom Anreisetag datierter Brief Ricordis an den in Neapel im Hotel untergebrachten Verdi bittet den Maestro, er müsse Ricordi nun so schnell als möglich den endgültigen – also von der Zensur und Theaterleitung – festgelegten Titel der Oper mitteilen, denn verschiedene Zeitschriften berichteten schon von „Gustavo III.“ Es sei, wie er sich ja vorstellen könnte, von der höchsten Wichtigkeit, daß er den Titel präzise wisse.[359] Im nächsten Brief wurde Ricordis Bitte nach dem genauen Titel schon eindringlicher. Und es folgten zwei weitere flehentliche Briefe, einen an Verdi selbst und einen an Giuseppina Strepponi. Denn Ricordi hatte bis zum 4. Februar immer noch nichts von Verdi und einem Titel gehört und auch nichts, wie er mit dem Druck der Opernauszüge und anderem – zum Beispiel den Libretti – verfahren könne.[360]

Doch Verdi war in diesen Tagen genugsam mit der Theaterleitung und der Zensur beschäftigt, die nun ihrerseits das Procedere um die Erlaubnis des von Verdi abgelieferten Libretto

354 Dt.: um Himmels Willen.

355 Fondo R./V., 6.01.1858, Nr. 14.

356 Zit. bei: Abbiati, Franco, Verdi, a.a.O., Bd. 2, S. 465. – Als Verdi sich im Oktober 1849 schon auf dem Weg nach Neapel befand, um dort „Luisa Miller“ aufzuführen, benachrichtigte Cammarano ihn, daß die Geschäfte der Theaterleitung schlecht liefen. Und tatsächlich wollte der Impresario, nachdem Verdi angekommen war, ihm sein Honorar nicht bezahlen. Darum zog Verdi seine Oper zurück. Daraufhin drohte ihm das Intendanzmitglied Duca di Ventignano, ihn nicht aus der Stadt abreisen zu lassen. Verdi drohte nun seinerseits, sich auf ein französisches Kriegsschiff, das im neapolitanischen Hafen lag, zu begeben, um dort den Schutz der französischen Regierung zu erbitten. Daraufhin wurde das Geld bezahlt und die Oper aufgeführt. Conati, Marcello, Verdi per Napoli, a.a.O., S. 235.

357 Giornale del Regno delle due Sicilie, 19.01.1858.

358 N.N., Verdi a Napoli, in: Omnibus, 16.01.1858.

359 Fondo R./V., 16.01.1858, Nr. 30.

360 Fondo R./V., 4.02.1858, Nr. 34 u. 35.

unter dem neuen Namen „Una vendetta in Domino" hinauszögerten.[361] Ein Nervenkrieg hatte begonnen. Zunächst wünschten die Behörden noch verschiedene Änderungen, um schließlich am 17. Februar endgültig mitzuteilen, daß man Verdi anbieten könne – auch in Anbetracht der vorangeschrittenen Zeit –, eine bereits veränderte und approbierte, auf der Grundlage des Somma-Librettos beruhende Version mit dem Titel „Amelia degli Adimari" aufzuführen. Das war einer der Gründe für Verdis Schweigen Ricordi gegenüber, denn nun war der weitere Verlauf erst einmal ungewiß. Orts- und Titelveränderungen waren zu dieser Zeit im Operngeschäft nichts Ungewöhnliches. In Florenz führte man die viel umgestaltete Oper „Les Vêpres Siciliennes" 1856 unter dem Namen „Giovanna di Guzman" auf, verlegte die Handlung nach Lissabon, verwandelte die Sizilianer in Portugiesen und die Soldaten des Königs der Anjou in Spanier.[362] So war also die – auch Verdi geläufige und von ihm ansonsten tolerierte – Praxis.

Verdi hatte schon vor dem 17. Februar die neuesten Entwicklungen seinem in Venedig weilenden Librettisten Somma mitgeteilt. Der Komponist klagte, er befinde sich in einem Meer von Unannehmlichkeiten: Es sei nun fast sicher, daß die Zensur das Libretto verbiete. Er habe wohl doch recht gehabt, als er Somma bei der Vorarbeit gebeten habe, jede Zweideutigkeit aus dem Text wegzulassen. Verdi listete nun die Veränderungen der Zensur auf: Man habe verlangt, den König in einen Herrn zu verwandeln, die Ehefrau in die Schwester; wegen der Hexenszene die Oper in eine andere Zeit zu verlegen, in der man noch an Hexen glaubte; keinen Ball; kein Mord innerhalb der Szene und das Weglassen der Szene mit der Losziehung des Mörders. Wenn er aber nun seine Oper zurückziehe, verlange die Theaterleitung 50.000 Dukaten Schadensersatz.[363] Wie wir nach dem Textvergleich wissen, hatte Verdi Somma gegenüber die Veränderungen der Zensur stark übertrieben. Somma antwortete Verdi in einem recht eindeutigen Brief. Verdi habe ihn zwar in seinem Brief nach seiner Meinung zu alldem gefragt. Doch er, Somma, fühle sich gezwungen, zu glauben, daß Verdi etwas anderes hören wolle als nur seine Meinung zu den neuesten Änderungen der neapolitanischen Zensurbehörde. Doch er bringe das Opfer seiner ganzen Eitelkeit als Autor und des Ruhms, das Libretto für Verdi geschrieben zu haben, wenn das genüge, um Verdi mit dem „San Carlo" und der Zensur wieder in Einklang zu bringen. Er erlaubte Verdi somit, und danach hatte Verdi zwischen den Zeilen wohl auch gefragt, das Libretto nach dem Gutdünken der Neapolitaner zu verändern, wollte aber mit seinem Namen für das Buch nicht mehr zeichnen, sondern lieber anonym bleiben. Außerdem wünschte er eine Veränderung des verabredeten Titels. Die Öffentlichkeit glaube – so Somma – dann eben, daß Verdi gleichzeitig schon ein anderes Libretto

---

361 Zazo, Alfredo, Una visita di Giuseppe Verdi, a.a.O., S. 8f.

362 Rota, Giuseppe, Firenze, 17. Aprile: 1. Rappresentazione di „Giovanna di Guzman". in: Omnibus, 26.04.1856. Die Oper „Ernani" von Verdi wurde in Neapel zum Beispiel ein Jahr nach der Uraufführung unter dem Titel „Elvira d'Aragona", also dem Namen einer weiblichen Protagonistin aufgeführt. Vgl.: Giuseppe Verdi nelle lettere die Emanuele Muzio ad Antonio Barezzi, a.a.O., S. 195. – Auch Meyerbeer mußte sich solche Titeländerungen gefallen lassen. Seine Oper „Les Huguenots" von 1836 wurde 1839 im Wiener Theater in der Josefsstadt zu „Die Ghibellinen in Pisa" und 1840 im Wiener Kärntnerthor-Theater zu „Die Welfen und Ghibellinen". Zimmermann, Reiner, Giacomo Meyerbeer, a.a.O., S. 276. – Meyerbeer, Giacomo, Briefwechsel und Tagebücher, a.a.O., S. 556.

363 Vgl.: Pascolato, Alessandro (Hrsg.), Re Lear e Ballo in maschera – Lettere di Giuseppe Verdi ad Antonio Somma, a.a.O., S. 90f., Verdi – Briefe, hrsg. v. Busch, Hans, a.a.O., S. 62f.

bereit gehabt habe.[364] Doch diese Antwort kann Verdi nur zum Teil befriedigt haben. In seiner „Difesa" gab er indessen als eine der vielen Zumutungen der Theaterleitung an, daß diese danach getrachtet habe, den Namen seines Librettisten zu unterdrücken.[365] Es muß für Verdi von Bedeutung gewesen sein, den Namen Sommas unter das Textbuch setzen zu können, was aber nun, zu Verdis Leidwesen, jener seinerseits verweigerte.

Denn aus einem weiteren Brief Ricordis an Verdi vom 13. Februar 1858, also noch vor dem Vorschlag der Zensur „Adelia degli Adimari" als Libretto zu nehmen, geht hervor, daß Verdi Ende Januar Ricordi schon verschiedene Änderungswünsche der Zensur mitgeteilt hatte, die dieser in das noch zu druckende Libretto einfügen mußte. Somit war Verdi also sogar dazu bereit, weitere Modifikationen vorzunehmen. Ricordi sorgte sich aber weiterhin vor allem um den Druck der Noten. Er gab Verdi die Adresse eines Geschäftspartners in Genua, der die letzte Version der Oper schnellstmöglich nach Mailand transportieren sollte. Ricordi deutete an, daß man verhindern müsse, daß der neapolitanische Verleger Teodoro Cottrau, der in Neapel für den Druck der Partitur und des Librettos zuständig war, Kopien zu niedrigeren Preisen ins Ausland verkauft. Verdi müsse darum peinlich genau – möglichst mit einer vertraglichen Absicherung – aufpassen, daß Cottrau nicht eher als zwölf – oder besser erst fünfzehn – Tage nach der Uraufführung, die ihm vertraglich genehmigten Partituren für Neapel zu drucken beginne.[366]

Somma hatte sich inzwischen auch Ricordis Überredungskünsten verweigert und wollte partout seinen Namen nicht unter das Libretto setzen.[367] Und so machte Ricordi Verdi den Vorschlag, daß gemäß seinem Vertrag mit Verdi die Oper aus Gründen der Zensur auch in einer anderen Stadt aufführbar sei. Anscheinend hatte Ricordi sich schon mit dem „Teatro alla Scala" in Verbindung gesetzt.[368] Doch bis es zum Prozeß kam, müssen noch andere Dinge vorgefallen sein. Was hatte der sich nun entwickelnde, von der Rezeptionsgeschichte festgehaltene Streitfall mit der Weigerung Sommas, seinen Namen herzugeben, zu tun? Und was hatte das alles mit Ricordis Andeutungen über den Verleger Cottrau oder mit der Zensur gemein?

Man sieht, daß das harte Tagewerk eines Opernkomponisten mehr um Verfahrensfragen von Druck- und Urheberrecht, als um patriotische Hymnen für die zu erkämpfende Nation oder gar Aufwiegelung zum „Tyrannenmord" mit Hilfe von Opernlibretti bestand. An kaum einer Stelle wird die Differenz zwischen Intention und Wirkung einer funktionalisierten Person im Mythos so deutlich wie hier.

Nachdem Ricordi am 1. März Verdi aufgefordert hatte, sich so schnell als möglich aus den Banden in Neapel zu lösen und dieses Land zu meiden, schrieb Verdi Ricordi einen Tag darauf, daß man den Streitfall vielleicht durch das Versprechen einer ganz neuen Oper beilegen könne. Dann aber, so antwortete Ricordi, nur unter der Bedingung, daß Cottrau diesmal nichts

---

364 Vgl.: Abbiati, Franco, Die Jahre des Maskenball. a.a.O., S. 253f.

365 Indem die Theaterleitung ein neues Libretto habe schreiben lassen, so die Argumentation, unterdrücke sie den Namen des Librettisten, was dann den Anschein erwecke, Verdi habe vielleicht gar keinen Librettisten für seine Oper gefunden. Arpino, Ferdinando/ Verdi, Giuseppe, Difesa, a.a.O., S. 18.

366 Fondo R./V., 13.02.1858, Nr. 38.

367 Brief von Antonio Somma an Tito Ricordi, 13.02.1858, Archivio di Studi Verdiani, scatola 147, Nr. 47

368 Fondo R./V., 17.02.1858, Nr. 322.

mehr damit zu tun habe. Ricordi habe Verdi doch bereits einmal erzählt, wie ihm alle Opern Verdis von Cottrau geraubt worden seien, indem jener heimlich seine Spezialisten Verdis Partituren kopieren ließ. Tatsächlich hatte Cottrau, so annoncierte es die „Gazzetta Musicale di Napoli“ am 20. Januar 1858, entgegen den Vereinbarungen schon vor der Uraufführung sämtliche Druck- und Aufführungsrechte für die neue Verdi-Oper „gemäß dem gültigen Recht des Königreichs beider Sizilien“ gekauft.[369] Das Hinauszögern der Zensur und die kleinlichen Änderungswünsche hingen also wahrscheinlich mit den von Ricordi befürchteten Machenschaften zwischen Cottrau, der Theaterleitung und den zuständigen Behörden zusammen und nicht mit politischer Unterdrückung. Während Verdi seit Ende Januar seine Musik probte, konnte Cottrau, mit Hilfe seiner Kopisten, schon einmal mit dem Druck beginnen, ohne daß ihm offiziell die Partitur überlassen worden wäre.

Die Familie von Teodoro Cottrau, dem einflußreichsten Verleger Süditaliens, stammte aus Straßburg.[370] Sein Großvater hatte im vor- und nachrevolutionären Paris offizielle Ämter bekleidet. Der Vater von Teodoro, Guglielmo Cottrau, kam im direkten Gefolge von Joachim Murat um 1800 nach Neapel und wurde Innenminister in Neapel. Als die Franzosen von den Bourbonen vertrieben wurden, assoziierte sich Cottrau mit dem Verlagshaus des ebenfalls französischstämmigen Bernard Girard und besorgte neben dem Druck von Opernauszügen für Gesang und Klavier auch die typischen „Canzoni napoletane“.[371] Daneben war Guglielmo Cottrau Vizepräsident in der Königlichen Kommission für Theater und Schauspiel, die zusammen mit den Abonnenten, den „palchisti“, den Ablauf der „stagione“ bestimmten. Der Sohn, Teodoro Cottrau, war in Jurisprudenz promoviert und schrieb nebenher – wie schon sein Vater – neapolitanische Lieder, wie die heute noch bekannten „Lo Zoccolaro“, „La Sorrentina“ und „Addio, mia bella Napoli“.[372] Seine rechtswissenschaftliche Ausbildung ermöglichte ihm, verschiedene Prozesse um Urheberrechte selbst zu führen. So gewann er auch den Rechts-

---

369 Der Annonce ist nicht zu entnehmen, wem die Rechte abgekauft wurden, doch der weitere Verlauf läßt darauf schließen, daß Cottrau die Rechte zum Druck von der Theaterleitung gekauft hatte. Die „Gazzetta musicale di Napoli“ gehörte dem Verlagshaus Cottrau. Gazzetta musicale di Napoli, 21. Januar 1858.

370 Vgl. im folgenden: Alla memoria di Teodoro Cottrau – Cenni Necrologici estratti da giornali, hrsg. v. Trani, A., Neapel 1879. – Doria, Gino, Breve storia dell'editoria napoletana, in: Mondo vechio e nuovo mondo, hrsg. v. Doria, Gino, Neapel 1966, S. 178 ff. – Florimo, Francesco, La scuola musicale di Napoli e i suoi conservatori, Neapel 1882, Bd. III, S. 394, 400, 459. – Grande, Tiziana, The Gazzetta musicale di Napoli, in: Periodica Musica, V/1987, S. 17ff. – Sartori, Claudio, Dizionario degli editori musicali italiani, Florenz 1959, S. 53. – Polidoro, F., Editori di musica, in: Napoli d'oggi, hrsg. v. Pierro, Luigi, Neapel 1900, S. 422ff.

371 Die typischen „Canzoni napoletane“ entstammten nur selten dem Volksmund, sondern prägten in der ersten Hälfte des 19. Jahrhunderts vor allem den bürgerlichen Musikgeschmack der Zeit. Auch Donizetti schrieb im Auftrag von Guglielmo Cottrau gelegentlich solche Lieder, um Geld zu verdienen. Vgl.: Leydi, Roberto, Verbreitung und Popularisierung, in: Geschichte der italienischen Oper, a.a.O., S. 338.

372 Der Ruhm und die Popularität der neapolitanischen Canzonen verbreitete sich vor allem in unserem Jahrhundert seit der Erfindung des Grammophons durch den neapolitanischen Tenor Enrico Caruso auf der ganzen Welt. Er nahm bis 1920 hauptsächlich in Amerika über zwanzig Lieder auf Schellackplatten auf. Gargano, Pietro/ Cesarini, Gianni, Caruso, Zürich 1991, S. 105.

streit gegen Ricordi im Fall des „Trovatore“. Aus verschiedenen Dokumenten im Staatsarchiv in Neapel geht aber darüber hinaus hervor, daß Cottrau sowohl mit der Theaterleitung als auch mit dem für Theaterangelegenheiten zuständigen königlichen Minister Duca di Satriano eine Abmachung hatte, seine Kopisten in den ersten Vorstellungen einer Opernaufführung die Partitur der betreffenden neuen Oper kopieren zu lassen, um sie dann schon vor der offiziellen Erlaubnis, die in diesem Fall von Ricordi auf zwei Wochen nach der Premiere festgelegt war, zusammen mit Notenauszügen für Klavier, Violine und Gesang verkaufen zu können.[373]

Aus den weiteren Briefen Ricordis[374] werden die Vorgänge um den „Maskenball“ noch klarer: Ricordis Brief vom 6. März spricht mit deutlicher Erleichterung davon, daß Verdi es inzwischen irgendwie gelungen war, Cottrau aus dem Geschäft um die Eigentumsrechte hinauszuwerfen, ja, er wünschte Räuber wie Cottrau zum Teufel. Am 7. März dann beglückwünschte Ricordi Verdi, daß er der Theaterleitung zu guten Preisen „Aroldo“ und „Simone Boccanegra“ angeboten hatte. Was die Oper „Vendetta in Domino“ anbelange, könne er sie Neapel natürlich auch anbieten, aber erst, nachdem man sie in einer anderen Stadt uraufgeführt habe. Verdi solle aber einen guten Preis dafür verlangen. Und, so fügte der Mailänder Verleger schadenfroh hinzu, Cottrau habe sich wohl etwas zu früh über sein schönes Geschäft gefreut, Hunderte von Kopien verkaufen zu können.[375] Verdi habe ihm genau zum rechten Zeitpunkt sein Luftschloß zerplatzen lassen. Fünf Tage vor dem Prozeß, am 15. März 1858, schrieb Ricordi, es sei ja mittlerweile völlig klar, daß es dunkle Geheimverträge zwischen der Theaterleitung und Cottrau gebe, die Verdi und Ricordi, was den Druck der Partituren und der Auszüge anbelangt, benachteiligten. Es sei also genau die richtige Entscheidung Verdis gewesen, zu den bekannten Konditionen die Arbeit zu unterbrechen. Ricordi wolle nun alle seine Beziehungen spielen lassen, um in verschiedenen Zeitschriften die Geschichte um Neapel publik zu machen.[376] Und tatsächlich erschienen in den nächsten Wochen in verschiedenen Zeitschriften Artikel über die Methoden der Zensur in Neapel: Zunächst in der „Gazzetta Musicale“ von Ricordis Verlagshaus in Mailand, dann aber auch in anderen Journalen in Turin, Venedig und Florenz.[377]

---

373 Archivio di Stato/Neapel, Fondo „teatri“, Nr. 50, 1849. – Daß sich an den Methoden Cottraus auch nach der politischen Einheit Italiens nicht viel geändert hat, zeigt ein Dokument, aus dem hervorgeht, daß Cottrau zwischen 1867 und 1877 weitere Streitfälle ausfocht, und zwar um eine Oper von Petrella, „Virgina“ und eine von Battista, „Maria Tudor“. Diesmal war es das Innenministerium, zuerst in Florenz und dann in Rom, das die Rechte an diesen Opern gegen Cottrau verteidigte.

374 Fondo R./V., 6.03.1858, Nr. 327. – 7. März 1858, Nr. 328. – 15. März 1858, Nr. 329.

375 In den Briefen Ricordis taucht auch der Name Clausetti als möglicher Vertragspartner für künftige autorisierte Partiturendrucke auf. Tatsächlich bot die neapolitanische Firma „Pietro e Lorenzo Clausetti“, die später nach der Einheit von Ricordi aufgekauft wurde, in ihrem Katalog für 1860 – also kurz nach der Uraufführung in Rom und vor dem Anschluß des Königreichs beider Sizilien an das Königreich Piemont-Sardinien – 29 Auszüge für Gesang mit Klavierbegleitung zu Szenen von „Un Ballo in maschera“ an. Vgl.: Catalogo delle opere pubblicate dallo stabilimento musicale dei fratelli Pietro e Lorenzo Clausetti in Napoli, Neapel 1860, S. 117.

376 Fondo R./V., 15.03.1858, Nr. 329.

377 Fondo R./V., 21.03.1858, Nr. 331. – 24.03.1858, Nr. 332. – 26.03.1858, Nr. 333.

Am 20. März 1858 fand schließlich vor dem „Tribunale di Commercio", dem Handelsgericht, in Neapel der Prozeß statt.[378] Verdi hatte auf die Klage des Impresario Luigi Alberti gegen ihn Gegenklage erhoben. Beide Parteien forderten, daß der jeweilige Prozeßgegner auf Schadensersatz, zu persönlicher Inhaftierung und zur Übernahme der Gerichtskosten verurteilt würde. Verteidigt wurde Verdi durch den Anwalt Ferdinando Arpino, mit dem er die „Difesa", die Verteidigungsschrift, verfaßte, und Alberti wurde juristisch von Davide d'Aquion vertreten. Alberti berief sich bei seiner Klage hauptsächlich auf den Vertragspunkt, in dem schon der Juni 1857 als Abgabetermin für das Libretto festgelegt worden war. Zum anderen klagte er Verdi an, daß dieser sich weigere, die geänderte Fassung mit dem Titel „Adelia degli Adimari" zu akzeptieren. Verdi rechtfertigte sich, indem er die Theaterleitung beschuldigte, ihm das Veto der Zensur nicht rechtzeitig mitgeteilt zu haben, weil sonst entweder noch Änderungen möglich gewesen wären, oder er ein ganz neues Thema hätte anbieten können. Doch nachdem seine Musik nun schon auf ein von ihm bestelltes Sujet komponiert sei, könne er es nicht mehr für ein anderes Thema umstellen. Mit diesem vorsätzlich schuldhaften und nachlässigen Verhalten habe ihm die Theaterleitung großen Schaden verursacht. Der Vertrag mit Neapel habe auf ein Libretto und Musik gelautet, also könne der Impresario sich nicht plötzlich nur für die Musik entscheiden. Alberti betonte daraufhin noch einmal, daß mit aller Bequemlichkeit Zeit für Modifikationen geblieben wäre, wenn Verdi, die Vertragsbedingungen erfüllend, das Libretto schon im Juni geschickt hätte. So bekam die Theaterleitung das Libretto erst im Oktober. Das Büro der „Sopraintendenza" aber habe das Buch am 2. November 1857 zurückgewiesen, unter anderem weil es noch unvollständig war, wovon Verdi verständigt wurde. Beweis dafür sei, daß Verdi, als er in Neapel im Januar ankam, den Titel von „Gustavo II." in „Una vendetta in Domino" geändert habe. Das danach von der Behörde noch einmal veränderte Buch weise lediglich verschiedene gewohnheitsmäßige Modifikationen auf, so daß der Maestro seine Musik nicht habe verweigern können. Da dem Tribunal beide Libretto-Versionen zum Vergleich vorgelegt worden seien, so Alberti weiter, müsse es nun eigentlich geradezu die Aufführung der Oper anordnen.

Das Handelsgericht gab in seiner Urteilsfindung beiden Parteien recht. Verdi habe tatsächlich den Abgabetermin nicht vertragsgemäß eingehalten und versuche nun, sich mit Hilfe eines Sonderwegs diesem Vertrag zu entziehen. Alberti dagegen müsse, um mit seiner Klage durchzukommen, mit einer Kopie, die in Gerichtsfällen als Beweis genüge, nachweisen können, daß er Verdi rechtzeitig von den Einwänden der Zensur verständigt habe, wie er es behaupte. Da er das anscheinend nicht konnte, entschied sich das Gericht für einen Vergleich. Das bedeutete, daß die beiden Parteien gemeinsam die Kosten für das Verfahren zu zahlen hatten und sich über alles weitere einigen mußten.

Unmittelbar nach dem Prozeß veröffentlichten Verdi und Arpino die „Difesa", die mit Zitaten von Dante, Horaz, Aristoteles, Sophokles und des Evangelisten Johannes Verdis Unschuld beweisen sollte. Ricordi bat Verdi, ihm mehrere Exemplare zu schicken, um sie verteilen zu können. Außerdem gab Ricordi seiner großen Freude darüber Ausdruck, daß die Theaterleitung den Brief, der ihre Argumentation unterstützt hätte, nicht auftreiben konnte.[379]

378 Das Dokument, das den Prozeß vom 20. März 1858 zwischen Verdi und Alberti protokolliert, zählt sieben handschriftlich verfaßte Seiten und liegt in Neapel im Archivio di Stato, Sezione Giustizia, Serie: Tribunale di Commercio, fascicolo 1361, ruolo Nr. 141.

379 Fondo R./V., 26.03.1858, Nr. 333

Wie die Verdi-Forschung seit der ersten Veröffentlichung der Briefe zwischen Somma und Verdi von Alessandro Pascolato, aus dem Jahr 1913, weiß, hatte Verdi den Brief mit dem Memorandum der Zensur vom November 1858 erhalten. Alberti hatte ja auch beim Prozeß richtig bemerkt, daß Verdi ja sonst den Titel seiner Oper nicht mehr hätte ändern können, wie er es tat. Daß es von diesem Brief keine Kopie im Büro der Theaterleitung gab, kann unter Umständen mit dem Sekretär Torelli zu tun haben, der nach dem Prozeß entweder selbst kündigte oder gekündigt wurde: Unmittelbar nach Verdis Abreise jedenfalls stellte Alberti einen neuen Sekretär, Vincenzo Brignole, ein.[380]

Daß die Entstehungsgeschichte um „Un Ballo in maschera“ mit der repressiven Zensur der Fremdherrschaft der Bourbonen verknüpft gewesen sein soll, die keinen „Tyrannenmord“ auf der Bühne wollte, wie das die Rezeptionsgeschichte bis heute darstellt, kann abschließend noch dadurch ad absurdum geführt werden, daß schon im Dezember 1858, also noch vor der Uraufführung in Rom, bei Ricordi durch einen Agenten die Anfrage vorlag, diese Oper bald in Neapel zu inszenieren.[381]

Schon vor dem Prozeßbeginn hatte Verdi mit Jacovacci, dem Impresario des römischen „Teatro Apollo“, einen Vertrag über die Uraufführung des „Gustavo III.“ für die „stagione“ im Frühjahr 1859 abgeschlossen, über den sich auch Ricordi mit Zufriedenheit äußerte.[382] Der Vertrag wurde diesmal unter Mitarbeit des Juristen Vaselli verfaßt, weil Verdi darauf gedrungen hatte, keine weiteren Konzessionen bezüglich des Textes zu machen, und weil er sich vor neuen Imponderabilien schützen wollte. Mit Neapel hatte sich Verdi, als Resultat aus dem Gerichtsurteil, darauf geeinigt, im Herbst desselben Jahres den „Simone Boccanegra“ dort aufzuführen. Im April reiste Verdi erst einmal aus Neapel ab. Er hatte sich zwar glücklich aus den Fängen der Neapolitaner gerettet, doch war seine Oper über Gustav III. damit noch nicht aufgeführt.

Noch am 15. Mai 1858 teilte der Sohn von Tito Ricordi, Giulio[383], Verdi mit, er habe von Vaselli die glückliche Botschaft erhalten, daß in Rom die „Censura Ecclesiastica“ die Oper ohne die geringste Modifikation erlaubt habe. Bereits zehn Tage später mußte Tito diese Nachricht jedoch schon wieder dementieren.[384] Doch Verdi wendete sich trotz seiner früheren Drohungen, die Oper bei etwaigen Forderungen der päpstlichen Zensur zurückzuziehen, abermals an seinen Librettisten Somma, um nun im selben Maß den Römern zu willfahren, wie er sich den Neapolitanern verweigert hatte. Verdi schrieb Somma erst einmal von den vielen Zuge-

---

380 Das wurde kommentarlos in der neapolitanischen Zeitung „Omnibus“ vom 28.04.1858 angezeigt.

381 Fondo R./V., 6.12.1858, Nr. 358. – Nach der Uraufführung im Februar 1859 berichtete Cottraus Hauszeitung „Gazzetta Musicale di Napoli“ detailliert den Inhalt der Oper, wie sie in Rom aufgeführt worden war, also mit dem Spielort Boston. Der Redakteur ließ nichts aus, er schilderte die verbotene Liebe des Gouverneurs zur Frau seines Sekretärs, die Verschwörung, den Maskenball und den Mord. Der Inhalt der Oper war nun – trotz aller vermeintlicher Herrschaftsgefährdung – dem neapolitanischen Opernbublikum bereits bekannt, jetzt mußte nur noch die Aufführung folgen. Gazzetta Musicale di Napoli, 03.03.1859

382 Fondo R./V., 4.03.1858, Nr. 332.

383 Giulio Ricordi (1840–1912) arbeitete im Verlag des Vaters Tito Ricordi mit, der dem Sohn 1859 die Geschäftsführung übertrug. Sartori, Claudio, Dizionario degli editori musicali italiani, a.a.O., S. 130f.

384 Fondo R./V., 15.05.1858, Nr. 341 (A). – 26.05.1858, Nr. 341 (B)

ständnissen, die Rom mache, um dann – nach einem freundlichen „Addio“ – im Postscriptum wie nebenbei zu erwähnen, daß Rom eine Verlegung des Spielorts außerhalb Europas wünsche: „Was würdet Ihr zu Nordamerika zur Zeit der englischen Herrschaft sagen? Wenn nicht Amerika, dann einen anderen Ort. Vielleicht den Kaukasus?“[385] Einen Monat später riet er Somma, sich zunächst mit Mut und Geduld zu wappnen, gut zu essen und zu schlafen, bevor er sich die Liste aller Verse und Ausdrücke durchlese, die die Zensur nicht angenommen habe. Man müsse ja durch die Veränderung eines Königs in einen amerikanischen Gouverneur ohnehin verschiedene Verse umschreiben.[386] Als Verdi schließlich im September das von Rom modifizierte Libretto zurückerhielt, schrieb er an Somma, er sei der Ansicht, das Libretto habe durch die Änderungen wenig verloren, ja, so fuhr er fort, an manchen Stellen habe es sogar gewonnen.[387] Somma hat anschließend endgültig abgelehnt, mit seinem Namen für das Libretto zu zeichnen. Und diesmal tat Verdi dem Librettisten, der nie wieder für Verdi ein Textbuch verfaßte, den Gefallen.[388]

„Un Ballo in maschera“ und König Vittorio Emanuele II.

Bei der mythisierten Nacherzählung der Entstehungsgeschichte von „Un Ballo in maschera“ wird der mühsame Kampf gegen die Zensur in Neapel durch die Fortsetzung der Geschichte in Rom, durch die kuriose und mühselige Spielortverlagerung vom ursprünglichen Schweden über Pommern und Florenz nach Amerika, stets dramaturgisch gesteigert. Anstatt zu hinterfragen, warum sich Verdi in Rom plötzlich all das gefallen ließ, was die Biographen im Falle Neapels als gröbste Verletzung seiner Künstlerwürde bewerten, wird die Verlegung nach Boston plötzlich sogar noch milde als „kein schlechter Kompromiß“ bezeichnet.[389] Die Komplexität aller Vorgänge wird derart reduziert, daß sich die Widersprüchlichkeit von Verdis Verhalten wegkürzt und sich nun das Blickfeld gänzlich auf den Topos des sinnbildlichen italienischen Kampfes gegen die „Fremdherrschaft“ verengen kann, der in der Geburt des Akrostichons „V.E.R.D.I.“ anläßlich der Uraufführung von „Un Ballo in maschera“ in Rom gipfelt.[390]

Das Tauziehen in Neapel wird dem Nationsdiskurs eingegliedert, der sich nicht zuletzt durch Distinktionen, wie solchen zwischen Italienern und „fremden“ Herrschern, Bourbonen und Römern, definiert. Verdi und seine Oper „Un Ballo in maschera“ werden somit zum Sym-

385 Brief von Verdi an Somma vom 8.07., in: Verdi – Briefe, hrsg. v. Busch, Hans, a.a.O., S. 136.

386 Brief von Verdi an Somma vom 6.08.1858, in: ebd., S. 137.

387 Brief von Verdi an Somma vom 11.09.1858, in: Pascolato, Alessandro, Re Lear e Ballo in maschera – Lettere di Giuseppe Verdi ad Antonio Somma, a.a.O., S. 94. – Ricordis Zeitschrift „Gazzetta musicale di Milano“ urteilte in der Aufführungskritik, Boston sei zwar nicht der ideale Spielort, aber er sei immerhin noch besser als die Oper zwischen die „Mandarine Chinas“ oder die „Hottentotten Afrikas“ zu verlegen! Gazzetta Musicale di Milano, 20.03.1859

388 Brief von Verdi an Jacovacci vom 29.12.1858, in: Verdi – Briefe, hrsg. v. Busch, Hans, a.a.O., S. 143.

389 Casini, Claudio, Verdi, a.a.O., S. 189

390 Es ist eine Konstante im Erzählsystem des Mythos, daß widersprüchliche Details in der Mythenkomposition „weggeschminkt“ werden oder ohne sich zu stören, nebeneinander stehen

bol für das Königreich Italien. Neapel und die dortige Zensur hingegen zum Symbol des Feindes der nationalen Einheit, eines Feindes, der das Land in „Zersplitterung" hält. Gesteigert wird diese Formation noch durch teilweise rein erfundene Geschichten der Biographen, die dieses Mythologem in der seriellen Mythenkomposition ergänzen und den Anschein erwecken wollen, authentische Stimmungen des neapolitanischen Volkes um 1858, aufständisches Kolorit gar, zu liefern. So bietet zum Beispiel Carlo Perinello in seiner Darstellung eine detailliertere Version des Fortgangs im Prozeß zwischen Verdi und dem „San Carlo" an. Der „Graf von Syracus", ein Bruder des Bourbonenkönigs Franz II., habe sich, so Perinello, als Verdi-Enthusiast bei der Regierung für den Komponisten eingesetzt und habe all seinen Einfluß darauf verwendet, daß Verdi unbeschadet aus Neapel abreisen könne. Doch „eine Audienz, welche ihm der genannte Graf bei dem Könige verschaffen wollte, lehnte Verdi ebenso freundlich wie entschieden ab, und dieser Umstand, der dem Volke nicht verborgen blieb, erhöhte ihn noch in der Gunst der Menge, welcher die Fremdherrschaft doch so verhaßt war."[391] Verdi steht in dieser Kolportage als einzelner für die fremdbeherrschten Italiener, der als Mann des Volkes viel zu stolz ist, um die Gnade eines „fremden Herrn" anzunehmen. Der Mythos suggeriert, Verdi sei gerade auch mit seiner Musik dieser Mann des Volkes, der aber gleichzeitig wie Garibaldi oder Cavour Großes für die Nation vollbrachte: „Wagner bedurfte eines Königs, um sein Werk zu vollenden. Verdi konnte einem König helfen, das seinige zu verrichten."[392]

Es entstehen vor allem anläßlich des „Ballo in maschera" einige unmittelbare Verbindungen zwischen Verdi und den politischen Akteuren des Mythos „Risorgimento": Dazu zählen die Kontakte, die zwischen Verdi und Mazzini oder Verdi und Cavour konstruiert werden. Mazzini soll bekanntlich Verdi vorausgeahnt haben. Und Cavour wird nachgesagt, er habe, obwohl er der Musik sonst nicht sehr zugetan war, als großer Verehrer von Verdis Musik zu Beginn des Kriegs 1859 gegen Österreich aus Verdis „Il Trovatore" die Arie „Di quella pira..." angestimmt.[393]

---

bleiben können: Es wird zum Beispiel oft vermerkt, daß der „Nizzardo" Garibaldi nach dem Friedensschluß von Villafranca 1859 gegen die Abgabe seiner Heimatstadt an Frankreich aufbegehrte. Doch die gleichzeitige Abgabe von Savoyen, dem Stammgebiet der Dynastie Vittorio Emanueles, wird innerhalb der mythischen Logik damit begründet, daß dieses savoyische Stammland ohnehin schon immer mehr nach Frankreich tendierte. Doch dieser Widerspruch provoziert nicht die naheliegende Frage, warum dann eine solche Dynastie den italienischen König stellen konnte, die eigentlich mehr zu Frankreich als zu Italien gehörte. Vgl. u.a.: Hausmann, Friederike, a.a.O., S. 89. – Talamo, Giuseppe, Cavour, Rom 1992, S. 67.

391 Perinello, Carlo, Giuseppe Verdi, Berlin 1900, S. 54.

392 Gal, Hans, a.a.O., S. 220.

393 Gatti, Carlo, Verdi, a.a.O., S. 364. – Monaldi, Gino, Verdi, a.a.O., S. 120. – Prati, Romolo, Verdi e Cavour, in: Scena illustrata, XXI/1913, S. 40. – Das mythisierte Verhältnis von Machthabern zur Musik war für viele Autoren immer wieder ein Thema: Wir finden von Napoleon I., Kaiser Wilhelm II. über Bismarck bis Hitler oder Mussolini viele Texte, die die genannten Personen und die Verknüpfung deren politischer Tätigkeit mit Musik zum Inhalt haben. Fred K. Prieberg nennt u.a folgende Quellen: Desoff, Albert, Napoleon I. und die Musik, Frankfurter Zeitung, 155/ 1904. – Sternfeld, Richard, Kaiser Wilhelm II. und die Musik, Allgemeine Musikzeitung, 8/ 1913. – Kohut, Adolf, Bismarcks Verhältnis zur Musik, Die Musik, 11, 12/

Das Volk in Italien aber soll vor allem, so die Rezeptionsgeschichte, es als eine gute Vorsehung gedeutet haben, „(...) daß die Buchstaben seines (Verdis, B.P.) Namens mit den Anfangsbuchstaben der Worte, mit welchen man den künftigen König eines großen und einigen Italiens begrüßte, zusammenfielen".[394] In manchen Darstellungen sollen auch schon frühere Opern wie „La Battaglia di Legnano" das Publikum dazu angeregt haben, wechselnd „Viva Italia" und ein doppeldeutiges „Viva Verdi" zu skandieren.[395] In den fünfziger Jahren des 19. Jahrhunderts setzte in italienischen Musikzeitschriften eine breite Diskussion über die Spezifik der Opernkompositionsform einzelner Länder ein. In diesem Zusammenhang lobte zum Beispiel die Mailänder Zeitung „Cosmorama pittorico" die Opern bis zur „Traviata" und gleichzeitig Verdis Ruhm für Italien, so daß man annehmen kann, daß Verdi für eine vom „patria"-Diskurs affizierte Gesellschaftsschicht als bedeutsam für die italienische Kultur erachtet wurde. Doch gleichzeitig wurde Verdi hier – und auch in anderen Journalen – ermahnt, dem „italienischen" Stil treu zu bleiben und sich nicht zu „entitalianisieren". Anführer einer breit angelegten Polemik gegen die Veränderung von Verdis typisch „italienischem" Kompositionsstil war in dieser Phase der Brüsseler Konservatoriumsdirektor und Musikkritiker François-Joseph Fétis. Er schrieb in der Pariser „Revue et Gazette Musicale" eine ganze Serie über die italienische Oper. Die Mailänder Musikzeitschrift „Italia Musicale" des Verlagshauses Lucca übersetzte viele der Artikel Fétis' ins Italienische und druckte sie in laufender Serie für ihre italienische Leserschaft ab. In diesem thematischen Zusammenhang, um dem Wunsch Ausdruck zu verleihen, Verdi möge sich nicht vom deutschen oder französischen Stil beeinflussen lassen, akklamierten dann auch oft italienische Autoren „Viva Italia" – also genau im entgegengesetzten Sinn der mythischen Erzählung.[396]

Die große Mehrheit der Autoren in der Rezeptionsgeschichte jedoch legt den Abend der Uraufführung von „Un Ballo in maschera" in Rom, der künftigen Hauptstadt, als Geburtsstunde des wirkungsvollsten Ikons innerhalb des Mythos „Risorgimento" fest. Ein gewisser Ferdinando Martini ließ sogar 1912 an dem Haus, in dem Verdi 1859 wohnte, eine Inschrift anbringen, um diesen Mythos zu zementieren: „Giuseppe Verdi/ wohnte in diesem Haus/ im Winter 1859/ als man in Rom zum ersten Mal/ die Melodien des 'Maskenball' vernahm./ Schon erschollen/ von den Alpen bis zu den zwei Meeren/ die Stimmen des Volkes/ ihm zu Ehren/ Italiens Hoffnung war ausgedrückt in seinem Namen/ V.E.R.D.I., las man aus ihm."[397]

Wir besitzen keine Quellen vom Abend der Uraufführung von „Un Ballo in maschera", die berichten, daß dort zusammen mit „Viva Verdi" auch „Viva Vittorio Emanuele" gerufen und somit das famose Akrostichon gefunden worden wäre.[398] Gregorovius, der zur fraglichen Zeit

---

1915. – Adolf Hitler und die Musik, Deutsche Musik. Mitteilungsblatt der Heinrich-Schütz-Gesellschaft, 2/1933. – Karstädt, O., Mussolini als Geiger, Hamburger Nachrichten, 19. Dezember 1933. – Vgl.: Prieberg, Fred K., Musik und Macht, a.a.O., S. 287.

394 Perinello, Carlo, a.a.O., S. 55.

395 Bourgeois, Jacques, Giuseppe Verdi, Hamburg 1980, S. 109. – Gatti, Carlo, a.a.O., S. 252. – Perinello, Carlo, a.a.O., S. 39.

396 Vgl.: Cosmorama pittorico, 2.04.1858. – Colombo, Paola, Fétis-Verdi: cronaca di una polemica, in: Nuova Rivista musicale italiana, 3–4/1991, S. 391–425.

397 Verdi e Roma, hrsg. v. Opera di Roma, Rom 1951, S. 20. – Übersetzung der italienischen Inschrift in: Gara, Eugenio, Die Entwicklung der Oper, a.a.O., S. 428.

398 Es ist vielleicht denkbar, daß so kurz nach dem Zusammentreffen in Plombière, in dem Napoleon III. versprochen hatte, zur Errichtung eines italienischen Staatenbundes unter päpst-

in Rom war, notierte in seinem Tagebuch weder etwas von Verdi noch von außergewöhnlichen Geschehnissen im Opernhaus „Apollo". Die verschiedenen Korrespondenten der Musikzeitschriften, die an dem Abend in Rom zugegen waren, berichteten von einem großen Erfolg der Oper und fuhren fort, daß Verdi und einige Sänger viele Male vom Publikum auf die Bühne gerufen wurden. Eine Zeitschrift mokierte nur, daß die Preise für die Vorstellung außergewöhnlich hoch gewesen seien. Für eine Loge habe man 500 Franken gezahlt. Nach dem Presserummel, den Ricordi entfacht hatte, konnte die römische Theaterleitung mit solchen Preisen problemlos ihre Bilanzen verbessern. Der Kritiker erwähnte die Begeisterung des ausverkauften Opernhauses, fügte jedoch selbst hinzu, die neue Oper sei wie schon „Simone Boccanegra" eine Imitation des ausländischen Stils.[399]

Die nach meinen Forschungen wahrscheinlich früheste Quelle indes, die den Ruf „Viva Verdi" mit dem Namen des savoyischen Königs verquickte, stammt nicht von 1848 und auch nicht von 1859, sondern von 1875, als das Königreich Italien unter Vittorio Emanuele II. schon längst vereinigt war: Eduard Hanslick, der wohl berühmteste deutschsprachige Musikkritiker des 19. Jahrhunderts, schrieb in seinem Werk über „Die moderne Oper" aus dem Jahr 1875 auch ein Kapitel über Verdi.[400] Neben dem inflationär verteilten Attribut „roh" oder „trivial"[401] für Opern wie „Nabucco" oder „La Traviata" fügte der Wiener Rezensent am Ende Biographisches über Verdi hinzu, das den Eindruck vermittelt, er wolle seine harsche Kritik an Verdi mit einem harmonisch pittoresken Schluß abmildern. Die Informationen über das Leben des Komponisten bezog Hanslick von Verdis langjährigem Freund und Pariser Verleger Léon Escudier. Dieser große Verehrer von Verdis Kunst, der dessen Opern im für Meyerbeer entflammten Paris in Szene gesetzt hatte, vermittelte Hanslick vor allem Beschauliches über Verdis Leben auf dem Landgut „Sant'Agata". Hanslick bemerkte mit einiger Verwunderung, daß Verdis Name nicht ohne politische Bedeutung geblieben sei, obwohl er „noch nie eine Silbe in der Kammer gesprochen" habe. Und er erzählte, der Ruf „Viva l'Italia" sei zeitweise auf der Halbinsel verpönt gewesen, und so habe man stattdessen „Viva V.E.R.D.I." gerufen und an die Wände geschrieben. Hanslick deutete allerdings noch keinen Zusammenhang zwischen der Oper „Un Ballo in maschera" und dem „mysteriösen Stichwort" an.[402]

Nach Hanslick war es Arthur Pougin, der in der ersten größeren Verdi-Biographie aus den achtziger Jahren auch die Geschichte um die „mysteriöse" Inschrift verbreitete.[403] Er legte die Zeit des Erscheinens im Gegensatz zu Hanslick auf 1859/60 fest – ebenfalls ohne direkten Verweis auf „Un Ballo in maschera". Diesen Verweis liefert nun seit Pougin, aber vor allem seit Verdis Tod im Jahr 1901, eine bis heute unüberschaubare Menge von Verdi-Biographien,

lichem Vorsitz militärische Hilfe gegen Österreich zu stellen, das bürgerliche und adlige Publikum in Rom, wo die gesellschaftlichen Gegensätze noch viel schärfer waren als in Mailand, „Viva"-Rufe auf Italien oder auch auf Napoleon skandierte. Davon ist allerdings nirgends die Rede.

399 Vgl.: Cosmorama pittorico, 21.02.1859. – Italia musicale, 25.02.1859. – Gazzetta Musicale di Milano, 7.03.1859. – Gazzetta Musicale di Napoli, 03.03.1859.

400 Hanslick, Eduard, Verdi, in: ders.: Tagebuch eines Rezensenten, hrsg.v. Wapnewski, Peter, Kassel 1989, S. 245–282.

401 Ein Beispiel für Hanslicks vernichtendes Urteil über Verdi: „Er hält es keine fünfzig Takte aus, ohne einer Trivialität zu verfallen oder sie aufzusuchen." Ebenda, S. 264.

402 Ebenda, S. 282.

403 Pougin, Arthur, Verdi, a.a.O., S. 191.

die das Akrostichon schließlich zu einer unumstößlichen Realität in der „Risorgimento“-Historiographie gemacht hat.[404] Meistens wird zur, Barthes würde sagen, „metasprachlichen“ Unterstützung dieses Mythologems noch ein Bild abgedruckt, auf dem man drei einfach gekleidete Männer sieht, die „Viva Verdi“ auf eine Häuserwand schreiben. Dabei steht ein biedermeierlich gekleidetes Blumenmädchen, das ängstlich um die Ecke späht, ob die Aufrührer nicht gleich von zwei patrouillierenden Soldaten ertappt werden. Wahrscheinlich wurde dieses Bild zum ersten Mal in der Zeitschrift „L'Illustrazione Italiana“ publiziert, die zum Tod Verdis im Jahr 1901 in einem Sonderheft sein ganzes Leben hererzählte und die Schilderung mit vielen Bildern ergänzte.[405] Die Vermischung aus Fotografien und Lithographien – letztere wurden oft mit „disegno del vero“, Zeichnung der Wirklichkeit, untertitelt –, das Nebeneinander vom einfachen Geburtshaus in Roncole und dem Turiner Königspalast, erschien in diesem Heft so raffiniert, daß das ganze wie ein authentisches Fotoalbum einer befreundeten Familie wirkte. Eine Seite nach dem Bild mit dem Graffito wurde eine weitere Lithographie abgedruckt, auf der man Verdi, in einen Frack gekleidet, den glänzenden Marmorboden eines Schloßsaales entlangkommen sieht. Es erwartet ihn, unter einem mächtigen Kristallüster stehend, der chevalereske Vittorio Emanuele in militärischer Kleidung und mit einem Degen am Gurt. Die Unterschrift zum Bild erklärt, es zeige den Moment von 1859, in dem Verdi Vittorio Emanuele das Plebiszit der Region Emilia überbracht habe. Diese Bilder haben sich im Laufe der Rezeptionsgeschichte in Gedächtnisbilder verwandelt, die durch diese Wandlung die historische Realität autopoietisch simulieren. Sie gleichen, wie Siegfried Kracauer über die letzten Bilder, die es von einem Menschen vor seinem Tod gibt, gesagt hat, „einem Monogramm, das den Namen zu einem Linienzug verdichtet, der als Ornament Bedeutung hat.“[406]

Es ist also demnach wahrscheinlich, daß erst seit Mitte der siebziger Jahre Verdis Name zu einem – vorsichtig gesprochen – geläufigeren Ikon für den Gründungsmythos des Königreichs Italien wurde. Hier bekam die „bricolage“ am Mythos Verdi entscheidende Impulse, die ihm

404 Weitere Beispiele sind u.a. eines der letzten Opernprogrammhefte zur Aufführung von „Un Ballo in maschera“ bei den Salzburger Festspielen 1990, S. 10ff. – Außerdem: Abbiati, Franco, a.a.O., Bd. 2, S. 514. – Casini, Claudio, a.a.O., S. 199. – Gatti, Carlo, a.a.O., S. 361. – Marggraf, Wolfgang, a.a.O., S. 132. – Dieckmann, Friedrich, Wagner, Verdi, a.a.O., S. 33. – Hausmann, Friederike, Garibaldi, a.a.O., S. 72. – Mary Jane Phillips Matz, die die neueste Biographie über Verdi geschrieben hat (Oxford 1994), schreibt zwar passim vom Ruf „Viva Verdi“ verbunden mit „Viva Italia“, und daß Verdi nach seiner Wahl als Deputierter 1859 zur „Stimme der jungen italienischen Nation geworden sei“ (S. 395), doch vom Graffito selbst schreibt sie nichts. Das Ikon tritt bei ihr nurmehr in seiner impliziten Variante auf. Die narrative Extension aber hat dafür gesorgt, daß, kaum erscheint die Formulierung „Viva Verdi“, Mythenkundige dies entschlüsseln können.

405 Im Text zum Bild war beschrieben, kurz nachdem Cavours große Politik dem Volk des Lombardo-Veneto Vertrauen gegeben hatte, sei der Name Verdi auf die Wände geschrieben worden. Die Polizisten hätten tausend Mal unter großen Wutausbrüchen immer wieder die Zeile weggewischt, doch tausend Mal sei sie wieder aufgetaucht. Vgl.: L'Illustrazione, 3.02.1901, Abbildg.: S. 87, Text: S. 99. – Exemplarisch sei hier für die zahlreichen deutschprachigen Biographien eine Publikation zitiert, wo sich dieses Bild findet: Kühner, Hans, Verdi, a.a.O., S. 69.

406 Kracauer, Siegfried, Die Photographie, in: Das Ornament der Masse, Frankfurt/Main 1963, S. 26.

jedoch meiner Ansicht nach erst viel später als nationalem Identifikationsstifter populäre Wirkung verliehen. Die mündliche Tradierungsform und die Vergänglichkeit von Graffiti geben dem Akrostichon jedenfalls einen mysteriösen - weil nicht nachprüfbaren - Charakter, denn es gibt auch keine biographischen Spuren einer Bekanntschaft zwischen Verdi und Vittorio Emanuele II. Als das Königreich Piemont-Sardinien mit der Hilfe Frankreichs den Krieg gegen Österreich gewonnen hatte, und die Lombardei durch den Friedensschluß an das Königreich angeschlossen wurde, feierte man im August 1859 in Mailand im „Teatro alla Scala" einen außergewöhnlichen Abend: Vittorio Emanuele II. war nach den Verhandlungen in Villafranca zu Gast im Opernhaus. Doch dem König wurde, was freilich kein Mythograph erwähnt, ausgerechnet an diesem Tag keine Oper von Verdi vorgeführt. Es gab Musik aus Donizettis „Lucia di Lammermoor" und aus dem Ballett „Un aventura di carnevale a Parigi" eines gewissen Pasquale Borri.[407] Und als Vittorio Emanuele schließlich nach 1861 die neuen Provinzen seines Königreichs besuchte, bat der Bürgermeister von Busseto Verdi, zur Begrüßung des Königs eine Hymne zu komponieren. Doch auch dieser Moment in der Geschichte verstrich, ohne daß Verdi und Vittorio Emanuele in politisch-musikalischen Kontakt gekommen wären. Verdi lehnte die Bitte mit dem schlichten Verweis auf seine Abscheu gegen Gelegenheitskompositionen ab.[408]

Wie in anderen Detailstudien über den italienischen König und die Savoyer findet sich auch in einer der allerersten biographischen Würdigungen, die unmittelbar nach dem Tod Vittorio Emanueles II. 1878 von Isaiah Ghiron verfaßt wurde, weder das Akrostichon „V.E.R.D.I." noch ein Hinweis auf den Komponisten selbst.[409] Im Gegenteil: Vittorio Emanuele war, wie uns über seinen Hauslehrer Isnardi überliefert ist, mit Ausnahme martialischer Kriegshymnen kein großer Musikliebhaber. Ghiron erzählt, daß der Monarch, als er das erste Mal das Dröhnen einer Kanone hörte, beglückt ausgerufen haben soll: „Welch schöne Musik ist die des Feldes! Diese Musik verstehe ich, diese Musik gefällt mir!"[410] Und doch gelang es dem Mythos, bei allen Vittorio Emanuele zugeordneten Mythemen, den Namen des Jagdfreunds und Weiberhelden, des Gegenteils eines sensiblen Opernhabitués, in eine unmittelbare Nähe zu Verdi zu bringen. Der Mythos verknüpft hier Widersprüchliches, glättet es zugleich und schafft aus der Differenz eine Einheit. Die populärer werdende Opernmusik, die sich rhetorisch spielend mit „italianità" in Verbindung bringen ließ, wurde dem unmusikalischen Monarchen förmlich

---

407 „La Fama", 9.08.1859. – Auch zwei Monate zuvor, als Napoleon III. zusammen mit Vittorio Emanuele II. einen Festabend in „La Scala" verbrachte, wurde nicht etwa „Un Ballo in maschera" oder „La Battaglia di Legnano" gegeben, sondern man spielte konzertant Auszüge aus Aubers „Muette de Portici", Bellinis „Beatrice e Tenda, Petrellas „L'Assedio di Leida", eine Sinfonie von Hérold namens „Zampa", Arien aus Verdis „Lombardi alla prima crociata", eine Hymne auf die italienische Unabhängigkeit von einem Opernkomponisten namens Paolo Giorza sowie ein Ballett von E. Viotti. Vgl.: Gatti, Carlo, Il Teatro alla Scala, Mailand 1964, S. 313.

408 Manzotti, Michele, L'Attività politica di Giuseppe Verdi, a.a.O., S. 345.

409 Genausowenig wie in: Selmi, Q., Commemorazione di S.M Vittorio Emanuele II., in: Rivista europea, VI/1878, S. 518–28.

410 „Che bella musica è quella del campo! Questa la capisco, questa mi piace!" Zit. bei: Ghiron, Isaiah, Il primo re d'Italia, Mailand 1878, S. 29. – Diese Neigung blieb in der Familie: Weder Vittorio Emanueles Sohn noch sein Enkel soll die Liebe zur Musik oder zur Oper entdeckt haben. Von Vittorio Emanuele III. ist allerdings bekannt, daß er jedes Jahr rituell nach Bayreuth fuhr. Mack Smith, Denis, I Savoia, a.a.O., S. 194.

implantiert, um die Staatsgründung im Nachhinein zu rechtfertigen und zu harmonisieren. Verdis Kunstmythos wurde so der seriellen Mythenkomposition des „Risorgimento" eingegliedert.

Ich habe die Vorgänge um den Maskenball deshalb so ausführlich aufgegriffen, um an diesem Beispiel zu zeigen, wie die Operngeschichte, die nur sehr am Rande nationalen Stimmungen gehorchte, bei entsprechendem Vorverständnis und gutem Willen zum idealen Medium der „Risorgimento"-Erzählung werden konnte. Derart eingebettet in den Diskurs von Gut und Böse, Befreiern und Unterdrückern, Einheimischen und Fremden, Musikfreunden und Banausen wurde Verdis juristisch-ökonomisches Tauziehen um die Uraufführung von „Un Ballo in maschera" zum folkloristischen „Risorgimento"-Mythos. Er wird in seiner Hermetik bis heute begierig in jedem Opern-Programmheft, jeder Musikgeschichte, jedem Schulbuch aufgegriffen, wenn es um die sogenannte „Nationswerdung" Italiens geht. Selbst bei kritischen Historikern erwies sich diese Version der Geschichte als zu verlockend. Der Mythos reiste unter falschem Namen, und sein künstlerisches Pseudonym ist der beste Garant seiner Mission. Hinter vorgehaltener Maske pirschte er sich an die Oper heran und triumphierte. Von der unspektakulären Geschichte des Opernbetriebs blieb nicht einmal mehr ein hingehauchtes „Addio".

Die Bedeutung von „V.E.R.D.I." für den Nationsdiskurs

Das Akrostichon „V.E.R.D.I."[411] soll das Gegenteil der geheimen, ebenfalls doppeldeutigen Losung „I.N.R.I." bedeuten, die – so berichtet eine andere Überlieferung – der Geheimgesellschaft der „Carbonari" als klandestine Botschaft gedient haben soll. Die „Carboneria" entstand 1806 in Süditalien. Ihre Geschichte wird ungeachtet unterschiedlicher politischer Intentionen ebenso wie die Schriften Manzonis und Giobertis oder die Opern Verdis zum gemeinschaftlichen Streben des „Risorgimento" gezählt. Während in „V.E.R.D.I." der Nationalstaat unter dem König von Piemont-Sardinien verherrlicht wird, soll das Erkennungszeichen der „Carboneria" nicht vermeintlich „Iesus Nazarenus Rex Iudaeorum", sondern „Iustum necare reges Italiae", „Es ist recht, die Könige Italiens zu töten" bedeutet haben. Ein weiterer Mythos des „Risorgimento" erzählt, daß Garibaldi bei seinem Einzug in Neapel die Parole „J.N.R.I." mit der Bedeutung: „Joseph di Nizza, redentore d'Italia"[412] verbreitet haben soll, die ihm den Ruch des Blasphemisten einbrachte. Alle diese symbolträchtigen Buchstabenspielchen – I.N.R.I., V.E.R.D.I., J.N.R.I. – haben eine Gemeinsamkeit: die geringe Möglichkeit, sie zu überprüfen.

Häufiger als „I.N.R.I." begegnen wir in der Geschichtsschreibung aber dem Ikon „Viva V.E.R.D.I." Der Mythos um dieses Akrostichon verhält sich zum Begriff des „Risorgimento" komplementär. Der assoziationsreiche Begriff der „Wiedergeburt" suggeriert, daß das Gemeinschaftsgefühl des Italienisch-Nationalen über all die Jahrhunderte in mehr oder minder unterdrückter Form bei allen Bewohnern der Halbinsel existiert habe. Die italienische Nation kann, so die mythische Argumentation, gerade darum „wiederentstehen", weil das Bewußtsein für sie gewissermaßen nur im Depot der Geschichte schlummerte. Erst durch die Annahme der mythischen Figuration aus den historischen Personen und der sinnhaften Bündelung ihrer

411 „Vittorio Emanuele Re d'Italia"

412 dt.: Joseph von Nizza, der Erlöser Italiens. Gemeint sein soll Garibaldi persönlich. Vgl.: Bracalini, Romano, Mazzini, a.a.O., S. 367.

Ziele, aus alten Gründungsmythen und neuen Kunstmythen, beziehungsweise durch die Annahme des Terminus „Risorgimento" wird alles, was wir unter dem Epochenbegriff verstehen, zu einer der Nation äquivalenten Institution und ist weitaus schwerer dekonstruierbar als ein rein deskriptiver Begriff wie das beispielsweise ein nüchterner „wirtschaftlicher und politischer Zusammenschluß der Regionen" wäre. Das Akrostichon V.E.R.D.I. hat mit dem Begriff „Risorgimento" die Symbolkraft für den italienischen Gründungsmythos und den daraus resultierenden Anspruch auf nationale Solidarität und Passion gemeinsam.

Die Entstehungsgeschichte des Akrostichons lenkt den Blick auf einen Zeitpunkt, an dem der Wille des Volkes, aus dem Schlummer zu erwachen und eine Nation zu bilden, vorgeblich so stark wird, daß Verdi und seine Opern zum Symbol der Meinungsverlautbarung umfunktioniert werden. Der Mythos behauptet zwar, einen genauen Zeitpunkt angeben zu können, doch recht eigentlich will er damit den politischen Prozeß verschleiern, innerhalb dessen die „imagined community" tatsächlich zu der „Nation" wird, in der jedes Mitglied die von der Institutionenführung gestellten Zuordnungskriterien, wie zum Beispiel „italianità", auf sich selbst überträgt.[413] Denn man wird erst in dem Moment des Akrostichons habhaft, in dem es in Druckwerken auftritt, also in einer Zeit, in der es nach dem Mythos seine Wirkung als Mundpropaganda und Graffito schon längst gehabt haben soll. Und das war vermutlich in den Publikationen von Hanslick und Pougin von 1875 und 1881, also nachdem der Einigungsprozeß unter Vittorio Emanuele schon lange abgeschlossen war. Die Unüberprüfbarkeit der Erfindung dieser Mythe tat allerdings ihrer Wirkung in späterer Zeit keinerlei Abbruch. Im Gegenteil: Wie wir sehen werden, wurde das Akrostichon seit Verdis Tod als politische Kundgebung und bildungsbürgerliche Eselsbrücke zum populärsten „Risorgimento"-Mythologem bis in unsere Zeit. „V.E.R.D.I." erscheint als an der nationalen Leidenschaft des Volkes für seinen naturgegebenen Monarchen geboren. Es schafft den Historikern wegen seiner mündlichen Tradierungsform keinerlei Beweisnot – oder wie Hans Blumenberg über die Tradierung von Mythen sagte: „Das Ursprüngliche bleibt Hypothese, deren einzige Verifikationsbasis die Rezeption ist."[414]

---

413 Herfried Münkler erläutert in seinem Aufsatz „Die Polysemie des Begriffs und die monopolisierte Entscheidungskompetenz universaler Institutionen" (unveröffentlichtes Manuskript, Frankfurt/Main 1991) das „objektivistische Selbstmißverständnis" des Nationendiskurses, das diesen vor allem im 19. Jahrhundert geprägt habe. Danach sei die Nation „immer schon" da und es komme nur darauf an, sie, wie auch immer, wieder zu ihrem eigenen Bewußtsein zu bringen. Denn, „(...) teilt man auch nicht jene geschichtsteleologische Annahme, die mit der Behauptung von der geschichtlichen Zwangsläufigkeit der Entstehung der jeweiligen Nation auf deren spezifische Identität als historisch zwangsläufig nachgewiesen zu haben glaubt, so wird die Relevanz des Nationendiskurses für die Nation sichtbar, denn erst in ihm und durch ihn konstituiert sich die Nation als das, was sie nachmals sein wird." Der Nationendiskurs sei das Medium, in dessen Rahmen sich die Nation als solche erst konstituiere, in der die Identitäten entwickelt und behauptet und zu Identifikationspostulaten fortgebildet würden. Mythische Erzählungen haben, so Münkler weiter, eine zentrale Bedeutung im Nationendiskurs, insbesondere was die Herstellung von geschichtsspezifischen Kontinuitäten anbetrifft, aus denen sich dann die spezifischen Solidaritätszumutungen der Nation begründen. Ebenda, S. 14 und S. 19.

414 Blumenberg, Hans, Wirklichkeitsbegriff und Wirklichkeitspotential, in: Terror und Spiel, a.a.O., S. 28.

Das Akrostichon stellt die geschichtsspezifische Kontinuität zwischen der ersten Revolution von 1848 in Mailand und der Annexion Roms durch das italienische Königreich 1870 her und umklammert nach der Proklamation Vittorio Emanueles II. den gesamten Diskurs. Der Spielraum seines Signifikats bietet gleichzeitig die Gelegenheit, die Jahre vor 1861, in denen Verdi bereits künstlerisch tätig war, als eine lange Inkubationszeit nationaler Leidenschaften bis hin zur „Wiedergeburt" zu schildern. Als Ergebnis der Komplexitätsreduzierung aller historischer Kontingenzen vermittelt dieses Mythologem, daß das italienische Volk, seit „Nabucco" und durch die ersten patriotischen Chöre von Verdi aufgewiegelt, „gemeinsam" mit dem Komponisten auf das „Risorgimento" Italiens unter Vittorio Emanuele hinarbeitete, um kurz vor der ersten Realisierung einer Vergrößerung des Königreichs – beziehungsweise vor der Annexion der Lombardei und des Königreichs beider Sizilien – seinen Schrei nach nationaler Freiheit endgültig in Gestalt von Verdis umfunktioniertem Namen zu artikulieren. Schließlich spricht die gelungene Verknüpfung Verdis mit der genaugenommen schwächsten Person im Mythos „Risorgimento" – die zur kollektiven Erinnerung ja auch des pompösesten Denkmals bedurfte – für die Stabilität und die Entmythisierungsresistenz des Künstler-Mythos. Eine Resistenz, die ja vor allem aus der anfangs des dritten Teils dargelegten „Mehrfachstrategie"[415] der Vignetten resultiert.

---

415 Vgl.: hier, Dritter Teil, Kap. III.

VIII. Verdi, „deputato“: der Komponist geht in das Parlament

„Un Ballo in maschera“ hatte für die Operngeschichte weitreichende Folgen: Sie war die letzte Oper, bei der die Eigentumsrechte und Verträge direkt zwischen dem Komponisten und dem Impresario abgeschlossen wurden.[416] Fürderhin handelte das Verlagshaus die Verträge über die Aufführungsrechte nur noch unmittelbar mit der Theaterverwaltung aus. Der Verleger hatte nun den unmittelbaren Zugang zum Verhandlungspartner. Schon beim Verkauf einer Partitur konnte das Verlagshaus künftig weitgehend sicherstellen, daß keine Raubkopien in Umlauf kamen. Der Komponist indes hatte keine Scherereien mehr mit den Theaterleitungen. Das unangenehme Feilschen um Preise wurde zum Geschäft von Agenten und Verlegern.

Dies war ein weiterer Schritt innerhalb des Komponistenstatus: vom „Maestro“ als halbseidenem Musikant zum „Maestro“ als autarkem Unternehmer-Künstler. Diese Schritte sind auch aussagekräftig für die moralische Entwicklung der italienischen Gesellschaft im Verlauf des 19. Jahrhunderts. Der Künstler verließ immer mehr seine Rolle als bloßer Unterhalter und Angestellter der großbürgerlich-aristokratischen Schichten und wurde statt dessen zu einem autarken Genius stilisiert, dem sich das Publikum immer mehr in devoter Bewunderung zuwandte. An dieser Entwicklung hatte Verdi aktiven Anteil.

Aus den Briefen Ricordis an Verdi im Sommer 1858 nach dem glimpflichen Ausgang in Neapel geht hervor, daß der Mailänder Verleger sich in den kommenden Monaten intensiv für eine bessere internationale Regelung der Urheberrechte engagieren wollte. Schließlich waren unter anderem die Gesetze im Königreich beider Sizilien für die Vorgänge dort verantwortlich gewesen. Neapel hatte als einzige Regierung der Staaten auf der italienischen Halbinsel die Konvention über Urheberrechte mit Österreich von 1840 nicht unterschrieben.[417] Auch andere bekannte Komponisten wie etwa Meyerbeer, der ebenfalls unter der „Piraterie“, unter dem unrechtmäßigen Druck von kopierten Partituren und oft falsch instrumentierten Notenauszügen, zu leiden hatte, war lange Jahre selbst Mitglied in der „Commission de Société des Auteurs et Compositeurs dramatiques“. Die war eine Art Gesellschaft, die sich um die oft vernachlässigten Gesetze des Urheberrechts kümmerte, die es in Frankreich immerhin seit 1791 gab.[418]

---

416 Vgl.: Rosselli, John, The Opera Industry in Italy from Cimarosa to Verdi, a.a.O., S. 174.

417 Fondo R./V., 08.06.1858, Nr. 345.

418 Zimmermann, Reiner, Giacomo Meyerbeer, a.a.O., S. 277. – Gerhard, Anselm, Die Verstädterung der Oper, a.a.O., S. 41f.

Ricordi richtete nun alle Hoffnung auf einen im Herbst 1858 in Brüssel geplanten Kongreß, der prüfen sollte, wie die europäischen Länder untereinander bezüglich der Autoren- und Künstlerrechte besser zusammenarbeiten könnten. Er hoffte dabei auf die tatkräftige Unterstützung und die Wirkung des international wohlbeleumundeten Verdi. Gleichzeitig ließ er in seiner „Gazzetta Musicale" Artikel über das Problem der Gesetzgebung für Dichter, bildende Künstler und Komponisten veröffentlichen.[419]

Ricordi schlug Verdi vor, er verfasse für ihn, um den vielbeschäftigten Komponisten zu entlasten, einen Appell an die Brüsseler Konferenz, den Verdi dann nur noch unterzeichnen müsse. Denn alle Teilnehmer waren gebeten worden, sich zu dem Thema vorher schon schriftlich zu äußern.[420] In dieser Stellungnahme wollte Ricordi aus der Sicht von Komponisten und Verlegern darlegen, welche Nachteile die bisherigen Regelungen bargen und in welchem Maße dadurch die „Piraterie" um sich gegriffen hatte, daß man manchmal nur mühsam über den Papierstempel den Ursprung der gefälschten Partituren herausfinden konnte.

Kurz zuvor hatte Ricordi von einem Impresario aus Amerika Nachricht erhalten, daß der Verleger Lucca verschiedene – auch allerneuste – Partituren seines Verlagsprogramms zum Preis von unbedrucktem Papier angeboten hatte.[421] Ricordi versuchte darum sehr eindringlich, Verdi von der Wichtigkeit der Brüsseler Konferenz zu überzeugen. Die Stimme eines Verdi, so der Verleger, würde die Öffentlichkeit überzeugen. Am Fall des „Ballo in maschera" konnte so beispielhaft die Gefahr der internationalen juristischen Ungeklärtheit der Urheberrechte vorexerziert werden.

Die „Gazzetta Musicale" berichtete einen Tag nach dem Kongreßbeginn, am 9. Oktober 1858, von berühmten Kongreßteilnehmern wie Scribe, Lamartine, Saint-Beuve, Dickens und Gladstone. Alle teilnehmenden Länder hatten auch Regierungsvertreter geschickt. Für Italien kam bereits ein Vertreter der piemontesischen Regierung, ein Baron Jacquemond, der sich seinerseits für das geistige Eigentum einsetzen wollte.[422] Wir können aus dieser Teilnahme schließen, daß spätestens seit der Pariser Friedenskonferenz nach dem Krimkrieg von 1855/56 informell geklärt war, daß „Italien" auch ohne ein staatsrechtlich gültiges italienisches Königreich von Piemont repräsentiert werden konnte.

Vor allem aber fanden sich europäische Schriftsteller in Brüssel ein. Wie immer, so die „Gazzetta Musicale", waren die Interessenvertreter der Musik in der Minderheit. So zeichnete sich auch schon im ersten Bericht, den Tito Ricordi seinem Sohn Giulio und Verdi im Oktober aus Brüssel erstattete, ab, daß es heftige Kontroversen gab und daß Ricordi mit einer breiten Opposition zu kämpfen hatte.[423] Wahrscheinlich hatte Ricordi in Belgien nicht erreicht, was er erhofft hatte, denn zum Ende der Konferenz Mitte Oktober 1858 resümierte er in seiner Zeitschrift noch einmal ausführlich den unbefriedigenden Status Quo der Urheberrechte auf der italienischen Halbinsel und seine eigene Position als Verleger, der die berühmtesten

419 Programma dei Quesiti che saranno sottoposti al Congresso della proprietà letteraria ed artistica, in: Gazzetta Musicale, 25.04.1858.

420 Fondo R./V., 10.06.1858, Nr. 346.

421 Fondo R./V., 26.05.1858, Nr. 341 (B). Ricordi äußerte sich hier nicht explizit, ob es sich bei den Kopien nur um Partituren von Verdi handelte.

422 Gazzetta Musicale, 10.10.1858.

423 Fondo R./V., 06.10.1858, Nr. 353.

Komponisten von Rossini, Bellini über Verdi und Mercadante bis hin zu Meyerbeer und Auber unter Vertrag hatte.

Er kritisierte die fragmentarische Gesetzgebung, die selbst in Österreich, wo es immerhin ein Autorenrecht gab, viele Lücken aufweise. Ricordis Forderungskatalog an eine bessere Regelung der Gesetze entsprach ganz unserer heutigen Vorstellung eines gemeinsamen europäischen Markts, in dem die Gesetzgebung für die einzelnen Produkte so einheitlich geregelt ist, daß die Bestimmungen von einem Mitgliedsland zum anderen übertragbar werden. Speziell in Italien aber waren die Bedingungen für den Buch- und Musikmarkt extrem schlecht.

In Italien werde, so klagte Ricordi, jede Piraterie in eben dem Maß begünstigt, wie sie in jedem anderen Land verboten sei. In der Hoffnung, daß sein vierzehn Spalten starkes Plädoyer Wirkung zeigen möge, endete der Text mit der Auflistung von zweiundzwanzig Komponisten, die ihre Unterschrift in ihrem und Ricordis Interesse unter das Plädoyer gesetzt hatten – darunter Verdi, Apolloni, Mariani, Pacini, Petrella und Rossini.[424]

Ein Jahr später sahen die Bedingungen für Ricordi und Verdi immer noch nicht viel besser aus. Nun kam noch erschwerend die unruhige Kriegsperiode hinzu, die für die Geschäftsbilanzen des Verlagshauses obendrein schlimme Folgen hatte. Ricordi hoffte nach dem Frieden von Villafranca auf die Nachkriegsjahre. Denn wenn die Theater geschlossen waren wie während des Krieges, ließ sich auch keine Musik verkaufen.[425] Das war nicht zufällig dieselbe Zeit, in der Verdi verbreiten ließ, er wolle nun endgültig keine Opern mehr schreiben.[426] Und tatsächlich liegen zwischen der Komposition des „Ballo in maschera" und „La Forza del destino" gute vier Jahre. Jahre, in denen Verdi dafür arbeitete, daß Kongresse wie der Brüsseler überflüssig würden.

Verdi begann, seine kurze, aber effektive Karriere als Parlamentsabgeordneter einzufädeln. Zunächst mußte er dafür natürlich seine privaten Lebensverhältnisse in bürgerliche Formen bringen. Eine „wilde Ehe" zu führen war Mitte des 19. Jahrhunderts einem Bohémien gestattet, keinesfalls aber einer politisch respektablen Person.

Verdi und Giuseppina Strepponi kannten sich schon seit der Aufführung des „Oberto" von 1839. Strepponi setzte sich seit diesen ersten Begegnungen sowohl in Mailand wie später auch in Paris mit all ihren Kontakten als bereits etablierte Sängerin für Verdi ein. Die Biographen legen den Zeitpunkt, ab dem Strepponi Verdis Geliebte wurde, pietätvoll auf 1847/48 fest – nach einer angemessenen Trauerzeit nach dem Tod von Verdis erster Frau. Casini betont, um jede Zweideutigkeit auszumerzen, daß die Begeisterung Strepponis für Verdi Anfang der vierziger Jahre ausschließlich platonisch gewesen sei.[427]

Geheiratet haben Strepponi und Verdi nach über zehn Jahren des Zusammenlebens am 29. April 1859 in dem savoyischen Ort Collange-sous-Salève.[428] Carlo Gatti weist darauf hin,

---

424 Ricordi, Tito, Rapporto al Congresso di Brusseles, in: Gazzetta Musicale di Milano – Supplemento al Nr. 42, 17.10.1858.

425 Fondo R.V., 16.10.1859, Nr. 389.

426 Osborne, Charles, Verdi: A Life in the Theatre, New York 1987, S. 159f.

427 Casini, Claudio, a.a.O., S. 70.

428 Phillips-Matz vermutet nicht die Politik als Heiratsursache, sondern den 21. Geburtstag von Strepponis Sohn aus der vorherigen Bindung als drängenden Anlaß. Phillips-Matz, Mary Jane, Verdi, a.a.O., S. 395.

daß zu dem Zeitpunkt Savoyen noch italienisch war und daß der Ort darum ausgesucht wurde, weil die beiden Verlobten mit einem Pfarrer namens Mermillod befreundet gewesen seien.[429]

Kurz nach der Hochzeit, im September desselben Jahres, ließ sich Verdi vom Bürgermeister von Busseto, Donnino Corbellini, zum Vertreter in der Provinzialversammlung von Parma nominieren. Als eines seiner wichtigsten politischen Ziele erklärte der Komponist den Sturz der bourbonischen Dynastie, was uns nicht weiter verwundern kann. Außerdem erklärte er sich für den Anschluß Parmas an Piemont.[430]

Das im Mythos stets an exponierter Stelle behandelte Treffen zwischen Verdi und Camillo Cavour arrangierte Angelo Mariani, ein mit Verdi befreundeter Dirigent und Komponist. Er war zum damaligen Zeitpunkt Direktor des „Orchestra Civica del Teatro Carlo Felice" im piemontesischen Genua. Wie Verdi hatte auch Mariani von Vittorio Emanuele einige Jahre zuvor die Ritterwürde von SS. Maurizio e Lazzaro verliehen bekommen und unterhielt gute Verbindungen mit dem savoyischen Hof. Aus einem Brief Cavours an einen engen Mitarbeiter wissen wir, daß der Ministerpräsident Verdis Bedeutung vor allem als europäische Berühmtheit schätzte.[431] Zu diesem Zeitpunkt also hatte sich – freilich auch dank Rossinis und Meyerbeers – der Status der Komponisten so weit aufgewertet, daß ein Ministerpräsident sich mit ihm quasi als Gleichrangiger unterhalten konnte. Cavour schrieb Verdi danach in einem Brief, er hoffe auf eine Teilnahme des Komponisten am Parlament, denn Verdi könne mit seinem künstlerischen Genie mehr als die Piemontesen aus dem kalten Po-Tal dazu beitragen, daß sich auch der Süden in die Bildung der Nation integrieren lasse.[432] Ganz offensichtlich ging es Cavour um eine Homogenisierung der bürgerlichen und adligen Schichten auf der ganzen Halbinsel von Mailand bis Palermo, die er mit einer ihrer kulturellen Gemeinsamkeiten, der Oper, und deren erfolgreichsten Figur, Verdi, ansprechen wollte. Eine Gemeinsamkeit überdies, die nicht erst aus der kollektiven Erinnerung „wiedergeboren" werden mußte, sondern die Italien die letzten einhundertfünfzig Jahre als Kulturnation verbunden und ausgezeichnet hatte.

Cavour vermutete vielleicht, daß die Simultaneität der Opern auf den Spielplänen der Halbinsel, für die Verdi als Symbol im Parlament stand, eine „Gelegenheit für Einstimmigkeit, für eine greifbare Realisierung der vorgestellten Gemeinschaft"[433] bieten könnte: ein Unisono-Chor auf die junge Nation.

Nach seinen eigenen Worten hat Verdi jedenfalls, nachdem Cavour ihn dazu überredet hatte, Abgeordneter im neuen Parlament zu werden, so gut wie an keiner Parlamentssitzung in Turin teilgenommen und sich, der Einfachheit halber, in den Abstimmungen meistens an die Meinung Cavours gehalten.[434]

429 Gatti, Carlo, a.a.O., S. 364.

430 Brief an den Bürgermeister von Busseto vom 5.September 1859, in: Giuseppe Verdi – Briefe, hrsg. v. Otto, Werner, a.a.O., S. 147.

431 Vgl.: Phillips-Matz, Mary Jane, Verdi, a.a.O., S. 401.

432 Dieser Brief Cavours, der im Privatarchiv von Verdi in Sant'Agata liegt, wurde jetzt von Phillips-Matz veröffentlicht. Vgl.: Phillips-Matz, Mary Jane, Verdi, a.a.O., S. 429f.

433 Anderson beschreibt das Gefühl von Menschen, die wissen, daß sie alle zur selben Zeit dasselbe Lied, zum Beispiel die „Marseillaise" singen. Anderson, Benedict, Die Erfindung der Nation, a.a.O., S. 146.

434 Brief von Verdi an Francesco Maria Piave vom 8.02.1865, in: Verdi – Briefe, hrsg. v. Busch, hans, a.a.O., S. 79f. – Oberdorfer, Aldo, Autobiografia dalle lettere, a.a.O., S. 278.

Michele Manzotti vermutet, daß einer der Gründe, warum Verdi bald nach seiner Kandidatur nicht aktiv in Erscheinung trat und sich 1865 nicht noch einmal wählen ließ, der plötzliche Tod Cavours gewesen sei.[435] Doch Verdi hat die Nähe zur Politik der jungen Nation besser genutzt, als es scheint und hat für sich und seinen Berufsstand viel erreicht: Als bereits 1865 die Gesetze für das Urheberrecht auf Kompositionen diskutiert wurden, hatte Verdi als Komponist im Parlament natürlich das erste Vorschlagsrecht. Seine Überlegungen zu diesen Gesetzen mündeten schließlich in die Gesetzgebungstexte von 1882 und fanden bis in die Rechtssprechung während des faschistischen Regimes Berücksichtigung.[436]

Wichtig war Verdi bei seinen Vorschlägen vor allem, daß ausschließlich der Autor selbst Fassungen seiner Opern für verschiedene Instrumente, wie Klavier oder Violine, vornehmen sollte. Um dem Raubbau der Eklektiker vorzubeugen, sollten alle sogenannten „Variationen", „Potpourris" und „Fantasien", die zur Jahrhundertwende hin immer mehr in Mode kamen, nur noch mit Genehmigung des Autors Motive einer Oper enthalten dürfen. Außerdem sollten dem Komponist gemeinsam mit dem Librettisten die Aufführungsrechte auf ihre Opern verbleiben.

Dieser für Verdi und seinen Verleger höchst bedeutungsvolle Nutzen seiner herausgehobenen Position in der Politik des jungen Königreichs wird indes von den Historikern kaum erwähnt. Denn Verdi selbst hat nimmermüde betont, daß er eigentlich mit Politik nichts zu schaffen habe. Der Mythos selektionierte genau dieses Statement, um Verdi neben seiner fulminanten Bedeutung als „Kampfhymnen"-Komponist als den uneigennützigen, fern jeder Korruption und jedes Egoismus stehenden Patrioten zeichnen zu können, den der realistische Cavour wegen seiner Schüchternheit zu seiner Kandidatur fast zwingen mußte.[437]

Oft wird ein Brief Verdis an Piave von 1865 zitiert, der sehr gut in diese „bricolage" paßt: Verdi schreibt hier, daß er für die Politik so gar kein Talent habe und daß es „den Abgeordneten Verdi" eigentlich gar nicht gebe.[438] Der Mythos reduziert bei Verdis Parlamentstätigkeit die Komplexität dieses politischen Amtes, mit all seinen Möglichkeiten zur Einflußnahme auf die Regierungsgeschäfte, ausschließlich auf den altruistischen Dienst für die neugegründete Nation. Wie schon beim Mythologem „V.E.R.D.I." wird das Individuum Verdi bei diesem Verfahren weggekürzt. Verdi hat als Person kein Eigeninteresse mehr, das nicht auch das der Nation bedeutete. Zugunsten des die Staatsmacht inkarnierenden Ikons ist der Charakter des Menschen Verdi verschwunden.

Italo Pizzi, der mit dem hochbetagten Verdi einige Male zusammentraf, berichtete, er habe schon aus eigenem Interesse nicht mit Verdi über Politik geredet, weil der Komponist Politik gehaßt habe.[439] In der Tat hat Verdi wohl am meisten die Inanspruchnahme der nach Legitimation lechzenden Nation verabscheut, die er schon kurz nach seiner Amtsübernahme als

---

435 Manzotti, Michele, L'Attività politica di Giuseppe Verdi, a.a.O., S. 347.

436 Tabanelli, Nicola, Verdi e la legge sul dirito di autore, in: Rivista Musicale Italiana, Nr. XX/1942, S. 208–217.

437 Mulé, Francesco Paolo, Verdi, Cavour, Manzoni, in: Verdi, studi e memorie, hrsg. v. Sindacato nazionale fascista musicisti, Rom 1941, S. 307

438 Brief von Verdi an Piave vom 8.02.1865, in: Verdi – Briefe, hrsg. v. Busch, Hans, a.a.O., S. 80.

439 Pizzi war Orientalist und übersetzte persische und deutsche Literatur – unter anderem das Nibelungenlied – ins Italienische. Vgl.: Battistini, Giovanni, Italo Pizzi e Busseto, in: Aurea Parma, 3/1962, S. 148–156. – Pizzi, Italo, Unpublished Verdi Memories, in: Conati, Marcello, Interviews and Encouters with Verdi, a.a.O., S. 351.

Abgeordneter kennenlernen mußte. Am 26. September 1864 echauffierte sich Verdi in einem Brief an Clarina Maffei, daß er sich nur noch in Musikkongressen, in Diskussionen über Monumente, Deputationen, Hymnen für Lebende und für Tote und derlei mehr wiederfände. Wenn die beharrlichen Überredungskünste gefruchtet hätten, so Verdi weiter, hätte er in diesem Jahr allein sechs Hymnen schreiben müssen. Lieber wollte er aber zwölf neue Opern komponieren, als eine Musikgattung bedienen, die er als Verleugnung der Kunst bezeichnete. Diese Musik „hat soviel mit Kunst zu tun wie ich mit der Theologie", schrieb er erbost.[440] Verdi verweigerte resolut alle an ihn herangetragenen offiziellen Aufträge.

Berühmt, wie er nun war, willfahrte er keiner politischen Persönlichkeit mehr und schrieb weder für Pius IX., noch für Napoleon III. und auch nicht für Vittorio Emanuele II., wie er es ganz zum Beginn seiner Karriere für den Habsburger Ferdinand I. getan hatte. Lieber komponierte er einträgliche Opern wie 1862 „La Forza del destino" für den Zar in Rußland oder 1871 „Aida" für den Khediven in Kairo, die, obwohl sie mit Fug und Recht als reine Hofkompositionen für den Weltadel bezeichnet werden können, Verdis Wert für die vorgestellte Gemeinschaft der italienischen Nation schließlich besser zementierten als irgendeine Hymne. Bei „Aida", die Verdi als Auftragswerk zur Eröffnung des Suezkanals komponiert hatte, lief Verdis ästhetischer Anspruch gepaart mit einem starken Repräsentationswillen zu höchster Form auf. Kaum eine Oper wurde mit einem derartigen Aufwand und einer Sorge um historische Authentizität inszeniert wie diese. Für den Entwurf der Kostüme und Dekorationen arbeitete Verdi mit dem angesehenen Ägyptologen Auguste Mariette zusammen, der auch die Vorlage des Librettos geschrieben hatte. Nach von ausgegrabenen Originalen abgenommenen Zeichnungen wurde bei einem großen Pariser Juwelier der Schmuck angefertigt, den Teresa Stolz als Aida trug.[441] Verdi begab sich allerdings nicht selbst nach Ägypten. Die durch den Krieg verzögerte Uraufführung in Kairo am 24. Dezember 1871 ließ er von Giovanni Bottesini dirigieren. Er kümmerte sich derweil um so mehr um die europäische Erstaufführung, die zwei Monate später in der „Scala" unter seiner Leitung stattfand.[442]

Das Hymnenkomponieren aber überließ Verdi anderen Komponisten wie den schon erwähnten Petrella, Platania, Mercadante oder Mascheroni, die bei weitem keine derartige

440 Vgl.: Conati, Marcello, Fonti Verdiani – I giornali dell'Ottocento, in: Nuove Prospettive nella ricerca Verdiana, hrsg. v. Istituto di Studi Verdiani, Parma 1983, S. 132. – Oberdorfer, Aldo, Giuseppe Verdi, a.a.O., S. 451. – Deutsche Übersetzung des Briefs in: Verdi – Briefe, hrsg. v. Busch, Hans, a.a.O., S. 75.

441 Vgl.: Benois, Alessandro u. Nicola, Das Bühnenbild bei Verdi, in: Bolletino del'Istituto di Studi Verdiani, 1/1960, S. 390.

442 Für Aida machte Verdi, wie schon bei den Urheberrechten, seinen durch sein Renommee erworbenen Anspruch auf Einflußnahme bezüglich technischer Fragen des Opernorchesters geltend. Er veränderte sowohl die Sitzordnung der einzelnen Instrumente wie auch seine eigene Stehposition als Dirigent. Seit 1868 arbeitete Verdi intensiver an einer Reform des Opernorchesters. Schon vor 1860 hatte er die aus dem 18. Jahrhundert stammende klassische Anordnung und Anzahl der einzelnen Instrumente gelegentlich verändert. Vgl.: Harwood, Gregory W., Verdis Reform of the Opera Orchestra, in: 19th Century Music 2/1986, S. 108–134. – Ästhetisch wertete Petrobelli „Aida" als ein Bekenntnis Verdis an die Grundkonflikte zwischen den Sehnsüchten des Individuums und den Interessen des Ordnungssystems. Petrobelli, Pierluigi, La musica nel teatro: a proposito dell'atto III di Aida, in: La drammaturgia musicale, hrsg. v. Bianconi, Lorenzo, Bologna 1985, S. 144.

Bedeutung erlangten wie Verdi – weder für ihre Hymnen noch für ihre Opern –. Sie lieferten allenfalls das Klima für das blickfeldverengte kollektive Nationserlebnis, ohne aber im Nachhinein als „Komponisten des Risorgimento" in den Nationsdiskurs einzugehen wie Verdi, der sich politischer Kunst strikt verweigerte.[443]

Das einzige Projekt, mit dem Verdi ganz bewußt dem Gründungsmythos einer nach Identifikation suchenden jungen Nation hätte zuarbeiten können, scheiterte: die „Messa da Requiem" für Rossini, die Komponisten aus allen Regionen des jungen Staates in der Verehrung für den Altmeister vereinen sollte. Kurz nach Rossinis Tod im November 1868 schlug Verdi vor, zusammen mit zwölf weiteren bekannten und repräsentativ ausgewählten Komponisten eine Gedenkmesse für Rossini zu komponieren, sie am ersten Todestag Rossinis zu Bologna in „San Petronio" aufzuführen und sie unmittelbar danach für immer im „Liceo Musicale" von Bologna, wo Rossini seit 1839 ein Ehrenamt als Berater bekleidet hatte, zu versiegeln.[444] Diese unwiederholbare Aufführung hätte einen mythischen Charakter für die italienische Musik gehabt. Doch sie kam aus organisatorischen, finanziellen, ideologischen und kulturpolitischen Gründen nicht zustande.[445]

Das von Verdi komponierte „Libera me" wurde später zur Grundlage von Verdis Requiem[446] für Manzoni von 1874, das im Mythos zur Affirmation der „risorgimentalen", fast spirituell gedeuteten, Verknüpfung aus den beiden entscheidenden Vertretern der Bürgerkultur wurde: Verdi und Manzoni.[447]

Von Rossini ist hier keine Rede mehr. Die mythische Blickfeldverengung hat dazu geführt, daß Verdis Requiem für Manzoni bis heute mythenkonform interpretiert wird: „(...) ein Werk

---

443 Zu Anlässen wie der Eröffnung der Industrieausstellung in Turin von 1884 komponierte zum Beispiel Franco Faccio eine Kantate. Tobia, Bruno, Una patria per gli Italiani, a.a.O., S. 69.

444 Die Komponisten waren: Antonio Buzzolla, Antonio Bazzini, Carlo Pedrotti, Antonio Cagnoni, Federico Ricci, Alessandro Nini, Raimondo Boucheron, Carlo Coccia, Gaetano Gaspari, Pietro Platania, Lauro Rossi, Teodulo Mabellini. Angaben auch zu den Biographien in: Girardi, Michele, Die Komponisten der Messa für Rossini, in: Messa per Rossini, Geschichte-Quellen-Musik, hrsg.v. der Internationalen Bachakademie Stuttgart, Stuttgart 1988. – In dieser Publikation finden sich alle Einzelheiten des Projekts und seines Scheiterns.

445 Nachdem das Manuskript der „Messa" 1970 von David Rosen im Ricordi-Archiv in Mailand entdeckt wurde, kam es im September 1988 zum ersten Mal zur Aufführung. Vgl.: Verdi, Giuseppe/ u.a., Messa per Rossini, Aufnahme des Radio-Sinfonieorchesters Stuttgart mit Helmuth Rilling, Stuttgart 1979.

446 Ob Verdi unmittelbar nach dem Scheitern des Projekts, also schon vor dem Tod Manzonis, an der Messe weiterarbeitete und ob sie seit 1871 zu drei Vierteln vollendet war, ist in der Musikwissenschaft umstritten. Rosen, David, Die ‚Messa' für Rossini und das ‚Requiem' für Manzoni, in: Messa per Rossini, Geschichte-Quellen-Musik, a.a.O., S. 145ff. – Pietro Platania ließ seinen Anteil an der „Messa", das „Sanctus", in seine Trauermesse für Vittorio Emanuele II. eingehen. Petrobelli, Pierluigi, Der Notentext der „Messa" für Rossini, in: Messa, a.a.O., S. 106

447 Vgl.: Maecklenburg, Albert, Verdi and Manzoni, in: Musical Quaterly, 2/1931, S. 209–218. – Gazzarra, Mario, Manzoni, Idolo di Verdi, in: Historia, 121/1967, S. 120–121. – Nach der Uraufführung in Mailand in San Marco im Mai 1874, begleitete Verdi sein Requiem am Dirigentenpult durch viele europäische Städte – darunter Wien 1875 und Köln 1877. Ruppel, K.H., Entstehung und Charakter der „Messa da Requiem", in: Verdi, Giuseppe, Requiem, Textbuch zur Aufnahme der Berliner Philharmoniker mit Herbert von Karajan in Berlin, 1972.

voller Tiefsinn und Kraft, machtvoller Grabgesang auf eine Epoche, die, Verdi begreift es unter Schmerzen, unwiderruflich zu Ende gegangen ist, die Epoche des Risorgimento."[448]

Die nach der Manzoni-Vorlage komponierte Oper „I promessi sposi" von Errico Petrella wurde 1869 in Anwesenheit des „Nationaldichters" Manzoni in Lecco im „Teatro Sociale" uraufgeführt und kurz darauf mit großem Erfolg in zweiundzwanzig italienischen Opernhäusern gezeigt.[449] Das Libretto zu Petrellas Oper, die noch keine ausgeprägten Spuren des „Verismo" trägt, sondern in ihrer Gefühligkeit ganz der „opera lirica" im Stile Verdis, Mercadantes und Pacinis vergleichbar ist, schrieb Antonio Ghislanzoni, der zwei Jahre darauf das Libretto zu „Aida" verfaßte.[450] Trotz ihrer hohen musikalischen Qualität ist diese Oper – mehr noch als Amilcare Ponchiellis[451] gleichnamige Oper von 1872 – so gut wie vergessen, obwohl sie dem vermeintlichen Nationalroman auf die nationale Opernbühne verhalf. Wahrscheinlich war der Süditaliener Petrella, der unter bourbonischer Regierung seine Musikausbildung auf dem neapolitanischen Konservatorium bei Bellini und Zingarelli genossen hatte, für den sehr norditalienisch geprägten historischen Mythos nicht vorzeigbar genug. Auch starb Petrella in Armut und ist daher trotz seiner fünfundzwanzig Opern kein für das Bürgertum respektabler Künstler wie der ökonomisch erfolgreichere Verdi geworden. Der Mythos ließ den Dichter Manzoni und die Komponisten aufeinander wie chemische Verbindungen reagieren: bei Verdi und Manzoni klappte die Verbindung, bei den anderen nicht.

---

448 Dieckmann, Friedrich, a.a.O., S. 73. – Einen weiteren mythischen Nexus zu Manzoni schafft Hans Kühner: Verdi habe vom selben Priester die letzte Ölung erhalten, wie über zwanzig Jahre vorher sein „Abgott Manzoni". Kühner, Hans, Verdi, a.a.O., S. 151. – Qualitativ wurde über das „Requiem" für Manzoni unterschiedlichstes gesagt. Oft wurde es als sehr „opernhaft" abgetan. Franz Liszt aber stellte es 1881 in einem Brief an die Prinzessin von Sayn-Wittgenstein den Requien von Mozart, Cherubini und Berlioz voran. Zit. bei: Schaeffner, André, La fine del Purgatorio, in: La Rassegna musicale, 3/1951, S. 229.

449 Minardi, Gian Paolo, Errico Petrella, in: Dizionario enciclopedico universale della musica e dei musicisti, hrsg.v. Basso, Alberto, Turin 1988, S. 673. – Kaufman, Thomas G., Verdi and his major contemporaries, a.a.O., S. 216ff.

450 Florimo, Francesco, Errico Petrella, a.a.O., S. 372. – Minardi, Gian Paolo, Errico Petrella, a.a.O., S. 673. – Nach 1900 wurde Petrellas Oper noch einmal 1913 und 1920 in Genua und 1950 in Neapel aufgeführt. Die einzige Aufnahme Petrellas „I promessi sposi" rührt von der letzten konzertanten Aufführung von 1980 her. Vgl.: Petrella, Errico, I promessi sposi, Aufnahme des Orchestra Sinfonica di San Remo vom 23. Dezember 1973, Verona 1980.

451 Die erste Fassung Ponchiellis von 1856 fand nur in seiner Heimatstadt Cremona guten Anklang. Mit der Umarbeitung von 1872 hatte er zunächst in Mailand einen großen Erfolg. In den kommenden Jahren wurde die Oper in über dreißig italienischen Opernhäusern aufgeführt. Wesentlich berühmter wurde Ponchielli aber durch „La Gioconda" von 1876. Vgl.: Christen, Norbert, Amilcare Ponchielli, in: Opernführer, hrsg.v. Csampai, Attila/ Holland, Dietmar, a.a.O., S. 689.– Kaufman, Thomas G., Verdi and hies major contemporaries, a.a.O., S. 222ff.

IX. „Der Bauer“ des „Risorgimento“

Seit den 70er Jahren stoßen wir auf zwei Verknüpfungsebenen beim Mythos Verdi: Zum einen beginnt der Komponist nun auch selbst für die bewußte Darstellung seiner Person – unter anderem mit Hilfe der 1879 zu Protokoll gegebenen autobiografischen Skizze – zu sorgen. Diese Stilisierung wurde durch die Presse seiner Verleger, Ricordi in Mailand und Escudier in Paris, noch verstärkt. Die zweite Ebene ist der steigende Mythisierungswille einer Öffentlichkeit, deren Bedarf an bürgerlichen Idolen zum Ende des Jahrhunderts offensichtlich immer größer wurde, je länger der italienische Nationalstaat existierte, und die Heroen des „Risorgimento“ vorzeigen wollte.

John Rosselli stellte heraus, daß weder Arbeiter noch Bauern im 19. Jahrhundert in die Oper gingen. Noch nicht einmal in Gegenden, die nahe bei einer Stadt mit einem Opernhaus lagen, hätten sich Bauern diesem Gebäude auch nur genähert.[452] Und Roberto Leydi nennt die Behauptung, die Oper Rossinis, Bellinis, Donizettis und Verdis sei die Musik des Volkes gewesen, schlichtweg das „Gespenst“, das in der Oper herumgeistere, denn diese Behauptung beruhe weder auf musikologischen Dokumentationen noch auf soziologischen und ökonomischen Studien und sei meistens schlicht erfunden.[453]

Garibaldi hat in seinen Memoiren mehrfach dokumentiert, daß er unter seinem Gefolge niemals Bauern fand. Diese hätten sich, so seine Vermutung, stattdessen lieber von der Kirche verführen lassen und auf die Segensspendungen des Papstes und der katholischen Religion gehofft.[454]

Die italienische Geschichtswissenschaft macht heutigentags ebenfalls keinen Hehl mehr daraus, daß die „Revolution“ in Italien im Grunde mehr in den Mailänder Salons stattgefunden habe als auf den lombardischen und piemontesischen Feldern oder in den „Trattorien der Schiffsbauer“.[455]

---

452 „In pratica (la galleria serviva, B.P.) non per gli operai e non per la grande maggioranza degli italiani che erano contadini e non si erano mai avvicinati ad un teatro d'opera“. Rosselli, John, Sull'ali dorate, a.a.O., S. 66.

453 Leydi, Roberto, Ein Gespenst geht um in der Oper, in: Bianconi, Lorenzo/ Pestelli, Giorgio, a.a.O., S. 323f.

454 Vgl. Kapitel zu Garibaldi im zweiten Teil.

455 „(...) la rivoluzione, in fondo, s'andava apprestando nei salotti Appiani e Maffei piuttosto che

Und so muß uns auffallen, daß die italienische Oper, Garibaldis „Rothemden" und das „Risorgimento" insgesamt eine Gemeinsamkeit aufweisen: die Abwesenheit der Bauern – und das, obwohl sie im 19. Jahrhundert den größten Teil der Bevölkerung auf der Halbinsel ausmachten. Konnte der Mythos zulassen, daß die zahlenmäßig bedeutendste Bevölkerungsgruppe keinen Anteil an ihm hatte?

Die Erzählung über das „Risorgimento" hat schließlich doch noch einen Vorzeige-Bauern bekommen: Verdi, den „contadino di Roncole": „Er war nichts als ein einfacher Bauer, mißtrauisch wie ein Bauer und hatte seine guten Gründe dazu."[456]

Die im Mythos in den Vordergrund gespielte Einfachheit von Verdis Lebensweise und die Bescheidenheit seines Charakters, die im armen Elternhaus begründet liegen sollen und in der Vignette des „Bauern" gipfeln, werfen im Mythos ein frühes Licht, eine Art Andeutung, auf den gesamten weiteren Verlauf von Verdis Leben.[457] In der Rezeptionsgeschichte erscheinen die die Vignette konstituierenden Mytheme in verschiedenen Details, die wiederum den nationalen Gründungsmythos stützen. Zuvörderst ist dieses Phänomen zu beobachten, wenn es um Verdis Musik geht. Leo Karl Gerhartz formulierte:

„Erst der Symbiose von Einfachheit und Kraft in den Melodien des jungen Verdi konnte es gelingen, den progressiven Glauben Italiens an sich selbst emotional zu stimulieren, die Bewegung des Risorgimento mit politischen Kampfliedern im Opernhaus zu begleiten."[458]

Eine der jüngeren Verdi-Biographien überschreibt gleich ein ganzes Kapitel mit dem Titel „Der Bauer von Sant'Agata" und erklärt damit gleichsam, daß sich Verdi in den zehn Jahren nach der Komposition der „Aida", in denen er keine Oper schuf und sich vermeintlich in sein emilianisches Landgut zurückzog, keinesfalls ausgeruht habe.[459] Es wird erzählt, wie Verdi selbst bei der Bewirtschaftung seines Gutes und der Bebauung seiner Ländereien mit Hand anlegte und den Bauern um Busseto selbstlos bei der Modernisierung der landwirtschaftlichen Techniken half.[460]

---

nelle trattorie dei navagli." Vgl.: Nicastro, Aldo, Il melodramma e gli Italiani, Mailand 1982, S. 141.

456 So äußerte sich der Parmenser Journalist Bruno Barilli, geboren Ende des letzten Jahrhunderts, über Verdi. Vgl.: Minardi, Gian Paolo, Bruno Barillis ungedruckte Fragmente über Verdi, in: Bolletino dell'Istituto di studi Verdiani, 3/1960, S. 628.

457 Allan Keiler stellte für fast alle Künstler-Biographien fest, daß der sich darin äußernde Mythos des Genies oft in Ereignissen der Jugend begründet wird. Keiler vermutet, daß das auch dem allgemeinen gesellschaftlichen Bild der Laufbahn eines Künstlers entspricht. Keiler, Allen, Liszt and Beethoven: The Creation of a Personal Myth, in: 19th Century Music, 2/1988, S. 117.

458 Gerhartz, Leo Karl, Von Bildern und Zeichen, Giuseppe Verdi – Rigoletto, hrsg. v. Csampai, Attila/ Holland, Dietmar, Hamburg 1982, S. 20.

459 Marggraf, Wolfgang, a.a.O., S. 272ff. – Auch Joseph Gregor betont, Verdi sei ein Bauer gewesen wie seine Vorfahren. Gregor schmettert den Vorwurf der Luxuriosität von Verdis Villenanwesen elegant ab, indem er die Reizlosigkeit der Gegend um Busseto betont. Gregor, Joseph, Kulturgeschichte der Oper, a.a.O., S. 356.

460 Marggraf schreibt: „Ständig ist er (Verdi, B.P.) um die Einführung neuer landwirtschaftlicher Methoden bemüht, denn die Bauern der Emilia halten noch immer zäh an uralten, aber unrationalen Formen der Bodenbearbeitung fest (...). Aus England besorgt sich Verdi eine große Dampfmaschine, die aus dem kleinen Bach Ongina (...) Wasser auf die Felder pumpt. Er küm-

Auch die Betonung seiner sehr einfachen, bäuerlichen Sprache gehört zu diesem Bild. Sie soll eher salopp als elaboriert und damit jedermann verständlich gewesen sein und Verdi dadurch beim Landvolk beliebt gemacht haben.[461] Außerdem soll Verdi auch über die sprichwörtliche List und Schläue der Bauern verfügt haben. Selbst seine in manchen Briefen grantelige Art im Umgang mit Bittstellern und Musikkritikern dient der Vignette des „contadino" als Mythem.[462]

Noch kurz vor seinem Tod, er war gerade mit dem Bau des Altersheims für alte Musiker, „Casa di riposo per musicisti"[463], beschäftigt, soll er sich in seinem biblischen Alter noch nebenbei um den „Verkauf von Ochsen, Rindern und Kälbern" gekümmert haben.[464]

Ein weiteres Mythem ist in diesem Zusammenhang die Einfachheit seines kulinarischen Geschmacks. Angeblich, so erfahren wir bei vielen Verdi-Forschern, aß er bevorzugt „cotoletta alla milanese". Das „verfeinerte Geschmacksempfinden etwa Rossinis" oder der Sybaritismus eines Donizetti seien ihm zutiefst fremd gewesen.[465]

Der Gegensatz zu Rossini, der, wie ein anderer Mythos berichtet, bei fortschreitendem Alter in Paris seine frühere Kreativität nur noch beim Kochen und Schlemmen ausgetobt haben soll, wird zu Verdis Gunsten ausgelegt: Verdi verfügte eben über eine größere Vitalität und Schaffenskraft als der „entitalianisierte" Rossini und diente bis ins hohe Alter mit seinen Kompositionen und seinem Landbau der Ehre der Nation.[466]

---

mert sich um die Instandsetzung der Gesindehäuser und entwirft selbst landwirtschaftliche Bauten." Marggraf, Wolfgang, Verdi, a.a.O., S. 290.

461 Labie, Jean-Francois, a.a.O., S. 58.

462 Als weiteres Charaktermerkmal führt Alfred Einstein an, daß Verdi nicht habe mit sich handeln lassen. Einstein, Alfred, Ein Charakterbild Giuseppe Verdis auf Grund seiner Briefe, in: Neue Musik-Zeitung, 15/1914, S. 2.

463 Das Altersheim, das als Stiftung durch Verdi-Tantiemen finanziert wird, gibt es heute noch. Anfang 1980 drehte Daniel Schmidt einen Film über die „Casa di riposo" mit dem Titel „Le Baiser de Tosca". Er zeigt die alten Sänger und Sängerinnen bei ihrem täglichen Leben und beim Spiel und Gesang von berühmten Verdi-Arien.

464 Kühner, Hans, a.a.O., S. 146.

465 Vgl.: Cougnet, Alberto, Verdi a tavola, in: Scena illustrata, XXI/1913, S. 28. – Culinary Aspects, in: Martin, George, Aspects of Verdi, a.a.O., S. 126. – Gerhartz, Leo Karl, Giuseppe Verdi – Rigoletto, a.a.O., S. 18. – Ybarra, T.R., Verdi, Miracle Man of Opera, New York, 1955, S. 275. – Auch sonst werden die beiden Komponisten gerne gegeneinander ausgespielt: Rossini soll, so berichtete „L'Illustrazione Italiana" 1901, auf den Ruhm Verdis neidisch gewesen sein, Verdi indes soll Rossini immer verehrt haben. „L'illustrazione Italiana", 5/1901, S. 99.

466 So schrieb die italienische Kulturzeitschrift „Emporium", der Patriotismus Verdis habe ihm nicht erlaubt, sich vom Komponieren zurückzuziehen. Das sehe man an „Othello", einem Werk voller „italianità". N.N., Verdi, in: Emporium – Rivista mensile illustrata d'arte, letteratura, scienze e varietà, Januar 1901. – Verdis Vitalität steht auch im Gegensatz zu Donizetti, dessen Geisteskrankheit zum Lebensende hin vielfach erwähnt wird. Garibaldi, Luigi Agostino, (Vorwort zu) Giuseppe Verdi nelle lettere di Emanuele Muzio ad Antonio Barezzi, hrsg. v. L.A. Garibaldi, Mailand 1931, S. 26. – Kühner, Hans, a.a.O., S. 29.

Rossini steht, vor allem seit er keine Opern mehr komponiert, mehr für „cosmopolitische Raffinesse“, die für die nationalen politischen Ziele Italiens weniger Identität stiften konnte, als das Bild vom einfach gebliebenen Verdi, der das gut-ländlich Hausgemachte schätzte.[467]

Es ist auch die Opernanekdote überliefert, daß Verdi sich quer durch Europa die ihm vertraute emilianische Pasta nachschicken ließ. Das paßt perfekt in die „bricolage“ vom „Bauern“, der eben nur das ißt, was er vom heimischen Herd kennt.

In der Tat gibt es einen Brief, wo Giuseppina Strepponi den Auftrag erteilt, für die bevorstehende Reise nach St. Petersburg Lebensmittel und Wein zu besorgen, weil man, wie sie erklärte, in Rußland schlecht versorgt sei oder zumindest zu viel Geld für die adäquaten Produkte ausgeben müsse. Neben der oft zitierten Pasta bestellte Strepponi aber auch hundert kleine Flaschen Bordeaux zum Essen, zwanzig Flaschen feinen Bordeaux und zwanzig Flaschen Champagner, die Verdi auch auf Reisen nicht missen wollte.[468] An anderer Stelle dagegen wird betont, daß Verdi vor allem „Chianti“ besonders liebte, aber meistens trotzdem einfachen Landwein seiner Region trank.[469]

Alle diese Geschichten und Urteile haben ihren Grund, ihre „Urzelle“, in Verdi selbst – aber gewiß nicht in seiner Bäuerlichkeit. An ihm wird deutlich, was Blumenberg über die Vorteile des künstlich implantierten Mythos gesagt hat: Nämlich, daß er keine lästigen Fragen beantworten muß, weil „er erfindet bevor die Frage akut wird und damit die Frage nicht akut wird“.[470]

Verdi stilisierte sich vor allem im reiferen Alter gern als Bauer und Landmann, was die Biographen allzu ernst nahmen. Und er war ein so überzeugender Mythograph, daß bis heute ein Großteil seines Kunstmythos kritiklos übernommen wird. Verdi kokettierte damit, lieber über die emilianischen Felder zu streifen und einfacher Bauer geworden zu sein, als sich in den europäischen Salons als begehrter Komponist zu spreizen.[471] Als er mit sechzig Jahren das „Requiem“ für Manzoni schrieb und die Zeitschriften wild darüber spekulierten, schrieb er kokett an seinen Verleger Giulio Ricordi: „Oh tausendmal gesegnet der Bauer, der geboren wird, ißt und stirbt, ohne daß sich jemand um seine Angelegenheiten kümmert.“[472]

Nach der Premiere seiner letzten Oper „Falstaff“ aus dem Jahr 1893 beglückwünschte man ihn als den größten italienischen Komponisten. Doch Verdi, der es erreicht hatte, ein gesellschaftlich anerkanntes, großbürgerliches Leben zu führen, mochte diese Ehrung nicht und

---

467 Rossini war auch darum nicht so ideal für den Gründungsmythos der italienischen Nation instrumentalisierbar, weil er mit allen seinen drei Opern, die den Freiheitskampf unterdrückter Völker behandeln, vor allem an der französischen Oper und nicht in Mailand seine Erfolge feierte: „Le Siège de Corinthe“ (1826), „Moisé et Pharaon“ 1827) und „Guillaume Tell“ (1829). Außerdem heiratete Rossini eine Französin und solidarisierte sich öffentlich mit dem Befreiungskrieg der Griechen, anstatt dem „patria“-Diskurs zuzuarbeiten. Vgl.: Gerhard, Anselm, a.a.O., S. 85

468 Gatti, Carlo, a.a.O., S. 407.

469 Martin, George, a.a.O., S. 127.

470 Blumenberg, Hans, Die Arbeit am Mythos, a.a.O., S. 219.

471 Franco Abbiati zitiert einen Brief Verdis an Piave, wo er davon schreibt, nun zum vollständigen Bauern geworden zu sein und sich endgültig von den Musen verabschiedet zu haben. Vgl.: Abbiati, Franco, a.a.O., Bd. II, S. 560.

472 Brief an Giulio Ricordi vom 9. Juni 1873, in: Briefe, hrsg. v. Otto, Werner, a.a.O., S. 239.

betonte, er sei ein „uomo di teatro“, ein einfacher Theatermann.[473] Bevorzugt ließ er sich in späten Jahren mit einem leicht zerbeulten, bäuerlich anmutenden Filzhut mit breiter Krempe, einem schlichten schwarzen Anzug, wie man ihn auf dem Land zum Kirchgang trug, und einem einfachen Regenschirm als Stütze abkonterfeien[474] – und nicht etwa mit einem noblen Chapeau-Claque, einem Frack und einem Gehstock mit Silberknauf, der Berufskleidung der schillernden Opernmaestri.[475]

Die einfache, trostlos verarmte Lage von Verdis Familie indes kann heute kaum noch hochgehalten werden.[476] Wir wissen, daß seine Eltern in keineswegs kargen Verhältnissen lebten und sein Vater, gemessen an der Zeit, ein gebildeter Mann war. Er betrieb in Roncole an einer Durchgangsstraße zu Busseto eine Gastwirtschaft. Giuseppe Verdi erhielt von klein auf Schulunterricht und lernte sogar Latein. Er besuchte ab seinem zehnten Lebensjahr in der Nachbar-

---

473 Verdi wollte damit freilich auch seine dramaturgische Professionalität ausgedrückt wissen. Vgl.: Pizzetti, Ildebrando, Giuseppe Verdi – il maestro di teatro, in: Bolletino dell'Istituto di Studi Verdiani, 2/1960, S. 761. – „Falstaff“ war zwar Verdis letzte Oper, doch seine letzte Komposition waren die „Quatro Pezzi Sacri“ von 1895/96. Verschiedene Musikwissenschaftler wie Marggraf oder Stegemann deuten die „Pezzi“ als ein Bekenntnis Verdis zur Musik der „Renaissance“. Drei der vier geistlichen Stücke wurden im April 1898 in der „Grand Opéra“ von Paris uraufgeführt. Verdi selbst konnte aus gesundheitlichen Gründen nicht an dieser Uraufführung teilnehmen, sondern schickte Boito an seiner Statt nach Paris. Trotz Verdis größer werdender Abneigung vor allem Aufsehen, trotz seiner Müdigkeit, seinen eigenen Namen zu lesen – wie er zu Italo Pizzi sagte –, konnte der Fünfundachtzigjährige von seinem Verleger Ricordi, von Boito und Toscanini schließlich dazu überredet werden, die „Pezzi Sacri“ im April 1899 auch an „La Scala“ aufführen zu lassen. Verdi – Briefe, hrsg. v. Busch, Hans, S. 207. – Gespräch mit Italo Pizzi, in: Conati, Marcello (Hrsg.), Interviews and encounters with Verdi, London 1984, S. 351. – Stegemann, Michael, Verdi: Quattro Pezzi Sacri, in: Textbuch zur Aufnahme der Berliner Philharmoniker mit Riccardo Muti, 1982, S. 5–7.

474 In der ikonographischen Verdichtung begegnen wir Verdi heute auf Zeichnungen aber genausooft mit einem Zylinder und einem weißen Schal. Die Verdi-Denkmäler in Busseto, Mailand, Genua oder Venedig zeigen ihn indes in bürgerlicher Straßenkleidung. An einer detaillierten Untersuchung zur Ikonographie des „Risorgimento“ in Nationaldenkmälern arbeitet Franz Bauer am historischen Fachbereich der Universität Regensburg. In dieser Studie sind auch Untersuchungen über Verdi-Denkmäler zu erwarten, die hier nicht geleistet werden konnten. – In der Ikonographie der Zeichnungen finden wir wieder den Gegensatz der Stilisierung zu Meyerbeer, der immer als der reiche Bankierserbe posiert. Auf einem der bekanntesten Gemälde, das 1851 für die Sammlung des preußischen Königs angefertigt wurde, sehen wir ihn mit elegantem Frack, weißer Weste, am Hals das Band mit dem preußischen Orden „Pour le mérite“, mit dem Ellenbogen auf einen edlen Pelz gelehnt. Vgl.: Giacomo Meyerbeer, Weltbürger der Musik, a.a.O., Umschlagbild, Erklärung S. 131.

475 Auf Johannes Brahms machte Verdis schlichte Erscheinung großen Eindruck. Er soll sich darüber gefreut haben, daß Verdi ähnliche Gewohnheiten hatte wie er, so das Frühaufstehen, die Unauffälligkeit der Kleidung und die Verachtung von jeglicher Prätention. Zit. bei: Busch, Hans (Hrsg.), Verdi/Boito – Briefwechsel, a.a.O., S. 610.

476 Phillips-Matz meinte schon 1969, es sei an der Zeit, mit den alten Klischees über das „ärmliche Le Roncole“ und die „elende Osteria“, die der Vater Verdis betrieb, aufzuräumen. Carlo Verdi sei keineswegs arm oder ein Analphabet gewesen. Vgl.: Phillips-Matz, Mary Jane, Die Vorfahren, in: Verdi – aus der Nähe, hrsg. v. Wallner-Basté, Franz, Zürich 1979, S. 19.

stadt Busseto ein Gymnasium und konnte von der Bibliothek der dort ansässigen Jesuitenschule profitieren. Er durfte schon früh Klavierspielen lernen.[477]

Verdi gehörte im damaligen Italien mit dieser Bildung und dem Besitz eines Spinetts zu einer erlesenen Minderheit. Der Kontakt mit dem reichen emilianischen Kaufmann und Präsidenten der „Philharmonischen Gesellschaft" von Busseto, Antonio Barezzi[478], der ein hochherrschaftliches Haus direkt an der Rocca di Busseto führte, sowie die Heirat mit Barezzis Tochter entfernten Verdis gesellschaftlichen Stand und finanziellen Standard immer weiter von dem eines einfachen Bauern.

Seit seinem ersten großen Erfolg mit „Nabucco" 1842 konnte er auch selbst ein beachtliches Vermögen ansammeln, das ihm schon früh eine prächtige Villa und später unter anderem einen Wintersitz im Stadtpalast „Doria" in Genua bescherte, der im Diskurs der bäuerlichen Zurückgezogenheit indes kaum eine Fußnote wert ist.

Pierluigi Petrobelli vermutet, Verdi habe sich aus zwei Gründen gern als Kind armer Eltern dargestellt: Zum einen habe er sich mit einem von ihm selbst geschaffenen und genährten Bild vor der zudringlichen Neugier und Indiskretion der Presse und seiner Zeitgenossen schützen wollen. Zum anderen konnte durch das Klischee bäuerlicher Armut seine frühe und steile Karriere nur um so wundersamer und außergewöhnlicher erscheinen.[479] Nach Petrobelli entspreche diese Camouflage ganz der listigen Art des „Theatermannes".

Doch gerade die Funktion des Kunstmythos zum Schutz der eigenen Person ist im Mythos gründlich umfunktioniert worden. Verdis Verhalten wurde als „scheue Zurückhaltung" und „noble Diskretion"[480], als Verweigerung gegen jeden Kult gedeutet, oder er selbst wurde ein „Dissimulant" genannt.[481] Verdi sollte für seine Funktion im nationalen Mythos ein schlichter Sohn Italiens sein und sein Aufstieg den vielen Bauern im sich industrialisierenden Italien Mut machen.

Oft wird zum Beweis für Verdis Bescheidenheit seine Antwort an die Deutsche Verlagsanstalt zitiert, die ihn 1895 um seine Memoiren gebeten hatte: „Niemals, niemals werde ich meine Lebenserinnerungen schreiben! Es war schon gerade genug für die musikalische Welt, so lange meine Noten ertragen zu haben! (...) Niemals werde ich sie dazu verurteilen, auch noch meine Prosa lesen zu müssen."[482]

---

477 Casini, Claudio, a.a.O., S. 34ff. – Mila, Massimo, S. 12f. – Auch Rossini erhielt eine vergleichbar gute Ausbildung. Noch unter napoleonischer Herrschaft besuchte er mit acht Jahren bereits das Gymnasium in Bologna. Fabbri, Paolo, a.a.O.

478 An Barezzis Wohnhaus wurde 1913, also genau zum 100. Todestag Verdis, eine Gedenktafel für Barezzi als Gönner Verdis angebracht. Verdi, so steht es auf der Tafel, habe Barezzi wie einen Vater verehrt.

479 Petrobelli, Pierluigi, Einige Thesen zu Verdi, a.a.O., S. 138. – Auch Verdis letzter Librettist Arrigo Boito pflegte den Mythos der Armseligkeit Verdis weiter. Der Text auf der Gedenktafel an Barezzis Haus in Busseto stammt von Boito und ehrt Barezzi, der den „armen unbekannten Künstler" mit seiner Tochter verheiratet habe. Vgl.: Garibaldi, Luigi Agostino, a.a.O., S. 112f.

480 Kühner, Hans, a.a.O., S. 13.

481 Vgl.: Werfel, Franz, Ein Bildnis Giuseppe Verdis, in: ders., Zwischen Oben und Unten – Prosa, Tagebücher, Aphorismen, Literarische Nachträge, München 1975, S. 362.

482 Auf deutsch zit. bei: Thieben, Emil, a.a.O., S. 90. – Auf italienisch zit. bei: Oberdorfer, Aldo, Autobiografia dalle lettere, a.a.O., S. 82.

Durch den Zusammenhang zwischen der Selbststilisierung Verdis als Bauer und der Unterstellung seiner Biographen und Anhänger, er habe das Volk im „Risorgimento" aufgerüttelt, ergibt sich dann die Schlußfolgerung, gerade die breite Rezeption von Verdis Opern beweise den künstlerischen Wert seiner Opern und zeichne ihn damit als einen größeren Künstler aus denn andere Komponisten, die mit ihrer Musik nur eine Minderheit zu erreichen imstande gewesen seien.[483]

Die Mytheme stabilisieren sich hier gegenseitig; eine Behauptung stützt die andere, ohne daß die Plausibilität einer der Behauptungen hinterfragt würde. Grundlage für diese Konstruktion ist hier freilich die Mitarbeit am eigenen Mythos durch Verdi selbst.

Im Versuch, Verdi als den einfachen Bauern von Roncole und nicht als den Landgut- und Stadtpalastbesitzer, Salonhabitué in Paris, Mailand und St. Petersburg darzustellen, spiegelt sich eine ähnliche Sehnsucht nach Erlösung durch ein „bukolisches" oder „rurales" Menschenbild, wie ich das schon für Garibaldi nachzeichnete.

Kris und Kurz beschreiben, daß es neben der Erhöhung des Künstlers durch Mythen auch die Methode der „vermenschlichenden" Anekdote gibt. Der Künstler wird in einem Zusammenhang beschrieben, der deutlich macht, daß seine Lebensumstände und damit auch seine Kunst eben nicht göttlichen Ursprungs sind, sondern von einem ganz einfachen Erdenbürger geschaffen wurden.[484] Gerade im Zusammenhang mit dem die Nationsbildung des Königreichs begleitenden Gründungsmythos wurde die Funktion Verdis als Stellvertreter des Volkes zum Ende des Jahrhunderts immer wichtiger und wurde nach Verdis Tod zur Jahrhundertwende weiter ausgiebig ausgenutzt.

So schrieb die „Illustrazione Italiana" in ihrer Sonderausgabe zum Tod Verdis im Jahr 1901 über die verschiedenen Wohnorte Verdis und vermerkte, um wieviel mehr „la poverissima casetta delle Roncole", das ärmliche Häuschen von Roncole, zum Herzen spreche als die Villa in Sant'Agata oder der hochherrschaftliche „Palazzo Doria" in Genua.[485]

Vor allem in dem Maße, in dem andere mythische Gestalten wie Garibaldi oder Vittorio Emanuele fragwürdiger wurden, konnte so eine neue vermeintlich volkstümliche Stütze in die „bricolage" eingebaut werden, die den Vorteil hatte, mit dem politischen Geschehen des „Risorgimento" synchron zu sein und die schwächeren Mythologeme durch ihre eigene Stärke zu stabilisieren – so wie das zuvor für Mazzini gezeigt werden konnte, der nun durch Verdi gestützt wird.

Die Tatsache, daß Verdi nicht etwa auf der „heimatlichen Scholle"[486], sondern im exklusiven „Hotel de Milan" in Mailand starb, wohin er noch im hohen Greisenalter zu reisen pflegte und wo er seine letzten Monate verbrachte, hat das Mythem des Bäuerlichen naturgemäß nicht erschüttern können. Mehr noch: die Einrichtung des Sterbezimmers wurde in die abgelegene Verdi-Gedenkstätte Sant'Agata transportiert und damit der Vignette vom Bauern ein-

---

483 Vgl.: Marchesan, Marco, La psicologia nella musica di Verdi, a.a.O., S. 42.

484 Verwiesen wird hier auch auf die psychoanalytische Konzeption der Sublimierung der menschlichen Probleme für den schöpferischen Akt. Kris, Ernst/ Kurz, Otto, Die Legende vom Künstler, a.a.O., S. 148f.

485 L'Illustrazione Italiana, 5/1901, S. 98.

486 So bezeichnet Franz Werfel das Gut Sant'Agata. Vgl.: Werfel, Franz, Ein Bildnis Giuseppe Verdis, a.a.O., S. 399.

verleibt, so daß auch diese Reliquien auf emilianischem Boden vom Landmann Verdi zeugen können.[487]

Wenn Verdi auch oft als „contadino" figuriert und die Arien seiner Opern zu volkstümlichem Gassengesang mythisiert werden, so ist es erstaunlich, wie wenig bekannt in der Rezeptionsgeschichte Verdis eigene Stellung zum sozialen Stand seines Publikums ist. Aufschlußreich ist hierbei die Einflußnahme des Achtzigjährigen zusammen mit Boito auf die Neuorganisation des „Teatro alla Scala" in den neunziger Jahren. In einem Briefwechsel sprachen sich die beiden eindeutig für die Abschaffung des fünften Ranges auf der Galerie aus. So könnte das alte lärmende, gelangweilt blasierte Publikum alter Tradition endlich durch eine große Galerie bürgerlicher Zuschauer ersetzt werden, „die wenig bezahlen und sich bei passender Gelegenheit köstlich amüsieren" würden.[488]

---

487 Im Mythos wird Verdis letzte Residenz im Hotel oft mit dem Tod Giuseppina Strepponis erklärt und der Einsamkeit, die er in Sant'Agata nicht habe ertragen können. Vgl.: Werfel, Franz, Ein Bildnis Giuseppe Verdis, a.a.O., S. 413.

488 Vgl.: Verdi – Boito – Briefwechsel, a.a.O., S. 397f.

X. 1880: Simone Boccanegra gegen Anarchie und „Irredenta“

Seit der vorläufigen politischen Einheit Italiens im Jahr 1861 wurde im Laufe der folgenden Jahre zunächst unter der Führung der „Destra storica“, dann unter den Kabinetten der Linken seit 1876 immer offensichtlicher, daß durch die Vereinigung Italiens im Zuge von Rezession und Kapitalverknappung – vereinfacht ausgedrückt – die Reichen immer reicher und die Armen immer ärmer wurden.[489] Einige wenige profitierten von dem sich ausbreitenden Eisenbahnnetz, vom einfacheren Zugang zu den Märkten mit derselben Währung und derselben Verkehrssprache, aber die Mehrheit der Bevölkerung litt gerade unter diesen Umschichtungen der Finanzmärkte, unter dem schneisenschlagenden Umbau der Städte und der scheinbar nicht zu bewältigenden Heterogenität der einzelnen Regionen.

Verdi schrieb 1867 einigermaßen verwundert über die politische Situation an seinen Freund, den Schriftsteller und späteren Senator Arrivabene: „Merkwürdig! Als Italien in viele kleine Staaten geteilt war, blühten überall die Finanzen! Jetzt, da wir alle vereint sind, sind wir ruiniert. Aber wo ist der Reichtum von einst?“[490]

Neue Ziele mußten her. Gleichsam mit dem Friedensschluß in Wien nach dem Krieg von 1866 wuchs auch die Bewegung der „Irredentisten“. Sie waren fanatische Kämpfer für die „unerlösten italienischen“ Gebiete, was auf den ersten Blick einiges mit den Nationalisten des „Risorgimento“ gemein hat – oder vielmehr den hypoleptischen „patria“- Diskurs fortsetzt und nach „irredentistischer“ Fasson ausweitet.

Nachdem im Jahr 1870 als nächster Schritt zum italienischen Nationalstaat Rom zur Hauptstadt gekürt war, fühlten sich die nationalen Eiferer durch die „Besitznahme“ der heiligen Stadt in ihrem Streben sanktioniert und zu neuen Taten ermutigt, die trotz der politischen Einheit bleibende Unzufriedenheit auf neue Ziele zu richten. Im Mai 1877 wurde in Neapel von Matteo Renato Imbriani die Vereinigung „Pro Italia Irredenta“ gegründet.[491] Den Krieg Rußlands gegen die Türkei nahmen die Irredentisten zum Anlaß, ihre Hoffnungen auf eine Aus-

---

489 Mack Smith, Dennis, I Savoia re d'Italia, a.a.O., S. 40. – Lill, Rudolph, Geschichte Italiens, a.a.O., S. 190ff.

490 Brief von Verdi an Arrivabene vom 16. Juni 1867, in: Verdi – Briefe, hrsg. v. Busch, Hans, a.a.O., S. 82.

491 Imbriani wird in der ital. Historiographie die „Erfindung“ des Begriffs „irredentismo“ zugesprochen. Sabbatucci, Giovanni, Il problema d'irredentismo e le origini del movimento nazionalista in Italia, in: Storia contemporanea, 3/1970, S. 470ff.

weitung des italienischen Territoriums in Richtung Osten voranzutreiben. Auch der alte Garibaldi, der sich der irredentistischen Bewegung ebenso verbunden fühlte wie zuvor der Idee, der „Fremdherrschaft" auf der Halbinsel zugunsten der savoyischen Monarchie ein Ende zu machen, dachte bereits über neue „Speditionen" nach, zu denen er sich vermutlich wie schon 1866 mit einer Sänfte hätte tragen lassen müssen.

Der erste „Pellegrinaggio" in Rom zum Grab Vittorio Emanueles, der ja gerade als Bestätigung und kollektive Vergegenwärtigung italienischer Einheit geplant war, gab Gelegenheit zu Irredentistenkundgebungen: „Viva Oberdank, abasso il pellegrinaggio" wurde an die Häuserwände in Imola geschrieben.[492] Und Oberdank war es schließlich, der 1878 ein Attentat auf den Nachfolger Vittorio Emanueles, Umberto I., versuchte. Um der zunehmenden Kriminalität zu begegnen, setzte man unter anderem das neue Medium der Fotografie ein. Fotografien von eingekerkerten oder frisch exekutierten Briganten grassierten.[493]

Gregorovius berichtet in seinem Tagebuch über die gespenstische Szene von hingerichteten Briganten, die auf Stühle gesetzt der Volksmasse zur Schau gestellt und unter Zurufen fotografiert wurden.[494]

Auch aus den Briefen zwischen Verdi und Ricordi wie auch zwischen Verdi und seinem Freund Arrivabene sprechen die Unruhen dieser Zeit und die Sorge um die italienische Zukunft.[495] Ricordi hatte Verdi schon vor längerer Zeit mit Arrigo Boito bekannt gemacht. Boito sollte nun Verdi, der seit dem Requiem für Manzoni, also seit 1874, nicht mehr komponiert hatte, bei der Umarbeitung von „Simone Boccanegra" behilflich sein.

Boito wollte einen neuen Text für die Oper erarbeiten. Verdi komponierte ein Drittel der Partitur völlig neu und schuf vielleicht eine seiner – vorsichtig gesagt – politischsten Opern. Der Inhalt des Libretto wurde von Boito wesentlich historischer und politischer gestaltet als es die Version von 1857 war.[496]

Boccanegra ist nun als kühner Idealist gezeichnet, der im Geiste Petrarcas – Boito zitierte im Libretto auch aus Petrarca-Texten – das Ende aller Bürgerkriege und die politische Eintracht erstrebt. In der historischen Wirklichkeit war er ein vorgeblicher „Mann des Volkes", der nach dem Vorbild Venedigs zum ersten Dogen der Republik Genua gewählt wurde, wo er von politischen Verschwörern aus den Reihen der genuesischen Patrizier um 1360 vergiftet wurde. In der Oper wird die Figur des Boccanegra bühnenwirksam zu einem Korsaren und Held der Meere im Kampf gegen Piraten umdefiniert. Die ganze Dramatik entzündet sich wie bei allen Opern an einer Liebesgeschichte. Paolo, der Getreue des Dogen, wird nicht etwa zum Mörder Boccanegras, weil er den Patriziern angehört und damit sein politischer Feind ist,

---

492 „Es lebe Oberdank, nieder mit der Wallfahrt". Bruno, Tobia, Una patria per gli Italiani, a.a.O., S. 128. – Lill, Rudolph, Geschichte Italiens, a.a.O., S. 201. Der wirkliche Name des Halbslawen war Oberdank. Er wird heute aber vor allem in Italien oft Oberdan genannt.

493 Bertelli, Carlo/ Bollati, Giulio (Hrasg.), Storia d'Italia, Ann. 2, L'Immagine fotografica 1845–1945, Bd. 1, Turin 1979.

494 Gregorovius, F., Römische Tagebücher, a.a.O., S. 222

495 Vgl: Verdi intimo – Carteggio di Giuseppe Verdi con il Conte Opprandino Arrivabene, a.a.O., S. 243ff. – Carteggio Verdi-Ricordi 1880–1881, hrsg.v. Petrobelli, Pierluigi/ Di Gregorio Casati, Marisa/ Mossa, Carlo Matteo, a.a.O., S. 40ff.

496 Über die Umarbeitung des „Boccanegra" informiert ein Briefwechsel zwischen Verdi und Boito, hrsg. v. Busch, Hans, Frankfurt/Main 1986.

sondern weil die von Paolo geliebte Amelia ihn verschmäht und er argwöhnt, Boccanegra wolle sie für sich.[497]

Giulio Ricordi, der seit einiger Zeit die Verlagsgeschäfte ganz übernommen hatte, könnte die Aufführung eines einigermaßen politischen Dramas sehr am Herzen gelegen haben. Der Genueser „Corriere mercantile" vom Februar 1881 berichtete den außergewöhnlichen Vorgang, daß Ricordi nach Genua gekommen war, um in der Heimatstadt des Dogen Boccanegra, wie es hieß, „archäologische Studien" für den Protagonisten der Oper zu machen. Er hatte sich darum eine Statue, die den Dogen abbildete, angeschaut. Verdi, der von dieser Recherche aus der Zeitung erfuhr, erboste dieser ungewöhnliche, historistische Eifer sehr.

Er faßte es als eine Beleidigung auf, daß Ricordi mit dieser Aktion Werbung für seine Oper machte.[498] Doch nicht genug der Pressekampagne: Wenige Tage vor der Uraufführung der Neufassung wurde in der Mailänder Zeitschrift „Il Pungolo" der Namenstag von S. Giuseppe begangen. Die Zeitung berichtete unter anderem, daß Geschenke und Telegramme zu dem berühmten Giuseppe Garibaldi nach Caprera geschickt worden seien. Und Verdi, der mit seiner Frau Giuseppina gewissermaßen einen Doppelnamenstag feiern konnte, wurde in seiner Hotelresidenz ebenso mit Blumen und Glückwünschen überhäuft. Hier bot sich eine gute Gelegenheit, um noch einmal den Simone Boccanegra ins Gespräch zu bringen, der vor zwanzig Jahren in Venedig ein Fiasko erlebt hatte und in zwei Tagen in „La Scala" – nach zehn Jahren ohne neue Verdi-Oper - zur Aufführung kommen sollte. Schon bei der Erstaufführung dieser Oper im Jahr 1857 hatte sich ein Topos in der Musikkritik gezeigt, der Verdis Rolle als nationaler Komponist im Mythos des „Risorgimento" durch die Entstehung der Vignette vom „Antipoden Wagners" effektvoll provozieren sollte. Mit dem umgearbeiteten „Boccanegra" hatte Verdi seine Rolle als nationaler Komponist endgültig angetreten.

---

497 Der Mord ist ähnlich motiviert wie in der Oper „Un Ballo in maschera". Auch hier ist Paolo, wie dort Renato, zunächst ein dem Herrscher ergebener Untertan und wird erst durch seine Eifersucht zum tödlichen Gegner. Wir erinnern uns, daß „Simone Boccanegra" schließlich anstelle des „Ballo in maschera" im Winter 1858 – ohne Beschränkung der Zensurbehörden – aufgeführt wurde.

498 Brief von Verdi an Ricordi vom 21.02.1881, in: Carteggi Verdi – Ricordi, a.a.O., S. 136f.

XI. Wagner/Verdi: die Vignette des „Antipoden"[499]

Jacob Burckhardt, der die italienische Oper sehr schätzte, nannte Wagner ihren „Mörder".[500] Völlig konsterniert berichtete er in einem Brief aus dem Jahr 1876 an Max Allioth, er habe auf der Piazza in Bologna einen reichen italienischen Kaufmann getroffen, der sich selbst „Wagnerianer" nannte: „Hier zum ersten Mal lernte ich einen gebildeten Italiener frevelhaft objektiv über Rossini, Bellini und Verdi reden, daß mir die Haare zu Berge standen. Den Wagner nahm er von einer mystisch-psychologischen Seite, man könne ihn nur genießen durch völlige Hingebung und Versenkung, d.h. durch das Gegenteil von dem, was sonst in Italien als Theatergenuß passiert."[501]

In Italien – vor allem in Bologna, wo Burckhardt seine „haarsträubende" Erfahrung mit einem Wagnerianer machte – mehrten sich tatsächlich seit den sechziger Jahren italienische Anhänger von Wagners Musik. Zu nennen sind die Komponisten Franco Faccio und Arrigo Boito, der spätere Librettist und Vertraute Verdis; etwas später orientierten sich auch Alfredo Catalani mit deutschen Themen wie „Loreley" und „La Wally" oder Pietro Mascagni mit „Amico Fritz" musikalisch an Wagner.[502] Auch der Konzertmeister der Bologneser Oper, Angelo Mariani, spielte eine entscheidende Rolle bei dieser „Wagner-Mode".[503]

---

499 Für die Vielzahl an Erwähnungen der Vignette „Antipode" Wagners seien hier nur beispielhaft zwei jüngere Publikationen erwähnt. Schickling, Dieter, Sozialkritik in der Oper, a.a.O., S. 127. – Kunze, Stefan, Der Verfall des Helden – Über Verdis „Othello", in: Csampai, Attila/Holland, Dietmar (Hrsg.), Giuseppe Verdi – Othello, Hamburg 1981, S. 16.

500 Burckhardt, Jacob, Briefe, a.a.O., S. 417

501 Ebenda, S. 456

502 Die „Loreley", die an einigen Stellen musikalisch sehr an das Motiv der Wagnerschen Rheintöchter erinnert, ist von 1890, „La Wally" und „Amico Fritz" sind von 1892. – Vgl.: Celli, Teodoro, Il dio Wagner, Mailand 1980, S. 292ff. – Zu erwähnen ist hier aber, daß auch Giacomo Meyerbeer lange vor Wagner in Italien bekannt und beliebt war. Schon 1820 wurde Meyerbeer in Bologna zum Mitglied der „Academia filarmonica Bologna" ernannt und 1857 zum Mitglied der Akademie der Künste in Florenz. Vgl.: Ehrungen, in: Giacomo Meyerbeer – Weltbürger der Musik, a.a.O., S. 181.

503 Due secoli di vita musicale. Storia del Teatro Comunale di Bologna, hrsg. v. Trezzini, Lamberto, Bologna 1966. Der Band enthält verschiedene Aufsätze, die sich dem Thema Wagner – beziehungsweise Verdi – in Bologna widmen.

Ebenso wissen wir von einem italienischen Politiker, der mehr für die deutsche Oper Wagners als für die genuin italienische Oper seines jungen Vaterlandes, für das er arbeitete, entflammt war: Der Bologneser liberale Parlamentsabgeordnete Camillo Casarini setzte sich als Direktoriumsvorsitzender des „Teatro Communale“ und Leiter des Stadtrats in Bologna zusammen mit Wagners italienischem Verlagshaus Lucca für die Aufführung von Wagner-Opern ein.[504]

Als 1871 Rom zur Hauptstadt des vereinigten Königreichs Italien wurde, feierte man in Bologna die Erfüllung aller mythischen Aspirationen mit einem Festakt im Opernhaus. Gespielt wurde zur Feier des Tages nicht Verdis „Nabucco“, auch nicht „I Lombardi alla prima crociata“ oder die „Battaglia di Legnano“, sondern Wagners „Lohengrin“.[505] Bologna war offensichtlich als ehemalige politische Hochburg des Kirchenstaats für den Sakraltransfer von der Bibel zum neuen Kultkünstler Wagner besonders prädestiniert.

Mit dem Verdi-Mythos, der mit „italianità“, volkstümlicher Oper und „Risorgimento“ operiert, will diese Germanophilie allerdings nicht harmonieren. Um dieses Phänomen der Erzählung mit der „bricolage“ zu akkomodieren, finden wir ein typisch mythisches Verfahren: die störende Komplexität solcher italienischer Meinungsvielfalt wird schlicht auf individuelle Rankünе der italienischen Wagnerianer reduziert. Das heißt, Mariani wird zum enttäuschten Liebhaber stilisiert, der seine Geliebte Teresa Stolz an Verdi verliert und – aus verletzter Eitelkeit und Rache – immer weniger Verdimusik und immer mehr Wagner dirigiert.[506] So wird auch für das Scheitern von Verdis Initiative, zum ersten Todestag Rossinis die „Messa da Requiem“ zu komponieren, oft zu Unrecht Marianis böswillige Eifersucht verantwortlich gemacht.[507]

Und die jungen „Bohémiens“ Faccio und Boito werden im Mythos zu verwirrten, spät bekehrten aber darum umso treueren Verdi-Anhängern. Boito gar wird zu einem gescheiterten Künstler stilisiert, der aus eigener Erfolglosigkeit nun sein ganzes Leben in den Dienst des „Maestro Verdi“ stellte, was seinen Wert als autonomen Künstler völlig unterschlägt.[508] Auch hier sorgt die Blickfeldverengung auf Verdi dafür, daß die hohe sprachliche Qualität der zwei-

504 Pasquinelli, Anna, Francesco e Giovannina Lucca – Editori musicali a Milano (1825–1888), Parma 1981 (unveröffentlichtes Manuskript), S. 4.

505 Schmalzriedt, Siegfried, Bologna – eine italienische Stadt zwischen Verdi und Wagner in: Schriftenreihe der Hochschule für Musik/Dresden – Wissenschaftliche Konferenz: Opern und Musikdramen Verdis und Wagners in Dresden, Dresden 1988, S. 817.

506 Casini, Claudio, a.a.O., S. 191. – Auch Friedrich Dieckmann stellt das, sich auf Gino Monaldi beziehend, ähnlich dar. Er versucht das „Antipodische“ zwischen Verdi und Wagner rhetorisch zu verstärken, indem er gleichzeitig biographische Ähnlichkeiten zwischen den „gegensätzlichen“ Komponisten herausstellt: die „Geschichte“ des Wettbewerbs um eine Frau, Teresa Stolz, zwischen Mariani und Verdi vergleicht Dieckmann mit dem Verhältnis zwischen von Bülow und Wagner und deren Beziehungen zu Cosima Liszt. Dieckmann, Friedrich, a.a.O., S. 53. – Schmalzriedt, Siegrfried, a.a.O., S. 824.

507 Vgl.: Messa per Rossini, Geschichte-Quellen-Musik, a.a.O., S. 15. – Walker Frank, The Man Verdi, London – New York 1962.

508 In jungen Jahren dagegen, so Claudio Casini, sei Boito „ungestüm“ und „naiv“ gewesen. Casini, Claudio, Verdi, a.a.O., S. 240f. – Und Dieckmann hält es für bemerkenswert, daß Faccio sich als Dirigent am „Teatro alla Scala“ für Verdis späte Opern einsetzte. Dieckmann, Friedrich, a.a.O., S. 82

ten Fassung des „Simone Boccanegra“ oder des „Falstaff“ – wenn überhaupt – nur im Schatten von Verdis musikalischer Leistung wahrgenommen wird.

Es werden in den Biographien Verdis einige Szenen kolportiert, wo der bereits arrivierte, ältere Verdi mit den jungen aufstrebenden italienischen „Wagnerianern“ zu tun bekam. Verdi bezeichnete Wagner und seine Anhänger als Menschen, die die einfachen Wege nicht zu finden verständen, weil sie sich darin gefielen, die komplizierten einzuschlagen.[509] Arrigo Boito hatte indessen in der Zeitschrift „Museo di famiglia“ in einer „Ode saffica“ die zeitgenössische italienische Musik mitsamt dem italienischen Opernbetrieb mit einem Altar verglichen, der beschmutzt sei wie die Wand eines Bordells.[510]

Wenn diese nicht ganz geschmackssichere Ode auch frühe Animositäten zwischen Verdi und Boito zutage brachte, so reagierte Verdi doch anfangs auf die Angriffslust der italienischen Wagnerianer noch relativ gelassen. Seiner Ansicht nach handelte es sich bei den italienischen Wagnerianern um junge Leute, die glauben machen wollten, sie hätten Flügel, weil sie in Wirklichkeit keine Beine hätten, um auf ihren Füßen zu stehen.[511]

In den achtzehnhundertsechziger Jahren begründeten Boito und Faccio zusammen mit Emilio Praga die literarische Bewegung „Scapigliatura“ in Mailand, was soviel heißt wie: die „Zerzausten“. Es handelte sich um eine junge Anti- Bewegung, die ihre Rebellion gegen alles glatt Gekämmte und Bürgerliche des gesellschaftlichen Establishment ausdrücken wollte. Obwohl die „Scapigliatura“ nach der nationalen Einheit Italiens entstand, deren führende Köpfe sich vor allem auch kulturell gegen Österreich und dessen Einfluß wandten, proklamierte die neue intellektuelle Elite der „Scapigliatura“ nun ausgerechnet eine Verwandtschaft der italienischen und der deutschen Kultur.[512] Die bei jungen italienischen Komponisten hoch im Kurs stehenden deutschen Sagen wie die für Verdis Ohren merkwürdig klingenden „Niebelunghi“ und ihre Helden, wie „Sigurdh“, aber auch die in Bayreuth vorgeschriebene sakrale Stille im dunklen Zuschauerraum fand Verdi indes einfach nur schrecklich. Und über die Deutschen sagte er: „Oh, diese Deutschen! Diese Deutschen! Für jedes Fliegenbein müssen sie einen Band von dreihundert Seiten schreiben.“[513] Vielleicht hätte er das auch von dieser Arbeit gesagt.

Daß es zwischen der italienischen Operntradition und der sich mit Wagner weiterentwikkelten Form des deutschen Musiktheaters, das sich eher noch – wenn auch nur schemenhaft –

---

509 Abbiati, Franco, Giuseppe Verdi, Mailand 1959, Bd. II, S. 755

510 Tintori, Giampiero (Hrsg.), Arrigo Boito. Musicista e letterato, Mailand 1986, S. 95–106. – Casini, Claudio, a.a.O., S. 241. – Marggraf, Wolfgang, a.a.O., S. 223. – Boito übersetzte damit eigentlich Wagners Urteil über die italienische Oper, der sie als „Lustdirne“ bezeichnete. Zit. bei: Lippmann, Friedrich, Verdi und Wagner, in: Analecta Musicologica Bd. 11, Köln 1972, S. 206.

511 So schreibt Verdi in einem Brief an Clarina Maffei am 31. Juli 1863, in: Giuseppe Verdi, Briefe, hrsg. v. Otto Werner, Kassel 1983, S. 179.

512 Cesardi, T.O., La musica dell'avenire e la giovane scuola italiana, Bologna 1884. – Scherer, Barrymore Laurence, Boitos Verhexung, in: Boito, Arrigo, Mefistofele, Textbuch zur Aufzeichnung des Hungarian State Orchestra mit Giuseppe Patané, Paris 1989, S. 22.

513 Die Schreibweise der „Niebelunghi“ und „Sigurdh“ stammt von Verdi selbst. Er äußerte sich so in Gesprächen und Briefen mit Italo Pizzi. Vgl.: Pizzi, Ricordi, Ricordi Verdiani inediti, in: Conati, Marcello, Interviews and encounters with Verdi, a.a.O., S. 342ff.

an Carl Maria von Weber oder an Meyerbeers „Grande Opéra"[514] als an Rossini oder Bellini orientierte, Unterschiede gab, mag wohl kaum jemand bestreiten. Genausowenig ist zu übersehen, daß sich Wagner im Gegensatz zu Verdi mit seinen Schriften und auch mit seinen Opern politisch eindeutiger exponierte als sein italienischer Kollege. Anders als Verdi beteiligte sich Wagner tatkräftig an der bürgerlichen Revolution von 1848.[515] „Er erwartete von dem Siege der Revolution eine vollständige Wiedergeburt der Kunst, der Gesellschaft, der Religion, ein neues Theater, eine neue Musik." So äußerte sich Hanslick nach einem gemeinsamen Abendessen mit Wagner in Wien im August 1848.[516]

Schließlich konnte Wagner auch wegen des Niederschlags seiner politischen Ansichten in der Dramaturgie des „Rings" oder auch in frühen Opern wie „Rienzi" die in Jugendjahren anarchistisch gesinnten Boitos und Faccios auf seiner Seite versammeln.[517]

Ob das hochgespielte Klischee der „Antipoden", des „Erlösungsmystikers" Wagner und des „Realistikers der Opernszene"[518] Verdi, aber überhaupt eine sinnvolle Diskussion anregt oder die jeweilige Qualität ihrer beider Werk verständlicher machen kann, müßte in einer eigenen Arbeit untersucht werden. Für uns ist dieses Klischee lediglich als Baustein innerhalb der „bricolage" des politischen Mythos Verdi von Bedeutung.

Für die Ausbildung der Vignette des „Antipoden", kamen verschiedene rhetorische Methoden zum Einsatz. So wird zum Beispiel die Gegensätzlichkeit der Wirkung von Verdis und Wagners Musik durch mancherlei aus biographischen Details gespeisten Mythologemen verstärkt. Allein die zufälligen Tatsachen, daß der Sachse und der Emilianer im selben Jahr geboren sind, den selben Beruf ergriffen und sich wahrscheinlich doch nie persönlich kennengelernt haben, hat die mythische Phantasie reichlich angeregt.[519] Zu diesen herausgestellten

---

514 Meyerbeer wird mehr zur französischen Operntradition gezählt als zur deutschen. Er wie auch Verdi wurden zu Mitgliedern in der französischen Ehrenlegion gewählt. Vgl.: Fulcher, Jane, a.a.O., S. 182.

515 Lutz Köpnick nennt Wagner darum im Anschluß an Walter Benjamin einen „operativen Künstler". Vgl.: Köpnick, Lutz, Nothungs Modernität – Wagners Ring und die Poesie der Macht, München 1994, S. 28.

516 Vgl.: Hanslick, Eduard, Aus meinem Leben, hrsg. v. Peter Wapnewski, Kassel 1987, S. 86.

517 Udo Bermbach vertritt die These, daß Wagner in seinen Äußerungen über Politik ganz in Übereinstimmung mit einem Grundaxiom des radikalen sozialistischen Denkens seiner Zeit dachte. Es gebe trotz reaktionärer Wendungen im späteren Alter ungebrochene Kontinuitäten in Wagners gesellschaftstheoretischen Ansätzen. Vgl.: Bermbach, Udo, Der Wahn des Gesamtkunstwerks – Richard Wagners politisch-ästhetische Utopie, Frankfurt 1994, S. 88, 72. – Zu politischen Aspekten bei Wagner außerdem: Andrea Mork, Richard Wagner als politischer Schriftsteller, Frankfurt/Main 1990; Gary Zabel, Wagner and Nietzsche: on the threshold of the twentieth century, in: The Musical Times, London August 1990. – Fest, Joachim, Um einen Wagner von außen bittend, in: FAZ, 1. Oktober 1994.

518 H.W. (Zeitungskürzel), K.H. Ruppel über Verdi und Wagner, in: FAZ, 24.01.1964.

519 Hans Gal hält es für ein „seltsames Zusammentreffen", daß Verdi und Wagner im selben Jahr geboren sind. Vgl.: Gal, Hans, Giuseppe Verdi und die Oper, Frankfurt/Main 1982, S. 216. – Die stilisierte Gegnerschaft zwischen Wagner und Verdi mag noch dadurch verstärkt worden sein, daß sich Wagner zwar weidlich über die italienische Oper ausgelassen hat, über Verdi explizit aber nicht. Für Wagner war die Geschichte der Oper mit Rossini zu Ende. Ebenda, S. 219. – Wagner, Richard, Oper und Drama,Stuttgart 1984, S. 47. – Wagners Sohn Siegfried

Parallelen gehört auch, daß es in beiden Biographien einen befreundeten Dirigenten gab, der seine Frau an den jeweils berühmteren Freund und Komponisten verlor. Darüber hinaus finden wir bei Verdi wie bei Wagner eine prominente Vorausahnung der Geburt und des Schaffens der Künstler und somit ein strukturell identisches Mythologem. Bei Verdi übernahm Mazzini die Rolle des Propheten. Und bei Wagner wird Jean Pauls Satz über das Harren auf einen Mann, „der eine ächte Oper zugleich dichtet und setzt“ – im Geburtsjahr Wagners diktiert und unterschrieben – als „verblüffende Vorahnung“[520] gedeutet. In beiden Fällen findet eine mythische Überhöhung durch die Verknüpfung mit einer „älteren“ und bereits in der Kulturgeschichte etablierten Person statt. Deren semantische Elemente kommen in einer Art mythisch additivem Verfahren – in diesem Fall – Verdi und Wagner jeweils zugute.

In der hochstilisierten Gegenüberstellung der beiden Komponisten kulminieren alle Vorurteile, die man über die Mentalität der Deutschen und der Italiener konstruieren kann.[521] Franz Werfel, von dem noch zu sprechen sein wird, hat einen ganzen Roman auf ein erdichtetes Zusammentreffen zwischen den beiden Komponisten in Vendig ausgerichtet.

Wenn Verdi und Wagner bis heute als Personen miteinander verglichen und die Wirkung ihrer Opern gegeneinander aufgerechnet werden, so findet das – neben feuilletonistischen Betrachtungen und Biographien – oft in Untersuchungen statt, die sich im Grenzbereich zwischen musiksoziologischer und politikwissenschaftlicher Forschung bewegen. Hier werden Thesen einer leichten Vermittelbarkeit von Botschaften, ja von agitativer Propaganda via Opernmusik entwickelt, die sich im binären System besonders bequem fassen lassen.[522] Meistens geschieht dies, um zu verdeutlichen, daß Verdis Musik in ihrer Einfachheit mehr dazu taugte, in der zeitgenössischen Politik wirksam zu werden, als Wagners germanisierende „Zukunftsmusik“.[523] Während Wagner 1848 die Barrikaden bestiegen hatte und steckbrieflich gesucht

---

soll, zur Meinung der Familie Wagner über Verdi befragt, lakonisch geantwortet haben, über solche Dinge hätten sie niemals geredet. Zit. bei: Martin, George, Aspects of Verdi, a.a.O., S. 65. – Verdi indes sagte 1898 in einem Interview mit dem „Berliner Tagblatt“, er verehre vor allem den „Tristan“ über alle Maßen. Doch er sei, so fügte der Sechsundachtzigjährige verschmitzt hinzu, wohl immer noch zu jung für Wagners Musik, denn es sei ihm noch immer nicht so recht gelungen, in die sublime Welt Wagners vorzudringen. Zit. bei: Oberdorfer, Aldo, Autobiografia dalle lettere, a.a.O., S. 436.

520 Zit. bei: Eger, Manfred, Jean Pauls Prophezeiung, in: Richard-Wagner-Museum/ Bayreuth, a.a.O., S. 16.

521 Weniger hochgespielt wird zum Beispiel im Gegensatz zu dem Mythos um die Antipoden Wagner-Verdi, daß Jacques Offenbach Wagner – und vice versa – regelrecht gehaßt haben muß. Vgl.: Fulcher, Jane, a.a.O., S. 185. – Kracauer, Siegfried, S. 198ff. – Offenbach parodierte Wagner musikalisch, und Wagner reagierte mit übelsten Beschimpfungen: Offenbachs Musik ströme die Wärme eines Düngerhaufens aus. Ebenda, S. 201.

522 Dieckmann, Friedrich, Wagner, Verdi – Geschichte einer Unbeziehung, Berlin 1989, passim. – Solcher Art Argumentationen werden oft mit bildungsbürgerlichen Anekdoten – ähnlich denen um den „singenden Italiener“ – unterstützt wie zum Beispiel von Rousseau, der eine Begegnung mit einem „geistvollen“ Armenier in Venedig schilderte, der noch nie Musik gehört hatte – man müßte wahrscheinlich hinzufügen europäische Musik. Als dieser nun eine italienische Arie zu hören bekam, sei er – obwohl er deren Text nicht verstand – in regelrechte Verzückung geraten. Rousseau, Jean Jacques, a.a.O., S. 63.

523 Zur direkten Gegenüberstellung der beiden Komponisten vgl.: Dieckmann, Friedrich, a.a.O.,

wurde, seine „Zukunftsmusik" jedoch zu kompliziert für einfaches Nachsingen war, seien Verdis Chöre bereits als Gassenhauer zu Kampfhymnen der Massen geworden, um nur eines der gängigsten Klischees zu zitieren.[524] Derweil Verdi zum wirksamen „Evolutionär"[525] stilisiert ist, wird Wagner als der zweifelhafte Revolutionär der „spekulativen Filosofie"[526] geschildert: „Wagners revolutionäres Interesse erschöpfte sich in einer rein negativen Einstellung zur Korruption der Gesellschaft, die dem freien Ausdruck seiner eigenen Wünsche und der Erfüllung seiner künstlerischen Ziele im Wege stand."[527]

Oft, so meine These, wurde die reale politische Wirkung von Verdis Werk im Gegensatz zu Wagner auch deshalb hervorgestrichen, um damit der Banalisierung von Verdis Opern entgegenzuwirken. Eine Oper, die die Massen bewegt und Revolutionen ausgelöst haben sollte, wie das der Mythos erzählt, konnte doch nur von bösen Zungen als triviale Drehorgelmusik diffamiert werden. Diese rechtfertigende Argumentation ist hauptsächlich seit der sogenannten „Verdi-Renaissance" der zwanziger Jahre dieses Jahrhunderts im Schwange – wie wir aber an Escudiers Informationen für Hanslick sahen auch schon früher.[528] Wagners Musik indes konnte mit Hilfe dieses mythopoetischen Kniffs als die Erfindung eines doppelzüngigen Phantasten abgetan werden, der sich gleichzeitig revolutionär und monarchentreu gerierte. Hinzu kommt, daß Wagner ungern unter dem eher eindimensionalen Aspekt der soziopolitischen Analyse betrachtet wird, wohingegen vollmundig klingende Parolen wie „Viva V.E.R.D.I." und die dazu gehörenden Anekdoten schnell erzählt sind. Den „essentiell politischen"[529] Wagner zu finden, wird ob der Komplexität der oben beschriebenen Synthese aus germanischem Mythos, Kunstmythos[530] und Utopie des Gesamtkunstwerks schnell zum Dilemma. Carl

---

S. 33f. – Opern und Musikdramen, Colloquium „Verdi-Wagner", Analecta Musicologica Bd. 11, Köln 1972. – Siegfried Schmalzriedt, Bologna – eine italienische Stadt zwischen Verdi und Wagner, a.a.O., S. 817–831. – Parker, Roger/ Abbate, Carolyne, The Cornell Verdi-Wagner Conference, in: Studi Verdiani, Parma 3/1985, S. 131–137.

524 Dieckmann, Friedrich, a.a.O., S. 33ff. – Gal, Hans, a.a.O., S. 220. – Weniger

525 K.H. Ruppel über Verdi und Wagner, a.a.O.

526 So Hanslick in einem Artikel vom Februar 1847. Zit. bei: Meyerbeer, Giacomo, Briefwechsel und Tagebücher, a.a.O., S. 557.

527 Mellers, Wilfried, a.a.O., S. 230.

528 Der Psychologe Marco Marchesan versucht mit Hilfe seines Fachinstrumentariums nachzuweisen, daß es eine Zuhörerschaft gebe, die Verdis Musik darum der verachtenswerten Leichtigkeit zeihe, weil diese Zuhörer eigentlich das Volk verachteten und damit auch alles, was dem Volk gefalle. Marchesan unterstellt also, daß die Musik Verdis gerade ihrer Volkstümlichkeit wegen von einer die „Aristokratie in der Musik" suchenden Schicht abgetan werde. Marchesan, Marco, La Psicologia nella musica di Verdi, Mailand 1978, S. 41f.

529 „(...) so the dilemma is one of finding the essential political Wagner". Harrison, Michael M., Composers as Political Artists: Verdi, Wagner and the Legacy of Politics in the 19th Century, in: The Opera Quaterly, 1/1984, S. 95.

530 Allein wenn man die Gedenkstätten, beziehungsweise Privatvillen, von Verdi und Wagner besucht, erkennt man den unterschiedlichen Inszenierungswillen der beiden. Während der Villa „Wahnfried" in Bayreuth mit der von Wagner angebrachten Inschrift und seinem Grab im eigenen Garten etwas Pompöses anhaftet und der museale, mytheninszenierende Ausdruck dieses Wagner-Tempels – auch angesichts des nahen Festspielhauses – hervorsticht, wirkt die Villa Sant'Agata – nicht zuletzt durch die Erhaltung von Verdis gemütlich-dunklem Mobiliar –

Dalhaus, der die musikgeschichtliche Bedeutung der Revolution von 1848 untersuchte, hielt die häufig angewendete Methode einer solchen Untersuchung, nämlich das Ausweichen ins Biographische, für „krass inadäquat": „Daß Berlioz die Revolution als vulgär verabscheute, der ängstliche Offenbach vor ihr aus Paris nach Lyon floh, Loewe sich aus Loyalität mit den Hohenzollern identifizierte, Wagner dagegen die Sache der Revolution zu seiner eigenen oder umgekehrt seine eigene zur Sache der Revolution machte, wäre kompositionsgeschichtlich erst dann von Bedeutung, wenn sich zeigen ließe, daß der Charakter der großen Werke, die in den 1850er Jahren entstanden, durch die Entscheidung der Komponisten während der Revolution geprägt oder mitbestimmt wurde."[531]

Was uns hier aber vor allem interessieren soll, ist, daß – allen später idealisierten Gegensätzlichkeiten zwischen Wagner und Verdi zum Trotz – seit Ende der 1850er Jahre von „italianità" suchenden Musikkritikern die Bindung an die dramaturgischen Anforderungen des Theaters[532] in Verdis Opern ausgerechnet als „Wagnerismo" oder „Germanismo" ausgedeutet wurde. Dies ging mit einer allgemeinen Kritik am italienischen Opernwesen einher, das, so klagten die Kritiker, immer mehr der Dekadenz verfiele, anstatt sich auf die alten Werte der Klassiker zu besinnen. In der florentinischen Zeitschrift „Armonia" war 1856 sogar vom Wunsch nach einem „risorgimento" der Musik die Rede.[533]

Wie wir aus weiteren Musikzeitschriften dieser Zeit entnehmen können, wurde gerade Verdi unterstellt, er verleugne beim Versuch, immer etwas Neues zu komponieren, den „italienischen Stil". So echauffierte sich ein Autor der Mailänder „Italia Musicale" am 3. Januar 1858 über die ein Jahr zuvor in Venedig uraufgeführte Oper „Simone Boccanegra": Sie scheine nicht das Kind desselben Vaters zu sein, wie frühere Werke. Der Autor forderte, den „Boccanegra" mitsamt dem hinkenden „Stiffelio" und der chlorofizierenden „Giovanna di Guzmann"[534], so wörtlich, in ein orthopädisches Krankenhaus zu schicken.[535]

Die florentinische Zeitung „L'Armonia", die die Oper „Simone Boccanegra" wegen der vielen Rezitative kritisierte, befürchtete sogar, Verdi wolle mit einem Schlag die Reform des „Vaters" der deutschen „Zukunftsmusik" in Italien einführen; denn auch bei Wagner dominiere ja der Text über die Musik.[536]

---

eher familiär als heilig. Verdis Garten ist mehr „Lustgärtchen" als Repräsentationsanlage. Beiden Gärten gemeinsam ist indes das Grab des Hündchens: Bei Wagner liegt Ruß „wachend" nahe bei seinem eigenen Grab und bei Verdi ist auf Loulous letzter Stätte sogar eine Gedenksäule mit der Aufschrift: „Nella memoria d'un vero amico" angebracht. 1862 ließ Verdi Loulou sogar auf Leinwand in Öl von Filippo Palizzi verewigen. Hier wenigstens schlagen die Herzen der „Antipoden" im gleichen Takt.

531 Dahlhaus, Carl, Über die musikgeschichtliche Bedeutung der Revolution von 1848, in: Melos, 1/1978; S. 15.

532 Auch Gerhartz betont Verdis engen Bezug zur theatralischen Bühnenwirkung, ohne ihn darum heute allerdings mit Wagner zu vergleichen. Diesen Bezug aber deutete mancher italienische Kritiker damals als „typisch deutsch". Gerhartz, Leo Karl, Die Auseinandersetzungen ..., a.a.O., S. 325ff.

533 Vgl.: L'Armonia – Giornale nonpolitico, 29. Juli 1856

534 So hießen die „Vêpres Siciliennes" für das italienische Publikum.

535 L'Italia Musicale, Giornale di letteratura, Belle Arti, Teatri e Varietà, 03.01.1858.

536 L'Armonia – Giornale non politico, 27. Oktober 1857.

Rossini und Bellini wurden in weiteren Artikeln gegen Verdi ins Feld geführt. Sie hätten – mit Ausnahme von Rossinis „Guglielmo Tell“ – wirklich italienische Opern geschrieben, so wie ehemals Verdi auch.[537] Und auch der Musikkritiker Abramo Basevi schrieb über die erste Version der Oper „Simone Boccanegra“, sie ähnele mehr dem „Tannhäuser“ Wagners als Verdis früherem Stil, weil sich hier eine neue Kompositionsform in Verdis Schaffen erweise.[538] Wie wir schon an dem französischen Musikkritiker Fétis sahen, stammten solche Kritiken nicht nur von Italienern: George Bizet zeihte 1867 den „Don Carlos“ des „Wagnerisme“, und Gustave Bertrand, der 1872 ein Buch mit dem Titel „Nationalités musicales“ veröffentlichte, entdeckte im „Rigoletto“ wiederum deutliche Anklänge an Weber.[539]

Diese Anwürfe versetzten Verdi in die unwürdige Position, den italienischen Kritikern gegenüber – so scheint es aus seinen Korrespondenzen auf – seine Musik verteidigen zu müssen. Er, der später als der Vater italienischen Nationalgefühls gelten sollte, mußte sich gegen die Klagen des „faire du Wagner“[540] oder den Vorwurf, ein „fast perfekter Wagnerianer“[541] zu sein und „deutsch“ zu komponieren, zur Wehr setzen.[542]

Die unleidigen Diskussionen in der Presse aber werden in der musikwissenschaftlichen Literatur oft monokausal als Begründung dafür angeführt, daß Verdi nach der „Aida“ sechzehn Jahre keine neue Oper komponiert habe. Der Tod Wagners wird im Mythos noch einmal zur letzten Beziehung zwischen den „Antipoden“, denn Wagners Ende in Venedig wird als eine Art Initialzündung für das nun beginnende Alterswerk Verdis gedeutet. Nun konnte Verdi unterstellt werden, er habe sich spät doch noch zu Wagner bekannt. Ein Bekenntnis, das, so urteilten viele Kritiker, schließlich in seiner letzten Oper, im durchkomponierten „Falstaff“[543], gipfelte.

Dieses Werk Verdis und Boitos ist aber bei genauem Hinsehen viel eher eine späte Verbeugung vor dem größten „burlone“[544], den es jemals gab, wie Boito Rossini 1868 nannte, und dessen frühen „burlette per musica“ als eine wagnerianische Tat. Wenn man von Cosima

---

537 L'Italia Musicale, 10.02.1859; 25.02.1859.

538 Der Verdi-Biograph Carlo Gatti versuchte dieses Urteil abzuschwächen, indem er herausstellte, daß in der Tat das Rezitativ in dieser Oper einen für Verdi völlig neuen Ausdruck erhalten habe. Gatti deutet es aber als Zeichen für die künstlerische Variationsbreite, die Verdi zur Verfügung stand. Gatti, Carlo, a.a.O., S. 336.

539 Zit. bei: Schaeffner, André, Il fine del Purgatorio, a.a.O., S. 228.

540 So George Bizet, Ebenda.

541 In einem Brief vom 1. April 1867 an den französischen Verleger Léon Escudier erwähnt Verdi erbost französische Zeitungsartikel, die seinen „Don Carlos“ als wagnerianisch bezeichnen. Vgl.: Briefe, hrsg. v. Otto, Werner, a.a.O., S. 206.

542 So vermutet auch Michael Harrison: „(...) but at the end (Verdi, B.P.) finds himself in a somewhat defensive role as an aging bulwork of defense against the uncroachments of Germain in Italian musical life.“ Vgl.: Harrison, Michael, a.a.O., S. 98. – Filippo Filippi warf Verdi gar vor, das „Cantabile“ der Eleonora aus „Forza del destino“ von Schuberts „Ave Maria“ abgeschrieben zu haben. Vgl.: Brief von Verdi an Filippo Filippi, 4. März 1869, in: Briefe, hrsg. v. Otto, Werner, a.a.O., S. 196.

543 Hermann Kretzschmers Urteil über die Ähnlichkeit im Kompositionsstil des späten Verdi mit Wagner zit. bei: Baruch, Gerth-Wolfgang, a.a.O., S. 33.

544 Dt.: Spaßvogel. Zit. bei: Manzotti, Michele, 1868: i musicisti contro il progetto Broglio, in: BeQuadro, 17/1985, S. 19.

Wagner absieht, die Verdi wohl aus Dünkel keine Entwicklung zwischen „Ernani“ und „Falstaff“ attestieren wollte, so wird – seit der Uraufführung 1893 in Mailand – Verdis letzte Oper bis heute meistens in Zusammenhang mit Wagners Opernschaffen gebracht.[545]

Der Deutsche Eduard Hanslick, den Verdi später „Bismarck der Musikkritik“ nannte, lobte zwar am „Falstaff“ kurz nach der Premiere, daß er das Gedächtnis nicht mit Leitmotiven gängle. Doch dennoch sprach er von einem Wagnerschen Einfluß „in weitestem Sinn und liberalster Auslegung“. Nur die kleine Kantilene „Bocca baciata“ aus einer Liebesszene zwischen dem jungen heimlichen Paar, Nanetta und Fenton, erinnerte Hanslick glückselig an den sinnlichen Reiz des früheren Verdi.[546]

Dietmar Holland nahm Hanslicks Vorlage auf und bezeichnete „Falstaff“ als „mediterranes Gegenstück zu Wagners 'Meistersingern'“ und spannte damit einen Bogen von fast hundert Jahren einvernehmlicher Einschätzung.[547] Und für Eckhard Henscheid klang jüngst sogar das von Hanslick entdeckte Kantilenen-Kleinod „Bocca baciata“ nach einem „glücksleitmotivischen Refrain“, obwohl es eher bester veristischer Arienqualität eines Puccini mit „Che gelida manina“ aus „La Bohème“ nahekommt. In seiner „Falstaff“-Interpretation landete Henscheid bei der vergeblichen Suche nach seiner sonst so brillant diagnostizierten Verdi'schen „Gemütlichkeit“ auch wieder bei Wagner-Verdi-Vergleichen. Und damit integrierte Henscheid noch genau hundert Jahre nach der Uraufführung in Mailand auch bei der Jubiläumsaufführung in Salzburg 1993 abermals Wagner in die Interpretationssprache.[548]

Eine Ausnahme in der Beurteilung des „Falstaff“ ist der Komponist und Schriftsteller Teodoro Celli, der 1950 analysierte, daß Verdi nur zitathaft und voller Ironie mit Versatzstücken aus der Operngeschichte – so auch mit Wagners Opern, aber auch seinen eigenen – spielte.[549] Die gewöhnlichen Einschätzungen von „Falstaff“ aber wirken, als könne die Ästhetik des späten „problematischsten“[550] Verdi nur mehr mit Hilfe der durch den Namen „Wagner“ evozierten musikalischen Assoziationen charakterisiert werden. Wahrscheinlich haben die Vergleiche mit Wagner, dessen vermeintlicher Einfluß auf Verdi im „Falstaff“ höchstens zitathaft oder in ironischem Duktus bemerkbar ist, auch mit dem Librettisten Arrigo Boito, der vor „Falstaff“ auch den „Othello“ von Shakepeare für Verdi übersetzte und einrichtete, zu tun.[551]

---

545 Martin, George, Aspects of Verdi, a.a.O., S. 65. – So urteilte unter vielen prominenten Kritikern auch Strawinsky: Vgl.: Gerhartz, Leo Karl, Versuch über Falstaff, in: Musik, Deutung, Bedeutung, Festschrift für Harry Goldschmidt zum 75. Geburtstag, hrsg.v. Heister, Hanns-Werner/ Lück, Hartmut, Dortmund 1986, S. 25.

546 Hanslick, Eduard, Aus meinem Leben, a.a.O., S. 393f.

547 Holland, Dietmar, Kommentar zu „Falstaff“, in: Csampai, Attila/ Holland, Dietmar, Opernführer, a.a.O., S. 643.

548 Henscheid, Eckhard, Über das Komische – Falstaff-Miszellen, in: Programmheft zu „Falstaff“ im Rahmen der Salzburger Festspiele 1993, Salzburg 1993, S. 14. – Ders., Verdi und die Gemütlichkeit, in: ders.,/ Poth, Chlodwig, ...über Oper – Verdi ist der Mozart Wagners, Luzern, Frankfurt/Main 1979., S. 82–97.

549 Vgl.: Celli, Teodoro, Il dio Wagner, a.a.O., S. 292–304, hier: S. 303.

550 Henscheid, Eckhard, Über das Komische, a.a.O., S. 17.

551 Der aus Padua stammende italienisch-polnische Boito übersetzte auch 1888 Shakepeares „Anthony and Cleopatra“ für die Schauspielerin Eleonore Duse. Vgl.: Busch, Hans, Biographische Skizzen – Eleonore Duse, in: Verdi – Boito – Briefwechsel, a.a.O., S. 579ff.

Er war in jungen Jahren ein bekannter und leidenschaftlicher Wagnerianer gewesen, der ganz bewußt versuchte, seine Oper „Mefistofele“ von 1868 in ästhetische Nähe zu Wagner zu bringen. Wie Wagner schrieb er selbst das Opernlibretto in Anlehnung an die deutsche Faust-Legende vom „Faustbuch“ und an das Goethesche Drama. Und wie Wagners Hauptwerke wurde auch „Mefistofele“ durchkomponiert. Doch den Versuch, als italienischer Adept dem deutschen Komponisten gleichzukommen, qualifizierte Wagner nur als „Stickerei einer reizenden jungen Dame“ ab.[552]

George Bernard Shaw, der sich intensiv mit der zeitgenössischen Oper – vor allem mit dem „Ring des Nibelungen“ – auseinandersetzte, zeihte Verdis „Falstaff“ nicht so sehr der Nachahmung Wagners als der Anleihen aus Boitos „Mefistofele“. „Falstaff“ sei keine Oper, sondern ein Musikdrama und „infolgedessen von Shakespeare, Boito und Verdi (...) und nicht von Verdi allein.“[553]

Die zeitgenössischen Vorwürfe des „Wagnerismo“ jedenfalls mögen Verdi schließlich dazu gebracht haben, sich immer häufiger auf Palestrina und die alte italienische Schule insgesamt zu beziehen, um sich damit deutlich von Wagner und der deutschen Kompositionsform abzusetzen.[554] 1871 hatte Verdi zum ersten Mal die Parole „Torniamo all'antico sarà un progresso“ ausgegeben. Damit kommentierte er in einem Brief an den Neapolitaner Komponisten und Musikwissenschaftler Francesco Florimo seine Absage an das Konservatorium in Neapel, Nachfolger von Mercadante zu werden.[555] Er beteuerte, ihm sei vor der „Musik der Zukunft“ nicht bange, doch seine Vorliebe für das unabhängige Leben lasse eine Beschäftigung als Lehrer nicht zu.[556]

Den jungen Schülern gab er den Rat, nicht zu viele Aufführungen moderner Opern zu besuchen. Wenn ein junger Musiker eine klassische musikalische und literarische Ausbildung genossen habe, so werde er „die Schar der Nachahmer und der Angekränkelten unserer Epoche nicht vergrößern, die suchen und suchen und (manchmal Gutes tuend) niemals finden.“[557]

552 Zit. bei: Scherer, Barrymore Laurence, Boitos Verhexung, a.a.O., S. 23.

553 Shaw, George Bernard, Falstaff 1893 – Musik-Feuilletons des Corno di Bassetto, in: Programmheft zu „Falstaff“ im Rahmen der Salzburger Festspiele 1993, a.a.O., S. 4f.

554 Vgl.: Briefe von Verdi vom 17. April 1872, 29. August 1872, 4. April 1879, 14. April 1892, in: Oberdorfer, Aldo, Autobiografia dalle lettere, a.a.O., S. 419, 432f., 458, 479.

555 Brief von Verdi an Florimo vom 4. Januar 1871, in: Giuseppe Verdi – Briefe, hrsg. v. Otto Werner, a.a.O., S. 216. – Vgl. auch: Baruch, Gerth-Wolfgang, Verdi und wir, in: Melos – Zeitschrift für Musik, 18/1951, S. 43.

556 Ein Jahr zuvor hatte Verdi allerdings eine Konferenz zur Diskussion der Konservatorien in Florenz präsidiert. Wahrscheinlich weil er hier eine ideale Möglichkeit sah, eine Note zu platzieren, die die gesetzlich festgelegte Ordnung der Orchester in „La Scala“ und „San Carlo“ betraf. Er forderte zu diesem Anlaß, daß beide Theater künftig über ein festes Orchester und einen festen Chor verfügen sollten. Vgl.: Harwood, Gregory W., Verdis Reform of the Opera Orchestra, a.a.O., S. 117.

557 Giuseppe Verdi am 4. Januar 1870 an Francesco Florimo, in: Briefe, a.a.O., S. 216. – Der Abgeordnete und Senator Giuseppe Piroli, der 1865 Verdis Sitz im Parlament übernommen hatte, bat Verdi 1871 um Rat, weil eine Kommission Richtlinien für die Musikkonservatorien im vereinigten Italien erstellen sollte. Verdi antwortete Piroli im selben Tenor wie zuvor Florimo die Maxime: „Kein Studium der Modernen“. Ebenda, S. 217.

Vielleicht, so können wir nur mutmaßen, hatte Verdi darum auch nichts dagegen einzuwenden, daß zum Ende des Jahrhunderts in Biographien wie der von Arthur Pougins ganz explizit das typisch Italienische seiner Musik hervorgestrichen und daß nun sein Name in Zusammenhang mit dem ersten König des vereinigten Italiens in Verbindung gebracht wurde. Vielleicht war er es müde, entgegen allen Anwürfen darauf zu beharren, was für ihn selbst Musik bedeutete. Fast sechzigjährig schrieb er an seinen guten Vertrauten Cesare De Sanctis in Neapel: „Was bedeuten schon diese Schulen, diese Vorurteile von Gesang, Harmonie, Deutschtum, Italianismus, von Wagnerismus, etc., etc.? Es ist etwas mehr in der Musik, ... es ist die Musik!..."[558]

Entgegen jeder offensichtlichen Willfährigkeit gegenüber dem öffentlichen Diskurs über Nation und nationaler Musik, gegenüber den Ansprüchen der Gründungsväter, postulierte Verdi in den Briefen an De Sanctis derart wortgewaltig die über das Nationale erhabene Universalität von Musik, daß der Freund ihm sogar vorschlug, diese pointierten Briefe zu veröffentlichen.[559] Doch geschah das erst nach Verdis Tod.

558 Brief an Cesare De Sanctis/Neapel, vom 17. April 1872, in: Briefe, hrsg. v. Otto, Werner, a.a.O., S. 232. – Im italienischen Original heißt es: „Cosa significano mai queste scuole, questi pregiudizi di canto, d'armonia, di tedescheria, di italianismo, di wagnerismo, etc., etc.? Vi è qualche cosa di più nella musica, ... vi è la musica!". Vgl.: Oberdorfer, Aldo, a.a.O., S. 458.

559 Ebenda, S. 151. – Es fand sich eine Ausnahme eines Aufsatzes zu Verdi und Wagner bezeichnenderweise in einer faschistischen Festschrift zu Verdis vierzigstem Todestag, als die Achse Rom-Berlin geschmiedet war. Hier war von Antipoden keine Rede, dafür in voller Anerkennung von ihrer beider Werk und Leben. „Genio e ingegno. Wagner e Verdi", als Genie und Geist wurden sie hier bezeichnet. Der Aufsatz lief schließlich darauf hinaus, den jeweiligen Ursprung und Tribut an ihre Rasse, der lateinischen und der germanischen, zu betonen. Vgl.: Tebaldini, Giovanni, Verdi e Wagner, in: Verdi. Studi e memorie, hrsg. v. Sindacato nazionale fascista musicisti, Rom 1941, S. 175.

XII. „Novecento" – Wann ist die Oper volkstümlich ?

„Verdi è morto, Verdi è morto", ruft ein als Rigoletto verkleideter, betrunkener Buckliger inmitten der emilianischen Felder, und die Bauern nehmen seinen Ruf auf: Verdi ist tot, und ganz Italien trägt Trauer.

Mit diesen Bildern beginnt Bernardo Bertoluccis Film „Novecento". Verdis Tod im Jahr 1901 markiert gleichsam das Ende des 19. Jahrhunderts und den Beginn eines neuen Zeitalters. Sein Name in den ersten Sequenzen des Films ist über die Bedeutung der Jahrhundertwende hinaus dessen dramaturgisches Programm: die im Todesjahr geborenen Filmprotagonisten Olmo und Alfredo werden im Mythos Verdi angelegte Antagonismen leben – einer wird Landarbeiter und einer Landesherr.[560]

Für den aus einer Parmenser Großbürgersfamilie stammenden Professorensohn Bertolucci gehört neben Pasolini und Godard Verdi zu seinen künstlerischen Vorbildern. Berühmte, leicht wiedererkennbare verdianische Arien und Kantilenen durchziehen seine seit Beginn der sechziger Jahre gedrehten Filme wie „Strategia del ragno" oder „La Luna". Bertolucci verehrt

---

560 Die Rollen des Landarbeiters und Landesherrn in „Novecento" entsprechen ganz dem mythischen Antagonismus des „Risorgimento", bestehend aus dem „Bauern von Roncole" und dem im Akrostichon „V.E.R.D.I." versteckten Namen des savoyischen Königs. Von diesem Klischee Bertoluccis abgesehen, entspricht es höchstwahrscheinlich der Realität, daß der Tod Verdis von den Bauern der Emilia, also seinen regionalen Landsleuten, deutlich wahrgenommen wurde, wenn auch nicht so pathetisch. Roberto Leydi berichtet von einem Volkstheater in Reggio Emilia, das 1897 eine Dialekt- und Parodiefassung von „Aida" aufführte, indem die ägyptische Armee in italienische Soldaten und Radamès in den italienischen General Baratieri verwandelt wurden, der die italienischen Soldaten 1896 in den Krieg gegen Abessinien führte, den die Italiener verloren. Leydi, Roberto, Verbreitung und Popularisierung, a.a.O., S. 360f. – Dieses Theaterstück beweist, welche Popularität Verdi am Ende seines Lebens schließlich erreicht hatte und zeigt, wie der beharrlich erzählte Mythos schließlich zu einer Art „self-fullfilling-prophecy" wurde. Nun identifizierten sich wirklich die Laiendarsteller mit den ägyptischen Soldaten, wie gemäß der mythischen Erzählung sich das italienische Volk vermeintlich durch die in Kriegsgefangenschaft darbenden Juden in „Nabucco" angesprochen gefühlt haben soll. Hier sieht man, wie lächerlich es andererseits wäre, zu behaupten – wie das die Mythographen im Fall von „Nabucco" taten –, Verdi habe den kolonialistischen Konflikt zwischen Italien und Abessinien vorausgeahnt und darum „Aida" komponiert.

Verdi, weil er für ihn das Vorbild für Volkstümlichkeit darstellt.[561] Und diese volkstümliche Rezeption beginnt – quantitativ und qualitativ, anfangs schwer greifbar – tatsächlich erst ziemlich genau um Verdis Tod.

Das politische Klima, in dem Verdi starb – und das hier nur überblicksartig gespiegelt werden kann –, hatte sich seit den beschriebenen Krisen in den achtziger Jahren, gesamtgesellschaftlich betrachtet, kaum verändert. Seit dem Tod Vittorio Emanueles II. und dem Aussterben der Zeitgenossen und Mitkämpfer Cavours um die Legitimation der italienischen Nation, wurde das politische Gleichgewicht fragiler. Aus der schwer regulierbaren Ausweitung des regionalen Markts und der instabilen ökonomischen Situation resultierte – wie in allen sich industrialisierenden Staaten – eine große Unzufriedenheit unter der italienischen Arbeiterschaft, die zu Streikbewegungen führte. Die Verabschiedung der ersten Arbeiterschutzgesetze zum Beispiel, die die Situation hätten verbessern können, zog sich schleppend von 1875 bis zur Jahrhundertwende hin.[562] Die Zahl von über einer Million Emigranten, die zwischen 1876 und 1900 die italienische Halbinsel für immer verließen, spricht für sich.

Einer der letzten noch lebenden Einheitspolitiker der „ersten Stunde" und Nachfolger Cavours, Francesco Crispi, schadete dem Kabinett Depretis mehr durch seine kolonialen Expansionsbestrebungen und seine persönlichen Skandale, als er durch seine Politik hätte gutmachen können. Die anarchistischen „Internationalisten", die in Italien – ebenso wie etwa in Rußland ein Bakunin oder Kropotkin – gutbürgerlichen oder adligen Familien entstammten, erklärten der Dynastie den Krieg: 1894 wurde der französische Staatspräsident Carnot ermordet, 1898 gelang ein tödlicher Anschlag auf die habsburgische Kaiserin Elisabeth. Und ein Jahr davor hatte sich der Anarchist Giovanni Passanante bei einem Besuch in Neapel auf Vittorio Emanueles Nachfolger, Umberto I., mit einem Dolch gestürzt. Der Ratspräsident Benedetto Cairoli wurde dabei verletzt, aber das Attentat gegen den König mißlang. Doch Umberto wurde im Juli 1900, ein halbes Jahr vor Verdis Tod also, von Gaetano Bresci erschossen. Dieses Attentat der Anarchisten richtete sich sowohl gegen die savoyische Dynastie als auch gegen die monarchistische Regierungsform, die von den italienischen Anarchisten als Unterdrükkungssystem empfunden wurde.

In der Öffentlichkeit allerdings minderte die Tat das Ansehen der Monarchie keineswegs. Der für seine Trägheit bekannte Umberto wurde nun durch seinen gewaltsamen Tod für seine fragile Nation als Märtyrer aktiv und konnte zu „Umberto il buono" mythisiert werden.[563]

Während Mafia und Camorra in Süditalien versuchten, die Staatsautorität zu unterminieren, wurde gleichzeitig vom Kultur- und Bildungsministerium – schon seit den Erziehungsreformen in den späten siebziger Jahren – eine streng national-italienische Pädagogik und Zensur betrieben: Italo Svevos „Senilità" durfte zum Beispiel 1898 wegen ihrer Triestinischen

561 Vgl.: Bernardo Bertolucci, hrsg.v. Kuhlbradt, Dietrich/ Prinzler, Hans Helmut/ Witte, Karsten, München 1982, S. 176.

562 Lill, Rudolph, Geschichte Italiens, a.a.O., S. 219. – Der sich formierende Kampf der Arbeiter bekam erst 1892 durch die Gründung der „Italienischen Sozialistischen Arbeiterpartei" eine legale Form. Vorher gab es nur sogenannte Selbsthilfsvereine der Arbeiter. Vgl.: Taliani, Enrico, Die sozialistische Arbeiterbewegung in Italien (1865–1898), Saarbrücken 1963, S. 6ff., 103ff.

563 Lill, Rudolph, Geschichte Italiens, a.a.O., S. 238ff. – Romano, Sergio, Risorgimento „rico-struito", in: La Stampa, 08.12.1993. – Mack Smith, Denis, I Savoia, a.a.O., S. 185.

Dialektfassung nicht publiziert werden, weil der Roman nicht ausreichend „italianità“ verkörperte.[564]

Gefeiert wurden dieweil D'Annunzio oder Carducci als die Nation verherrlichende Regimedichter. Für die „Demokratisierung“ und Popularisierung von Kunst und Musik in Mitteleuropa sorgten schon zum Ende des letzten Jahrhunderts als nicht zu unterschätzende Multiplikatoren des Mythos Oper verschiedene junge Industriezweige. Übernahm die Mäzenatenrolle für Musik und Kunst bis weit ins 19. Jahrhundert noch oft der Regent eines Staates oder die Kirche, entdeckten im Zuge der Industrialisierung und der Kapitalakkumulation private Firmen diese Aufgabe. Immer häufiger diente technisch reproduzierte Kunst nun auch der optischen Firmenwerbung und popularisierte damit wiederum die Kunst. Sowohl der Fleischextraktfabrikant Liebig, dessen Brühwürfel mit Reklame-Sammelbildern aus der großen Oper – „Othello“ von Verdi, „Hugenotten“ von Meyerbeer und derer mehr – bestückt wurden[565], als auch die Keksfirma Bahlsen, die mit Plakaten von führenden Graphikern wie Behrens und Hohlwein warb[566], wollten mit ihren Produkten auch breite Schichten ansprechen. Schon in den letzten Lebensjahren von Verdi begannen einige findige Marktstrategen, das weißbärtige Konterfei des Komponisten oder Szenenabbildungen aus seinen späten Opern wie „Aida“ und „Othello“ auf Tellerchen oder Tabletts zu reproduzieren. Eine Firma aus Parma produzierte Sardellendosen mit Abbildungen des tafelfreudigen Ritters Sir John Falstaff.[567] Bevor die Oper aber als Transportmittel nationaler Zugehörigkeitsgefühle volkstümlich werden konnte und sich als Mythos fern vom Brokat und Samt der Opernhäuser durch die Erfindung des

564 Blasco Ferrer, Eduardo, a.a.O., S. 169. Blasco Ferrer, Eduardo, a.a.O., S. 171.

565 Vgl.: Lorenz, Detlef, Fleischextrakt und große Oper. Die Reklame-Sammelbilder der Liebig-Gesellschaft zu Oper, Operette und Ballett, zit. bei: Giacomo Meyerbeer – Weltbürger der Musik, a.a.O., S. 184.

566 In Deutschland finden wir unter anderem zunehmende Ausgaben für den Erwerb von Kunst – zum Beispiel bei der Familie Krupp. Vgl.: Lenmann, Robin, Die Kunst, die Macht und das Geld – Zur Kulturgeschichte des kaiserlichen Deutschlands 1871–1918, Franfurt/Main 1994, S. 91

567 Abbildungen in: Giuseppe Verdi – vicende, problemi e mito di un artista e del suo tempo, Katalog zur Ausstellung im Palazzo Ducale di Colorno, Colorno 1985, Tafel 103. – Nach Verdis Tod hat sich diese Form des Devotionalienkults vom Tomatenmark mit der Abbildung eines fiktiven – an das Vittorio Emanuele-Denkmal gemahnenden – „Monumento a Giuseppe Verdi – Parma“ bis zum heutigen Nippes, bestehend aus Verdi-Zigarettenetuis, Verdi-Schlüsselanhänger und Verdi-Krawatten weiterentwickelt. – Monaldi, wie in der Folge seine Rezipienten, behauptete in seinem 1910 erschienenen Buch über Verdi, daß dessen Opern schon zur Zeit des „Nabucco“ wahre Moden ausgelöst hätten. Es soll schon damals Verdikrawatten, Schals und Hüte mit seinem Konterfei gegeben haben. Man habe sogar Saucen nach Verdi benannt. Die im oben genannten Katalog dokumentierten Recherchen beweisen Monaldis Willen zur mythischen Klitterung und Verfälschung der Jahreszahlen, denn die genannten Verdi-Produkte datieren frühestens in die Zeit um die Jahrhundertwende. Von mir konnte immerhin ein bürgerliches deutsches Kochbuch von 1903 gefunden werden, in dem eine „Bombe Verdi“, ein halbgefrorenes Dessert, das aus einer mit Pistazien-Mandelmousse gefüllten Traubenplombière besteht, aufgeführt wird. Vgl.: Monaldi, Gino, Le prime rappresentazioni celebri, Mailand 1910, S. 212. – Casini, Verdi, a.a.O., S. 71. – Löffler-Bechtels großes illustriertes Kochbuch, hrsg. v. Bechtel, Eugen, Ulm 1903, S. 1055.

Grammophons[568] und des Radios in der Wohnstube oder Kneipe verselbständigte, bevor die Melodie des Chors „Va pensiero sull'ali dorate" mit dem neuen Titel „Canto di Maggio" zu einem der Arbeiter - Mailieder[569] werden konnte oder die „Traviata" als Travestieshow umfunktioniert wurde und Musikkapellen auf den italienischen „Piazze" Verdi- und Wagnerstükke spielten[570], bevor auf diesen Wegen Versatzstücke der Oper zum ersten Mal wirklich den breiten Massen zugänglich wurden, verbreitete sich zunächst die italienische Hochsprache: So wie später die sogenannten „fumetti", Comic-Hefte, sorgten um die Jahrhundertwende neben der Schulbildung neue Kommunikationsformen wie illustrierte Journale und Publikationsreihen, in denen unter anderem in leicht verständlicher Sprache geschönte Operngeschichten – von „Aida" und „Traviata" oder Meyerbeers „Robert le Diable" – nacherzählt wurden, für eine gleichzeitige Popularisierung des Italienischen und der italienischen Hochkultur.[571]

In dieser Art illustrierter Journale, die sich deutlich von den einfachen präunitarischen Journalen wie etwa den „Letture popolari" mit regionalen Bauernregeln und Marktkalendern unterschieden, fand auch auf breiter Ebene die organisierte und inszenierte Trauer um Verdis Tod statt. Der Ruf „Verdi è morto" wurde weniger von buckligen Bauern als von findigen Medienunternehmern verbreitet.

---

568 Bei der Popularisierung der Oper – seit etwa der siebziger Jahre des 19. Jahrhunderts – durch Spielwerke und später Grammophone spielten aber nicht nur italienische Komponisten eine Rolle. Wir finden genauso Arien von Gounod, Thomas, Meyerbeer, Auber und Bizet, die auf diesem Reproduktionsweg kursieren konnten. Unter den italienischen Komponisten rangierten an erster Stelle Bellini, Donizetti und Rossini. Vgl.: Leydi, Roberto, Verbreitung und Popularisierung, a.a.O., S. 375ff. – Die Erfindung des Grammophons darf, was die Popularisierung der Oper anbelangt, auch nicht überbewertet werden. Nach der Jahrhundertwende war dieser Apparat noch ein ausgesprochenes Luxusobjekt, und Platten waren sehr teuer. Die Schallplatte als breitenwirksames Transportmittel von nationaler Identität kann – was eine Bevölkerungsschicht jenseits des Bürgertums angeht – frühestens seit Ende des Zweiten Weltkriegs ernst in Erwägung gezogen werden. Vgl.: Heissenbüttel, Helmut, Die Schallplatte als Mittel, historisches Bewußtsein zu gewinnen, in: Merkur, 6/1974, S. 587–592.

569 Roberto Leydi betont, daß diese späte Umfunktionalisierung des Verdi-Chors für eine Arbeiterhymne eine Ausnahme für die Präsenz von Opern im Proletariat darstellt. Vgl.: Leydi, Roberto, Verbreitung und Popularisierung, a.a.O., S. 348.

570 Isnenghi beschreibt diese Musikkapellenkultur auf den Plätzen seit 1915. Isnenghi, Mario, L'Italia in Piazza, a.a.O., S. 221.

571 Blasco Ferrer, Eduardo, Italienische Sprachwissenschaft, a.a.O., S. 171. – Melloni, Remo, Aida e Radames appesi a un filo, in: Gazzetta del Museo teatrale alla Scala 1/ 1985/86), zit. bei: Leydi, Roberto, a.a.O., S. 399. – In einem weiteren Sinn gehören zur Popularisierung der Oper auch die in manchen europäischen Großstädten gezeigten Stummfilme mit Adaptionen der Romanvorlage einer Oper und passender Musik vom Grammophon wie zum Beispiel Aubers „Fra Diavolo" (1906), Wagners „Lohengrin" (1907), Meyerbeers „Der Prophet" (1908) oder „Das Liebesduett" (1908) nach Puccinis „La Bohème". Eine Verfilmung von Hugos „Kameliendame" kam 1919 mit dem Titel „La Traviata" auf den Markt. Die erste verfilmte Verdi-Oper indes war „Rigoletto" von 1946. Es folgte „La Forza del destino" von 1948. Vgl.: Opernfilm, Buchers Enzyklopädie des Films, hrsg. v. Bawden, Liz-Anne/ Tichy, Wolfram, Bd. 2, München 1977, S. 569f.

Die Visibilisierung der nationalen Visionen: italienische Trauerfeiern vor Verdis Tod

Machiavelli schreibt in seinem „Principe“ im Kapitel „Was sich für Herrscher zu tun schickt, um zu Ansehen zu kommen“, daß der Herrscher „(...) zu geeigneten Zeiten des Jahres für die Unterhaltung des Volkes mit Festen und Schauspielen Sorge tragen“ solle.[572]

Die ersten vom jungen vereinigten Nationalstaat veranstalteten pompösen Feste zur Volksunterhaltung, die bereits den Charakter der nationalen Liturgie der späteren „Pellegrinaggi“ trugen, waren die Funeralien, die beim Tod von Vittorio Emanuele II. und Pius IX. zelebriert wurden. Sie starben im Jahr 1878 kurz nacheinander.

Während der Tod Mazzinis vom Staat übergangen wurde und eine Feier für ihn in Rom inoffiziell von republikanischen Gruppierungen organisiert werden mußte, wurde die Totenfeier für Vittorio Emanuele zur staatlich organisierten Massenveranstaltung, die als Behauptung des politischen Mythos nationale Visionen für alle sichtbar machen sollte.[573] Wenn wir die Schilderungen von Ferdinand Gregorovius lesen, der sich zum Zeitpunkt der Todeszeremonien für König und Papst in Rom aufhielt, verstehen wir mehr vom Mythos des „Risorgimento“, dessen „bricolage“ nach der Einnahme einer Stadt, die immer noch allzu deutlich von einem älteren Mythos geprägt war, nun noch einmal dynamisiert werden konnte.

Vittorio Emanuele, der sich seit der Proklamation seines Königtums nur selten in der Hauptstadt gezeigt hatte, starb dortselbst, und seine Leiche wurde zunächst drei Tage im Quirinal öffentlich ausgestellt. Repräsentanten aller Regionen der jungen Nation reisten nach Rom und gaben Gregorovius, der einen Zeitraum von fünfundzwanzig Jahren zu überblicken vermochte, Anlaß zu der Bemerkung: „Zum ersten Mal zeigte die Stadt ein ganz italienisches Antlitz, ja was noch wichtiger war, ein monarchisches Gefühl.“[574]

Fanny Lewald, die dieselben Tage in Rom verbrachte, beschrieb den Tod Vittorio Emanueles als wichtige Etappe für die junge Nation, um zu spüren, wie heikel und prekär die Situation sei, und daß die Italiener nicht immer ein geeintes Volk gewesen sind: „Jetzt – und das ist das cambiomento, das sich (...) aus der Empfindung des einzelnen in den Massen im Handumdrehen vollzieht – interessiert sie nichts anderes als das Schaugepräge des Leichenzuges, die Prachtzeremonie bei des Königs Schwur auf die Verfassung – und das alte ‚Brot und Spiele‘ kommt nur in erneuerter Gestalt wieder auch hier zur Geltung.“[575] Zweieinhalb Stunden lang wurde die Leiche wie bei einer Pfingstprozession vom Quirinal zum Pantheon getragen, wo der Körper des Königs noch weitere zwei Tage aufgebahrt stand.[576] Daß Vittorio

572 Machiavelli, Niccolò, Der Fürst, Stuttgart 1978, S. 96.

573 Zu den Festen, bei denen sich die Nation selbst befeiern und von seinen Angehörigen bestaunen lassen konnte, gehören auch die regelmäßig veranstalteten Industrieausstellungen. Tobia, Bruno, Una patria per gli Italiani, a.a.O., S. 72.

574 Gregorovius, F., Römische Tagebücher, a.a.O., Notiz vom 10. Februar 1878, S. 381.

575 Lewald, Fanny, in: Haufe, Eberhard, a.a.O., S. 431.

576 Im Palazzo Pubblico in Siena wurde in der „Sala del Risorgimento“ von Cesare Maccari dieser Moment als Wandgemälde festgehalten. Borghini, Gabriele, La sala del Risorgimento, in: Brandi, Cesare (Hrsg.), Palazzo Pubblico di Siena – Vicende costruttive e decorazione, Siena 1983.

Emanuele II. nicht in der Familiengruft der Savoyer in Turin begraben wurde, sondern im römischen Pantheon, sollte die Rechtmäßigkeit der savoyischen Herrschaft über die Zentrale des katholischen Glaubens verdeutlichen. Vittorio Emanueles eigenen Wünschen entsprach der Ort seiner Beisetzung keineswegs, denn er hegte offensichtlich eine unüberwindliche Abneigung gegen die Stadt, die auch nach 1870 ikonographisch und sozial vom Papst dominiert wurde.[577]

Die nationale Liturgie bemühte sich seit den siebziger Jahren um eine Äquivalenz der Funktionen, die sonst die christliche Religion besetzt hatte: Kurz nach Vittorio Emanuele starb Pius IX., dessen Leiche nur einen Tag öffentlich im Dom ausgestellt wurde. Das zugelassene Volk, das versuchte, die mit roten Pantoffeln beschuhten Füße des toten Papstes zu küssen, wurde schnell mit Hilfe von Ordnungspersonal an seinem Leichnam vorbeigetrieben.[578] Ein dem Todespomp für den König vergleichbares Zeremoniell durfte nicht stattfinden: Das Begräbnis von Pius IX. wurde mit zweitausend geladenen Gästen unter Ausschluß der Öffentlichkeit begangen.

Im Zusammenhang mit dieser Form der nationalen Liturgie spielten illustrierte Zeitungen zusammen mit Fotografien und Lithographien eine zunehmend wichtige Rolle. Ein Holzschnitt namens „alleanza in Cielo", Allianz im Himmel, zum Beispiel zeigte Vittorio Emanuele, welcher dem eintretenden Pius IX. die Hand entgegenhielt, ihnen zur Seite standen Cavour und der höchstrangige Papstvertraute Antonelli.[579] Fotos von Vittorio Emanuele und von Pius oder auch Montagen beider kursierten nach ihrem Tod wie Votivbilder.[580] Der Inhalt der christlichen Liturgie war der Auftrag Gottes, der nun durch die nationale Säkularisierung mit „innerweltlichen Formeln", wie Voegelin formuliert, zum „Auftrag der Geschichte" synonym wurde.[581] Über die Äquivalenz der Funktionen hinaus wird durch das Simulieren liturgischer Formen die nationale Feier und ihre Ikonographie der christlichen Mythologeme teilhaftig. Denn allein der heilige Vorgang der Liturgie konnte – ob religiös oder national-politisch – als sakrale Handlung erkannt und verinnerlicht werden. Die Bilder von Vittorio Emanuele und Pius suggerierten das himmlische Einverständnis mit der savoyischen Monarchie ebenso wie das schon erwähnte Bild, auf dem Vittorio Emanuele und Verdi sich die Hand reichen, einen dem Mythos gefälligen Zusammenhang aus Verdi und „V.E.R.D.I." suggerierte.

---

577 Die sogenannte „schwarze Aristokratie" soll all die Jahre konsequent alle höfischen Zeremonien boykottiert haben. Mack Smith, I Savoia, a.a.O., S. 91.

578 Gregorovius, Ferdinand, Römische Tagebücher, a.a.O., S. 387. Auch dieser Moment wurde mit einem Foto dokumentiert. Silvagni, David, La corte pontifica e la società romana, Bd. 4, Rom 1971.

579 Garibaldi. Storia e Arte, Bd. „Arte", Florenz 1982, S. 236.

580 Gregorovius, Ferdinand, Römische Tagebücher, a.a.O., S. 390.

581 Vgl.: Voegelin, Eric, Politische Religionen, a.a.O., S. 49.

Die Bebilderung von Verdis Tod: simulierter Patriotismus

„In den Illustrierten sieht das Publikum die Welt, an deren Wahrnehmung es die Illustrierten hindern.“[582]

Nach dem Tod Verdis begann die erste inflationäre Publikationswelle zu seinem Leben und Werk. Zunächst gab es unmittelbar nach dem Januar 1901 Sonderausgaben oder große Hommagen verschiedener italienischer Zeitschriften wie etwa in „L'Illustrazione Italiana“.[583]

Ein ähnlicher Kult wiederholte sich zum 100. Geburtstag Verdis in unzähligen italienischen Tageszeitungen und Periodica wie der „Scena illustrata“, die von der mythischen Beziehung Verdis zu Dante oder Michelangelo bis zu Verdis Gesundheit, Augenfarbe und Leibgericht alle Aspekte seines Lebens im gutbürgerlichen Licht beleuchteten.[584] Zwischen 1900 und bis zum 100. Jahrestag von Verdis Geburt im Jahr 1913 kamen dann viele weitere Veröffentlichungen auf den Markt, zum Beispiel Biographien von Franco Temistocle Garibaldi, Carlo Perinello, Gino Monaldi und Gino Roncaglia, die im Vergleich zu früheren Publikationen wie die von Arthur Pougin meist reich bebildert wurden.[585]

Exemplarisch möchte ich hier die „Illustrazione Italiana“ vorstellen, die auch als patriotisches Organ während der nationalen „Pellegrinaggi“ zum Ende des letzten Jahrhunderts eine wichtige Rolle gespielt hatte und das kollektive nationale Gedächtnis anreicherte. Diese illustrierte Zeitschrift erschien am 3. Februar 1901 mit einem „numero Verdiano“, einer Sonderausgabe über Verdi. Das Titelbild des Journals zeigte eine Seitenansicht des weißhaarigen Komponistenkopfs in einer Lithographie. Es folgte auf der ersten Seite ein 37-strophiges Gedicht, das in bemühtem Knittelreim Verdis Ruhm und seine weiterlebende Seele besang – darüber abgebildet das Geburtshaus Verdis in Roncole. Im ersten Artikel, in dem Verdi als im Ozean erlöschende Sonne betrauert wurde, stieß der Leser schon nach wenigen Zeilen auf die wichtigsten Bezüge zwischen Verdi und dem politischen Mythos der italienischen Nation: Manzoni, Mazzini, Garibaldi. Es folgte ein „Disegno del vero“ von Verdi auf dem Krankenbett in seinem Hotel und – eingerahmt von einigen Werbeannoncen für Likör, Schweizer Schokolade, Seife, Hustenpastillen, Schweizer Seide und Cognac – ein paar Details seines bäuer-

---

582 Kracauer, Siegfried, Die Photographie, a.a.O., S. 34.

583 Vgl.: L'illustrazione italiana, 5/ 1901. – Verdi – (Sonderausgabe von) Natura ed Arte, Mailand 1901. – N.N., Verdi, in: Emporium – Rivista mensile illustrata d'arte, letteratura, scienze e varietà, Januar 1901. – Deutsche Musikzeitschriften, so u.a. die „Signale für die musikalische Welt“ oder die „Zeitschrift der internationalen Musikgesellschaft“, berichteten ebenfalls über Verdis Tod und zu seinen Ehren geplante Denkstätten.

584 Vgl. u.a.: Lancellotti, A., Giuseppe Verdi intimo, in: Scena illustrata, 01.11.1913. – N.N., Giuseppe Verdi, in: Cultura moderna, I/1912–1913. – Benelli, S., A un genio italico, in: La Stampa, 3.12.1913.

585 Vgl.: Garibaldi, Franco Temistocle, Giuseppe Verdi nella vita e nell'arte, – Perinello, Carlo, Giuseppe Verdi, Berlin 1900. – Roncaglia, Gino, Giuseppe Verdi: l'ascensione dell'arte sua, con uno studio di Alfredo Galletti sui libretti musicali di Verdi e il dramma romantico, Neapel 1914. – Monaldi, selbst Impresario, publizierte mehrere Bücher über Verdi. Vgl.: Monaldi, Gino, Verdi e le sue opere, Turin 1887. – Ders.: Verdi: il maestro della rivoluzione italiana. – Ders., Verdi anedottico, L'Aquila 1926.

lichen Lebens, seiner Freunde, seiner Erfolge. Ein anonymer Brief eines „ex-deputato" beschwor Verdis Genialität und Bedeutung für die Politik und berichtete von den Reden, die verschiedene Abgeordnete im Parlament zu Ehren des Sterbenden gehalten hätten.

Der kurioseste Text in diesem Heft hieß „Verdis letzte Tage". Er verzeichnete, nach der kurzen Eingangsbemerkung, daß Verdi seit einiger Zeit fest im Mailänder „Hotel de Milan" logierte und nicht mehr in Sant'Agata, minutiös vom Schlaganfall am Morgen des 21. Januar bis zum Todestag am 27. Januar jede kleinste Regung des Moribunden, die Körpertemperatur, den Pulsschlag sowie die bei dem Kranken wachenden Freunde. Im Parterre des Hotels war ein Zimmer eingerichtet worden, in dem die Journalisten warteten, um sofort ihren Zeitungen aus dem In- und Ausland Neuigkeiten über den Gesundheitszustand Verdis telegraphieren zu können. Das Hotel, so der Bericht weiter, sei schließlich ganz überfüllt gewesen, und die Straßenbahnen hätten extra langsam und bedächtig das Krankenlager passiert, um den Sterbenden nicht zu stören. Alle wichtigen politischen Persönlichkeiten vom Graf d'Aosta über den Sohn Garibaldis bis hin zu Crispi schickten Telegramme mit guten Wünschen. Der Maler Arnaldo Ferraguti nahm eine letzte Porträtzeichnung vom Sterbenden ab – sie wurde in der „Illustrazione Italiana" selbstverständlich abgebildet. Außerdem gab es eine an den Mythos des schlafenden Barbarossa gemahnende Fotografie des toten Verdi, auf der er in seinem schwarzen Gehrock auf dem Bett liegend abgelichtet worden war, als schlafe er nur und stehe gleich wieder auf, um eine seiner Opern zu dirigieren. Direkt darunter wurde die Erfindung des Grammophons lobgepriesen: Das „wundersame" Gerät garantiere die Ewigkeit von Verdis Melodien, und der Zuhörer könne sich auf dem Land, in der ruhigsten Villegiatura, wie in der Stadt fühlen, als säße er in einer Loge von „La Scala".

Die nächsten Bilder zeigten Fotos und Zeichnungen des Trauerzugs zum „Cimitero Monumentale", wo Verdi sich in das provisorische Grab neben seine Frau Giuseppina betten ließ. Er hatte sich testamentarisch[586] bombastische Beerdigungszeremonien, Reden, Gesänge oder andere Musik verbeten. Verdi wollte eine schlichte Zeremonie und vor allem eins: Stille.

Die Zeitschrift berichtete von Tausenden von Menschen, die den Trauerzug durch die Straßen Mailands begleiteten und von den Ordnungskräften in ihren überbordenden Emotionen gezügelt werden mußten. Verdi hatte außer seinem Wunsch nach einer einfachen Beerdigung festgelegt, daß seine sterblichen Reste nur solange auf dem Friedhof verbleiben sollten, bis in der kleinen Kapelle im Untergeschoß der im Jahr 1900 fertiggestellten „Casa di riposo per musicisti", dem Altersheim für arme Opernsänger, seine letzte Ruhestätte fertiggestellt sei. Das von Arrigo Boitos Bruder Camillo, ganz im Sinne von Verdis Maxime „torniamo all' antico sarà un processo", im historistischen „Renaissance"- Stil konstruierte Gebäude, wurde damit zu einem wohl einzigartigen, weil belebten, Mausoleum mitten an einer der verkehrsreichsten Stellen Mailands.

Verdi hat sich mit diesem notariell festgeschriebenen Entschluß – wenigstens was den Verbleib seines Körpers anbelangte – den vereinnahmenden, aufs Kollektiv berechneten Ansprüchen der Nation wehrhafter versagt als manch anderer Protagonist aus der Zeit des „Risorgimento". Vielleicht wollte Verdi dafür Sorge tragen, daß es ihm nicht erginge wie Rossini, den man Jahre nach seinem Tod noch von Paris nach Florenz transferierte, oder Manzoni, dessen sterbliche Überreste – auch lange nach dessen Beerdigung – in einem marmorglänzenden Sarkophag bei einer pompösen Festveranstaltung von seiner ersten Ruhestätte in den öffent-

586 Das Testament stammt vom 14. Mai 1900 und liegt im Archiv in der Villa Verdi, Sant'Agata.

lich zugänglichen „Famedio“, den „Ruhmestempel“ des Cimitero Monumentale, transferiert wurden.[587]

Ehe die Nation sich Verdi einverleiben konnte, hatte er sich sein würdiges Privatmausoleum gebaut.

Doch das Ritual des Gedenkens als Kultform der nationalen Liturgie, das in diesem Jahrhundert vor allem in Form der Jahrestage zu einer Alltagspraxis des politisch-gesellschaftlichen Lebens werden sollte, konnte Verdi mit seiner Bitte um eine schlichte Beerdigung nicht verhindern. Schon einige Tage vor Verdis Tod hatte Gabriele D'Annunzio im Turiner „Teatro Regio“ seine Ode für Garibaldi gelesen, in der er den dem Tode nahen Verdi an Tapferkeit und Tugend mit dem Freischärler gleichgesetzt hatte.

Am Todestag Verdis selbst trug D'Annunzio im „Istituto di Studi superiori“ zu Florenz vor Schülern eine „Orazione ai giovani“ und „Canzone“ zur Ehre des toten Komponisten vor, die unmittelbar anschließend für eine Lira in den Handel kamen.[588] D'Annunzio sprach in elegischem Ton von der heiligen und unermeßlichen Kraft Verdis und seinem von Bauernblut durchströmten Körper.[589] Er verglich ihn mit Dante, Leonardo und Michelangelo und verknüpfte diese Künstler mit Verdi in eine Art lyrischen Dialog.

Schließlich rief er seine Zuhörer, die er wegen ihrer Jugend als den bevorstehenden Frühling Italiens beschwor, dazu auf, in heiliger Glut sich von Verdi wie vom täglichen Brot zu nähren.[590] D'Annunzio hatte kurz zuvor in seinem schwülstigen Roman „Fuoco“ das 19. Jahrhundert mit seiner Musik als Jahrhundert der Verfinsterung und des Irrtums bezeichnet und war – außer Teilen von Wagners Opern – eher Komponisten des 16. und 17. Jahrhunderts oder der Musik der Moderne, so zum Beispiel Grieg oder Zandonai, zugewandt.[591] An D'Annunzios Ode für Verdi aber wird augenfällig, daß der Tod des Opernkomponisten ein fast willkommener Anlaß war, die Werte Italiens, die Propaganda der „italianità“ ins Blickfeld der Öffentlichkeit zu rücken.

Am 1. Februar 1901 fand eine weitere Totenfeier für Verdi im „Teatro alla Scala“ statt. Hier hielt der Literat Giuseppe Giacosa eine Ansprache, Arturo Toscanini dirigierte, und die großen Diven wie Amelia Pinto, Linda Brambilla und der noch junge Debütant Enrico Caruso sangen zu Verdis Ehre seine Arien.[592]

Anscheinend hatte Verdi für den Akt der Transferierung der sterblichen Überreste von ihm und seiner Frau in die „Casa di riposo“, wenige Wochen nach der provisorischen Beerdigung auf dem Cimitero Monumentale, keine testamentarische Vorkehrung gegen nationale Vereinnahmungen mehr getroffen. Ein Chor von achthundertzwanzig Sängern sang unter der Leitung

587 Falkenhausen, Susanne von, Italienische Monumentalmalerei, a.a.O., S. 139f.

588 D'Annunzio, Gabriele, In morte di Giuseppe Verdi, Mailand 1901. – Im gleichen Jahr erschien eine weitere Ode für Verdi von Giovanni Tecchio, Bologna 1901.

589 „Quel corpo tuttavia robusto, tenuto diritta da una fiera armatura di ossa, irrigato dal buon sangue contadino (...)“. D'Annunzio, Gabriele, In morte..., S. 8.

590 Ebenda, S. 14.

591 Vgl.: Sorge, Paola, La musica nell'opera di D'Annunzio, in: Nuova Rivista musicale italiana, 4/1984, S. 621. – D'Annunzio träumte von einer Erneuerung des nationalen Theaters nach dem Vorbild von Wagners Bayreuth. Vgl.: Gazzetti, Maria, Gabriele d'Annunzio, Hamburg 1989, S. 61.

592 Gargano, Pietro/ Cesarini, Gianni, Caruso, a.a.O., S. 52.

von Arturo Toscanini, der nun die stilisierte Rolle des italienischen „maestro“ und des Sachwalters der authentisch italienischen Oper übernahm, „Va pensiero sull'ali dorate“.

Diese Inszenierung schuf die mythische Atmosphäre für den Weg zur letzten Bettung.[593] So enden fast alle Lebensbeschreibungen des Komponisten nun nicht mit der knappen Beschreibung der von Verdi gewünschten Stille an seinem Grab, sondern mit letzten emphatischen – und auch erfundenen – Sätzen über den Chor aus „Nabucco“, den Verdi aber gar nicht gewünscht hatte: „Und da begibt sich einer der großen und seltenen Augenblicke, in denen Volk und Musik zur Einheit wird. Ohne Plan und Verabredung, aus einer unerklärlichen Eingebung geboren, dringt plötzlich aus der Riesenseele der Menge jener Chor aus ‚Nabucco‘, mit dem vor sechzig Jahren Giuseppe Verdi zur Trostes- und Hoffnungsstimme seines Volkes geworden ist. Va pensiero sull'ali dorate.“[594]

Noch in weiteren Städten wurde offiziell getrauert. Auch in Mantua gab es eine Gedenkfeier zum Tod des Komponisten. Der Historiker und spätere Präsident des Staatsarchivs in Turin, Alessandro Luzio, dessen Publikationsliste zu Verdi unter dem Faschismus gut zwanzig Titel lang werden sollte, war hier zum nationalen Festredner bestellt worden und hob Verdis Kontakte mit politisch bedeutsamen Patrioten und seinen Sitz im Turiner Parlament hervor.[595]

Der Tod Verdis, ebenso wie sein 100. Geburtstag dreizehn Jahre später, wurden als Gelegenheit instrumentalisiert, der Nation einmal mehr mit großem Gestus die kulturelle Zusammengehörigkeit und den Anspruch auf gegenseitige Solidarität zu vermitteln. In einer Sieneser Festschrift aus dem Jahr 1913, anläßlich einer Aufführung des „Requiem“, wurde der Text des Komponisten Pietro Mascagni aus der „Rivista d'Italia“ abgedruckt, in dem er seine Gefühle beschrieb, als er von Verdis Tod erfahren hatte. Wie D'Annunzio und Luzio strich Mascagni den Wert Verdis für das Vaterland heraus. Für Italiener habe Verdi eine weit umfassendere Bedeutung als für Ausländer. Denn er habe über seine genialen kreativen Fähigkeiten hinaus eine doppelt heilige Mission vertreten: Verdis Gedanken hätten, so Mascagni, intensiv und einzig der Affirmation der „italianità“ in Politik und Musik gegolten. Verdi – und kein anderer – sei das „Symbol des Risorgimento“.[596]

Rhetorisch lief in den Oden, Reden und Gedenkveranstaltungen um die Jahre 1912/13 alles auf eine Mobilisierung nationalpatriotischer Gefühle in einer durch den italienisch-türkischen Krieg verursachten politisch krisenhaften Phase hinaus. Die Faschisten begannen sich zu

593 Marggraf, Wolfgang, Verdi, a.a.O., S. 348. – Kühner, Hans, Verdi, a.a.O., S. 152. – Phillips-Matz, Mary Jane, Verdi, a.a.O., S. 765.

594 Vgl.: Werfel, Franz, Ein Bildnis Giuseppe Verdis, a.a.O., S. 415. – In einer Radiosendung zum 90. Todestag Verdis hieß es, 100.000 bis 300.000 Menschen hätten Verdi zu seiner letzten Ruhestätte begleitet, und aus dieser Menge habe sich „ein mächtiger Gesang“ mit der „heimlichen Nationalhymne“ erhoben. Vgl.: Damm, Rainer, VIVA VERDI, Teil I–V (unveröffentlichtes Manuskript), Musikstunde des S2 – Kultur, Südwestfunk Baden-Baden 7.1.–10.1.1991, S. 2.

595 Die Rede wurde veröffentlicht in: Luzio, Alessandro, Il pensiero artistico e politico di Giuseppe Verdi, in: ders., Garibaldi, Cavour, Verdi, Turin 1924, S. 299–302. – N.N., Il pensiero artistico e politico, in: La Lettura – Rivista mensile del Corriere della Sera, 24.02.1901.

596 „E fu missione doppiamente santa, perché ebbe il pensiero volto soltanto ed intensamente alla affermazione della italianità nella politica e nella musica.“ Vgl.: Mascagni, Pietro, In morte di Verdi, in: Centenario della nascità di Giuseppe Verdi – Omaggio di Siena a Verdi, hrsg. v. Piangerelli, Pelia, Siena 1913, S. 16–21, hier: S. 19.

organisieren: 1910 hatte der erste Kongreß der „Associazione Nazionalista Italiana" stattgefunden, die 1923 in die faschistische Partei Mussolinis mündete. Wieder war es die „Metasprache", die die Diskurse kompatibel machte. Der Mythos um den so vehement für den „patria"-Diskurs reklamierten Verdi vermittelte den legitimen Anschluß an die Nationalisten des „Risorgimento".

XIII. Verdi für den Schulgebrauch: 1866–1900

Es sind uns nur vereinzelte italienische Schulbücher aus dem 19. Jahrhundert erhalten, die Aufschluß darüber geben können, wie die Geschichte der Nationalstaatsbildung den Kindern des jungen Königreichs Italien vermittelt werden sollte.[597] Das früheste aus der Zeit nach den ersten Zusammenschlüssen zum Königreich Italien 1860 beziehungsweise 1866 stammende Schulbuch wurde im Jahr 1866 in Turin, Mailand und Neapel publiziert. Es hatte den Titel „Dell'uomo e de' suoi doveri" (vom Menschen und seinen Pflichten) und war für die vierte Elementarklasse bestimmt.[598]

Unter dem Kapitel „Die wichtigsten Fakten der Nationalgeschichte" wurden als berühmte Persönlichkeiten und als Vorläufer nationaler Intellektueller Vico, Goldoni und Alfieri aufgeführt. Für die Fortschritte im Bereich der Musik wurden Paisiello und Cimarosa genannt. Ihnen seien Rossini und Bellini gefolgt, die mit ihren Melodien von Italien aus die Welt erheitert hätten.[599] Verdi wurde weder an dieser noch an einer anderen Stelle im Buch erwähnt, und im Kapitel über Vittorio Emanuele II. fand sich auch nicht das mythische Akrostichon.

Ebensowenig taucht Verdi in den weiteren Schulbüchern bis zum Ende des Jahrhunderts auf, um so mehr aber die anderen Helden des „Risorgimento". In einem Schulbuch von 1889, das im Titel die Hauptfakten der Entstehung des Königreichs Italien für die Jungen- und Mädchenelementarschulen ankündigte, erschienen Cavour, Garibaldi, Vittorio Emanuele II. ausführlich. Die „plebisciti" der einzelnen Regionen auf der Halbinsel wurden erklärt. Die militärischen Auseinandersetzungen zwischen 1848 und 1870 wurden mit „Erster" bis „Dritter Unabhängigkeitskrieg" betitelt. Im letzten Kapitel sprach der Autor die Schüler in wörtlicher Rede an: Es ging um den Tod Vittorio Emanueles II. und den Pius IX. sowie um den hoffnungsvollen Neubeginn Italiens. Mit dieser letzten Schilderung, mit dem Tod von König und Papst, so der Autor, könne die zeitgenössische Geschichte abgeschlossen werden.[600] In einem

---

597 Zum folgenden Kapitel habe ich den zentralen Bestand der italienischen Schulbücher in der Biblioteca di documentazione pedagogica in Florenz durchgesehen.

598 „Dell'uomo e de' suoi doveri ad uso della quarta classe elementare", Turin/Mailand/Neapel 1866.

599 Ebenda, S. 119.

600 Fatti principali di storia nazionale riguardanti la formazione del Regno d'Italia per le scuole elementari maschili e femminili compilati secondo gli ultimi programmi didattici ministeriali dal Prof. Luigi De Leva, Turin 1889.

der letzten erhaltenen Lesebücher vor der Jahrhundertwende, von 1894, mit dem Titel „Comminciamo la vita" (Beginnen wir das Leben), wurde den Schülerinnen der dritten Elementarklasse – neben Ratschlägen, wie man eine gute Hausfrau werde – erklärt, warum Garibaldi nur tausend Gefolgsleute ausreichten, um Sizilien zu befreien. Die kleine Mythe berichtete: Kaum war Garibaldi an der Spitze seiner Männer aufgetaucht, flüchteten die Bourbonen zu Tode erschrocken nach Palermo, um ihre Landsleute vor den nahenden „Teufeln" zu warnen, die unmöglich zu besiegen seien. Doch der Sieg Garibaldis sei schließlich, so die Moral dieser Geschichte, darum erfochten worden, weil Garibaldi und die Seinen für die „patria" kämpften, während die Bourbonen bloß danach trachteten, die Überheblichkeit ihres landfremden Königs Francesco aufrechtzuerhalten.[601]

Die kleine Anzahl der uns überlieferten Schulbücher von vor 1900 läßt nur vorsichtige Schlußfolgerungen zu. Aus dem existierenden Material können wir schließen, daß das von den Erziehungsministerien ausgearbeitete didaktische Programm zu diesem Zeitpunkt, also zwischen den Jahren 1866 und 1900, keine Verknüpfung zwischen der Person Verdi und der nationalen Geschichte vorsah. Manzoni hingegen wurde als berühmtester italienischer „Nationaldichter" für die Ausbildung des „fiorentiono colto", der Hochsprache, eingespannt und in den Schulbüchern erwähnt. Vom Nationalkomponisten Verdi, nicht aber von Bellini oder Rossini, schwieg die Pädagogik der jungen Nation.

Nachdem der Erziehungsminister Emilio Broglio 1868 über die immensen Kosten von 400.000 Lire jährlich für die öffentlichen Konservatorien nachgedacht hatte, schrieb er einen Brief an den in Paris weilenden Rossini und lamentierte über die jungen Komponisten Italiens, die fünfstündige „Monsteropern"[602] schrieben und damit das Publikum enervierten und junge Talente behinderten. Seit vierzig Jahren, so klagte Broglio weiter, also seit der letzten Oper Rossinis, gebe es in Italien nichts Bemerkenswertes mehr in der Opernwelt – außer vielleicht vier Opern von Meyerbeer.

Die Lösung für diesen Mißstand, so hatte Broglio ersonnen, könnte eine „Società Rossini" sein, die, anstelle der staatlich organisierten Konservatorien, als zentrale Institution für das ganze Königreich von privaten Mäzenen, Komponisten und erfolgreichen Schriftstellern unterstützt und finanziert werden sollte. Broglio träumte von einem guten Start des Unternehmens, wenn zunächst durch private Beiträge die Summe von 10.000 Lire zu Verfügung stünde und Rossini über seine Rolle als Namensgeber hinaus bereit wäre, der Gesellschaft eines seiner unveröffentlichten Stücke zum Druck zu überlassen.[603]

Von Verdi war auch hier keine Rede. An ihn wandte Broglio sich gar nicht erst. Doch Verdi erfuhr von dem Brief an Rossini, dessen Inhalt ihn so erboste, daß er kurz darauf den ihm angebotenen königlichen Orden „Corona d'Italia" zurückwies.[604] Das von Broglio insinuierte

601 Cominciamo la vita – Libro di Lettura. Terza classe elementare femminile, Mailand 1894, S. 187f.

602 Broglio wörtlich: „Le opere sterminate, che durano 5 ore, sono diventate una sciagurata abitudine pel pubblico; cotesti colossi, cotesto mastodonti musicali non possono che schiacciare un igegno nascente, giacché le presunzioni Mefistofeliche (...)". Zit. bei: Manzotti, Michele, 1868: i musicisti contro il progetto Broglio, a.a.O., S. 17.

603 Ebenda.

604 Diese Ablehnung Verdis stärkt naturgemäß nur den Mythos und ist hier Beweis für die Ehrenhaftigkeit und Würde Verdis, der sich nicht von der Regierung mit Ehrungen um den Finger

Projekt kam aber nicht zustande. Rossini antwortete dem Minister, er müsse sich leider entschuldigen, er sei seit etwa fünf Monaten von einer sogenannten nervösen Krankheit befallen, die ihm den Schlaf und alle Kräfte raube. Er könne also keinerlei Verpflichtungen eingehen. Das einzige unveröffentlichte Stück, das er ihm indessen anbieten könne, hieß „Il Canto dei Titani" für vier Bässe im Unisono und großes Orchester.[605] Diese Offerte war wohl mehr als ein böser Scherz gemeint, argwöhnte Boito, der ebenfalls beleidigt von Broglios Brief war. Boito richtete sich seinerseits an Broglio und riet ihm, er solle sich lieber um die vielen Analphabeten im Land kümmern statt um die Künstler. Hier also wurde die Oper, namentlich Verdis Werk, von den Zeitgenossen noch nicht als nationaler Kraftquell und künstlerischer Focus ernstgenommen.

Verdis Bedeutung im Ensemble der „Risorgimento"- Helden hatte demnach bis zu seinem Tod zur Jahrhundertwende die Öffentlichkeit Italiens noch längst nicht im selben Maße durchdrungen, wie sich die „bricolage" des Mythos in verschiedenen spezialisierten Publikationen, wie in der frühen Biographie von Pougin, bereits zu entwickeln begann. Denn sonst hätte er neben den nationalen Solidaritätsbekundungen, die man nach seiner Wahl zum Deputierten vergeblich von ihm erbat – wie etwa die Bitte, Hymnen zu schreiben oder die Stelle Mercadantes im Konservatorium von Neapel zu übernehmen –, auch im Erziehungs- und Bildungsdiskurs eine nachdrücklichere Rolle gespielt.

Das lag natürlich auch an Verdi selbst, denn das Amt eines Inspektors über alle italienischen Musikschulen, das ihm 1871 zum Beispiel durch ein königliches Dekret übertragen werden sollte, lehnte er ab.[606] Die serielle Mythenkomposition des „Risorgimento", in der Verdi schließlich seine feste Rolle zugeschrieben bekommen sollte, war also noch in Arbeit.

---

habe wickeln lassen. Vgl.: Kühner, Hans, Verdi, a.a.O., S. 87. – Marggraf, Wolfgang, Verdi, a.a.O., S. 246. – Gatti, Carlo, Verdi, a.a.O., S. 505ff.

605 Manzotti, Michele, a.a.O., S. 18.– Rossini, Gioacchino, Ausgewählte Briefe, Berlin 1947, S. 196ff.

606 Brief von Verdi an den Abgeordneten Giuseppe Piroli vom 29.11.1871, in: Verdi – Briefe, hrsg. v. Otto, Werner, a.a.O., S. 225.

XIV. Der politische Mythos Verdi im faschistischen Schulbuch und bei Mussolini

Die ersten uns erhaltenen italienischen Schulbücher, in denen uns Verdi begegnet, fallen in die Regierungszeit der italienischen Faschisten. Es ist hier nicht der Ort für eine umfassende Analyse des Zusammenhangs aus den Mythologemen des „Risorgimento“ und Mussolinis Politik. Der politische Mythos Verdi soll hier aber ausblicksartig über seine erste Konjunktur um die Jahrhundertwende hinaus weiterverfolgt werden.

In einem Schulbuch für die vierte Klasse der Elementarschule mit dem Titel „La vita buona“ vom Beginn der zwanziger Jahre wurden die Schüler an kleinen Texten im Lesen geübt, die vom italienischen Alltag, vom Königshaus der Savoyer, von „L'Italia irredenta“, von italienischen Helden und schließlich von Verdi handelten. Das Kapitel über Verdi wartete mit einigen uns bekannten mythischen „Invarianten“ seiner Biographie auf. Wie im Märchen wurde das Schicksal des kleinen Giuseppe beschrieben, der als Kind armer Eltern unter den Fenstern des reichen prächtigen Hauses Barezzi der dort gespielten Musik lauschte, eines Tages die Aufmerksamkeit von Antonio Barezzi auf sich zog und künftig von ihm protegiert wurde, bis er schließlich selbst Berühmtheit erlangte. Dann habe Verdis patriotische Musik die Massen bewegt und zum Kampf gegen die Unterdrücker angefeuert. Seine Chöre seien wie Kampfhymnen erklungen und hätten Garibaldis Männer ermutigt.[607]

Ein weiteres Lesebuch aus dem Jahr 1928 präsentierte den Schülern schließlich auch das Akrostichon „V.E.R.D.I.“. Hier konnten die jungen Italiener lernen, daß Verdi ein Symbol der Freiheit war, der Ruf „Viva Verdi“ einem Kriegsschrei gleichkam.[608] Um sich auf die Aufnahmeprüfung für die Mittelschule vorzubereiten, mußten die Schüler unter den wichtigsten historischen Personen wie Romulus, Karl dem Großen, Barbarossa, Leonardo da Vinci, Carlo Alberto, Cavour, Mazzini auch über Verdis Leben Bescheid wissen.[609]

Trotz dieser prominenten Präsenz Verdis in den faschistischen Schulbüchern und Prüfungsthemen zwischen den Mussolinischen Lieblingshelden Mazzini und Garibaldi, spielten Verdis

---

607 La vita buona. Corso di letture per le scuole elementari classe IV, hrsg.v. Pesce Giovine, Edvige, Mailand, ca. 1920. – So auch in: La Raccolta – Antologie per le scuole elementari – classe IV, hrsg.v. Li Lanza, Francesco, Mailand 1925, S. 51–52.

608 Rami in Fiore. Corso di letture per le scuole elementare. Libro per le classe V., hrsg.v. Veniali, Giacomo, Turin 1928, S. 183–187. – So auch in: Luce che sorge (classe quinta), hrsg.v. Mantellini, Domenico, Bologna, Neapel, Mailand, Palermo, Rom, Turin, Verona, ca. 1920, S. 50f.

609 Come prepararmi agli esami d'ammissione alle scuole medie. Corso pratico di lezioni sulle

Opern aber für den „Duce" selbst keine so große Rolle wie Wagners Opern für Hitler. Es ist nicht bekannt, daß der Chor „Va pensiero sull' ali dorate" bei den Parteitagen der italienischen Faschisten zur Erkennungsmelodie geworden wäre, wie indes die Rienzi-Ouvertüre die Eröffnung der NS-Parteitage begleitete.[610]

Mussolini bezeichnete in seinen 1911 aufgezeichneten Jugenderinnerungen die kurze Rede, die er zum Tod Verdis im Kollegium der „scuola normale" gehalten hatte, als sein Rednerdebüt.[611] Aber sonst werden in den über dreißig Bänden seiner gesammelten Reden und Aufzeichnungen die Deutschen Wagner und Nietzsche häufiger erwähnt als der „Schwan von Busseto".

Verdi wurde in Mussolinis Reden immer dann exponiert, wenn eine Reihe von berühmten italienischen Künstlernamen auch noch durch einen Komponisten geziert werden sollte. So sprach er bei einer öffentlichen Rede, die er im April 1921 in Ferrara hielt, vom Stolz einer Rasse anzugehören, die Menschen wie Dante, Galileo, Verdi, Mazzini, Garibaldi und D'Annunzio hervorgebracht habe.[612] Oder der „Duce" ehrte die Eröffnungsfeier einer Verdi-Ausstellung, bei der Alessandro Luzio eine Festrede hielt, mit seiner persönlichen Anwesenheit.[613]

Bei einem Interview mit der „United Press" vom März 1937 stellte sich Mussolini als der einfache Italiener dar, der bäuerliches Essen liebe und sich als Vegetarier hauptsächlich von Früchten ernähre. Ins Theater zu gehen habe er aus Zeitgründen wenig Gelegenheit, so der Diktator. Wenn er aber dorthin gehe, bevorzuge er die Oper, vor allem die kämpferische und leidenschaftliche Lyrik Verdis und Wagners oder auch die Verspieltheit Rossinis.[614]

Verdi gehörte nun endgültig mit den anderen Größen der für die Nation reklamierten Kulturgeschichte zu den Vertretern der „italianità", obwohl diese Entwicklung erst mit seinem Tod richtig begonnen hatte. Seine Person bekam jetzt erst die identifikationsstiftende Wirkung, die ihm der Mythos seit 1840 zuschreibt.

Als bewußter politischer Mythos aber wurde Verdi von Mussolini selbst nur spärlich eingesetzt. Zu Mussolinis Stilisierung[615] seiner Vitalität und Kaltblütigkeit, zu seinem Habitus als Mensch der technischen Moderne paßte keine Musikform, die in das 19. Jahrhundert der Salons zurückwies. Lieber bediente Mussolini sich lebender Komponisten und Dirigenten, wie zunächst Toscaninis und dann, als dieser 1929 Italien verließ, Mascagnis, der ein auf den „Duce" zugeschnittenes ästhetisches Musikprogramm lieferte. Im Jahr 1935 wurde an „La Scala" zu Ehren Mussolinis Mascagnis Oper „Nerone" uraufgeführt, die dem Diktator huldigte.[616]

---

varie materie d'esame, Brescia 1928, S. 245ff.

610 Hitler besaß als großer Bewunderer der Kraft Wagners Musik das Originalmanuskript von „Rienzi". Vgl.: Pachl, Peter P., Rienzi, der letzte der Tribunen, in: Csampai, Attila/ Holland, Dietmar, a.a.O., S. 487.

611 Mussolini, Benito, La mia vita dal 29 luglio 1883 al 23 novembre 1911, in: Opera omnia, Bd. XXXIII, Rom 1957, S. 242.

612 Ebenda, Bd. XVI, S. 248.

613 Vgl.: Luzio, Alessandro, Per Giuseppe Verdi – Discorso inaugurale della mostra verdiana alla presenza del Duce nella sede della Real Accademia d'Italia il 4 giugno 1940.

614 Interview mit Web Miller/ United Press, März 1837, in: Mussolini, Benito, Opera omnia, Bd. XXVIII, a.a.O., S. 138.

615 Petersen, Jens, Mussolini: Wirklichkeit und Mythos eines Diktators, a.a.O., S. 249.

616 Pietro Mascagni, in: Reclams Opernlexikon, hrsg.v. Fath, Rolf, Stuttgart 1989, S. 414f.

Toscanini indessen war bei Mussolini in Ungnade gefallen, weil er sich standhaft geweigert hatte, bei Opernaufführungen die faschistische Hymne „Giovinezza“ zu spielen. Als das Publikum ihn 1921 durch lautes Singen daran hindern wollte, den letzten Akt des „Falstaff“ zu dirigieren, verließ er erbost das Dirigentenpult. Ähnliches geschah auch bei der Uraufführung der letzten Oper von Puccini, „Turandot“.[617] Hier war also nicht die Oper selbst mit ihrer vermeintlich für die politische Stimmung typischen Musik das Stimulans für die faschistische Kundgebung, wie es der Mythos Verdi für die Zeit vor der Einheit erzählt, sondern die Oper war lediglich die gesellschaftliche Plattform, die für die faschistischen Parolen – entgegen den Interessen der Opernkunst – ausgenutzt wurde. Ähnlich wie schon in den achtzehnhundertvierziger Jahren das Opernhaus, wo sich für das bürgerliche und aristokratische Alltagsleben außergewöhlich viele Menschen an einem Ort zusammenfanden, zu einer gelegenen Bühne wurde, um „Viva“-Rufe zu skandieren.[618]

Toscanini, der von vielen als letztes Bindeglied zu Verdi betrachtet wurde, weil er noch selbst – zuerst als Cellist und dann als Dirigent – mit ihm zusammengearbeitet hatte, boykottierte seit 1931 Italien und Deutschland. Bei seinem italophilen Opernpublikum hat Toscanini dann viel für die Verbreitung des Verdi-Mythos in Amerika getan.[619]

Doch außer Mussolini und Toscanini arbeiteten gleichzeitig viele Historiker und Musikwissenschaftler im faschistischen Italien an der endgültigen „bricolage“ des „maestro della rivoluzione italiana“. Die zweite Inflationswelle der Publikationen über Verdi rollte zwischen 1922 und 1943. Über zwanzig Monografien und mindestens fünfzig Aufsätze erschienen zu Verdis Werk und einzelnen Aspekten seiner Opern in diesem Zeitraum. Herausragend ist dabei das Werk des Historikers Alessandro Luzio, der neben seinen vielen Veröffentlichungen über Verdi eine ganze Serie über die Nationswerdung Italiens unter dem Titel „Studi e ricerche sulla storia del Risorgimento“ schrieb und betreute. Einer dieser Bände, erschienen in Turin 1924, hatte den Titel „Garibaldi, Cavour, Verdi“ und soll hier wegen des extrem nationalistischen Duktus jener Zeit beispielhaft vorgestellt werden.

Luzio behandelte auf den ersten knapp dreihundert Seiten den mutigen Freischärler und den diplomatischen Ministerpräsident, um dann als Dritten im „risorgimentalen“ Kleeblatt Verdi als den noblen, bescheidenen, genialen Komponisten der lateinischen Rasse vorzustellen. Verdi, so urteilte Luzio, sei sich als Patriot der eminenten Bedeutung seiner Opern für das „Risorgimento“ immer bewußt gewesen und habe darum nichts vom vieldiskutierten Verfall

---

617 Lebrecht, Norman, Der Mythos vom Maestro, a.a.O., S. 96.

618 Für diese Form der „Opernkundgebungen“ gibt es auch ein ganz aktuelles Beispiel: Als Anfang Dezember 1994 in Genua die Opernsaison mit der traditionellen „Inaugurazione“ begann, diente die Oper wieder als Plattform für Politisches – und zwar für die gerade in Italien herrschenden innenpolitischen Spannungen. Kurz bevor die Oper begann, rief der Sohn des Genueser Bürgermeisters laut „Viva Borelli“ aus dem Publikum. Dies war als Affront gegen den anwesenden Justizminister Biondi gemeint, der die Arbeit der „Sauberen Hände“ (manipulite), für die Borelli steht, zu lähmen versucht. Die aufgeführte Oper aber hatte ansonsten weder mit Italien noch mit der Tagespolitik etwas zu tun: es war die „Walküre“ von Richard Wagner. Polaczek, Dietmar, Richard Wagners italienische Reise, in: FAZ, 10. Dezember 1994. – Vgl.: zu „Viva“-Rufen: Gutierrez, Beniamino, Il Teatro Carcano, a.a.O., S. 103 – s. auch weiter oben das Kapitel über die Vignette des „maestro della rivoluzione“.

619 Toscanini behauptete oft, sein Charakter sei dem Verdis wesensverwandt. Lebrecht, Norman, Der Mythos vom Maestro, a.a.O., S. 90.

der italienischen Schule hören wollen.[620] Lange vor der kulturellen Verschweißung Italiens und Deutschlands als sogenannte „Achsenmächte" konnte Luzio noch stark gegen deutsche Theoretiker, vornehmlich gegen Nietzsche und Wagner, polemisieren, denen er die Schuld dafür gab, daß in Italien Kunst und Literatur immer mehr „entarteten".[621] Nietzsche nannte er einen geistesgestörten Philosophen, und er behauptete, Verdi habe Wagner ebenfalls für verrückt gehalten.[622]

Luzio zitierte Verdis Parole „Kehren wir zum Alten zurück und es wird ein Fortschritt sein" und legte sie damit gleichsam den jungen Künstlern ans Herz. Mit diesem Wahlspruch werde sich der „genio italiano" bewahren lassen, so der Historiker. Um Verdis patriotische Haltung hervorzustreichen, scheute Luzio auch nicht davor, ihn gegen Rossini auszuspielen: Für Verdi, der bis in sein hohes Alter aktiv und modern gewesen sei, habe Rossinis Willensschwäche und Pessimismus unentschuldbar wirken müssen. Er habe als kämpferischer und glühendster Patriot nicht verstehen können, wie Rossini seine Heimat für immer verlassen konnte.[623] Verdi sei immer der „Bauer von Roncole" geblieben und habe das Leben in den Salons, dem sich Rossini in Paris hingab, zutiefst verachtet. Bis zu seinem letzten Atemzug habe Verdi Ruhm und Ehre der Nation seinem persönlichen Erfolg vorangestellt und sich gewünscht, daß Italien wieder fleißig, reich und glücklich erblühe.[624]

Was bei dieser Art Publikation augenfällig wird, ist die Gemeinsamkeit, die Luzio zwischen sich, seiner Zeit und Verdi konstruiert. Es gilt, so hören wir aus seinen Worten, sich auf die eigenen nationalen Werte zu besinnen. Und Verdi wird darum nicht nur als verehrungswürdiger Komponist schöner Musik dargestellt, sondern der Autor will vielmehr rhetorisch eine Übereinstimmung der Gesinnungen vermitteln: Verdi versuchte mit seiner Musik den Aufbau einer starken Nation zu unterstützen, wie Luzio mit seiner politischen Publikation nun seinerseits den italienischen Staat stärken will. Luzios Sendungsbewußtsein verbindet seine Leserschaft ideell mit Verdi und konstruiert eine vorgestellte solidarische Arbeit für Italien.

Ein weiteres Beispiel für die ideologische Auseinandersetzung und Instrumentalisierung Verdis für die faschistische Politik ist ein großformatiger Prachtband zu Verdis vierzigstem Todestag. Er wurde im Auftrag Mussolinis vom „Sindacato nazionale fascista musicisti" mit Unterstützung der Ministerien für Erziehung und Volkskultur herausgegeben. Auf über fünfhundert Seiten sorgten über dreißig italienische Autoren dafür, daß vom Akrostichon „V.E.R.D.I." über Mazzinis Prophezeiung bis zur Vignette des „Bauern von Roncole" alle Mythologeme und Mytheme in einfacher Sprache und mit verschiedenen schon aus der „Illustrazione italiana" bekannten Bildern vereint und zum Gebrauch für eine große Leserschaft freigegeben wurden.

Unter der Überschrift „Verdi, Cavour, Manzoni" konstruierte Francesco Paolo Mulé hier einen Zusammenhang der drei „entscheidenden" Personen des 19. Jahrhunderts. Verdi wurde

---

620 Luzio, Alessandro, Garibaldi, Cavour, Verdi, Turin 1924, S. 316f.

621 „Oggi nel bel paese imperversano certe scuole letterarie ed artistiche le quali si compiacciono nel falso, nello strano, camuffato coi più pretenziosi travestimenti; si fa strada nelle menti fatue e nei cuori guasti la teoria del superuomo, rampollata in Germania dal cervello di un filosofo pazzo (...)" Ebenda, S. 304.

622 Ebenda, S. 318.

623 Ebenda, S. 352.

624 Ebenda, S. 348.

zum Soldaten uminterpretiert, der die Schlachten der Nation wegen körperlicher Untauglichkeit auf der Opernbühne kämpfte. Als Beispiel diente die Oper „La Battaglia di Legnano“. Der Komponist habe schließlich in Cavour den unfehlbaren Condottiere des wiedererwachenden Italiens erkannt, dem es galt, blind zu gehorchen. Und er habe ihm blind gehorcht. Mulé nannte diesen Gehorsam absolute Hingabe Verdis. Mulés Diktion war ganz dem Führerprinzip verpflichtet, dem er Verdi hier geschickt einzuverleiben wußte.[625]

„Er ist Symbol und Synthese: er verkörpert ein Heldenepos und ein Volk“, schrieb Cornelio di Marzo in einem weiteren Aufsatz des großformatigen Bandes über Verdi und fügte zum poetischen Schluß eine Umschreibung Carduccis hinzu, der Verdi unsterblich und triumphierend wie die Idee der „patria“ selbst nannte.[626] Und Federico Ghisi erklärte mit großer Geste die Verankerung von Verdis Musik in der italienischen Volksseele. Er verglich die komponierten Stücke mit dem Volkstheater, in dem alle Schichten vom Soldat und Rebellen über die Mulatten und Zigeuner bis zum armen Bettler vertreten seien.[627]

Antonio Bruers schilderte, wie unerträglich dem überzeugten Patrioten Verdi der Gedanke war, daß Rossini die „Anti-italianità“ seiner französischen Frau tolerierte.[628] Der Vergleich mit Wagner diente hier abermals dazu, um Verdi als den einfachen Charakter beschreiben zu können, der nichts mit Philosophie oder Theorie zu schaffen hatte, als einen aufrechten Mann aus der Mitte des Volkes, der sein Leben und Werk einzig in den Dienst des Vaterlandes gestellt hatte.

Diese Beispiele sollen genügen, um zu zeigen, daß diese Sammlung von Aufsätzen eine einzige volkstümlich und zugleich demagogisch formulierte Programmschrift für das faschistische Italien darstellte – eine Programmschrift, die vom Namen „Verdi“ geschmückt und gestützt werden sollte. Konnte auch Mussolini selbst vielleicht für seinen eigenen megalomanischen Kult mehr mit D'Annunzio als mit Verdi anfangen, so ließ er sich den Komponisten mit seinem Fundus an nationalen legitimatorischen Mythemen als Element des politischen Propagandasystems seiner Partei nicht entgehen.

Aber nicht Verdis musikalische Ästhetik ließ sich für den Faschismus instrumentalisieren, sondern der „Mythos Verdi“, der sich unter anderem durch die Publikationsinflation seit Verdis Tod und durch die Folklorisierung der Oper bis in die dreißiger Jahre des 20. Jahrhunderts hatte bilden können, wurde als „bricolage“-Produkt von Mussolini und seinen Legitimatoren politisch eingesetzt.

Der italienische Diktator berief sich explizit auf die Thesen von George Sorel, dessen Forderungen für eine Anwendung des Mythos in der Vorstellung kulminieren, man könne mit Hilfe des bewußten Einsatzes des „mythe social“ Gemeinschaft erzeugen und moralische Kräfte aktivieren.[629] Die Verherrlichung von Garibaldi und seiner Zeit in Schulbüchern wie in

625 Mulé, Francesco Paolo, Verdi, Cavour, Manzoni, in: Verdi. Studi e memorie, hrsg. v. Sindacato nazionale fascista musicisti, Rom 1941, S. 307.

626 Di Marzio, Cornelio, Verdi come esempio, in: Verdi. Studi e memorie, a.a.O., S. 8.

627 Ghisi, Federico, Verdi popolaresco, in: Verdi. Studi e memorie, a.a.O., S. 315ff.

628 Bruers, Antonio, La personalità di Verdi, in: Verdi. Studi e memorie, a.a.O., S. 340.

629 Barth, Hans, Masse und Mythos, Hamburg 1959, S. 18 u. S. 92. – Mussolini vermischte synkretistisch seine eigenen Stilisierungen mit dem Mythos um das antike Rom. Vgl.: Emiliani, Vittorio, Roma, la città che è una e trina, in: Il Sole 24 Ore, 11.07.1993.

Spielfilmen[630], die in mythischer Abwandlung gewählten Zitate von den „Schwarzhemden" (statt Rothemden) bis zum wiederbelebten „Marsch auf Rom" zeugen davon.

Die „bricolage" „Verdi", die sich mit Hilfe verschiedener Faktoren entwickelt hatte, wie zum Beispiel dem „patria"-Diskurs der vierziger Jahre, Verdis eigenem Kunstmythos und seiner Position um die Jahrhundertwende als international etablierter Vertreter der musikalischen „italianità, diese „bricolage" bot sich nun geradezu an, als Element der seriellen Mythenkomposition des „Risorgimento" neben Mazzini, Garibaldi und dem savoyischen Königshaus Teil der faschistischen „Folklore" zu werden. Der erste italienische Spielfilm über Verdis Leben, in dem man endlich auf bewegten Bildern kämpferische Italiener „Viva V.E.R.D.I." schreien sehen und hören konnte, wurde bezeichnenderweise im Jahr 1938 gedreht.[631]

Paul Veyne hatte auf die Frage, warum schon in der Antike, auf die sich Mussolini vornehmlich berief, die Folklore[632] in den Rang einer Staatsangelegenheit gehoben wurde, zwei Gründe zur Antwort: „Ein Gemeinwesen kann durch die Organe des Staatsapparates das Politische auf alle Aspekte des Lebens ausdehnen. In dem Maße jedoch, in dem die Politik den paradoxen Inhalt gewinnt, sich auf die Aufrechterhaltung ihrer eigenen Organe zu konzentrieren, wird die Folklore eine Staatsangelegenheit, weil man glaubt, Vergnügungen könnten zu einer Bedrohung des politischen Status werden."[633]

Mussolini strebte danach, mit seiner Politik das gesamte Wesen des Staates völlig zu infizieren. Daß Verdi hier keine exponierte Stelle einnahm, sondern eine Rolle im Konglomerat mit Mazzini und Garibaldi spielte, bewahrte seine mythische Disposition für die Nachkriegszeit. Seine Opern behielten durch den Gebrauch der gesamten Mythenkomposition des „Risorgimento" der Faschisten nicht den Ruch der nationalen Propagandamusik. Im Gegenteil: Nach dem Zweiten Weltkrieg konnte man wieder von den von Verdi selbst angelegten Mythemen seiner bäuerlichen Bescheidenheit, seiner Volkstümlichkeit und seinem bürgerlichen Stoizismus gegenüber der Tagespolitik Gebrauch machen.

Verdis politischer Mythos überlebte mühelos die Ideologie der Mythisierer, die sich seiner bedient hatten.

---

630 Zwischen 1925 und 1942 kamen folgende italienische Spielfilme über Garibaldi und das „Risorgimento" in die italienischen Kinos: 1925: „Dalle cinque giornate di Milano alla breccia di Porta Pia", 1926: „Garibaldi e i suoi tempi", 1932: „I martiri d'Italia", 1933: „1860", 1942: „Contessa Castiglione", 1940: „Piccolo mondo antico", 1942: „Un garibaldino al convento". Vgl.: Cincotti, Guido, Il risorgimento nel cinema, in: Il risorgimento italiano nel teatro e nel cinema, a.a.O., S. 145–160.

631 Ebenda, S. 156. 1952: „Camicie rosse", 1953: „Cento anni d'amore", 1954: „Giuseppe Verdi", 1954: „Casa Ricordi". S. 129–164.

632 Als „Folklore" bezeichnet Veyne einen Brauch, der sich in ganz unterschiedlichen Gesellschaftsschichten Einzug verschafft hat. Veyne, Paul, Brot und Spiele. Gesellschaftliche Macht und politische Herrschaft in der Antike, Frankfurt/Main 1988, S. 626ff.

633 Ebenda.

XV. Die Ästhetisierung des „Risorgimento“ in der Prosa und die Politik der Werfelschen „Verdimanie“

„Der tragische Kampf der italienischen Erhebung, der Kampf zwischen Garibaldi und Cavour, er ist zugleich der tragische Kampf in der Seele Verdis, dessen Genius im Kleinen so den Konflikt seiner Nation und Zeit wiederholt. Garibaldi, das ist Verdis Kabalettenherz, seine tobende Hymnik, der aufpeitschende Enthusiasmus seiner Chöre und Final-Ensembles, die Träne, die er um verwachsene Narren, ausgestoßene Zigeuner, Dirnen und dunkelhäutige Sklavinnen weint. Cavour, das ist Verdis unerschöpflicher Entwicklungs- und Zieltrieb, seine Härte gegen sich selbst, seine Unzufriedenheit und nimmermüde Kasteiung.“[634]

In diesem Passus, der in manchem Detail an die oben zitierten Formulierungen des faschistischen Federico Ghisi über Verdis volkstümliche Opernhelden erinnert, wird Verdis Name nicht nur zum Akrostichon für Vittorio Emanuele, sondern sein Charakter vereinigt darüber hinaus auch noch Cavour und Garibaldi.

So sieht es Franz Werfel in seinem Roman „Verdi“ aus dem Jahr 1924. Werfel war derjenige, der die sogenannte „Verdi-Renaissance“ in Deutschland beschleunigte, die dann in der Folge auch in Italien durch Alessandro Luzio oder Massimo Mila – in Amerika durch Toscanini – ihre Fürsprecher fand.[635] Als Marksteine der „Verdi-Renaissance“ gelten neben Werfels Roman über Verdi verschiedene Aufsätze über den Komponisten und eine kommentierte Edition von Verdi-Briefen.[636]

Werfel regte in Deutschland verschiedene Wiederinszenierungen von Verdi-Opern an, indem er deutsche Nachdichtungen zu drei Libretti vorlegte, so zur „Macht des Schicksals“, die im Jahr 1926 an der Dresdener Staatsoper zur Aufführung kam, im Jahr 1930 zu „Simone Boccanegra“, der an der Wiener Staatsoper inszeniert wurde. Eine dritte Nachdichtung be-

---

634 Werfel, Franz, Verdi – Roman der Oper, Frankfurt/Main 1991, S. 354.

635 Vgl.: Mila, Massimo, La giovinezza di Giuseppe Verdi, Turin 1974, S. 6. – Geschichte der Oper, a.a.O., Bd. 6, S. 279. – Pahlen, Kurt, Zur Geschichte der „Macht des Schicksals“, in: Giuseppe Verdi – Die Macht des Schicksals, hrsg. v. Pahlen, Kurt/ König, Rosemarie, Mainz 1989, S. 268. – Luzio ging auch explizit auf Werfel ein. Vgl.: Luzio, Alessandro, Prefazione, in: Verdi intimo, hrsg.v. Alberti, Annibale, Mailand 1931, S. XVIff.

636 Einer der ersten Aufsätze, in dem auch explizit von „Verdi-Renaissance die Rede war, erschien am 10. September 1927 anläßlich der Aufführung von „Luisa Miller“ in der „Vossischen Zeitung“, Berlin. Dieser und weitere Aufsätze sind wiederabgedruckt in: Werfel, Franz, Zwischen Oben und Unten – Prosa, Tagebücher, Aphorismen, Literarische Nachträge, München 1975, S. 349–416. – Giuseppe Verdi – Briefe, hrsg. v. Werfel, Franz, Berlin 1926

sorgte Werfel zusammen mit Lothar Wallerstein zu „Don Carlos", der im Jahr 1932 aufgeführt wurde.[637]

Der Begriff „Verdi-Renaissance" klingt aus der Retrospektive wie eine Übertreibung, denn die letzte Verdi-Konjunktur vor dieser „Wiedergeburt" hatte gerade zehn Jahre vorher zu Verdis 100. Geburtstag mit einer Reihe von Aufführungen und Publikationen stattgefunden. Der Kritiker Domenico Petrini stellte 1930, kurz nach der Übersetzung von Werfels Roman ins Italienische, dessen Bedeutung für die Italiener klar. Werfel habe deutlich gemacht, daß Verdi als Person hinter seiner Funktion als Symbol für das „Risorgimento" verschwunden sei, während Wagner nur um so mehr mit dem Kult um seine Person triumphierte.[638]

Werfel, der sich schon als Gymnasiast in Prag mit Verdi beschäftigt hatte, beklagte die mangelhafte Forschung über den Komponisten, bezeichnete eine vollständige Werkanalyse als Desiderat.[639] In Werfels vorwurfsvollen Schriften über die „herrschende Unterschätzung" Verdis, in seiner Angriffslust gegen die Mißachtung von Verdis frühen Opern deutet sich an, daß der Diskurs über Wagners „Zukunftsmusik" seit über zwanzig Jahren weiter andauerte und die Rezeption Verdis prägte – wenn sich auch, wie noch zu zeigen sein wird, die Motive verschärft hatten.

Nach Werfel brachte György Sándor Gál einen Roman mit dem Titel „Verdi – Roman eines Lebens" heraus, der 1965, aus dem Ungarischen übersetzt, in der ehemaligen DDR erschien.[640] Gáls Roman liest sich wie eine der vielen Verdi-Biographien – nur mit wörtlicher Rede versehen und mit spürbarer Mythisierungslust geschrieben. Der in Ungarn bekannte Musikwissenschaftler hat einige bekannte Episoden aus Verdis Leben großzügig ausgeschmückt und hier und da in Verdis Charakter den Willen zur subversiven Revolutionsarbeit hinzugedichtet. Als der Impresario Merelli, der in der Realität viel eher treuer Habsburger Untertan als italienischer Patriot war, Verdi das Libretto zu „Nabucco" überreicht, fügt er im Roman beschwörend hinzu, das Thema der gefangenen Juden sei das „Schicksal des geknechteten Italien" und darum so bedeutsam.[641] Gál erfindet eine Szene, wo sich Verdi sogar vor dem Polizeipräfekten rechtfertigen muß, weil er das Volk mit seiner Musik aufstachle.[642] Als Verdi nach Paris kommt, wünscht er sich – ganz der emilianische Bauer, als der er gezeichnet wird – eine einfache Unterkunft und muß gegen seinen Willen in einem Luxushotel absteigen. Fern von Mailand aber kann er endlich Kontakt mit Mazzini und den revolutionären Republikanern aufnehmen und lernt Cavour bei einem von Mazzini organisierten konspirativen Treffen kennen.[643] Auch in diesem Roman werden die uns aus der „bricolage" bekannten Mytheme wirkmächtig: Cavour wird naturgemäß als der Realist und Mazzini als der Romantiker beschrieben.

Was Werfel und Gál gemeinsam haben, ist der Blick von außen nach Italien. Diese scheinbar unbeteiligte Perspektive verschärfte die Bereitschaft, einen politischen Prozeß und seine Protagonisten zu romantisieren. Das zeigt sich auch an verschiedenen „Risorgimento"- Roma-

---

637 Abels, Norbert, Franz Werfel, Hamburg 1990, S. 66.

638 Petrini, Domenico, Il romanzo di Verdi, in: La Rassegna musicale, 4/1930, S. 312.

639 Vgl.: Werfel, Franz, Ein Bildnis Giuseppe Verdis, a.a.O., S. 361.

640 Vgl.: Gál, György Sándor, Verdi – Roman eines Lebens, Berlin 1965

641 Ebenda, S. 87.

642 Ebenda, S. 92.

643 Ebenda, S. 181.

nen wie zum Beispiel George Merediths „Vittoria" aus dem Jahr 1867 oder Ricarda Huchs „Die Geschichte von Garibaldi" aus dem Jahr 1907.

George Meredith verflocht in „Vittoria" zum einen seine Erfahrungen als Berichterstatter des Kriegs zwischen Piemont-Sardinien und Österreich im Jahr 1859 mit der fiktiven Geschichte der Sängerin Vittoria, die in den Wirren 1848/49 Mazzini kennenlernt und dessen Geliebte wird.[644] Neben Mazzini, der nur „der Chef" genannt wird, treten auch Carlo Alberto und General Radetzky auf. Die vorkommenden englischen Protagonisten dienen dem italophilen Meredith lediglich als ridiküle Folie für die heroischen Italiener. Eines der vielen typisch englischen Klischees dieser Geschichte ist eine erfundene Opernaufführung einer sogenannten „Revolutionsoper" mit dem Titel „Camilla". Das Werk des fiktiven Komponisten Rocco Ricci wird zum Auslöser und Signal eines Aufstands, den kein anderer als Mazzini initiiert hat.[645] Der Opernheld verkörpert darüber hinaus die politische Idee der „Giovane Italia". Die Oper als Revolutionsstimulans spiegelt die Projektionen Merediths, die im italophilen England gerne gelesen wurden.

Ricarda Huchs „Die Geschichte von Garibaldi" erschien zum 100. Geburtstag des Freischärlers.[646] Huch versucht sich sehr dicht an der historischen Erzählung zu orientieren und erwähnt neben Garibaldi und Mazzini auch Nebenfiguren der Geschichte wie Pisacane, Brunetti, Saffi oder Bixio. In der Beschreibung dieser Personen huldigt sie allen denkbaren Klischees des männlichen italienischen Helden, die wohl dem Leser und der Leserin mit schlanker, schöner und kräftiger Gestalt, stolzen Nasen und funkelnden Augen imponieren sollen.[647] Garibaldi wird als der temperamentvolle Erbe Roms beschrieben, der das Volk wieder zu seinem alten Recht auf politische Mitbestimmung führen wird. Die auftretenden Frauen werfen meistens „schwärmende Blicke" auf ihn, und oft will es scheinen, Huch beschriebe eine Szene, die eher in einer gepflegten großbürgerlichen Beletage im Berlin des „Fin de Siècle" spielt, denn in einem schäbigen Revolutionslager zwischen den abgerissenen Ruinen Roms.[648]

Im Zuge dieser Arbeit an der „bricolage" der Nicht-Italiener Meredith, Gál, Huch und Werfel kommt wieder dem polyfunktionalen Mythologemenfundus des „Mythos Italia"[649] Bedeutung zu, denn er liefert den Bodensatz für diese Art der Mythisierung. Seit den ersten Reiseberichten[650] schilderten Gelehrte, die sich nach Italien begaben, ihre Erlebnisse in „Arkadien"

---

644 Meredith, George, Vittoria, in: ders., Standard Edition, Bd. 3, London 1910–20.

645 Freimut Friebe vermutet, daß der Komponist im Roman, Rocco Ricci, Verdi nachempfunden ist. Vgl.: Friebe, Freimut, Das Risorgimento im Roman bei George Meredith und Antonio Fogazzaro, Frankfurt/Main 1970, S. 24.– Es gab aber auch zwei Zeitgenossen Verdis mit dem Familiennamen Ricci, die in den vierziger und fünfziger Jahren bekannte Opern schrieben: die Brüder Federico und Luigi Ricci aus Neapel.

646 Huch, Ricarda, Die Geschichte von Garibaldi, Frankfurt/Main 1987.

647 Vgl. u.a.: ebenda, S. 43, 48, 357.

648 So schildert sie zum Beispiel ein Treffen zwischen Garibaldi und Mazzini im Lager in Rom: „Die Herren waren noch beim Kaffeetrinken, als Hauptmann David sich melden ließ." Vgl.: Ebenda, S. 173.

649 Vgl.: Zweiter Teil

650 Schon seit dem 9. Jahrhundert sind uns schriftliche Sammlungen christlicher Sehenswürdigkeiten von Rom durch deutsche Rom-Pilger überliefert. Itineraria et Alia geographica – Indices, Brepols 1965. – Mirabilia Romae – Ein römisches Pilgerbuch des 15. Jahrhunderts, Berlin 1925.– Für die Neuzeit: Altgeld, Wolfgang, Das politische Italienbild zwischen Aufklä-

mit einer Verve, als seien sie mit dem Passieren der Alpenstrassen gen Süden der Antike, der Renaissance und der „italianità" teilhaftig geworden.[651] Sie artikulierten mit Hilfe der Konzentration auf die begehrte italienische Kultur die Distanz zur eigenen nationalen Zugehörigkeit.

Einer der letzten rezeptiven und affirmierenden Modifikationsakte entsteht also durch die geographische Grenzüberschreitung einer bereits als Mythos angelegten Geschichte. Historische Erzählungen können in einem anderen Land oder einer anderen Gesellschaft offensichtlich leichter zu Mythen werden – ihre Aura kann sich fern des Ursprungslands verstärken und damit wächst auch ihre Entmythisierungsresistenz.[652] Die serielle Mythenkomposition schreibt sich auf diese Weise fort, und der Mythos kommt – sozusagen von außen und neutraler Seite verifiziert – nur um so glaubwürdiger in sein Stammland zurück.[653]

So können wir das jedenfalls deutlich bei Werfels Verdi-Ästhetisierung beobachten. Anlehnend an den Begriff von der „Winckelmannschen Gräkomanie"[654], kann man bei Werfel durchaus von der Werfelschen „Verdimanie" sprechen, denn zur ästhetischen Entscheidung für Verdi kommt jetzt tatsächlich eine politische Konnotation hinzu: Die italienische Oper und Verdi als ihr Vertreter standen nun bei einigen für aufgeklärten, kosmopolitischen Patriotismus und Wagner für deutschnationalistische Euphorie.[655]

Auch in Heinrich Manns Roman „Die kleine Stadt", der 1909 erschien und wie in Opernakte aufgeteilt ist, vermittelt sich das mythische Bild aus der „Piazza" als Schmelztiegel der durch das „Risorgimento" entstandenen Demokratie, wo sich italienische Opernmusik und Volk vereinigen und doch der kleinbürgerliche „Advokat" nur seine Rechte gegen den Pöbel

rung und europäischer Revolution von 1848, Tübingen 1984. – Emrich, Wilhelm, Das Bild Italiens in der deutschen Dichtung. In: Studien zur deutsch–italienischen Geistesgeschichte, Köln 1959. – Noack, Friedrich, Deutsches Leben in Rom 1700–1900, Stuttgart 1907.

651 Johann Joachim Winckelmann schrieb am 29. Januar 1757 aus Rom: „Willst Du Menschen kennen lernen, hier ist der Ort. Köpfe von unendlichem Talent, Menschen von hohen Gaben, Schönheiten, wie sie die Griechen gebildet haben, und wer endlich die rechten Wege findet, siehet Leute von Wahrheit, Redlichkeit und Großheit zusammengesetzt, und da die Freiheit in anderen Staaten und Republiken nur ein Schatten ist gegen den in Rom, welches Dir vielleicht paradox scheinet, so ist auch hier eine andere Art zu denken." Johann Joachim Winckelmann an Hieronimus Dietrich Berendis/ Rom, den 29.01.1757, in: Haufe, E., a.a.O., S. 13. Winckelmann weilte in Rom zur Regierungszeit von Benedikt XIV., der als tolerant und aufgeklärt beurteilt wird. Lill, Rudolph, Geschichte Italiens, a.a.O., S. 53.

652 Vgl.: Smith, Pierre, Mythos ohne Illusion, a.a.O., S. 53.

653 Zu beobachten ist dies auch an der jüngsten Cavour–Biographie von Giuseppe Talamo, wo im Anhang Treitschkes tendenziöse Schrift über Cavour als unkommentierte bibliographische Angabe erscheint. Talamo, Giuseppe, Cavour, Rom 1992.

654 Graevenitz, Gerhart von, Mythos, Zur Geschichte einer Denkgewohnheit, Stuttgart 1987, S. X.

655 So schrieb Igor Strawinsky in seiner „Musikalischen Poetik", Wagners Musik leide an chronischer Aufgedunsenheit: „Seine brillanten Improvisationen blähen die Symphonie unmäßig auf und führen ihr weniger Kraft zu als die zugleich bescheidene und aristokratische Erfindung, die auf jeder Seite Verdis strahlt." Zit. bei: Baruch, Gerth-Wolfgang, a.a.O., S. 41. – Und Hans Kühner: „Doch Verdi, der über seine Ländereien reitet, ist immer großer Herr, wo Wagner im seidenen Schlafrock immer ein Krämer blieb." Vgl.: Kühner, Hans, Verdi, a.a.O., S. 127.

verteidigt.[656] Während in Manns Roman der auftauchende Kapellmeister nur eine Folie für die Darstellung seines Gesellschaftsbildes war, geriet für Werfel die Interpretation von Verdis Musik im Laufe der dreißiger Jahre immer mehr zum Instrumentarium, um zwischen „christlichem Humanismus" und „neuheidnischer Naturvergottung" zu scheiden.[657]

Verdi war für Werfel nicht nur der „Retter der Melodie" gegen den „Symphonismus" Wagners, sondern gleichzeitig die „Inkarnation der Volksseele", „nicht Bürger, sondern Bauer", ein „nationaler" und kein „nationalistischer" Patriot.[658] Werfel behauptete entgegen allen „eifersüchtigen Wagnerianern", Verdi habe von Wagner nichts für seine künstlerische Arbeit übernommen[659] – im Gegenteil: im „Parsival" und „Falstaff" sah Werfel die Gegensätze so weit gediehen, daß sie sich in einem tieferen Sinn beinahe aufhoben.[660]

Das „Gesamtkunstwerk" war für Werfel die klassische italienische Oper mit Arien, prunkvollen Bühnenbildern und pompösen Kostümen, „lange bevor Richard Wagner diese unbehaglichen Worte geprägt hat."[661]

Und doch trieb sein Roman über Verdi das im Mythos hochstilisierte Antipodentum zwischen Wagner und Verdi zur Spitze: In Werfels Prosa bricht der Bann Wagners, den Werfel auf Verdi lasten sah, erst, nachdem der Deutsche gestorben ist und Verdi die Freiheit besitzt, die seit dreißig Jahren vergeblich geplante und zehn Jahre lang bearbeitete Partitur zu „King Lear" zu verbrennen.[662] Die letzten zwei Kapitel schließlich sind ganz der Liebe und Verehrung des ehemaligen Wagnerianes Boito für den alten Verdi gewidmet, einer Zuneigung, die wohl auch Werfel für Verdi empfunden haben muß.

Nachdem Werfel sich als ein zum Katholizismus übergetretener Jude nicht mehr in Deutschland oder Österreich aufhalten durfte[663], wurde Verdi für ihn zunächst zum Vehikel seiner politischen Verlautbarungen. Verdis Chor aus „Nabucco" bedeutete für den Exilanten die Hymne gegen Fremdherrschaft und Unterdrückung, in der er sich und sein Schicksal wiedererkennen konnte. Werfel wünschte sich, daß sie vielleicht eines Tages noch einmal als „Dankgesang" erschallen werde, „wenn die gegenwärtige Fremdherrschaft in Italien zerschmettert ist."[664] Er hoffte, daß bei einer Zerschlagung des Faschismus das italienische Volk sich sogleich auf seinen „Volkskomponisten" zurückbesinnen könnte.

Werfel hat die Arbeit am Mythos Verdi entscheidend vorangetrieben und ihm die nötige Verifikation von außen verschafft. Zuerst litt der Romancier an der Verdis Opern vorgehaltenen „Banalität" und „Trivialität", und schließlich diente diese Passion Werfel zur Verortung seiner eigenen Position in der Geschichte einer zerstörerischen Welt, die er nur mehr als von „Gespenstern"[665] belebt betrachten konnte. Der Mythos Verdi erhielt durch Werfels subjek-

---

656 Mann, Heinrich, Die kleine Stadt, Berlin 1983.

657 Werfel, Franz, Verdi in unserer Zeit, in: ders., Zwischen Oben und Unten, a.a.O., S. 355.

658 Werfel Franz, Ein Bildnis Giuseppe Verdis, a.a.O., S. 355ff.

659 Ebenda, S. 396.

660 Werfel, Franz, Giuseppe Verdis in unserer Zeit, in: ders., Zwischen Oben und Unten, a.a.O., S. 357.

661 Ders., Ein Bildnis Giuseppe Verdis, a.a.O., S. 377.

662 Ders., Verdi – Roman der Oper, a.a.O., S. 326f.

663 Werfel lebte vom Oktober 1940 bis zu seinem Tod in New York, bzw. Beverly Hills.

664 Werfel, Franz, Ein Bildnis Giuseppe Verdis, a.a.O., S. 372.

665 Abels, Norbert, Franz Werfel, a.a.O., S. 7.

tive, biographisch bedingte Motivation einen seiner entscheidendsten Impulse, ohne daß die politischen Implikationen des von den Faschisten verfolgten Juden Werfel auf die Rezeption von Verdis Opern vor und während des Nationalsozialismus eine deutliche Wirkung gezeigt hätten.[666]

Hatte Werfel den „supranationalen“[667] Wert von Verdis Opern betont, so deutete ein Autor des „Völkischen Beobachter“ den Inhalt der Oper „Die Macht des Schicksals“ im Jahr 1926 als Vergegenwärtigung des „Rasseproblems im ganzen menschlichen Leben“.[668] In den Jahren während Clemens Krauß am Münchner Nationaltheater dirigierte, waren Verdis in deutscher Sprache aufgeführten Opern ein wahrer Triumphzug in der sogenannten „Hauptstadt der Bewegung“ beschieden, die mitten auf der „Achse Rom-Berlin“ lag. Regelmäßig saßen hier auch der Münchner Gauleiter Adolf Wagner und andere führende Nationalsozialisten im Publikum.[669] Im Februar 1941 fand hier sogar im Auftrag von Reichsminister Goebbels eine „Verdi-Festwoche“ statt, die in Anwesenheit italienischer und deutscher Politprominenz mit den „Hymnen beider befreundeter Nationen“ eröffnet wurde, wie die „Münchner Neueste Nachrichten“ berichtete.[670] Die „Verdi-Festwoche“ wurde als Ausdruck der gemeinsamen ideellen Bindungen zwischen den faschistischen Ländern Italien und Deutschland gewertet und Verdi als ihr stetes Bindeglied.

Werfel hatte den Mythos aus seiner Sicht und mit seinen Codes bereichert. Er mußte ihn anderen überlassen, die ihrerseits in der zusammengebastelten Entität des Mythos genau das erkannten, was sie mit Hilfe ihrer Codes[671] für ihre eigenen Normen gebrauchen konnten. Ebenso wie Werfel im amerikanischen Exil den Chor der Juden von „Nabucco“ als Hymne zur Beendigung des Faschismus erflehte, konnten deutsche Ideologen über „rassebiologische Standpunkte“ in „La forza del destino“ eifern, der Grundmythos hatte seine Entmythisierungsresistenz lange erwiesen. Und diese Resistenz sorgte auch dafür, daß der politische Mythos Verdi auch nach dem Zweiten Weltkrieg ohne den faschistoiden Beigeschmack, dem italienischen Faschismus dienstbar gewesen zu sein, für die erste Republik Italiens übernommen werden konnte. Das zeigt nicht zuletzt eine italienische Bürgerinitiative, die bis heute – unter-

---

666 Eine zeitlose Operngemeinde fand in der Folge des von Werfel bereicherten Mythos die Möglichkeit, durch bloßes Hören von Musik an einer romantisierten Vergangenheit und damit gleichsam an der verklärten „italianità“ teilhaben zu können. Besonders eindrücklich zeigt sich das an der von der ehemaligen DDR geprägten Musikwissenschaft, wo sich der Glaube an den Mythos Verdi – wie bei Werfel als Flucht aus dem politischen Alltag – hartnäckig konservierte. Vgl.: Friedrich Dieckmann, Verdi/Wagner, Berlin 1989; Wolfgang Marggraf, Giuseppe Verdi, Leipzig 1982, Horst Seeger, Opernlexikon, Berlin 1989.

667 Werfel, Franz, Ein Bildnis Giuseppe Verdis, a.a.O., S. 378.

668 Völkischer Beobachter, 12. November 1926, in: Pfauntsch, Otto, Giuseppe Verdi auf der Münchner Opernbühne im Spiegel der Presse, München 1943.

669 Ebenda, S. 115.

670 Pander, Oskar von, Die Eröffnung der Münchner Verdi-Woche, in: Müncher Neueste Nachrichten, 4. Februar 1941, zit. bei Pfauntsch, Otto, a.a.O., S. 146.

671 Lévi-Strauss betont die Verwendung spezifischer Codes zur Analyse von Geschichte, die bei der Entstehung von Mythen eine Rolle spielen. Vgl.: Lévi-Strauss, Das wilde Denken, Frankfurt 1994, S. 297ff.

stützt von einer statistischen Mehrheit der Italiener – vergeblich dafür kämpft, daß der berühmte Chor aus „Nabucco“ zur Nationalhymne gekürt wird.[672]

Der Mythos Verdi hat im Verlauf seiner Konjunkturen einen reichlichen Fundus für künftige Anschlußmöglichkeiten als Identifikationspotential für nationale Werte angesammelt. Er ist im Land Italien selbst als Gewißheit im kollektiven Unterbewußtsein präsent. Darum würde heute wohl kaum ein Italiener die Wichtigkeit von Verdi für die Nationsbildung bezweifeln, auch wenn sein politischer Mythos erst nach seinem Tod richtig zur Wirkung kam und politische Bedeutung für den Transport bürgerlicher Werte gewann.

In den Jahren nach dem Zweiten Weltkrieg sangen ganze Schulklassen am italienischen Nationalfeiertag neben der Nationalhymne auch den Unisonochor „Va pensiero sull'ali dorate“. Dieser Nachkriegsgeneration wurde das weißbärtige, gütige Konterfei des Komponisten wahrscheinlich so vertraut wie der Weihnachtsmann, „babbo natale“.

Zeitdimension und Metasprache des Mythos sorgen dafür, daß seine Gegenwärtigkeit durch wiederkehrende Rituale simuliert und im täglichen Leben installiert werden kann. Dazu gehören Opernbesuche genauso wie das Feiern von Verdis Geburts- oder Todestagen, das Benennen von Straßen und Theatern oder die Nationalhymnen-Initiative zugunsten des Chors aus „Nabucco“. Verdi kommt dank seiner Musik und dank seines politischen Mythos immer wieder auf den Spielplan der Gesellschaft.

672 Die letzte Umfrage wurde anläßlich des 40. Jahrestags der italienischen Republik 1986 erstellt. Vgl.: Peduto, Christa, Streit um Hymne und Flagge, in: Tagesspiegel, 1. Juni 1986.

Schluß

Giuseppe Verdi spielt als politischer Mythos innerhalb der Erzählung über die Nationsbildung von Italien im 19. Jahrhundert eine herausragende Rolle. Seine Name ist zu einem Ikon von hoher identifikatorischer Symbolkraft geworden. Mit seinem Leben und seinen Opern, die den gesamten italienischen Nationsdiskurs begleiten, werden eine Vielzahl von politischen Ereignissen des sogenannten „Risorgimento" in unmittelbare Beziehung gesetzt.

In der Konzentration auf seine Person konnte hier gezeigt werden, welcher Art Elemente sich eine Erzählung über den politischen Prozeß einer Nationswerdung bedienen kann, um eine solche Erzählung zu plausibilisieren. Der für die Politikwissenschaften operationalisierbare Begriff „politischer Mythos" hat sich als wertvolles deskriptives Instrument erwiesen. Sein Bedeutungsspielraum ermöglichte die dekonstruierende Darstellung des „Risorgimento", ohne damit die gesamte Geschichtsschreibung über das italienische 19. Jahrhundert in Frage zu stellen oder gar ad absurdum zu führen. Diese Art der Darstellung der aufgefundenen Informationen über den historisch-politischen Prozeß will keine endgültigen Antworten geben, wie es eigentlich gewesen. Statt dessen sollen hier die Wege der Rezeption aufgezeigt werden, auf denen ein historischer Vorgang zur mythischen Erzählung gerann.

So kann deutlich gemacht werden, daß die Logik geschichtlicher Ereignisse oft eine erfundene ist, die sich einer interessegeleiteten Erzähldramaturgie bedient. Mit Hilfe der Analyse der mythischen Erzählstruktur konnte erläutert werden, wie eine nationale Kollektivbindung an einen Staatsapparat mit „kreatürlich" wirkenden Geschichten untermauert wird. Dafür war vorab eine Vergegenwärtigung der Leistungsfunktionen eines Mythos notwendig. Unter dem Begriff des „ästhetischen Baukastens" wurden die möglichen Einsatzorte kultureller Codes und invarianter mythischer Motive aufgezeigt.

Die Geschichte Italiens im 19. Jahrhundert konstruierte sich nicht nur anhand neuer ereignisgeschichtlicher Daten, sondern bediente sich des Fundus der alten italienischen Polymythologie, die abrufbereit im kollektiven Gedächtnis aufbewahrt wurde. Für die Visionäre des Nationsdiskurses spielten zum Beispiel die Werte der Bürgertugenden im frühen Mittelalter eine besondere Rolle. „Risorgimento", dieser die gnostische Erwartung der Christen auf ein Leben nach dem Tod profanierende Begriff, bezog sich zunächst auf das, was wir heute „Rinascimento" oder „Renaissance" nennen und wurde erst nach und nach Bestandteil historisch-politischer Semantik der damaligen Gegenwart.

Der savoyische König Carlo Alberto von Piemont-Sardinien versuchte schon vor 1848 mit ästhetischen Mitteln, sein Haus an mittelalterliche, „italienische" Dynastien anzusippen. An der Geschichte über die mittelalterliche „Lega Lombarda“ wurde hier ein weiterer Topos deutlich, dessen mythische Wirkmacht bis in unsere Tage reicht. Zu Beginn des 19. Jahrhunderts erlebte die romantische Umsetzung der Erzählung über den Aufstand des lombardischen Städtebunds gegen Kaiser Barbarossa eine neue Konjunktur.

Verschiedene namhafte Schriftsteller griffen diese historische Episode aus dem 12. Jahrhundert auf, um an ihr beispielhaft Bürgertugend, Gemeinsinn und die Stärke eines kleinen Bundes für Italiens Gegenwart zu beschwören. Damals wurde die „Lega Lombarda“ zu einem Mythologem für Italiens Einheit. In allerjüngster Gegenwart wurde der Name des mittelalterlichen Bundes und die Vergegenwärtigung des Einigungsschwurs in Pontida als Initiationsritus für die Gründung der Bürgerpartei „Lega Nord“, die sich ebenfalls in Pontida zusammenfand, abermals bedeutsam.

Die Parteiführer erhoffen sich durch Zitate eines bewährten politischen Mythos eine Mobilisierung des kollektiven Gedächtnisses zugunsten eines norditalienischen Partikularismus. Die heutige „Lega Nord“ bedient sich also für ihre Abspaltungspläne ausgerechnet eines politischen Mythologems, das sie dem unitarischen Mythos des „Risorgimento“ entleiht. Dieses Beispiel zeigt, welche Bedeutungsvielfalt, ja Gegensätzlichkeit der Mythos zu binden imstande ist. Der Mythos erwies sich für die junge politische Partei der „Lega Lombarda“ als Bann, denn nach ihren großen Wahlerfolgen im Norden koalierte sie schließlich mit zwei unitaristischen Parteien, so daß der lombardische Partikularismus doch wieder zu einer Stärkung des gesamtitalienischen politischen Systems führte. So konnte an diesem Beispiel die These plausibilisiert werden, daß auch der Einsatz von disparaten Mythologemen einen einmal etablierten politischen Mythos stärkt.

Beim Einsatz von Codes und Invarianten innerhalb einer politischen Erzählung muß also immmer nach der Funktion gefragt werden, die die einzelnen Bestandteile im Erklärungszusammenhang übernehmen. Dabei kann man auf Widersprüche stoßen, die jedoch die amalgamierende Erzählform des Mythos idealerweise auszugleichen vermag. Als umfassendes Untersuchungsmaterial dienten in der vorliegenden Arbeit sowohl für die Analyse der Erzählung des „Risorgimento“ als auch für die Erzählung über Verdi-Publikationen – Zeitungen wie Monographien – aus der Zeit vor der Einheit Italiens, also vor 1860 beziehungsweise 1870, und verschiedene Arten von Veröffentlichungen bis zum aktuellen Zeitpunkt wie historische oder politikwissenschaftliche Fachliteratur, populärwissenschaftliche Biographien, kommentierte Briefeditionen, Enzyklopädien. Als wichtigster rezeptionshistorischer Verbreitungsweg des politischen Mythos des „Risorgimento“ wurden italienische Schulbücher von 1866 bis 1940 untersucht. Besonders hier lag die Schaltstelle für die Verbreitung der wichtigsten mythischen Vignetten, wie Garibaldi und – seit den neunzehnhundertzwanziger Jahren – auch Verdi. Die Rhetorik des politischen Mythos der Nationsbildung wurde in der Volksbildung so wirkmächtig, daß er von hier aus Widerhall in historischen und musikologischen Forschungen fand.

Entlang dieser Quellen und deren meist von mythischem Denken gesättigten Vermittlungsebenen ließ sich das „Risorgimento“ als eine serielle Mythenkomposition beschreiben, die über ein feststehendes Personal verfügt. Die Bestandteile eines Mythos sind also keineswegs zufällig, sondern es findet eine gewisse Inventarisierung verschiedener, die Erzählung konstituierender Elemente statt. Die volkstümlich benannten historischen Personen wie „Milord Camillo“, „Re Galantuomo“, „Lione di Caprera“ oder „papà dei chori“ bilden das Gerüst, an das sich Daten sowie die Namen von Kriegsschauplätzen und historischen Ereignissen schmiegen. Dem Erfordernis eines dualistischen Prinzips, Gut und Böse, innerhalb des Mythos wird zum einen durch die binäre Gegenüberstellung aus „patria“ und „Fremdherrschaft“ und zum anderen durch die stereotype Gegensätzlichkeit der Regionen – Süditalien versus Norditalien – Rechnung getragen. Die Beinamen der Personen, die gleichsam die italienische Historie zu einem Bühnenstück machen, bilden mit Hilfe der ihnen attribuierten Mytheme „Vignetten“ auf diesem Panorama.

Durch die Konstituierung dieser Personen-Vignetten wird in der mythischen Erzählung eine Doppel- oder auch Mehrfachstrategie wirksam: Garibaldis Vignette des Volkshelden paart sich mit der Vignette des Heerführers der Piemontesen, und beide stabilisieren sich gegenseitig. Berührungspunkte wirken als Stütze. So kann in einer frühen Mythisierungsphase der Kontakt Verdis mit Cavour dem Komponisten politische Bedeutsamkeit verschaffen. In der jüngsten Biographie über Mazzini indes kann der Kontakt zwischen Mazzini und Verdi dem republikanischen Theoretiker zu bürgerlicher Anerkennung verhelfen.

Dieser Vorgang zeigt, daß der Mythos Verdi neben dem „Risorgimento“ noch in weiteren Diskursen seine Stabilität erwarb. Das System der Vignetten ist vor allem durch solche Mehrfachstrategien in der Lage, Widersprüche in der mythischen Argumentation auszugleichen und einen hohen Grad an Entmythisierungsresistenz zu gewährleisten.

Die vorgenommene Dekonstruktion des „Risorgimento“ hat viele historische Widersprüche der italienischen Nationalstaatsbildung zutage gebracht. Da ist zunächst der Anspruch auf italienische Legitimität eines Königshauses, das nicht mehr und nicht weniger mit dem antiken „Italia“ zu tun hatte als die Dynastie der Bourbonen oder das Haus der Habsburger. Die Bildung der Nation unter diesem frankophilen Königshaus konnte nicht stringent politisch begründet werden und war darum das Ergebnis von vielen synchron und diachron verlaufenden Diskursen, die ein hohes Maß an Anschlußfähigkeit bewiesen und rein äußerlich nahtlos in den Diskurs der „vorgestellten Gemeinschaft“ mündeten.

Die Ansprüche der papsttreuen Neoguelfen zum Beispiel und ihre Invention der „italianità“ konnten in der nachträglichen Erzählung dank eines gemeinsamen kleinsten Nenners, des Ziels „Nationalstaat“, sinnhaft mit den Forderungen der radikalen republikanischen Aufständischen um Mazzini, Garibaldi oder denen der föderalistisch abgeklärten Wissenschaftler um Cattaneo – und selbst dessen Kassandrarufen gegen die italienische Einheit – verknüpft werden. Handlungsbereiter und territorialer Nutznießer dieser beständig gärenden, sich ergänzenden und aneinander anschließenden Prozesse war die piemontesische Regierung unter Cavour, der seinerseits moderat und monarchentreu sein Programm einer wirtschaftslibertären Demokratie unter Einsatz aller politischer Arkana durchsetzte.

Dabei ergänzte sich der Regierungswille der Savoyer, die für die nationale Machtergreifung auch weiterhin mit Hilfe einer geschönten Historiographie an ältere italienische Traditionen anzuknüpfen versuchten, mit dem nach Frankreich und England schielenden Turiner Industriekapital und seiner Hoffnung auf einen größeren Markt. Aktive und willentliche Teilnehmer dieses Diskurses und der sich ergebenden Entwicklungen waren auf der gesamten Halbinsel nicht die zahlreichen Bauern und Analphabeten, die die Schriften Cavours oder Mazzinis kaum erreichten, sondern die privilegierten Schichten der gutsituierten Bürger, Großbürger und Adligen.

Giuseppe Verdi hat in diesem schließlich zum Gründungsmythos verdichteten Konglomerat von Parteien und Diskursen seinen gebührenden Platz inne. Seine Funktion als Bewahrer der italienischen Operntradition ist in diesem Zusammenhang keinesfalls zu unterschätzen.

Verdi schuf mit seinen nahezu dreißig Opern den bis heute gültigen Anschluß an die musikalische „Tradition“ der Monteverdis, Cimarosas, Bellinis, Donizettis und Rossinis, die schon seit dem Barock Italien als „Kulturnation“ ausgewiesen hatte.

Obwohl die Oper im 19. Jahrhundert nachweislich zur Unterhaltungsform privilegierter Schichten zählte und keine Wurzeln in der italienischen Volksmusik besitzt, konnte Verdi durch den Prozeß des „Risorgimento“ zum Stifter italienisch-kulturellen Identifikationspotentials werden. Von den berühmten und in den Schulbüchern verehrten Gründungsvätern der jungen Nation erreichte fast nur Verdi durch sein biblisches Alter das neue Jahrhundert und trug damit „risorgimentales“ Erbgut in die nächste Generation. Verdis Begabung, sein Fleiß, aber auch seine Kompromißbereitschaft mit dem Habsburger Regime in Norditalien, unter dessen Kuratel seine Laufbahn an „La Scala“ begann, sorgten für seine schnelle Prominenz unter den vielen, heute vergessenen italienischen Opernkomponisten des 19. Jahrhunderts und legten damit gleichzeitig den Grundstein seines Identifikationspotentials für die italienische Nation wie für die Entmythisierungresistenz seiner Position im Gesamtmythos des „Risorgimento“.

Die Arbeit an der Mailänder Scala leitete Verdis Karriere und den Aufbau seiner Reputation ein, die sich über Wien schnell nach Paris und London ausweitete, von wo sein Ruhm auch wieder auf die Halbinsel zurückwirkte. Dabei konnte gezeigt werden, daß die in einem Großteil der Rezeptionsgeschichte über Gebühr mit „risorgimentaler“ Bedeutung aufgeladenen Chöre aus Verdis frühen Opern wie „Nabucco“ oder „I Lombardi alla prima crociata“ zwar dem gängigen „patria“-Diskurs huldigten, aber während der sogenannten „Cinque Giornate“ im März 1848 keine den mythischen Interpretationen entsprechende Aufnahme in den revoltierenden Massen fanden.

Die zeitgenössischen Zeitungsberichte rücken die späterhin erfolgten wirkungsgeschichtlichen Analysen der meisten Historiker und Musikwissenschaftler in ein fragwürdiges Licht. Die Konnotation des Politischen sollte hier oft – diese These ließ sich unter anderem bei Franz Werfel nachweisen – als Aufwertung der musikalischen Qualität von Verdis Opern dienen und sie der unterstellten Trivialität entheben.

Ähnliches geschieht bei der thematisch von der Revolution am ehesten geprägten Oper „La Battaglia di Legnano“. Obwohl sie keinen Chor mit der Zugkraft des Chors der gefangenen Juden aus „Nabucco“ enthält und in der zeitgenössischen Kritik keinen guten Nachhall fand, wird sie später als „Propagandawerk“ für die italienische „Revolution“ bezeichnet, und ihre Uraufführung 1849 in Rom wird zu einem den „Cinque Giornate“ gleichrangigen Termin in der Geschichte der nationalen Erhebung. Man kann hier eine beispielhafte Selektion der die Erzählung stützenden und formenden Mythologeme beobachten. Die Chöre werden ungeachtet der Erkenntnisse der Opernsoziologie „Volkshymnen“ genannt, und Verdi wird kurzerhand die Vignette des „maestro della rivoluzione italiana“ zugeeignet.

Die einzige Hymne, die Verdi während seines Aufenthalts in Paris auf Bestellung für Mazzini komponierte, wird unverhältnismäßig wichtig eingestuft, aber die Kanzone, die Verdi zum Beginn seiner Karriere für den habsburgischen Kaiser Ferdinand I. schrieb, wird meist ganz verschwiegen. Stellenweise stößt man auf regelrecht propagandistische Zielrichtungen moderner Historiker, etwa wenn manche patriotische Quellen neu erfunden werden, damit die Geschichte dem Mythos entspricht.

Ein Exempel für destruierende Quellenkritik bedeutet in dieser Arbeit die Analyse um die Entstehungsgeschichte der Oper „Un Ballo in maschera“. Anhand der Überprüfung verschiedener archivalischer Materialien konnte die in der historischen und musikwissenschaftlichen

Forschung gängige Darstellung dieser Entstehungsgeschichte, die in der Argumentation des Mythos als Indiz für die Böswilligkeit des bourbonischen Regimes in Neapel einsteht, völlig neu interpretiert werden. Aus Briefen von Verdis Verleger Ricordi wurde deutlich, daß es in Neapel im Frühjahr 1858 nicht nur um die Zensur, sondern vor allem um Urheberrechte und um drohende Raubkopien ging. Die Gegenüberstellung des Librettos von Verdis Mitarbeiter Antonio Somma mit dem Libretto eines neapolitanischen Librettisten, der das Buch im Auftrag der neapolitanischen Zensur veränderte, ergab im Gegensatz zur herkömmlichen Darstellung nur minimale Unterschiede und relativierte Verdis Protest gegen das veränderte Libretto.

Als dritte Quelle unterstützte das Prozeßdokument, das den Rechtsstreit zwischen Verdi und der Theaterdirektion protokollierte, die These, daß die Erzählung um die Entstehungsgeschichte von „Un Ballo in maschera" auf die Einpassung in den politischen Mythos zugeschnitten wurde.

Diese perfekte Einpassung war jedoch nur durch die Mitarbeit von Verdis Verleger Ricordi und Verdi selbst möglich, die dafür sorgten, daß die Oper ein Fall der Zensur, ein Fall politischer Unterdrückung blieb. Der der Uraufführung dieser Oper in Rom zugeschriebene Initiationsmoment des politischen Akrostichons „V.E.R.D.I.", in dem dem Wunsch Ausdruck verliehen sein sollte, Vittorio Emanuele II. möge König Italiens werden, wird im Mythos zur Geburtsstunde der Nation. Die Überprüfung dieses Elements im Gesamtmythos Verdi zeigt gleichfalls, daß diese eingängige Anekdote sehr wahrscheinlich erst nach der Bildung der italienischen Nation, wohl um 1875, nachträglich erfunden wurde. Verdi war zu Zeiten der Uraufführung von „Un Ballo in maschera" noch nicht populär – im Sinne von volkstümlich – genug, um Träger einer solchen Nationsparole zu sein – und Vittorio Emanuele wahrscheinlich auch nicht.

Verdi wird aber durch die Geschichte um „Un Ballo in maschera" zur Stütze für das schwächste, am wenigsten verläßliche Glied in der seriellen Mythenkomposition: den unmusikalischen „Re Galantuomo" Vittorio Emanuele II. Und das Akrostichon „V.E.R.D.I." wird zu einem der bis heute geläufigsten Ikonen der italienischen Nationalstaatsbildung, das den fast ebenso aufgeladenen Begriff des „Risorgimento" um ein ganzes Feuerwerk von Geschichten bereichert. „V.E.R.D.I." schafft die Kontinuität im historiographischen Diskurs über das „Risorgimento" hinaus, denn es umfaßt die Jahre von 1842 – also seit „Nabucco" – bis zur Bildung des Königreichs Italien im Jahr 1861 und bis zu Verdis Tod, um fürderhin als Symbol für den normativen Anspruch auf nationale Solidarität aller Italiener zu stehen.

Die für den Mythos typische Metasprache vermittelt zwischen dem „Risorgimento" einerseits, der Oper und Verdi andererseits. Das geschieht vor allem seit der Jahrhundertwende, also nach Verdis und der meisten Zeitgenossen Tod. Denn erst seit 1900 erlebte die Oper durch verschiedene Multiplikatoren, wie etwa industrielle Produkte mit Abbildungen aus der Opernwelt, später dann durch Grammophon, Radio und Film den Beginn einer gewissen Volkstümlichkeit.

Der Sakraltransfer von der christlichen Religion zum nationalen Staat zeigt sich nun endgültig in nationalen Feiertagen, Straßennamen und in der Zeitschriftenkultur nach 1900, vor allem aber in der Zeit des Faschismus. Das Gedenken von Geburts- und Todestagen wird zum patriotisch-nationalen Ritual. In Italien sind es Historiker und Musikwissenschaftler, die nun erst Verdi in Monographien wie in Schulbüchern zum Nationalhelden neben weiteren disparaten Figuren wie Garibaldi und Mazzini stilisieren. In Deutschland sind es Verdi-Liebhaber, die aus dem Mythologemenfundus „Italia" schöpfen und die sogenannte „Verdi-Renaissance" stützen. Der Grad der Entmythisierungsresistenz Verdis steigt, und es eröffnet sich angesichts der unterschiedlichen Geschichten und Medien, in denen sich Verdi allein in den dreißiger und vierziger Jahren dieses Jahrhunderts wiederfindet, ein fast ubiquitäres Identifikationspotential.

Ein Gutteil dieses Potentials kam nur durch Verdis eigene Mitarbeit am Mythos zustande, die der Mythisierung nach seinem Tod ein solides Fundament liefert; zumindest wehrte er sich nicht gegen die wachsende Verherrlichung zu Lebzeiten. Da ist zunächst seine Selbststilisierung als Bauer – eine willkommene Vignette in der sonst so städtisch geprägten Geschichtserzählung des „Risorgimento".

Diesen selbstgeschaffenen Kunstmythos nutzte er als ein Schutzschild gegen die Vereinnahmung durch die Bourgeoisie. Und auch bei der Vignette des „Antipoden" Wagners ist Verdi nicht unbeteiligt. Nicht etwa, daß er wirklich unter der Existenz des deutschen Komponisten gelitten hätte. Doch sicherlich mißfielen ihm die seit den fünfziger Jahren sich entspinnenden Feuilletongefechte, in denen verhandelt wurde, ob Verdi den französischen oder den deutschen Kompositionsstil nachahme.

Verdi war durch die Diskussionen über „Wagnerismo" und die ihm entgegengebrachten Vorwürfe der Imitation vermutlich im Laufe der Zeit so ermüdet, daß er sich weder gegen die Anklagen seiner Gegner noch gegen die Inanspruchnahme seiner Verehrer, wie zum Beispiel in der ersten umfassenderen Biographie von Pougin, wehrte. Vielleicht schien Verdi dieser zweifelhafte Ruhm zu Lebzeiten als Gegengewicht zum Vorwurf des „Wagnerismo" sogar noch ganz annehmbar. Verdi betonte nun in Briefen das „Nationale" in der Musik, obwohl er Jahre zuvor das „Universale" in der Musik hervorgestrichen hatte. So fand der Gründungsmythos spielend zu seinem Komponisten; so richtete sich der Komponist im nationalen Mythos ein.

Die Person des Komponisten wurde also unter anderem durch die Selbststilisierung und die mangelnde Gegenwehr gegen den politischen Interpretationswillen seiner Anhänger derart mit der Geschichte des „Risorgimento" verknüpft, daß das Auftauchen seines Namens heute kaum mehr ohne das Mitdenken von politischer italienischer Nationsgeschichte denkbar ist und es darum kaum eine Interpretation der „tinta musicale", der musikalischen Sprache Verdis gibt, die nicht unmittelbar das politische Geschehen zu Verdis Zeit in ihre Hermeneutik miteinbezieht. Und umgekehrt läßt sich heute kaum noch der Vorgang der italienischen Einigung ohne Mitwirkung Verdis darstellen.

Wenn man diese verengte Perspektive aus dem Blickwinkel des Mythos erweitert, kann man eine der wenig beachteten Eigenschaften Verdis würdigen: seine Spiegelung familiärer und gesellschaftlicher Konflikte. Die negativen sozialen Muster, die Verdi bereits in „La Traviata" oder „Luisa Miller" präsentierte, wurden im „Falstaff" schließlich zur musikalischen Gesellschaftskarikatur.

Verdi ging über die bloße Abbildung der Muster hinaus und analysierte sie in zynischer und satirischer Form. Er montierte seine Musik so, daß sich Kantilenen-Harmonie mit durchkomponierter Staccato-Boshaftigkeit kreuzte. Verdis durchscheinende Weltkritik, die durch den Text seines Librettisten unterstrichen wurde, bezieht sich hier nicht auf einen nationalen, monarchischen oder republikanischen Staat. Sie spiegelt seine anthropologischen Beobachtungen, die ihn selbstironisch miteinschließen.

Seine eigene Weltsicht aber fällt im Mythos durch die Restriktion auf die Politik ganz heraus. Der Mythos Verdi hat das Blickfeld auf die patriotischen Chöre verengt, auf biographische Daten, die mit dem historischen Geschehen irgendwie in Zusammenhang gebracht werden können, auf Opern, die den mythischen Dualismus von „patria“ und „Fremdherrschaft“ vorführen sollen, und auf Mythologeme wie das Akrostichon „V.E.R.D.I.“, die die „bricolage“ des „maestro della rivoluzione“ stützen. Der Odor des „Risorgimento“ bestimmt bis heute Verdis Rezeption. Die Eigengesetzlichkeit des Mythos zeigt sich darin, daß auch die kritische Arbeit einiger weniger Musikwissenschaftler bis heute kaum vermag, dies zu ändern.

Ein weiterer nicht zu unterschätzender Effekt der Blickfeldverengung auf Verdi besteht darin, daß uns Nachgeborenen die Vielfalt der Opernkomponisten des 19. Jahrhunderts völlig abhanden gekommen ist. Gleichzeitig mit Verdis „Nabucco“ oder „Un Ballo in maschera“ zeigten die italienischen Opernhäuser Dutzende anderer Opern. Hier reüssierten Komponisten wie Petrella, Pacini, Ricci, Mercadante und Apolloni. Ob sie zu Recht nahezu vergessen sind, ob ihre Ästhetik an die Verdis überhaupt heranreicht, ob sie vielleicht ebensoviel für die kulturelle Identität Italiens getan haben wie Verdi, läßt sich heute nur noch schwer überprüfen.

Die Vielfalt an Komponisten und Konservatorien war es jedenfalls, soviel läßt sich sagen, die Italien vor seiner Identität als politische Nation als eine Kulturnation ausgezeichnet hatte und einen der Wege zur Verengung der disparaten Diskurse auf den Diskurs der Nationsbildung eröffnete. Von dieser Vielfalt ließ der Mythos einzig Verdi überleben.

Man kann sich fragen, welche Rückschlüsse es zuläßt, daß gerade in Italien ein Mann der Oper zu einer Heerführern, Präsidenten und Königen gleichrangigen Identifikationsfigur werden konnte. Eine komponierte Welt voll Kabale und Liebe, Lug und Trug, die Unterhaltungsform einer gesellschaftlichen Minderheit, wird durch die Vignette eines Komponisten zum Ikon für den Charakter einer ganzen Nation und damit zum Abbild einer politischen Kultur.

Dem Opernland Italien billigt man bis heute zu, seinem Prozeß der Nationsbildung eigne etwas Theaterhaftes. Es war Giuseppe Tomasi di Lampedusa, der im Jahr 1954 in seinem Roman „Der Leopard“ hinter die politische Bühne der staatlichen Einigung blickte und in einer bis heute unübertroffenen italienischen Schalkhaftigkeit höchst profanes Machtgerangel auf allen Ebenen des historischen Geschehens beschrieb. So resümiert der Held des Romans, der sizilianische Fürst Don Fabrizio, kurz nach der Einigung Piemont-Sardiniens mit Süd- und Norditalien zum Königreich Italien den politischen Vorgang: „Vielerlei würde geschehen, aber alles würde eine Komödie sein; eine lärmende, romantische Komödie mit ein paar Fleckchen Blut auf dem Narrenkleid.“

Die Musik zu dieser Komödie Italiens, so wollen wir auch heute gerne glauben, schrieb Giuseppe Verdi.

Anhang

Danksagungen

Danken möchte ich an dieser Stelle Herfried Münkler, der mich in einem Gespräch über Nationsbildung im 19. Jahrhundert zu einer Beschäftigung mit Giuseppe Verdi anregte und den Verlauf meiner Dissertation aufmerksam verfolgte und unterstützte. Dieter Rebentisch danke ich für seine Bereitschaft, meine Arbeit zusammen mit Herfried Münkler begutachtet zu haben und für viele hilfreiche Hinweise im Laufe meines Studiums in Frankfurt. Bei meinem Dank an die besuchten Archive in Italien, vor allem an die Mitarbeiter des Archivio di Stato und der Biblioteca Lucchesi Palli in Neapel sowie der Biblioteca di documentazione pedagogica in Florenz, möchte ich das Istituto nazionale di studi verdiani in Parma besonders hervorheben. Pierluigi Petrobelli setzte sich kritisch und richtungsweisend mit meinen Fragestellungen auseinander. Marisa di Gregorio Casati, Lina Ferretti Rè und Daniella Negri Mazzolla standen mir bei allen Fragen und Problemen zur Seite. Außerdem möchte ich einigen Menschen danken, die mir bei der Fertigstellung meiner Arbeit auf vielfache Weise geholfen haben: Anne Kosfeld, Carlo Clausetti, Gundula Mohr, Uschi Hollerbach, Alberto Belardini, Johanna Pauls, Ilse Lutz, Andreas Heinecke, Linda Larsson, Jens Petersen und Alfons Holtgreve. Großer Dank gilt vor allem Dirk Schümer, Gabriele Schneider, Gilla Lörcher und Marlene Sinz, die diese Arbeit geduldig begleitet und kritisch gelesen haben.

Archivmaterialien

MAILAND:
Archivio Storico Civico, Castello Sforzesco
Dokumente: Affari publici 1848–1858
Spettacoli publici 1848–1859

Archivio di Stato
Dokumente: Cancellerie austriache 1848–1859

Biblioteca Communale
Dokumente: Italienische Zeitschriften 1880–1949

PARMA:
Istituto nazionale di studi verdiani
Dokumente: Lettere Ricordi/Verdi 1857–1860

Centre Internationale de Recherche sur la Presse Musicale
Dokumente: Italienische Musikzeitschriften 1845–1860

ROM:
Accademia dei Lincei
Dokumente: Libretto „Gustavo III.“, manomesso della censura (1858)

FLORENZ:
Biblioteca di documentazione pedagogica
Dokumente: Italienische Schulbücher 1866–1940

NEAPEL:
Archivio di Stato
Dokumente: Teatri 1849–1877
Sezione Giustizia, serie:
Tribunale di commercio, fascicolo 1361

Biblioteca del Conservatorio S. Pietro a Maiella
Dokumente: Neapolitanische Musikzeitschriften 1857/58

Biblioteca Lucchesi-Palli/ Biblioteca Nazionale
Dokumente: Lettere Verdi/Torelli 1857/58

Literaturverzeichnis

Abba, Giuseppe Cesare, Von Quarto zum Volturno, Berlin 1901

Abbiati, Franco, Giuseppe Verdi, 4 Bde., Mailand 1959

Abels, Norbert, Franz Werfel, Hamburg 1990

Abert, Hermann, Giuseppe Verdi, in: Zeitschrift der Internationalen Musikgesellschaft, 6/ 1901

Ackermann, Volker, „Ceux qui sont pieusement morts pour la France“, „Die Identität des unbekannten Soldaten“, in: Jeismann, Michael/ Kosseleck, Reinhart, Totenkult, Paderborn 1984

Adorno, Theodor W./ Horkheimer, Max, Dialektik der Aufklärung, Frankfurt/Main 1969

Adorno, Theodor W., Einleitung in die Musiksoziologie, Frankfurt/Main 1974

Alla memoria di Teodoro Cottrau – Cenni Necrologici estratti da giornali, hrsg. v. Trani, A., Neapel 1879

Alter, Peter, Nationalismus, Frankfurt/Main 1985

Altgeld, Wolfgang, Giuseppe Garibaldi in zeitgenössischer Sicht, in: Risorgimento, März 1982

Ders., Das politische Italienbild zwischen Aufklärung und europäischer Revolution von 1848, Tübingen 1984

Altichieri, Alessio, I re d'Italia tornano a Torino. Sulla carta., in: Corriere della Sera, 18.2.1993

Altwegg, Jürg: Interview mit Claude Lévi-Strauss, in: FAZ Magazin, 65/ 1991

Ambrosoli, L., Appunti sul problema dell'istruzione popolare nella Lombardia e nel Veneto dalla Restaurazione all' Unità, in: Il Lombardo-Veneto sotto il profilo politico, culturale, economico-sociale. Atti del Covegno Storico, hrsg,v. Renato Giusti, Mantua 1977

Anderson, Benedict, Die Erfindung der Nation, Frankfurt/Main 1988

Anesa, Marino, Musica in piazza, contribuiti per una storia delle bande bergamesche, Bergamo 1988

Arico, Alessio, In margine a „I Promessi Sposill“, Mailand 1975

Assmann, Jan, Das kulturelle Gedächtnis, München 1992

Balbo, Cesare, Della storia d'Italia dalle origini fino ai nostri tempi – Sommario, hrsg. v. Giuseppe Talamo, Mailand 1962, S. 524.

Ders., Storia d'Italia, Neapel 1969

Balibar, Etienne, La forme nation: histoire et idéologie, in: Balibar, E./ Wallerstein, Immanuel, Race, nation, classe, Paris 1988

Ballstaedt, Andreas/ Widmaier, Tobias, Salonmusik, Beihefte zum Archiv für Musikwissenschaft, Stuttgart 1989

Barbiera, Raffaello, Il salotto della contessa Maffei e la società milanese, 1834–1886, Mailand 1895
Barth, Hans, Masse und Mythos, Hamburg 1959
Barthes, Roland, Geschichte oder Literatur, Frankfurt/Main 1963
Ders., Mythen des Alltags, Frankfurt/Main 1974
Baron, Hans, The Crisis of the Early Italian Renaissance, Princeton 1966
Baruch, Gerth-Wolfgang, Verdi und wir, in: Melos/ Zeitschrift für Musik, 18/1951,
Basevi, Abramo, Studio sulle opere di Giuseppe Verdi, Florenz 1859
Battaglia, Roberto, Storia della Resistenza italiana, Turin 1953
Bédarida, Henri/ Hazard, Paul, L'influence française en Italie aux dix-huitième siècle, Paris 1910
Bellers, Jürgen/ Kipke, Rüdiger, Einführung in die Politikwissenschaft, München 1993
Bellezza, Paolo, Curiosità manzoniane, Mailand 1923
Belting, Hans/ Blume, Dieter (Hrsg.), Malerei und Stadtkultur in der Dantezeit, München 1989
Bendix, Reinhard, Könige oder Volk. Machtausübung oder Herrschaftsmandat, Bd. II., Frankfurt/Main 1980
Benjamin, Walter, Das Kunstwerk im Zeitalter seiner technischen Reproduzierbarkeit, Frankfurt/Main 1966
Berengo, Marino, L'Organizzazione della cultura nell'età della restaurazione, in: Storia della società italiana, hrsg.v.: Cherubini, Giovanni/ Della Peruta, Giovanni, u.a., Mailand 1986
Bergami, Giancarlo, Rivoluzione senza eroi di Gobetti, in: Nuova Antologia, April/Juni 1992
Berlioz, Victor, Italienische Reise, in: ders., Memoiren, Hamburg 1990
Bermbach, Udo/ Konold, Wulf (Hrsg.), Gesungene Welten, Hamburg 1992
Ders., Der Wahn des Gesamtkunstwerks – Richard Wagners politisch-ästhetische Utopie, Frankfurt 1994
Beyme, Klaus von, Die Oktoberrevolution und ihre Mythen in Ideologie und Kunst, in: Hartmann, Dietrich/ Assmann, Jan, Revolution und Mythos, Frankfurt/Main 1992
Biagioli, Mario, Galileo the Emblem-Maker, in: ISIS, 307/ 1990
Blaas, Richard, Metternich, Mazzini und die Gründung der Giovine Italia, in: Mitteilungen des österreichischen Staatsarchivs, Wien 1972
Blasco Ferrer, Eduardo, Handbuch der italienischen Sprachwissenschaft, Berlin 1994
Bloch, Ernst, Literarische Aufsätze, Frankfurt/Main 1985
Bloom, Peter, „Politics" and the Musical Press in 1830, in: Periodica musica, V/ 1987
Blumenberg, Hans, Arbeit am Mythos, Frankfurt/Main 1979
Ders.: Wirklichkeitsbegriff und Wirkungspotential des Mythos, in: Terror und Spiel. Probleme der Mythenrezeption, hrsg.v. Manfred Fuhrmann, München 1971
Bobbio, Norberto, Una filosofia militante, Turin 1971
Bocca, Giorgio, La Disunità d'Italia, Mailand 1990
Boetticher, Wolfgang, Orlando di Lasso und seine Zeit, Kassel 1958
Bohrer, Karl-Heinz (Hrsg.), Mythos und Moderne, Frankfurt/Main 1983
Borst, Arno, Reden über die Staufer, Frankfurt/Main 1978
Bossa, Renato (Hrsg.), Musica e cultura a Napoli dal XV al XIX secolo, Florenz 1983
Bollati, Giuliano, L'Italiano. Il carattere nazionale come storia e come invenzione, Turin 1983
Bolletino dell'Istituto di Studi Verdiani, Bd. 1–3, Parma 1960
Borrows, Donald, Music and Revolution: Verdi, Portsmouth, 1976

Bourdieu, Pierre, Die feinen Unterschiede, Frankfurt/Main 1982
Bourgeois, Jacques, Giuseppe Verdi, Hamburg 1980
Bracalini, Romano, Mazzini – Il sogno dell'Italia onesta, Mailand 1994
Brandenburg, Daniel, Rossini und die Farsa, (unveröffentlichtes Manuskript), Rom 1992
Braudel, Fernand, Mediterrane Welt, in: Die Welt des Mittelmeers, Frankfurt/Main 1987
Bredow, Wilfried von/ Noetzel, Thomas, Lehren des Abgrunds, Münster 1991
Breve Raconti di storia patria – Ad uso della quinta classe elementare, Florenz 1891
Broszka, Matthias, Historisches Bewußtsein und musikalische Zeitgestaltung, in: Archiv für Musikwissenschaft, 1/ 1988
Budden, Julian, Giuseppe Verdi, Stuttgart 1987
Burckhardt, Jacob, Briefe, Leipzig 1940
Burke, Peter, Reden und Schweigen, Berlin 1994
Byron, George Gordon, The Corsair, Boston 1958
Cagli, Bruno (Hrsg.), Il Teatro di San Carlo 1737–1987, Neapel 1987
Cambiasi, Pompeo, La Scala, Mailand 1889
Cantone, Gaetano/ Greco, Franco Carmelo (Hrsg.), Il Teatro del Re – Il San Carlo da Napoli all'Europa, Neapel 1987
Carlyle, Thomas, Über Helden, Heldenverehrung und Heldentümliches in der Geschichte, Berlin 1912
Casini, Claudio, Verdi, Mailand 1981
Cassirer, Ernst, Versuch über den Menschen, Frankfurt/Main 1990
Castronovo, Valerio, Piemonte, in: Storia d'Italia – Le regioni, Turin 1977
Ders.: Storia delle città italiane: Torino/ Rom 1987
Cattaneo, Carlo, Opere scelte, hrsg. v. Castelnuovo Frigessi, Delia, Bd. 1, Turin 1972
Ders., Considerazioni sulle cose d'Italia nel 1848, Turin 1942
Cavour, Camillo di, Epistolario, Bd. 1–6, Bologna 1949–54
Ders., Tutti gli scritti, hrsg. v. Pischedda, Carlo/ Talamo, Giuseppe, Bd. 1–4, Turin 1976–78
Cesardi, T.O., La musica dell'avenire e la giovine scuola italiana, Bologna 1884
Chabod, Federico, Italien-Europa. Studien zur Geschichte Italiens im 19. und 20. Jahrhundert, Göttingen 1962
Cherubini, Giovanni, u.a., Storia della società italiana, Band 15: Il movimento nazionale e il 1848, Mailand 1986
Christofani, Mauro, der „etruskische Mythos“ zwischen dem 16. und 18. Jahrhundert, in: Die Etrusker und Europa. Katalog zur Ausstellung im Alten Museum/Berlin, Berlin 1993
Cibrario, Luigi, Documenti, sigilli e monete appartenenti alla monarchia di Savoia, Turin 1833
Colombo, Paola, Fétis-Verdi: cronaca di una polemica, in: Nuova Rivista musicale italiana, 3–4/ 1991
Conati, Marcello, Ballibili nei „Vespri“. Con alcune osservazioni su Verdi e la musica popolare, in: Studi Verdiani, 1/ 1982
Ders., Fonti Verdiani – I giornali dell'Ottocento, in: Nuove Prospettive nella ricerca Verdiana, hrsg, v. Istituto nazionale di Studi Verdiani, Parma 1983
Ders., Incontri e Interviste con Verdi, Mailand 1981
Ders., Verdi per Napoli, in: Il Teatro di San Carlo, 1737–1987, hrsg. v. Cagli, Bruno/ Ziimo, Agostino, Neapel 1987

Confurius, Gerrit, Sabbioneta – oder Die Schöne Kunst der Stadtgründung, Frankfurt/ Main 1991
Contini, Mila, Rosa Vercellana, favorita di Vittorio Emanuele II., Contessa di Mirafiori, in: Tempo, 3/ 1950
Craig, Gordon, Geschichte Europas 1815–1980, München 1983
Croce, Benedetto, Geschichte Europas im 19. Jahrhundert, Frankfurt/Main 1979
Ders., La rivoluzione napoletana del 1799. Biografie, raconti, ricerche, Bari 1912
Csampai, Attila/ Holland, Dietmar (Hrsg.), Giuseppe Verdi, Rigoletto, Hamburg 1982
Dahlhaus, Carl, Über die musikgeschichtliche Bedeutung der Revolution von 1848, in: Melos, 1/ 1978
Damm, Rainer, Viva Verdi, (unveröffentlichtes Manuskript) Teil I–IV, Musikstunde S2-Kultur/ SWF, Baden-Baden 1991
D'Annunzio, Gabriele, In morte di Giuseppe Verdi, Mailand 1901
Dauth, Ursula, Verdis Opern im Spiegel der Wiener Presse, München 1981
Dann, Otto (Hrsg.), Nationalismus und sozialer Wandel, Hamburg 1978
De Filippis, F./ Arnese, R. (Hrsg.), Cronache del Teatro di S. Carlo, Neapel 1961
Delcerro, Emilio, La Censura Borbonica in Sicilia del 1849–1860, in: Rivista d'Italia, 2/ 1910
De Leva, Luigi, Fatti principali di storia nazionale riguardanti la formazione del Regno d'Italia per le scuole elementare maschile e femminile, Turin 1889
Della Peruta, Franco, I democratici e la rivoluzione italiana, Mailand 1958
Delzell, Charles F., The Unification of Italy 1859–1861, New York 1965
Demarco, Domenico, Il crollo del Regno delle Due Sicilie, Neapel 1960
De Mazzeri Alberti, Silvia, Le donne di Garibaldi, Mailand 1981
De Roberto, Federico, Die Vizekönige, Stuttgart 1992
De Rosa, Luigi, Iniziativa e capitale straniero nell'industria metalmeccanica del Mezzogiorno 1840–1904, Neapel 1968
Detienne, Marcel, Mythologie ohne Illusion, in: Mythos ohne Illusion, hrsg. v. Lévi-Strauss, Claude/ Vernant, Jean-Pierre, Frankfurt/Main 1984
Dieckmann, Friedrich, Verdi/Wagner – Die Geschichte einer Unbeziehung, Berlin 1989
Die deutsch-italienischen Beziehungen im Zeitalter des Risorgimento, Referate und Diskussionen des 8. deutsch-italienischen Historikertags, Braunschweig 1970
Dilcher, Gerhard, Kommune und Bürgerschaft als politische Idee der mittelalterlichen Stadt, in: Pipers Handbuch der Politischen Ideen, hrsg. v. Fetscher, Iring/ Münkler, Herfried, München 1993
Döhring Sieghart, Giacomo Meyerbeer und die Oper des 19. Jahrhunderts, in: Giacomo Meyerbeer – Weltbürger der Musik, hrsg. v. Musikabteilung der Staatsbibliothek Preußischer Kulturbesitz, Berlin 1991
Dörner, Andreas, Die Inszenierung politischer Mythen, in: Politische Vierteljahresschriften, 2/ 1993
Doglio, Federico (Hrsg.), Teatro e Risorgimento, Bologna 1972
Doria, Gino, Mondo vechio e nuovo mondo, Neapel 1966
Dülffer, Jost/ Hübner, Hans, Otto von Bismarck. Person Politik – Mythos, Berlin 1993
Due secoli di vita musicale. Storia del Teatro Comunale di Bologna, hrsg.v. Trezzini, Lamberto, Bologna 1966
Eliade, Mircea, Kosmos und Geschichte – Der Mythos der ewigen Wiederkehr, Frankfurt/ Main 1984

Elias, Norbert, Mozart – Zur Soziologie eines Genies, Frankfurt/Main 1993
Ders., Über den Prozeß der Zivilisation, Bd. II, Frankfurt/Main 1976
Emiliani, Vittorio, Roma, la città che è una e trina, in: Il Sole 24 Ore, 11.07.1993
Emrich, Wilhelm, Das Bild Italiens in der deutschen Dichtung, in: Studien zur deutsch-italienischen Geistesgeschichte, Köln 1959
Enderwitz, Ulrich, Der Mythos vom Heros, Freiburg 1990
Engelhardt, Markus, Die Chöre in den frühen Opern Giuseppe Verdis, Tutzing 1988
Ders., Nuovi dati sulla nascità dell'opera giovanile di Verdi „Un giornio di Regno", in: Studi Verdiani, Parma 4/ 1986–87
Fabbri, Paolo, Gioacchino Rossini uno e due', (unveröffentlichtes Manuskript), Pesaro 1992
Falkenhausen, Susanne von, Italienische Monumentalmalerei im Risorgimento, Berlin 1993
Fellinger, Immogen (Hrsg.), Verzeichnis der Musikzeitschriften des 19. Jahrhunderts, Regensburg 1968
Dies., Reflections on Nineteenth-Century Periodicals and Musicological Research, in: Periodica Musica/ Centre for Studies in Nineteenth-Century Music of the University of British Columbia, Jan/ März 1983
Fetscher, Iring/ Münkler, Herfried (Hrsg.), Politikwissenschaft, Hamburg 1985
Florimo, Francesco, La scuola musicale di Napoli, 4 Bde., Neapel 1880–1882
Fogazzaro, Antonio, Il piccolo mondo antico, Mailand 1895
Folclore de „I Promessi Sposi", hrsg.v. Centro Nazionale di Studi Manzoniani, Mailand 1980
Francis, Emerich, Ethnos und Demos, Berlin 1965
Frank, Manfred, Gott im Exil, Frankfurt/Main 1988
Fubini, Mario, Romanticismo italiano, Bari 1971
Friebe, Freimut, Das Risorgimento im Roman bei George Meredith und Antonio Fogazzaro, Frankfurt/Main 1970
Fulcher, Jane, The Nation's Image, French Grand Opera as Politics an Politicized Art, Cambridge 1987
Gadamer, Hans-Georg, Wahrheit und Methode, Tübingen 1990
Gál, György Sándor, Verdi - Roman eines Lebens, Berlin 1965
Galasso, Giuseppe, Napoli, Rom 1987
Gallico, Claudio, Cultura Verdiana, in: Le capitali della musica, Parma 1985
Gargano, Pietro/ Cesarini, Gianni, Caruso, Zürich 1991
Garibaldi, Giuseppe, Die Memoiren, Hamburg 1909
Garibaldi, Franco Temistocle, Giuseppe Verdi nella vita e nell'arte, Florenz 1904
Garibaldi, Luigi Agostino, Giuseppe Verdi nelle lettere di Emanuele Muzio ad Antonio Barezzi, Mailand 1930
Gatti, Carlo, Il Teatro della Scala, Mailand 1964
Ders., Verdi, Mailand 1951
Gay, Peter, Die zarte Leidenschaft – Liebe im bürgerlichen Zeitalter, München 1987
Gazzetti, Maria, Gabriele d'Annunzio, Hamburg 1989
Geertz, Clifford, Die künstlichen Wilden, München 1990
Gellner, Ernest, Nationalismus und Moderne, Berlin 1991
Gerhard, Anselm, Die Verstädterung der Oper, Stuttgart 1992
Gerhartz, Leo Karl, Die Auseinandersetzungen des jungen Giuseppe Verdi mit dem literarischen Drama, Berlin 1968

Ders., Oper, Mainz 1983

Ders., Personen aus Bruchstücken – in Handlungen aus Fetzen, in: Programmheft zu „Rigoletto", hrsg. v. Bielefelder Stadttheater, Bielefeld 1981

Ders., Spiegel der Opernwerkstatt Verdis, in: Programmheft zu „Macbeth", hrsg. v. der Intendanz der Oper Frankfurt, Frankfurt/Main 1990

Ders., Giuseppe Verdi – Rigoletto, hrsg. v. Csampai, Attila/ Holland, Dietmar, Hamburg 1982

Ders., Versuch über Falstaff, in: Musik, Deutung, Bedeutung, Festschrift für Harry Goldschmidt zum 75. Geburtstag, hrsg. v. Heister, Hanns-Werner/ Lück, Hartmut, Dortmund 1986

Geschichte der italienischen Oper, hrsg. v. Bianconi, Lorenzo/ Pestelli, Giorgio, Bd. 4–6, Wiesbaden 1990

Ghisalberti, Alberto Mario (Hrsg.): Massimo d'Azeglio, La Lega Lombarda, Rom 1948

Ders., Uomini e cose del Risorgimento e dopo, Catania 1978

Giacalone, Giuseppe, Introduzione storica a „I Promessi Sposi", in: Manzoni, Alessandro, „I Promessi Sposi", Florenz 1987

Giacometti, Zaccaria, Quellen zur Geschichte der Trennung von Staat und Kirche, Tübingen 1974

Giesen, Bernhard (Hrsg.), Nationale und kulturelle Identität, Frankfurt 1991

Ginsborg, Paul, Daniele Manin and the Venetian Revolution of 1848–49, Cambridge 1979

Gioberti, Vincenzo, Del primato morale e civile degli Italiani, Turin 1939

Ders., La teoria della mente umana, Mailand 1910

Girardet, Raoul, Mythes et Mythologie politiques, Paris 1986

Giudice, Giuseppe del, Carlo Troya, Vita pubblica e privata, studi, opere, Neapel 1899

Goethe, Johann Wolfgang von, Italienische Reise, hrsg. v. Andreas Beyer und Norbert Miller, München 1992

Ders., Werke, Hamburger Ausgabe in 14 Bänden, Hamburg 1976

Goetz, Walter, Das Werden des italienischen Nationalgefühls, in: Sitzungsberichte der Bayerischen Akademie der Wissenschaften, Heft 7, München 1939

Graevenitz, Gerhart von, Mythos – Zur Geschichte einer Denkgewohnheit, Stuttgart 1987

Gramsci, Antonio, Quaderni del Carcere, 4 Bde, Turin/Einaudi 1975

Ders., Die süditalienische Frage, Berlin 1955

Grande, Tiziana, The Gazetta musicale di Napoli, in: Periodica Musica, V/ 1987

Greger, Joseph, Kulturgeschichte der Oper, Wien 1950

Gregorovius, Ferdinand, Geschichte der Stadt Rom, Band II,2, München 1978

Ders., Römische Tagebücher, hrsg. v. Hanno-Walter Kruft u. Markus Völkel, München 1991

Günther, Ursula, Giuseppe Verdis erster Erfolg in Paris, in: Lendemains, 31–32/ 1983

Guichonnet, Paul, Cavour agronomo e uomo d'affari, Mailand 1961

Guide des opéras de Verdi, hrsg.v. Cabourg, Jean, Paris 1990

Gutierrez, Beniamino, Il Teatro Carcano, Mailand 1916

Hanslick, Eduard, Aus dem Tagebuch eines Rezensenten, hrsg. v. Wapnewski, Peter, Kassel 1989

Ders., Aus meinem Leben, Kassel 1987

Hardtwig, Wolfgang, Geschichtskultur und Wissenschaft, Frankfurt/Main 1992

Harrison, Michael M., Composers as Political Artists: Verdi, Wagner and the Legacy of Politics in the 19th Century, in: The Opera Quaterly, 1/ 1984
Hartmann, Dietrich/ Assmann, Jan, Revolution und Mythos, Frankfurt/Main 1992
Harwood, Gregory W., Verdis Reform of the Opera Orchestra, in: 19th Century Music 2/ 1986
Haufe, Eberhard (Hrsg.), Deutsche Briefe aus Italien, Leipzig 1965
Hausmann, Friederike, Garibaldi – Die Geschichte eines Abenteurers, der Italien zur Einheit verhalf, Berlin 1985
Heine, Heinrich, Reisebilder, Frankfurt/Main 1980
Heissenbüttel, Helmut, Die Schallplatte als Mittel historisches Bewußtsein zu vermitteln, in: Merkur, 6/ 1974
Henscheid, Eckhard/Poth, Chlodwig, Verdi ist der Mozart Wagners, Stuttgart 1992
Herde, Peter, Guelfen und Neoguelfen, Wiesbaden 1985
Hobsbawm, Nationen und Nationalismus – Mythos und Realität seit 1780, Frankfurt/ Main 1990
Hölscher, Uvo, Odyssee – Epos zwischen Märchen und Roman, München 1988
Hösle, Johannes, Grundzüge der italienischen Literatur des 19. und 20. Jahrhunderts, Darmstadt 1979
Huch, Ricarda, Die Geschichten von Garibaldi, Frankfurt/Main 1972 (1921)
Dies., Das Risorgimento, Leipzig 1908
Hübner, Kurt, Die Wahrheit des Mythos, München 1985
Hunecke, Volker, Arbeiterschaft und industrielle Revolution in Mailand 1853–1892, Göttingen 1978
Ideologie, hrsg.V. Kurt Lenk, Frankfurt/Main 1984
Isnenghi, Mario, L'Italia in Piazza – I luoghi della vita pubblica dal 1848 ai giorni nostri, Mailand 1994
Innsbruck/Venedig – Österreich/Italien, Historikertreffen 1971/72, hrsg. v. Adam Wandruszka, Wien 1975
Das Italien der Alinari, hrsg. v. Regione Toscana/ Fratelli Alinari/ Frankfurter Kunstverein, Florenz 1988
Jay, Martin, Braucht die Geistesgeschichte eine sprachliche Wende?, in: LaCapra, Dominick/ Kaplan, Steven L., Geschichte denken, Frankfurt/Main 1988
Jamme, Christoph, Einführung in die Philosophie des Mythos, Darmstadt 1991
Jewett, Robert/ Lawrence, John Shelton, The American Monomyth, New York 1977
Kamenka, Eugene, u.a., Nationalismus, in Pipers Handbuch der politischen Ideen, hrsg. v. Fetscher, Iring/ Münkler, Herfried, München 1993, Bd. 4, München 1986
Kammerer, Peter/ Krippendorf, Ekkehart, Italien, Berlin 1990
Kaufman, Thomas G., Verdi and his Major Contemporaries, New York 1990
Keiler, Allen, Liszt and Beethoven: The Creation of a Personal Myth, in: 19th Century Music, 2/ 1988
Knepler, Georg, Fakten und Theorien zu den Anfängen der Oper, in: Musikwissenschaftliche Kolloquien der Internationalen Musikfestspiele in Brno, Bd. 15, Brno 1984
Köpnick, Lutz, Nothungs Modernität – Wagners Ring und die Poesie der Macht, München 1994
Kolakowski, Leszek, Die Gegenwärtigkeit des Mythos, München 1984
Kostrowski, Jan K., Cracow, Warschau 1992

Kracauer, Siegfried, Die Photographie, in: Das Ornament der Masse, Frankfurt/Main 1963

Ders., Jacques Offenbach und seine Zeit, Frankfurt/Main 1976

Kraetz, Birgit, „Wir lieben Pertini wie Garibaldi“, in: Der Spiegel, 26/ 1982

Kris, Ernst/ Kurz, Otto, Die Legende vom Künstler, Frankfurt/Main 1980

Kühner, Hans, Giuseppe Verdi, Hamburg 1961

Kuhlbradt, Dietrich/ Prinzler, Hans Helmut/ Witte, Karsten (Hrsg.), Bernardo Bertolucci, München 1982

Labie, Jean-F., Le Cas Verdi, Paris 1987

LaCapra, Dominick/ Kaplan, Steven L., Geschichte denken, Frankfurt/Main 1988

Lambruschini, Raffaelo, Elogio del socio onorario – Conte di Cavour, Florenz 1861

Lauer, Reinhard, „Aus Mördern werden Helden – Über die heroische Dichtung des Serben“, in: FAZ: Bilder und Zeiten, 6. März 1993

Lavagetto, Mario, Un caso di censura – „Rigoletto“, Mailand 1979

Lebrecht, Norman, Der Mythos vom Maestro, Zürich 1991

Leenhardt, Jacques, Politische Mythen im Roman, Frankfurt 1976

Lenmann, Robin, Die Kunst, die Macht und das Geld – Zur Kulturgeschichte des kaiserlichen Deutschlands 1871–1918, Franfurt/Main 1994

Levi, A., La filosofia politica die Giuseppe Mazzini, Neapel 1967

Lévi-Strauss, Claude, Das wilde Denken, Frankfurt/Main 1979

Ders., Die Luchsgeschichte, Wien 1993

Ders., Mythologica, Bd. I–IV, Frankfurt/Main 1980

Ders./ Vernant, Jean-Pierre (Hrsg.), Mythos ohne Illusion, Frankfurt/Main 1988

Lill, Rudolf, Geschichte Italiens in der Neuzeit, Darmstadt 1988

Link, Jürgen, u.a., Nationale Mythen und Symbole in der zweiten Hälfte des 19. Jahrhunderts, Stuttgart 1991

Lippmann, Friedrich, Verdi und Wagner, in: Analecta Musicologica Bd. 11, Köln 1972

Lönne, Karl-Egon, Croce als Kritiker seiner Zeit, Tübingen 1967

Ders., Politischer Katholizismus im 19. u. 20. Jahrhundert, Frankfurt 1986

Loibl, Alto, Der Zelluloid-Partisan. Rambo als politischer Mythos, in: Der Partisan, hrsg. v. Herfried Münkler, Opladen 1990

Long, Gianni (Hrsg.), La Scala – Vita di un teatro, Mailand 1982

Lübbe, Hermann, Cassirer und die Mythen des 20. Jahrhunderts (Festschrift), Hamburg 1974

Luhmann, Niklas, Brauchen wir einen neuen Mythos?, in: Soziologische Aufklärung, Band 4, Opladen 1987

Luzio, Alessandro, Garibaldi, Cavour, Verdi, Turin 1924

Ders., Il carteggio Verdi-Muzio, Parma 1941

Ders./ Cesari, Gaetano, I copialettere di Giuseppe Verdi, Mailand 1913

Ders., Giuseppe Verdi e i suoi editori di Francia e d'Italia, Rom 1939

Ders., Per Giuseppe Verdi – Discorso inaugurale della mostra verdiana alla presenza del Duce nella sede della Real Accademia d'Italia il 4 giugno 1940

Ders., Verdi e l'alienista Cesare Vigna, Rom 1940

Machiavelli, Niccolò, Discorsi. Gedanken über Politik und Staatsführung, Stuttgart 1977

Ders., Der Fürst, Stuttgart 1978

Mack Smith, Denis, Cavour and Garibaldi: 1860, Cambridge 1954

Ders.: Italy, Michigan 1959

Ders., The making of Italy 1796–1870, London 1978
Ders., I Savoia re d'Italia, Mailand 1990
Ders., Victor Emanuel, Cavour and the Risorgimento, London 1971
Maecklenburg, Albert, Verdi and Manzoni, in: Musical Quaterly, 2/ 1931
Malinowski, Bronislaw, Schriften zur Anthropologie, Frankfurt/Main 1986
Manzoni, Alessandro, I Promessi Sposi, Rom 1987
Manzotti, Michele, L'attività politica di Giuseppe Verdi (1848–1865), in: Nuova Antologia, Januar/März 1989
Ders.: 1868: i musicisti contro il progetto Broglio, in: BeQuadro, 17/ 1985
Marchesan, Marco, La Psicologia nella musica di Verdi, Mailand 1978
Marggraf, Wolfgang, Verdi, Leipzig 1982
Marquard, Odo, Lob des Polytheismus, in: Abschied vom Prinzipiellen, Stuttgart 1981
Martina, Giacomo, Pius IX., Rom 1974
Marx, Julius, Die österreichische Zensur im Vormärz, Wien 1959
Marx, Karl/ Engels, Friedrich, Gesamtausgabe, Berlin 1975, Bd. 8, 9, 13, 30
Mascagni, Pietro, In morte di Verdi, in: Centenario della nascità di Giuseppe Verdi – Omaggio di Siena a Verdi, hrsg.v. Piangerelli, Pelia, Siena 1913
Maturana, Humberto, Erkennen: Die Organisation und Verkörperung von Wirklichkeit, Braunschweig 1982
Maturi, Walter, Interpretazioni del Risorgimento, Turin 1962
Mazzini e il Mazzinianismo, Atti del XIV Congresso di Storia del Risorgimento Italiano, Rom 1974
Meccoli, Domenico (Hrsg.), Il Risorgimento italiano nel teatro e nel cinema, Rom 1970
Melegani, Dora, La città del giglio, in: Nuova Antologia, Rom 1910
Mellers Wilfried, Musik und Gesellschaft, Frankfurt/Main 1964
Meredith, George, Vittoria, in: Standard Edition, Bd. 3, London 1910–20
Messa per Rossini, Geschichte-Quellen-Musik, hrsg.v. der Internationalen Bachakademie Stuttgart, Stuttgart 1988
Metternich, Winneburg, Klemens, Lothar von, Mémoires, documents et écrits divers laissés par le prince de Metternich, hrsg. v. R. de Metternich, Paris, 1883, Bd. VII
Mila, Massimo, La giovinezza di Verdi, Turin 1974
Ders., L'arte di Verdi, Turin 1980
Minardi, Gian Paolo, Errico Petrella, in: Dizionario enciclopedico universale della musica e dei musicisti, hrsg. v. Basso, Alberto, Turin 1988
Mirabilia Romae – Ein römisches Pilgerbuch des 15. Jahrhunderts, Berlin 1925
Mit Rothemd und Muskete. Lieder und Dichtungen aus dem Risorgimento, hrsg. v. G. Steinig, Berlin 1963
Mitteilungen des deutschen Archäologischen Instituts, Römische Abteilung, 25. Ergänzungsheft, Rom 1982
Mittermaier, Karl J.A., Italienische Zustände, hrsg. v. Erik Jaime, Heidelberg 1988
Mommsen, Theodor, Römische Geschichte, Bd. I., Berlin 1881
Monaldi, Gino, Verdi: il maestro della rivoluzione italiana, Mailand 1913
Ders., Le prime rappresentazioni celebri, Mailand 1910
Ders., Verdi (1839–1899), Mailand 1951
Montanari, Mario, Die geistigen Grundlagen des Risorgimento, Köln-Opladen 1963

Monterosso, Raffaello, La musica nel Risorgimento, Mailand 1948
Morelli, Emilia 1849–1859, I dieci anni che fecero l'Italia, Florenz 1977
Mori, Giorgio, Industria senza industrialisazione. La penisola italiana dalla fine della dominazione francese all'Unità nazionale (1815–1861), in: Studi Storici, 3/ 1989
Morini, Mario, I Promessi Sposi nel melodramma dell'Ottocento, Mailand 1973
Mork, Andrea, Richard Wagner als politischer Schriftsteller, Frankfurt/Main 1990
Münkler, Herfried, Juan Donoso Cortés und der spanische Katholizismus, in: Pipers Handbuch der politischen Ideen, Bd. 4, München 1986
Ders., Machiavelli – Die Begründung des politischen Denkens der Neuzeit aus der Krise der Republik Florenz, Franfurt/Main 1990
Ders., Mythos und Politik – Aischylos' Orestie und Wagners „Ring", in: Leviathan 4/ 1987
Ders., Nation als politische Idee im frühneuzeitlichen Europa, in: Nation und Literatur im Europa der Frühen Neuzeit, hrsg.v. Garber, Klaus, Tübingen 1989
Ders., Odysseus und Kassandra, Politik im Mythos, Frankfurt 1990
Ders., Politische Mythen und Nationale Identität, (unveröffentlichtes Manuskript), Frankfurt/Main 1990
Ders., Politische Mythen und nationale Identität. Nibelungen-, Barbarossa- und Hermannsmythik in der deutschen Politik, (unveröffentlichtes Manuskript), Frankfurt/Main 1991
Ders., Das Reich als politische Vision, in: Macht des Mythos – Ohnmacht der Vernunft/ Kemper, Peter (Hrsg.), Frankfurt/Main 1989
Ders./ Storch, Wolfgang, Siegfrieden, Berlin 1988
Ders., Die Idee der Nation im Europa der frühen Neuzeit: Die Polysemie des Begriffs und die monopolisierte Entscheidungskompetenz universaler Institutionen (unveröffentlichtes Manuskript), Frankfurt/Main 1992
Ders., Von der Herrschaftsregel zum Skandal: Der Umgang der Herrschenden mit den Frauen der Untertanen, in: Anatomie des politischen Skandals, hrsg.v. Ebbighausen, Rolf/ Neckel, Sighart, Frankfurt/Main 1989
Ders., Zugemutete Solidarität, die Nation als politische Idee, (unveröffentlichtes Manuskript), Frankfurt/Main 1991
Mussolini, Benito, La mia vita dal 29 luglio 1883 al 23 novembre 1911, in: Opera omnia, Bd. XXXIII, Rom 1957
Muttini Conti, G., La popolazione del Piemonte nel secolo XIX, Turin 1962
Nada, Narciso, Dallo Stato assoluto allo Stato costituzionale. Storia del Regno di Carlo Alberto dal 1831 al 1848, Turin 1980
Nauer, Josef, Mazzini und Garibaldi, Zürich 1980
Nicastro, Aldo, Il melodramma e gli Italiani, Mailand 1982
Nimmo, Dan/ Combs, James.E., Subliminal Politics. Myths and Mythmakers in America, New York 1980
Noack, Friedrich, Deutsches Leben in Rom 1700–1900, Stuttgart 1907
Oberdorfer, Aldo (Hrsg.), Verdi, Giuseppe, Autobiografia dalle lettere, Mailand 1981
Oehrlein, Josef, Das Waisenhaus als Klanglabor, in: FAZ, 27. Juli 1991
Omodeo, Adolfo, Vincenzo Gioberti e la sua evoluzione politica, Turin 1957
Onida, Valerio, Landesbericht Italien, in: Föderalismus und Regionalismus in Europa, hrsg. v. Ossenbühl, Fritz, Baden-Baden 1990
Osborne, Charles, Verdi: A Life in the Theatre, New York 1987

Pallottino, Massimo, Etruskologie, Basel 1988
Parker, Roger, Va sull'ali dorate, (unveröffentlichtes Manuskript), Parma 1989
Ders., Verdi and the Gazzetta privilegiata di Milano: An „Official" View seen in its cultural Background, in: Research Chronicle, 18/ 1982
Parr, Rolf, „Zwei Seelen wohnen, ach in meiner Brust" – Strukturen und Funktionen der Mythisierung Bismarcks, München 1992
Pascolato, Alessandro (Hrsg.), Re Lear e Ballo in maschera – Lettere di Giuseppe Verdi ad Antonio Somma, Città di Castello 1913
Passalacqua, Guido, „Se fossi al governo... Ora Bossi fa le prove, in: La Repubblica, 2. Dezember 1991
Pecchioli, Arrigo, La Cavalleria e gli ordini Cavallereschi, Rom 1980
Perinello, Carlo, Giuseppe Verdi, Berlin 1900
I Periodici popolari del Risorgimento, hrsg. v. Bertoni Jovine, Dina, 2 Bde., 1960
Petacco, Arrigo, Die Heldin von Gaeta, Graz 1994
Petersen, Jens, Der italienische Adel, in: Europäischer Adel 1750–1950, Wehler, Hans-U. (Hrsg.), Göttingen 1990
Ders.: Konstanz und Wandel der politischen Kultur in Italien, in: Neue Züricher Zeitung, 22.11.1986
Ders.: Mussolini: Wirklichkeit und Mythos eines Diktators, in: Mythos und Moderne, hrsg. v. Bohrer, Karl Heinz, Frankfurt/Main 1983
Petrini, Domenico, Il romanzo di Verdi, in: La Rassegna musicale, 4/ 1930
Petrobelli, Pierluigi, Einige Thesen zu Verdi, in: Komponisten auf Leben und Werk befragt, hrsg.v. Goldschmidt, Harry/ Knepler, Georg/ Niemann, Konrad, Leipzig 1985
Ders., La musica nel teatro: a proposito dell'atto III di Aida, in: La drammaturgia musicale, hrsg.v. Bianconi, Lorenzo, Bologna 1985
Ders., The music of Verdi: An Exemple of the Transmission and Reception of musical culture, in: Verdi newsletter, 910/ 1981–82
Ders./ Di Gregorio Casati, Marisa/ Mossa, Carlo Matteo, Carteggio Verdi-Ricordi 1880–1881, Parma 1988
Pfauntsch, Otto, Giuseppe Verdi auf der Münchner Opernbühne im Spiegel der Presse, München 1943
Phillips-Matz, Mary Jane, Chatelaine to the End: New Light on Giuseppina Strepponi, in: Opera News, 27.01.1979
Dies., New Verdi Documents, in: Verdi newsletter, 4/ 1978
Dies., Verdi, Oxford 1994
Dies., The Verdi-Family of Sant'Agata and Roncole. Legend and Truth, in: Atti del 1° Congresso internazionale di studi Verdiani, Parma 1969
Philosophie und Mythos, Ein Kolloquium, hrsg.von Hans Poser, Berlin 1979
Picht, Georg, Kunst und Mythos, Stuttgart 1990
Picone Petrusa, Maria Antoinetta, Cinquant'anni di Esposizioni industriali in Italia. 1861–1911, in: dies./ Pessolano, Maria, Raffaela/ Bianco, Assunta, Le grande esposizioni in Italia. 1861–1911, Neapel 1988
Pintorno, Giuseppe, Quanto costava andare alla Scala, in: Nuova Rivista Musicale, April/ Juni 1979
Plumpe, Gerhard, Das Interesse am Mythos, in: Archiv für Begriffsgeschichte, BD. XX, Bonn 1976

Poliakov, Léon, Der arische Mythos, Hamburg 1993

Polidoro, F., Editori di musica, in: Napoli d'oggi, hrsg.v. Pierro, Luigi, Neapel 1900

Pougin, Arthur, Verdi, Paris 1881

Pozzi, Raffaele, La realtà e la maschera. L'opera italiana da Cimarosa a Verdi, in: Storia della società italiana, hrsg.v. Cherubini, Giovanni/ Della Peruta, Franco, Mailand 1986

Preissl, Brigitte, Wirtschaftsstil und Wirtschaftsentwicklung – Eine Studie zur Geschichte der Agrarstruktur des Königreichs Neapel 1815–1860, Frankfurt/Main 1985

Prieberg, Fred K., Musik und Macht, Frankfurt 1991

Prigogine, Ilya/ Stengers, Isabelle, Dialog mit der Natur, München 1981

Procacci, Giuliano, Geschichte Italiens und der Italiener, München 1989

Raith, Werner, Wiedervereinigung auf italienisch, in: die Tageszeitung, 8.05.1990

Ragni, Stefano, Rossinis Musik und das philosophisch-politische Denken von Giuseppe Mazzini, (unveröffentlichtes Manuskript), Perugia 1992

Raulff, Ulrich (Hrsg.), Mentalitätengeschichte, Berlin 1987

Reinhardt, Volker, Die großen Familien Italiens, Stuttgart 1992

Ricci, Giuliana, Teatri d'Italia dalla Magna Greca all'Ottocento, Mailand 1971

Ricoeur, Paul, Symbolik des Bösen, Freiburg/München 1971

Ders., Zufall und Vernunft in der Geschichte, Tübingen 1986

Robert, Margaret, Mademoiselle Mori – A tale of modern Rome, London 1860

Rodieck, Thorsten, Das Monumento Nazionale Vittorio Emanuele II. in Rom, Frankfurt/ Main 1983

Rom – in frühen Photographien, hrsg. v. Thorvaldsen Museum/ Kopenhagen, München 1988

Romagni, Gian Paolo, Storiografia e politica culturale nel Piemonte del Carlo Alberto, Turin 1985

Romano, Roberto, L'industria italiana (1815–1861), in: Storia della Società italiana, hrsg. v. Giovanni Cherubini, Franco della Peruta, u.a., Mailand 1986

Romano, Ruggiero, Versuch einer ökonomischen Typologie, in: Die Gleichzeitigkeit des Ungleichzeitigen, hrsg. v. Eva Maek-Gérard, Frankfurt/Main 1980

Romeo, Rosario, Cavour e il suo tempo 1842–1854, Bari 1977 Ders., Vita di Cavour, Roma-Bari 1984

Rosenberg, Alfred, Der Mythus des 20. Jahrhunderts, München 1935

Rosselli, John, The Opera Industry in Italy from Cimarosa to Verdi, Cambridge 1984

Ders., Sull'ali dorate. Il mondo musicale italiano dell'ottocento, Bologna 1992

Ders., Verdi e la storia della retribuzione del compositore italiano, in: Studi Verdiani 2/ 1983

Rousseau, Jean Jacques, Musik und Sprache – Ausgewählte Schriften, hrsg. v. Schaal, Richard, Wilhelmshaven 1984

Rubinstein, Nicolai, Political Ideas in Sienese Art: The Frescoes of Ambrogio Lorenzetti and Taddeo di Bartolo in the Palazzo Publico, in: Journal of the Warburg and Courtauld Institutes, 1958, Nr. XXI

Rusch, Gerhard, Erkenntnis, Wissenschaft, Geschichte, Frankfurt/Main 1987

Saage, Richard, Das Ende der politischen Utopie?, Frankfurt/Main 1990

Sabbatucci, Giovanni, Il problema d'irredentismo e le origini del movimento nazionalista in Italia, in: Storia contemporanea, 3/ 1970

Said, Edward, Orientalismus, Frankfurt 1981

Salamun, Kurt, Zum Mythosbegriff bei Karl Jaspers, in: Archiv für Begriffsgeschichte, Bonn 1985, BD. XXIX
Sanfilippo, Mario, Le tre Città di Roma, Bari 1993
Sartori, Claudio, Dizionario degli editori musicali italiani, Florenz 1959
Scherer, Barrymore Laurence, Boitos Verhexung, in: Boito, Arrigo, Mefistofele, Textbuch zur Aufzeichnung des Hungarian State Orchestra mit Giuseppe Patané, Paris 1989
Scherpe, Klaus R., Bilder und Mythen zur Bewältigung von Großstadtkomplexität, in: Wirkendes Wort, Bonn 1991
Schieder, Theodor/ Brunn, G. (Hrsg.), Hauptstädte in europäischen Nationalstaaten, München 1983
Ders.: Nationalismus und Nationalstaat, Göttingen 1991
Schmalzriedt, Siegfried, Bologna – eine italienische Stadt zwischen Verdi und Wagner in: Schriftenreihe der Hochschule für Musik/Dresden – Wissenschaftliche Konferenz: Opern- und Musikdramen Verdis und Wagners in Dresden, Dresden 1988
Schmitt, Carl, Die politische Theorie des Mythus, in: ders.: Positionen und Begriffe, Berlin 1988
Schneider, Gabriele, Menschen und Mythen im Partisanenkrieg – Andreas Hofer: Für Gott, Kaiser und Vaterland, in: Der Partisan, hrsg. v. Herfried Münkler, Opladen 1990
Schopenhauer, Arthur, Vereinzelte, jedoch systematisch geordnete Gedanken über vielerlei Gegenstände, in: Werke in zehn Bänden, Band X, Zürich 1977
Schulz, Knut, „Denn sie lieben die Freiheit so sehr..." Kommunale Aufstände und Entstehung des europäischen Bürgertums im Mittelalter, Darmstadt 1992
Schulze, Hagen, Staat und Nation in der europäischen Geschichte, München 1994
Schwartz, Maria Esperante, Garibaldi anedottico e romantico, Mailand 1944
Seel, Otto, Römertum und Latinität, Stuttgart 1964
Sehsucht: das Panorama als Massenunterhaltung des 19. Jahrhunderts, hrsg. v. d. Kunst- und Ausstellungshalle der Bundesrepublik Deutschland in Bonn, Frankfurt/Main 1993
Seibt, Gustav, Anonimo Romano, Stuttgart 1992
Selzer, Dieter, Rambomania. Amerikas Trivialmythen heute: Wiedererwachen oder Alptraum?, in: Sozialistische Praxis, Heft 1, Marburg 1986
Seznec, Jean, Das Fortleben der antiken Götter, München 1990
Shaw, George Bernard, Falstaff 1893 – Musik-Feuilletons des Corno di Bassetto, in: Programmheft zu „Falstaff" im Rahmen der Salzburger Festspiele 1993, Salzburg 1993
Soffredini, Alfredo, Le opere di Verdi – studio critico analitico, Mailand 1901
Giorgio Sommer in Italien. Fotografien 1857–188, Heidelberg 1992
Sorel, George, Über die Gewalt, Frankfurt/Main 1981
Spadolini, Giovanni, Gli Uomini che fecero Italia, Mailand 1989
Ders., Quel gran lombardo nemico di ogni retorica, in: Messagero, 11.07.1993
Spellanzon, Cesare, Storia del Risorgimento e dell'unità d'Italia, Mailand 1951
Stendhal, Rome, Naples et Florence, Paris 1987
Stockmann, Doris (Hrsg.), Volks – und Popularmusik in Europa, Wiesbaden 1992
Storia d'Italia, Romano, Ruggiero/ Vivanti, Corrado (Hrsg.), 6 Bde., Turin/Einaudi 1972–1976
Surian, Elvidio, Organizzazione, gestione, politica Teatrale, 1800–1820, in: Musica e Cultura a Napoli. Dal XV al XIX secolo, hrsg. v. Bianconi, Lorenzo/ Bossa, Renato, Florenz 1983
Tabanelli, Nicola, Verdi e la legge sul diritto di autore, in: Rivista Musicale Italiana, Nr. XX/ 1942

Talamo, Giuseppe, Carlo Alberto, in: Dizionario biografico degli Italiani, Bd. 20., S. 313–325.
Ders., Cavour, Rom 1992
Ders., Giuseppe Mazzini e il sogno del Risorgimento – Alla ricerca dell'Italia onesta, in: Messagero, 17.06.1993
Taliani, Enrico, Die sozialistische Arbeiterbewegung in Italien (1865–1898), Saarbrükken 1963
Tecchio, Giovanni, Ode – Verdi, Bologna 1901
Tintori, Gianpiero (Hrsg.), Arrigo Boito – Musicista e letterato, Mailand 1986
Ders., 200 Anni di Teatro alla Scala, Rom 1979
Tobia, Bruno, Una patria per gli italiani, Bari 1991
Tomasi di Lampedusa, Giuseppe, Der Leopard, München 1984
Tomlinson, Gary, Italian Romanticism and Italian Opera: An Essay in Their Affinities, In: 19th Century Music, 2/ 1986
Tommaseo, Niccolò/ Bellini, Bernardo, Dizionario della Lingua italiana, Turin 1861
Treitschke, Heinrich von, Cavour, in: Ausgewählte Schriften Bd. II, Leipzig 1908
Trezzini, Lambert (Hrsg.), Oltre le Quinte, Cultura e organisazione del teatro musicale in Italia, Venedig 1983
Valsecchi, Franco, Cavour – ein europäischer Staatsmann, Wiesbaden 1957
Varga, Lucie, Zeitenwende – Mentalitätshistorische Studien 1936–1939, Frankfurt/Main 1990
Vendrix, Philippe, La notion de révolution dans les écrits théoriques concernant la musique avant 1789, in: International review of the aesthetics and sociology of music, 21/ 1990
Venturi, Alfredo, Garibaldi in parlamento, Mailand 1973
Verdi, studi e memorie, hrsg.v. Sindacato nazionale fascista musicisti, Rom 1941
Verdi – vicende, problemi e mito – un artista del suo tempo, Katalog zur Ausstellung im Palazzo Ducale di Colorno, Colorno 1985
Verdi/Boito – Briefwechsel, Herausgegeben und übersetzt von Busch, Hans, Frankfurt/ Main 1986
The Verdi Companion, hrsg. v. Weaver, William/ Chusid, Martin, New York, London 1988
Verhoeven-Kooij, Anna Jacoba, De gezelschapsdans in de opera's van Giuseppe Verdi, Rotterdam 1983
Vernant, Jean Pierre, Die Entstehung des griechischen Denkens, Frankfurt/Main 1982
Veyne, Paul, Brot und Spiele. Gesellschaftliche Macht und politische Herrschaft in der Antike, Frankfurt/Main 1988
Ders., Glaubten die Griechen an ihre Mythen, Frankfurt/Main 1987
Vimercati, Daniele (Hrsg.), Carlo Cattaneo – Stati Uniti d'Italia, il federalismo, le leghe, Mailand 1991
Viviani, Vittorio, Storia del teatro napoletano, Neapel 1969
Voegelin, Eric, Anamnesis, München 1966
Ders., Die politischen Religionen, München 1993
Voigt, Rüdiger (Hrsg.), Symbole der Politik. Politik der Symbole, Opladen 1989
Voltmer, Ernst, Freunde im Krieg, Feinde im Frieden, in: Damals, Juli 1993
Voss, Egon, Musikdrama und Gesangsoper, in: Dahlhaus, Carl (Hrsg.), Funk-Kolleg Musik, Frankfurt/Main 1981, Bd. 1
Wagner, Peter, Sozialwissenschaft und Staat – Frankreich, Italien, Deutschland, Frankfurt/ Main 1990

Wagner, Richard, Oper und Drama, Stuttgart 1984
Walker, Frank, L'uomo Verdi, Mailand 1964
Weaver, William, Verdi: A Documentary Study, London 1977
Weber, Max, Gesammelte Aufsätze zur Wissenschaftslehre, Tübingen 1968
Ders., Wirtschaft und Gesellschaft, Tübingen 1972
Webster, James, To understand Verdi we must understand Mozart, in: 19th Century Music 2/ 1987
Weimann, Robert, Literaturgeschichte und Mythologie, Frankfurt/Main 1977
Werfel, Franz, Ein Bildnis Giuseppe Verdis, in: ders., Zwischen Oben und Unten – Prosa, Tagebücher, Aphorismen, Literarische Nachträge, München 1975
Ders., Verdi – Roman der Oper, Frankfurt/Main 1991
White Mario, Jessie, Vita di Garibaldi, Pordenone 1986 (1882)
Wilke, Helmut, Entzauberung des Staats. Grundlinien einer systematischen Argumentation, in: Thomas Ellwein, u.a. (Hrsg.), Jahrbuch zur Staats- und Verwaltungswissenschaft Bd. 1, Baden-Baden 1989
Wilmersdorfer, Ernst, Notenbanken und Papiergeld im Königreich Sardinien seit 1861, Berlin 1913
Wolfzettel, F./ Ihring, P., Katholizismus und Nationalbewußtsein im italienischen Risorgimento, in: Giesen, Bernhard (Hrsg.), Nationale und kulturelle Identität, Frankfurt 1991
Wülfing, Wulf, u.a., Historische Mythologie der Deutschen, München 1991
Wundram, Manfred, Renaissance, Stuttgart 1981
Zaghi, Valentino, Matteotti: la genesi di un mito popolare, in: Rivista di Storia contemporanea, Okt. 1990
Zazo, Alfredo, Una visita di Giuseppe Verdi al Conservatorio di Musica di Napoli e l'epilogo di una tragicommedia, in: Bolletino del Conservatorio S. Pietro a Majella, Juni 1938
Zimmermann, Reiner, Giacomo Meyerbeer, Berlin 1991

Personenverzeichnis

Das Volk

Abbild, Konstruktion, Phantasma

Herausgegeben von Annette Graczyk

X, 250 Seiten – 63 Abbildungen – DM/sFr 68,– / öS 503,–

ISBN 3-05-002820-3

„Alle Macht geht vom Volke aus." Dieser Kerngedanke demokratischer Verfassungen konkretisiert sich zwar hin und wieder bei Wahlen oder Volksbefragungen, dennoch ist das Volk eine Größe, die schwer vorstellbar und daher abstrakt bleibt. Die Autoren dieses Bandes fragen speziell nach Visualisierungen des Volkes. Was geht an freiheitlichen politischen Ideen und Hoffnungen, Abwehrhaltungen und Ängsten in die bildhaften Darstellungen des Volkes ein? Während in den beiden ersten Teilen vor allem Bildstrategien an konkreten Beispielen der Malerei, Graphik, Literatur, Fotografie und des Films untersucht werden – wobei sowohl ästhetische Probleme wie auch die propagandistische Indienstnahme der Symbolik thematisiert werden –, ist der dritte Teil den gebauten Entwürfen, die öffentliches Publikum konkret an städtischen Zentren bzw. im architektonischen Raum bündeln und strukturieren, gewidmet (Wagner-Bühne, Bundestag, Neue Wache). Am Schluß des Bandes stehen zwei Positionen (Sterzel und Lethen) gegeneinander, die in ihren sozialen Folgerungen diametral entgegengesetzt sich den Fragen stellen, wie soziales Verhalten in der heutigen Massengesellschaft möglich ist und wie oppositionelle Minderheiten ihre Positionen zur politischen Repräsentanz bringen können.

Aus dem Inhalt:

Konstrukte der symbolischen Repräsentanz – S. von Falkenhausen: Vom „Ballhausschwur" zum „Duce". Visuelle Repräsentation von Volkssouveränität zwischen Demokratie und Autokratie – A. Graczyk: Die Masse als elementare Naturgewalt. Literarische Texte 1830–1920 – H. Möbius: Symbolische Massendarstellungen in Fritz Langs *Metropolis* – M. Bratu Hansen: Ein Massenmedium kostruiert sein Publikum: King Vidors *The Crowd* (1928)
Konkretionen: Instrumentalisierte Symbolik – Hartwig Gebhardt: „Der Kaiser kommt!" Das Verhältnis von Volk und Herrschaft in der massenmedialen Ikonographie um 1900 – D. Hoffmann: Das Volk in Waffen. Die Kreation des deutschen Soldaten im Ersten Weltkrieg – M. R. Higonnet: Teil des Volkes? Frauen und Schwarze im Ersten Weltkrieg – N. Jegelka: „Volksgemeinschaft". Begriffskonturen in „Führer"ideologie, Recht und Erziehung (1933–1945)
Der öffentliche Raum als gesellschaftlicher Entwurf – B. Wyss: Der mystische Abgrund von Bayreuth. Die Wagner-Bühne zwischen Guckkasten und Leinwand – D. Gausmann: „Dämme brechende Flut". Zur Ikonographie städtischer Räume in der Stadtplanung der 50er Jahre. Das Beispiel Ernst-Reuter-Platz in Berlin – H. Wefing: Draußen vor der Glastür? Zuschauer – Wähler – Machthaber: Das Volk als Adressat architektonischer Selbstdarstellung des Parlaments – V. Schmidt-Linsenhoff: KOHL und KOLLWITZ. Staats- und Weiblichkeitsdiskurse in der Neuen Wache 1993 – **Sozialmodelle im Disput** – D. Sterzel: Demonstrationen. Eine verfassungsrechtliche Deutung des Bürgerprotestes in der Bundesrepublik seit Beginn der 60er Jahre – H. Lethen: Der Radar-Typ. Vom Spielraum in der Masse und der Anonymität als Möglichkeitshorizont

Bestellungen richten Sie bitte an Ihre Buchhandlung.

THEORIA CUM PRAXI

50 Jahre Akademie Verlag